哲学史家文库

第2辑

中华道统思想发展史

A Series of Books by the Historian of Philosophy

蔡方鹿 著

人民出版社

目　录

自　序

　　每一个民族都有自己固有的文化传统，尤其在世界历史上起过重要作用的民族，更有她灿烂的文明和文化。世界上几个重要的文化类型分别是中国文化、西方文化、印度文化和阿拉伯文化。在中国文化史上，每一时期必然有一个占主导地位的思想，其道一以贯之。形成中国文化发展的大传统，这即是广义的中华道统文化。当前世界各国文化的发展，要求在全球意识下，各种不同类型的文化相互交流，相互影响，取长补短，去其糟粕，取其精华，在保持自身文化优长和特点的基础上，相互融合，共同发展，并打破西方文化中心论，既立足于时代和民族、地域，又不拘泥于时代和民族、地域，发扬超越与包容精神，以融合古今中外。对传统与现代、东方与西方、封建帝制时代与资本主义社会创造出来的全部文化都认真地清理，把其中有价值的成分和合理因素加以辩证地整合和有机地结合，并根据时代发展的要求镕铸新时代的中国与世界文化，这当是当今文化发展的趋势。

　　然而，在文化交流和吸取外来文化优长的过程中，存在着文化交流的主体问题。即以本民族的文化为主体来融合、吸收其他文化，并在文化交流中起着主导的作用，这须结合时代发展的社会实践来进行。中华民族在悠悠五六千年历史发展的长河中创造出来的灿烂文化应视为中外文化交流中的主体。而中华道统思想则是中华民族文化传统的重要体现，它对中国文化的形成、发展和演变，产生了深远的影响，在中国文化发展史上占有重要的地位。

　　世界上还没有一个抛弃了自己的民族文化而能够生存和发展的国家。只有挺立民族文化的主体性，珍惜和发扬自己民族的优秀文化传统，才能够自立于世界民族文化之林，并对世界文明的发展，作出自己的新贡献。因此，对中华道统思想认真加以整理，开展深入系统的研究，梳理其发展线索，揭示其理论构成和基本特征，从而吸取其有价值的思想，克服其流弊，这对于批判地继承中华民族传统文化，促进现代化事业的全面发展，具有重要的文化意义。

道统思想有广义和狭义之分，人们对其也有不同的认识。但不论人们对其评价如何，都不能改变道统文化存在的客观性和必然性，也不能否定其存在的客观价值及其历史现实意义。

广义的道统思想指在中国文化史上客观存在的、以儒学道统论及其发展演变为主要线索、吸取容纳了中国文化各家各派思想而形成的中华道统思想。狭义的道统思想即指关于儒家圣人之道的理论及其传授系统说。广义和狭义的道统思想既有联系，又有区别。二者之间的联系表现在，广义的中华道统思想以儒家道统为主导；儒学作为中国文化发展的主流，其道统思想亦成为中华道统思想发展的主流及其理论的主要构成。二者之间的区别表现在，中华道统思想除以儒家道统为主导外，还包括了道家等中国文化各家各派的道论，以及吸取了佛教、西学等外来文化的有关思想，具有较强的开放性与包容性；而儒家道统比较认同于自身的理论，为了继承和维护孔孟之道，具有一定的独立性与排他性。但二者的区分又是相对的，因儒家文化本身就是一个开放性的文化系统，具有容纳吸收各家文化优长的特点，这也体现了中国文化的一个基本特质。

过去学术思想界存在着把道统与封建专制主义正统画等号，而予以全盘否定，唯恐避之不及的问题。这是当前深入开展道统研究需要正视和解决的问题。道统思想发展的历史事实是，道统之中没有三代以后历代帝王的地位，而均以士为圣人之道的承担者。在当时的历史背景下，儒家提倡君主制，以维护社会治理与稳定，但却不赞成绝对君权主义，反对君主个人专制独裁，滥施暴政以虐民。孟子盛赞汤武革命，认为汤武革桀纣之命，杀其暴君，只是诛独夫，而不是"臣弑其君"。这是对皇权政治的一大冲击，而得到了朱熹等人的继承。荀子进而提出"道高于君"的思想，强调"从道不从君"，仁义之道高于君主之位，主张以道对君权加以一定的限制，这成为道统思想的一个基本出发点，而得到后世的广泛认同，因而具有对抗君权的意义。因此，那种把道统思想等同于封建专制主义正统，视之为专制统治的工具的观点，是缺乏根据的。毋庸置疑，道统思想中存在着为继承孔孟之正传而争正统的观念，但那是争文化传承之正统，而不是与封建专制主义正统为伍，所以不应把二者混为一谈。

此外，道统中存在着的排他性也是人们把道统视为妄自尊大的独断理论，而予以批判排斥并加以否定的一个理由。对此要作客观、全面、辩证地分析，而不宜过分片面夸大其排他性的流弊。也就是说，既要批判其流弊，又要辩证地对待它。首先，需要指出，道统各流派在发展儒学及中国文化，提出新的理论的同时，确实存在着对以往的旧理论及与己不符的思想加以排斥的一面。但在一定意义上可以说，这种排他性对理论的创新、思想的发展是必不可少的，不如此则新思想无法取代旧思想，中国文化亦将失去新陈代谢的活力和创造性。其次，道统各流派对其他思想的排斥是相对的，不是绝对的，在批判排斥的同时，也有所吸取和借鉴。也就是说，既有否定，又有肯定，并非绝对地排斥。另外，由于普遍的道统即中国文化的大传统存在于个别的道统流派及各文化派别之中，通过具体的具有排他性的各道统流派的思想表现出来，如果因其排他性的流弊就全盘否定道统思想，那就等于在一定程度上全盘否定了儒学及中国文化。所以，就具有排他性的各道统流派、各文化派别中体现贯穿着中华大道即中国文化发展的大传统而言，不能因其具有的排他性流弊，就全盘否定它。

本书的写作便是带着上述一系列问题而展开的，目的在于通过实事求是地梳理中华道统思想的源与流、道统思想发展的各个历史阶段，客观地论述中华道统思想的理论构成及其基本特征，来揭示中华道统思想存在的客观历史必然性及其与中国文化紧密联系的实质，即道统思想的发展确立了以儒学为主导，融合各家的中国文化发展的大传统；道统思想的发展在一定程度上体现为中国文化的发展；道统思想的发展形成了鲜明的中国文化特色，对历史和现实产生了深远的影响。从而有助于我们全面、客观、历史地认识中华道统思想，挺立民族文化的主体性，吸取其有价值的优秀合理的思想，克服其流弊和保守、过时的思想，在加强中外文化的交流与沟通中，弘扬中华民族优秀传统文化，使中华道统思想在扬弃传统的过程中走向现代化，并不断创新发展，为建构新时代的中国文化发挥其应有的作用。

是为序。

蔡方鹿

1995 年 9 月于四川省

社会科学院哲学所

绪　论

　　以儒家道统为主导的中华道统思想在中国文化史上占有重要的地位，对中国文化的发展影响极大。从广义的道统文化的眼光看，中华道统思想的流传与发展在一定意义上体现了中国文化的流传与发展，在中华道统思想产生、演变、发展的历史过程中，确立了以儒学为主导，融合各家的中国文化发展的格局；丰富了中国文化及哲学的内涵；促进了中国文化及思想学术的发展；沟通了儒家思想与中国文化各家以及佛教、西方文化的联系；形成了中国文化乃至东方文化的鲜明特色；广泛深刻地影响了整个中国文化尤其是中国后期帝制社会文化的哲学、教育、政治、伦理、经学、文学、史学、价值体系、思维方式等各个方面；其道统思想的特征在一定程度上体现为中国文化与哲学的特征；其道统思想的理论构成亦成为儒家思想以至于整个中国学术思想的重要组成部分。由此，中华道统思想是中国学术思想的客观构成，而不是主观人为的道统，它在中国学术文化史上所占有的重要地位，是历史客观形成的，而不以人们主观好恶的意志为转移。不论人们对道统作何评价，都不能改变或否定道统思想存在的客观性及其价值和意义。

　　毋庸讳言，正如儒学乃至中国传统文化中既有体现中华民族精神和优秀文化传统的合理成分，又有历史糟粕和消极过时的思想因素一样，中华道统思想在发展演变的历史过程中，亦存在着积极合理成分与消极因素并存的局面。对此，既不能因其消极因素就全盘否定中华道统思想及其所体现的中国文化，也不能因其优秀合理成分就全盘肯定中华道统思想及中国传统文化。正确的态度应该是，在批判清除其消极过时因素的基础上，继承发掘其优秀思想和合理成分，既弘扬中华民族优秀的文化传统，又舍弃其保守过时的旧传统，促进中华道统思想的现代转换，通过吸取西方文化的优长，使其在建构新时代的中国文化的过程中发挥应有的积极作用，并为现代化事业提供借鉴。为此，认真整理在历史上占有重要地位并对现代社会仍然发生着重要影响的中华道统思想的资料，系统深入地研究中华道统思想，并给予客观的、实事求是的评价，使人们对中华道统思想有一个全面的了解和认识，对于在现代社会条件下，批判地继承中华民族传统文化，弘扬其优秀部分，从而在全球意识下发展中国文化，使之跟上时代的步伐而走向世界，具有重要的意义。

第一节　中华道统思想的源与流

要了解中华道统思想的源与流，首先应该对中华道统思想有一个基本界定。所谓中华道统思想，是指广义的、在中国文化史上客观存在的、以儒家道统及其发展演变为主要线索、吸取了中国文化各家道论及佛教和近代以来西方文化的有关思想、贯通古今包含甚广、广泛影响中国文化各个领域的关于中国文化及哲学的核心和最普遍范畴——道的理论和道的传授形式及其发展演变的思想体系。与儒家道统相比，中华道统思想是广义的，并把儒家的道统学说包括在内，以之为主导，二者虽有区别，但联系是主要的。虽然儒家道统居中华道统思想的主导地位，并决定其发展方向，但我们不把儒家道统以外，并对儒家道统的发展产生客观影响的其他各家的道论排除在中华道统思想之外，正因为儒家道统对诸如道家、《管子》、法家等的道的思想，以及对佛教的心性哲学等思辨哲学、现代西方的有关哲学及科学与民主思想有所吸取和借鉴，使得中华道统思想历经岁月的流逝而不断发展，并使儒家道统说本身也不断发展。此外，在儒家道统说内部，因其各种流派均认同于儒家圣人之道，排斥佛、道、杨墨等"异端"思想，并以弘扬、接续圣人之道为己任，讲儒家圣人之道的传授系统，故同属于儒家道统论的范畴之内。在此前提下，又由于各派对道的理解有认识上的差异和理论层次、侧重点的不同，如韩愈虽有正式提出道统论，并承上启下，开宋代理学道统论之先河的贡献，但他对道的认识限于仁义之道，未有理论上的更大发展；程朱以天理论道；张载以气化论道；

陆王以心论道。所以在儒学道统内部，又分为不同的流派。各个流派在认同儒家圣人之道，排斥"异端"方面是一致的，但由于各派道论的差异，有时也存在相互批评甚至排斥的情况。面对这些现象，既客观地承认思想史上存在的事实，又不以某家之言作为标准来认定道统的发展，而是着眼于总的儒家道统的发展和广义的中华道统思想的发展脉络来分析论述道统发展的源与流。所以，我们不因程朱不讲韩愈道统就把韩愈排除在道统之外，也不因陆王排斥朱熹，直接孟子，以心、良知论道就把朱熹排除在道统之外，更不以宋明儒（孙复、石介在外）批评汉唐诸儒就不提董仲舒确立儒家学说及其圣人之道的正统地位的作用。

在中华道统思想的源与流问题上，虽然儒家道统发端于孔孟，但可溯源于伏羲、神农、黄帝，并经早期道统的流传，至文王仁政、周公周礼成为儒学思想的重要来源。道统的起源及流传与中国哲学道范畴的产生与发展有密切的联系，这种紧密的联系表现在道统与道的关系上。道统是维系道之存在和延续的形式，道则是道统所传授的内容。故论道统的形成与流传，不能脱离道范畴（早期为道概念）的产生与发展而论。

中华道统思想从古到今、从起源至当今的发展，经历了悠悠五六千年的发展历程，这即是广义的道统文化即指中华民族五六千年来的文明和文化。自孔子继承周公之礼及上古以来的中国文化传统并加以时代的创新，创立儒家学派，迄今已有两千五百多年历史；至汉武帝采纳董仲舒的建议而独尊儒术，由战国时期的"百家争鸣"到儒学定于一尊，成为中国文化的主导思想，迄今也有两千多年历史。在历史发展的长河中，以儒学为主流的中国文化饱经沧桑和磨难而未曾中断，保持了中国文化的一本性和民族特色，并远播海外，成为东方文化的核心和世界文化的重要组成部分，这在世界各大古老文化中是绝无仅有的。回顾历史，面对现实，产生于过去，延续到现在，并不断发展创新的民族文化，是一个国家立国的根本，历史证明还没有一个抛弃了自己民族的文化而能够生存并发展的国家。中华民族之所以历经磨难而自强不息，岿然屹立于世界东方，其中一个重要的内在原因就在于体现了中华民族精神的儒家文化以及以体现儒家文化精神的儒家道统论为主导的中华道统思想在历史发展的长河中延绵不绝，发挥了维系中华民族文化传统的重要作用。为此，我们将在追溯道统的起源、论述道范畴的产生和发展的基础上，论及中华道统思想发展的各个阶段，以便为人们提供道统源流的全过程。

一、道统的起源

从广义的中华道统思想的角度看，道统文化源远流长，可溯源于伏羲、神农、黄帝等"上古圣神"。不仅石介、张载、朱熹、陈淳在提出自己的道统论时，把道统的起源上溯至伏羲、神农、黄帝、尧、舜等，而且儒家经典《易传》扩大圣人的范围，将其提前至伏羲、神农、黄帝。先秦儒学代表人物荀子也认为文王、武王继承了伏羲之道。这表明，中华道统的起源与中华民族文明与文化的起源在一定意义上具有相关性。这是从广义的角度看道统文化的起源。

（一）道统溯源于伏羲、神农、黄帝

把道统溯源于伏羲、神农、黄帝等上古圣人，这是有文献根据的。不仅先秦的文献有关于伏羲、神农、黄帝的记载，而且诸多道统论的提出者也把道统的起源上溯至这些上古圣人，认为道统是从他们那里开始流传下来的。

关于记载伏羲的材料有《庄子》、《易传》、《荀子》、《淮南子》、《白虎通义》、《汉书》等，尤其是《易传·系辞下》提出伏羲、神农、黄帝、尧、舜一脉相传的"五帝"系统，而以伏羲为首，被后世尊为首出庶物的大圣人，这对后来正式形成的道统论把伏羲视为道统圣人之首产生了重要影响，并提供了经典的依据。宋儒明确把伏羲作为道统第一人的有石介、张载、朱熹、陈淳等重要人物。可见在道统论提出者的眼中，伏羲占有开道统之先的重要地位，这是道统史上的一个客观事实，也是我们把道统上溯至伏羲的一个重要依据。

关于神农，史料记载炎帝的有《国语·晋语》，东汉贾逵认为炎帝即神农。而明确记载神农的史料有《庄子》、《易传》、《吕氏春秋》、《淮南子》、《史记》、《白虎通义》、《帝王世纪》等，这些史料对神农的记述，如同对伏羲的记述一样，主要是将其视为文明和文化的发祥者，为中华民族的文明发展作出了贡献。后世的儒家人物把神农作为继伏羲之后道统的传人，其道统文化在一定意义上也是广义的，即指中华民族五六千年来的文明与文化。

记载黄帝的史料有《国语·晋语》、《国语·鲁语》、《礼记·祭法》、《左传》等，不仅道家的《庄子》、儒家的《易传》等记述了黄帝，而且法家的著作《商君书》也记载了黄帝。说明黄帝被认为是中华民族的共同祖先，得到了各家各派的尊崇，而不仅限于道家。据史料记载，黄帝在文治武功、发明创造上为中华文明的发展作出了重大贡献，并在儒家经典里被列入圣人一脉相传的系统，又被后世儒家视为道统最初的传人之一。故在论道统的起源时，应把黄帝包括在内。

（二）道统的早期流传

把道统的起源上溯至伏羲、神农、黄帝，是有史料依据的，但史料的根据尚有不足。主要是由于年代久远，有若干传说的成分，并且未得到儒家代表人物孔孟的称许。而至尧舜以来，史书的记载比较多起来，尤其是尧舜得到了孔孟的尊崇，使之在道统发展史上占有了很高的地位，所以也有人把尧舜作为道统最早的创始人，这也有一定的道理。

道统起源于伏羲、神农、黄帝，经尧、舜、禹、汤、文、武、周公，到孔子成为早期道统思想的提出者和道统传承谱系的奠基者。孔子推崇尧，盛赞："大哉，尧之为君也！巍巍乎！唯天为大，唯尧则之。荡荡乎！民无能名焉。"[1] 并且《论语·尧曰》也提出："尧曰：'咨！尔舜，天之历数在尔躬，允执其中。四海困穷，天禄永终。'"[2] 这不仅被后世认为是表达了尧传舜以天道，其后"舜亦以命禹"，舜也把天道传给了禹，形成早期道统圣人相传的统绪，而且其"允执其中"也被视为道统所传的重要内容，其后"执中"、中道成为道统理论的重要构成。

道统经早期流传，到孔子成为儒家道统思想的发端者。孔子祖述尧舜，宪章文武，继承了文王仁政和周公之礼，创儒家学派，提出仁礼之道，这在道统发展史上具有理论开创的意义。孔子的仁礼之道为孟子所继承，孟子将"仁义"连用，在孔子思想的基础上提出仁义之道，并把孔子

---

① 《论语·泰伯》，（宋）朱熹：《四书章句集注》，中华书局1983年版，第107页。
② 《论语·尧曰》，（宋）朱熹：《四书章句集注》，中华书局1983年版，第193页。

的仁道发展为"仁政"学说，提倡王道，反对霸道，把儒家道德伦理推向政治领域，开后世由内圣而达于外王政治理想之先河。然而孔孟之世，百家争鸣，儒家之道只是诸子学术之一家，儒学学者在与道、法、名、墨、阴阳等家学术的争鸣中，相互交流，相互吸取，逐渐融合吸收了各家思想尤其是各家道论，并以其能够最大程度地适合中国社会发展的客观需要，故经董仲舒的努力，使儒学包括儒学之道成为中国社会的统治思想，从而儒学占据了中国文化发展的主导支配地位。

二、"道"范畴的产生与发展

在中华道统思想发展史上，"道"与"道统"不可分割。"道"作为中国哲学的核心和最普遍范畴，亦是"道统"传授的内容；道统是以传道为目的，为道的存在和延续发展而形成的，道统包含了道的原则。儒家为了论证圣人之道的内涵及道的传授系统，便提出了道统论。道统论可视为体现和掌握道的内涵、道的精神和儒家圣人之道传授统绪的理论。与道统经历了一个逐步形成与发展的历史过程一样，中国哲学道范畴也经历了一个产生、哲学抽象和内涵日益丰富的发展过程。由于道统把道的发展包括在内，两个过程的结合便构成了完整的道统的产生与发展史。

(一)"道"概念的产生与发展

中国哲学"道"范畴的形成，经历了一个"道"的产生，到"道"概念，再到"道"范畴的抽象发展过程。其内涵随人们认识事物的抽象思辨能力的提高而日益丰富。"道"最初的原始意义为道路，甲骨文中虽未见有道字，但有途字，途字的本义是道途。"道"字始见于金文，指有一定指向的道路。道字产生以后，尚未上升抽象为哲学范畴之前，作为一个名词概念，具有一些基本的含义。一般说，《易经》之道主要指道路，但开始向伦理道德意义上发展；《诗经》之道则引申出方法、政令等意义来；《尚书》之道已具有了治国原则、法律、命运、法则等含义。但在这一阶段，道尚处在一般概念的发展阶段。到《左传》和《国语》的写作年代，道则成为普遍的自然规律和社会法则的代名词，出现了天道、人道范畴。

子产说："天道远，人道迩。"① 《国语》指出："天道皇皇，日月以为常。"②
其天道指日月、天体运行的自然规律，其规律具有恒常性；人道指社会人
事的原则。认为天道远离人间，而人道存在于社会人事之中，可以就近掌
握，一定程度地论及了天道与人道的关系，这标志着哲学"道"范畴开始
形成。

（二）"道"范畴的发展与演变

"道"范畴由"道"概念抽象形成后，作为时代精神精华的哲学的道
论，开始了发展和演变的过程。儒家创始人孔子在《论语》里言及道，其
道的主要含义指仁礼之道，后被孟子发展为仁义之道，并以之作为治国的
基本原则。孔孟之道对中国文化及道统思想影响极大。此后，中华道统思
想便以鲜明的伦理特征著称于世。

在广义的中国道统思想文化及道范畴发展史上，道家以道名派，道
家创始人老子第一个使道具有了哲学本体论的意义。从事物规律、规则之
道，到哲学本体、宇宙本原之道，是人们理论思维的飞跃。老子完成了这
个飞跃，这是他作出的划时代的理论贡献。虽然老子"道法自然"③ 和"道
常无为"④ 的思想对中国文化影响深远，但道家在伦理观上主张"绝仁弃
义"，强调"大道废，有仁义"⑤，其道与仁义不并存的思想与儒家的仁义
之道形成鲜明的对应，成为广义的中华道统思想文化发展的两大家。然而
道家"道法自然"的思想为儒家道论所吸取，用于提高儒家伦理的自然
权威。

先秦法家对道很重视，以道为根据，因道而任法，推行法治，倡法
与仁义的对立，反对儒家圣人之道。韩非说："今有美尧、舜、汤、武、

① 《春秋左传正义·昭公十八年》卷48，《十三经注疏》，中华书局1980年版，第
2085页。
② 《国语·越语下》，徐元诰撰，王树民、沈长云点校：《国语集解》，中华书局2002
年版，第584页。
③ （魏）王弼注，楼宇烈校释：《老子道德经注校释》第25章，中华书局2008年版，
第64页。
④ （魏）王弼注，楼宇烈校释：《老子道德经注校释》第37章，中华书局2008年版，
第90页。
⑤ （魏）王弼注，楼宇烈校释：《老子道德经注校释》第18章，中华书局2008年版，
第43页。

禹之道于当今之世者，必为新圣笑矣。"①以此与儒家道论相区别。其"以道为常，以法为本"②的思想是对儒家以礼为常，以人为本思想的否定。尽管如此，自汉以后，儒家一定程度地吸取了法家的法治思想，提倡德法并用，体现了儒法思想的融合。

《管子》一书融合道、儒、法各家思想，泯合道、德与仁义、礼、法相互间的对立，提出别具特色的道通仁义礼法的思想，为中国多元复合体综合型文化及其道论走向融通合流开辟了道路，亦为儒家道统吸取各家道论提供了借鉴。

"道"范畴的发展演变，其趋势是以儒家哲学之道论为主导，吸取各家的道论，主要是吸收道家哲学的道本论和道法自然的思想，逐步形成合事物规律、宇宙本体、伦理原则为一体的宋代新儒学之道论，使儒家伦理学与哲学本体论紧密结合，统一于道，以图与佛老精辟的思辨哲学相抗衡，把儒家伦理发扬光大，形成了中国哲学的特色，并丰富了道统之道的内涵，从而亦是对中华道统思想的发展。

三、道统的发展阶段

从形式上讲，圣人之道的传授统绪日益完善并发展演变；从内容上讲，道范畴的内涵日益丰富，并随着时代的发展不断上升到新的理论高度。形式与内容的结合，构成了中华道统思想的历史发展。道统之道一以贯之，从产生到现代，历数千年而不衰。自伏羲开创中国文化的大传统以来，历代圣人为中华文明和文化的发展作出了贡献。至孔子继承文王仁政，损益周公周礼，以仁释礼，把周公之礼发展为仁道，这奠定了中华道统思想的基本内涵和基础，代代相传，为后世道统论所一致认同。

虽然孔子仁道成为中华道统思想的根基，广泛深刻地影响了包括道

---

① 《韩非子·五蠹》，（清）王先慎撰，钟哲点校：《韩非子集解》卷19，中华书局1998年版，第442页。

② 《韩非子·饰邪》，（清）王先慎撰，钟哲点校：《韩非子集解》卷5，中华书局1998年版，第126页。

统思想在内的整个中国传统文化，形成中华文化的鲜明特色，但中华道统思想经历了时代的发展，各个时代的道统论不仅继承了孔子的仁道，而且体现了各个时代的精神，反映了各自时代思想文化的特质和一定的发展方向。同时每个时代的道统论都吸取了先前道统思想的资料和积累起来的成果，并结合社会发展和时代的要求，在此基础上加以创新，给原有的道统论注入新的内涵，使道统的发展绵延不绝，从而体现了中华道统思想和中华大道发展的方向。通观中华道统思想的历史发展，大致可分为以下四个互相联系又互相区别由古到今的发展阶段：

（一）从伏羲到周公，以文王仁政和周公之礼为代表

道统发展的第一阶段是从伏羲、神农、黄帝开始，经尧、舜、禹、汤、文、武，到周公。此阶段除周公外，均为上古帝王，又被后世尊为圣人，其圣王行事，多为事迹，还未形成有体系的思想，但透过他们的事迹，也体现了一定的思想，足以为后人所效法。或被认为从伏羲、神农、黄帝、尧、舜、禹、汤、文、武、周公一代代传下来的外王的业绩，必定有创造这些外王业绩的内圣之道为之依据，这就形成了早期的道统，而周公是早期道统的总结者，形成了较为系统的思想。周公以前的历代圣王，其道一脉相承，尽管考诸史籍，缺乏系统的文字记载，但通过外在的事迹和外王业绩，仍可考出其内圣之道来。

伏羲被认为是首出庶物的大圣人，他顺应天地之自然，观象取物，始作八卦，以象征八类不同属性的事物，把《易》象建立在自然物象的基础上，开易学之先河。后世在伏羲画八卦的基础上，逐渐形成了《周易》及易学，这在中国文化史上占有举足轻重的地位。

神农被视为继伏羲之后的道统的传人，其时代的特点是"农作"，发明农具，从事农耕以养民，解决众多民众的生存问题，以此与古民"皆食禽兽肉"[①]的时代相区别。这是神农对中华文明发展作出的贡献。

黄帝是中华道统的发祥者之一，历来被认为是中华民族的共同祖先，或认为炎帝、黄帝同为中华民族的祖先。黄帝不仅文治武功超群，而且有

---

① （汉）班固：《号》，《白虎通义》卷上，文渊阁《四库全书》第 850 册，台湾商务印书馆 1986 年版，第 7 页。

许多发明创造，《国语·鲁语》说："黄帝能成命百物，以明民共财。"① 黄帝为中华文明的进步贡献很大。

尧在中华道统中的地位与早期的圣人相比，更为明晰，其思想言行对后世的影响也更大。这集中体现在他本于大公，于民间选择了一位至孝至悌的贤人，名曰舜，不仅相传以"允执其中"的中道原则，而且把帝位也禅让给舜。尧舜禅让，实行公天下的大同政治，反对家天下，这被儒家看作王道的最高理想境界。尧在外王即外而在政治上行王道方面，为后世树立了典范。其王道政治表现在尚贤、辞让、重义轻利、为民、兼爱、均施恩德、上下有别、贵贱有等、君臣有序、慎用武力等方面，为后世儒家所效法。

舜在孝亲和举贤用人方面，为后世树立了榜样。舜有一个不慈的父亲和不悌的兄弟，加上继母，多次加害于他。但舜却依然事父母以孝，为孔子所称颂。舜治理天下，举贤任能，包括举用皋陶，使众人归化于仁；使契为司徒以之教民；任用禹以治水，并以"允执厥中"传之于禹。自己也是执其两端，而用其中于民。这体现了道统之中道原则。舜亦出于大公至德，把帝位禅让给禹。孔孟往往将尧舜并论，对两人备加称颂，《今文尚书·尧典》也把尧舜结合起来介绍，表明尧舜在中国文化史上历来有崇高的地位。

其后，禹治水十三年，三过家门而不入，公而忘私，治平水患，造福于人民；又划分天下为九州，为大一统的中华国家奠定了基础。汤反对暴政，施行仁义，革残暴不仁的夏桀之命；又执中，立贤无方，体现了尧、舜、禹、汤均相传以"执中"的原则，这成为道统相传的重要理论。文王之子武王继承文王的遗志，革商纣之命，成为继汤伐桀之后，中国历史上第二次伟大的革命，不仅《易传》对此作了充分的肯定，而且儒学代表人物孟子、荀子、朱熹均认同于文武之道，尤其是孟子、朱熹直把汤武革命的对象桀纣称之为独夫，认为贼仁贼义的独夫可诛，诛独夫不是诛君，反对不行仁义的暴君。说明仁义之道高于君主之位，这是儒家道统思想的一个基本出发点，并以此来垂戒后世帝王。

---

① 《国语·鲁语上》，徐元诰撰，王树民、沈长云校点：《国语集解》，中华书局 2002 年版，第 156 页。

　　在道统发展的第一阶段以文王仁政和周公之礼为代表，其对后世的道统论尤其对孔子的思想产生了非常重要的影响。

　　周文王实行仁政是对尧舜王道之治的继承，并顺应时代的潮流和民心向背，以仁政反对商纣王的暴政。文王实行仁政的内容包括："即康功田功"的重农思想、"怀抱小民"的爱民观念、"咸和万民"①的安民精神，这成为儒家民本主义的思想来源。文王的仁政从"制其田里"入手，即"制民之产"，百姓有了田产，从事生产劳动，满足其衣食生活需求，老人妻子儿女有所养，从而安居乐业。文王"修德行善"、"视民如伤"、"发政施仁"②，受到儒家的高度赞扬，孔子说："文王既没，文不在兹乎?"③认为文王之道在文王之后仍然继续流传，以自己为继承文王之道者，可见道统传授之脉络。后世儒家在文王仁政的基础上，逐渐形成系统的道统思想。

　　周公制礼作乐，其礼治思想对儒家道统影响很大。周礼的内容集中体现在亲亲和尊尊上。孔子效法周公，崇尚周礼。他说："周监于二代，郁郁乎文哉! 吾从周。"④以周文作为其思想的基础，也就是以亲亲和尊尊作为礼的根本要求，认为植根于血缘基础的亲亲与维护宗法等级制的尊尊是相互依存的。孔孟儒家遂从亲亲中推导发展出仁来，从尊尊中发展出义来。可见儒家仁义之道与周礼之亲亲、尊尊有密切联系，这也是道统发展第一阶段的主要思想成果。周公还在政治、宗教方面提出了系统的敬德保民思想、天命变化尽人事的思想，它们同周礼一起共同构成周公之道，对儒家学说及道统论产生了重要影响，奠定了道统思想形成和发展的基础。

（二）从孔子到汉儒，以孔孟仁义之道为代表

　　道统发展的第二阶段从儒家创始人孔子起，经孟子、荀子，到汉儒董仲舒、扬雄等，其中包括儒家经典《易传》、《大学》、《中庸》所表达的思想。这一阶段是儒家道统思想的发端期，儒家道统的基本理论在这一阶段已经提出，后世道统论就是在这个基础上发展的。孔子仁道以及孟子把

---

① 《尚书正义·无逸》卷16，《十三经注疏》，中华书局1980年版，第222页。
② 《孟子·梁惠王下》，（宋）朱熹：《四书章句集注》，中华书局1983年版，第218页。
③ 《论语·子罕》，（宋）朱熹：《四书章句集注》，中华书局1983年版，第110页。
④ 《论语·八佾》，（宋）朱熹：《四书章句集注》，中华书局1983年版，第65页。

仁义连用，提出仁义之道不仅是这一阶段道统思想的主要代表，而且是整个中华道统思想的根基，不论后世道统思想发生了多少变化，也不论道统理论有多少发展创新，都没有改变孔孟仁义之道作为道统核心和基本内涵这一事实。程朱以天理论道，陆王以本心为道，现代新儒家以内圣心性之学为道统，其天理、本心、内圣心性之学无一不是以仁义为内涵，只不过是在仁义之道的基础上，从形式到内容对其加以发展罢了。

孔子继承文王仁政和周公周礼，创儒家学派，提出了以仁为核心的一整套学说，把仁与礼相结合，以仁释礼，以仁、礼为道。他提出"中庸之为德"的思想，强调"允执其中"，倡无过无不及的中道观；注重人事，以人弘道，重视发挥人的主观能动性；宣扬儒家圣人，整理儒家经典，为道的传授和推广作出了旁人不可替代的贡献。由此而确立了其在中华道统思想发展史上十分重要的地位。

孟子的仁义之道及心性论对后世道统思想影响很大，尤其是陆王和现代新儒家之新心学一系的道统论对孟子思想吸取甚多。与孔子相比，孟子更为明确地提出了圣人之道相传授受的统绪，这为后世所遵循，由此而奠定了他在道统思想发展史上开道统传授之端绪的地位。

《易传》提出"一阴一阳之谓道"的思想，以阴阳作为道的内涵，阴阳之道一以贯之，体现在天、地、人三方面，并以形而上下分道器，这些方面丰富了道统之道的内涵。《易传》又扩大圣人的范围，《系辞》提出伏羲、神农、黄帝、尧、舜一脉相传的五帝系统，这为道统的起源提供了经典和资料的依据。

荀子虽不为宋明儒之大家所看重，但他在道统史上应占有一席之地。这是因为荀子继承发展孔子的思想，又吸取改造道家的思想，提出"天有常道"的命题，以礼义忠信为道，强调天道自然，人道有为；引用《道经》"人心之危，道心之微"的话，以说明主体之心存在着人心与道心的区别。这为《古文尚书·大禹谟》所吸取，开道统"十六字心传"之先河。

《大学》提出明明德之道和三纲领八条目，充分体现了儒家内圣而外王的精神。唐代韩愈以《大学》之道反佛老，建立道统论思想体系；程朱把《大学》列入"四书"之中，以之发明道统，并强调治"四书"以《大学》为先，《大学》是修身治学的纲领；王守仁也以《大学》发明"致良知"说；唯有牟宗三认为程颐朱熹以《大学》为主，未讲出本有之心性，有违本心即性的原则，故为宋明儒学之"旁枝"，对《大学》不予充分的重视。这些方面表现出《大学》在道统史上的重要性。

《中庸》在继承发展孔子的中庸思想并将其系统化、哲理化的同时，又提出中和之道和一系列重要命题和理论，如："天命之谓性，率性之谓道，修道之谓教"①；"修身以道，修道以仁"②；"尊德性而道问学"③；等等。为道统思想的确立和完善，提供了丰富的思想资料。朱熹在对《中庸》的集注中，提出了"道统"二字，并对道统展开了系统深入的论述。这对道统思想的确立和发展具有重要意义。

董仲舒虽为宋明儒之道统论所超越，以周敦颐、二程直接孔孟，然而仍不能抹杀其在广义的中华道统思想发展史上的地位和作用。董仲舒提出"罢黜百家，独尊儒术"的思想，为汉武帝所采纳，儒学遂成为中国文化的正统。这为儒家思想包括道统论的发展，创造了有利的条件。董仲舒提出的"圣人法天而立道"④的思想不仅丰富了传统儒学的道论，而且启发了后世儒学的道统论和道统史观。

董仲舒之后，汉儒扬雄推崇儒家圣人，把圣人与道相联系，并以"五经"济道，把道与儒家经典相结合。隋代王通有志于恢复先王之道，认为"杨墨之言出而孔子之道塞；佛老之教行而尧舜之道潜"，佛老异端与儒家圣人之道不并存。程朱的道统谱系虽不列扬雄、王通之名，但"宋初三先生"中的孙复、石介二人却在自己的道统论里树立了扬雄、王通的地位。

道统发展的第二阶段儒学代表人物和儒家经典提出了诸多的理论，丰富了道统思想的内涵，其中孔孟的仁义之道作为道统之道的核心，在道统史上的影响最大。

（三）从韩愈到程朱陆王，以超越时代的心传说和天理论为代表

道统发展的第三阶段即道统论的正式提出和确立以及发展演变的阶段，此阶段从韩愈起，经孙复、石介、周敦颐、张载，到二程、朱熹、陆

---

① 《中庸》，（宋）朱熹：《四书章句集注》，中华书局1983年版，第17页。
② 《中庸》，（宋）朱熹：《四书章句集注》，中华书局1983年版，第28页。
③ 《中庸》，（宋）朱熹：《四书章句集注》，中华书局1983年版，第35页。
④ （汉）班固撰，（唐）颜师古注：《董仲舒传》，《汉书》卷56，中华书局1962年版，第2515页。

九渊、王守仁，以及吴澄等。这一阶段是道统论发展的高潮，蔚为大观，左右了当时的思想界，这具有其历史的必然性。之所以把此一阶段说成是道统论的正式提出和确立时期，是因为虽然道统思想的成分在孔孟、先秦及汉代儒家思想体系里已经具有，但未成系统，没有明确提出，其理论针对性也不明显。至唐代韩愈及宋代程朱，面对儒学发展停滞，佛老冲击儒学，动摇了其在思想文化领域的主导地位，而旧儒学墨守师说，严守家法，"疏不破注"，拘于训诂，限于名物与辞赋，已经僵化，不能与佛教精致的思辨哲学相抗衡。韩愈、程朱及宋儒学者力转此风，面对佛老思想的挑战和儒家伦理扫地而造成的人无廉耻、纲常失序及社会动荡的局面，以弘扬儒家圣人之道为己任，对抗佛教宗派传道的法统，明确提出了儒家圣人之道传授的系统，并详尽论述道统之道的内涵。韩愈著《原道》一文，标志着道统论的正式提出。以二程、朱熹为代表的宋代理学家则以天理论道，把道统之道提升为宇宙本体，与天理等同；又提出超越时代的心传说，把传道与传心联系起来，以《古文尚书·大禹谟》"十六字传心诀"作为经典的依据，并将其与《论语·尧曰》、《中庸》相结合，以《中庸》阐发"十六字心传"。这成为程朱道统的重要理论。其后，陆王提出心学道统观，但仍讲超越时代的心传，只不过把程朱也作为超越的对象，以自己直接孟子。王守仁虽然以"致良知"说取代道统论，但他仍以"十六字传心诀"作为心学之源，这说明陆王与程朱在道统心传问题上有相同之处。此外，陆王道统虽以心为道，将道统与心学相结合，然而他们并不反对天理，只不过把天理与心等同，提倡心即理，心性一元，本心即性，以此与程颐、朱熹的天理即道的天理论相沟通，而与其心理为二、心性有别的思想有异。在共同提倡心传，认同于天理的前提下，因其各自思想的特点，陆王与程朱的道统论又存在着差异。

韩愈的道统论启发了宋儒之道统论，这是不可否认的历史事实。程朱的道统论又在韩愈道统的基础上，有了大的发展。从内容上讲，韩愈道统之道的内涵是仁义，程朱在仁义之道的基础上，以天理论道，把哲学本体论与儒家伦理学结合起来，这是对韩愈及传统道统论的发展；从形式上看，韩愈提出的道统传授谱系说为宋儒所吸取，孙复、石介不仅继承了韩愈的道统，而且在他们的传道谱系中，增加了荀子、扬雄、王通、韩愈等先秦汉唐诸儒，对韩愈备加推崇，而程朱虽然表面上不承认韩愈道统，声称是由周敦颐、二程直接从孟子那里得千年不传之绝学，把圣人之道接续下来，但实际上他们受到了韩愈道统说的影响。程朱均对韩愈表示一定程度的尊重，只是由于他们认为《原道》中的语言有病，所以不多提韩愈在道统中的作用。

张载以气化论道，这是他思想的特点，并成为中华道统思想发展史上以气论道的理论代表。张载提出完整的道统论，倡道于千年不传之后，他继承发挥《易传》提出的伏羲等"五帝"的系统，形成圣人一脉相传的传道次第，以回应佛老对儒学的冲击，并认为儒家圣人之道在北宋时复明，自有其复明显昭的历史必然性，观察到道统论的崛起，具有深刻的社会历史根源和思想根源。

朱熹在继承二程确立的道统论的基础上，建构精致的道的哲学，完善了道统思想体系；集注"四书"，集道统论之大成；并与陈亮展开关于道统问题的争论，在辩论中明确提出超越时代的心传的思想；把道学与道统相结合，赋予道统论以时代的新义，使道学成为道统论历史发展的一个重要阶段。

自朱熹集道统思想之大成后，道统论逐渐向心学方向发展演变，这也有其时代的必然性。陆九渊提出心学道统观，以心论道统，对程朱道统论加以心学化的改造，他以继孟子之后道统第一人自居，把韩愈、周敦颐、二程、朱熹均排斥在道统之外。虽然陆九渊站在心一元论哲学的立场，不同意程朱对《尚书·大禹谟》"十六字传心诀"的解释，但他以自己上接孟子而自得其道，仍然是以程朱的超越时代的心传理论为依据。

吴澄道统论的特点是把心学与道统紧密结合，扩大心学的内涵，把朱熹道统中的众多人物及其学说都包括到心学里来，而不把心学仅限于陆九渊心本论心学。吴澄还针对朱学末流的弊端，超越朱学，向心学转化，体现了道统论演变的趋势。

王守仁直接把圣人相传授受之学称之为心学，把"十六字传心诀"视之为"心学之源"①，提出"致良知之外无学矣"②，以"致良知"说取代

---

①　（明）王守仁著，王晓昕、赵平略点校：《象山文集序》，《王文成公全书》卷7，中华书局2015年版，第296页。

②　（明）王守仁著，王晓昕、赵平略点校：《书魏师孟卷》，《王文成公全书》卷8，中华书局2015年版，第340页。

程朱道统论，从而把圣人相传的道统说改造为心学，完成了道统心学化的过程。这为现代新儒学之新心学一系所继承，并以之作为"源头活水"，而吸取甚多。

（四）20世纪20年代以来的现代新儒家，以由内圣心性之学开出科学民主新外王说为代表

道统发展的第四阶段即是现代新儒学之道统论阶段，此阶段现代新儒学人物中讲道统的有熊十力、冯友兰、钱穆、唐君毅、牟宗三等。其中冯友兰和牟宗三讲的较多，而以牟宗三为现代新儒学之道统论的代表人物。此一阶段道统论的特点是重内圣心性之学，又吸取西学，援西学入道统，这在牟宗三的道统思想里表现得比较突出。因而形成了不同于传统道统论的特点，这也是对中华道统思想的发展，使之与现代文化接轨，体现了现代新儒学道统论的时代意义。

熊十力认为宋儒确立道统之说，有回应宗教冲击儒家人文的作用，使人们不惑于出世主义的宗教。又指出宋儒论道不广，遂从广义的角度把道统视为一国学术的中心思想。

冯友兰既承认在中国思想史上有儒家圣贤一脉相承的道统存在，又提出广义的道统观，以道统为社会居主导支配地位的哲学。并认为这个道统是发展的，以超越的中国哲学精神作为道统哲学发展的主线，追求"极高明而道中庸"的最高境界，从而标立"新统"，把吸取了西方哲学的新理学视为接续了中国哲学各方面最好传统的全新的形上学的新道统。

钱穆早期肯定韩愈、朱熹提出的道统说，后来则认为宋明儒之道统是一种"主观的道统"，是孤立易断的道统，从而提出广义的道统观，以中国历史文化的大传统为道统。他强调应多一点包容精神，讲中国文化不能光讲儒家，讲儒家也不能只讲宋明道统，主张从更宽广的角度来弘扬中国文化。

牟宗三提出道统、学统、政统三统之说，企图通过提出一个安定人生、建立制度的思想系统，来作为人们安身立命的根本和社会生活的指导思想，把时代民主政治、现代科学精神与中国文化基本的道德宗教结合起来，从而贯通中西，发展中国文化。与三统说密切联系，牟宗三提出由内圣心性之学开出科学民主新外王的思想，即通过道统之肯定，肯定道德理性即内圣心性之学的价值，开出学统与政统，由德性主体转出知性主体和政治主体，发展民主政治与科学。牟宗三所谓的"新外王"的内容是指民主政治与科学，这体现了对西学的吸取，用以作为重建儒学道统的有机组成部分。

唐君毅肯定在中国文化史上有一道的传授系统，面对西方文化的传入，主张应对中华道统文化重加研究考察，以回应西方学术文化的冲击，从而弘扬道统文化。唐君毅在由他起草，以牟宗三、徐复观、张君劢、唐君毅四人联名发表的《为中国文化敬告世界人士宣言》中论述了新儒家的道统观，指出中国文化具有一本性，其道统一脉相传，一以贯之，构成中国文化的一大特色，而与文化来源为多元的西方文化相区别。进而唐君毅把道统说与心性之学相联系，认为宋明儒之所以深信《古文尚书·大禹谟》的"十六字心传"为中国道统的来源，是因为宋明儒者均以心性之学为中国学术文化的本原。故唐君毅把心性之学作为"中国学术思想之核心"，其心性之学与道统中圣人相传之心法合一，而以儒家圣人传道为主，其道的相传又以心传为主，并以此为主体来吸收、融会西学，这体现了现代新儒学道统论的特色。

综观以上中华道统思想的发展阶段，可以看出，中华道统思想的发展与中国社会及文化的发展伴随始终，道统思想的发展集中反映了中国社会文化发展的本质和各个时代时代精神的精华。道统之道作为中国哲学的核心和最普遍范畴，它的演变和发展，反映了中国文化演变与发展的大趋势；道统之传授谱系又为道的延续和发展提供了基本的理论形式。道的哲学与道统传授谱系的结合及发展，体现了中华道统思想的历史发展及其过程。总的来讲，道统文化起源于伏羲，当时未形成思想，只有业绩，经神农、黄帝、尧、舜、禹、汤的发展，至周文王实行仁政，周公提出周礼，体现为道统早期发展的主要成果，尤其是周公之道已初具较系统的思想，为道统理论的提出奠定了基础。孔子继承文王仁政和周公之礼，创造性地提出仁道，经孟子发展为仁义之道，成为道统论的理论根基，又经《易传》、《大学》、《中庸》、荀子、董仲舒等的发展，使道统内涵日益丰富。唐代韩愈面对佛老思想的挑战和旧儒学发展的停滞，著《原道》，正式提出儒学之道统论。经二程、朱熹以天理论道，讲超越时代的心传，集道统思想之大成，把道统论发展到一个前所未有的理论高度。而张载以气论道，陆王以心论道，形成宋明儒之道统论的不同流派。尤其是陆王把心学与道统相结合，使道统论向心学转化。这为现代新儒家之道统论所继承，把道统论与心性之学相结合，由内圣心性之学开出科学民主新外王，从而援西学入道统，把道统论发展到具有现代文化与哲学精神的新阶段，使中华道统思想在现代社会的背景下得以继续发展。

第二节　中华道统思想的理论构成及其基本特征

中华道统思想以儒学道统为主体，也吸收借鉴了中国文化各家各派乃至外来文化的有关思想，在中华道统思想产生、确立和发展演变的历史过程中，逐步形成了自身的思想理论，并不断丰富发展。这些理论构成了道统思想的基本体系，使道统论得以建立并为人们所认识。其理论构成具有多样性，又一以贯之，各个理论之间既相互区别，又相互联系，而统一于孔孟仁义之道，在仁义之道的基础上有所创新，有所丰富，有所发展，并各有侧重和区别。由此而形成了道统思想区别于其他思想学说的特征，使之在中国文化史上占有重要的地位。由于中国文化以儒学为主体，而儒学的基本精神又集中体现在道统思想里，所以道统思想的理论构成亦成为儒家思想以至于整个中国学术文化思想的重要组成部分。客观地分析研究道统思想的理论构成及其特征，是认识其价值、意义及流弊的前提和基础。

一、道统思想的理论构成

中华道统思想经历了一个产生、发展的历史过程，在这个过程中，形成了以下基本的理论和学说：

（一）仁义之道

儒家孔孟的仁义之道与道家老庄的自然之道形成中国文化发展对应的两端，两家既互相区别又相互吸取，而成为中国哲学道范畴历史发展的主线。孔子在文王仁政和周公周礼的基础上发展出仁道，提出一套以仁为核心的学说，这对中华道统思想影响极大，奠定了道统理论的基础。仁的内容包涵甚广，其核心是爱人。仁字从人从二，也就是人们互存、互助、互爱的意思。孔子认为"克己复礼为仁"，依靠主观道德修养，克服不符合礼的行为，使视、听、言、动都合于礼，这就体现了仁。说明仁与礼合为一体。仁的内容还包括"己所不欲，勿施于人"的忠恕思想。孔子指出："仁者，己欲立而立人，己欲达而达人。"[①] 即自己要求立于世，也帮助别人立于世；自己要求提高，也帮助别人提高。并主张推己及人，我不希望别人这样对待我，我也不要这样对待别人。

孟子在孔子仁道的基础上，把"仁义"二字连用，提出仁义之道，使儒家有了完整而系统的仁义思想。孟子并把仁的学说落实到政治治理，提出著名的"仁政"说，重点在改善民生，加强教化。又以仁学为基础，发展出心性之学来，以心性言仁，对后世儒学道统论产生了重要影响。

孔孟的仁义之道一以贯之，贯穿于整个中华道统思想后来发展的全过程。尤其是宋明儒家把仁纳入其新儒学思想体系，给予充分的重视。其代表人物朱熹对于仁的范畴讨论最多，阐发最详，集前人仁说之大成，并把仁与天理相联系，仁作为天理的内涵，具有宇宙本体和儒家伦理双重意义，使儒家仁道上升为宇宙本体论哲学，这是对孔孟仁义思想的发展。

（二）执中、中道

执中、中道是道统思想的重要构成，也即是以中庸为道统的内涵。"中"字在甲骨文中已经出现，其本义是指立于正中央的一杆旗帜，由此引申出中正、中间等含义。自《论语·尧曰》提出："咨！尔舜，天之历数在尔躬，允执其中"的执中思想以来，执中便成为道统思想和道统传授的重要内容。尧、舜、禹相传继之以中，由尧舜相传以"允执其中"，舜禹相传以"允执厥中"，到汤的"汤执中"，都贯穿了一个无过无不及的"中正之道"。除执中外，孔子还提出儒家的中庸思想，《论语·雍也》指出："中庸之为德也，其至矣乎！"[②] 孟子继承孔子的中庸思想，指出"孔子

①　《论语·雍也》，（宋）朱熹：《四书章句集注》，中华书局1983年版，第92页。
②　《论语·雍也》，（宋）朱熹：《四书章句集注》，中华书局1983年版，第91页。

岂不欲中道哉?"① 并指出:"汤执中,立贤无方。"② 强调中道和执中。《易传》亦推崇中道,以中为贵,以居中为美德,这是从爻位的"时中"说引申而来的,即以中为正,主张因时而行中道。荀子重视中,他认为仁的最高表现,就是按照中的准则行事。他说:"先王之道,仁之隆也,比中而行之。曷谓中? 曰:礼义是也。"③ 道即仁即礼义,也即是中,行中即体现了道。《中庸》从哲学的高度发展了孔子的中庸思想,提出中和之说,以中为"天下之大本",以和为"天下之达道",要求"致中和",掌握中和之道。

以上可见,从尧、舜、禹、汤,到孔、孟、荀、《易传》、《中庸》,无不相传共守中道、中庸。至程朱也以中道、中庸为道统论的重要构成。朱熹说:"盖自上古圣神继天立极,而道统之传有自来矣。其见于经,则'允执厥中'者,尧之所以授舜也;'人心惟危,道心惟微,惟精惟一,允执厥中'者,舜之所以授禹也。"④ 中道成为道统传授的重要内容,亦是道统理论的重要组成部分。

(三)内圣心性之学

牟宗三以宋明儒内圣心性之学作为道统发展的重要阶段和重要理论,而此心性之学则起源于先秦儒家,并一直影响到现代新儒家,成为道统思想的重要理论。所谓内圣,相对于外王而言,指内有圣人之德,通过内在的道德修养做圣贤的工夫,外施王者之政。"内圣外王"虽出自于《庄子·天下》篇,但为儒学所吸取,并将内圣之学与心性之学相联系,构成道统相传的重要理论。

孔子对心性问题论述不多,但他提出"为仁由己"⑤ 的命题,强调仁的实现在于人的主观意志的追求与把握。这启发了孟子的尽心知性说。孟子在孔子仁学及"为仁由己"命题的基础上发展出心性之学,他提出"心

---

① 《孟子·尽心下》,(宋)朱熹:《四书章句集注》,中华书局 1983 年版,第 374 页。
② 《孟子·离娄下》,(宋)朱熹:《四书章句集注》,中华书局 1983 年版,第 294 页。
③ 《荀子·儒效》,(清)王先谦撰,沈啸寰、王星贤点校:《荀子集解》卷 4,中华书局 1988 年版,第 121—122 页。
④ 《中庸》,(宋)朱熹:《四书章句集注》,中华书局 1983 年版,第 14 页。
⑤ 《论语·颜渊》,(宋)朱熹:《四书章句集注》,中华书局 1983 年版,第 131 页。

之官则思"① 的著名命题，最早给主体之心以高度重视，并首倡性善论，把仁与义礼智并称，作为性的内涵。从而以心性言仁，把仁与心联系起来，指出："仁，人心也。"② 其心性之学包含了人性论、修养论、道德形上学的内容，对后世儒学道统思想影响很大，甚至佛教心性之学也深受其影响。

宋明儒心性之学随着道统思想的发展而兴起，不仅陆王心学一派以心论道统，把心学与道统相结合，对道统加以心学化的改造，倡导本心即性的心性一元说，而且二程、朱熹也十分重视心性之学。程朱讲执中、中道，讲超越时代的心传，均离不开对心的阐释。可以说，在宋明儒这一阶段，道统的发展与心性之学不可分割地联系在一起。至现代新儒学以服膺宋明儒之心性之学为主要特点，以接续儒家道统，复兴儒学为己任，认为心学即是道统之源，以心性一元为大宗来讲道统的传授。并把内圣心性之学与道统、学统、政统三统之说相联系，通过肯定道统即内圣心性之学的价值，开出学统与政统之新外王，以发展科学与民主。由此可见心性之学在道统理论中的重要性。

（四）修齐治平之道

与内圣而外王相关，儒家经典《大学》提出修齐治平之道，这为后世儒家所效法，在提出道统论时，以之作为一个重要的内容。《大学》重点论述了个人的道德修养、治学次第及与治理国家的关系问题。主张通过道德修养，由修身、齐家，达到治国平天下，也就是把道德修养之事作为治理国家的大事。将道德精神和道德原则从个人修身推之于家、国、天下，实现明明德于天下的理想。所以《大学》强调"自天子以至于庶人，壹是皆以修身为本。"③ 仅修身还不够，还须将修身的成果贯彻到外在的治平实践之中。这构成了儒学的一大特色。

唐宋以来，儒学学者为了对抗佛老学说，建立道统论，便发挥了《大学》的修齐治平之道。韩愈根据《大学》的修齐治平之道，建立以儒家的仁义之道与修齐治平相结合的道统论思想体系，提倡有为、社会实

---

① 《孟子·告子上》，（宋）朱熹：《四书章句集注》，中华书局 1983 年版，第 335 页。
② 《孟子·告子上》，（宋）朱熹：《四书章句集注》，中华书局 1983 年版，第 333 页。
③ 《大学》，（宋）朱熹：《四书章句集注》，中华书局 1983 年版，第 4 页。

践，批评佛教只讲个人修养成佛，不讲治理国家的宗教修养论。这对道统学说的完善影响很大。继韩愈之后，二程朱熹在确立并集道统论之大成的过程中，充分发挥《大学》的修齐治平之道，主张王者之政，其心本于天理，由穷理修身达于政事，将圣人之道落实到平治天下的万事之中。

现代新儒家亦主张由内圣达于外王，即通过修身，挺立道德主体，并以此为主体来吸收西学，由内圣之学开出现代科学、民主政治等新的"外王"事业。这体现了对《大学》修齐治平之道的继承和发展。

（五）超越时代的心传说

程朱道统论认为，儒家圣人之道的传授由于汉唐诸儒未能得道而中断了千年，于是提出超越汉唐诸儒的心传之说。二程认为汉唐诸儒专务解析，用心于末，在佛老异端的冲击下使儒家圣人之道失传。由此，他们提出，道的传承不一定是直接授受，也可以是超越一定时代的心传。程颢说："先圣后圣，若合符节，非传圣人之道，传圣人之心也。"① 道在传授的过程中，即使在一定的历史时期内（比如汉唐），儒者不能完全按道的原则行事，使道传之已差，然而道并不因此而息而亡，它可以通过后世的人们接续道的精神，心心相传，使道的精神延续下来。这种心传思想为超越汉唐，直承孔孟，提供了理论依据，也为扬弃传统，自由发挥新思想，开辟了思维空间。

朱熹继承二程，提出"十六字心传"说，以心法的传授体现道统观，对《古文尚书·大禹谟》中的"人心惟危，道心惟微，惟精惟一，允执厥中"十六字详加阐发，以发明圣人传心之旨，把传心与传道结合起来。对于圣人之道的传授与心传的关系，朱熹从圣人之道传之以心的观点出发，肯定韩愈关于"轲之死，不得其传"的说法，但强调须深知圣人相传的是仁义之道，而仁义之道不能离开心而存在（尽管道不是心）。指出在传道的圣人序列里，有的相互之间隔了数百年，不可能做到口传耳授，只有识其心体，"体其全且尽"，才能通过心心相传，把道传授下来。朱熹将此称之为"尧舜禹相传之密旨"，或"尧舜相传之心法"，这个"密旨"和"心

---

① （清）黄宗羲著，全祖望补：《明道学案上》，《宋元学案》卷 13，中华书局 1986 年版，第 560 页。

法"是与圣人之道的传授紧密相联系的。朱熹心传说与其心性之学、中道思想相互联系，共同成为道统论的重要组成部分。

（六）"四书"学

"四书"学是指以《论语》、《孟子》、《大学》、《中庸》为研究对象而阐发义理的学问。二程朱熹为建立道统思想体系的需要，重视和推崇"四书"，认为"四书"集中体现了圣人作经之意，圣人之道载于"四书"，要求学者以治"四书"为主、为先，从中发明圣人之道，"四书"既治，则"六经"可不治而明，其"四书"的地位在"六经"之上，从而奠定了"四书"及"四书"学在道统发展史以及经学史上的重要地位。

"四书"并行，出于二程的提倡和表彰。经朱熹集注，风行于天下，进一步扩大了"四书"的影响。可以说，朱熹集注"四书"的目的就是为了把道统思想发扬光大，将圣人之道传播开来。这表现在，首先，"道统"二字的连用和提出见之于朱熹的《中庸章句序》①，这对道统的正名有重要意义。他还在《中庸章句序》中将道统上溯至伏羲、神农、黄帝等"上古圣神"，又推广经尧、舜、禹、孔子、子思、孟子，到二程的道的传授谱系。由于朱熹的重要地位，加强了道统传授说的权威性。

此外，朱熹通过集注"四书"阐发道统处甚多，使"四书"成为整个经学的基础。在此新经学的基础上，建构理学及其道统论，表现出与汉唐经学及旧儒学不同的学术旨趣。这是对传统儒学的发展，在经典的内容上为发明道统提供了依据。经朱熹的发明和阐释，道统论进一步完善和体系化，"四书"学与道统论更加紧密地联系在一起，并为后来道统论的推广，发挥了重要作用。虽然现代新儒学代表人物牟宗三站在新心学立场对程朱的"四书"学加以改造，但他也客观地看到"四书"学对程朱道统之心传所起到的重要作用。他指出宋儒"直接由'四书'中而直探孔孟之心传，所谓'内圣之学'是也"②，并认为这是宋学义理超出汉学考据之处。可见"四书"学作为道统论的理论构成，对发明道统起到了重要作用。

---

① 近年来学术界研究表明，在朱熹之前已有人把"道统"二字连用。——作者注。

② 牟宗三:《道德的理想主义》，台湾学生书局1992年版，第239页。

（七）以天理为道

在中华道统思想发展演变的历史过程中，道统之道虽一以贯之，但也经历了若干大的发展阶段，如周公之礼、孔子仁道、现代新儒家吸取西学由内圣开新外王等，而宋明儒尤其是程朱以天理为道，亦是道统发展的一个重要阶段。与张载的以气化为道、陆王的以心为道相区别，程朱的以天理为道说亦成为道统思想的重要理论构成。尽管张载、陆王的思想与程朱思想有别，但他们均认同于天理，其最终目的都是为了把以"理"为代表的儒家伦理发扬光大，只不过陆王以心即理，张载以气之聚散为理，所以程朱以天理论道、以天理为道的理论既体现了己派道论的特色，又代表了宋明时期道统的基本理论。

以天理论道，这是宋明儒学道统论不同于前代的特点。二程指出："天有是理，圣人循而行之，所谓道也。"[①]强调天理作为宇宙秩序，即使圣人也须遵循而行之，在这个意义上，天理即道。二程并将理从物之理中抽象出来，使之具有了最高范畴的意义，故程颢说："吾学虽有所授，天理二字却是自家体贴出来。"[②]二程以儒家伦理即孔孟仁义之道为本位，既批判佛教不讲儒家伦理的出世主义的教旨教义，又吸取华严宗"万理归于一理"[③]的理本论哲学形式，以天理为本体，天理又具有儒家伦理的内涵，从而使儒家伦理学与哲学本体论结合起来。其天理为道，道即是天理，天理作为道的内涵在道统思想体系里占有主导的地位，这对宋明时期道统思想的发展产生了深远的影响。又经朱熹对天理论哲学的发展，把道统论的发展推上了一个新台阶，从而变韩愈单纯伦理型的道统为理学的哲理型与伦理相结合的道统，这对道统思想的发展有重要的意义。

（八）以气化为道

以气化为道是道统理论的一个组成部分，它以北宋张载为代表，其

---

① （宋）程颢、程颐著，王孝鱼点校：《河南程氏遗书》卷 21 下，《二程集》，中华书局 1981 年版，第 274 页。

② （宋）程颢、程颐著，王孝鱼点校：《河南程氏外书》卷 12，《二程集》，中华书局 1981 年版，第 424 页。

③ （宋）程颢、程颐著，王孝鱼点校：《河南程氏遗书》卷 18，《二程集》，中华书局 1981 年版，第 195 页。

后的气本论哲学家如王廷相、王夫之等都受到张载以气化为道思想的影响。所谓以气化为道，是指以气的运动变化及其过程为道。张载说："由气化，有道之名。"①气化是指气聚与散的变化，这个聚散的流行变化过程是气本身所固有的属性，这即是道。这体现了张载道统论的特点。

在道统思想发展史上，以仁义为道，这是儒家道统论的共性，以此与其他各家包括佛教不讲仁义道德的思想相区别。然而在儒家道统思想内部，在肯定、认同于孔孟仁义之道的前提下，又由于对道统之道存在着不同的理解，或以气化为道，或以天理为道，或以心为道，或仅以仁义为道，未将仁义提升为宇宙本体，而形成了不同时期、各家各派的道论。张载在以气化为道的同时，系统展开了对道统的论述，由此丰富了宋明儒之道统思想，并以其以气化为道而成为道统理论的构成之一。

（九）以心为道

以心为道亦是道统思想的理论之一，它以陆九渊、王守仁等心学道统论为代表。以心为道是在以天理为道思想的基础上发展起来的，它并不排斥以天理为道。事实上在陆王心学的思想体系里，天理仍占有重要位置，只不过他们以心为理，提倡以"心即理"作为其心学的立言宗旨。陆九渊倡导心学，以心论道统，强调自得其道，直指人心，以孟子之后得道第一人而自居。从心道合一出发，对朱熹把心分为二的观点提出批评。王守仁继承陆九渊，提出"心即道"②和"道即是良知"③的思想，对程朱道统加以心学化的改造，认为《古文尚书·大禹谟》的"十六字传心诀"为"心学之源"，圣人传道即是传心。与朱熹道统论不同，王守仁把心与道等同，既强调道心与人心的合一，反对把心分二，从心一元论的角度把道统论及道的传授纳入心学的轨道，又把道统之道改造为良知，以更具主

---

① （宋）张载著，章锡琛点校：《正蒙·太和》，《张载集》，中华书局1978年版，第9页。

② （明）王守仁著，王晓昕、赵平略点校：《传习录上》，《王文成公全书》卷1，中华书局2015年版，第26页。

③ （明）王守仁著，王晓昕、赵平略点校：《传习录下》，《王文成公全书》卷3，中华书局2015年版，第130页。

体思维能动性的良知范畴以及"致良知"说扬弃并发展了以往的道统论，进一步完成了道统心学化的过程，这对现代新儒学之新心学道统论影响甚大。

（十）三统之说

牟宗三提出道统、学统、政统三统之说，这最能体现现代新儒学道统论的时代特征，因而也是中华道统思想发展到现代的重要理论形态。

三统之说的提出旨在通过疏通道统与学统、政统的关系，来论证传统儒家心性之学与现代科学、民主政治相结合的可能性，进而探讨以道统开出学统、转出政统的途径，在返本和吸取西学中开出与社会发展相适应的现代新文化。所谓三统之说，指道统之肯定，学统之开出，政统之继续。牟宗三所谓的道统，主要指儒家的内圣心性之学，它是人生宇宙之本原，亦是学统与政统的内在根据；所谓学统，指"知识之学"的统绪；所谓政统，指政治形态或政体发展之统绪。

牟宗三提出三统之说的目的乃在于通过提出一个安定人生建立制度的思想系统，以作为人们安身立命的根本和社会生活的指导思想，把时代民主政治、现代科学精神与中国文化基本的道德宗教结合起来，从而贯通中西，援西学入道统。

在三统的关系上，一方面，牟宗三指出三者有机结合，相辅相成，缺一不可；另一方面，又强调三者的关系不完全是并列，而是有本有末，以道统为本原，孳生学统，创造出政统。这表明牟宗三的道统论是以道统、内圣为本，以学统、政统及外王为用，认为只有挺立了人的道德主体性，才能由本原派生作用，由内圣通外王，由心性之学开出科学和民主政治。在以道统为立国之本、文化创造之源的前提下，把道统、学统、政统三者有机地结合起来。

以上是中华道统思想的基本理论构成，大致把道统思想发展史上产生的理论包括在内。由此可以看出，中华道统思想具有丰富的内涵，它不仅集中体现了儒学的基本精神，而且作为整个中国学术思想的重要组成部分，在中国文化史上占有重要的地位。

二、中华道统思想的基本特征

通过以上对道统思想的理论构成及其发展演变的探讨分析，可以归纳出中华道统思想的一些基本特征。正是由于这些特征，使中华道统思想具有了自己的个性和特性，从而与其他思想区别开来；也正是因其特征，使人们能够认识到道统思想的价值、意义及所存在的流弊。

（一）道统传授的形式与道范畴发展的内涵相结合

严格说来，道统论是由道统传授的形式与道范畴发展的内涵相结合而构成。道统与道缺一不能构成完整的道统论，两者的关系是以道为中心的形式与内容的关系。道统是维系道之所存在和延续的形式；道是道统所传授的内容。道统是以传道为目的，为道的存在和延续而形成的。因此，道统本身不是原则或尺度，但它包含了道的原则，是为论述道的思想、原则、精神服务的系统和形式。儒家为了论证圣人之道的精神和道的传授系统，便形成了道统论。道统论可视为把握和体现道的精神和儒家圣人之道传授系统的理论。

在中华道统思想发展史上，经历了不同的发展阶段，产生了既相互联系又相互区别的各个流派。它们在共同认同于儒家仁义之道的前提下，因其对道的内涵有不同的理解和认识，故分为不同的道统思想流派。由于道统与道的关系是以道为中心的形式与内容的关系，所以各派道范畴内容的不同决定了道统传授形式的不同。比如韩愈道统之道以仁义为内涵，不同于程朱以天理为内涵，故程朱在道统论形式上把韩愈等单纯讲仁义的汉唐诸儒排除在道统传授谱系之外；又如陆九渊以心论道，以心为道统之道的内涵，故在形式上又把程朱排除在道统传授谱系之外。这些方面表现出道统与道的关系具有同一性，有什么样的道的内涵，就有与之相应的道统形式。

（二）以道的传授和发展体现并维系中国文化的延续和发展

道统之道一以贯之，贯穿在广义的中华道统思想发展的全过程，由此体现为中华文化从古到今的历史发展。道统的发展持续不绝即是中华文化发展的延续不断。所以，道统之道的传授和发展具有体现并维系中华文化的延续和发展的意义，由此中华文化得以延伸和发展而不致中断。

然而，从狭义的道统论发展与流传的眼光看，道统又是延续性与中断性的统一。就延续性而言，朱熹的道统论认为，尽管汉唐时期道不传，但道却未亡，道不传与道已亡是两个不同的概念，前者指汉唐时期诸儒未能体道，所以没有把三代圣王之道接续下来；后者指道已息已亡，而事实上朱熹认为"道未尝息"、"道未尝亡"，可以通过超越时代的心传使道的传授延续不绝。就中断性而言，程朱道统论认为，汉唐时期毕竟有一千多年道之不传的空阙，使圣人之道失传，因而造成以智力把持天下，人欲横流，儒家伦理扫地的局面，故周敦颐、二程奋起于千载之下，得不传之绝学于遗经。虽然如此，在周程出来续道统之前，终归有一个圣人之道不行于天下的中断期。所以在看到道统的发展持续不绝的同时，应看到狭义的道统又具有延续性与中断性的统一的特征。

（三）重视儒家伦理的价值，回应宗教文化及西方文化的冲击和挑战

以儒学为主导的中华道统思想具有重视儒家伦理的特征，因而以儒家伦理为价值的标准，积极回应佛道宗教文化的挑战和近代以来西方文化的冲击。与此同时，也注意吸取宗教及西方文化的有关思想，以丰富自身。

儒佛在价值观、世界观、人生观上的差异和矛盾是客观存在的。由此唐代韩愈以维护儒家伦理原则为己任，旗帜鲜明地批判佛教弃仁义，尚虚无，毁灭儒家纲常伦理，而提出道统论，以图对抗佛教的法统。二程是宋代理学家批佛的代表，不仅从政治伦理方面批佛，而且从哲学理论上提出批判，比韩愈的批佛，更具理论深度，反映了宋代新儒学在回应佛教的冲击和挑战中，日趋成熟，从而使儒学在吸取佛教哲学优长的基础上，重新占据了中国文化发展的主导地位，并把佛教这种外来文化吸收改造为中国文化的一部分，亦使道教由出世主义逐渐向世俗化转化。这体现了中国文化的开放性，而有利于道统思想的发展。

对待近代以来由于西方文化的冲击而出现的全盘西化和全盘否定中国文化的思潮，牟宗三予以积极的回应。他不仅否定了五四文化运动负面

的、消极的思想内容，而且认为发展科学与民主并不是全盘西化，而是儒学内在地要求现代化，反对把儒学与现代化对立起来。主张以儒家心性伦理为本位，通过回应外来文化的挑战，把中西文化结合起来，使道统论与现代文化接轨，从而弘扬道统文化。

（四）强调主体思维能动性的发挥，具有强烈而鲜明的主体意识

中华道统思想具有鲜明的主体性和主体意识，其主体性原则以道德的主体性为主，同时也涉及认识的主体性。从主体性原则出发，一是强调发挥主体思维的能动性，提出心传的理论，以认识、契合并接续内在的圣人之道；二是从道德主体推导出儒家文化的主体意识和道统思想的主体地位，以作为文化交流中的主体。

中华道统思想从孔孟起就重视主体思维能动性的发挥，以体认内在的道德理性。孔子讲"为仁由己"①，孟子讲尽心知性，至宋明儒各派都重视人的主观能动性的发挥对于认识内在的道德理性的重要性。尤其是程朱提出超越时代的心传思想，强调内在地体认圣人之道，以接续圣人之心，把道的传授与心传结合起来，强化了主体意识及其发挥。与此相应，从道德主体性原则出发，以伦理为本位的儒学道统成为道统文化的主体，在中华道统思想发展史上占据了主导地位。面对外来文化佛教及西学的挑战，坚持从道德的根源处挺立主体意识，以此来融合、吸收外来文化，发挥道德主体的能动性，使中国文化在吸取外来文化的优长，排除其不适合部分的过程中得到发展。这表现出道统文化强烈而鲜明的主体意识。

（五）独立性与开放性、排他性与包容性的统一

儒学道统在中华道统思想发展史上居主导地位，这是一个客观的历史事实。但中国文化其他各家的道论以及佛教、西方文化也对道统思想产生了一定的影响。在儒学道统内部，因其对道及道统的内涵、道的传授谱系有不同的理解，而分为不同的流派。不同流派之道统论相互批评、相互排斥，又相互影响、相互作用，共同促进并体现了道统思想的发展。在这个过程中，儒学道统论所具有的独立性与开放性、排他性与包容性的统一

---

① 《论语·颜渊》，（宋）朱熹：《四书章句集注》，中华书局 1983 年版，第 131 页。

的特征得以表现。这既表现出中国文化的特质和基本精神，以及儒学道统论的价值和意义，同时也暴露了儒学道统论的流弊，由此而遭到了人们的批评。

所谓儒学道统论所具有的独立性，是指作为儒学道统基础的仁义之道继承文王仁政和周公周礼，最大程度地适应了中国古代以家族为本位，以血缘关系为纽带而形成的父系家长制的宗法关系及宗法等级社会制度的客观需要，从而能够维护社会的稳定和社会生活的正常运转，以此使社会得以发展。所以，儒学及其道论在汉代成为社会的统治思想后，一直以其独具特色的儒家伦理作为治世的原则而发挥着作用，并左右着中国文化发展的方向。就儒学道统论以仁义之道为基础，并以仁义道德原则抗衡外来文化及"异端"的冲击，坚持儒家伦理的根源性而言，它具有独立性的一面。然而，儒学道统论又具有开放性的一面，是独立性与开放性的统一。所谓开放性是指儒学道统论在产生和发展的过程中，面对其他各种文化的相争和外来文化的挑战，既坚持儒家伦理的根源性，又以开放的精神，大量吸取道家、法家、佛教、西学等其他文化的内容，从而丰富了自己的思想体系。这体现了中华道统思想的开放性和多元互补的特征。就其独立性而言，表现了中国文化的伦理政治型文化的特质和人文主义的基本精神；就其开放性而言，又表现了中国文化的多元复合体的综合型文化的特质以及和谐精神。然而我们在看到中国文化是一个多元复合体的同时，还应该承认这样一个历史事实：即中国文化的核心和主流还是儒家文化；中华道统思想的主体还是儒学道统论。

与独立性和开放性的统一的特征相联系，儒学道统论还具有排他性与包容性相统一的特征。所谓排他性，是指为坚持儒家伦理的根源性而对外来文化佛教以及杨墨等"异端"采取排斥的态度，同时指排斥重考据轻义理的汉唐诸儒以及与己派观点不合的儒学道统论的其他流派。

排斥佛教是指公开批佛，批判其不合于儒家伦理的教旨教义，这并不排斥对佛教精致的思辨哲学及其心性本体论的吸取。儒学道统排斥杨墨是因为战国杨朱提倡"为我"，墨子主张"兼爱"，而被认为是"无君"、"无父"，有违儒家伦理。对汉唐诸儒以及与己派观点不合的其他道统流派的排斥则是在儒学内部的排他性的表现，尤其是程朱既受到韩愈道统论的影响又把韩愈排除在道统之外，似乎欠缺容纳不同观点的宽容精神，可见排他性是对独立性的进一步发挥，这表现出儒学道统论的流弊。其他如陆九渊从心学道统论出发，排斥程朱于道统之外，亦是这种排他性的表现。

儒学道统论既有排他性的一面，又有包容性的一面。所谓包容性是指一部儒学道统思想发展史，是各种道统流派并存和演进的历史，它不是单一的存在模式，尽管程朱道统论客观上居道统发展的主导地位，影响也最大，但同时也存在着张载气学的道统论、陆王心学的道统论等，他们互相影响、互相联系，又互相批评，从而推动了道统思想的发展。此外，包容性与开放性相联系，还指儒学道统论通过吸取其他文化的成分，把道家的道本论和"道法自然"思想、佛教的心性本体论和心性一元说、西方哲学的新实在论和逻辑实证主义、西方文化的科学与民主等等包容到儒学道统论的思想体系之中，使之得到不断的发展。吸取其他文化的优长和有益成分而不断发展自身，这正是中华道统思想饱经沧桑和磨难而不中绝的一个重要原因。

（六）从道不从君，仁义之道高于君主之位

在中华道统思想发展史上，周公以前是帝王统道，其帝王又是圣人，故受到后世儒家的尊崇，并以尧舜三代作为楷模和价值取向的标准，主张"法先王"、"复三代"，这对中国社会和道统文化的影响很大。然而自孔子以后，则以士或师儒为道的承担者，取代了早期道统史上以帝王为道的承担者。

尽管孔子与周公以前的帝王都被尊为圣人，但孔子却不具有帝王的身份，而是以士的身份从事创造性的活动，把圣人之道接续下来并加以创新发展，以传后世。由于道统之中没有三代以后历代帝王的地位，故在一定程度上具有对抗君权的意义。

并且孟子、朱熹反对不行仁义的暴君，认为桀纣虽居君主之位，但却是贼仁贼义的独夫，独夫可诛，诛独夫不是诛君。表明仁义之道高于君主之位，这是儒家道统思想的一个基本出发点。由此可见，儒学虽然提倡君主制，这由当时的社会发展阶段所决定，但却不赞成绝对君权主义，反对君主个人专制独裁，主张以道对君权加以一定的限制。认为治理国家，以道为本，道比权位更为重要。荀子提出"道高于君"的思想，认为"道

存则国存，道亡则国亡"①，道的存亡决定国家的存亡，所以要求"从道不从君"②。这体现了中华道统思想的一个重要特征。

宋明儒家继承了"从道不从君"的传统并加以发展，在他们提出的系统的道统论传道谱系中，不仅没有周公以后历代帝王的地位，而且以仁义之道作为衡量的标准，批判了汉唐君王的失道行为。朱熹强调，尧舜及三代圣君与汉唐君王有严格区别，这是因为尧舜三代之圣君行的是王道，推行义理之心；而汉唐君王则推行霸道，追求利欲以行私，尤其是唐代君王于儒家伦理多有不合，不仅杀兄劫父以代位，而且伦常关系混乱，并以智力把持天下，所以不能接续三代之统绪。因此，宋明儒主张把君主置于"天理"即道的约束之下，强调尽管君主权位至尊，但君主也不得违背天理，为了维护天理的最高权威，要求敢于矫君正君，不向邪恶势力低头。这具有道统高于君统，以道与专制君权相抗争的意义。中国近代以来的落后，其主要原因是封建专制主义和君主个人专制独裁阻碍了中国发展的道路，而这恰恰是专制统治者背弃了中华道统思想中"从道不从君"，仁义之道高于君主之位的约束君权的思想所造成的恶果。

（七）内圣与外王相结合

儒学道统论重内圣心性之学，将其与平治天下之道相联系，因而形成内圣与外王相结合的特色。儒家的内圣之学崇尚内在道德的价值，把人的自我道德完善看作立世的根本，认为道德是崇高的，基于人的本质，具有内在的价值，将其运用于政治，便是由内圣而外王，以德王天下，以道治国。由此着眼于伦理本位，以道义的原则作为治理国家的基本原则，不仅并把道德原则提升为宇宙的根本法则，道统之道成为哲学、政治治理、文教传授的根据，而且其道在日用中，贯穿于社会生活的各个领域，亦成为法律的依据。这就把内在而修圣人之德与外化而施王者之政结合起来。

孟子继承孔子仁德，首倡仁政说，以仁义道德治国，主张施仁政于万民。《大学》的宗旨以明明德为内圣，把内在的圣人之德加以彰明，推

---

① 《荀子·君道》，（清）王先谦撰，沈啸寰、王星贤点校：《荀子集解》卷8，中华书局1988年版，第237页。

② 《荀子·君道》，（清）王先谦撰，沈啸寰、王星贤点校：《荀子集解》卷9，中华书局1988年版，第250页。

圣人之德于天下，则是外王，外王以内圣为根据，把儒家伦理施之于政，即是由内圣而达于外王。牟宗三以心性之学为内圣，以科学民主为新外王，主张以心性之学为本，开出科学与民主政治的新外王。这些思想都体现了儒学道统论把内圣与外王相结合的特征。

（八）随时代发展而不断创新

中华道统思想自产生到现代，经历了各个时期的历史发展。各个时期、各个流派的道统思想虽然都有其存在的必然性和理由，由此体现为道统思想的持续发展而不中绝。但随着时间的推移和历史的发展，它们中的某些部分和内容，便会过时；即使那些有价值的内涵也须随时代的发展而丰富日新，以保持好的传统。随着新陈代谢的进程，适合于新时代发展潮流的新道统思想便会应运而生。比如周公之道代表了当时思想发展的水平，但至孔子时代则须创新发展，于是孔子从周礼的亲亲、尊尊的原理中发展出仁礼之道，至孟子把仁义连用，发展出儒家的仁义之道。而孔孟仁义之道以其单纯伦理型的道统又不足以抗衡佛教由精致的思辨哲学作论证的出世主义的教旨教义，以至于在宗教文化的冲击下动摇了儒家文化的主导地位。于是宋儒学者继承韩愈道统，批佛教，兴儒学，以天理论道，创造了以天理论为内涵的新道统思想体系，发展了孔孟的仁义之道以及韩愈单纯伦理型的道统论，把哲学本体论与儒家伦理学结合起来，为儒学道统提供了本体论的哲学依据。随着时代的发展，宋儒之道统论以其具有的排他性及其后学的标榜，使其流弊日显，而不利于学术的发展，因而遭到了各方的批评。加上清儒重考据轻思想，立意反宋学，故道统思想沉寂三百年。至现代新儒学兴起，以接续儒家道统，复兴儒学为己任，又结合时代的发展，吸取西学，援西学入道统，把中西方文化结合起来，通过吸取西学的优长，发展了传统的道统论。由此而体现出中华道统思想随时代发展而不断创新的特性。中华大道正是在这种承先启后的继承、发展、批判和创新的过程中而生生不息、发扬光大的。

如上所述，中华道统思想所具有的以上基本特征大致体现了各个时期、各个流派道统思想的本质。虽然各个时期、各个流派的道统思想各有其具体的不同特点，以此相互区别，但它们又相互联系，不同的特点又被包括到总的基本特征之中，以其认同于儒家仁义之道，共同体现了中华道统思想的历史发展，而与多元的西方文化区别开来，形成中西两大不同的思想文化体系。

第三节　中华道统思想在中国文化史上的地位

中华道统思想是中国文化的重要组成部分，它的形成、发展与演变对中国文化产生了重要影响，其在中国文化史上的地位通过以下方面得以定位：即确立了以儒学为主导，融合各家的中国文化发展的大传统；道统思想的发展在一定程度上体现为中华文化的发展；道统思想的发展演变形成了鲜明的中国文化特色，无论在历史上还是对现代社会均产生了深远而重要的影响。由此，整理研究中华道统思想具有重要的文化意义，这对于了解认识道统思想在中华文化史上的地位，客观、历史、全面、公正地对待道统文化，吸取其体现中华民族精神和中国文化优秀传统的有价值的思想，克服其流弊，加强中外文化交流，吸取西方文化的优长，不断创新发展中国文化，挺立民族文化的主体性，以弘扬中华民族文化；不以其流弊而全盘否定道统思想都是十分必要的。

质言之，不论人们对道统作何评价，是否定它、赞扬它、批判它、贬低它，都不能否定其在中国文化史上所客观占有的重要地位及其对儒家文化、中国文化的发展所作出的贡献。

一、确立了以儒学为主导，融合各家的中国文化发展的大传统

从广义的道统观出发看问题，中华道统指以儒学为主导，融合各家的中国文化发展的大传统。因此，讲道统不能只讲儒学，讲儒学也不能只讲道统的某派理论，而应站在整个中国文化发展的大背景下，讲中华道统的发展与演变及其对中国文化的影响。然而，在讲中国文化发展的大传统

的同时，还应客观地承认这样一种历史事实，即中国文化的核心和主流还是儒家文化，儒学道统占据了中华道统思想的主导地位。

（一）儒学为中华道统思想的主导

在中国文化史上，儒学不仅是中国传统文化的主流或主干，而且为中华道统思想的主导，规定并主导着中华道统思想的基本内涵及其发展方向。这表现在，孔子创立的儒家学派，其学说的主要内容是祖述尧舜，宪章文武，崇尚"礼乐"和"仁义"，提倡不偏不倚、无过不及的"中庸"思想和推己及人，"己所不欲，勿施于人"的"忠恕"之道，政治上主张"德治"和"仁政"，教育上主张"有教无类"，重视平民教育和伦理道德的培养与实践。这些都成为道统思想的重要内涵。以此为基础，中华道统思想得以展开，不仅在形式上以尧、舜、禹、汤、文、武、周公为传道的谱系，而且在内容上以仁义及中庸为道统之道的基本内涵，从形式到内容为中华道统思想奠定了基础。其后，儒家学说主导着中华道统思想发展的方向，并在此基础上得以发展，由仁义之道、中庸思想发展出以天理论道、超越时代的心传说、由内圣心性之学开出科学民主新外王说等思想，体现了儒家学说对中华道统思想及其发展的支配和指导。

（二）以儒学道统为主体，融合吸取各家而形成中华文化大传统

广义的中华道统文化，不仅以儒学为主导，而且在以儒学道统为主体的前提下，融合吸取了各家各派的思想，形成中国文化发展的大传统。根据先秦典籍所记载，以及由儒学学者所追述，广义的道统文化源远流长，可溯源于伏羲、神农、黄帝。也有人认为道统起源于尧、舜。从上溯至伏羲起，则中华道统文化有了五六千年的历史，这实际是指中华民族自伏羲画八卦以来五六千年的文明和文化。道统传承中的圣人——伏羲、神农、黄帝、尧、舜、禹、汤、文、武、周公等，他们创造性的活动，为中华民族文化的形成和发展，作出了卓越的贡献。其后，孔子创儒家学派，提出仁礼、中庸之道，梳理圣人相传授受之系统，奠定了道统思想的基础。儒学学者在道统发展的历史过程中，以儒学道统为主体，广泛地吸收融合了道、法、阴阳、名、墨、杂、黄老、佛，甚至西学等各家各派的思想及道论，用以丰富自身，并加以一定的批评和改造，结合时代的发展予

以创新，使中华道统思想一以贯之，一脉相承，体现为中国文化发展的大传统。此文化传统既是以儒学为主导，又反映了中国文化是多元复合体的综合型文化的性质，因而不是主观易断的，而是客观连续存在着的。它作为中国历史文化的积淀，尽管有糟粕和过时的思想因素，但其中包含着的中华民族精神和优秀文化传统是不容抹杀的，抹杀否定了它，就等于否定了中国传统文化，这正是民族文化虚无主义的表现，亦是不足为取的。

（三）道统的演变促进了儒学的发展

道统的发展既然是以儒学为主导，那么道统与儒学之间就有着密切的联系。一方面，儒学道统作为中华道统思想的主导，其发展演变促进了中华道统思想乃至整个中国文化的发展；另一方面，作为儒学基本理论构成的道统思想，其发展演变也促进并体现了儒学的发展。

儒学道统由孔子开其先，孔子提出仁道，这成为道统之道的基本内涵，并奠定了儒学发展的基础；孔子推崇尧、舜、文王、周公等上古圣人，为道统的传承梳理了初步的统绪。孟子继承孔子仁道，既提出仁义之道，把仁的观念发展为仁政说与王道论，又提出儒家完整的心性论，这对宋明儒及现代新儒家之道统论产生重要的影响；并较为明确地提出了圣人之道相传授受的谱系，不仅奠定了他在道统思想发展史上的重要地位，而且由此促进了儒学的发展。在儒学道统内部，不同的发展时期，或同一发展时期由于对道的内涵及道的传授谱系有不同的认识，所以分为不同的道统流派，比如韩愈有韩愈的道统观，程朱有程朱的道统观，陆王有陆王的道统观，诸如此类等等。不同的道统流派，在共同认同于孔孟仁义之道的前提下，又相互区别，它们之间存在着继承、批判、排斥、吸取的关系，儒学道统也由此经历了发展演变的过程。比如程朱以超越时代的心传说和以天理论道而扬弃韩愈道统论，使儒学道统论由单纯伦理型发展到哲理与伦理结合型；陆王又以心学道统和"致良知"说而扬弃程朱道统论，使儒学道统向心学转化；现代新儒家又以由内圣开新外王和三统说而扬弃宋明儒传统的道统论，使道统论与现代文化接轨，体现了现代新儒家道统论的时代意义。由此可见，道统的演变不仅促进了自身的发展，而且促进了儒学不断向前发展，这正是道统与儒学密切联系的表现。需要指出，不同道统流派之间的相互扬弃，其中包含着批判、排斥的因素，同时具有继承、吸取的关系，不应把排斥的因素过分夸大，而应更多地看到批判地继承、批判地吸取的一面。由此，儒学道统内部不同的道统流派共同构成了整个儒学的道统论；整个儒学的道统论又体现在各个不同的道统流派之中，通过各个时期、各个不同道统流派的发展演变而展示自身，从而促进了儒学的发展。

二、道统论的发展在一定程度上体现为中国文化的发展

中华道统思想在中国文化史上的重要地位还表现在，其作为以儒学为主导，融合吸取各家而形成的中国文化的大传统，其道统论的发展在某种意义上体现为中国文化的发展。

（一）道统的起源即中华文明和文化的产生

广义的道统文化起源于伏羲、神农、黄帝等，迄今已有五六千年历史，这正是中华文明和文化发展五六千年的历史。据史料记载，当伏羲氏之世，民结绳而用之。伏羲治理天下，通过仰观俯察天地万物，"近取诸身，远取诸物"，加以归类综合，于是始作八卦，以象征八类不同属性的事物，开《周易》及易学之先河。并记载伏羲画八卦以治理天下，代替结绳之治，使中华文明开始产生。也可以说，伏羲是中华文明初期发展阶段的代名词，古人塑造一个圣人伏羲的形象，来代表这一时代人类文明进化的作为，使之不仅成为中华道统的起始人，而且成为中华文明和文化的发祥者。

后世儒家把神农作为继伏羲之后道统的传人，也有把神农与炎帝合而为一的。《易传·系辞下》提出从伏羲、神农、黄帝到尧、舜一脉相承的五帝系统，这成为后来盛行的儒学道统的滥觞。并认为神农时代的特征是发明了农具，从事农耕，使中国的人类社会由狩猎发展到农耕。这是生产发展、社会进步的表现。

黄帝既是中华道统的发祥者之一，又被认为是中华民族的共同祖先。也有把炎帝与黄帝并列，同为中华民族的祖先，而中国人和海外华人均自认为是炎黄子孙。黄帝作为道统的早期传人，亦被认为是中华文明的一个

奠基人，在中国文化史上占有崇高的地位，其中的一个重要原因是他有许多发明制作。《国语·鲁语》记载："黄帝能成命百物，以明民共财。"[1] 他为中华文明的发展，作出了卓越贡献。黄帝不仅被儒家经典列入圣人一脉相传的系统，而且受到道家、法家等中国文化各家各派的一致尊崇，故黄帝是广义的道统文化的创始人之一。

道统的起源上溯至伏羲、神农、黄帝，无不体现为中华文明和文化的产生。后经尧、舜、禹、汤、文、武、周公的相传授受，加以发展，亦体现为中国文化的早期发展。

（二）道统思想的发展促进了中国文化的发展

道统思想作为儒学的基本理论构成，其发展演变不仅促进了儒学的发展，而且站在整个中国文化发展的大传统的角度看，道统思想的发展亦促进了中国文化的不断发展。也就是说，道统论的发展本身就体现为中国文化的发展。

在经学上，孔子创立儒学，整理"六经"，后世儒家根据这些经典，逐步形成了经学。至汉武帝采纳董仲舒的建议，"罢黜百家，独尊儒术"，立"五经博士"，经学大盛，遂成为中国帝制时代文化的正统。然而经学发展到唐代，已经僵化，仍沿袭汉代经学的章句注疏之学和笃守师说的家法，如此束缚了人们的思想和创造力，显然不能与盛行于唐代的佛教精致的思辨哲学相抗衡，因而动摇了儒家文化的主导地位。朱熹继承二程，以"四书"及"四书"学取代"六经"而作为经学的主体，通过集注"四书"，以义理解释儒家经典，从中发明圣人之道，为建构和完善道统思想体系作论证。他以"四书"学发明道统，不仅集当时道统论之大成，而且把经学理学化，发展了传统经学，从而实现了中国经学的一大变革，为经学乃至中国文化的历史发展作出了贡献。

在心性论上，内圣心性之学是道统讨论的一个重要问题，其超越时代的心传说和以心学论道统都涉及心性论哲学。在这方面对中国哲学及中国文化影响很大。孔子最早提出"为仁由己"[2] 的命题，孟子加以发展，

---

[1]《国语·鲁语上》，徐元诰撰，王树民、沈长云校点：《国语集解》，中华书局 2002 年版，第 156 页。

[2]《论语·颜渊》，（宋）朱熹：《四书章句集注》，中华书局 1983 年版，第 131 页。

提出"心之官则思"和"仁，人心也"的思想，以心性言仁，把心、性联系起来，提出尽心知性知天的思想，并首倡性善论，其心性之学对后世儒家乃至对佛教心性论影响很大。荀子进一步阐发了心的认知功能，指出："心居中虚以治五官，夫是之谓天君。"① 与孟子主张相对，荀子首倡性恶论，认为人性天生为恶，圣人"化性而起伪"，明礼义以教化之，用法治刑罚治理之，使人性合于善。儒学心性论自先秦时期形成以来，对传入中国的佛教产生重要的影响，佛教也大讲"尽心知性"及"穷理尽性"。后来佛教发展了儒家心性论，主要是以本体论心性，其哲学思辨性明显高于先秦儒学心性论，但却抛弃了儒学心性论中的伦理道德内涵，这遭到宋明儒的抨击。

理学心性论与道统论密切联系，讲超越汉唐的心传说，以心学论道统，它批判地吸取了佛教的心性本体论，批评地吸收了道家、玄学的"万物以自然为性"② 的自然人性论，以儒家心性伦理为本位，建立起富有时代特征的宋明新儒学心性论哲学体系，发展了中国哲学的主体思维和主体哲学。

此外，在内圣而外王方面，历代儒学道统论都讲内修圣人之德，外施王者之政。至现代新儒家强调以内圣、道统为本，以外王、学统及政统为用，认为只有挺立了人的道德主体性，才能由本原派生作用，由内圣通外王，由心性之学开出现代科学和民主政治。这是对修齐治平之道及中国传统政治文化的发展。

质言之，道统思想在历史发展过程中，以"四书"及"四书"学取代"六经"在中国经学发展史上的主导地位，即以义理取代注疏；以心性伦理与心性哲理相结合取代佛教心性说，以道统取代法统；以内圣而外王取代霸道政治和以智力把持天下，在这些方面促进了中国文化的发展。

（三）道统思想的发展丰富了中国文化的内涵

中华道统思想的一个基本特征是以道的传授与发展来体现和维系中

① 《荀子·天论》，（清）王先谦撰，沈啸寰、王星贤点校：《荀子集解》卷11，中华书局1988年版，第309页。
② （魏）王弼注，楼宇烈校释：《老子道德经注校释》第29章，中华书局2008年版，第77页。

国文化的延续和发展。由此，道统思想的发展不仅促进了中国文化的发展，而且丰富了中国文化的内涵，使之以道为核心，在各个方面展示出丰富多彩的内容。

在哲学方面，儒家道统早期缺乏本体论，宣扬仁义和礼乐，而未能提供本体论的哲学依据。道家哲学讲本体论，以道为本，但不讲儒家伦理。儒道两家未能沟通。此外，先秦儒家讲心性伦理，未能与哲学本体论结合起来。而佛教的心性论具有本体论的意义，但却排斥儒家伦理，二者亦未能沟通。至宋明儒以天理论道，建立起直接把哲学本体论与儒家伦理学统一起来的哲学体系；又在批佛的同时，借鉴佛教哲学心性论的思辨成果，把儒家道德理性提升为心性本体，使其有了本体论的哲学依据。

在哲学认识论和主体意识问题上，儒学道统论强调主体思维能动性的发挥。孔子讲"为仁由己"，孟子讲"尽心知性"，朱熹讲"心统性情"，王守仁讲"致良知"，均重视和宣扬人的主观能动性的发挥对于认识道德理性、体认圣人之道的重要性，从而实现内在的自我超越，达到成圣的最高境界。这使得中国哲学的主体意识进一步强化。

在方法论上，儒学道统以中庸为道，强调不偏不倚，无过不及。孔子以中庸为最高美德；孟子讲"执中"；《易传》以中为正，以中为道；《中庸》明确提出"时中"说，把中庸与中和联系起来；朱熹把中和作为其心性哲学的重要内容。中庸之道作为道统论和道统传授的重要内容，亦具有重要的方法论意义，它强调两端取其中，不走极端，恰到好处，不过头，也无不及，对矛盾双方都提出规范和要求，不过分偏向一方，不打破有机统一体，这不仅成为人们普遍遵循的思想、方法和原则，而且是中国文化精神的组成部分之一，以维护和实现天下和谐。

在哲学历史观上，自《易传》首倡伏羲、神农、黄帝、尧、舜一脉相承的五帝系统，后世道统论加以发展，认为一部历史就是圣人之道产生、发展、演变的历史，宣传道统史观，把圣人与道结合起来，以圣人统道，推动了历史的前进。朱熹著《通鉴纲目》，以理学义理即以道为指导，理从史出，以宣传道的观念。元丞相脱脱据此以修《宋史》，首创《道学传》，以道作为判断是非的标准，丰富了传统史学。

以上在哲学本体论、认识论、方法论、历史观各方面，儒学道统论的发展，丰富了中国哲学及中国文化的内涵。

在政治方面，道统之道作为意识形态文化的核心，又是为制度文化服务的。儒家道统崇尚内在道德的价值，将其运用于政治，便是由内圣而外王，以道治国，以德王天下。随着道统思想的发展，至宋代，理学家以天理为道的内涵。从道统论出发，儒家引出两条治国平天下的政治主张和实践：一是天理治国论，即把内在于人心的天理，也就是道，贯彻到外在的政治事务中去，强调天理是治国的根本，要求统治者顺应天理，按义理原则治理国家而不得违背；二是由道统转化为政统，即指当理学被确立为官方学术后，其道统论便成为政治统治的理论依据，学术与政治相结合，扩大了道统思想的影响和运用范围，使儒者传道与王者统道在一定程度上结合起来。然而王者往往不按道的原则办事，表明道统虽有约束统治者的成分，但却缺乏监督的机制。

儒家道统思想在政治方面的一个基本出发点是强调仁义之道高于君主之位。自孟子提出民贵君轻，认为汤武革桀纣之命，杀其暴君，只是诛贼仁贼义的独夫，而不是“臣弑其君”的思想以来，道统思想便贯穿着约束君权的线索，主张以道对君权加以一定的限制。荀子强调“从道不从君”；董仲舒提出对君主的失道行为加以警告的天谴说；二程主张格君心之非，以纠正君主心中不合于道的念头；朱熹提出“正君心是大本”①；吕坤提出“以理抗势”的思想；东林党人反对专制独裁，敢于犯颜直谏，甚至杀头坐牢也在所不惜。这些方面体现了道统高于君统，反对绝对君权主义的思想，亦是对中国传统政治文化内涵的丰富。

在伦理价值观方面，儒学道统重视伦理道德的价值，提倡以道制欲、以义制利的价值观，这使中国文化深深打上了伦理型文化的烙印。孔子提出“君子喻于义，小人喻于利”②的思想，开启了以义制利的儒学价值观主线。孟子反对“后义而先利”③，提倡“先义而后利”，为了道义的原则，不惜“舍生而取义”④，在动机与效果关系问题上，主张“惟义所在”⑤

①　（宋）黎靖德编：《朱子语类》卷108，中华书局1986年版，第2678页。
②　《论语·里仁》，（宋）朱熹：《四书章句集注》，中华书局1983年版，第73页。
③　《孟子·梁惠王上》，（宋）朱熹：《四书章句集注》，中华书局1983年版，第201页。
④　《孟子·告子上》，（宋）朱熹：《孟子集注》卷11，《四书章句集注》，中华书局1983年版，第332页。
⑤　《孟子·离娄下》，（宋）朱熹：《四书章句集注》，中华书局1983年版，第292页。

的动机论。董仲舒继承孔孟的价值观并加以发展，提出著名的"正其谊不谋其利，明其道不计其功"[①] 的思想，其正义、明道而不计功利的观念丰富了儒学的价值观，对后世产生了很大的影响。至宋明儒提出天理人欲之分，要求以道制欲，用天理节制人欲，把人们饮食男女的基本物质欲求纳入天理自然的范畴，并不加以禁止，而是主张节制。程朱批判佛教的禁欲主义，指出："耳闻目见，饮食男女之欲，喜怒哀乐之变，皆其性之自然。今其言曰：'必尽绝是，然后得天真。'吾多见其丧天真矣。"[②] 这既是对佛教僧侣主义人生价值观的批评，又是对中国伦理文化的丰富。需要指出，儒学以道制欲的价值观是对包括最高统治者和平民在内的普遍一致的要求，理学家尤其要求皇帝做到清心寡欲，反对穷奢极欲，决不仅仅是针对下层百姓。只是由于历代统治者的歪曲利用，摆脱对自己的约束，而日益加强对平民百姓的束缚，使之往往流为压制人们正常感情欲望的工具。这与儒学以道制欲、以义制利价值观的本义已有所不符。

从以上哲学、政治、伦理价值观等各个方面可以看出，道统思想的发展不仅促进了自身理论的丰富和发展，而且丰富了中国文化各个方面的内涵，由此可见道统思想在中国文化史上的重要地位。

三、形成了鲜明的中国文化特色，产生了深远的影响

中国文化的特色表现在各个方面，受道统影响而形成的特色主要有：崇尚圣贤的理想人格观、以伦理为本位的价值取向，以及重文化传统的观念。与此相联系，道统思想对中国文化及其发展演变产生了深远的影响，既纵贯古今历史，又横摄各文化领域，这亦体现为中国文化的一大特色。

（一）崇尚圣贤的理想人格观

中国文化历来重视人格问题，致力于培养、造就、发扬和实现理想、

---

① （汉）班固撰，（唐）颜师古注：《董仲舒传》，《汉书》卷56，中华书局1962年版，第2524页。

② （宋）程颢、程颐著，王孝鱼点校：《论道篇》，《河南程氏粹言》卷1，《二程集》，中华书局1981年版，第1180页。

高尚的人格。所谓人格，指人的存在价值、尊严，人的道德品质、自我意志和内在性格等的总称。儒家道统崇尚的理想人格是圣人，自孔子以降，道的承担者为贤人，贤人是圣人之道的传承者，所以也受到后世的一致尊崇。贤人在儒家经典里，往往用君子来表述，君子人格亦为中国文化的其他各家所认同。但受道统影响而形成的理想人格还是圣贤人格。

崇尚圣贤的理想人格观以追求成圣为最高理想。儒家道统观认为，圣人是理想人格的象征和道德的典范。孔子祖述尧、舜，宪章文、武，推崇周公等圣人。二程指出圣人是天理的化身，"与理为一"，与天道"无异"①，三代社会之所以得到治理，是靠圣人循道而行来实现的。二程把追求成圣作为实现理想人格的目标。程颐说："言学便以道为志，言人便以圣为志。"②把道与圣人结合起来，强调立志成圣是人生的最高追求。朱熹强调"超凡入圣"③，以学为圣人为己任。他说："圣贤禀性与常人一同，既与常人一同，又安得不以圣贤为己任？"④主张通过复其本性之善，达到圣人境界。王守仁扩大圣人人格实现的范围，把对帝王、学者的成圣要求指向一般民众，认为只要"致良知"，愚夫愚妇也做得圣人，以致"满街人都是圣人"⑤。儒家崇尚圣贤的理想人格观要求社会上的一切人，上至帝王，下至学者和一般民众都要以圣人为楷模，一切思想言行都必须符合圣人之训、圣人之道。这就把圣人人格社会化，通过修齐治平，由内圣转出外王，贯彻到社会中去。由此积淀为传统文化精神的内涵之一，反映了中国文化的面貌和特色。而与西方以上帝为最高、无限的人格形成对照。

（二）以伦理为本位的价值取向

与崇尚圣贤的理想人格相关，受道统思想的影响，中国文化在价值标准和评价上，主要以伦理道德为价值取向，这是中国文化以伦理为本位

---

①　（宋）程颢、程颐著，王孝鱼点校：《河南程氏遗书》卷18，《二程集》，中华书局1981年版，第209页。

②　（宋）程颢、程颐著，王孝鱼点校：《河南程氏遗书》卷18，《二程集》，中华书局1981年版，第189页。

③　（宋）黎靖德编：《朱子语类》卷8，中华书局1986年版，第135页。

④　（宋）黎靖德编：《朱子语类》卷8，中华书局1986年版，第133页。

⑤　（明）王守仁著，王晓昕、赵平略点校：《传习录下》，《王文成公全书》卷3，中华书局2015年版，第144页。

的价值观的表现。从某种意义上可以说，崇尚圣贤的理想人格和以伦理为本位的价值取向是传统文化精神的一个缩影，通过对其分析，可以看到中国文化活的生命和独特气象，这是与西方文化互相区别的一个方面。

孔子继承文王仁政和周公周礼，提出仁礼之道，这对中国文化影响极大。此后，中华文化便以鲜明的伦理特征而著称于世。所谓以伦理为本位的价值取向，指以儒家伦理作为价值的标准，认为道德是至上的，是万物的本原，道德原则不仅是人们内在的德性，而且其本身就是治国大法、规则和规定。儒家把体现道德伦理的圣人之道作为衡量一切事物的标准，道既是人们思想行为的准则，是治理国家的根本，又具有最高权威性，社会上的一切人，包括皇帝和庶民都必须服从道的权威，而不得违背。以儒家伦理为本位、为最高价值，将其贯彻到社会生活的各个领域，体现了传统价值观的特点。这使古代中国成为泛道德主义的社会，把人的自我道德完善看作立世的根本，认为道德是崇高的，基于人的本质，具有内在的价值，把道德伦理提升为宇宙的根本法则，使儒家伦理成为哲学、政治治理、文教传授、立身行道的内容和根据。其道在日用中，体现在社会生活的各个方面，形成了中国文化与中国社会的一大特色。

（三）重文化传统的观念

中国是世界文明古国，是世界四大文明发祥地之一。但中国与其他文明古国不同的是，到现在为止，是仍保持着惊人的高度文化连续性和民族认同的唯一国家。中华民族文化的这一特色，引起了中外学者的广泛关注，纷纷探讨其内在原因。经过中外学者的研究，认为由道统思想引起的重文化传统的观念，发挥了重要的作用。[①]

道统观念历来重视文化的传承，道统的持续不绝体现了中国文化发展的延续不断。从维系中国文化连续性的角度看，中国既是一政治组织、国家机构，同时又是一文化系统。中国历史上的华夷之辨在很大程度上与其说是种族之分、国家之别，不如说是文化观念的不同。华夏与夷狄区分的主要标志乃在于文化，即在于是否认同儒家圣人之道，以及受圣人之道

---

① 参见韩国蔚山大学朴仁洙：《"华夷之辨"与中国民族主义》，《第八回韩日中退溪学国际学会论文集》，韩国退溪学釜山研究院1995年版，第153—162页。

教化的程度如何。

　　儒家道统文化发端于孔孟，而系统确立于韩愈和程朱。韩愈道统论的提出便是针对佛教（被称之为夷狄）思想的泛滥而动摇了儒家圣人之道的地位，所以他以弘扬圣人之道为己任，来恢复孔孟的文化传统，这保持了道统文化的连续性。

　　重文化传统的观念认为，过去的、传统的事物是最有价值的，具体说来即是尧舜、三代社会的一切是最有价值的，主张从三代社会中引出现在人们思想行为的准则和依据，由崇尚圣人的人格观推导出复三代的文化价值观。认为三代社会因圣人而得到治理，一切美好的制度、学术、风俗、文采都存在于三代之中，只要循圣人之道、复三代之制，就可使天下大治，实现美好的理想。这种复三代的文化价值观表现为法先王、崇古复古和圣人崇拜，这对后世继续前代的文化传统影响很大，形成重文化传统的观念。这也使得在中国历史上，厚古薄今、信古疑今成为风气，即使主张变革的人们也往往采取旧瓶装新酒，"以复古为解放"的手法，来减轻传统的压力，康有为提出的"公羊三世"说就是典型的例子。显然，过分重视文化传统，使之成为前进的包袱，对社会的进一步发展不利。但保持和发扬好的文化传统，对于弘扬中华民族优秀传统文化，增强民族凝聚力，以迎接现代化的挑战，使中华民族自立于世界民族之林，并使中国文化走向世界，则是十分重要的。

（四）道统论对中国文化产生了深远影响

　　道统论对中国文化的影响表现在各个方面，既纵贯古今，又横摄各文化领域，我们在前面的论述中已多有涉及。尤其在道统论被系统提出并广泛流传后，对中国后期帝制社会乃至对现代社会文化的各个方面都产生了深刻的影响。

　　在教育方面，《礼记·中庸》开宗明义称："天命之谓性，率性之谓道，修道之谓教。"[①] 其中"修道之谓教"，就是把圣人之道作为教育的内容，体现了以孔子为代表的儒家教育思想的宗旨。宋代理学教育在中国教育史上占有重要位置，理学家在树立儒学道统，发展儒学的同时，大力开

---

　　① 《中庸》，（宋）朱熹：《四书章句集注》，中华书局1983年版，第17页。

展书院教育，讲圣人之道的传授，使道的思想日益深入人心，广泛影响了教育。元代以程朱之学作为官学，确立其为意识形态的指导思想，科举取士规定用朱熹的《四书章句集注》，程朱的"四书"学与道统论通过科举的形式贯彻到教育中，使之普及到士人。明代也以程朱道学为正统思想。清代虽考据学盛行，立意反宋学，但统治者仍以儒学道统作为文教传授的内容，明"道"成为教育的目的。明清之时均以程朱之学作为科举考试的主要内容，这就使道的思想仍然影响着教育。

在文学方面，儒家道统思想历来重道而轻文，集中体现了道统对文学的影响。"文以载道"的思想与儒学道统论有着密切的联系。韩愈作为文学家又作为思想家，在提出道统论的同时，又倡古文运动，提出了"文以载道"的文学主张，强调为文志在古道，指出："读文著书，歌颂尧舜之道。"① 把文作为载道的工具，文章为传道而作，并宣扬"盖学所以为道，文所以为理耳"②。虽然韩愈没有说过"文以载道"四个字，但"文以载道"却是他的思想所指，加之韩愈在文学创作上取得的成就和影响，使其成为著名的"文以载道"说的代表人物。周敦颐继承韩愈的文以载道思想，首次明确将其表述为"文所以载道"的文字。他说："文所以载道也。轮辕饰而人弗庸，徒饰也，况虚车乎!"③ 认为文不过是载道的工具，就如车所以载物一样。二程提出理学道统论，又在韩愈"文以载道"说的基础上，加以发挥，提出"作文害道"的思想。二程认为，道为本，文为末，如果专意于作文，则玩物丧志，有害于道。这一思想对文学的影响甚大。在回答"作文害道否"的问题时，程颐指出："害也。凡为文，不专意则不工，若专意则志局于此。"④ 论证了作文之所以害道的原因就在于凡作文必须有一套作文的要求，不如此则文不工；若专注于此，思想就会受到限制，使注意力转向为文，如此则有害于道。

---

① （唐）韩愈著，马其昶校注，马茂元整理：《上宰相书》，《韩昌黎文集校注》卷3，上海古籍出版社1986年版，第155页。

② （唐）韩愈著，马其昶校注，马茂元整理：《送陈秀才彤序》，《韩昌黎文集校注》卷4，上海古籍出版社1986年版，第260页。

③ 周文英主编：《通书·文辞第二十八》，《周敦颐全书》卷3，江西教育出版社1993年版，第152页。

④ （宋）程颢、程颐著，王孝鱼点校：《河南程氏遗书》卷18，《二程集》，中华书局1981年版，第239页。

　　儒学道统关于"文所以载道"思想的实质，是以体现儒家仁义道德的道来作为支配文学的灵魂和精神。这促使历代作家注重作品的思想性，发挥其教育功能，从而对文学产生了积极的影响，儒学之道在中国文学史上本身具有重要的地位，是形成、体现中华民族精神的客观内容。但重道轻文的观念把文学当作传达儒家伦理道德的工具，忽视文学发展的客观规律，使文学在一定程度上失去了自己的本性和独立发展的领域。由于中国传统社会受"文以载道"思想的影响，文学作品充满大量的理的说教，枯燥乏味，过分强调文学的教育功能和认识功能，忽视以至隐没了文学的审美功能和娱乐功能，使文学的生活源泉逐渐枯竭。因此，我们应扬弃儒学道统的文学观，批判其流弊，恢复文学的自性，使文学在自己的领域开掘前进。但也不能因此而走向唯美主义和"为艺术而艺术"的另一个极端，把文学与现实人生的思想道德完全脱离开。须知离开了思想内容的文学作品是难以打动人心的，也很难产生长久的影响力。所以说，应该提倡道与文、思想与艺术、善与美、伦理与自然的结合，而不是互相脱节。

　　道统思想不仅影响了中国文化的哲学、政治、伦理、经学、史学、人格观、价值观、教育、文学等各个领域，而且贯通古今，对现代社会也产生了深刻影响。孙中山先生继承儒学道统，在革命斗争中大力提倡"天下为公"的精神，并以此阐发民权主义，认为"提倡人民的权利，便是公天下的道理"，以"公天下"反对"家天下"，主张"天下为公"，人人权利平等。民国十一年在广西桂林，孙中山回答第三国际代表马林提问"先生革命之基础为何"时，说："中国有一个道统，尧、舜、禹、汤、文、武、周公、孔子相继不绝。我的思想基础，就是这个道统，我的革命就是继承这个正统思想来发扬光大。"① 表明孙中山受到了道统思想的影响，以继承发扬中华道统为己任。

　　受中华道统思想的影响，现代新儒家以接续中国文化道统，复兴儒学为己任，力图以儒家学说为主体来吸收、融合、会通西学，以谋求中国实现现代化。现代新儒家代表人物中讲道统的大致有熊十力、冯友兰、钱穆、牟宗三、唐君毅等。熊十力认为道统乃中国学术思想的中心，此一中心思想即由孔子集尧舜以来之大成，并随时代发展而演进。冯友兰以道统

---

　　① 转引自陈立夫：《中国文化何以能救世界人类?》，《天府新论》1994 年第 4 期。

为居社会主导支配地位的哲学，认为这个道统是发展的，他既接着孔孟程朱讲，又发展孔子之道，以超越的中国哲学精神作为道统哲学发展的主线，追求"极高明而道中庸"的最高境界。钱穆认为朱熹继承二程而确立新儒学的道统论，这是他对中国学术思想的发展所作出的贡献；后来钱穆又以整个中国历史文化的大传统为道统。牟宗三坚持以儒家道统为正宗来疏通中国文化生命，他提出道统、学统、政统三统之说，企图通过提出一个安定人生建立制度的思想系统，来作为人们安身立命的根本和社会生活的指导思想，把时代民主政治、现代科学精神与中国文化基本的道德宗教结合起来，从而贯通中西，发展中国文化。唐君毅肯定在中国文化史上有一道的传授系统，这种人所共喻之道，形成了延续数千年的道统。他宣称应对中华道统文化重加研究和考察，以对中国历史文化加以哲学上的说明与论证，从而弘扬道统文化，以回应西方学术文化的冲击。

以上各个方面均体现了道统思想对中国文化所产生的深远影响。中华道统思想的影响至今犹存，表现出其长久的生命力，值得人们认真地整理和研究，发掘其内在价值，挺立民族文化的主体性，以弘扬中华民族优秀文化传统；同时认识其流弊，去其保守、过时的成分，不断创新发展中国文化。

四、整理研究中华道统思想具有重要的文化意义

对于在中国文化史上占有重要地位、作为中国文化重要组成部分、广泛深刻影响历史文化及现代社会、在一定程度上体现为中国文化发展大传统的中华道统思想采取回避、排斥、弃之不顾、漠然视之的态度是不科学的、无益的。中华道统思想是在中国历史上客观形成的关于道的产生、传授和发展演变的思想体系，凡历史上产生、存在的事物都具有其合理性和必然性，中华道统思想也不例外。同时，凡历史上存在的事物都有其局限性和流弊，以及超出其合理范围之外的保守性和落后性。因此，对中华道统思想加以认真地整理，开展深入系统的研究，梳理其发展线索，揭示其理论构成和基本特征，从而吸取其有价值的思想，克服其流弊，对于批判地扬弃和批判地继承中华民族传统文化，促进现代化事业的全面发展，

具有重要的文化意义。

（一）有利于增进对道统思想的全面了解

过去由于受"左"的思想的干扰以及受全盘否定中国传统文化思想的影响，把道统思想与封建专制主义正统画等号，而予以全盘否定；又过分夸大道统流派中存在的排他性的一面，把道统视为妄自尊大的独断理论，而加以批判和排斥。这些都不利于对道统思想作全面的理解。而思想史的事实是，道统之中没有三代以后历代帝王的地位，而以士为道的承担者，强调从道不从君，仁义之道高于君主之位，反对君主个人专制独裁，主张以道对君权加以一定的限制，这是道统思想的一个基本出发点，因而具有对抗君权的意义。因此，把道统思想等同于封建专制主义正统，视之为维护专制统治的工具，是缺乏根据的。

此外，道统各流派在提出自己的理论体系，以接续圣人之道时，为了强调己派理论的正确性，有时往往存在着排斥其他理论的一面。对其排他性的一面，应作全面、客观、辩证地了解，而不宜过分夸大。首先，各道统流派为了发展道统思想，提出新的理论，确有对与己不符的思想和旧理论加以排斥的一面，比如韩愈排斥佛老、杨墨；程朱超越汉唐旧儒学，排斥韩愈；陆九渊直接孟子，排除朱熹；等等。但在一定意义上可以说，这种排他性对于理论的创新、思想的发展是完全必要的，不如此则新思想无法产生，旧理论将阻碍社会的进一步发展，中国文化也将失去创新性和活力。

其次，道统各流派对其他思想理论的排斥不是绝对的。也就是说，在批判排斥的同时也有所吸取；或者说，既有排斥，又有肯定，并非水火不相容。比如儒学道统既排斥佛教，又吸取佛教的思辨哲学以丰富自身的理论；程朱既把韩愈排斥在道统之外，又肯定其"文以载道"的思想和"轲之死，不得其传"的说法，对其《原道》一文备加赞赏；陆九渊既抛开周敦颐、程朱，以自己直接孟子，又继承程朱之天理，只不过以心即理，而并未否定天理；王守仁既以"致良知"说取代朱熹之道统论，又对朱熹表示了足够的尊敬，只不过企图以心学的面貌重塑晚年之朱子。这些方面都说明道统的排他性是相对的，并不是完全抹杀与己不合的其他学派。即使宋明儒道统论主张超越汉唐，直承孔孟，那也是为了以义理心性之学取代汉唐考据之学和传统的笺注经学，这代表了学术发展的趋势。即便如此，宋明儒也肯定了汉儒董仲舒的思想，表彰其正义、明道而不计较功利的价值观。

另外，我们在看到道统各流派所具有的排他性流弊的时候，不应因其流弊而全盘否定道统思想。因为道统思想在一定意义上已体现为以儒学为主导的中国文化发展的大传统，道统论的发展在一定程度上反映了儒学及中国文化的发展。从这个意义上讲，否定了道统也就等于否定了儒学及中国文化。须知没有抽象的、脱离具体道统论的孤立的道统。普遍的、一般的道统即中国文化的大传统存在于特殊的、个别的道统和各文化派别之中，通过具体的具有排他性的各道统流派的思想表现出来；同时，在具有排他性的各道统流派、各文化派别中体现、贯穿着中华大道即中国文化的大传统。所以，不应因为道统思想具有排他性的流弊就全盘否定它。

通过对道统思想作深入系统的研究，可增进人们对道统思想的全面了解和认识，避免片面地把道统思想与封建专制主义正统相提并论，同时避免因其流弊就全盘否定道统思想的做法。

（二）有利于挺立民族文化的主体性，以弘扬中华民族文化

中华道统思想的一个基本理论构成是讲内圣心性之学，不仅先秦儒家讲心性之学，而且道家、玄学讲自然人性论，佛教讲心性本体论，至宋明儒把心性哲理与心性伦理相结合，以论证儒家圣人之道的传授，现代新儒家特重内圣心性之学，以宋明儒心性之学尤其是陆王的心性一元说作为源头活水，直接把内圣心性之学与道统论合一。中华道统思想由讲内圣心性之学而形成了强调主体思维能动性的发挥，具有强烈而鲜明的主体意识的特征。主体意识与道德的主体性相联系，强调从道德的根源处挺立主体意识，以此作为文化交流中的主体，来融合、吸收外来文化。民族文化的主体性正是民族文化存在和发展的根源，亦是民族生存的命脉。世界上还没有一个抛弃了自己的民族文化而能够生存和发展的国家。相反，坚持自己民族文化的以色列，国灭而复兴。像中国这样一个人口众多、历史悠久的文明大国，如果要抛弃她几千年的文化传统，投向"蓝色文明"，全部引进西方文化，只能造成一种屈俯在帝国主义面前的殖民地文化，而失去中华民族的特性。因此，系统深入地整理研究中华道统思想，揭示其所具

有的重视主体思维能动性的发挥、强烈而鲜明的主体意识的基本特征，有利于挺立民族文化的主体性，以弘扬中华民族文化。

任何一个有影响的民族，如果抛弃自己的文化传统，失去民族的自性，不在发扬自己民族优秀文化的基础上去学习、吸收、借鉴外来文化的优长，而是"全盘西化"，盲目地"一切照搬"外来文化，其结果只能是民族文化的衰落、灭亡，以致整个民族的衰亡。只有珍惜和发扬自己民族的优秀文化，以本民族的文化为主体参与文化交流，才能够吸取外来文化的优长以丰富发展自身，并对世界文明的发展，作出自己的新贡献。

（三）吸取其有价值的思想，以建构新时代的中国文化

中华道统思想作为以儒学道统为主体，融汇吸收各家思想而形成的中国文化大传统，在历史上产生了深远的影响，它丰富了中国文化的内涵，促进了儒学及整个中国文化的发展，在某种意义上成为中国文化发展的中心。对于在中国文化史上占有如此重要地位的中华道统思想，在建构新时代的中国文化时，理应予以积极的重视，以吸取其有价值的思想，为建设当代中国的新文化服务。

当代中国新文化的建构必须立足于现实的文化基础，即建立在中华民族文化的基础上，具有民族文化的特色；又必须吸收外国文化的优长和先进成分，重要的是必须与社会发展和现代化的实践相结合，具有时代的特征。以科学的思想为指导，把文化发展的民族性与时代性相结合，立足现实，反思和发扬传统，使中国文化走向未来。在这个过程中，积极吸取中华道统思想中符合当今时代发展的、有生命力的、有价值的思想是十分必要的。

中华道统思想以仁义之道作为其理论的根基，这体现了中国文化的人文主义精神；道统思想以中道为其重要内涵，这体现了中国文化不偏颇的中庸、和谐精神，以及持中通变，改革日新的精神；道统重内圣心性之学，讲超越时代的心传说，这有利于挺立民族文化的主体性；道统讲修齐治平之道，重视由内圣而达于外王，体现了注重实践和政治治理的中华文化精神；道统以道为核心、为最高价值和权威，坚持"从道不从君"的原则，有利于激励今天的人们坚持道义，为真理而奋斗和献身；道统所具有的开放性和包容性，有助于吸收外来文化的先进成分，以发展中国文化，

而"别黑白而定一尊"则不利于当代中国文化的发展；道统随时代发展而不断创新，以解决社会文化发展的重大问题，由此推动了中国社会与中国文化的持续发展，至现代又与现代文化接轨，体现了道统思想的时代意义，这有助于人们在批判地继承文化传统的基础上吸取其有价值的思想，为建构新时代的中国文化服务。

需要指出，中华道统思想中有价值的思想与科学、民主、法制等现代文化的内涵没有根本的矛盾，主要是由于时代的差距，双方所要解决的问题不同，应使二者有机地结合，而不应互相排斥和互相脱节。通过中西文化的交流，使中国文化在扬弃传统的过程中走向现代并不断发展。

（四）克服其流弊，加强中外文化的交流与沟通

包括中华道统思想在内的任何思想文化既然是时代的产物，就必须适应社会历史不断发展的客观需要，而不是让社会的发展去适应某种思想。由此观点出发来看待中华道统思想与现代化及现代社会的关系，便可得出：中华道统思想中凡有利于促进现代社会及文化发展的思想成分，就应继承发扬和综合创新；凡有碍现代社会及文化发展的思想因素，就应批判和抛弃。如上所述，中华道统思想作为中国文化传统的体现，随着时间的推移和时代的发展，必然与现代社会、现代化发生一定的冲突，有不相适应之处。除了对其精粹和有价值的思想需要吸取和弘扬外，其流弊和保守落后的思想亦需克服、适时批判和清除，这是正确对待中华道统思想的题中应有之义，亦是思想适应社会历史发展的客观要求。

中华道统思想的流弊与其合理思想并存，有时共存于一个统一体中，合理思想强调的过头，或超出了它适用的范围和时代，便转化为流弊，这是需要注意和掌握的。一般说，中华道统思想的流弊主要表现在以下方面：复古的历史观，道统思想以三代为"至治盛世"，主张复三代，认为愈古而治愈盛，这与发展的历史观形成对照，而不利于社会的进一步发展；排他的正统思想，虽然应对道统的排他性作全面、辩证地理解，但道统思想中存在的为争正统，即接续孔孟之正传的排他性是显而易见的，这种排他性认为只有自己掌握了真理，而其他学派却未能得道，这就具有不利于学术正常发展的一面，尤其是朱陆后学各立门户，相互排斥，论辩纷纷，发展了其流弊；重视理想人格的实现，轻视物质利益的满足，道统的

崇尚圣贤的理想人格观，以追求成圣为最高理想，强调"超凡入圣"，人人做得圣人，这虽然提高了"愚夫愚妇"的人格地位，但却对物质利益不予重视，轻视对民众物质利益的满足，而对发展生产力较为不利，因而其理想人格缺乏客观的基础，过于理想化，而难以实现；重视道德理性和主体的价值，忽视自然属性和客观事物，与前一个流弊相关，道统思想以仁义之道为根基，强调主体思维能动性的发挥，因而重视道德理性和主体的价值，而对于人的自然属性和客观外界事物则相对忽视，其结果产生伦理束缚，有压抑人性的倾向，并忽视改造客观自然的实践；相对忽视外王事功，虽说道统思想主张把内圣与外王相结合，但二者相比，以内圣为本，以外王为内圣的表现，故对于外王事功相对忽视，其结果是重视内心的自我修养以及成圣的工夫，忽视造福于社会的事功修为，即使有外王的倾向，也以道德践履和贯彻内圣的伦理原则为主，以致使现代科学和民主政治难以在内圣心性之学中开出，表现出道统思想的局限性。

以上道统思想的流弊是客观存在的，也是其落后性保守性的表现，反映了与现代文化的时代差距。因此，应以现代化和现代社会发展的客观需要为取向，加强中外文化的交流和沟通，吸收西方文化的优长，克服道统思想的流弊，使中西方文化相兼互补，同时摒弃中外文化中的糟粕，使中华道统思想在扬弃传统的过程中走向现代化并不断创新发展。

综上所述，中华道统思想经历了产生和发展的历史过程，形成了自己独具特色的基本理论，确立了以儒学为主导，融合各家的中国文化发展的大传统，道统思想的发展在一定程度上体现为中国文化的发展，形成了鲜明的中国文化特色，对历史和现代社会产生了广泛、深刻的影响，因而中华道统思想在中国文化史上占有重要的地位，系统整理、深入研究中华道统思想亦具有重要的文化意义。任何有生命力的文化，必须在认同自身的同时，适应新的时代和环境，才能发展，否则必然没落。中华道统思想要在当代中国新文化建设中发挥应有的作用，首先必须要批判自我，改造过时的思想成分，克服其流弊，然后才能推陈出新，以其深厚的中华民族文化传统，为现实所用，并在保持和弘扬优秀文化传统的基础上，跟上时代发展的步伐而走向现代。

第一章　道统的溯源

在中华道统思想发展史上，儒家道统思想发端于孔子，而"道统"之名，始由朱熹提出。[1] 朱熹说："盖自上古圣神继天立极，而道统之传有自来矣。"[2] 朱熹不仅推广发扬儒学道统，而且把道统上溯至伏羲、神农、黄帝、尧、舜。这表明，伏羲、黄帝不为道家所独尊，包括儒家在内的各家都承认他们为中华民族共同的祖先和中华道统文化的发祥者。朱熹直言："此伏羲、神农、黄帝、尧、舜，所以继天立极。"[3] 指明伏羲、神农、黄帝就是上文所提到的"上古圣神"，由于他们"继天立极"，所以把道统传播开来。

不特朱熹把道统上溯至伏羲、神农、黄帝，在朱熹以前的石介和朱熹之后的陈淳都认为道统始于伏羲。石介说："道始于伏羲氏，……伏羲氏、神农氏、黄帝氏、少昊氏、颛顼氏、高辛氏、唐尧氏、虞舜氏、禹、汤氏、文、武、周公、孔子者，十有四圣人，孔子为圣人之至。"[4] 陈淳亦称："自羲皇作《易》，首辟浑沦，神农、黄帝相与继天立极，而宗统之传有自来矣。"[5] 其所谓"宗统"，即"道统"，陈淳历述道统的传衍，而把其溯源于伏羲。这些都反映出正统儒学关于道统起源的观点。正因为后世公认中华道统起源于伏羲、神农、黄帝等，所以在论述中华道统思想的起源时，我们把它上溯至伏羲等远古传说中的圣人。

---

① "道统"之名，始由朱熹提出。有误，这是以前的观点。

② （宋）朱熹：《中庸章句序》，《四书章句集注》，中华书局 1983 年版，第 14 页。

③ （宋）朱熹：《大学章句序》，《四书章句集注》，中华书局 1983 年版，第 1 页。

④ （宋）石介著，陈植锷校点：《尊韩》，《徂徕石先生文集》卷 7，中华书局 1984 年版，第 79 页。

⑤ （宋）陈淳：《严陵讲义·师友渊源》，《北溪字义》，中华书局 1983 年版，第 76 页。

第一节 伏羲、神农、黄帝

由于远古历史文献的不足，人们往往把盘庚迁殷以前的历史，称为中国古史的传说时代。对记载传说时代的历史文献，不可全信，亦不可全盘否定，而应去其神秘、幻想和夸张的成分，保留其反映历史真实的内容，从中发现远古社会及其人物活动的状况。

一、伏 羲

伏羲亦称宓羲、伏牺、庖牺、伏戏、羲皇、驷戏等，也有称伏羲即太皞。伏羲是传说中的远古帝王，被后世尊称为圣人之首。《风俗通义·皇霸·三皇》引《春秋纬·运斗枢》称："伏羲、女娲、神农是三皇也。"① 把伏羲视为三皇之一。《白虎通义·德论上·号》也把伏羲列入三皇，指出："三皇者，何谓也？谓伏羲、神农、燧人也。或曰：伏羲、神农、祝融也。"② 此外，皇甫谧撰《帝王世纪》也称："伏羲、神农、黄帝为三皇。"③ 班固《汉书》的《古今人表》，列举从伏羲到孔子的"上上圣人"十四位，而把太昊帝宓羲氏（伏羲）列为"上上圣人"之首。由此可见，伏羲在历史上占有崇高的地位。

然而，在儒家著作《论语》、《孟子》中未提到伏羲。伏羲之名，见于道家著作《庄子》。《庄子·大宗师》说："豨韦氏得之，以挈天地；伏戏氏得之，以袭气母。"④ 意指伏羲得到了大道，便调合阴阳。《胠箧》篇亦提

---

① （汉）应劭：《皇霸·三皇》，《风俗通义》卷1，文渊阁《四库全书》第862册，台湾商务印书馆1986年版，第352页。

② （汉）班固：《号》，《白虎通义》卷上，文渊阁《四库全书》第850册，台湾商务印书馆1986年版，第7页。

③ （晋）皇甫谧著，徐宗元辑：《自皇古至五帝第一》，《帝王世纪辑存》，中华书局1964年版，第1页。

④ 《庄子·大宗师》，（清）郭庆藩撰，王孝鱼点校：《庄子集释》，中华书局2004年版，第247页。

到伏羲:"子独不知至德之世乎? 昔者容成氏、大庭氏、伯皇氏、中央氏、栗陆氏、骊畜氏、轩辕氏、赫胥氏、尊卢氏、祝融氏、伏牺氏、神农氏,当是时也,民结绳而用之。"① 庄子向往远古民智未开的结绳之世,包括伏羲、神农之时。他认为三代以后天下乱,是由于好智。然而,在《缮性》篇中,庄子崇尚伏羲以前的"至一"时代,认为自伏羲以来,已不如远古时代。他说:"古之人,在混芒之中,……此之谓至一。当是时也,莫之为而常自然。逮德下衰,及燧人、伏羲始为天下,是故顺而不一。"② 虽然《庄子》书中提到了伏羲及其简略事迹,但使伏羲扬名于天下,成为得到后世尊崇的首出庶物的大圣人,则归于《周易·系辞》的记载。儒家经典《易传·系辞下》称:

> 古者庖牺氏之王天下也,仰则观象于天,俯则观法于地,观鸟兽之文与地之宜,近取诸身,远取诸物,于是始作八卦,以通神明之德,以类万物之情。作结绳而为罔罟,以佃以渔,盖取诸离。庖牺氏没,神农氏作。③

指出伏羲通过仰观、俯察天地间的万物,加以综合、归类,于是作八卦,以象征八类不同属性的事物。由于《系辞》长期被认为是孔子所作,所以此段记载具有很高的权威,历代人们把作《易》之功归于伏羲。虽有人认为"天地间自有八卦之理",只是尚未被人们所认识到,指出在伏羲之前就已存在着八卦之理,但仍未否认伏羲画八卦的贡献。宋代易学家李杞说:"《易》始于伏羲,非谓伏羲之前果无《易》也。天地肇判,易理已具,特未有以发其端尔。"④ 把发端易理归之于伏羲。

《荀子·成相》篇指出:"文、武之道同伏戏,由之者治,不由者乱,何疑为?"⑤ 认为文武之道出自于远古的伏羲。

---

① 《庄子·胠箧》,(清)郭庆藩撰,王孝鱼点校:《庄子集释》,中华书局2004年版,第357页。

② 《庄子·缮性》,(清)郭庆藩撰,王孝鱼点校:《庄子集释》,中华书局2004年版,第550—551页。

③ 《易传·系辞下》,《周易正义》卷8,《十三经注疏》,中华书局1980年版,第86页。

④ (宋)李杞:《用易详解》卷15,文渊阁《四库全书》第19册,台湾商务印书馆1986年版,第549页。

⑤ 《荀子·成相》,(清)王先谦撰,沈啸寰、王星贤点校:《荀子集解》卷18,中华书局1988年版,第460页。

继《系辞》、《荀子》之后,汉初的《淮南子》提及伏羲,其《要略》篇称:"今《易》之乾坤足以穷道通意也,八卦可以识吉凶、知祸福矣。然而伏羲为之六十四变,周室增以六爻,所以原测淑清之道而捃逐万物之祖也。"① 这里虽与《系辞》伏羲作八卦的记述有所出入,但认为"伏羲为之六十四变",仍强调了伏羲与《周易》的联系。《淮南子》认为,黄帝治天下的时代在伏羲之后,但却未及伏羲之道。指出:

> 昔者黄帝治天下,……然犹未及虑戏之道也。往古之时,四极废,九州裂,天不兼覆,地不周载,火爁炎而不灭,水浩洋而不息,猛兽食颛民,鸷鸟攫老弱。于是女娲炼五色石以补苍天,断鳌足以立四极,杀黑龙以济冀州,积芦灰以止淫水。苍天补,四极正,淫水涸,冀州平,狡虫死,颛民生。……伏戏、女娲不设法度,而以至德遗于后世。②

所说的女娲,高诱注曰:"女娲、阴帝,佐虑戏治者也。"虑戏、伏戏都指的是伏羲。《淮南子》的作者记述,远古之时,天地不整,火灾不灭,水患不息,猛兽吃善民,凶鸟捉老弱。于是女娲辅佐伏羲,整理天地,治平洪水,杀死猛兽,使得万民安居乐业。并站在道家立场,认为伏羲、女娲不设法度,无为而治,顺应天地之自然,但其至德却留于后世。

其后,东汉班固著《白虎通义》,称伏羲为"三皇"之首,并介绍了伏羲:

> 谓之伏羲者何?古之时未有三纲六纪,民人但知其母,不知其父,能覆前而不能覆后,卧之詓詓,起之吁吁。饥即求食,饱即弃余。茹毛饮血,而衣皮韦。于是伏羲仰观象于天,俯察法于地,因夫妇,正五行,始定人道,画八卦以治下,治下伏而化之,故谓之伏羲也。③

与《淮南子》相比,班固倾向于儒家思想,他在《系辞》的基础上,强

① 《淮南鸿烈·要略》,刘文典撰:《淮南鸿烈集解》卷21,中华书局1989年版,第707页。

② 《淮南鸿烈·览冥训》,刘文典撰:《淮南鸿烈集解》卷6,中华书局1989年版,第246—258页。

③ (汉)班固:《号》,《白虎通义》卷上,文渊阁《四库全书》第850册,台湾商务印书馆1986年版,第7页。

调伏羲仰观俯察，重点在于定夫妇之伦，正五常之道，使远古民人跨越了"但知其母，不知其父"，"茹毛饮血"的母系氏族社会，而发展到纪纲明、人道定的时代。显然，《白虎通义》描述的伏羲，已具有了儒家圣人的形象。

大约是魏晋时所作《尚书》伪孔传的《序》说："古者伏牺氏之王天下也，始画八卦，造书契，以代结绳之政，由是文籍生焉。"① 认为伏羲画八卦，刻木而写文字，以代替结绳而治之政，于是产生了文籍。

晋人皇甫谧撰《帝王世纪》，综合历代史料的传说，较为详细地介绍了伏羲。他说：

> 太昊帝庖牺氏，风姓也。母曰华胥。燧人之世，有巨人迹，出于雷泽，华胥以足履之，有娠，生伏羲。长于成纪，蛇身人首，有圣德。……燧人氏没，庖牺氏代之。……继天而生，首德于木，为百王先。帝出于震，未有所因，故位在东方，主春，象日之明，是称太昊。都陈。作瑟三十六弦，长八尺一寸。……制嫁娶之礼，未有文章。取牺牲以充庖厨，以食天下，故号曰庖牺氏，是为牺皇。后世音谬，故谓之伏羲，或谓之虑牺，一号雄皇氏。在位一百二十年。……崩葬南郡，或曰冢在山阳高平之西也。

> 太昊庖牺氏，风姓，有景龙之瑞，故以龙纪官。伏羲氏仰观象于天，俯观法于地，观鸟兽之文与地之宜，近取诸身，远取诸物，于是造书契，以代结绳之政；画八卦，以通神明之德，以类万物之情。所以六气、六府、五藏、五行、阴阳、四时、水火升降，得以有象；百病之理，得以有类。乃尝味百药，而制九针，以拯夭枉焉。……庖牺氏没，女娲氏代立。亦风姓也。承庖牺制度，始作笙簧。无所革造，故《易》不载，不序于行。②

作者所谓的伏羲，与其说是一个人，不如说是人类社会初期发展阶段的代名词，是把人类初期历史阶段拟人化了，塑造一个圣人伏羲的形象，来代表这一时期人类文明进化的作为。在这一历史进化阶段，人们通过观察天

---

① 《尚书正义·尚书序》，《十三经注疏》，中华书局 1980 年版，第 113 页。

② （晋）皇甫谧著，徐宗元辑：《自皇古至五帝第一》，《帝王世纪辑存》，中华书局 1964 年版，第 2—10 页。

地自然界，根据自身生产和生活的实践，从茹毛饮血、结绳记事的蒙昧时代走过来，逐渐趋于文明。虽然时代的进化、发展，依赖于整个人类的智慧，但不排除杰出人物所起的重要作用。于是古人把伏羲作为这一时代杰出人物的代表，通过神话、传说及后人的改造，逐步演变为远古的圣人。还由于儒家经典的记载和儒学化的描述，使之成为中华道统的发祥者之一。

二、神　农

关于神农这一称谓，与伏羲相仿，有几种相互联系又有所区别的含义。一是把神农作为一个人，认为神农是传说中的上古帝王，或是传道的圣人；二是把神农视为一个时代的称谓，即狩猎时代之后的农耕时代；也有把神农视为主要是从事农业生产的氏族部落或部落首领。

关于神农与炎帝，郭沫若认为是一回事，指出："传说最早的是炎帝，号神农氏。"① 然而史料记载既有把神农与炎帝合二而一的，也有所区分的。表面看来，似乎有些矛盾，其实这不难理解。《淮南鸿烈·兵略训》记述："黄帝尝与炎帝战矣。"② 东汉高诱注曰："炎帝，神农之末世也，与黄帝战于阪泉，黄帝灭之。"③ 如果把神农视为上古农耕时代及农业部落的代表或称谓，那么，炎帝便是这一时代发展到末期，比较强大的氏族部落及部落首领。

春秋时代的史料，未见有记载神农，却有记载炎帝的。《国语·晋语四》称："昔少典娶于有蟜氏，生黄帝、炎帝。黄帝以姬水成，炎帝以姜水成。成而异德，故黄帝为姬，炎帝为姜。"东汉贾逵对这段话的解释是："少典，黄帝、炎帝之先。有蟜，诸侯也。炎帝，神农也。"认为炎帝即是神农。三国韦昭注云："神农，三皇也，在黄帝前。黄帝灭炎帝，灭其子

① 郭沫若：《中国史稿》第一册，人民出版社1979年版，第108页。
② 《淮南鸿烈·兵略训》，刘文典撰：《淮南鸿烈集解》卷15，中华书局1989年版，第489页。
③ 《淮南鸿烈·兵略训》，刘文典撰：《淮南鸿烈集解》卷15，中华书局1989年版，第489页。

孙耳，明非神农可知也。"① 指出神农是三皇之一，其时代在黄帝之前。而被黄帝所灭的炎帝，只是其子孙，并非神农。

战国时代《庄子》书记载了神农，《盗跖》说："神农之世，卧则居居，起则于于。民知其母，不知其父，与麋鹿共处。耕而食，织而衣，无有相害之心。此至德之隆也。然而黄帝不能致德。"② 显然把神农之世作为一个"耕而食，织而衣"的农耕时代，并站在道家立场，肯定神农之"至德"，批评黄帝以下不能致其德。《山海经·海内经》记载了炎帝之妻及后裔。它说："炎帝之妻，赤水之子听訞，生炎居，炎居生节并，节并生戏器，戏器生祝融。祝融降处于江水，生共工，共工生术器……共工生后土，后土生噎鸣，噎鸣生岁十有二。"③ 炎帝族的后代在发展流传的过程中，与黄帝族等逐渐融合，共同形成了华夏民族。

成于战国的儒家经典《易传》关于神农的叙述，对后世影响很大。《系辞下》称："庖牺氏没，神农氏作，斵木为耜，揉木为耒，耒耨之利，以教天下。盖取诸益。日中为市，致天下之民，聚天下之货，交易而退，各得其所。盖取诸噬嗑。神农氏没，黄帝、尧、舜氏作。"④ 提出了从伏羲、神农、黄帝到尧、舜一脉相承的系统，这成为后来盛行的儒学道统的滥觞。《系辞》的作者把神农氏认定为介于伏羲和黄帝之间的中间环节，其时代特点是发明了耜耒等农具，从事农耕，并形成了市场，供民交易。

《吕氏春秋》主要把神农作为一个圣人来看待。《尊师》篇说："神农师悉诸。"⑤ 不仅认为神农有一位具体的老师，而且记载神农亲身从事耕种。《爱类》篇称："神农之教曰：'士有当年而不耕者，则天下或受其饥矣；女有当有年而不绩者，则天下或受其寒矣。'故身亲耕，妻亲绩，所

---

① 《国语·晋语四》，徐元诰撰，王树民、沈长云校点：《国语集解》，中华书局2002年版，第336—337页。

② 《庄子·盗跖》，（清）郭庆藩撰，王孝鱼点校：《庄子集释》，中华书局2004年版，第995页。

③ 《海内经》，《山海经》卷18，中华书局2009年版，第280页。

④ 《易传·系辞下》，《周易正义》卷8，《十三经注疏》，中华书局1980年版，第86页。

⑤ 《吕氏春秋·尊师》，许维遹译注：《吕氏春秋集释》卷4，中华书局2009年版，第91页。

以见致民利也。"① 但另外的地方则把神农氏作为一个时代的称谓，指出："神农十七世有天下，与天下同之也。"② 认为神农统治天下延续了十七代，这是与天下人和谐相处的结果。

在《淮南鸿烈》作者笔下，神农有一个儒道结合的形象，既守静不争，无为而治，又怀其仁心，以仁政养民。《主术训》称：

> 昔者神农之治天下也，神不驰于胸中，智不出于四域，怀其仁诚之心。甘雨时降，五谷蕃植，春生、夏长、秋收、冬藏。月省时考，岁终献功，以时尝谷，祀于明堂。明堂之制有盖而无四方，风雨不能袭，寒暑不能伤，迁延而入之。养民以公，其民朴重端悫，不怨争而财足，不劳形而功成，因天地之资而与之和同。是故威厉而不杀，刑错而不用，法省而不烦，故其化如其神。其地南至交阯，北至幽都，东至旸谷，西至三危，莫不听从。当此之时，法宽刑缓，囹圄空虚，而天下一俗，莫怀奸心。末世之政则不然，上好取而无量，下贪狼而无让。③

以神农之世为理想社会，当此时代，神智不用，奸诈不出；人怀诚心，顺应天地自然。其民风淳朴，不争不夺。统治者重视养民，以公治天下；刑法不用，而其政教，化之如神。故其疆土广阔，天下莫不听从。但到了神农之末世，由于上下争利，社会出现了危机，导致神农氏为黄帝所取代。这与司马迁《史记》的记载相合。

司马迁撰《史记》，对黄帝以前的传说持慎重态度。他引其父司马谈的话说："太史公曰：夫神农以前，吾不知已。"④ 故其《史记》第一卷写《五帝本纪》，五帝第一个写黄帝，没有专门写神农。但在司马迁《史记》里，也有一些记载神农的材料。《五帝本纪》称：

> 轩辕之时，神农氏世衰。诸侯相侵伐，暴虐百姓，而神农氏弗能征。于是轩辕乃习用干戈，以征不享，诸侯咸来宾从。而蚩尤最

---

① 《吕氏春秋·爱类》，许维遹译注：《吕氏春秋集释》卷21，中华书局2009年版，第593页。

② 《吕氏春秋·慎势》，许维遹译注：《吕氏春秋集释》卷17，中华书局2009年版，第461页。

③ 《淮南鸿烈·主术训》，刘文典撰：《淮南鸿烈集解》卷9，中华书局1989年版，第271页。

④ （汉）司马迁：《货殖列传》，《史记》卷129，中华书局1959年版，第3253页。

为暴，莫能伐。炎帝欲侵陵诸侯，诸侯咸归轩辕。轩辕乃修德振兵，治五气，蓺五种，抚万民，度四方，教熊罴貔貅貙虎，以与炎帝战于阪泉之野。三战，然后得其志。①

这里同时出现了神农氏和炎帝，可见二者有所区别。在《史记》的另一处也称："昔无怀氏封泰山，禅云云；虙羲封泰山，禅云云；神农封泰山，禅云云；炎帝封泰山，禅云云。"②说明司马迁没有把神农与炎帝合二为一，而是认为炎帝与轩辕黄帝同时，出现在神农氏世衰的时代。但司马迁也没有把炎帝与神农氏完全分开，炎帝是继承神农氏的一支，或者说炎帝是神农氏部族的后代子孙。正因为黄帝之时，神农氏部落衰落，不能制止诸侯间的互相侵伐，并且炎帝也想侵陵诸侯，所以黄帝招抚天下，与炎帝战于阪泉，最后三战而克炎帝，取代神农氏，成为天子。

《白虎通义》列神农于"三皇"之中，并对神农作了解释："谓之神农何？古之人民皆食禽兽肉，至于神农，人民众多，禽兽不足。于是神农因天之时，分地之利，制耒耜教民农作，神而化之，使民宜之，故谓之神农也。"③这基本上是对《易传·系辞》的承续，不过它较为明确地提到了神农所处时代的特点，即神农时是以"农作"为主，来解决众多人民的生存问题，以此与神农以前古民"皆食禽兽肉"的时代相区别。从中可以看到历史发展的轨迹，及神农对于历史发展所作出的贡献。

至晋代皇甫谧合神农、炎帝为一，又详尽地介绍了炎帝神农氏。他说：

> 《易》称庖牺氏没，神农氏作。是为炎帝。
>
> 炎帝神农氏，姜姓也。母曰任姒，有蟜氏之女，名女登，为少典正妃。游于华山之阳，有神龙首感女登于常羊，生炎帝，人身牛首，长于姜水，因以氏焉。有圣德，继无怀氏后，以火承木，位在南方，主夏，故谓之炎帝。都于陈，作五弦之琴，始教天下种谷，故人号神农氏。又曰：本起烈山，或称烈山氏。一号魁隗氏，是为农皇，或曰炎帝。时诸侯夙沙氏叛，不用命，箕文谏而杀之。炎帝

---

① （汉）司马迁：《五帝本纪》，《史记》卷1，中华书局1959年版，第3页。

② （汉）司马迁：《封禅书》，《史记》卷28，中华书局1959年版，第1361页。

③ （汉）班固：《号》，《白虎通义》卷上，文渊阁《四库全书》第850册，台湾商务印书馆1986年版，第7页。

退而修德，夙沙之民，自攻其君而归炎帝。炎帝自陈营都于鲁曲阜，
重八卦之数，究八八之体，为六十四卦。在位一百二十年而崩，葬
长沙。纳奔水氏，曰听訞，生帝临魁，次帝承，次帝明，次帝直，
次帝厘，次帝哀，次帝榆罔，凡八世，合五百三十年。

　　炎帝神农氏，长于江水，始教天下耕种五谷而食之，以省杀生。
尝味草木，宣药疗疾，救夭伤人命，百姓日用而不知。著《本草》
四卷。[①]

虽然皇甫谧撰《帝王世纪》把神农氏与炎帝合而为一，但他认为，炎帝
是神农氏的第一帝，从炎帝至榆罔，神农氏共传了八代，而及黄帝有熊
氏。也就是说，凡八世皆袭神农氏之号。这与他说的庖牺氏没，女娲氏代
立，从女娲氏到无怀氏，皆袭庖牺氏之号的情况类似。皇甫谧概括炎帝神
农氏的时代特点是"始教天下种谷，故人号曰神农氏"[②]，正因为神农氏教
天下人耕种五谷而食之，避免了过多猎杀禽兽，才使之与前代伏羲氏所处
的时代区别开来。这也是人类社会由狩猎到农耕，生产发展、社会进步的
表现。后世儒家把神农作为继伏羲之后道统的传人，其道统文化便具有广
义的内涵。可以说，如果以传说中的伏羲画八卦作为道统的滥觞的话，那
么，广义的道统文化即是指中华民族五六千年来的文明和文化。

三、黄　帝

　　黄帝被认为是中华民族的共同祖先，也有认为炎帝和黄帝同为中华
民族的祖先，而现在的中国人及世界上的华人均为炎黄子孙。传说中的黄
帝之所以在中华文明发展史上占有崇高的地位，又被视为中华道统的发祥
者之一，是因为透过历史的传说，以及历史文献的记载，黄帝被塑造为中
华文明的一个奠基人，他在文治武功、发明创造等各个方面，都为中华文
明的发展作出了伟大的贡献。

---

　　① （晋）皇甫谧著，徐宗元辑：《自皇古至五帝第一》，《帝王世纪辑存》，中华书局
1964年版，第12—13页。

　　② （晋）皇甫谧著，徐宗元辑：《自皇古至五帝第一》，《帝王世纪辑存》，中华书局
1964年版，第11页。

　　黄帝，姬姓，号轩辕氏，又号有熊氏。史书中关于黄帝的传说很多，早期记载的有《国语》曰："昔少典娶于有蟜氏，生黄帝、炎帝。"① 这或可理解为黄帝族与炎帝族均是由于少典、有蟜两氏族通婚而形成，即少典、有蟜两氏族是炎、黄族的祖先。而炎帝神农氏发展较早，经过若干代而至黄帝。《国语·晋语》又说："黄帝之子二十五人，……其得姓者十四人为十二姓。姬、酉、祁、己、滕、箴、任、荀、僖、姞、儇、依是也。"② 黄帝的部落经过繁衍发展，逐步扩大，成为中原庞大的氏族部落。相传历史上的有虞氏、颛顼、唐尧，以及夏、商、周三代，都是黄帝的子孙后裔，故而祭祀黄帝。《国语·鲁语》称："有虞氏禘黄帝而祖颛顼，郊尧而宗舜；夏后氏禘黄帝而祖颛顼，郊鲧而宗禹；商人禘舜而祖契，郊冥而宗汤；周人禘喾而郊稷，祖文王而宗武王。"③ 不仅《国语》如此记载，而且《礼记·祭法》篇亦称："有虞氏禘黄帝而郊喾，祖颛顼而宗尧；夏后氏亦禘黄帝而郊鲧，祖颛顼而宗禹；殷人禘喾而郊冥，祖契而宗汤；周人禘喾而郊稷，祖文王而宗武王。"④《祭法》与《鲁语》记载小异而大同，均以黄帝为祖宗，其子孙繁衍，又与其他氏族逐渐融合，构成中华民族的先祖和骨干。

　　战国时《庄子》书记载了黄帝，虽然庄子并不崇尚黄帝，事实上他批评了黄帝不认同于道家之"德"，但庄子对黄帝故事的记述，为后世提供了材料。庄子崇尚神农之世，认为此时民知其母，不知其父，与麋鹿等动物和睦相处，耕而食，织而衣，相互之间没有伤害之心。庄子把神农时代称为"至德之隆"之时，而认为黄帝却不能致其德，与蚩尤战于涿鹿之野，流血百里。他借盗跖之口，对黄帝有所批评："世之所高，莫若黄帝。黄帝尚不能全德，而战涿鹿之野，流血百里。"⑤ 此外，在《庄子·天运》篇中，庄子通过黄帝与其臣子北门成的问答，指明黄帝所作的乐曲，其内

---

　　① 《国语·晋语四》，徐元诰撰，王树民、沈长云校点：《国语集解》，中华书局 2002 年版，第 336 页。

　　② 《国语·晋语四》，徐元诰撰，王树民、沈长云校点：《国语集解》，中华书局 2002 年版，第 334—335 页。

　　③ 《国语·鲁语上》，徐元诰撰，王树民、沈长云校点：《国语集解》，中华书局 2002 年版，第 159 页。

　　④ 《礼记正义·祭法》卷 46，《十三经注疏》，中华书局 1980 年版，第 1587 页。

　　⑤ 《庄子·盗跖》，（清）郭庆藩撰，王孝鱼点校：《庄子集释》，中华书局 2004 年版，第 997 页。

容表现的是仁义。"北门成问于黄帝曰：'帝张咸池之乐于洞庭之野，吾始闻之惧，复闻之怠，卒闻之而惑，荡荡默默，乃不自得。'帝曰：'汝殆其然哉！吾奏之以人，征之以天，行之以仁义，建之以大清。'"①庄子认为，黄帝作《咸池》之乐，是为了"行之以仁义"。而老庄道家则以天道自然为本，并不认同于仁义。可见道家与黄帝之间，并不完全一致。虽然庄子在其他地方，对黄帝有所肯定，但从庄子批评黄帝不能"全德"，黄帝之乐体现了仁义而言，不能把黄帝与道家完全画等号。就庄子指出黄帝"行之以仁义"来讲，与其说黄帝倾向于道家，不如说黄帝倾向于儒家。所以，后世儒家宣扬黄帝，把黄帝作为道统的传人，就不足为奇了。就记载黄帝的传说，较早见之于儒家著作或倾向于儒家思想的《左传》、《国语》、《逸周书》，而不见之于道家著作《老子》而言，说道家以黄帝为本，以黄帝为宗师，而不提及儒家，似乎有点绝对化了，除上述《国语》提到黄帝外，《左传》亦称："遇黄帝战于阪泉之兆。"②"昔者黄帝氏以云纪，故为云师而云名。"③是说黄帝氏崇尚云，百官师长皆以云为名号。后来的各家都言黄帝，而不独道家，所以应把黄帝视为中国古代文化各家各派的宗师。

法家代表人物商鞅指出："黄帝作为君臣上下之仪，父子兄弟之礼，夫妇妃匹之合，内行刀锯，外用甲兵，故时变也。"④认为黄帝制作君臣上下之礼仪，又执法用兵，把黄帝塑造成一个法儒并兼的形象。

儒家著作《易传·系辞》把黄帝以及后来的尧、舜纳入儒家圣人一脉相传的系统，指出：

> 神农氏没，黄帝、尧、舜氏作。通其变，使民不倦；神而化之，使民宜之。易，穷则变，变则通，通则久。是以自天祐之，吉无不利。黄帝、尧、舜垂衣裳而天下治，盖取诸乾坤。刳木为舟，剡木为楫，舟楫之利，以济不通致远，以利天下。盖取诸涣。服牛乘马，

---

① 《庄子·天运》，（清）郭庆藩撰，王孝鱼点校：《庄子集释》，中华书局 2004 年版，第 501—502 页。

② 《春秋左传正义·僖公二十五年》卷 16，《十三经注疏》，中华书局 1980 年版，第 1820 页。

③ 《春秋左传正义·昭公十七年》卷 48，《十三经注疏》，中华书局 1980 年版，第 2083 页。

④ 高亨注译：《画策第十八》，《商君书注译》，中华书局 1974 年版，第 136 页。

引重致远，以利天下。盖取诸随。重门击柝，以待暴客，盖取诸豫。断木为杵，掘地为臼，杵臼之利，万民以济。盖取诸小过。弦木为弧，剡木为矢，弧矢之利，以威天下。盖取诸睽。①

《系辞》以伏羲、神农、黄帝、尧、舜一脉相传，为五帝。这对后世儒家道统说影响很大。后来的儒学学者和理学家以此系统为线索，贯之以"道"于其中，其道流传不息，以儒家圣贤掌其道，又吸取各家的道论，道与传道系统、内容与形式相结合，使得中华道统思想得以形成和发展，深刻影响了中国传统文化。《系辞》作者认为，黄帝及尧、舜继神农氏而起，他们在神农时代的基础上，有许多发明创造，如黄帝始制作衣裳；发明舟楫，用牛马驾车，以利交通；创制杵臼等农具，以利耕种；制造弓矢，用于射猎和战争；等等。这说明黄帝的时代比起神农之时，文明已有了进步。

秦汉以来，记述黄帝的材料很多，黄帝的影响也越来越大。《吕氏春秋·尊师》篇认定"黄帝师大挠"②，高诱注曰："大挠作甲子。"③ 即黄帝以大挠为师，大挠是黄帝的史官，曾发明甲子以纪日。西汉戴德撰《大戴礼记》，通过记述孔子与宰我师徒之间的对话，较为系统地叙述了黄帝的事迹及影响。

> 宰我问于孔子曰："昔者予闻诸荣伊，言黄帝三百年，请问黄帝者人邪？抑非人邪？何以至于三百年乎？"孔子曰："予禹汤文武成王周公可胜观邪？夫黄帝尚矣，女何以为先生难言之？"宰我曰："上世之传，隐微之说，卒业之辨，暗忽之意，非君子之道也，则予之问也固矣。"孔子曰："黄帝，少典之子也，曰轩辕，生而神灵，弱而能言，幼而慧齐，长而敦敏，成而聪明。治五气，设五量，抚万民，度四方。教熊罴貔貅貙虎，以与赤帝战于阪泉之野，三战然后得行其志。黄黼黻衣，大带黼裳，乘龙扆云，以顺天地之纪、幽明之故、死生之说、存亡之难。时播百谷草木，淳化鸟兽昆虫，历离日月星

---

① 《易传·系辞下》，《周易正义》卷8，《十三经注疏》，中华书局1980年版，第86—87页

② 《吕氏春秋·尊师》，许维遹译注：《吕氏春秋集释》卷4，中华书局2009年版，第91页。

③ 《吕氏春秋·尊师》，许维遹译注：《尊师》，《吕氏春秋集释》卷4，中华书局2009年版，第91页。

辰，极畎土石金玉，勤劳心力耳目，节用水火材物。生而民得其利
百年，死而民畏其神百年，亡而民用其教百年，故曰三百年。"①
《五帝德》的这些内容，不少是借用司马迁《五帝本纪》的资料。戴德引
孔子的话描述了黄帝的生平、事迹及对后世的影响。其所说的与赤帝战于
阪泉之野，实际上指的是与炎帝战。关于黄帝与炎帝战，三战而克炎帝，
然后得其志。既有认为炎帝是神农氏之末世的，如《淮南子·兵略训》汉
高诱注文；也有认为炎帝是神农氏第一帝的，如晋皇甫谧的记述。所以，
对黄帝克炎帝一事，不可拘泥。或可理解为黄帝所克的是神农氏或炎帝族
的末代统治者。

《淮南鸿烈·览冥训》以赞美的口气叙述了黄帝之治，把黄帝之世视
为理想社会的体现。作者称：

> 昔者黄帝治天下，而力牧太山稽辅之，以治日月之行律，治阴
> 阳之气，节四时之度，正律历之数。别男女，异雌雄，明上下，等
> 贵贱，使强不掩弱，众不暴寡，人民保命而不夭，岁时熟而不凶，
> 百官正而无私，上下调而无尤，法令明而不暗，辅佐公而不阿。田
> 者不侵畔，渔者不争隈，道不拾遗，市不豫贾，城郭不关，邑无盗
> 贼。鄙旅之人相让以财，狗彘吐菽粟于路，而无忿争之心。于是日
> 月精明，星辰不失其行，风雨时节，五谷登熟，虎狼不妄噬，鸷鸟
> 不妄搏。凤凰翔于庭，麒麟游于郊，青龙进驾，飞黄伏皂，诸北儋
> 耳之国莫不献其贡职。然犹未及虙戏氏之道也。②

可以说，《览冥训》所描绘的黄帝之治，在古代社会里，美好得无以复加。
甚至可以和儒家经典《礼记·礼运》篇所追记的"大同"社会相媲美。在
黄帝治天下的时代，人们掌握了日月、阴阳、四时、律历等自然规律，使
之为人类服务。在人类社会生活中，既别男女，明上下，又没有贵贱之
分，上下关系协调和睦，治理国家者公而无私。五谷丰登，财货丰富，劳
动者安居乐业，以至于邑无盗贼，路不拾遗，人人相让而不相争，因而人
们长寿而不夭折。尽管黄帝之世如此美好，但《淮南鸿烈》的作者站在道

---

① 《大戴礼记·五帝德》，(清) 王聘珍撰：《大戴礼记解诂》卷7，中华书局1983年
版，第117—119页。
② 《淮南鸿烈·览冥训》，刘文典撰：《淮南鸿烈集解》卷6，中华书局1989年版，第
205—206页。

家的立场上，仍认为不及伏羲之道。因为作者眼里的伏羲，是一位崇尚自然，无为而治的圣人，他"不设法度而以至德遗于后世"①，这与黄帝的积极作为，以及"法令明而不暗"相比，胜过一筹。

司马迁著《史记》，收集并根据《国语》、《左传》、《礼记》、《庄子》、《易传》等有关黄帝的记载，撰《五帝本纪》，把黄帝排在五帝之首，并论及了黄帝的文治、武功和后代子孙等。黄帝的武功除三战而克炎帝外，重要的是讨伐蚩尤而诛杀之。司马迁说："蚩尤作乱，不用帝命。于是黄帝乃征师诸侯，与蚩尤战于涿鹿之野，遂禽杀蚩尤。而诸侯咸尊轩辕为天子，代神农氏，是为黄帝。"②据说蚩尤是九黎族的首领，有兄弟81人，或为81个氏族。他们与黄帝族发生冲突，在涿鹿之野爆发大战，结果蚩尤战败被杀。使黄帝得到诸侯的拥戴，被尊为天子。

黄帝在中国文化史上占有崇高的地位，其中一个重要原因是他有很多发明制作，为中华文明的发展，作出了卓越贡献。自《国语·鲁语》记述"黄帝能成命百物，以明民共财"③以来，历史文献都有关于黄帝发明制作的记载，而在东汉宋衷所注《世本》里，有比较集中的反映。《世本·作篇·黄帝》栏目下详细记述了黄帝的发明制作。其中关于衣食住行的有：伯余作衣裳，于则作扉履，雍父作舂杵臼，胲作服牛，相土作乘马，共鼓、货狄作舟。根据宋衷所注，制作衣裳、扉履、舂杵臼、服牛、乘马、舟的诸人都是黄帝臣子，为黄帝所用而有这些发明制作。关于天文历法和音乐方面的发明有："黄帝使羲和占日，常仪占月，臾区占星气，伶伦造律吕，大挠作甲子，隶首作算数。容成综此六术而著调历，是容成作历，兼综六术也。"④此外，《世本》还记载了"仓颉作书，仓颉造文字。沮诵、苍颉作书，并黄帝史官。"⑤把创造汉字的仓颉认定为黄帝史官，自

---

① 《淮南鸿烈·览冥训》，刘文典撰：《淮南鸿烈集解》卷6，中华书局1989年版，第215页。

② （汉）司马迁：《五帝本纪》，《史记》卷1，中华书局1959年版，第3页。

③ 《国语·鲁语上》，徐元诰撰，王树民、沈长云校点：《国语集解》，中华书局2002年版，第156页。

④ （汉）宋衷注，（清）秦嘉谟等辑：《作篇》，《世本八种》卷9，中华书局2008年版，第356页。

⑤ （汉）宋衷注，（清）秦嘉谟等辑：《作篇》，《世本八种》卷9，中华书局2008年版，第356页。

然归于黄帝名下。

综上所述，黄帝在文治、武功和发明创造方面为中华文明的发展，作出了重大贡献。并由于在儒家经典里，黄帝被列入圣人一脉相传的系统，受到包括儒家、道家、法家等在内的中国文化各家各派的一致尊崇，对后世影响很大。故在论及广义的中华道统文化和道统溯源时，不应遗漏黄帝轩辕氏。

第二节　尧、舜、禹、汤

如果说，关于道统的溯源，伏羲、神农、黄帝还是传说中的上古圣人，其所依据的历史文献还不足的话，那么，自黄帝以后，史书对尧、舜、禹、汤的记载，则比较多起来，虽然也有一些传说的成分，但其可信程度已超过了关于伏羲、神农、黄帝的记载。

后世把尧、舜、禹、汤作为中华道统的传人，上承伏羲、神农、黄帝，下启文、武、周公。尤其是尧、舜，受到孔孟等儒家代表人物的尊崇，在道统发展史上占有很高的地位。虽然尧、舜、禹、汤的事迹和思想比起上古圣人来，更为可信，但毕竟有一些传说的因素属于后人追记，与后来用文字写成的历史有别，所以我们把尧、舜、禹、汤作为在完整的汉字体系形成以前，后人追记的道统传人。这个时代的跨度，按孟子的说法，大约有五百多年，即大约从公元前 21—22 世纪到公元前 16 世纪这一时代。

一、尧

尧或称帝尧，陶唐氏，名放勋，史称唐尧。帝喾之子，其母为陈锋氏女。记述尧的历史文献较多，包括《尚书》、《左传》、《国语》、《论语》、《墨子》、《孟子》、《庄子》、《易传》、《荀子》、《礼记》、《大戴礼》、《淮南子》、《史记》、《帝王世纪》等。其中记述尧的生平事迹较详者有《尚书·尧典》

篇和《史记·五帝本纪》，记述生平附带揭示思想的有《孟子》一书，虽然《论语》提到尧的地方不多，但其《尧曰》篇关于尧舜禅让的一段话，在道统史上产生了深远影响，为历代儒家学者所引用和发挥。

《尚书·尧典》记述了尧的生平事迹，其中史实，是后人根据传闻追记并加以整理而成，不是当时的记录。虽然如此，《尧典》仍具有相当的史料价值。范文澜认为，"《尧典》等篇，大概是周朝史官掇拾传闻，组成有系统的记录，其中'禅让'帝位的故事，在传子制度实行已久的周朝，不容有人无端发此奇想，其为远古遗留下来的史实，大致可信。"①《尧典》说，帝尧名曰放勋，他恭谨地处理政事，推贤让能，光照四海，亲睦族人，明察百官，协和万邦，教化黎民，使之和睦相处。又称："乃命羲和，钦若昊天，历象日月星辰，敬授民时。"②命令羲和根据日月星辰的运行，制定天文历法，以指导农事。又命羲仲、羲叔、和仲、和叔四位属官分赴东南西北四方，担任测定四时的工作，他们分处四方观测太阳运行的情况，以此为依据，把一年算作366天，分为12个月，剩下的天数，每三年置一闰月。这样，历法制成，百官各尽所责，众事皆兴。

后来，尧征求臣下的意见，谁来接替羲和顺天授时？放齐回答说：你的儿子丹朱聪明，可以接替他。尧曰：唉！他顽狠放纵，不可。又问：谁可以呢？骧兜回答说：共工能干，可用。尧说：共工表里不一，貌似谦恭，实则傲慢，也不可用。

此后，尧对四个大诸侯说：四岳，我在位已70年，你们之中谁能够继承我，接替天子的位置？四岳回答说：我们的才德不够。尧说：那么你们推荐一个下面的贤德之人吧。众人告诉尧说：民间有一个名叫虞舜的人，中年独身，很有才干。尧说：我也听说这样一个人，其人如何？四岳说：他父亲是个盲人，冥顽不灵，其母是个泼妇，其弟傲慢不讲道理，但舜却能够与他们和睦相处，孝父母，和兄弟，使其改恶从善，不至于为奸。尧说：好，让我试一试他。于是把两个女儿嫁给舜，叫舜处理政务。

舜接受尧的指派，负责推行德教，教民以五典，即父义、母慈、兄友、弟恭、子孝。百姓都听从舜的教化。于是又叫舜管理百官，政事处理

---

① 范文澜等：《中国通史》第一册，人民出版社1978年版，第20页。
② 《尚书正义·尧典》卷2，《十三经注疏》，中华书局1980年版，第119页。

得宜。然后又让舜接待四方来的诸侯，与诸侯和睦相处。最后叫舜入山里的森林，接受恶劣环境的考验，舜在暴风雷雨中没有走失方向。于是，尧说：你经受了三年的考察，表现很好，取得了成绩，现在你可以登帝位了。舜以自己的德行不够，谦让不就。

然而，尧在正月初一这天，在祖庙里把政禅让给舜，然后退休，由舜摄行天子之政。这就是尧舜"禅让"帝位之事，为历代所称颂。舜摄政二十八年，帝尧去世，"百姓如丧考妣"，悲恸三年，民众无心作乐，以思念帝尧。三年丧毕，舜才顺应民心，正式继天子位，是为帝舜。

《左传》亦记述了帝尧之事，与《尧典》略同。传曰："以至于尧，尧不能举。舜臣尧，……以揆百事，莫不时序，地平天成。举八元，使布五教于四方，父义母慈兄友弟恭子孝，内平外成。"① 是说舜为尧臣，受尧的委派，管理百事，于是舜布五常之教于四方，即《尚书·尧典》所说的"慎徽五典，五典克从"②。显然，《左传》关于尧舜的记载是在《尚书·尧典》之后，《左传》的作者见到了《尧典》所记，并加以引用。《左传》文公十八年曰："舜臣尧，宾于四门，……是以尧崩而天下如一，同心戴舜，以为天子。以其举十六相，去四凶也。故《虞书》数舜之功曰：'慎徽五典，五典克从。'无违教也。曰：'纳于百揆，百揆时序。'无废事也。曰：'宾于四门，四门穆穆。'无凶人也。"③ 这里所引用的，均是作为《虞书》之一篇的《尧典》的内容，可证《左传》在《尧典》之后。

《国语》记载尧的事迹称："尧能单均刑法以仪民。"④ 是说尧能够尽平刑法以善民。其《周语上》称："昔尧临民以五。"⑤ 即尧五年一巡守。《周语下》又称："尧用殛之于羽山。"⑥ 指的是尧使舜诛鲧于羽山。

①《春秋左传正义·文公十八年》卷20，《十三经注疏》，中华书局1980年版，第1862页。
②《尚书正义·舜典》卷3，《十三经注疏》，中华书局1980年版，第125页。
③《春秋左传正义·文公十八年》卷20，《十三经注疏》，中华书局1980年版，第1863页。
④《国语·晋语四》，徐元诰撰，王树民、沈长云校点：《国语集解》，中华书局2002年版，第336—337页。
⑤《国语·周语一》，徐元诰撰，王树民、沈长云校点：《国语集解》，中华书局2002年版，第31页。
⑥《国语·周语三》，徐元诰撰，王树民、沈长云校点：《国语集解》，中华书局2002年版，第94页。

《论语》不曾言及伏羲、神农、黄帝，却记载了帝尧的言论。指出："尧曰：'咨！尔舜，天之历数在尔躬，允执其中。四海困穷，天禄永终。'"① 这就是尧命舜，而禅让以帝位之辞。其"允执其中"被视为道统思想的重要原则。后世儒家学者包括理学家大多认为，道统之道就是中，或包涵了中。也有人对以道为中持不同意见。但道统之道与中的密切联系，实由此而发。此外，"天之历数在尔躬"一句，也被后世认为是在表达道统相继之次第，通过尧舜之禅让，把天道也传给了舜。其后，"舜亦以命禹"②，形成了一脉相传的统绪。

不仅先秦儒家著作提到尧，而且墨家等诸子之书也记述了尧。《墨子》书说："古者，尧治天下，南抚交址，北降幽都，东西至日所出入，莫不宾服。"③ 讲的是尧治理天下的范围很广，东西南北之民，莫不臣服。可见尧的影响很大。

《庄子》书记载了尧舜间的对话，并表达了道家天道自然的思想。

> 昔者舜问于尧曰："天王之用心何如？"尧曰："吾不敖无告，不废穷民，苦死者，嘉孺子而哀妇人，此吾所以用心已。"舜曰："美则美矣，而未大也。"尧曰："然则何如？"舜曰："天德而出宁，日月照而四时行，若昼夜之有经，云行而雨施矣！"尧曰："胶胶扰扰乎！子，天之合也；我，人之合也。"夫天地者，古之所大也，而黄帝、尧、舜之所共美也。故古之王天下者，奚为哉？天地而已矣！④

舜问尧天王如何考虑问题，尧回答说，对穷苦者不傲慢，不抛弃穷人，悲悯死者，亲善孩子，可怜女人，这就是我考虑问题的地方。结果舜说，这样做好是好，但却不算伟大。尧问舜：那么应该如何？舜答：天德运行则自然安宁，日月光照而四时运行，昼夜交替，云气浮动，雨水降施，都是有规律地自然进行。所以不必像你那样事事操心。听罢舜的话，尧若有所悟说：你是与天道相合，顺乎自然；我是与人事相协调，但却忘乎自然。

---

① 《论语·尧曰》，（宋）朱熹：《四书章句集注》，中华书局 1983 年版，第 193 页。
② 《论语·尧曰》，（宋）朱熹：《四书章句集注》，中华书局 1983 年版，第 193 页。
③ 《墨子·节用上第二十》，（清）孙诒让撰，孙启志点校：《墨子间诂》卷 6，中华书局 1986 年版，第 150 页。
④ 《庄子·天道》，（清）郭庆藩辑，王孝鱼整理：《庄子集释》，中华书局 2004 年版，第 475—476 页。

庄子总结道，古人以天地自然为大，而黄帝、尧、舜共同赞美，这就是古代圣王所追求的崇尚天道自然，无为而治的理想政治。

孟子宣扬性善论，对尧舜备加赞赏。"孟子道性善，言必称尧舜。"①孟子之所以称道尧舜，是因为在他看来，尧舜所行的是仁政。孟子说："尧舜之道，不以仁政，不能平治天下。"②由于性善以仁为核心，所以把性善论施之以政，便是行仁政。《滕文公上》记述了尧忧天下而治的情形。"当尧之时，天下犹未平，洪水横流，泛滥于天下。草木畅茂，禽兽繁殖，五谷不登，禽兽逼人。兽蹄鸟迹之道，交于中国。尧独忧之，举舜而敷治焉。舜使益掌火，益烈山泽而焚之，禽兽逃匿。禹疏九河，瀹济、漯，而注诸海；决汝、汉，排淮、泗，而注之江，然后中国可得而食也。"③指出尧之世，天下还处于洪荒之时，生民之害很多，尧忧天下未平，于是举舜来治理，除治洪水猛兽，使民饱食暖衣，然后施之以教育，使民为善而振德之，故而尧之治得到了孔子的赞扬："大哉尧之为君也！巍巍乎！惟天为大，惟尧则之。荡荡乎！民无能名焉。"④是说尧效法天，以尽君道，以行仁政，得到民的拥戴。孟子又论及了尧舜"禅让"之事，突出了天意在禅让中的重要性，而不仅限于人为。万章问：尧把天下交给了舜，是这样吗？孟子说：不是这么回事，天子不能把天下交给人。万章又问：那么舜有天下，是谁给他的？孟子答：天给的。孟子认为，尧舜禅让不能仅归于帝尧道德高尚的人为因素，而主要在于顺应了天意。他说："昔者尧荐舜于天而天受之，暴之于民而民受之，故曰，天不言，以行与事示之而已矣。"⑤所谓荐于天而天受之，即"使之主祭而百神享之，是天受之"⑥；所谓显于民而民受之，即"使之主事而事治，百姓安之，是民受之也"⑦。尧荐舜于天，被天所接受，又得到百姓的拥护和认可，天意通过民意得到印证，故孟子说：

尧崩，三年之丧毕，舜避尧之子于南河之南。天下诸侯朝觐者，不之尧之子而之舜；讼狱者，不之尧之子而之舜；讴歌者，不讴歌尧

① 《孟子·滕文公上》，（宋）朱熹：《四书章句集注》，中华书局1983年版，第251页。
② 《孟子·滕文公上》，（宋）朱熹：《四书章句集注》，中华书局1983年版，第275页。
③ 《孟子·滕文公上》，（宋）朱熹：《四书章句集注》，中华书局1983年版，第259页。
④ 《论语·泰伯》，（宋）朱熹：《四书章句集注》，中华书局1983年版，第107页。
⑤ 《孟子·万章上》，（宋）朱熹：《四书章句集注》，中华书局1983年版，第307页。
⑥ 《孟子·万章上》，（宋）朱熹：《四书章句集注》，中华书局1983年版，第308页。
⑦ 《孟子·万章上》，（宋）朱熹：《四书章句集注》，中华书局1983年版，第308页。

之子而讴歌舜，故曰天也。夫然后之中国，践天子之位焉。而居尧之宫，逼尧之子，是篡也，非天与也。①

认为舜继承天子位，一方面是尧的举荐，一方面也顺应了天意。孟子的记述以及《尚书·尧典》关于尧的记载，被司马迁所引用，成为《史记·五帝本纪》中《尧本纪》的内容。

继孟子之后，荀子称颂了尧的治国之道。《荀子·成相》篇称：

请牧基，贤者思，尧在万世如见之。②

请成相，道圣王，尧、舜尚贤身辞让。许由、善卷，重义轻利行显明。③

尧让贤，以为民，泛利兼爱德施均。辨治上下，贵贱有等明君臣。④

劳心力，尧有德，干戈不用三苗服。举舜甽亩，任之天下身休息。⑤

指出尧的治国之道，如尚贤、辞让、重义轻利、为民、兼爱、均施恩德、上下有别、贵贱有等、君臣有序、慎用武力等，可以效法。与孟子突出天意在禅让中的重要性的思想相比，荀子更强调"遇时"的重要性。他说："尧授能，舜遇时，尚贤推德天下治。虽有贤圣，适不遇时孰知之？"⑥也就是说，虽然尧舜禅让，尚贤推德能使天下得到治理，但如果舜不遇时，不逢帝尧之世，即使他很贤圣，也只能陷于田野之中，无人知晓。

与荀子思想类似，《礼记·礼器》亦强调"时"的重要性。指出："尧授舜，舜授禹，汤放桀，武王伐纣，时也。"⑦并认为"礼，时为大"。把

---

① 《孟子·万章上》，（宋）朱熹：《四书章句集注》，中华书局 1983 年版，第 308 页。

② 《荀子·成相》，（清）王先谦撰，沈啸寰、王星贤点校：《荀子集解》卷 18，中华书局 1988 年版，第 459 页。

③ 《荀子·成相》，（清）王先谦撰，沈啸寰、王星贤点校：《荀子集解》卷 18，中华书局 1988 年版，第 462 页。

④ 《荀子·成相》，（清）王先谦撰，沈啸寰、王星贤点校：《荀子集解》卷 18，中华书局 1988 年版，第 462 页。

⑤ 《荀子·成相》，（清）王先谦撰，沈啸寰、王星贤点校：《荀子集解》卷 18，中华书局 1988 年版，第 463 页。

⑥ 《荀子·成相》，（清）王先谦撰，沈啸寰、王星贤点校：《荀子集解》卷 18，中华书局 1988 年版，第 462 页。

⑦ 《礼记正义·礼器》卷 23，《十三经注疏》，中华书局 1980 年版，第 1431 页。

尧舜禅让称之为时。当然这种时也是与施仁政相联系的。"尧舜率天下以仁，而民从之。"① 时与仁的结合，是尧舜禹授之以道的内在根据。

《大戴礼记·五帝德》记载帝尧的生平事迹曰：

> 宰我曰：请问帝尧？孔子曰：高辛之子也，曰放勋。其仁如天，其知如神。就之如日，望之如云。富而不骄，贵而不豫。黄黼黻衣，丹车白马。伯夷主礼，龙夔教舞。举舜彭祖而任之四时，先民治之。流共工于幽州，以变北狄；放驩兜于崇山，以变南蛮；杀三苗于三危，以变西戎；殛鲧于羽山，以变东夷。其言不贰，其德不回。四海之内，舟舆所至，莫不说夷。②

戴德编《大戴礼记》，其关于尧的记载，参考了《尧典》、《孟子》等书中的有关内容，这些内容亦被《淮南子》、《史记》、《帝王世纪》所收，其内容更为丰富，文字也较易读懂，只是其史料价值不及《尧典》等早期文献。

从尧的生平事迹，以及儒家代表人物对其治世之道所做的诠释中可以看出，尧在中华道统中的地位较早期圣人更为明晰可见，其思想言行对后世的影响也更大。

二、舜

舜亦称帝舜，姚姓，有虞氏，名重华，史称虞舜。其父名瞽叟，是颛顼的后代，相传从颛顼之子穷蝉到虞舜，六代人都是平民，"皆微为庶人"③。《今文尚书·尧典》的前半部分讲尧的事迹，后半部分则讲舜的事迹，这是早期记载舜的史料。《尧典》又常常把尧、舜结合起来介绍，两人密不可分，所以后世儒家代表人物孔孟等往往将尧舜并论，但也有所分别。

除《今文尚书·尧典》记述有舜的事迹外，较早记载舜的事迹的有

---

① 《礼记正义·大学》卷60，《十三经注疏》，中华书局1980年版，第1675页。
② （清）王聘珍撰：《五帝德》，《大戴礼记解诂》卷7，中华书局1983年版，第121页。
③ （汉）司马迁：《五帝本纪》，《史记》卷1，中华书局1959年版，第31页。

《左传》和《国语》。《左传》僖公三十三年称:"舜之罪也,殛鲧。其举也,兴禹。"① 指出舜诛鲧,又选拔鲧之子禹。文公十八年亦称:"舜有大功二十,而为天子。"② 是说舜做了二十件大好事,包括举八恺,举八元,去四凶,而成为天子。《国语·鲁语上》说:"舜勤民事而野死。"三国吴韦昭注释称:"舜,颛顼之后六世有虞帝重华也。野死,谓征有苗死于苍梧之野也。"③ 是说有苗为乱,舜因之征有苗,至苍梧之野并死在那里。而《史记·五帝本纪》则说:"践帝位三十九年,南巡狩,崩于苍梧之野。"④ 指出舜继承帝位后三十九年,南巡狩猎,死于苍梧之野。

《论语》对舜的事迹有所记述,《颜渊》篇称:"舜有天下,选于众,举皋陶,不仁者远矣。"⑤ 引子夏的话指出,虞舜治理天下的时候,到众人里面去选拔人才,举用皋陶,使众人皆归化于仁。这与《尚书·尧典》关于舜举皋陶担任掌管刑法的官的记载相照应。《尧典》曰:"帝曰:'皋陶,蛮夷猾夏,寇贼奸宄。汝作士,五刑有服,五服三就。五流有宅,五宅三居。惟明克允。'"⑥ 是说帝舜让皋陶出任法官,制定五刑,根据罪行大小来处罚。又以流放来代替,以示宽大。流放也根据犯罪情节,区分远近不同的地方。这样,处理得宜,以示儆戒,使人去恶从善。《论语·泰伯》还指出:"舜有臣五人而天下治。"朱熹注曰:"五人,禹、稷、契、皋陶、伯益。"⑦ 意即舜用贤臣五人,而使天下得到治理。说明人才宝贵,人才难得。对此,"孔子曰:'才难,不其然乎?唐虞之际,于斯为盛。'"⑧ 虽然人才难得,但由于尧舜都善用才,所以当时人才辈出,比武王时也不逊色。

《孟子》谈到舜的地方很多,其中涉及舜的生平、事迹、思想、言行等各个方面。关于舜的生平,孟子曰:"舜生于诸冯,迁于负夏,卒于鸣

---

① 《春秋左传正义·僖公三十三年》卷17,《十三经注疏》,中华书局 1980 年版,第1833 页。

② 《春秋左传正义·文公十八年》卷20,《十三经注疏》,中华书局 1980 年版,第1863 页。

③ 徐元诰撰,王树民、沈长云校点:《鲁语上》,《国语集解》,中华书局 2002 年版,第157 页。

④ (汉)司马迁:《五帝本纪》,《史记》卷1,中华书局 1959 年版,第44 页。

⑤ 《论语·颜渊》,(宋)朱熹:《四书章句集注》,中华书局 1983 年版,第139 页。

⑥ 《尚书正义·舜典》卷3,《十三经注疏》,中华书局 1980 年版,第130 页。

⑦ 《论语·泰伯》,(宋)朱熹:《四书章句集注》,中华书局 1983 年版,第107 页。

⑧ 《论语·泰伯》,(宋)朱熹:《四书章句集注》,中华书局 1983 年版,第107 页。

条，东夷之人也。"① 并指出，虽然舜为东夷之人，文王为西夷之人，地相隔千里，时代相距千年，但其圣人之道行于中国，使前圣、后圣一脉相传。孟子对舜的思想行为加以概括，指出："舜明于庶物，察于人伦，由仁义行，非行仁义也。"② 强调舜明于万物之理，详察人伦之道，事事依据内心固有的仁义去做，而不是勉强去行仁义。把行仁义之道作为舜思想行为的特征。孟子概括舜察于人伦而行仁义的思想特征，尤其表彰了舜的"大孝"，为后世树立了孝父母的楷模。孟子说："舜尽事亲之道，而瞽瞍底豫，瞽瞍底豫而天下化，瞽瞍底豫而天下之为父子者定，此之谓大孝。"③ 指出舜尽事亲之道，使得欲杀自己的父亲也受到感化而快乐，瞽瞍快乐而天下人皆感化，因而天下父子的名分也就定了，这就是舜的至孝，由此可知天下无不可事之亲。据《尚书·尧典》及《史记·五帝本纪》等史书记载，舜的父亲瞽叟（即瞽瞍）、继母和弟弟象对舜很坏，时常加害于舜。舜却逆来顺受，事父母以孝。一次，瞽叟叫舜上谷仓涂泥，等舜上到仓顶后，却从下放火烧仓，企图烧死舜。幸亏舜用两个大斗笠，像鸟的大翅膀一样飞身而下，才没被烧死。后来，瞽叟又叫舜打井，舜穿井而下，又在旁边打了一个孔。舜下井以后，瞽叟和象便用土填井，想把舜埋在里面。舜从旁边的洞里逃出来，免于一死。而瞽叟、象以为舜已死，十分高兴，忙着分舜的财产。象来到舜的房间拿东西，看见舜正在房里弹琴。象又惊又羞愧，只好说：我想来看你。舜高兴地说：好啊！以后，舜仍和从前一样孝敬父母，爱待兄弟。为后世树立了大孝的榜样。

虽然儒家孔孟对虞舜推崇备至，然而道家庄子却批评了尧舜。《庄子·缮性》称："及唐、虞始为天下，兴治化之流，枭淳散朴，离道以善，险德以行，然后去性而从于心。心与心识知，而不足以定天下。"④ 认为尧舜背道而行善，害德去性以从心，结果破坏了淳朴的风气，所以天下不足

　　① （宋）朱熹：《离娄章句下》，《孟子集注》卷8，《四书章句集注》，中华书局1983年版，第289页。
　　② （宋）朱熹：《离娄章句下》，《孟子集注》卷8，《四书章句集注》，中华书局1983年版，第294页。
　　③ （宋）朱熹：《离娄章句上》，《孟子集注》卷7，《四书章句集注》，中华书局1983年版，第287页。
　　④ 《庄子·缮性》，（清）郭庆藩撰，王孝鱼点校：《庄子集释》，中华书局2004年版，第551—552页。

以定。这与道家崇尚自然，反对仁义，批评人为的思想相一致，而与儒家的思想及价值观有别。

儒家经典《礼记·中庸》既以舜为大智，又以舜为大孝，集中体现了圣人的美德，同时体现了"道统"之"中"的原则。《中庸》称："子曰：'舜其大知也与！舜好问而好察迩言，隐恶而扬善，执其两端，用其中于民，其斯以为舜乎！'"①指出孔子赞扬舜这样具有大智的人，舜的大智表现在他虚心好问，不自以为是，善于审察浅近之言，对于恶言则隐而不宣，不使其扩散；对于善言则加以宣扬，使人效法。对于那些彼此都合理的，则执其两端，而量度以取中，选择最合适的用之于民，加以推行，使道得以行。这就是舜的作为。舜执其两端，用其中，被后世儒家认为是道统思想的重要原则，而得以传衍和贯彻。《中庸》不仅赞扬了舜的大智，而且称颂了舜的大孝。指出："子曰：'舜其大孝也与！德为圣人，尊为天子，富有四海之内。宗庙飨之，子孙保之。'"②是说舜的大孝充分体现了他的圣人之德，足以为天下后世所景仰和效法。

《大戴礼记》通过孔子之口，概述了舜的生平及政绩。

> 宰我曰：请问帝舜？孔子曰：蟜牛之孙，瞽瞍之子也，曰重华。好学孝友，闻于四海，陶渔事亲，宽裕温良，敦敏而知时，畏天而爱民，恤远而亲近。承受大命，依于倪皇，睿明通知，为天下王。使禹敷土，主名山川，以利于民；使后稷播种，务勤嘉谷，以作饮食；羲和掌历，敬授民时；使益行火，以辟山莱；伯夷主礼，以节天下；夔作乐，以歌籥舞，和以钟鼓；皋陶作士，忠信疏通，知民之情；契作司徒，教民孝友，敬政率经。其言不惑，其德不愿，举贤而天下平。……舜之少也，恶顇劳苦，二十以孝闻天下，三十在位，嗣帝所五十，乃死。葬于苍梧之野。③

把舜描述成一个好学孝友、事亲爱民、宽裕温良、知时敬天的儒家圣人。他善于举贤任能，把政教之事交给贤能之士办理，从而使天下得到大治。

其后，晋代皇甫谧撰《帝王世纪》，吸取先秦有关记载舜的史料，损

---

① 《中庸》，（宋）朱熹：《四书章句集注》，中华书局1983年版，第20页。

② 《中庸》，（宋）朱熹：《四书章句集注》，中华书局1983年版，第25页。

③ 《大戴礼记·五帝德》，（清）王聘珍撰：《大戴礼记解诂》卷7，中华书局1983年版，第122—124页。

益司马迁《五帝本纪》和戴德《五帝德》的关于舜的内容，较为全面系统地论述了舜的生平、政教和思想，其中有些概括，为司马迁《史记·五帝本纪》所不及，值得读者注意。如皇甫谧把舜"乃作大韶之乐"与孔子对韶乐的评价"尽美矣，又尽善也"联系起来，从而表达了儒家对于艺术尽善尽美相统一的标准。

如上所述，舜在孝亲方面，在举贤用人方面，为后世作出了榜样，并经过孔孟及儒家经典的宣扬和表彰，被视为执其两端而用其中、尽善尽美的道统传人和儒家圣人。

三、禹

禹，姒姓，名文命。亦称夏禹、大禹。其父是鲧，由四岳推荐，奉尧之命治理洪水。鲧用防堵的方法治水，未获成功，被舜殛之于羽山而死。于是舜举鲧之子禹继续治水。禹接受父亲治水失败的教训，废弃防堵的方法，改为因势利导，疏通水流的办法，领导人民疏通江河。治水十三年，三过家门而不入，公而忘私，舍小家为国家，终于把泛滥多年的水患治平，造福于人民。又划分天下为九州，使中国有了最初的行政区划，为大一统的中华国家奠定了基础。

记载禹的史料较早见之于《今文尚书》的《皋陶谟》篇，以及《尧典》、《禹贡》、《洪范》等篇。《古文尚书》中的《大禹谟》篇虽然在中华道统思想发展史上，具有很重要的价值，但它却是东晋梅赜所献，系后人作伪晚出，不能作为早期史料看待，但也不能因此而否定《大禹谟》对后世儒家道统所产生的深刻影响及其思想史料价值。除《今文尚书》外，先秦史料如《国语》、《左传》、《孟子》、《庄子》等书都记载了禹的事迹。汉代著作《淮南子》、《史记》、《大戴礼记》，以及晋代《帝王世纪》等也作了记述，尤其是《史记·夏本纪》记述较详。

《尚书·皋陶谟》是舜、禹、皋陶之间对话的记录，其中有关于大禹治水的内容。

禹曰：洪水滔天，浩浩怀山襄陵，下民昏垫。予乘四载，随山刊木，暨益奏庶鲜食。予决九川距四海，浚畎浍距川；暨稷播，奏庶艰食鲜食。懋迁有无化居。烝民乃粒，万邦作乂。①

是说洪水泛滥，包围了山陵，地上的人民都被洪水淹没。禹乘坐四种载人的交通工具，勘察地形山路，并与益一起把猎杀的鲜食分给众民。禹带领民众疏通九州之川，使河水都流入大海；又浚通田间小沟，使田野的水都流进大河。又与稷一起，教民播种粮食，以谷物和肉类维持民众的生活。并发展贸易，互通有无，于是人民得以安居乐业，万邦诸侯乃治。《皋陶谟》还记述了大禹治水的无私奉献精神，说大禹娶了涂山氏的女儿，结婚仅四天，就又出去治水。以后儿子启生下来，呱呱地哭，也顾不上去照看抚育，完全把个人的小家放在一旁，全身心地投入到治理洪水的事情中去，终于获得了成功。这为后世树立了公而忘私的榜样，这也是儒家精神所提倡的。

《国语·周语下》也记载了大禹治水之事，当鲧（即禹父鲧）治水失败，被殛之于羽山之后：

> 其后伯禹念前之非度，厘改制量，象物天地，比类百则，仪之于民，而度之于群生。共之从孙四岳佐之，高高下下，疏川导滞，钟水丰物，封崇九山，决汩九川，陂鄣九泽，丰殖九薮，汩越九原，宅居九隩，合通四海。故天无伏阴，地无散阳，水无沉气，火无灾燀，神无间行，民无淫心，时无逆数，物无害生。帅象禹之功，度之于轨仪，莫非嘉绩，克厌帝心。皇天嘉之，祚以天下，赐姓曰"姒"，氏曰"有夏"，谓其能以嘉祉殷富生物也。②

指出禹改弦更张，用疏导河流的方法治水，决江疏河，凿龙门，辟伊阙，除去壅塞之物，通其水源。又蓄水以灌溉农田，使百物丰茂；通九原，使百姓在九州之内皆可安居；以致风调雨顺，阴阳调和，财丰物茂，因而百姓富足，民不生淫心，天不违自然，物不害群生。由此受到了尧的表彰，赐姓为姒，封之于夏。后来其子启在夏后氏部落的基础上建立了夏朝。

《孟子》记述了禹治水的事功及舜禹禅让而禹启继位之事。关于传贤与传子一事，孟子的弟子万章提出质疑。万章问："人有言：'至于禹而德

---

① 《尚书正义·益稷》卷5，《十三经注疏》，中华书局1980年版，第141页。
② 徐元诰撰，王树民、沈长云校点：《周语三》，《国语集解》，中华书局2002年版，第95—96页。

衰，不传于贤而传于子。'有诸?"① 孟子不同意"至于禹而德衰"的说法，他认为，传贤或是传子，这是天意，而不取决于人。

孟子曰："否，不然也。天与贤，则与贤；天与子，则与子。昔者舜荐禹于天，十有七年，舜崩。三年之丧毕，禹避舜之子于阳城。天下之民从之，若尧崩之后，不从尧之子而从舜也。

禹荐益于天，七年，禹崩。三年之丧毕，益避禹之子于箕山之阴。朝觐讼狱者不之益而之启，曰：'吾君之子也。'讴歌者不讴歌益而讴歌启，曰：'吾君之子也。'丹朱之不肖，舜之子亦不肖。舜之相尧，禹之相舜也，历年多，施泽于民久。启贤，能敬承继禹之道。益之相禹也，历年少，施泽于民未久。舜、禹、益相去久远，其子之贤不肖，皆天也，非人之所能为也。"②

孟子指出，之所以有尧舜禅让而传贤与禹启通过继位而传子的不同做法，是由于天的原因。他解释说，尧的儿子丹朱，其德行不及舜；舜的儿子商均，其德行不及禹，这是天意，所以他们未能继承帝位，上天把帝位传给了舜和禹。而启继位的情况则不同，一是启贤，能够承继禹之道；二是尽管益被禹荐于天，但益辅佐禹的时间不长，只有七年，百姓受其恩泽也不久，不像禹辅佐舜有 17 年，舜辅佐尧有 28 年，百姓受其恩泽很长时间，所以舜、禹能被百姓所接受，而益则不被接受，百姓接受的是禹的儿子而不是益。孟子认为，辅佐前君的时间长短，这也是天意，而非人为所及，而这恰恰是传贤或传子的重要因素。正因为从舜到禹，从禹到益的年代有长短之分，各人的儿子也有贤与不贤之别，而这些都是天意，所以不应把尧舜传贤而禹传子作为"至于禹而德衰"的证据。

《史记》关于禹的继承人问题是这样说的，《夏本纪》称："帝禹立而举皋陶荐之，且授政焉，而皋陶卒。封皋陶之后于英、六，或在许。而后举益，任之政。"③ 是说帝禹举荐皋陶于天，并授以政事，不幸皋陶先死。其后又举荐益，使益处理政事。但由于"禹子启贤，天下属意焉。及禹

---

① （宋）朱熹：《万章章句上》，《孟子集注》卷 9，《四书章句集注》，中华书局 1983 年版，第 308 页。

② （宋）朱熹：《万章章句上》，《孟子集注》卷 9，《四书章句集注》，中华书局 1983 年版，第 308 页。

③ （汉）司马迁：《夏本纪》，《史记》卷 2，中华书局 1959 年版，第 83 页。

崩，虽授益，益之佐禹日浅，天下未洽。故诸侯皆去益而朝启"①。于是启继承了帝位，成为夏后帝启。

东晋梅赜所献《古文尚书》，其《大禹谟》记载了禹的事迹。禹曾对舜说："於，帝念哉！德惟善政，政在养民。"②提出为政以德，政在养民的思想，其养民之本，在于先修水、火、金、木、土、谷六府之事，并做到正德、利用、厚生，即正德以率下，利用以多财，厚生以养民。做到了六府三事，则天下得到治理。《大禹谟》"政在养民"的思想非常深刻，值得后世乃至今天的人们所借鉴。此外，《大禹谟》中舜决定让位给禹时说的话，在道统思想发展史上具有重要意义。帝舜曰：

> 来禹，降水儆予，成允成功，惟汝贤。克勤于邦，克俭于家，不自满假，惟汝贤。汝惟不矜，天下莫与汝争能。汝惟不伐，天下莫与汝争功。予懋乃德，嘉乃丕绩。天之历数在汝躬，汝终陟元后。人心惟危，道心惟微，惟精惟一，允执厥中。③

帝舜以大禹治水之功，以他为最贤。称赞大禹克勤克俭，尽力为民。因其不自以为贤，推善让人，而不失其能；不居功自傲，而不失其功。舜因禹之德与功，乃说，天道之运在你身，你终当继位为天子。于是告诫禹说，人心很危险，道心很微妙，危则难安，微则难明，你当精以察之，一以守之，公允地执其中正之道。舜告诫禹的"人心惟危，道心惟微，惟精惟一，允执厥中"的一段话，是对《论语·尧曰》"咨！尔舜，天之历数在尔躬，允执其中，四海困穷，天禄永终"所表达思想的继承。由尧告诫舜："允执其中"，又由舜告诫禹："允执厥中"，都贯穿了一个"中"的原则。此"中"又在心中，因此，宋儒将这段话概括为"十六字心传"，成为阐发道统思想的重要文献依据，认为尧、舜、禹三圣心心相传在于一个"中"，亦即"道"，它体现了个人修养和治理国家的基本原则，这也是中华道统思想的一个重要原则。

大禹以其治水，为中华民族的生衍发展作出了重大贡献；又以其帝位为其子启所继承，废弃了"禅让"制，世袭的宗法制开始出现。记述禹事迹的《古文尚书·大禹谟》篇，关于"允执厥中"的命题，成为道统传授

---

① （汉）司马迁：《夏本纪》，《史记》卷2，中华书局1959年版，第83页。
② 《尚书正义·大禹谟》卷4，《十三经注疏》，中华书局1980年版，第135页。
③ 《尚书正义·大禹谟》卷4，《十三经注疏》，中华书局1980年版，第136页。

的重要内容。

四、汤

　　汤，亦称成汤、天乙、商汤、武汤，商朝的建立者。汤的先祖是契，相传契是帝喾之子。契曾佐大禹治水有功，被帝舜封于商。后来其子孙传十四代，凡八迁，到了汤，居于亳，其封地不过 70 里。从契到汤，正相当于夏朝，汤距禹的时代有四五百年历史。此时，夏王朝自启继承禹的帝位以来，传十五代而桀立，由盛而衰。桀是夏朝最后一帝，也是历史上有名的暴君。夏桀王骄奢淫逸，残酷欺压臣民，已失去天下民心。汤则反对暴政，施行仁义，励精图治，诸侯和民众都拥护他。汤任用伊尹执政，积极做灭夏的准备，陆续攻灭夏的联盟和残暴不仁的诸侯国，进而一举灭夏，建立商朝。

　　记述汤的事迹的史书较多，其中《尚书》、《孟子》、《史记》较详。其他如《诗经》、《国语》、《论语》、《易传》、《礼记》、《淮南子》、《帝王世纪》等也有不少关于汤的记载。

　　汤即位后，得知有个贤人叫伊尹，在有莘国的田野里耕地，而乐于尧舜之道，如果不符合其道义，就是把天下的财富给他作俸禄，牵上千驷的马给他，他也不屑一顾。汤爱惜贤才，于是派人以礼聘之。伊尹却满不在乎地说：我为什么要接受汤的聘礼呢？我在田野里耕田、乐道，有什么不好？汤思贤若渴，"三使往聘之"①。伊尹被汤的诚意所感动，心想，与其我在田野耕田、乐尧舜之道，不如我出来推行尧舜之道，使君成为尧舜那样的君，使民成为尧舜时代那样的民。于是，伊尹应聘而出，被汤任用为相，"故汤之于伊尹，学焉而后臣之，故不劳而王"②。是说汤先拜伊尹为师，然后委以重任，在伊尹的辅佐下，使自己得以称王。

　　《孟子·滕文公下》记载了汤攻灭葛国的经过。孟子曰：

---

　　① （宋）朱熹：《万章章句上》，《孟子集注》卷9，《四书章句集注》，中华书局 1983 年版，第 310 页。

　　② （宋）朱熹：《公孙丑章句下》，《孟子集注》卷4，《四书章句集注》，中华书局 1983 年版，第 243 页。

汤居亳，与葛为邻，葛伯放而不祀。汤使人问之曰："何为不祀？"曰："无以供牺牲也。"汤使遗之牛羊。葛伯食之，又不以祀。汤又使人问之曰："何为不祀？"曰："无以供粢盛也。"汤使亳众往为之耕，老弱馈食。葛伯率其民，要其有酒食黍稻者夺之，不授者杀之。有童子以黍肉饷，杀而夺之。《书》曰："葛伯仇饷。"此之谓也。为其杀是童子而征之，四海之内皆曰："非富天下也，为匹夫匹妇复仇也。""汤始征，自葛载"，十一征而无敌于天下。[1]

汤讨伐葛国是以其不祭祀祖宗并滥杀百姓、童子为理由。邻国葛是夏的属国，葛伯不祭祖宗，汤送牛羊给他以助祭，又派人帮葛伯耕田，叫老弱之人送饭。葛伯却杀了送饭的人和童子，把酒饭抢走。对于如此残暴无道之人，汤起兵讨伐，深得人心。四海之内的百姓都说：伐葛，不是贪图天下的财富，而是为百姓复仇。于是将葛国灭掉。

灭葛以后，汤又接连征灭韦国、顾国、昆吾等国，通过先后 11 次征伐，遂无敌于天下。孟子指出，汤讨伐诸国，得到了天下的拥护，当汤东征时，西方的夷人就抱怨；当汤南征时，北方的狄人就埋怨，都说为什么不先到我们这里来？当时的民众盼望汤来，就像大旱之季渴望雨水一样。汤来到之后，市场井然，农民安心生产，只不过杀其君，慰问受压迫的老百姓，就像及时雨，使民大悦。从中反映出这样一个道理：天下的兴亡，取决于人心的向背。

由于夏桀丧失了民心，灭亡是自然的事。汤会集诸侯，誓师讨伐夏桀，《尚书·汤誓》记述了汤"吊民伐罪"，兴兵灭夏的誓言。王曰：

格尔众庶，悉听朕言。非台小子敢行称乱。有夏多罪，天命殛之。

今尔有众，汝曰："我后不恤我众，舍我穑事而割正夏？"予惟闻汝众言，夏氏有罪。予畏上帝，不敢不正。[2]

汤王对诸侯说，夏桀犯的罪行太多，所以天命当诛杀，命令我前往讨伐之。你们说夏王不体恤民众，把农业生产这样的大事都放在一边，这怎么能够治理天下？我听到你们这些反映了民众愿望的意见，知道夏桀确实有罪。我害怕上帝怪罪下来，所以不得不兴兵讨伐夏国。

---

[1] （宋）朱熹：《滕文公章句下》，《孟子集注》卷 6，《四书章句集注》，中华书局1983 年版，第 268 页。

[2] 《尚书正义·汤誓》卷 8，《十三经注疏》，中华书局 1980 年版，第 160 页。

汤王最后说，只要你们辅佐我，奉上天之命征讨夏国，我将大大地赏赐你们。你等不必迟疑，我是决不会食言的。但如果你们不服从誓言，我将惩罚你们，决不赦免。

誓师之后，汤军大举进攻。夏、汤两军会战于鸣条之野，夏桀大败，南逃至南巢而亡。汤乘胜灭夏，建立了商朝。

儒家经典《易传》对商汤和周武改朝换代的社会变革十分乐道，指出："天地革而四时成。汤武革命，顺乎天而应乎人。革之时大矣哉！"① 认为商汤王适应形势的需要而革夏桀之命，是顺天应人，非常伟大的。这是对"君权神授"和暴君的批判，为社会历史的变革提供了依据。

孟子认为，汤武革桀纣之命，杀其暴君，只是诛独夫，而不是"臣弑其君"。这对皇权政治是一大冲击。《孟子·梁惠王下》记述道：

> 齐宣王问曰："汤放桀，武王伐纣，有诸？"孟子对曰："于传有之。"曰："臣弑其君可乎？"曰："贼仁者谓之贼，贼义者谓之残，残贼之人谓之一夫。闻诛一夫纣矣，未闻弑君也。"②

朱熹对此解释说："一夫，言众叛亲离，不复以为君也。《书》曰：'独夫纣。'盖四海归之，则为天子；天下叛之，则为独夫。所以深警齐王，垂戒后世也。"③ 自孟子以来，至朱熹，儒家代表人物不把桀纣这样的暴君称为君，而是称之为贼仁贼义、众叛亲离的独夫。认为独夫可诛，诛独夫不是诛君。行仁行义才是君，行仁义即是行道，仍以行道与否作为君与独夫区别的标准。由行仁义之道出发，开出道统以及政统；反对不行仁义的暴君。可见，仁义之道高于君主之位，这是儒家道统思想的一个基本出发点，并以此垂戒后世帝王。

道家《庄子》之书则对汤武革命持批评态度。《庄子·盗跖》篇指出："汤放其主，武王杀纣。自是之后，以强凌弱，以众暴寡。汤、武以来，皆乱人之徒也。"④ 认为汤放其主，武王杀纣的行为是开后世乱源，"其行

———————————

① 《革卦·彖传》，《周易正义》卷5，《十三经注疏》，中华书局1980年版，第60页。
② （宋）朱熹：《梁惠王章句下》，《孟子集注》卷2，《四书章句集注》，中华书局1983年版，第221页。
③ （宋）朱熹：《梁惠王章句下》，《孟子集注》卷2，《四书章句集注》，中华书局1983年版，第221页。
④ 《庄子·盗跖》，（清）郭庆藩撰，王孝鱼点校：《庄子集释》，中华书局2004年版，第995页。

乃其可羞也"。这反映了道家的观点。

《论语·颜渊》记述了子夏解释孔子思想时的一句话:"汤有天下,选于众,举伊尹,不仁者远矣。"[1] 是说汤治理国家时,到民众中去选拔人才,挑选出伊尹这样有才能的仁义君子为相,使得缺乏仁心的人皆化而归仁,未见有不仁者,好像其远去一样。可见汤的政教以仁义为本。

《孟子·离娄下》记载孟子评价汤的一句话:"汤执中,立贤无方"[2] 与汤的道统思想有关。所谓"汤执中",即汤执守无过无不及的中正之道,这正是道统思想的重要原则和体现。自《论语·尧曰》提出"咨!尔舜,天之历数在尔躬,允执其中"[3] 的执中思想以来,执中便成为道统思想的重要内容,并且,尧、舜、禹相传以继之,体现了道统的传授。由尧舜相传以"允执其中",舜禹相传以"允执厥中",到汤的"汤执中",都贯穿了一个无过无不及的"中正之道"。尧、舜、禹、汤,乃至后世的孔、孟、程、朱,无不相传共守以"中道",这不仅体现了道统的传承与内容,而且给中华文化的形成与发展,打上了深刻的烙印。

第三节　文王、武王、周公

在中华道统思想发展史上,周文王、周武王和周公既是儒家崇尚的圣人、效法的榜样,又是道统溯源不可或缺的环节和内容。周文王是周武王和周公的父亲,大约生活在公元前 11 世纪,距离生活在公元前 16世纪的商汤王大约晚五百年。根据孟子的说法"五百年必有王者兴"[4],从尧、舜、禹到汤,大约五百多年;从汤到周文王,大约又经过了五百年。文王、武王、周公的时代,文明发展已高出汤的时代,不仅已形成完整的汉字文字体系,能够记录当时的社会生活及社会事件,而且随着社会生

---

① 《论语·颜渊》,(宋)朱熹:《四书章句集注》,中华书局 1983 年版,第 139 页。
② 《孟子·离娄下》,(宋)朱熹:《四书章句集注》,中华书局 1983 年版,第 294 页。
③ 《论语·八佾》,(宋)朱熹:《四书章句集注》,中华书局 1983 年版,第 193 页。
④ 《孟子·公孙丑下》,(宋)朱熹:《四书章句集注》,中华书局 1983 年版,第 250 页。

产力的提高和文明的进化发展，封诸侯、建邦国的封建制度进一步完善。文王实行仁政，在当时产生重要影响，经武王和周公的发扬，成为儒家思想和儒家政治的渊源。儒家祖述尧舜，宪章文武，崇尚仁义和周礼，实与文王、武王和周公有密切关系，也是中华道统由尧舜到孔孟之间的发展环节。

一、文　王

文王是商末周国的领袖。姬姓，名昌，亦称周文王、文、西伯、伯昌等。文王的祖先，据说是尧舜时代举为农师、教民稼穑的后稷。后稷名弃，其母是帝喾的元妃姜原。弃好农耕，善于因地制宜，种植稷、麦等农作物，曾在尧舜时代做农官，教民耕种，"播时百谷"。因此被尊为农神，号曰后稷。

后稷的子孙世代重农，以农为本，传至商末，姬昌立，是为文王。记载文王事迹和思想的史料很多，主要有《尚书》之《周书》、《左传》、《国语》、《毛诗》、《孟子》、《礼记》、《史记》等。

文王的父亲是季历，祖父是古公亶父。古公修后稷之业，积德行义，国人都拥戴他。当时遭到戎狄的侵略，古公率领部族由豳迁居到岐山下的周原（今属陕西）。其他地方的民众听说古公是个仁人，都来归附他，于是部族逐渐强盛，周遂为部族名。古公传位给三子季历，季历修古公遗道，笃于行义，诸侯都顺从他，其国势更加强盛，征服了周围的戎狄，成为西方的大国。商王文丁认为周威胁到商朝，于是杀掉季历。季历的儿子姬昌继位，曾被商纣封为西伯，故称西伯昌，或文王昌。文王遵后稷之业，效法古公、季历之法，"笃仁，敬老，慈少。礼下贤者，日中不暇食以待士，士以此多归之"[1]。推行仁政，敬老爱幼，礼贤下士，结果四方贤者皆来投奔。如孤竹国的伯夷、叔齐听说文王善养老，便来投奔。其余如太颠、散宜生、闳夭等，都纷纷前往投效，他们同辅文王，使周国得到进一步发展。

---

① （汉）司马迁：《周本纪》，《史记》卷4，中华书局1959年版，第116页。

这时商朝出了个暴君叫商纣王,他同夏桀王一样,残酷欺压、剥削百姓,淫乱好色。纣王使人作淫声靡乐,过着糜烂不堪的生活;又横征暴敛,强征赋税,加重百姓负担。筑鹿台,把搜刮来的钱财藏在里面。百姓怨而反抗,纣王则以重刑惩罚,实施"炮格之法"。纣王的倒行逆施与文王的仁政形成鲜明的对照,诸侯国皆倾向于文王。崇国的首领崇侯虎效忠于纣王,他中伤文王,对纣说:"西伯积善累德,诸侯皆向之,将不利于帝。"① 于是纣便把文王囚禁在羑里。

文王的大臣闳夭等设法营救,他们把美女、奇物、善马献给纣。纣王大悦,乃释放文王。文王请纣王废除炮烙之刑,得到了纣王的同意。相传文王囚禁在羑里期间,研究《周易》,演八卦为六十四卦,并作卦、爻辞。《史记·太史公自序》称:"昔西伯拘羑里,演《周易》。"② 《史记·日者列传》又称:"自伏羲作八卦,周文王演三百八十四爻而天下治。"③ 至《汉书·艺文志》提出"人更三圣,世历三古"④ 的说法,把文王作为《周易》的作者及传人,即以伏羲为上古圣人,始作八卦;文王为中古圣人,"重《易》六爻,作上下篇"⑤;孔子为下古圣人,作《易传》十篇以解经。虽然近人有不同意传统的"人更三圣"说者,但《周易》卦、爻辞的形成与文王的时代有密切的关系,这是对研究《周易》者的启示。

文王归周之后,"修德行善",诸侯多叛纣而归文王。纣王不思悔改,沉溺于酒色,百姓生活在水深火热之中,不堪忍受殷商的暴政。《尚书·召诰》说:"夫知保抱携持厥妇子,以哀吁天,徂厥亡,出执。"⑥ 意即男人携妻抱子,悲痛地祷告上天,诅咒商纣早日灭亡,以脱离苦海。可见,纣王已丧尽天下之人心。

文王在成就其大业时,得到了姜太公吕尚的辅佐。吕尚年已七十,为避纣之乱,来到西方。一次文王出猎,在渭水遇到吕尚垂钓,于是拜吕

① (汉)司马迁:《周本纪》,《史记》卷4,中华书局1959年版,第116页。

② (汉)司马迁:《太史公自序》,《史记》卷130,中华书局1959年版,第3300页。

③ (汉)司马迁:《日者列传》,《史记》卷127,中华书局1959年版,第3218页。

④ (汉)班固撰,(唐)颜师古注:《艺文志》,《汉书》卷30,中华书局1962年版,第1704页。

⑤ (汉)班固撰,(唐)颜师古注:《艺文志》,《汉书》卷30,中华书局1962年版,第1704页。

⑥ 《尚书正义·召诰》卷15,《十三经注疏》,中华书局1980年版,第212页。

尚为师。在吕尚的辅助下，周国势更强。先后讨伐平定了昆夷、密须、黎国、冲国、崇国等诸侯国。诸侯归附文王的有六州，占当时天下九州的三分之二，奠定了灭商的基础。

文王不仅武功卓越，更重要的是他文治突出，施行仁政，有功于后世，对儒家的德治思想产生重要影响。《尚书》通过周公之口，记述了文王的仁政："文王卑服，即康功田功。徽柔懿恭，怀保小民，惠鲜鳏寡。自朝至于日中昃，不遑暇食，用咸和万民。文王不敢盘于游田，以庶邦惟正之供。"① 指出文王身居尊位，也从事修路、耕田等一般民众所从事的劳作。可见与民打成一片。他善良仁慈，和蔼谦恭，爱民保民，将其恩泽惠施于鳏寡之人。从早晨到中午，再到太阳偏西，整天忙于朝政，而顾不上吃饭，为的是使万民和谐，安居乐业。文王不敢为了满足自己的游猎玩乐，而耗费各邦百姓的贡赋。可见其与民同甘共苦。经过文王的治理，其仁政远播，不仅在当时产生重大影响，使殷民仰慕其德而投奔，而且其"即康功田功"的重农思想、"怀抱小民"的爱民观念、"咸和万民"的安民精神得到后世的赞誉，成为儒家民本主义的思想来源。

继《尚书》之后，《左传》称颂了文王的德治。指出：

> 《周书》数文王之德。曰：大国畏其力，小国怀其德。言畏而爱之也。《诗》云：不识不知，顺帝之则。言则而象之也。纣囚文王七年，诸侯皆从之囚。纣于是乎惧而归之。可谓爱之。文王伐崇，再驾而降为臣；蛮夷帅服。可谓畏之。文王之功，天下诵而歌舞之。可谓则之。文王之行，至今为法。可谓象之。②

认为文王的德治，得到小国之民的爱戴和拥护；而行不仁之政的崇国却畏惧而降服。指出文王的武功，天下颂扬；文王的德政，则至今为人所效法而推行。

孟子集中概括并论述了文王的仁政及爱民思想。指出文王施仁政，首先满足百姓的衣食需求，善养老人，使之无冻馁。具体做法是每家给五亩地的住宅，在住宅周围的墙下栽种桑树，匹妇养蚕，这样就可以解决穿衣问题；其次，养五只母鸡、两只母猪，老年人就不怕没有肉吃；再次，

---

① 《尚书正义·无逸》卷16，《十三经注疏》，中华书局1980年版，第222页。

② 《春秋左传正义·襄公三十一年》卷40，《十三经注疏》，中华书局1980年版，第2016页。

每户再给一百亩田，叫匹夫即壮年人耕种，这样八口之家就有粮食吃了。孟子赞扬了文王之政善养老人。他说："所谓西伯善养老者，制其田里，教之树畜，导其妻子，使养其老。五十非帛不暖，七十非肉不饱。不暖不饱，谓之冻馁。文王之民，无冻馁之老者，此之谓也。"[①] 由于文王的仁政从"制其田里"入手，百姓有了田产，从事生产劳动，所以能够满足其生活需求，人到了老年，也有所养，故"无冻馁之老者"，以至伯夷和姜太公皆避纣而归文王，以为仁者归所。

所谓"制其田里"，也就是"制民之产"，孟子认为，文王的仁政，为了满足百姓的衣食需求，是从经界开始，即实行井田制。孟子在向齐宣王介绍文王的仁政时说："昔者文王之治岐也，耕者九一，仕者世禄。"[②] 所谓"耕者九一"，朱熹解释说，即是"井田之制"。方一里为一井，像一个井字，有田九百亩，分为九区，每区百亩。中间的一百亩为公田，周围的八百亩为私田。八家农民各分私田一百亩，并共同助耕公田，这就是纳九分之一的租税。文王"发政施仁"，制民之产，实行"耕者九一"的井田制，经孟子宣扬和提倡，对后世产生了重要影响，至北宋张载、程颢为了抑制兼并，缓解社会矛盾，仍上疏主张继承文王，实行井田。张载说："治天下不由井地，终无由得平，周道止是均平。"[③] 把文王实行的井田制概括为"周道"，具有均平的社会功能。

孟子还充分肯定了文王"视民如伤"的爱民精神，指出："文王视民如伤，望道而未之见。"[④] 所谓"视民如伤"，即百姓已安，没有伤，但视之就像有伤一样，唯恐伤害。这表明文王爱民至深，并通过行仁政、亲自耕种、体恤民情、关心百姓疾苦表现出来。文王的仁政、爱民思想为历代儒家所继承，成为道统传授的重要内容。程颢在传道的同时，每到一处任官，凡坐处皆书"视民如伤"四字，作为座右铭，以鞭策自己。可见，文

---

① （宋）朱熹：《尽心章句上》，《孟子集注》卷13，《四书章句集注》，中华书局1983年版，第355页。

② （宋）朱熹：《梁惠王章句下》，《孟子集注》卷2，《四书章句集注》，中华书局1983年版，第218页。

③ （宋）张载著，章锡琛点校：《经学理窟·周礼》，《张载集》，中华书局1978年版，第248页。

④ （宋）朱熹：《离娄章句下》，《孟子集注》卷8，《四书章句集注》，中华书局1983年版，第294页。

王的爱民精神影响后世之大。孔子说："文王既没，文不在兹乎？"①认为文王虽然已经去世，但文王之道仍然流传，如果上天要使文王之道失传，就不会使后人得其道，既然我等后人得到了文王之道，这表明上天不会使文王之道失传。由此可见道统传授的脉络。

《诗经》赞扬了文王的道德，指出："维天之命，於穆不已；于乎不显，文王之德之纯。"②《礼记·中庸》对此加以解释："《诗》云：'维天之命，於穆不已。'盖曰天之所以为天也。'于乎不显，文王之德之纯。'盖曰文王之所以为文也，纯亦不已。"③是说《诗经》所讲的苍天之命深远而运行不息，就是天之所以为天的道理；《诗经》又说，天道岂有不显的吗？文王的道德纯一不杂，意思是文王之道纯一不二，这就是文王之所以为文王的道理，即文王之道与天道一样，是至诚无息的。朱熹引二程的话加以发挥："程子曰：'天道不已，文王纯于天道，亦不已。纯则无二无杂，不已则无间断先后。'"④既然天道运行不息，无间断先后，而文王效法天道，与天同一，自然也至诚无息。这表现出程朱对文王之道的推崇。

从以上对文王生平、文治、武功的介绍，以及《尚书》、《诗经》、《左传》、《孟子》、《中庸》、程朱对文王仁政、德治、爱民思想的赞誉，可以看出，文王之道对中华道统思想的形成，有重要的启发，后世在文王仁政、德治、爱民思想的基础上，逐渐衍生出道统。

二、武 王

武王是西周王朝的建立者。姬姓，名发，亦称周武王、武。武王是文王的次子，文王逝世后，武王即位，继承文王的遗志，以武力革纣王之命，灭商朝，建立西周王朝。记叙武王事迹及思想的材料亦很多，主要有《尚书》、《左传》、《国语》、《论语》、《孟子》、《毛诗》、《易传》、《庄子》、

① 《论语·子罕》，（宋）朱熹：《四书章句集注》，中华书局1983年版，第110页。
② 《毛诗正义·周颂·维天之命》卷19，《十三经注疏》，中华书局1980年版，第583—584页。
③ 《礼记正义·中庸》卷53，《十三经注疏》，中华书局1980年版，第1633页。
④ 《中庸》，（宋）朱熹：《四书章句集注》，中华书局1983年版，第35页。

《荀子》、《史记》、《帝王世纪》等。其中《尚书》之《周书》，今、古文都有一些篇目，除去东晋杂入的伪《古文尚书》外，《今文尚书》之《周书》涉及武王的篇目主要有《牧誓》、《君奭》、《洪范》、《立政》等篇。

武王即位后，仍拜太公吕尚为师，以其弟周公姬旦为辅，继承文王的事业，准备伐纣。先是率兵东至盟津，用车载着文王的木主，武王自称太子发，不敢自专，奉文王的遗命讨伐纣王。事先没有约定而来相会者有八百诸侯，大家都说：纣可以讨伐。由于当时时机还没有完全成熟，于是武王回师还周。

还师归周后，纣王更加昏乱暴虐，不仅不听从众人的劝谏，反而杀比干，囚箕子，微子被迫逃走，纣已陷入众叛亲离的困境之中。武王见时机已经成熟，决定出兵讨伐商纣。《史记·周本纪》记载：武王率兵车三百乘、虎贲军三千人、甲士四万五千人，东征伐纣。诸侯闻风而至，纷纷加入讨伐纣王的阵营之中。

武王率师直趋商郊牧野，举行了誓师大会。武王对大家说：各位友邦国君和司徒、司马、司空等诸位官员，以及庸、蜀、羌、髳、微、卢、彭、濮诸国的将士们，举起你们的戈，拿起你们的矛，排好队列，我们来宣誓。

武王在誓言中列举了纣的罪状，他说：

> 今商王受惟妇言是用；昏弃厥肆祀，弗答；昏弃厥遗王父母弟，不迪；乃惟四方之多罪逋逃，是崇是长，是信是使，是以为大夫卿士，俾暴虐于百姓，以奸宄于商邑。①

指出商纣王的罪行主要有四：一是听信妇人之言，并唯妇言是用；二是不祭祀祖宗，不过问祭祀的大事；三是疏远亲族，不进用同宗兄弟；四是崇信、使用、提拔四方逃亡的罪人，以致使他们虐待百姓，犯法作乱于商邑。武王在揭露商纣的罪行后，号召从征将士同仇敌忾，执行天的意志以伐纣，如虎豹一般勇猛杀敌。但不可杀投降我方的人，以使他们为我周国服务。这表现出武王宽大为怀的仁爱思想。

誓师完毕，这时周及同盟国共有兵车四千乘，陈师于牧野，准备与纣决战。商纣听说武王率兵前来，赶忙发兵 70 万迎敌。虽然纣兵在人数上占优势，但士无斗志，不少人甚至欢迎武王得胜，以解救自己。于是，

---

① 《尚书正义·牧誓》卷11，《十三经注疏》，中华书局1980年版，第123页。

在商周两军会战于牧野之时，商纣的军队纷纷倒戈，阵前起义，配合周军，战败商纣，攻入商都，灭掉商朝，建立了周朝。纣王则登鹿台自焚而死。

武王入商都，受到商民的欢迎，百姓纷纷到郊外迎接，可见人心向背。武王灭商后，命南宫括散鹿台之财，发钜桥之粟，以救济贫民，表现出其重民思想。商民皆为称道，说武王是仁人。受当时祭天法祖宗教思想的影响，武王为了保存商民的祭祀，封纣王之子武庚于商故都，以治理殷民。又使自己的弟弟管叔、蔡叔和霍叔各据一地，以监督武庚，称为"三监"。并释放被纣王关押的箕子，问箕子有关"天地之大法"。箕子向武王陈述治理国家应遵守的九种根本大法，即"洪范九畴"，收入《尚书·洪范》篇，对中国古代哲学的发展，产生了重要影响。武王灭商后不久去世，由其子成王继位。

周武王继承文王的遗志，革商纣之命，成为继汤伐桀之后，中国历史上第二次伟大的"革命"。《易传》对此作了充分的肯定，认为武王适应社会形势的需要而革商纣之命，是顺天应人之举，意义非常重大，为朝代的更替、社会的变革提供了依据。

不仅《易传》的作者称道武王，而且先秦儒家代表人物孟、荀对武王伐纣和文武之道均持赞赏态度。孟子认为，武王伐纣的革命行为是"诛一夫"，而非"弑君"，他把商纣王这样身居君位而"贼仁贼义"的人视为独夫民贼，而不视之为君，认为独夫可伐，人人可得而诛之。但又指出，征伐与否，取决于民意，人心向背是取之有道与否的根据，即以人心的悦或不悦作为是否应该讨伐的标准。当齐宣王问：齐人伐燕，有人说应该取燕，也有人说不应取，到底该不该取的问题时，孟子举武王、文王之事来回答："取之而燕民悦，则取之。古之人有行之者，武王是也。取之而燕民不悦，则勿取。古之人有行之者，文王是也。"① 认为武王取商，民心悦服，故取之有道；而文王之时，尽管纣王之治已怨声载道，但由于天命未绝，时机尚未成熟，故文王勿取。也就是说，当天命未绝时，商周仍是君臣关系；而当纣王的倒行逆施发展到极点，天命已绝时，则沦为独夫，可

---

① （宋）朱熹：《梁惠王章句下》，《孟子集注》卷 2，《四书章句集注》，中华书局 1983 年版，第 222 页。

讨伐而革其命。孟子强调，怎样能知道天命是否已绝？就在于民情，在于百姓是否拥护。这是对武王适应形势发展的需要，适时而革商纣之命的充分肯定。

荀子也赞颂了文、武之道，并把文、武之道溯源于伏羲，指出："基必施，辨贤罢，文、武之道同伏戏。由之者治，不由者乱何疑为？"[①] 认为从伏羲到文、武，其道一脉相传，遵循其道即为治世，不守其道必然为乱，这是没有什么可怀疑的。这反映了荀子对伏羲、文武之道的认同。

与其相反，道家庄子则对儒家孔、孟、荀赞颂的文、武之道持批评态度，甚至对黄帝也颇有微词。庄子借盗跖之口表达了这一观点：

> 今子（指孔子）修文、武之道，掌天下之辩，以教后世。缝衣浅带，矫言伪行，以迷惑天下之主，而欲求富贵焉。……世之所高，莫若黄帝。黄帝尚不能全德，而战涿鹿之野，流血百里。尧不慈，舜不孝，禹偏枯，汤放其主，武王伐纣，文王拘羑里。此六子者，世之所高也。孰论之，皆以利惑其真而强反其情性，其行乃甚可羞也。[②]

认为从黄帝到尧、舜、禹、汤、文、武等儒家推崇的圣人，其所作所为，皆以利迷惑以至违背了人的自然本性。其中明确对"汤放其主，武王伐纣"提出批评，表明道家对于儒家盛赞的"汤武革命"有所保留，也反映了庄子所提倡的自然之情性与儒家宣扬的文武之道存在着区别，这是儒家之道与道家之道相分的表现。

儒家经典《礼记·祭法》对黄帝以至文、武等儒家圣人的文治武功备加赞扬，指出："尧能赏均刑法以义终，舜勤众事而野死，鲧郭鸿水而殛死，禹能修鲧之功，黄帝正名百物，以明民共财，……汤以宽治民而除其虐，文王以文治，武王以武功，去民之菑，此皆有功烈于民者也。"[③] 这与道家庄子对上述人物的评价形成对照，亦体现了中国思想史上儒道互补的格局。

---

① 《荀子·成相》，（清）王先谦撰，沈啸寰、王星贤点校：《荀子集解》卷18，中华书局1988年版，第460页。

② 《庄子·盗跖》，（清）郭庆藩撰，王孝鱼点校：《庄子集释》，中华书局2004年版，第996—997页。

③ 《礼记正义·祭法》卷46，《十三经注疏》，中华书局1980年版，第1590页。

三、周　公

　　周公是中国上古时代杰出的政治家、思想家和宗教改革家，他佐武王灭商，摄成王之政，平叛"三监"，诛伐武庚，建东都洛邑，实行大分封，巩固西周王朝。又依据周制，参酌殷礼，"制礼作乐"，制定一套较为完备的典章制度，即周礼。并改革殷商的宗教天命观，提出"惟命不于常"，天命变化不可恃的思想，要求惟敬德保民，依德而行，才能祈求天命长久。周公治理的要点是"明德恤祀"，既明德，施德治，勤政爱民，又祭天法祖，将天命与民情结合起来，以至于强调"天不可信"，"天难谌"，而"惟人"，重在人为，对宗教神学天命论有所突破。周公把祭天、法祖，天神崇拜与祖先崇拜，天命与人事，以及孝道等道德观念相结合的思想，是殷周之际社会、宗教变革的反映，其政治、宗教及礼乐思想对中国文化、中华道统思想及儒家文化产生了重要影响，在历史上占有重要地位。

（一）周公的生平事迹

　　周公，姬姓，名旦，周文王之子，周武王之弟。因其采邑在周（今陕西岐山北），称为周公。曾辅助武王伐纣灭商。不久，武王逝世，太子诵即位，是为成王。成王年幼，由周公摄政，掌管政事。其兄弟管叔、蔡叔、霍叔等"三监"不服，散布流言，说周公将不利于成王。周公对太公和召公说：如果我不摄政，天下就会叛乱，而无法向我的先王交代。这时，纣王之子武庚乘机联合"三监"，以及东方夷族一起叛周。周公出师东征，经过三年的战争，平定叛乱，杀武庚和管叔，流放蔡叔，收殷余民，巩固了周朝的统治。同时营建东都洛邑，封康叔于殷地，以治理殷的余民。这样周朝就有了两个都城，西都镐京称为宗周，东都洛邑称为成周。周公还请求成王到东都洛邑来举行祭祀，并即位以执政。成王则要求周公继续摄政，并教导自己治国的道理。周公答应成王的请求，决定在洛邑处理政事。于是，周公摄政共计七年。

　　周公在摄政期间，实行大分封，即封邦建国，"以蕃屏周"。荀子记述说，周公"兼制天下，立七十一国，姬姓独居五十三人，而天下不称偏焉"①。同姓占到诸侯国的一大半，起到了拱卫周王室的作用。西周分封制的实行与宗法制度有密切的联系，因周天子自称为皇天之元子，即天子，天子为天下的大宗，分土地臣民给诸侯，大诸侯国又分封给小国，国君为宗子，又分给同姓卿大夫采邑，采邑之主分土地给同姓庶民耕种，同姓庶民又尊奉采邑主为宗子。并采取嫡长子继承制。这样，分封制与宗法制相联系，整个社会，上至天子、诸侯，下至庶民，建立在宗法制和土地分封制的基础上，这对促进和维系中华民族的统一，起到了一定的历史作用。

周公还制定了一套维护西周王朝统治的典章制度。根据周制，借鉴损益殷礼，制礼作乐，被称之为"周礼"。其礼、乐不少被后世儒家所崇尚并吸取，产生了深远影响。

记述周公生平事迹和思想的史料很多，其中有《尚书》、《诗经》、《左传》、《论语》、《孟子》、《礼记》、《史记》等，而《今文尚书》之《周书》记载最详，最为重要，是研究周公思想不可缺少的材料。

（二）周公的思想

周公不仅是一位杰出的政治家，而且是中国思想史上早期著名的思想家和宗教改革家。经周公的创造性思维活动，提出了一系列如敬德保民，天命变化、尽人事，礼乐等政治、伦理和宗教改革思想，为中国思想文化的发展起到了一定程度的重要的奠基作用。

1. 敬德保民思想

《尚书》之《周书》各篇提到"德"的地方很多，其德指道德、品德、德行。德不是抽象的，其具体内容包括敬天保民，推行礼制，等等。《周书》又把敬德与保民联系起来，并主张"明德慎罚"，体现了周公的德治思想和重民思想，这成为后世儒家德治思想的来源和根据。

周公的敬德思想是殷周之际社会变革的产物，具有深刻的社会历史背景。周初统治者总结了商纣亡国的教训，指出"惟不敬厥德，乃早坠厥命"②，由于商纣王不敬德重德，导致了国家的灭亡，丧失了天命，从反面

① 《荀子·儒效》，（清）王先谦撰，沈啸寰、王星贤点校：《荀子集解》卷4，中华书局1988年版，第114页。
② 《尚书正义·召诰》卷15，《十三经注疏》，中华书局1980年版，第213页。

说明了敬德的重要性。进而论证了敬德的迫切性，如果弄得不好，周王朝的统治也难以维持，所以强调"天亦哀于四方民，其眷命用懋，王其疾敬德"①。上天哀怜四方的百姓，把天命转移给周，周王必须疾于敬德，以保其天下不失。

鉴于上天保佑百姓，不使其遭受苦难，周公把敬德具体落实到保民上。《尚书·无逸》篇提出"怀保小民"②、"保惠于庶民"③的思想，要求统治者做到无逸，即不贪图享受安逸，而要去关心老百姓的疾苦。周公说："呜呼！君子所其无逸。先知稼穑之艰难，乃逸则知小人之依。"④强调治民首先要知道种田的艰难，了解种田人的痛苦，不要只顾追求自己的享受。他树立文王的榜样来说明勤政爱民的重要性，指出文王亲身从事耕田种地的劳作，心里想着百姓，体恤、保护小民，把仁政的恩泽施之于孤寡无靠的人，一天到晚忙于政事，而无暇顾及吃饭休息，文王正是用这种辛苦精神治理国家，才使得百姓安居乐业，万民祥和，以至享国 50 年，得到了天命的保佑和民众的拥护。由保民、重农到勤政爱民，都是敬德的表现。周公认为，只有敬德保民，不追求安逸享受，才能维持其统治；如果像商纣王那样虐民、害民，一味迷乱酗酒、享乐腐化，那只能引起民众的怨恨以至反抗，使其自绝于天命民情，失去祖宗留传的基业。

从敬德保民出发，周公主张"明德慎罚"，实行宽容的政策。他在训诫康叔时，提出明德慎罚的思想。周公说："孟侯，朕其弟，小子封。惟乃丕显考文王，克明德慎罚，不敢侮鳏寡，庸庸，祗祗，威威，显民。用肇造我区夏，越我一二邦，以修我西土。"⑤要求康叔继承文王，做到显扬德教，慎重地施行刑罚，不欺侮鳏寡之人，在用人、敬人、惩罚人方面，依德而行，并让民众了解这样做的道理，从而治理好国家。

周公提出明德，主张实行宽大的政策，对于缓和社会矛盾，稳定动荡的局势，具有积极的意义。他强调"罔厉杀人"⑥，不要杀无罪的人，对

---

① 《尚书正义·召诰》卷 15，《十三经注疏》，中华书局 1980 年版，第 212 页
② 《尚书正义·无逸》卷 16，《十三经注疏》，中华书局 1980 年版，第 222 页。
③ 《尚书正义·无逸》卷 16，《十三经注疏》，中华书局 1980 年版，第 221 页。
④ 《尚书正义·无逸》卷 16，《十三经注疏》，中华书局 1980 年版，第 221 页。
⑤ 《尚书正义·康诰》卷 14，《十三经注疏》，中华书局 1980 年版，第 203 页。
⑥ 《尚书正义·梓材》卷 14，《十三经注疏》，中华书局 1980 年版，第 208 页。

那些曾经犯过罪的人也给予宽大处理，这样就可以化解矛盾，使周王朝长治久安。周公的这一思想，不仅在当时收到了较好的社会效果，使周成王、周康王相继推行"明德慎罚"的政策，形成了"刑错四十余年不用"的"成康之治"，而且对后世德刑并用、以德为主的政治法律思想产生了深刻影响。

西周政治家周公姬旦吸取历史上夏桀、商纣残酷压迫百姓而导致亡国的教训，提出"敬德保民"的思想，以"保息养民"作为政治统治的基础。其后，西周具体制定了"保息养民"的六项政策："一曰慈幼，二曰养老，三曰振穷，四曰恤贫，五曰宽疾，六曰安富。"① 这体现了中国历史上早期的重民思想，亦是对统治者政治治理的要求。

2. 天命变化、尽人事的思想

周公的宗教改革思想集中体现在他所提出的天命变化不可恃，惟敬德，尽人事，才能祈求天命长久的思想上，这是殷周之际宗教改革观念的反映。

所谓天命，是中国古代宗教，亦是中国古代哲学的重要范畴，它的含义与天有密切联系。从原始宗教的眼光看，天是超人间的，又支配、主宰人间一切的至上之神。就这个意义上讲，天命就是至上之天神的命令，它是人世间的最高主宰，任何人，包括作为天之元子的君王都不得违背天神的旨意即命令。天命的观念产生甚早，至殷代，已比较流行。《尚书》的《夏书》之《甘誓》已提到天，指出："天用剿绝其命，今予惟恭行天之罚。"② 意即上天要绝他的命，现在我奉行上天的旨意来惩罚他。这里，已有天命不可违抗的意思。《商书》之《汤誓》则把天与命合为一体，称天命，指出："有夏多罪，天命殛之。"③ 即商汤王说，夏桀王犯下许多罪行，天命要诛杀他。《诗经·商颂·玄鸟》亦说："天命玄鸟，降而生商。"④ 认为商的产生，因天命而起。这种天命主宰一切的天神崇拜观念成

① 《周礼正义·地官·大司徒》卷10，《十三经注疏》，中华书局1980年版，第706页。

② 《尚书正义·甘誓》卷7，《十三经注疏》，中华书局1980年版，第155页。

③ 《尚书正义·汤誓》卷8，《十三经注疏》，中华书局1980年版，第160页。

④ 《诗经·商颂·玄鸟》，《毛诗正义》卷23，《十三经注疏》，中华书局1980年版，第622页。

为殷商宗教的重要特征。其天亦即上帝，它是有意志有人格的最高主宰之神。

到殷周之际，情况发生了一些变化，现实社会的激烈动荡和社会变革，引起了宗教思想和观念的变革，经历了由单纯崇拜上天，尊奉天神，到对天命产生怀疑，认为天命是变化的，只有尽人事，依德而行，顺从民意，才能"享天之命"的发展变化过程。对于殷周宗教思想发生的变革，《礼记·表记》指出："殷人尊神，率民以事神，先鬼而后礼。……周人尊礼尚施，事鬼敬神而远之，近人而忠焉。"① 认为殷人的宗教观是尊神，对天命鬼神极其崇拜，把鬼神置于首位而忽视社会人事之礼。周人则不同，他们尊礼重人事，虽然也信仰天命鬼神，但把鬼神放在较远的位置，而切近于人事。这种宗教观的变革，始于周公。经周公的提倡，由殷尊神逐步过渡到周尊礼。这个思想转变过程的展开，具体体现在周公提出的天命变化、尽人事的思想上。

首先，周公根据殷亡周兴，并追溯到夏亡殷兴的历史经验，提出"惟命不于常"② 的天命变化观点，认为天命并非一成不变，天命不可恃，因为"皇天上帝，改厥元子兹大国殷之命，惟王受命，无疆惟休，亦无疆惟恤。"③ 这里把皇天与上帝并称，说明天即是上帝。在周人的眼光里，天命是变化转移的，天可以更改其天子，也就是天在人间的代理人。由于殷纣的倒行逆施，上天更改了殷的天子地位，而把天命转移给周。周继承天命，既是一件好事，又带来无穷的忧虑。这是因为，天命是变化的，不会固定在某一点上，只有守敬于德，知天命而尽人事，才能保持天命不转移。

周公把天命与民情结合起来，天命通过民情得以表现。也就是说，天命的变化与否，关键在于民意的反映。周公告诫康叔说："敬哉！天畏棐忱，民情大可见。"④ 《左传》襄公三十一年引《尚书·泰誓》遗言称："民之所欲，天必从之。"⑤ 《孟子·万章上》也引《泰誓》佚文称："天视自

①　《礼记正义·表记》卷54，《十三经注疏》，中华书局1980年版，第1642页。
②　《尚书正义·康诰》卷14，《十三经注疏》，中华书局1980年版，第205页。
③　《尚书正义·召诰》卷15，《十三经注疏》，中华书局1980年版，第212页。
④　《尚书正义·康诰》卷14，《十三经注疏》，中华书局1980年版，第203页。
⑤　《尚书正义·泰誓》卷11，《十三经注疏》，中华书局1980年版，第181页。

我民视，天听自我民听。"① 均把天命与民意联系起来，既承认天命，又重视民情、民意，强调民的意志和愿望在一定程度上也就是天意，天命离不开人事。因而，周公主张尽人事，通过敬德保民和勤政爱民，使统治者符合"天惟时求民主"② 的要求。正因为天是为民求主的，上天随时在为百姓寻求好的君主，所以统治者必须体恤民意，尽人事以求得天的认同，否则，违反了民意，天命会随时变化而发生转移，使天子易位，君权旁落。

从天命变化、尽人事的思想出发，进而周公对天命论提出质疑。强调"天不可信"，"天难谌"③，认为上天是不可相信的，天无诚信可言，天下事在于人为，"我民罔尤违，惟人"④。把对天的盲目崇拜，转移到对人事的重视上。这是对天命论某种程度的突破，反映了殷周之际社会变革引起宗教思想变革的时代精神。

需要指出，虽然周公提出天命变化、尽人事的思想，对天命论有所突破，但并没有完全否定天神崇拜，事实上他仍然赞同祭祀上天，只是要把祭天与明德结合起来，"以德配天"。周公说："自成汤至于帝乙，罔不明德恤祀，……惟天不畀不明厥德。"⑤ 对于那些把明德与祭天结合起来的成汤等商代君主，周公大加赞扬，而对商纣不施德教、轻慢上天的行为则加以贬斥，强调天命不会授予那些不明德教的人。既明德，施行德治，又祭天、法天，把天命与人事结合起来，强调尽人事和明德，这即是周公思想的特点，而与殷商时期天命主宰一切的天神崇拜观念形成对照。

3. 礼治思想

周公损益殷礼，根据周国制度，制礼作乐，制定出一套典章制度以及与之相适应的道德规范，集中体现了他以礼治国的礼治思想。

所谓礼，指中国古代社会的典章制度和道德规范。礼最初指祭神的器物和仪式，它与祭祀活动有关。夏、殷两代已有早期的礼，但把礼置于

---

① （宋）朱熹：《万章章句上》，《孟子集注》卷9，《四书章句集注》，中华书局1983年版，第313页。
② 《尚书正义·多方》卷17，《十三经注疏》，中华书局1980年版，第228页。
③ 《尚书正义·君奭》卷16，《十三经注疏》，中华书局1980年版，第223页。
④ 《尚书正义·君奭》卷16，《十三经注疏》，中华书局1980年版，第223页。
⑤ 《尚书正义·多士》卷16，《十三经注疏》，中华书局1980年版，第220页。

敬事鬼神之后。至周初，经周公损益夏、殷两代之礼，渐把礼从仪式中区别出来，形成了一套完善的周礼。孔子认为，后世只能在周礼的基础上有所损益，而不会有根本的变化。据《礼记·礼运》篇称，孔子给礼下的定义是："孔子曰：夫礼，先王以承天之道，以治人之情。故失之者死，得之者生。《诗》曰：'相鼠有体，人而无礼；人而无礼，胡不遄死。'是故夫礼，必本于天，殽于地，列于鬼神，达于丧祭、射御、冠昏、朝聘。故圣人以礼示之，故天下国家可得而正也。"①认为礼既是对天道的继承，又是为了治民之情的，礼体现在丧祭、射御、冠婚、朝聘的活动之中，在从事这些活动时，按规定的规范、礼仪和道德原则办，便是礼的体现。

周公对礼制建设十分重视，以此作为治国的依据。他营建东都洛邑，当建成之时，便率领百官在旧都熟习各种礼仪，然后请成王与百官一起到新都洛邑举行祭祀文王的大祀，并尽力教导百官习礼仪，在各种朝廷活动中按礼的规定和原则办事，以体现君臣父子长幼的规范。据《礼记·文王世子》记载："成王幼，不能莅阼。周公相，践阼而治。抗世子法于伯禽，欲令成王之知父子君臣长幼之道也。成王有过，则挞伯禽，所以示成王世子之道也。"②周公教成王世子以礼，其礼的内容便是父子君臣长幼之义，由于成王年幼，周公举世子法于自己的儿子伯禽，使伯禽与成王共同学习。当成王有过失时，周公则笞挞伯禽，责其不能以世子之礼教成王。通过这种方法来告诉成王世子之道。《文王世子》篇又称："凡三王教世子，必以礼乐。乐所以修内也，礼所以修外也，礼乐交错于中，发形于外，是故其成也怿。恭敬而温文，立大傅少傅以养之，欲其知父子君臣之道也。"③是说包括文王、武王、周公在内的三王皆以礼乐作为教育世子的内容，其目的是为了树立"君君"、"臣臣"、"父父"、"子子"的社会规范和道德规范，礼乐既是一种内在的感化，从精神上劝悦人心，又表现在外，通过一定的仪节、制度来规范人的行为，使政治统治秩序化，避免发生错乱。

周公"制礼"，是对以礼治国的高度重视。他认为，礼具有治理国家

---

① 《礼记正义·礼运》卷21，《十三经注疏》，中华书局1980年版，第1414—1415页。
② 《礼记正义·文王世子》卷20，《十三经注疏》，中华书局1980年版，第1404页。
③ 《礼记正义·文王世子》卷20，《十三经注疏》，中华书局1980年版，第1406页。

的政治意义，一定的礼体现了一定的政治治理原则，如果不按礼的要求办事，就会使政事紊乱，从而使国家难以治理。周公告诫成王说：

> 已！汝惟冲子惟终。汝其敬识百辟享，亦识其有不享。享多仪，仪不及物，惟曰不享。惟不役志于享。凡民惟曰不享，惟事其爽悔。乃惟孺子颁，朕不暇听。[1]

当成王还年幼的时候，周公便要求他注意观察诸侯国的国君贡奉之物及其礼节，也要记下没有来贡享的诸侯。贡享应符合礼仪的要求，如果不符合礼仪，即使参加了贡享，也等于没有贡享一样。只能说明他没有把心思用在贡享上。如果民众不讲礼，不守礼节，就会使政事发生差错，政令难以执行。周公开导成王，强调礼制的重要性，是为了让成王早日成长起来，以按礼的要求处理政事。

经周公的努力，周礼颁行，天下大治，维护了周王朝的稳定和发展。《礼记·明堂位》篇对此作了肯定，指出："明堂也者，明诸侯之尊卑也。……武王崩，成王幼弱。周公践天子之位，以治天下。六年，朝诸侯于明堂，制礼作乐，颁度量，而天下大服。"[2] 明堂之位，正是明上下尊卑之所。周公制礼摄政，明确规定天子、三公、诸侯、诸伯之国、诸子之国、诸男之国、九夷之国、八蛮之国、六戎之国、五狄之国、九采之国等在明堂上的位置，使其符合君臣上下尊卑的关系原则，最终是为分封建国的宗法等级制度及宗法等级社会关系服务。

与礼治思想和宗法制度相适应，周公在道德观念上提倡孝道，主张"用孝养厥父母"[3]。孝今世的父母与崇拜过世的祖先相联系，在某种意义上是从祭祖法祖、祖先崇拜引申而来。这与祭天敬天的思想亦有一定的联系，因为其祖先在天，"兹殷多先哲王在天"[4]，天与祖宗有联系，先王是天之子，奉天命行事。这表明，周公提倡的孝道，既是一个道德伦理范畴，与礼治的要求相适应，又是在宗法制度下派生的带有宗教色彩的观念，如果违背了孝道，将遭到上天的惩罚。

---

① 《尚书正义·洛诰》卷15，《十三经注疏》，中华书局1980年版，第215页。
② 《礼记正义·明堂位》卷31，《十三经注疏》，中华书局1980年版，第1488页。
③ 《尚书正义·酒诰》卷14，《十三经注疏》，中华书局1980年版，第206页。
④ 《尚书正义·召诰》卷15，《十三经注疏》，中华书局1980年版，第212页。

（三）周公的影响和历史地位

周公作为中国历史上早期杰出的政治家和第一位自觉形成其体系的思想家，对中国文化的发展及儒家思想的起源产生了重要影响，在中华道统思想发展史上占有不可替代的地位。

为适应殷周之际社会变革的需要而提出的敬德保民思想，突出了敬德的重要性，是对殷纣"不敬厥德，乃早坠厥命"的批判和经验总结，其敬德、明德与"慎罚"相结合，为后世儒家的德治主义提供了思想来源和理论依据。

周公把敬德落实到保民上，要求统治者保息养民，知稼穑之艰难。这对后世儒家的重民思想影响很大。其树立文王的榜样，作为勤政爱民的典范，并以商纣王的虐民、害民作为文王的对立面。这为儒家尊崇尧舜一样的圣君，而贬斥桀纣那样的暴君，提供了借鉴。儒家把圣君与暴君之别，划定在对民的态度这个标准上，提倡重民、爱民、富民、保民，反对扰民、害民，溯其源，儒家的这一思想来源于周公。

周公关于天命变化、尽人事的宗教改革思想对中国哲学的发展产生了十分重要的影响，这为突破以天神崇拜为内容的天命论的束缚，把人们的注意力由天上转移到现实人间，开辟了道路，并对重人事的中国哲学的形成起到了重要的促进作用，从而启发了中国先哲把人世间的命运掌握在自己手里，而不盲目地崇拜天神。受其影响，中国文化及其哲学具有重社会人事，轻天命鬼神的色彩，这在儒家思想里表现得比较明显，而与西方宗教不同。老子道法自然、天法道的思想，强调天道自然无为，否认有意志的人格神和天命神学，这是对周公"天不可信"思想的继承和发展。从广义的中华道统思想发展的眼光看，宋明儒学吸取了老子道家道法自然、道为本的思想，给道统思想的发展注入了新的内容，这与受周公思想的启发有密切关系。

周公制礼作乐，奠定了中国礼治思想的基础，这在中国政治、伦理思想史上占有重要地位，尤其对儒家文化影响甚大。儒家以亲亲和尊尊作为"礼"的根本要求，认为植根于血缘基础的亲亲与维护宗法制的尊尊是互相依存的。由亲亲出发导向人文主义，由尊尊出发导向君权主义。而这两个方面与周公提倡的孝道及上下尊卑的原则有着继承的关系，也是周礼所要求的内容。孔子效法周公，崇尚周礼。他说："周监于二代，郁郁乎

文哉！吾从周。"① 认为周公损益夏殷二代之礼，夏、商、周三代之礼至周
而大备，故孔子从周。这与孔子所在的鲁国较多的受到周礼影响有关。鲁
国是周公之后，周公长子伯禽被成王封于鲁。后来晋国的韩宣子代表晋侯
到鲁国聘问，"观书于太史氏。见《易象》与鲁《春秋》，曰：'周礼尽在
鲁矣。吾乃今知周公之德与周之所以王也。'"② 韩宣子赞叹"周礼尽在鲁
矣"的时间是鲁昭公二年，即公元前 540 年，这时孔子已出生在鲁国有
十一年，在这样的环境中成长起来的孔子，受周礼的熏陶和影响是自然而
然的事。

以上可见，周公在巩固西周王朝、摄成王之政的过程中，提出了一
整套系统的政治、宗教和礼治思想，创立了较为完善的典章制度和文化，
在一定程度上奠定了中国古代社会制度和思想文化的基础，同时也就奠定
了中华道统思想形成和发展的基础。经后世孔子等儒学人物的创造和努
力，道统思想得以发端。

中华道统思想源远流长，是灿烂悠久的中华文化的重要组成部分，
在其产生、演变、发展的历史过程中，已与整个中华文化不可分割地联系
在一起。在中华民族文化形成和发展的背景下，中华道统思想得以孕育、
产生和流传。如上我们在论述道统思想的起源时，把它上溯至伏羲、神农
和黄帝等远古传说中的圣人，中经尧、舜、禹、汤等受到孔孟儒家推崇的
圣王，再到与儒家思想的产生有着直接渊源关系的文王、武王和周公，这
十位被后世尊崇的圣人，不仅在中国文化和中华文明的发展史上占有崇高
的地位，而且对中华道统思想的孕育和形成，产生了重要影响。他们沿着
历史、文化和思想发展的轨迹，由洪荒到文明，逐步演进，又一以贯之，
缔造了中华民族远古文化发展的文明史；同时又给中华道统思想的孕育和
形成，提供了丰富的、具有鲜明民族文化特色的思想资料，后世儒家根据
这些思想资料，又吸取各家的思想，结合时代发展提出的要求，逐步形成
和丰富完善了中华道统思想。在历史发展的长河中，道统思想历经演变，
又与时代政治、文化相结合，以其自身的特点，深刻、广泛、长远地影响

① 《论语·八佾》，（宋）朱熹：《四书章句集注》，中华书局 1983 年版，第 65 页。
② 《春秋左传正义·昭公二年》卷 42，《十三经注疏》，中华书局 1980 年版，第
2029 页。

了中国思想文化和中国社会，使之打上了道统思想的烙印。这是无论对道统持何种态度的人们不得不面对的历史思想文化的客观现实。因而我们追溯其源，中华道统思想的产生及其特点，与伏羲、神农、黄帝、尧、舜、禹、汤、文、武、周公等远古圣人的思想和作为，有着密切、直接、不可分割的联系。

第二章　先秦道论

从广义上讲，中华道统思想是以儒家道统为核心，吸取中国思想史上各家各派论道的思想，从而形成以道的思想发展为内容，以道的传授统绪或系统为形式，内容与形式相结合，延续古今，包含各家，一以贯之，不断发展创新的关于中华大道演进发展的思想理论体系。

在这个理论体系中，道统与道具有不可分割的紧密联系。二者的关系是以道为中心的形式与内容的关系。道统是维系道之所存在和延续的形式，道是道统所传授的内容。道统是以传道为目的，为道的存在和延续发展而形成的统绪。因此，道统本身不是原则或尺度，但它包含了道的原则，是为道的思想、道的原则和精神服务的系统和形式。儒家为了论证圣人之道发展演变的脉络和传授系统，便提出并形成了道统论。由此可见，道统不能离开道而存在，要考察道统思想发展的历史，首先应该考察道的产生和发展演变的情况。

在中国文化史上，道与中华文化不可分割地联系在一起。道作为中国哲学的核心和最普遍范畴，它的精神，体现了中国文化的基本精神；它的演变和发展，反映了中华文化演变和发展的趋势。先秦时期是道的产生、道范畴的形成和各家道论提出的重要时期，也是儒家道统思想的发端期。这一时期，中国哲学道范畴经历了一个产生、哲学抽象和内涵日益丰富的发展过程。这为儒家道统思想的发端创造了条件。如果说，尧、舜、禹、汤、文、武、周公等远古圣人的思想和作为，为道统思想的孕育和形成提供了思想资料的话，那么，先秦道的哲学的演进发展和各家道论的提出，则为儒家道统思想的发端创造了哲学与文化的环境，使之得以形成。虽然先秦道论应该包括儒家道的思想，但为了便于集中论述，我们把儒家道统思想的发端，放在后一章介绍。

第一节　道的产生及含义

　　"道"是中国哲学的核心和最普遍的范畴，它经历了一个产生、一般概念，到哲学范畴的抽象发展的过程，其内涵日渐丰富，反映了人们认识事物的抽象思辨能力的提高。"道"在金文中始见，其原义是指有一定指向的道路。"道"概念的含义在《易经》《诗经》和《尚书》里有逐步上升抽象、发展丰富的趋势。在《左传》和《国语》里则抽象发展成为一个哲学范畴，并出现天道与人道对举的范畴，标志着道范畴的发展进入了一个新的阶段。

一、道的产生

　　"道"最初的原始意义为道路。迄今出土的甲骨文中虽未见有道字，但有途字。"途"字的本义是道途，如《殷墟书契前编》记载："歪若兹鬼"。歪指道途。"途"字另被借用为屠杀，如《殷墟文字乙编》称："反歪首若"。此歪借为屠。但途字多用在道途的意义上。

　　"道"字最早出现在金文里。西周初期的铜器铭文《貉子卣》里有道字，从行从首，为"行"中间夹一"首"字。《散盘》的道字下面加一止字，从行从首从止。从金文道字的造字结构上看，"道"字由行、首两部分，或由行、首、止三部分组成。关于"行"，甲骨文中已有"行"字。行像四达之衢，人所行走。《尔雅·释宫》称："行，道也。"① 说明行的本义是道路。关于"首"，首字形，象人头之状。《说文》称："首，百也"②，"百，头也"③。首，古文为百，首百同，首象人头之有发。首的本义指人头。又首字借用为"向"，《广雅·释诂》云："眷、顾、对、阳、面、首、

---

① 《尔雅注疏·释宫》卷5，《十三经注疏》，中华书局1980年版，第2598页。
② （清）段玉裁撰：《说文解字注》，中华书局2013年版，第427页。
③ （清）段玉裁撰：《说文解字注》，中华书局2013年版，第426页。

卬，向也。"① "首"在其中，均为向。即朝着一个方向。关于"止"，《说文》云："止，下基也，象草木出有址，故以止为足。"② 止即是足，象人之足踩在草地上面。止是趾的本字。《汉书·刑法志》："斩左止。"颜师古注："止，足也。"③ 以上可见，"道"字的几个组成部分均与人行走道路有关。不论是从行从首，取人行于道路之象，还是从行从首从止，取人之足行走于土地之象，都是指人行走的道路，道取象于人行于途中，这是"道"字的原义。故《说文》称："道，所行道也。"④ 又云："一达谓之道。"⑤《尔雅·释宫》亦称："一达谓之道路。"疏云："一达长道谓之道路。"⑥ 指有一定指向的道路。《释名·释道》称："道，蹈也；路，露也，言人所践蹈而露见也。"⑦ 是说原来没有道路，经过人们不断地行走践蹈，而露出一条道路来。这即是道的从行从人从足之意。

如上所述，"道"始见于金文，其原始意义是人行走的道路，象人在路途中行走。这个意义被保留下来，同时随着社会和语言文字的发展，"道"字的含义也日益丰富，出现了一些与本义有关的引申义。如道从行从首，首字有向的意思，即朝着一个方向。由此道引申为具有确定的指向，表明道含有要求人们遵循一定的规则，否则就不能达到目的地的意思。

又如"一达谓之道路"，表明道具有直通性，不得改变方向。"二达谓之歧旁"⑧，如果不按道的路线直行，就会歧道旁出，走错方向。引申为必须遵守事物固有的轨道，不得任意改变，否则将误入歧途。在这个意义上讲，道不容有二轨。

道亦具有导引的意思，古字导即为道，道、导原同字。导从道从手，其意为以手指道。从导引的意义上讲，道即是导。《礼记·学记》云："道

① （清）王念孙撰：《释诂》，《广雅疏证》卷4，中华书局2004年版，第121页。
② （清）段玉裁撰：《说文解字注》，中华书局2013年版，第68页。
③ （汉）班固撰，（唐）颜师古注：《刑法志》：《汉书》卷23，中华书局1962年版，第1099页。
④ （清）段玉裁撰：《说文解字注》，中华书局2013年版，第76页。
⑤ （清）段玉裁撰：《说文解字注》，中华书局2013年版，第76页。
⑥ 《尔雅注疏·释宫》卷5，《十三经注疏》，中华书局1980年版，第2598页。
⑦ （汉）刘熙撰：《释名》卷1，中华书局2016年版，第17页。
⑧ 《尔雅注疏·释宫》卷5，《十三经注疏》，中华书局1980年版，第2598页。

而弗牵。"郑玄注:"道,示之以道途也。"① 即以道为指示方向,导引之义。又《论语·为政》:"道之以政。"朱熹注曰:"道,犹引导,谓先之也。"② 指以法制禁令去引导民,也是道具有的导引之义。关于道的导引之义,《释名·释言语》加以概括:"道,导也,所以通导万物也。"③ 道具有通导万物的功能,这是对道的本义的引申和发挥。

此外,道还具有过程、通达等引申义。因道路的起点到终点,有一定的距离,人们要达到终点,行走在路上有一个过程,所以道引申为事物运动发展的过程。道路的四通八达的特性,引申出道的通达之义,即"道者,开通济物之名"④,道使万物通达无阻。

道的产生,其本义为道路,然其本义中已有不少可被引申的因素,如道具有规则、确定的指向、直通性、轨道、导引、过程、通达等引申义。正因为道内在地具有引申、抽象、上升为哲学范畴的根据,所以随着人们认识的逐渐深化,道的内涵也不断丰富,最终由一般的名词概念,抽象发展为中国哲学的核心和最普遍范畴。

二、道概念的含义

"道"产生之后,作为一个名词概念,尚未上升抽象发展为哲学范畴之前,具有一些早期的基本含义。这在《易经》、《诗经》和《尚书》中得到体现。道的含义从道的原始意义上不断有新的发展,从而为道演变为哲学范畴创造了条件。

(一)《易经》道的含义

《周易》原只有《经》的部分,即《易经》。其后《易传》也成为《周易》的组成部分。《易经》是一部古人占筮的书,其内容由卦象、卦辞和爻辞三部分组成。《易经》的创作历时久远,约成书于殷周之际,或成

---

① 《礼记正义·学记》卷 36,《十三经注疏》,中华书局 1980 年版,第 1523 页。
② 《论语·为政》,(宋)朱熹:《四书章句集注》,中华书局 1983 年版,第 54 页。
③ (汉)刘熙撰:《释名》卷 4,中华书局 2016 年版,第 47 页。
④ 《礼记正义·曲礼上》卷 1,《十三经注疏》,中华书局 1980 年版,第 1232 页。

于西周初，其卦爻辞当为殷末周初的学者根据旧筮书撰成。有人或谓文王作卦辞，周公作爻辞。除去作者的因素，从时代上看，大致可信。从卦爻辞涉及的内容看，其年代当不晚于周初。

在《易经》的卦爻辞中，"道"字有几处可见，下面具体分析其含义。

《小畜卦》初九爻辞云："复自道，何其咎？吉。"① 《说文》称："复，往来也。"② 是说从原来的道上返回，会有什么灾呢？故为吉。此处的道指道路。也有把"自道"解为"自导"，即自我引导，"复自道"即是自己返回。此意亦通。引导属于道的引申义。另有人把道解为正路，"复自道"即指人由正路返故居。虽以正修饰路，但其"道"字仍没有脱离道路的本义。

《履卦》九二爻辞称："履道坦坦，幽人贞吉。"③ 履指践履。《说文》："履，足所依也。"④ 履的本义指鞋，这里用的是引申义。意即脚行道路平坦，囚人占得此爻则吉。这里的道，仍指道路。

《随卦》九四爻辞有云："有孚在道，以明，何咎？"⑤ 孚为信，《尔雅·释诂》："孚，信也。"⑥ 道为正道。明，明察。这句爻辞的意思是，人存诚信而守正道，又能明察，尚有何灾？此处"道"字已有伦理道德的含义，从确定的指向发展出讲信用为正的意思，而不是在"道"字的本义上使用道。这体现出道的含义更为丰富，能表达更多的意思。

《复卦》卦辞云："反复其道，七日来复，利有攸往。"⑦ 反为返。这句卦辞的意思是，出行者往返于道路中，需经七日可以复归，有所往则吉利。这里的道乃道路之道，仍是道的本义。

以上《易经》卦爻辞中，"道"字凡有四见，除《随卦》九四爻辞的道外，其余的道字，都是作道路解，或有引申为引导之义，如《小畜卦》初九爻辞，但基本上没有脱离道的道路之本义。这表明，《易经》中的道，基本上是指道路而言。只有《随卦》九四爻辞，把道与讲信用相联系，由

---

① 《小畜卦》，《周易正义》卷2，《十三经注疏》，中华书局1980年版，第27页。
② （清）段玉裁撰：《说文解字注》，中华书局2013年版，第76页。
③ 《履卦》，《周易正义》卷2，《十三经注疏》，中华书局1980年版，第27页。
④ （清）段玉裁撰：《说文解字注》，中华书局2013年版，第407页。
⑤ 《随卦》，《周易正义》卷3，《十三经注疏》，中华书局1980年版，第35页。
⑥ 《尔雅注疏·释诂》卷1，《十三经注疏》，中华书局1980年版，第2569页。
⑦ 《复卦》，《周易正义》卷3，《十三经注疏》，中华书局1980年版，第38页。

道具有确定的指向引申出存诚守信，因而道含有伦理道德的意义，这是道的内涵日渐丰富的表现。

（二）《诗经》道的含义

《诗经》是中国最早的一部诗歌总集。古只称《诗》。司马迁说，原有三千篇，孔子删定为三百零五篇。被儒家列为经典之一。《庄子·天运》篇亦把《诗》称为儒家"六经"之一，故称《诗经》。内容包括《风》、《雅》、《颂》三大类。《诗经》不仅具有重要的文学价值，而且反映了当时的社会风貌和时代思想。其诗句中有一些"道"字出现，其中多数是指道的本义，即道路。也有一些道字具有双关义，既可表示道路，又有从道路引申出来的方法、政令等其他含义。除此之外，道还含有言说的意义。

1. 道的本义

《诗经》中道为道路之本义，比较常见。如"鲁道有荡，齐子由归。"① 指鲁国的道路荡然平坦，齐侯之女由此路到鲁国，嫁给鲁侯。又如"瞻彼日月，悠悠我思。道之云远，曷云能来？"② 是说视日月之流逝，使我悠悠然而思念丈夫。道路之遥远，我丈夫何时能回来？这里的道的含义，均是指道路。

2. 道的双关义

《诗经》中有一类"道"字，具有双关义，既保留有道路的原始义，又引申为方法、原则。这体现出道概念由具体到抽象的发展过程。比如"周道如砥，其直如矢。君子所履，小人所视。"③ 此句从字面上看，既可理解为周朝的道路，其平如磨刀石，其直如射出的箭矢。君子皆行走，小人皆望之。但联系下文："睠言顾之，潸焉出涕"来看，则不仅是在谈论道路，而是有所引申，否则怎么会因反顾看一下周的道路，就竟然会潸然

———————

① 《诗经·齐风·南山》，《毛诗正义》卷5，《十三经注疏》，中华书局1980年版，第352页。

② 《诗经·邶风·雄雉》，《毛诗正义》卷2，《十三经注疏》，中华书局1980年版，第302页。

③ 《诗经·小雅·大东》，《毛诗正义》卷13，《十三经注疏》，中华书局1980年版，第460页。

流泪呢？从其引申为方法、原则来讲，或可理解为，周朝的统治方法，其贡赋平均如砥石，其赏罚不偏如射出的箭一样公正平直，然而这已经成为过去的事，只能回顾而想往之。从而影射和表达今不如古，现实的统治方法使人不堪忍受，而伤心落泪。这也表现了《诗经》作者对乱政的讽刺，与《诗经》的写作宗旨相联系。

此外《桧风·匪风》云："匪风发兮，匪车偈兮。顾瞻周道，中心怛兮。匪风飘兮，匪车嘌兮，顾瞻周道，中心吊兮。"① 从字面上看，可解为回首看其周朝的道路，心中怛然而伤感。但结合上下文，这里所说的周道，即指的是周朝的政令或统治方法。以此解"道"，这句话的意思是，周朝的政令现已改变，所以风俗为之改，今日之风发发飘兮，今日之车偈偈疾驱，风、车均失常，哀叹周朝的政令已经废灭，心中非常伤悼。这表达了作者面对桧国既小，政教又乱的现实，而思周道的心情。

在这些地方，《诗经》的"道"，既有道路之本义，又有方法、原则之引申义，其含义具有双关性。

3. 道指言说

道在《诗经》里还有一种含义，即道为言说。《鄘风·墙有茨》云："墙有茨，不可埽也。中冓之言，不可道也。所可道也，言之丑也。"② 此句的意思是，墙上生蒺藜，不可除去，因除去蒺藜恐伤墙。今宫内有淫乱之行，就像墙上生蒺藜。宫中的话，不可言说。如果拿出来说，必定是一些丑事，而有违于礼而害国。此处的道，指言说。

后来道为言说之义被沿用下来，如《孟子·梁惠王上》："仲尼之徒无道桓、文之事者，是以后世无传焉。"③ 《荀子·荣辱》亦云："君子道其常，而小人道其怪。"

以上可见，《诗经》里的道，有道路、方法、政令、言说等含义。从道路之本义引申出方法、言说等义，反映了人们认识能力的逐步提高。

---

① 《诗经·桧风·匪风》，《毛诗正义》卷7，《十三经注疏》，中华书局1980年版，第382—383页。

② 《诗经·鄘风·墙有茨》，《毛诗正义》卷3，《十三经注疏》，中华书局1980年版，第313页。

③ 《孟子·梁惠王上》，(宋) 朱熹：《四书章句集注》，中华书局1983年版，第207页。

（三）《尚书》道的含义

《尚书》亦称《书》、《书经》，是中国古代历史虞夏商周朝文献的汇集，时间从尧到春秋初年。相传由孔子整理编定。而有的篇目则为后来儒家所补。汉代所传《尚书》有两种：一种是西汉初伏生所传的《今文尚书》28篇；另一种是所谓在孔子住宅壁中发现的《古文尚书》，汉以后失传。汉代留传下来的只有伏生的《今文尚书》。东晋时梅赜献所谓《古文尚书》，系伪作。而当时没有人发现它是伪作。唐初孔颖达编《五经正义》，把《今文尚书》与伪《古文尚书》合编，后来收入现通行的《十三经注疏》之中。《尚书》原是古史文献，儒家用以宣扬尧、舜、禹、汤、文、武、周公及儒家的"道统"，成为古代崇尚的思想理论基础，在中国文化史上产生了重要影响。由于现存《尚书》中，已杂入东晋梅赜的伪古文，所以下面论述《尚书》道的含义，只限于今文。

《尚书》的道，具有疏导、治国原则、法律、命运、法则等含义。除疏导与道的本义相近外，其余的含义已比较抽象、概括，逐步向哲学范畴发展。

1. 道为疏导

在道的基本含义上，道与导通，道有导引之义。《尚书》的道，保留有此种含义。在《禹贡》篇里，此义有多处出现，用以记述禹治水的情形。如"济河惟兖州。九河既道。"[1] "海岱惟青州。嵎夷既略，潍、淄既道。"[2] "江、汉朝宗于海，九江孔殷，沱、潜既道。"[3] "华阳黑水惟梁州。岷、并既艺，沱、潜既道。"[4] 上述黄河下游的九条河，青州地区的潍水、淄河，荆州地区的沱河、潜河，以及梁州地区的沱江和潜水，经过禹的治理，都已经疏通了。其"道"即为疏导，由导引而疏通。"既道"指已经疏通。此其《尚书》"道"字之一义。

2. 道为治国之原则

《洪范》篇称："无偏无陂，遵王之义；无有作好，遵王之道；无有作恶，遵王之路。无偏无党，王道荡荡；无党无偏，王道平平；无反无侧，

---

[1] 《尚书正义·禹贡》卷6，《十三经注疏》，中华书局1980年版，第147页。

[2] 《尚书正义·禹贡》卷6，《十三经注疏》，中华书局1980年版，第147—148页。

[3] 《尚书正义·禹贡》卷6，《十三经注疏》，中华书局1980年版，第149页。

[4] 《尚书正义·禹贡》卷6，《十三经注疏》，中华书局1980年版，第150页。

王道正直。"① 此处是武王问箕子有关"天地之大法"时，箕子向武王陈述的九类治国根本大法中的内容。箕子认为，王道应该是没有个人的私好，没有偏向，不允许结党营私，不违反法度。其道指帝王之道，也就是治理国家的原则。王道具有荡荡、平平、正直等属性，这既是对道路本义之宽广、平坦、正且直的概括，又借以说明治国原则应该像大道那样秩序化，并加以遵守。

以道为治国原则的还有："道扬末命，命汝嗣训，临君周邦。"② 即以道弘扬周命，继承先王遗训，治理周邦。此处的道指从文王、武王那里流传下来的治国原则，要求加以继承发扬。这里，显然已不是道路之本义。

3. 道为法律

《康诰》云："敬明乃罚。人有小罪，非眚，乃惟终，自作不典，式尔，有厥罪小，乃不可不杀。乃有大罪，非终，乃惟眚灾，适尔，既道极厥辜，时乃不可杀。"③ 周公封康叔于殷地，要他在治理殷朝遗民时，以慎重、严明的态度对待刑罚。一个人犯有小罪，但他不悔改，仍然继续有意这样做，即使他罪小，也不可不杀掉他。相反，一个人犯有大罪，但他能够认罪悔过，并只是偶然犯罪，那依照断狱之道来处理他的罪过时，就不可杀。此处的道指法律，即断狱的规则。

4. 道为命运

《君奭》云："天不可信，我道惟宁王德延，天不庸释于文王受命。"④ 周公对召公说，上天是不可相信的，我周朝的命运系之于把文王之德延续下去，这样上天才不会舍弃授予文王的命。此处的道指命运，正因为天不可相信，命运不在天，而在于人，只有尽人事，敬德保民，才能保住周的天下，不致发生天命转移而丧失。

5. 道为法则

《康王之诰》篇说："皇天用训厥道，付畀四方，乃命建侯树屏，在我后之人。"⑤ 意即康王说，皇天按照自身的法则，惟德是辅，把天下交给我

---

① 《尚书正义·洪范》卷12，《十三经注疏》，中华书局1980年版，第190页。
② 《尚书正义·顾命》卷18，《十三经注疏》，中华书局1980年版，第240页。
③ 《尚书正义·康诰》卷14，《十三经注疏》，中华书局1980年版，第203页。
④ 《尚书正义·君奭》卷16，《十三经注疏》，中华书局1980年版，第223页。
⑤ 《尚书正义·康王之诰》卷19，《十三经注疏》，中华书局1980年版，第244页。

们周朝，并分封诸侯，树立屏障，照顾辅助我们周王室的后人，以维护周王朝的天下。这里的道，指皇天之道，也就是上天的法则。具体内容是"皇天无亲，惟德是辅"①，这也是周人的天命观不同于殷人的地方。

《尚书》的道概念，其含义在很大程度上已超出道的本义，甚至比《易经》、《诗经》中的道更具抽象性、概括性，表明道概念从具体直观不断向哲学抽象的道范畴上升发展。

三、道范畴的形成

"道"的产生，其原始意义是道路，"一达谓之道路"，道具有直通性。道路一旦形成，就为人们所遵循，如果不遵循道的规则，人们将处于无序的状态而达不到目的。由于"道"本身内在地具有这些基本含义，所以随着社会的发展和人们认识水平的提高，道也经历了一个由其本义道路到一般概念，再到哲学道范畴的抽象发展的过程中。一般说，《易经》之道主要指道路，但开始向伦理道德意义发展；《诗经》之道则引申出方法、政令等义；《尚书》之道已经包含了治国原则、法律、命运、法则等含义。但在这一阶段，道尚处在一般概念的发展过程。到《左传》和《国语》的写作年代，道成为普遍的自然规律和社会规律的代名词，出现了"天道"和人道的范畴，并论述了天道和人道的关系，这标志着哲学道范畴的形成。

"道"从一般概念抽象发展为哲学范畴，体现在《左传》、《国语》提出的天道、人道观念上。《左传》和《国语》传为春秋时鲁国史官左丘明所著。《左传》亦称《春秋左氏传》或《左氏春秋》，是解释《春秋》的"三传"之一。书中所记起于鲁隐公元年（前722年），止于鲁悼公四年（前464年），比《春秋》所记多出17年。汉代属古文经典，受到今文经学的排斥，但受到古文经学家的推崇。《左传》保存了大量古代史料，对研究、了解春秋时期的社会及思想文化有重要的价值。《国语》记载了西周末年和春秋时期周、鲁等国的史事，是中国最早的国别史，保存史料

---

① 《左传》僖公五年引《周书》，《春秋左传正义》卷12，《十三经注疏》，中华书局1980年版，第1795页。

比较丰富，可与《左传》相互参证，故有《春秋外传》之称。《左传》和《国语》提出了天道、人道范畴，反映了当时的思想面貌，是中国哲学道范畴发展史上的重要阶段。

（一）"天道"范畴的提出

《左传》和《国语》均已提到了天道这一概念。其中《左传》提到天道的地方有："盈必毁，天之道也。"① 其天道指自然规律，认为事物发展到极盛则转毁灭，同时也兼指社会人事的盛而必衰的法则。庄公四年亦称："盈而荡，天之道也。"② 以物满必荡的自然规律预言王禄将尽，把自然与社会联系起来。文公十五年称："礼以顺天，天之道也。……不畏于天，将何能保？"③ 认为作为社会人事的礼应服从于天，这就是天道。显然此处的天道与天相通，可以互换，天道也就是天命，宣扬了畏天命的思想。这里的天道也不是指自然规律，表明天道概念提出之初，尚不完善，保留有殷商天命论的痕迹。

《国语》亦把天道作为自然规律，指出："天道皇皇，日月以为常，明者以为法，微者则是行。阳至而阴，阴至而阳；日困而还，月盈而匡。"④ 天道指的是日月运行、阴阳变化的自然规律，其规律具有恒常性，表现为盛满时进取，亏损时隐遁；阳极而转化为阴，阴极而转化为阳；日穷而还，月盈而亏。这里的天道已大大超出了道的本义，并已超出了道所具有的具体事物规律的含义，已经成为代表自然界普遍规律的哲学范畴。因其阴阳转化，盛极而衰已具有普遍的抽象意义，反映了事物运动变化的必然性。这与《左传》提出的"盈必毁，天之道也"的思想具有相关性。

需要指出，虽然《左传》、《国语》提出了"天道"这一概念，把天道作为自然规律的代名词，从而使天道抽象成为一个哲学范畴，但其天道有

① 《春秋左传正义·哀公十一年》卷58，《十三经注疏》，中华书局1980年版，第2167页。
② 《春秋左传正义·庄公四年》卷8，《十三经注疏》，中华书局1980年版，第1764页。
③ 《春秋左传正义·文公十五年》卷19，《十三经注疏》，中华书局1980年版，第1856页。
④ 徐元诰撰，王树民、沈长云点校：《越语下》，《国语集解》，中华书局2002年版，第584—585页。

时仍是一个星占和神学概念。比如《左传》昭公九年记载："夏四月，陈灾。郑裨灶……对曰：陈，水属也。火，水妃也，而楚所相也。今火出而火陈，逐楚而建陈也。妃以五成，故曰五年。岁五及鹑火，而后陈卒亡，楚克有之，天之道也，故曰五十二年。"① 即以星占来卜筮国事，这里的天道是一个星占概念。尽管如此，天道所具有的自然规律的含义，仍然是客观存在的。

（二）"人道"范畴的提出

《左传》、《国语》不仅提出了"天道"范畴，而且亦提出了人道范畴，以"人道"表示社会人事的规律。有时也以天道来代表人道，即以天道的名称为形式，表达的却是人道的内容。

《国语·晋语一》称："报生以死，报赐以力，人之道也。臣敢以私利废人之道，君何以训矣？"② 要求对于生养、教育、任用自己的父、师、君以死报生，以力报赐，一心一意地勤勉事奉。认为这样做，就体现了人道。并把私利作为人道的对立面，这说明公的原则是人道的内涵，人道具有伦理道德的含义。不仅如此，《晋语九》还说："思乐而喜，思难而惧，人之道也。"③ 认为喜乐畏难的自然情感亦是人道的内涵。人道包括了伦理道德和人的自然本性两方面的内容。

在《左传》里，人道还以天道的名义出现，即把社会人事变化无常的规律称之为天道。此天道实际上指的是人道。昭公三十二年指出："社稷无常奉，君臣无常位，自古以然。故《诗》曰：高岸为谷，深谷为陵。三后之姓，于今为庶，王所知也。在易卦，雷乘乾曰大壮，天之道也。"④ 史墨在回答赵简子的问题时，提出了"社稷无常奉，君臣无常位"的社会人事变化无常的规律。史墨认为，社会人事不是一成不变的，而是发展变

---

① 《春秋左传正义·昭公九年》卷45，《十三经注疏》，中华书局1980年版，第2057页。

② 徐元诰撰，王树民、沈长云点校：《晋语一》，《国语集解》，中华书局2002年版，第248页。

③ 徐元诰撰，王树民、沈长云点校：《晋语九》，《国语集解》，中华书局2002年版，第449页。

④ 《春秋左传正义·昭公三十二年》卷53，《十三经注疏》，中华书局1980年版，第2128页。

化着的，君臣关系也不是天尊地卑，不可易位，而是随时可变的。他赞赏
《诗经》中"高岸为谷，深谷为陵"的辩证思想，并举三代帝王之后沦为
庶民为例，来说明这一社会人事的规律。他将《易·大壮卦》的卦象"乾
下震上"作为论据，以说明这就是天道。因乾为天，震为雷，上对于下为
乘，乾下震上就是雷在天上。古人以为雷出于地下，雷应在天之下。《大
壮卦》是"雷乘乾"，雷在天上，表明地下的东西可以升到天上去，事物
发生了变化，象乾为天子，震为诸侯，而震在乾上，表明君臣易位。《左
传》把"社稷无常奉，君臣无常位"视为天道，反映了春秋时期的客观现
实。这实际上是对人道的集中概括，说明《左传》的人道观念具有辩证法
的因素。

《国语》亦把杀无道之君称为"有道"，《晋语三》称："晋君之无道莫
不闻，……杀无道而立有道，仁也。"[1] 其有道便是仁，仁即作为道的内涵，
表明其道为人道，人道以仁为内容。人道范畴具有普遍性的仁的属性。这
是对具体事物之道的深化和发展。

《左传》把人道原则比附为天道还表现在，襄公二十二年云："君人执
信，臣人执共，忠信笃敬，上下同之，天之道也。"[2] 把忠信笃敬的人道原
则称之为天道，天人在诚实守信上是相通的。

质言之，《左传》、《国语》提出人道的范畴，以社会人事的规律作为
人道的内涵，认为人道包括公、仁、忠信等伦理道德的属性，社会人事是
发展变化的，反映其变化无常的规律即是天道，亦即人道。并把杀无道之
君，称为有道的行为，是仁的体现。这是对春秋时期"社稷无常奉，君臣
无常位"社会现实的反映，亦体现了当时人们的人道观念。

（三）天道与人道的相互关系

《左传》、《国语》不仅分别提出了"天道"范畴和"人道"范畴，而
且论述了天道与人道的相互关系，试图把自然规律与社会规律区分开来，
同时也看到二者的联系。这是人们认识深化的表现。

---

① 徐元诰撰，王树民、沈长云点校：《晋语三》，《国语集解》，中华书局 2002 年版，第 312 页。

② 《春秋左传正义·襄公二十二年》卷 35，《十三经注疏》，中华书局 1980 年版，第 1974 页。

1. 天道与人道的区别

在这个问题上，郑国子产首次把天道与人道对举，提出"天道远，人道迩"的命题，这在中国哲学道范畴发展史上具有重要的意义。昭公十八年五月，二十八宿之一的心宿即大火星出现在空中，恰巧这时刮起了大风，使当时的宋、卫、陈、郑等国发生了火灾。于是，郑国的占星术家裨灶附会说："不用吾言，郑又将火。"要求拿出郑国的国宝玉器来祭神，以避免火灾再次发生。但身为执政的子产不听。一个名叫大叔的人劝告子产："宝以保民也，若有火，国几亡。可以救亡，子何爱焉？"子产回答说："天道远，人道迩，非所及也，何以知之？灶焉知天道？"①认为天道远离人间，而人道存在于社会人事之中，是人们可以就近掌握的，社会人事的吉凶祸福与自然现象的变化没有关系，裨灶依据星辰的出没来推测人间祸福的占星术是靠不住的，他只不过是多言而或有所中。子产坚持不搞禳祭，而郑国也没有再发生火灾。

子产天道与人道两不相及的思想把天象与人事区别开来，在科学尚不发达的古代，认为天道无法预测，因而是远离人间的，但作为社会规律的人道，却不由天道决定，与天的意志无关。这一思想客观地揭示了自然与社会的区别，把道分为天道与人道两种不同的道，体现了人类的理性自觉和认识能力的提高，从而标志着中国哲学道范畴的历史发展进入了一个新阶段。

其后，齐国晏婴也坚持天道与人事相分的思想。当时齐国出现彗星，齐侯使禳祭以除灾。晏婴说："无益也，祗取诬焉。天道不谄，不贰其命，若之何禳之？"②认为天道是不容怀疑的，其规律不可改变，不以人的意志为转移，既然如此，你禳祭也没有用，因为它不会接受人的祭祀祷禳，而改变其活动规律。这样做只能是欺骗而无益。子产与晏婴坚持把天道与人事相区别，强调天人相分，天道与人道不相及。这是对当时流行的天命神学观念的否定。

---

① 《春秋左传正义·昭公十八年》卷48，《十三经注疏》，中华书局1980年版，第2085页。

② 《春秋左传正义·昭公二十六年》卷52，《十三经注疏》，中华书局1980年版，第2115页。

2. 天道与人道的联系

受殷商以来天命神学观的影响，《左传》、《国语》在提出天道与人道相分的同时，仍不能完全摆脱天道的人格属性，一定程度地把天道与人道即人事联系起来。

《国语·晋语六》云："天道无亲，唯德是授。"[1]认为天道没有偏私，只是把福命授给有德之人。其天道既有客观性，不亲近任何一方，又具有人格属性，即道德属性，把人类社会特有的道德观念扩展到天道。在这里，德代表人道，德作为人道的内涵与天道沟通，天人通过德，相互联系。就天道具有道德属性而言，天是有意志的。这也是对《周书》"皇天无亲，惟德是辅"观念的继承。

《左传》桓公六年亦称："所谓道，忠于民而信于神也。"[2]道包括了"忠于民"的人道内容和"信于神"的天道（这里指天命）内容，道是天道与人道的统一。在天（神）和人（民）的关系上，季梁主张："夫民，神之主也。是以圣王先成民，而后致力于神。"[3]以民为神主，先民而后神，把民置于优先于神的位置。也就是说，民比神更重要。这反映了天命观念的动摇。但由于其把民和神统一于道，其道仍是一个天道与人道相联系的范畴。

《左传》和《国语》提出了天道和人道范畴，并把天道与人道对举，强调二者的区分，论述了双方的相互关系。这标志着道已成为一个哲学范畴，为今后道统之道的发展演变，打下了一个初步的基础。

如上所述，殷周春秋时期，是道的产生、道概念的发展、道范畴的形成阶段。这一时期，是中国文化和哲学发展的初期，也是道的思想发展的早期阶段。随着社会和人的认识的不断发展，道由产生时的道路之原义，逐步被引申、抽象和发展起来，从一般概念发展到天道与人道对举的范畴，并由此形成了中国哲学及其道论发展的特点。其天道是指自然界阴

---

① 徐元诰撰，王树民、沈长云点校：《晋语六》，《国语集解》，中华书局2002年版，第396页。

② 《春秋左传正义·桓公六年》卷6，《十三经注疏》，中华书局1980年版，第1749页。

③ 《春秋左传正义·桓公六年》卷6，《十三经注疏》，中华书局1980年版，第1750页。

阳、日月、事物变化发展的普遍规律，同时也保留有早期神学天命论遗留的痕迹；其人道是指社会人事的规律和原则，具体包括了仁、公、忠信等伦理道德的内涵。受时代变化无常的影响，这一时期并未把君臣地位作为人道的原则而凝固化，而是指出"社稷无常奉，君臣无常位，自古以然"，认为天子与诸侯、君与臣的关系可以随时易位，这就是道。表明在早期的人道思想中，并没有像后世那样把君尊臣卑的关系固定化而不可易位。《左传》、《国语》关于天道、人道相分相联系思想的提出，对中国哲学及其道论的演变发展产生了深远影响，后世道统之道的理论发展，往往不脱离这一模式。只是在新的时期，增添了新的思想内涵和思辨色彩。

第二节　道家道论

在中国哲学道范畴发展史上，道家以道名派。道家创始人老子第一个使"道"具有了哲学本体论的意义。从规律、规则之道，到哲学本体、宇宙本原之道，是人们理论思维的飞跃，老子完成了这个飞跃，这是他划时代的理论贡献。老子"道法自然"和"道常无为"的思想，首次把道凌驾于天之上，破除了殷周以来的天命神学观念，亦是对春秋时期天道有为神秘主义思想的否定，在自然观方面，使道的发展摆脱了原始宗教的影响，而成为本体论的哲学范畴。这对中华道统思想的发展演变影响很大，亦为宋代理学家所吸取，为构筑其道统思想体系服务。庄子继承了老子天道自然无为的思想，并加以发挥，认为道是宇宙的本原，它自本自根，超乎天地万物之上，又作为事物存在的根据，无所不在，与事物不相分离，体现了其道论的特点。在伦理思想上，老庄道家主张"绝仁弃义"，强调"大道废，有仁义"，其"道法自然"、道与仁义不并存的思想与儒家的仁义之道形成鲜明的对照，成为中华道论发展的两大家。崇自然与尚仁义之争对中华道统文化影响极大，到后来形成儒道互补的格局。吸取了道家"道法自然"思想的儒家道统论，在理论上更具代表性和包容性。这正是受道家道论影响的结果。

一、老子"道法自然"的思想

老子是春秋末期约与孔子同时的思想家，道家学派的创始人。老子明确反对儒家和墨家的"尚贤"主张，提出"不尚贤，使民不争"①。不讲仁义道德，认为仁义与道是对立的。以此与孔子儒家思想相异。老子批评法家的法治和耕战政策，认为"法令滋彰，盗贼多有"②，指出"兵者，不祥之器"③。主张无为而治，使人民像婴儿一样，无知无欲。老子否认有意志的天神上帝主宰世界，在哲学上以道为最高范畴，天则从属于道，"天法道"。认为"道法自然"，道是宇宙的本原而生成万物，亦是万物存在的根据。但强调道生成万物是无意志、自然而然的。从天道自然无为的思想出发，老子提倡"绝圣弃智"，杜绝一切知识、工技和积极的措施，以无为达到无不为，其理想政治是国家要小，人民要少，不要文化，不要工具，回到"结绳而用之"的"小国寡民"的社会中去。这一定程度反映了当时社会饱受战乱之害的人们的愿望。老子天道自然无为的哲学是对殷周以来天命神权观念的否定，从而使人们的思想从宗教神学的束缚下获得解放，并为中国哲学道论的发展开辟了新的道路。

（一）道的特性

剖析老子的道论，首先应对其道的特性做一番考察，以把握其道的实质。

1. 形上性、观念性

老子的道，作为其哲学的最高范畴，是无形无状、观念性的实在。《老子》十四章说："视之不见，名曰夷；听之不闻，名曰希；搏之不得，

---

① （魏）王弼注，楼宇烈校释：《老子道德经注校释》第 3 章，中华书局 2008 年版，第 8 页。

② （魏）王弼注，楼宇烈校释：《老子道德经注校释》第 57 章，中华书局 2008 年版，第 150 页。

③ （魏）王弼注，楼宇烈校释：《老子道德经注校释》第 31 章，中华书局 2008 年版，第 80 页。

名曰微。此三者，不可致诘，故混而为一。其上不昆，其下不昧，绳绳不可名，复归于无物。是谓无状之状，无物之象，是谓惚恍。迎之不见其首，随之不见其后。"[1] 指出道具有形上超验的性质，它看不见，听不到，摸不着，无法为人的感官所感知，是超感觉的存在。这种没有颜色，没有声音，没有形状的道自然是一种观念性的存在。然而，这种观念性的存在，并不是不存在，正因为有了道的存在，有形有象的万物得以产生。《老子》二十一章说："道之为物，惟恍惟惚。惚兮恍兮，其中有象；恍兮惚兮，其中有物；窈兮冥兮，其中有精；其精甚真，其中有信。自古及今，其名不去，以阅众甫。吾何以知众甫之状哉？以此。"[2] 指出虽然道恍恍惚惚，没有确定的形体，但在深远暗昧之中，却蕴涵着象、物、精，其精是真实可信的。这说明道是确实存在的，人们根据道来认识万物的起始。超越形体之上、观念性的道是真实存在的，这是老子之道所具有的一个特性。

2. 普遍性、永恒性

老子之道具有普遍性和永恒性，它不是通常言谈可以说得出的道，而是永恒的、普遍的法则。老子开宗明义地指出："道可道，非常道；名可名，非常名。无名，天地之始；有名，万物之母。故常无，欲以观其妙；常有，欲以观其徼。此两者，同出而异名，同谓之玄。玄之又玄，众妙之门。"[3] 显然，老子之道已超出道的本义和具体规律之道，它是永恒的存在，在时间和空间上都是无限的，道是宇宙万物的本质属性，没有道就没有万物。因而道是极其幽深的，是囊括有、无的众妙之门。

由于道具有永恒性，所以"道冲，而用之或不盈"[4]，道是用之不尽，取之不竭的。并且"谷神不死，是谓玄牝。玄牝之门，是谓天地根。绵绵若存，用之不勤。"[5] 谷神也就是道，"谷神不死"意味着道无生死存亡，

---

① （魏）王弼注，楼宇烈校释：《老子道德经注校释》第14章，中华书局2008年版，第31—32页。

② （魏）王弼注，楼宇烈校释：《老子道德经注校释》第21章，中华书局2008年版，第52—53页。

③ （魏）王弼注，楼宇烈校释：《老子道德经注校释》第1章，中华书局2008年版，第1—2页。

④ （魏）王弼注，楼宇烈校释：《老子道德经注校释》第4章，中华书局2008年版，第10页。

⑤ （魏）王弼注，楼宇烈校释：《老子道德经注校释》第6章，中华书局2008年版，第16页。

具体事物有生死，而道无存亡，是永恒的存在。所以道孕育万物而生生不息。万物也"莫不尊道"①，这体现了道的普遍性。

老子认为，道与具体事物是不同的，其区别就在于道具有普遍性，它不像具体事物，而超越了事物的特殊性。《老子》六十七章指出："天下皆谓我道大，似不肖。夫唯大，故似不肖。若肖，久矣其细也夫！"②正因为道广大无边，所以与具体事物不同，如果与具体事物相像，那就失去了道的普遍性，而不成其为道了。

老子之道具有普遍性、永恒性，这是道之所以超越具体规律、规则，而成其为宇宙本体范畴，即成为超越一切相对的绝对的内在根据。这体现了老子之道对以往道论的发展。

3. 运动性

老子之道还具有运动的特性。《老子》二十五章说："独立不改，周行而不殆。可以为天下母。吾不知其名，字之曰道，强为之名曰大。大曰逝，逝曰远，远曰反。"③道不停地循环运动，运动的形式是不断地伸向遥远，伸向遥远后，又返回本原。老子强调，道的运动是自动，它不依靠外在的力量，而是独立地自我运动，永不停息。道的运动向着相反的方向发展，即"反者道之动"④。对立面相反相成，通过反向运动，对立面转化，复归于统一。这就是道的运动变化的体现。

4. 辩证性

道具有辩证的特性，这是老子之道的属性。这不仅体现在"反者道之动"，事物无不向着对立面转化这一运动规律上，而且通过宣传贵柔、守雌、主静、不争，来说明道所具有的辩证属性。这表明老子的辩证法倾向于矛盾双方中较弱的一方。这与宣扬进取、刚强、有为的辩证法有所不同。《老子》四十一章说："明道若昧，进道若退，夷道若纇，上德若谷，

①（魏）王弼注，楼宇烈校释：《老子道德经注校释》第51章，中华书局2008年版，第137页。

②（魏）王弼注，楼宇烈校释：《老子道德经注校释》第67章，中华书局2008年版，第170页。

③（魏）王弼注，楼宇烈校释：《老子道德经注校释》第25章，中华书局2008年版，第62—63页。

④（魏）王弼注，楼宇烈校释：《老子道德经注校释》第40章，中华书局2008年版，第110页。

大白若辱，广德若不足，建德若偷，质真若渝，大方无隅，大器晚成，大音希声，大象无形，道隐无名，夫唯道，善贷且成。"① 既看到事物存在着对立的两方面，如明昧、进退、平与不平、高下、纯浊等，但认为暗昧、退守、卑下、浑浊的一方才符合道的原则。因而主张贵柔守雌，以柔弱胜刚强。反之，"物壮则老，是谓不道。不道早已。"② 认为事物强壮，必然衰老，这不合于道。不合乎道，必然会很快死亡。为了避免死亡，就须处在柔弱的地位。其道的辩证性向退守、柔弱的一方倾斜。

以上老子之道所具有的形上性、观念性、普遍性、永恒性、运动性、辩证性等特性表明，中国哲学道范畴的历史发展，到老子道论这个阶段，已逐渐走向成熟。道已超出了朴素直观的现象把握阶段，进入理性的超验认识阶段。道所具有的普遍性、永恒性表明，道已由一般事物的规律发展为普遍的、永恒的宇宙本体。道所具有的运动性、辩证性，说明老子在把道上升为一个统一的宇宙本体，作为一个整体来看待的同时，又认为统一体是运动变化的，整体内部存在着对立的双方，不仅向对立面的反向转化体现了道的运动，而且对立双方中柔弱的一方居主导地位。这即是道的运动变化法则。

（二）道为宇宙本体

道作为老子哲学的最高范畴，有多种含义。如道是具体事物的规律，道是人生修养的准则等，而最能代表和体现老子道论实质的，是他把道提升到本体论的高度，道成为统摄宇宙和人生的最终本原。这是老子超出前人的重大理论贡献。故在介绍老子之道的含义时，重点论述他的道为宇宙本体的思想。

1. 道为万物之母

所谓道为万物之母，即以道为产生宇宙万物的本原。道产生万物，即是由无形质的观念性的实体落向有形质的万物，使之由无形之道产生出有形之万物来。

---

① （魏）王弼注，楼宇烈校释：《老子道德经注校释》第 41 章，中华书局 2008 年版，第 111—113 页。

② （魏）王弼注，楼宇烈校释：《老子道德经注校释》第 30 章，中华书局 2008 年版，第 78 页。

老子认为，永恒之道是在天地之先，为天下母的超越一切相对的绝对。道生成万物，是老子集中论述的一个思想。《老子》二十五章说："有物混成，先天地生。"① 这个物即是道，道先于天地生，又"可以为天下母"，表明道生万物，犹如母生子。四章说："道冲，而用之或不盈。渊兮，似万物之宗。"② 道为万物之宗，即指道像万物的宗主，而生万物。五十一章又说："道生之，德畜之，物形之，势成之。是以万物莫不尊道而贵德。"③ 由于道使万物生长，德畜养万物，所以万物尊崇道而看重德。

道派生万物的具体过程是："道生一，一生二，二生三，三生万物。"④ 所谓一，指万物形成之前的一种混沌未分的状态。一生二，指混沌之道分裂为阴阳两种对立交错的趋向。这种阴阳对立的矛盾趋向相激相荡而产生三，即冲气以为和，万物在这种阴阳相交的冲气状态中得以产生。这即是道生万物的过程。

需要指出，道作为宇宙的本体而产生万物，但道并不仅仅是一，道既是一，又是多，同时又包含着阴阳对立的两方面。道不是脱离一、二、三、万物以外的孤立存在，而是就存在于一、二、三、万物之中。相对于纷纭杂多的万物来讲，道是一，一是产生万物的根源和依据。道超越天地万物之上，是宇宙的最高本原，即使是天，也得效法道，服从道的权威。所以道独立而不改，是天下之母。就这个意义上讲，道是一。然而道又不仅仅是一，就道包含了阴阳二气而言，道亦是二；就阴阳相交而生万物，万物皆负阴而抱阳而言，道由二转化为多。所以道是一与多的统一，同时又具有阴阳对立的属性。正如道具有普遍性一样，阴阳对立的原则亦具有普遍性。道不仅包括了无处不在的对立物，而且在每一个对立物中，仍存在着对立的两个方面。事物内部充满着两种对立交错的趋向，这种对立的趋向有助于产生，有助于完成和转化，这正体现了道生万物的过程。由

---

① （魏）王弼注，楼宇烈校释：《老子道德经注校释》第25章，中华书局2008年版，第62页。

② （魏）王弼注，楼宇烈校释：《老子道德经注校释》第4章，中华书局2008年版，第10页。

③ （魏）王弼注，楼宇烈校释：《老子道德经注校释》第51章，中华书局2008年版，第136—137页。

④ （魏）王弼注，楼宇烈校释：《老子道德经注校释》第42章，中华书局2008年版，第117页。

此，观念性的形上之道向下落实，产生出有形质的具体事物。所以，尽管本体之道是观念上的存在，但它却是对客观物质世界的反映。

2. 道为天地万物存在的根据

老子的道，不仅是宇宙万物的本原，而产生万物，而且是天地万物之所以存在的根据。也就是说，老子之道，是一个宇宙生成论和宇宙本体论统一的哲学范畴。道既产生万物，又存在于万物之中，无孔不入，无处不有，是万物存在和运动变化的根据和规律。对此，老子指出：

> 昔之得一者：天得一以清；地得一以宁；神得一以灵；谷得一以盈；万物得一以生；侯王得一以为天下贞。其致之，天无以清，将恐裂；地无以宁，将恐发；神无以灵，将恐歇；谷无以盈，将恐竭；万物无以生，将恐灭；侯王无以贵高，将恐蹶。①

此处的一，作道讲。得一即指得道。老子认为，无论是自然界的天地万物，还是人类社会的侯王，均是以道作为其存在的根据。天得道，则清明，反之则不能保持清明，而破裂；地得道，则宁静，反之则不能保持宁静，而震荡；神得道，则灵明，反之则不能保持神灵，而消失；河谷得道，则充盈，反之则不能保持充盈，而涸竭；万物得道，则生长，反之则不能保持生长，而灭绝；侯王得道，则成为天下的首领，反之则不能保住地位，而遭颠覆亡国。老子强调，任何事物都不能脱离道而存在，道内在于万物，是万物存在的根据。离开了道，万物将不复存在。然而，道无所不在，有了道才有万物，终极的实在是无孔不入的，它存在于万事万物之中，无处不有。万物把它们的存在的原因归之于道，并且从道那里吸取维持它们的存在所需要和依据的东西。

由此可见，道作为本体论的哲学范畴，既是万物之母，而生成万物，又是万物存在的根据，与万物不相脱离。有人说道在老子那里，主要是就宇宙生成论而言，而不具有本体论的意义。恐与老子本人的思想不符。

（三）道法自然

老子"道法自然"的思想是老子道论的核心，对中华道统思想影响

---

① （魏）王弼注，楼宇烈校释：《老子道德经注校释》第39章，中华书局2008年版，第105—106页。

很大。道家的自然之道与儒家的仁义之道形成中国哲学道范畴发展史上对应的两端，亦形成儒道互补的趋势。宋明理学家在完善和发展儒学道统论的过程中，便吸取了老子"道法自然"的思想。

1. "道法自然"

道法自然的思想之所以在中国哲学道范畴发展史上占有十分重要的地位，是因为老子提出的这一思想，以道为最高范畴，以天从属于道，破除了自殷周以来宗教神学宣扬的有人格、有意志的天，或天神、上帝主宰世界的传统观念。而以自然为最高权威，来取代天命对客观自然界和社会人事的支配地位。老子发前人所未发，把自然之道凌驾于有意志的天之上，体现了人们认识能力的飞跃。

所谓自然，"道法自然"的自然指自然而然，它本来如此，而无人为的因素。这里的自然不是指自然界。虽然与人类社会相对应的自然界，亦不依赖于人的意识而存在，这与自然的非人为因素类似，但自然与自然界仍是有区别的。简言之，其区别在于：自然界是客观实在，它不依赖于人们是否认识到它而客观存在着；而自然则是非人为的天然状态。"道法自然"就是指，道在本质上是自然的，道效法自然，纯任自然，自己如此，以它自己的样子为法则。《老子》二十五章说："道大，天大，地大，人亦大。域中有四大，而人居其一焉。人法地，地法天，天法道，道法自然。"① 这是体现老子道论的重要一段话，其紧要处有三点值得注意：一是把天、地、人与道并列为"四大"，这"四大"以道为最贵，均体现了自然的原则。二是把天置于从属于道的位置，"天法道"表明：天效法于道，在天之上有一个最终的本原。三是明确提出"道法自然"的思想，以自然作为道最本质的属性。也就是说，道的本性就是自然。

老子以自然作为道的本性，从而树立起自然的最高权威。与自然相对的是人为之命。五十一章说："是以万物莫不尊道而贵德。道之尊，德之贵，夫莫之命而常自然。"② 指出万物之所以尊道、贵德，是因为道从不加以人为的命令和干涉，而是让万物顺应自然，依据自己的本性去运动。

① （魏）王弼注，楼宇烈校释：《老子道德经注校释》第25章，中华书局2008年版，第64页。
② （魏）王弼注，楼宇烈校释：《老子道德经注校释》第51章，中华书局2008年版，第136—137页。

在道与天的关系上，老子提出"天法道"的命题，天从属于道。其天为自然之天，而不是指有意志的命运之天或具有人格的天神。就天是自然之天，无人为意志而言，老子有时把道分为天道与人道，天道即是道，而人道则遭到老子的贬斥。《老子》七十七章说："天之道，其犹张弓与？高者抑之，下者举之，有余者损之，不足者补之。天之道，损有余而补不足；人之道则不然，损不足以奉有余。孰能有余以奉天下？唯有道者。"①老子提出人道与天道的对立，其目的是为了倡人道取法于天道，因人道即社会人事的观念有许多不公平之处，如剥夺不足的，去供奉已经有余的；而天道即自然的规律则减少有余的，用来补充不足的，以保持公平。老子取法于天道，认为只有有道之人才能够做到拿出有余的，以供天下之不足。即所谓天道无私而大公。老子取法于天道，也就是崇尚"道法自然"，道自然而然，本来如此。天道与人道的不同，就在于天道的自然性，它不受人为的影响，不以人的主观意志为转移，因而与有意志的人格神不同。

2."道常无为"

与"道法自然"密切相关，老子提出"道常无为"的命题，以进一步论证"道法自然"的思想。如果说，"道法自然"是通过强调道的自然属性来破除殷商以来的宗教神学天命观的话，那么，"道常无为"则是通过否定道的人为属性，从而与宗教神学的人格上帝观念划清了界限。"道法自然"与"道常无为"相辅相成，分别从法自然和无人为两个方面打破了天神上帝对自然界和社会人事的垄断与主宰。这是人类认识史上的一次革命，其意义极为重要。

关于"道常无为"思想，《老子》三十七章指出："道常无为而无不为。侯王若能守之，万物将自化。化而欲作，吾将镇之以无名之朴。无名之朴，夫亦将不欲。不欲以静，天下将自定。"②老子强调，道永远是无为的，然而没有一件事物不是它所为。道自然地、依据自己的本性去运动。在这个意义上，道永远是无为的。然而万物都是由道产生，万物都遵循着道赋予它们的自然本性而存在，而运动。就这个意义而言，道无所不为。

① （魏）王弼注，楼宇烈校释：《老子道德经注校释》第77章，中华书局2008年版，第186页。

② （魏）王弼注，楼宇烈校释：《老子道德经注校释》第37章，中华书局2008年版，第90—91页。

如果侯王能遵循这个原则，万物将自动向他归化，即无为而自化。当私欲发生时，则用道的真朴来克服它，最终做到"不欲以静"，使天下自然安定。老子的这个思想，把天道的自然无为运用于政治，认为理想的政治是无为而自化，人人包括统治者不起贪欲，不扩张人为的意欲，将使社会自然得到治理。这一思想虽有批评当时社会人人争斗、私欲横流的意义，但过分抑制有为，则是其消极的一面。

老子主张"道常无为"，无为是道的本质属性。尽管道产生并养育了万物，但它却从不干涉万物。即使为万物提供了其存在的依据，也不愿意处于主宰地位。由于道无人格，无意志，从不要求万物对它的贡献予以回报，所以看来不自以为大，但是所有的万物都归附于它。《老子》三十四章说："大道泛兮，其可左右。万物恃之而生而不辞，功成而不有。衣养万物而不为主，常无欲，可名于小；万物归焉而不为主，可名为大。以其终不自为大，故能成其大。"① 指出道只生长养育万物，但不为万物的主宰。每一事物都有它完满自足的内在自然本性，去指导该事物，使之各适其性，所以它不需要道的主宰。道只提供万物存在的依据，即提供体现在万物生存中的自然本性，而不去主宰万物。因为那不符合道的法自然、无人为的本性。

从"道常无为"出发，老子认为仁、义、礼等道德原则是后起的，是人为的表现，而与道的自然无为原则不符，从而倡道与仁义不并存的思想，这与儒家的仁义之道形成鲜明的对照。《老子》十八章称："大道废，有仁义；慧智出，有大伪；六亲不和，有孝慈；国家昏乱，有忠臣。"② 认为大道是自然的，而仁义则不自然。当大道被废弃时，才出现所谓的仁义；而大道盛行时，则没有提倡仁义的必要。崇尚仁义的时代，正是纯朴社会的逝去。所以老子说："失道而后德，失德而后仁，失仁而后义，失义而后礼。夫礼者，忠信之薄而乱之首。"③ 对仁义礼法的社会作用和功能作出

---

① （魏）王弼注，楼宇烈校释：《老子道德经注校释》第34章，中华书局2008年版，第85—86页。

② （魏）王弼注，楼宇烈校释：《老子道德经注校释》第18章，中华书局2008年版，第43页。

③ （魏）王弼注，楼宇烈校释：《老子道德经注校释》第38章，中华书局2008年版，第93页。

了与儒家相反的评价。其思想根源在于：儒家从有为出发，积极用世，看到了仁义和礼制对于维护社会治理的重要性，因而加以积极提倡；道家老子则从无为出发，消极避世，看到了仁义礼法的产生，正是大道的丧失、纯朴之心的泯灭、智慧的运用、技巧的增多的结果，它伴随着黑暗而出现，因而对仁义礼法连同产生它的社会背景一起加以讥讽和批评，表达了其对自然无为之道的境界的向往。

老子"道法自然"、"道常无为"的思想，排除了殷周以来天神、上帝主宰世界的传统宗教神学观念，是对周公"天不可信"思想的继承和发展，标志着人类认识水平的大大提高，亦是中国哲学道范畴发展史上的重要里程碑。

把老子自然无为的本体之道与殷周时期原始宗教及西方基督教的上帝作比较，可以发现道与上帝有许多不同，这可加深对道的本质的认识。道与上帝也有相似之处，如在万物的最终根源、事物的起因方面，在被人们所效法方面，以及使人们归附于它，而不论人们是否意识到这一点等方面，道与上帝相似，或上帝类似于道。但道与上帝的区别是主要的，这表现在：上帝是一个人，或至少是人格化的；而道却不具有人格的意义，它是无意识的实在。宗教神学把上帝与人间世界相对立；而道则是世界本身。有神论者把两个世界，即现世和来世对立起来；而道只是一个世界。宗教神学把自然的世界与超自然的世界对立起来；而对于道来讲，没有一个存在于自然之上的超自然的世界。

此外，上帝爱护并关心他的创造物；而道虽然产生万物，但却是自然生万物，没有人为的意识，万物的生长、发展、死亡都是自然而然发生的，与人的意志无关。

由此可见，老子之道的无人格特性与照上帝的旨意行事的宗教观念形成鲜明的对照。不具人格的自然无为之道既与殷周天命神学的上帝观念划清了界限，又与西方基督教的上帝相区别。老子在时间先后上，把道置于上帝之先，指出："吾不知谁之子，象帝之先。"① 更是把道置于比主宰一切的上帝更为根本的位置。这是对殷周以来神权观念的强烈冲击，从世界

① （魏）王弼注，楼宇烈校释：《老子道德经注校释》第4章，中华书局2008年版，第10页。

观的高度否定了宗教神学的上帝主宰论。

如上所述，老子提出"道法自然"的思想，以道为最高范畴。道是超越形质之上、观念性的宇宙本体，道具有普遍性、永恒性、运动性和辩证性，既生成万物，又作为万物存在的根据，是生成论和本体论的统一。老子"道法自然"的思想树立起自然的最高权威，打破了天神、上帝对自然界和社会人事的垄断支配地位。老子"道常无为"的思想与"道法自然"相补充，突出了道的法自然、无人为的本性。其道与仁义不并存的思想与儒家的仁义之道形成鲜明的对照，这对中华道统思想影响极大。

二、庄子的"自本自根"之道

庄子（约前 369—前 286 年），战国时哲学家，道家代表人物。姓庄名周，宋国蒙（今河南商丘东北）人。曾在家乡做过管漆园的小官，不久便归隐不仕。楚威王闻其名，以厚礼聘为楚相，庄子不愿为官，将其拒绝，表现出对世道的不满。庄子继承和发展了老子"道法自然"和"道常无为"的思想，宣扬天道自然无为。他提出道"自本自根"的思想，认为道是天地万物的本原，道自为根本，生天生地，在时间和空间上是无限的，并强调道"无所不在"，道存在于一切事物之中，万物以道为其存在的根据。在天人关系上，强调天之自然，反对人为，主张"无以人灭天"。认为自然是美好的，排斥人的作为，这亦是对宗教神学有意志的主宰之天的否定。

在道与仁义的关系上，庄子继承老子"大道废，有仁义"的思想，认为"道德不废，安取仁义？"[1] 崇尚大道盛行的"至德之世"。批评圣人作兴仁义，指出"毁道德以为仁义，圣人之过也"[2]，认为儒家提倡的仁义是"残生伤性"，主张不图仁义之虚名，任其人本性的自然发展。

对于今存《庄子》一书，学术界多数认为，其中内篇为庄子本人的

---

[1] 《庄子·马蹄》，（清）郭庆藩撰，王孝鱼点校：《庄子集释》，中华书局 2004 年版，第 336 页。

[2] 《庄子·马蹄》，（清）郭庆藩撰，王孝鱼点校：《庄子集释》，中华书局 2004 年版，第 336 页。

作品，外、杂篇为庄子后学之作，也有其他学派的个别篇章，外、杂篇有
庄子思想的反映。另有的学者认为外、杂篇代表庄子的思想，内篇代表后
期庄学思想。

　　庄子论道的思想主要集中在《大宗师》、《知北游》，以及《马蹄》、
《则阳》等篇中。其中《知北游》里的道论是对《大宗师》的发挥，二者
有着内在的继承关系。

（一）道"自本自根"

　　道"自本自根"，是庄子道论的核心，亦体现了庄子之道的特点。所
谓道"自本自根"，指道自为根本，不受道之外的任何鬼神上帝的主宰，
否定有意志的人格神主宰世界，体现了道的自然无人为的属性。庄子的
"自本自根"之道是万物产生的根源，它无形可见，在时间上无始终，在
空间上无限量，从古至今永恒存在，不仅天地产生于道，而且鬼神上帝也
因道而灵。虽没有完全否定帝、鬼的存在，但将其置于从属于道的位置，
道是鬼神上帝存在的根据。这与老子把道置于上帝之先的思想类似。庄
子说：

　　　　夫道，有情有信，无为无形；可传而不可受，可得而不可见；自
　　本自根，未有天地，自古以固存；神鬼神帝，生天生地；在太极之先
　　而不为高，在六极之下而不为深，先天地生而不为久，长于上古而
　　不为老。……莫知其始，莫知其终。[1]

道"有情有信"是指道包含了性命之情，道是真实的存在。它自然无为，
不能用感官把握，是一个不以人的意志为转移的、永恒的、客观的观念性
实体。

　　庄子认为，自本自根之道虽然无形，但无形之道却产生精神，精神
又产生形体，万物在形体的基础上产生，最终以无形的道为根源。他说：
"夫道，窅然难言哉！将为汝言其崖略：夫昭昭生于冥冥，有伦生于无形，
精神生于道，形本生于精，而万物以形相生。"[2] 指出有形生于无形，无形

---

　　① 《庄子·大宗师》，（清）郭庆藩撰，王孝鱼点校：《庄子集释》，中华书局 2004 年
版，第 246 页。
　　② 《庄子·知北游》，（清）郭庆藩撰，王孝鱼点校：《庄子集释》，中华书局 2004 年
版，第 741 页。

的道既产生精神，又产生万物。气作为构成万物的材料，也由道产生，其气类似于精，即精气。关于气，庄子说："人之生，气之聚也。聚则为生，散则为死。若死生为徒，吾又何患！故万物一也。……通天下一气耳。"①认为人与万物通于一气，气聚则生，气散则死，生死循环相继，以气为构物的材料，但道则是天地万形和阴阳之气公共的本原。《则阳》篇说："天地者，形之大者也；阴阳者，气之大者也，道者为之公。"② 道生天地与道生阴阳是一致的，而道与气之间不能画等号，道比气更为根本。

从思想逻辑上看，《庄子·知北游》篇关于道的论述，是对《大宗师》篇自本自根之道的继承和发挥。《知北游》说："今彼神明至精，与彼百化。物已死生方圆，莫知其根也。扁然而万物，自古以固存。六合为巨，未离其内；秋毫为小，待之成体；天下莫不沉浮，终身不故；阴阳四时运行，各得其序；惛然若亡而存；油然不形而神；万物畜而不知。此之谓本根，可以观于天矣！"③ 是说神明最为精妙，随同天地而变化，而万物的变化都有其自身的根源，这就是道自为根本。自古已经存在的道在时间上是无限的；在空间上，大至六合之巨，小至秋毫之末，都在道的范围之内。天下万物莫不新老交替，变化日新；阴阳二气、春夏秋冬四时按其各自的规律运行；如此说来，道无形体可见，但它又是客观存在着；虽没有形迹，但又支配着万物；万物都在道的生成养育之中，但却不自知。掌握了上述自本自根之道的规律，就可以效法天地了。这里对道的解释，与《大宗师》对自本自根之道的论述一脉相承，只是增加了道与阴阳之气、与万物相互关系的论述，体现了道作为宇宙本原对万物的支配。这是对《大宗师》思想的展开和发挥。

（二）道"无所不在"

庄子的自本自根之道，不仅是天地万物产生的本原，而且存在于一

---

① 《庄子·知北游》，（清）郭庆藩撰，王孝鱼点校：《庄子集释》，中华书局2004年版，第733页。

② 《庄子·则阳》，（清）郭庆藩撰，王孝鱼点校：《庄子集释》，中华书局2004年版，第913页。

③ 《庄子·知北游》，（清）郭庆藩撰，王孝鱼点校：《庄子集释》，中华书局2004年版，第735页。

切事物之中，是万物之所以存在的根据。也就是说，道是生成论与本体论合一的范畴。这是对老子思想的发展。庄子在回答东郭子的问题时，提出了道"无所不在"的思想。

> 东郭子问于庄子曰："所谓道，恶乎在？"庄子曰："无所不在。"东郭子曰："期而后可。"庄子曰："在蝼蚁。"曰："何其下邪？"曰："在稊稗。"曰："何其愈下邪？"曰："在瓦甓。"曰："何其愈甚邪？"曰："在屎溺。"……庄子曰："夫子之问也，固不及质。……汝唯莫必，无乎逃物。至道若是，大言亦然。周、遍、咸三者，异名同实，其指一也。"①

认为道无所不在，即使在蝼蚁、稊稗、瓦甓、屎溺这些小到不值一提的事物中都有道的存在。并以周、遍、咸这三个概念来说明道的无所不在。强调具体事物虽各不相同，但它们的本质都是道，以道作为事物存在的内在根据。

庄子的这一思想还表现在，不仅蝼蚁、稊稗等具体事物有道，而且大至天地日月都有道贯穿于其中，即使圣人的作为也受道的支配。《知北游》称："天不得不高，地不得不广，日月不得不行，万物不得不昌，此其道与！"②指出天得道才高，地得道才广，日月得道才运行，万物得道才昌盛。反之，离开了道，天地日月都不可能成其为它自身所在。

庄子道"无所不在"的思想与其道"自本自根"论相联系，表明其哲学道论已明确进入本体的研究，即明确把世界的存在归结为无形质的、永恒的、观念性的道的存在。在庄子哲学里，道作为宇宙万物的本质，是普遍、一般、抽象的存在，亦即宇宙的本体，它是天地万物产生、存在、变化的根本原因和依据，而个别、具体、特殊的事物，则是本质之道的表现，离道则无物。庄子的道本体论是对老子道论的发展，如果说，老子的道论主要表述的是宇宙生成论，其在《老子》三十九章涉及的本体论还不甚明显的话，那么，庄子明确提出道"无所不在"的思想，并以天地日月、蝼蚁、屎溺这样的具体事物来说明之，则表明道本体论在庄子哲学这

① 《庄子·知北游》，（清）郭庆藩撰，王孝鱼点校：《庄子集释》，中华书局2004年版，第749—750页。

② 《庄子·知北游》，（清）郭庆藩撰，王孝鱼点校：《庄子集释》，中华书局2004年版，第741页。

个阶段已经成熟，对老子的思想已有了丰富和发展，这是研究中国古代本体论哲学应该注意的。

（三）"毁道德以为仁义，圣人之过也"

在道与仁义的关系上，庄子继承老子，倡道与仁义的对立，并将其与天人关系相联系，道即是天，仁义即是人为，强调"无以人灭天"。体现出与儒家思想相对的道家伦理观的特点。

庄子认为，在远古时期有一个民风淳朴、道德高尚的"至德之世"，那时还没有产生仁义。所谓"至德"的德，得其道为德，道是德之所存在的根据；德是得道的表现。《庚桑楚》篇说："道者，德之钦也；生者，德之光也。"① 即德以道为主体，从属于道；而体现在人身上便是德。庄子指出，在"至德之世"，人们的自然本性得到了充分的表现，人人按其本性自然而然地生活，自由而不受拘束。但出现了圣人后，情况发生了变化，他们制礼作乐，提倡仁义，破坏了自然之道，造成了人性的败坏和社会的分裂。对此，庄子指出：

> 及至圣人，蹩躠为仁，踶跂为义，而天下始疑矣；澶漫为乐，摘僻为礼，而天下始分矣。故纯朴不残，孰为牺尊？白玉不毁，孰为珪璋？道德不废，安取仁义？性情不离，安用礼乐？五色不乱，孰为文采？五声不乱，孰应六律？夫残朴以为器，工匠之罪也；毁道德以为仁义，圣人之过也。②

认为圣人提倡的仁义礼乐，全是人为的因素，是对自然淳朴社会风气的破坏，违背了人的自然本性，因而是不足为取的。庄子把自然之道与仁义、性情与礼乐对立起来，认为毁弃自然之道，而提倡仁义礼乐，是圣人的罪过。这反映了在中国文化史上，道家与儒家不同的价值观。

与道与仁义的关系问题相关，在天人关系上，庄子重天而轻人，强调以自然的原则来反对人为。《秋水》篇称："天在内，人在外，德在乎天。知天人之行，本乎天，位乎得。……曰：'何谓天？何谓人？'北海若曰：

---

① 《庄子·庚桑楚》，（清）郭庆藩撰，王孝鱼点校：《庄子集释》，中华书局2004年版，第810页。

② 《庄子·马蹄》，（清）郭庆藩撰，王孝鱼点校：《庄子集释》，中华书局2004年版，第336页。

'牛马四足，是谓天；落马首，穿牛鼻，是谓人。故曰：无以人灭天，无以故灭命，无以得殉名。谨守而勿失，是谓反其真。'"①这里所谓的天，指自然，即自然而然；人则指人为。庄子认为，天是事物的自然本性，它是事物自身固有的，故以天为内，如牛马的天然禀赋等，这就是天；而人则指人的作为，这是人加于事物的，不是事物固有的，故以人为外，如落马首，穿牛鼻等，这就是人为。在庄子的哲学体系，其天等于自然，也就是道、造化者；其人等于人为、仁义、被创造者。在天人关系上，庄子主张"本乎天"，反对"以人灭天"，要求去掉人为，不要仁义，"任其性命之情"②，以"反其真"，即回归到真实自然的本性中去，任本性自然地发展。这一思想对明代反道学思想家李贽影响很大。庄子明确提出不要用仁义礼法来限制人的自然本性，他向往的是一种不受任何人为约束的绝对自由的境界。庄子完全不讲人为的消极无为思想，被荀子概括为"蔽于天而不知人"③，批评庄子只是消极地顺应自然，而抹杀人为的能动性。这个评价是比较准确的。庄子的无为与老子的无为而无不为，即"为而不恃"的思想是有所区别的。

质言之，老庄道家以道名派，道是道家思想的核心。老庄提出"道法自然"，道自然无为的思想，摆脱了殷周以来的天命神学观念，使道论的发展进入到自然哲学发展的新阶段。

老庄首次把道提升为宇宙本体，认为道是天地万物产生的本原，亦是万物之所存在的根据。这是人们理论思维的飞跃，在中国哲学道范畴发展史上具有重大的意义。

老庄倡道与仁义礼法的对立，强调"大道废，有仁义"，指出"毁道德以为仁义，圣人之过也"，其自然之道与儒家的仁义之道形成鲜明的对照，开启了中国文化史上崇自然与尚仁义之争。这对中华道统思想的发展演变影响很大。

---

① 《庄子·秋水》，（清）郭庆藩撰，王孝鱼点校：《庄子集释》，中华书局 2004 年版，第 588—591 页。

② 《庄子·骈拇》，（清）郭庆藩撰，王孝鱼点校：《庄子集释》，中华书局 2004 年版，第 327 页。

③ 《荀子·解蔽》，（清）王先谦撰，沈啸寰、王星贤点校：《荀子集解》卷 15，中华书局 1988 年版，第 393 页。

第三节 《管子》道通仁义礼法的思想

《管子》一书对道的论述别具特色，它融合道、儒、法诸家思想，泯合道、德与仁义、礼、法相互之间的对立，提出道通仁义礼法的思想，并吸取道家的道论，认为道是"虚无无形"的绝对，万物得道则生，失道则死。在道的属性问题上，《管子》既肯定天道自然，"无为之为道"，又提出"不为不可成"，"上无事则民自试"，反映了其思想的多样化，对各家思想都有吸取。在道与气的关系上，《管子》把道与精气说联系起来，其道与气含义相当，相互沟通，使观念性的形上之道与由精微之气构成的天地万物融为一体，强调了"道在天地之间"，而不脱离天地之外的观点。《管子》精气与道相通的思想对后世影响很大，丰富了中国哲学道范畴的理论内涵。

《管子》的道论之所以融合各家，具有丰富多样性的特点，是因为它是战国时齐国稷下学者的著述总集，收集比较复杂有关。《管子》一书大约成于战国时代，西汉刘向校定时共86篇，今存76篇，其余10篇存其篇目而无内文。

现存《管子》76篇，分为8类，包括：《经言》9篇，《外言》8篇，《内言》7篇，《短语》17篇，《区言》5篇，《杂篇》10篇，《管子解》4篇，《管子轻重》16篇。内容庞杂，包含有法、道、名、儒等各家思想。其中《牧民》、《乘马》、《形势》等篇，学术界认为存有管仲遗说。《立政》、《幼官》、《枢言》、《大匡》、《中匡》、《小匡》、《水地》等篇被认为记述了管仲遗事。也有人认为《大匡》、《中匡》、《小匡》是关于管仲本人思想、活动的早期记述。《心术》上下、《白心》、《内业》等篇是管仲学派，或称齐国法家对管仲思想的发挥和发展。也有人认为这四篇是宋钘、尹文一派的遗著，另有人认为这四篇不是宋钘、尹文一派的著作，而是代表了稷下黄老之学的体系。

《管子》论道的思想主要记述在其《心术》、《内业》、《形势》、《幼官》、《枢言》等篇里，其他篇目也有一些记载。

一、"万物以生，万物以成，命之曰道"

《管子》哲学的最高范畴是道，道是生成万物的本原。《内业》篇指出："道也者，口之所不能言也，目之所不能视也，耳之所不能听也；所以修心而正形也；人之所失以死，所得以生也；事之所失以败，所得以成也。凡道无根无茎，无叶无荣，万物以生，万物以成，命之曰道"①。道作为万物之本原，不能用感官来把握，也是不能言谈的，只能通过心之思维来沟通。这与老子对道的规定类似。也就是说，道无形无声，超越了具体的有形有状的万物，"虚无无形谓之道"②，"不见其形，不闻其声，而序其成，谓之道"③。道不同于具体事物，却是万事万物生成的依据。万物失其道则死，得其道则生；万事失其道则败，得其道则成。

《管子》之道不仅生成万物，而且存在于天地之间，充满宇宙，无所不在，成为万物统一性的基础。《心术上》云："道在天地之间也，其大无外，其小无内。"④道既无限大，又无限小，这个命题是对中国哲学道范畴理论的丰富。它把天地间的一切事物，无论大小巨细毫无遗漏地包括到道之中。并指出："道也者，通乎无上，详乎无穷，运乎诸生。"⑤即道包罗万象，无穷无尽，运行于万物之中。道贯通万物，统摄一切，是超越一切相对的绝对。显然，这是对老子道论的继承和发展。

《管子》道论与老子思想的相关性还表现在，亦提出了类似于老子的天道自然的思想。《形势》篇指出："得天之道，其事若自然。"⑥即得到了

---

① 《管子·内业》，黎翔凤撰，梁运华整理：《管子校注》卷16，中华书局2004年版，第935—937页。

② 《管子·心术上》，黎翔凤撰，梁运华整理：《管子校注》卷13，中华书局2004年版，第759页。

③ 《管子·内业》，黎翔凤撰，梁运华整理：《管子校注》卷16，中华书局2004年版，第932页。

④ 《管子·心术上》，黎翔凤撰，梁运华整理：《管子校注》卷13，中华书局2004年版，第767页。

⑤ 《管子·宙合》，黎翔凤撰，梁运华整理：《管子校注》卷4，中华书局2004年版，第234页。

⑥ 《管子·形势》，黎翔凤撰，梁运华整理：《管子校注》卷1，中华书局2004年版，第42页。

天道，事物就会自然而然按其规律发展；反之，违背了天道自然的规律，事物虽暂时成功也不能保持。

关于无为思想，《管子》把无为作为道的属性，《心术上》指出："无为之谓道。"[1] 并称："故必知不言无为之事，然后知道之纪。"[2] 把懂得了不言、无为，作为掌握道的要领。可见其道与无为相联系。但另一方面，《管子》又提倡有所作为。《牧民》篇说："不为不可成，不求不可得。"[3] 即不要做不能成功的事，不追求得不到的东西。反过来讲，就是要能做成的事，就要去为；只要能得到的东西，就要去求。这正是有所作为的意思。《牧民》篇对此加以解释："不为不可成者，量民力也；不求不可得者，不强民以其所恶也。"[4] 主张量民力而为，而不是不为。这与消极无为存在着区别。《管子》主张的无为是上无为，而下有为；形式上不言，而达成实际的功效。"上无事则民自试，抱蜀不言而庙堂既修。"[5] 也就是说，君主不亲自过问，民众就会自己去做事；手持祭器不说话，朝廷的政事也会处理得很好。这实际上是君无为，而臣有为，无为的效果是"民自试"和"庙堂既修"，而不是脱离政治治理的完全拱手无为。这与道家，尤其是庄子的无为思想有所区别。

二、道与气

与庄子哲学相似，《管子》哲学既讲道，又讲气。《管子》哲学的精气说是对中国哲学气论的理论贡献。但与庄子哲学把气从属于道不同，《管子》哲学的道与气是相互沟通、等同的范畴。

---

[1] 《管子·心术上》，黎翔凤撰，梁运华整理：《管子校注》卷13，中华书局2004年版，第770页。

[2] 《管子·心术上》，黎翔凤撰，梁运华整理：《管子校注》卷13，中华书局2004年版，第764页。

[3] 《管子·牧民》，黎翔凤撰，梁运华整理：《管子校注》卷1，中华书局2004年版，第14页。

[4] 《管子·牧民》，黎翔凤撰，梁运华整理：《管子校注》卷1，中华书局2004年版，第14页。

[5] 《管子·形势》，黎翔凤撰，梁运华整理：《管子校注》卷2，中华书局2004年版，第25页。

在生成万物上，《管子》既以道生万物，又以气为万物的本原、构成生命的要素。《内业》篇云："凡物之精，此则为生。下生五谷，上为列星。流于天地之间，谓之鬼神；藏于胸中，谓之圣人。"① 所谓精，"精也者，气之精者也"②。精是气中的精气。由精气构成万物，地下的五谷，天上的群星，天地间流动着的鬼神，乃至圣人，都是由精气产生。故"有气则生，无气则死，生者以其气"③。这说明，气是生成万物的本原，无气则无生。这与《管子》对道的规定相同。

此外，在对气的性质的规定上，气与道也是相同的。《内业》说："灵气在心，一来一逝，其细无内，其大无外。所以失之，以躁为害。心能执静，道将自定。"④ 这个灵气即是道，它"其细无内，其大无外"，与道在天地间"其大无外，其小无内"的无限性是一致的。这表明，道即气，气即道。道、气不仅在无限大，又无限小的性质规定上是一致的，而且二者同具流动的属性。气的流动性表现在："一来一逝"、"流于天地之间"；道的流动性表现在"运乎诸生"、"天之道，虚其无形。虚则不屈，无形则无所位，无所位，故遍流万物而不变。"⑤ 道、气的流动性表明，道、气既生成万物，又存在于万物之中，与万物融为一体不相脱离。

《管子》道、气一体的思想是把产生万物的观念性的形上之道与构成万物的细微物质之气相结合，把超越万物之上的本体落实还原为具体事物的样式的一种尝试，其理论意义是通过把精气说引进道论，使中国哲学道范畴的理论发展与另一个重要范畴气沟通，开后世以气论道思想的先河。

---

① 《管子·内业》，黎翔凤撰，梁运华整理：《管子校注》卷16，中华书局2004年版，第931页。

② 《管子·内业》，黎翔凤撰，梁运华整理：《管子校注》卷16，中华书局2004年版，第937页。

③ 《管子·枢言》，黎翔凤撰，梁运华整理：《管子校注》卷4，中华书局2004年版，第241页。

④ 《管子·内业》，黎翔凤撰，梁运华整理：《管子校注》卷16，中华书局2004年版，第950页。

⑤ 《管子·心术上》，黎翔凤撰，梁运华整理：《管子校注》卷13，中华书局2004年版，第770页。

三、道通仁义礼法

在先秦诸子中，道家倡道、德而反对仁、义、礼、法。老子说："失道而后德，失德而后仁，失仁而后义，失义而后礼。"① 又说："法令滋彰，盗贼多有。"② 认为仁、义、礼、法是在道、德衰退之后产生的病态社会的症状，要求去其仁义礼法，回归到"至德之世"和大道盛行的社会中去。法家推崇法治，"一断于法"，反对礼治和仁义，发展出一套专制主义的政治思想体系。韩非说："君通于不仁，臣通于不忠，则可以王矣。"③ 倡法与仁义的尖锐对立，认为实行法治则不能讲仁义。儒家崇尚仁义和礼治，轻视法治，忽视自然之道。孔子说："道之以政，齐之以刑，民免而无耻；道之以德，齐之以礼，有耻且格。"④ 认为以法刑禁令治国，人们只苟免于刑罚，而无羞耻之心，不能从内心深处消除为非的念头；而以道礼治国，则民耻于不善，正其非心，从而在内心深处消除犯罪的动机。这样使国家得到治理。道、法、儒三家的思想各不相同，从而形成对立。

《管子》所代表的学派则不同，它对三家的思想都有所吸取，或者说它的思想包含了各家。《牧民》篇提出礼义廉耻，国之四维的思想，这就包含了儒家的仁义和礼的思想。"何谓四维？一曰礼，二曰义，三曰廉，四曰耻。"⑤ 指出"四维张则君令行"⑥，"四维不张，国乃灭亡"⑦。把礼义廉

① （魏）王弼注，楼宇烈校释：《老子道德经注校释》第38章，中华书局2008年版，第93页。

② （魏）王弼注，楼宇烈校释：《老子道德经注校释》第57章，中华书局2008年版，第150页。

③ 《韩非子·五蠹》，（清）王先慎撰，钟哲点校：《外储说右下》，《韩非子集解》卷14，中华书局1998年版，第330页。

④ 《论语·为政》，（宋）朱熹：《四书章句集注》，中华书局1983年版，第54页。

⑤ 《管子·牧民》，黎翔凤撰，梁运华整理：《管子校注》卷1，中华书局2004年版，第11页。

⑥ 《管子·牧民》，黎翔凤撰，梁运华整理：《管子校注》卷1，中华书局2004年版，第2页。

⑦ 《管子·牧民》，黎翔凤撰，梁运华整理：《管子校注》卷1，中华书局2004年版，第3页。

耻提高到治理国家的基本原则的高度，可见对其的重视程度。《幼官》主张把道与仁、义、德、信、礼、乐相结合，体现了沟通儒、道的思想特征。"通之以道，畜之以惠，亲之以仁，养之以义，报之以德，结之以信，接之以礼，和之以乐。"① 既有倾向于道家的道、德，又有倾向于儒家的仁、义、礼、乐等，把儒、道两家结合起来。

《管子》代表的管仲学派又称齐法家，不可能不讲刑罚和庆赏。《牧民》篇指出："明必死之路者，严刑罚也；开必得之门者，信庆赏也。"② 但又主张刑罚和杀戮要适度，否则将危及君王的地位。"故刑罚繁而意不恐，则令不行矣；杀戮众而心不服，则上位危矣。"③ 这与法家极端的法治主义有所不同。

在沟通道、儒、法三家思想的基础上，《管子》提出道通仁义礼法的思想，反映了其融合各家的思想倾向。《心术上》篇称："虚无无形谓之道，化育万物谓之德，君臣父子人间之事谓之义，登降揖让、贵贱有等、亲疏之体谓之礼，简物、小未一道，杀僇禁诛谓之法。"④ 既讲虚无无形之道，又讲君臣父子之义、贵贱亲疏之礼，以及刑政禁诛之法，融合道、儒、法，沟通道、德、义、礼、法于一体。既不是纯粹的道家，因其讲仁义礼法；又不是单纯的儒家，因其讲道、德和法治；亦不是完全的法家，因法家不别亲疏，不殊贵贱，一断于法。这里则讲亲疏有间、贵贱有别的礼，故《管子》代表的学派不是完全的法家，而是在哲学上以道为本，道、德、仁义、礼、法一以贯之的综合家，这体现了《管子》道论的特点。

综上所述，《管子》的道论以道通仁义礼法为特点，消除道家的道、德、儒家的仁义礼、法家的法之间的对立，融贯诸家，又有所创新。在宇宙观方面，既以道生成万物，又强调道在天地间"其大无外，其小无内"的无限性。在无为观方面，既以无为作为道的属性，又主张一定程

① 《管子·幼官》，黎翔凤撰，梁运华整理：《管子校注》卷3，中华书局2004年版，第139页。
② 《管子·牧民》，黎翔凤撰，梁运华整理：《管子校注》卷1，中华书局2004年版，第14页。
③ 《管子·牧民》，黎翔凤撰，梁运华整理：《管子校注》卷1，中华书局2004年版，第13页。
④ 《管子·心术上》，黎翔凤撰，梁运华整理：《管子校注》，中华书局2004年版，第759页。

度的有为，无为的目的是达到有为的效果，这有别于庄子的消极无为思想。在道与气的关系上，把二者相互沟通，具有内在的一致性。其精气说与道论的结合，把超越的宇宙本体与构成万物的细微物质相联系贯通，从而丰富了中国哲学道范畴的内涵，为以后道气关系理论的发展，提供了借鉴。

第四节 法家因道而任法的思想

先秦法家的道论，以道为根据，因道而任法，推行法治，倡法与仁义的对立，反对儒家圣人之道，以此与儒家道论及后世宣扬的儒学道统论相对立，并与道家反对法治，认为"法令滋彰，盗贼多有"①的思想明显不同，体现出作为中国文化重要一派的法家道论的鲜明特点。其道与法的结合，"以道为常，以法为本"的思想，既是对道家道论的吸取和改造，又是对儒家以礼为常，以人为本思想的否定。自汉以后，法家的法治思想一定程度地被儒家所吸取，提倡德法并用；但其过分强调法治，否定仁义道德的社会作用，批判儒家圣人之道的思想则被后世儒家所抛弃。法家道论经汉以后儒家思想的改造，以某种"儒表法里"的形式被承传下来，对中国文化的发展产生了潜在的影响。

先秦法家是以法治思想为核心的重要学术流派。法家强调治理国家"不别亲疏，不殊贵贱，一断于法"②，其思想先驱可追溯到春秋时的管仲、子产，而实际创始人当推战国初期的李悝。除此之外，另有吴起、慎到、商鞅、申不害等法家人物。战国末期的韩非是法家思想的集大成者，提出了完整的法治理论和道法结合的哲学体系。法家以法论道，使中国哲学道范畴的历史发展获得了新的含义。其因道而任法思想的形成和发展经历了一个过程，由前期法家到韩非，逐渐走向成熟并产生重要影响。

---

① （魏）王弼注，楼宇烈校释：《老子道德经注校释》第57章，中华书局2008年版，第150页。

② （汉）司马迁：《太史公自序》，《史记》卷130，中华书局1959年版，第3291页。

一、前期法家“以道变法”的思想

前期法家以慎到（约前 395—约前 315 年）、商鞅（约前 390—前 338 年）、申不害（约前 385—前 337 年）等为代表。其中慎到是赵国人，曾在齐国的稷下讲学，把道家的思想向法家转化，是法家中较早把道、法结合起来的人物。慎到重势、尚法，但认为法不可不变，“守法而不变则衰”。慎到的著作大部分散失，传世的仅有《慎子》残本 7 篇，及诸书引用的佚文。商鞅，卫国人，曾以尸佼为师，后入秦，先后两次实行变法，奠定了秦国富强的基础。后遭车裂而死。商鞅重法，反对儒书和儒术，韩非主张的“明主之国，无书简之文，以法为教；无先王之语，以吏为师”①，便是对商鞅思想的继承。现存的《商君书》是商鞅的遗著及其后学遗著的合编。申不害，郑国人，后任韩昭侯相十几年，使韩国通过实行法治，“国治兵强”。申不害重术，主张因任而授官，循名以责实，操生杀之柄，尊君卑臣。著有《申子》一书，已失传，有辑本。另有散见于各书的片段文字。

前期法家既重法，又重道，强调遵循天道，顺人之情以治国。慎到指出：“天道，因则大，化则细。因之者，因人之情也。”②认为因循天道就是顺人之情，根据人情的好恶，来实行赏罚，把法治建立在人情和遵循客观规律的基础上。申不害指出：“天道无私，是以恒正；天道常存，是以清明。”③认为天的运行规律不以人的意志为转移，是客观存在，永恒地起作用。

商鞅强调法治，把道与势、术联系起来。他说：“凡知道者，势、数也。故先王不恃其强，而恃其势；不恃其信，而恃其数。”④所谓势，指国

① 《韩非子·五蠹》，（清）王先慎撰，钟哲点校：《韩非子集解》卷 19，中华书局 1998 年版，第 452 页。

② 《慎子·因循》，许富宏撰：《慎子集校集注》，中华书局 2013 年版，第 24 页。

③ （清）严可均校辑：《申子》，《全上古三代秦汉三国六朝文》，中华书局 1958 年版，第 835 页。

④ 高亨注译：《禁使》，《商君书注释》，中华书局 1974 年版，第 173 页。

君的权势，也指国君所凭借的客观形势和地位；所谓数，这里的数指术，《广雅·释言》称："数，术也。"① 术即指君王统治的手段和策略，以及驾驭群臣的方法。势和术都是法家推行法治的政治主张，商鞅将其与道相联系，认为掌握了势、术，就是懂得了道。道、势、术相结合，成为治国的基本原则。由此出发，商鞅一再反对以仁义礼乐治国，认为以此治国，必然国势不振而民贫；去掉它，则国强民富。他说："《诗》、《书》、礼、乐、善、修、仁、廉、辩、慧，国有十者，上无使守战。国以十者治，敌至必削；不至必贫。国去此十者，敌不敢至；虽至必却；兴兵而伐，必取；按兵不伐，必富。"② 这与儒家以仁义之道治国的德治、仁政主张大异。由此，商鞅重农重战，以农战政策和"壹刑"作为治国之大道，以此与"巧言虚道"相对立。

慎到则以道包罗天地，万物在大道面前，一律平等而无分辨。《庄子·天下》篇引慎到等的话说："天能覆之而不能载之，地能载之而不能覆之，大道能包之而不能辩之。……道则无遗者矣。"③ 认为天、地各有其局限，只有大道无所不包，而不去分辨万物，所以道无遗物，把万物都包容在内。由此，《天下》篇把慎到之道术概括为"公而不党，易而无私，决然无主"④，"齐万物以为首"⑤ 等。即慎子之道具有公而无私、自然无所支配、齐万物一律平等的属性。与此相关，慎子之法也打上立公弃私的烙印。《慎子·威德》说："法制礼籍，所以立公义也。凡立公所以弃私也。"⑥ 由于道具有公而无私的性质，法因于道，因道而任法，所以法与道沟通，道、法在公而弃私方面，具有内在的一致性。

前期法家既强调道的重要性，又重视变法，认为"世事变而行道异也"⑦，世道发生了变迁，所行之道也要随之而变。所以强调，既要守法，

---

① （清）王念孙撰：《释言》，《广雅疏证》卷5，中华书局2004年版，第163页。

② 《商君书·农战》，高亨注译：《商君书注释》，中华书局1974年版，第35—36页。

③ 《庄子·天下》，（清）郭庆藩撰，王孝鱼点校：《庄子集释》，中华书局2004年版，第1086页。

④ 《庄子·天下》，（清）郭庆藩撰，王孝鱼点校：《庄子集释》，中华书局2004年版，第1086页。

⑤ 《庄子·天下》，（清）郭庆藩撰，王孝鱼点校：《庄子集释》，中华书局2004年版，第1086页。

⑥ 《慎子·威德》，许富宏撰：《慎子集校集注》，中华书局2013年版，第18页。

⑦ 《商君书·开塞》，高亨注译：《商君书注释》，中华书局1974年版，第74页。

以法治天下，又要变法，不可执一不通。而变法的根据在于道。慎到指出："治国无其法则乱，守法而不变则衰。有法而行私谓之不法。以力役法者，百姓也；以死守法者，有司也；以道变法者，君长也。"①认为守法的职责在有司，而君长的责任是"以道变法"，不仅要变法，而且要在道的指导下进行。这种"以道变法"的思想，成为韩非"以道为常，以法为本"思想的基础。

二、韩非"以道为常，以法为本"的思想

韩非（约前280—前233年），韩国人。战国末期法家学说的集大成者。出身于贵族世家，与李斯同学于荀子门下。口纳，不善言谈，善于著书。曾多次上书韩王，主张变法图强，未被用。其著作传到秦国，受到秦王政的赞赏。后为韩王出使秦国，劝秦始皇先伐赵缓伐韩。为秦臣李斯、姚贾陷害，被迫服毒自杀。韩非继承前期法家思想，又吸取各家学说，提出以法为中心，法、术、势三者密切结合的理论。强调统治者"不务德而务法"②，"赏厚而信，刑重而必"③。主张"以法为教"，"以吏为师"④，"法不阿贵"，"刑过不避大臣"⑤。奖励耕战，谋求国富民强。韩非以荀子的性恶论作为推行法治的理论根据，认为人情是趋利避害的，所以要用赏罚、法令来控制人民。其政治主张被秦始皇和李斯所采用，对秦以后的中国政治文化产生了深刻影响。

韩非的道论是其哲学思想的核心，他吸取并改造了老子道家的道论，把道与法紧密结合，既以道为万物之所以然的根据，又在道本体的基础上

---

① 《慎子·逸文》，许富宏撰：《慎子集校集注》，中华书局2013年版，第78页。
② 《韩非子·显学》，（清）王先慎撰，钟哲点校：《韩非子集解》卷19，中华书局1998年版，第461页。
③ 《韩非子·定法》，（清）王先慎撰，钟哲点校：《韩非子集解》卷17，中华书局1998年版，第398页。
④ 《韩非子·五蠹》，（清）王先慎撰，钟哲点校：《韩非子集解》卷19，中华书局1998年版，第452页。
⑤ 《韩非子·有度》，（清）王先慎撰，钟哲点校：《韩非子集解》卷2，中华书局1998年版，第38页。

推衍出法，法亦获得某种本体的意义，因道而任法。提出"以道为常，以法为本"的思想，"因道全法"，"道法万全"，以此反对传统的"以礼为常，以人为本"的观念，倡道与礼、法治与人治的对立。韩非对仁义之道的批评，对尧、舜、禹、汤等儒家圣人及圣人之道的批判，显示了法家道论与儒家道论及儒家传道系统的对立，表现出在中国哲学道范畴发展史上儒法两家的分野。

（一）"道者，万物之所然"

以道为万物之所以然的根据、万物产生的本原、万物的普遍规律，这是韩非道论的基本含义。

关于道是万物之所以然的根据，韩非指出："道者，万物之所然也，万理之所稽也。理者，成物之文也；道者，万物之所以成也。"① 所谓万物之所然，即万物形成那个样子的根据、原因。韩非认为，这个根据就是道，道是万物所以构成它的存在的原因和根据，由于有了道，万物得以成为它那个样子；离开了道，万物将不成其为它自身。他说："天得之以高，地得之以藏，维斗得之以成其威，日月得之以恒其光，五常得之以常其位，列星得之以端其行，四时得之以御其变气，轩辕得之以擅四方，赤松得之与天地统，圣人得之以成文章。"② 无论是自然界的天地、星辰、日月、四季、构成万物的金木水火土五行，还是人间的圣人，都以道为其存在的根据，离道则无物。道也贯穿于事物中，"道者，下周于事，因稽而命，与时生死。参名异事，通一同情。故曰：道不同于万物。"③ 指出道普遍存在于一切事物之中，与时生死，尽管万事万物各不相同，但道则是万物统一性的基础，是万物的共同本质。就道是万物存在的根据而言，道与具体万物不同，道超越万物之上，"道无双，故曰一"④；但道又存在于万

① 《韩非子·解老》，（清）王先慎撰，钟哲点校：《韩非子集解》卷6，中华书局1998年版，第146—147页。

② 《韩非子·解老》，（清）王先慎撰，钟哲点校：《韩非子集解》卷6，中华书局1998年版，第147页。

③ 《韩非子·扬权》，（清）王先慎撰，钟哲点校：《韩非子集解》卷2，中华书局1998年版，第46页。

④ 《韩非子·扬权》，（清）王先慎撰，钟哲点校：《韩非子集解》卷2，中华书局1998年版，第46页。

物之中，万物体现着道的原则。

韩非把道是万物存在的根据这一理论运用于君臣关系，得出君权至上论这个结论。他说："是故明君贵独道之容。君臣不同道，下以名祷，君操其名，臣效其形。"① 认为君主尊崇道的独一无二、至高无上的特性，其本身就是道的体现，因而具有绝对的权威。可见，韩非道是万物存在的根据的道论，是直接为论证君权至上论服务的。

关于道是万物产生的本原，韩非说："道者，万物之始，是非之纪也。是以明君守始以知万物之源。"② 认为道既是万物之所存在、之所是这样的根据，又作为万物的本原，而派生万物。因"万物之始"、"万物之源"明显表明道先于万物而存在，并产生万物。韩非把这种产生万物的道规定为无形的宇宙本原，然而有形的万物则依据道而生成变化。他说："夫道者，弘大而无形；德者，核理而普至。至于群生，斟酌用之，万物皆盛，而不与其宁。"③ 指出道无形而广大，德是道的体现，所以德包含着普遍的理。尽管万物吸取道而生成，即道生群生万物，但道却不是有意这样做，道是客观自然的，所以韩非要求"守自然之道"④。但也主张在顺其自然的前提下，推行法令，有所作为。

关于道是万物的普遍规律，韩非说："万物各异理，而道尽稽万物之理。"⑤ 认为道汇合了万物之理，是一切具体事物规律的总括，因而道是万物最一般的普遍规律，即万物的总规律。这里韩非提出了道与理的相互关系问题。所谓理，理在韩非的哲学体系里，指万物的特殊规律。万物各不相同，其事物的属性和具体规律也不相同，所以"万物各异理"。但道则超越了具体事物的理，它是万理的根据，是使万物条理化的原因。韩非哲学以道为最高范畴，道是万物产生的本原，亦是万物运动变化的总规

① 《韩非子·扬权》，（清）王先慎撰，钟哲点校：《韩非子集解》卷2，中华书局1998年版，第46—47页。
② 《韩非子·主道》，（清）王先慎撰，钟哲点校：《韩非子集解》卷1，中华书局1998年版，第26页。
③ 《韩非子·扬权》，（清）王先慎撰，钟哲点校：《韩非子集解》卷2，中华书局1998年版，第46页。
④ 《韩非子·功名》，（清）王先慎撰，钟哲点校：《韩非子集解》卷8，中华书局1998年版，第208页。
⑤ 《韩非子·解老》，（清）王先慎撰，钟哲点校：《韩非子集解》卷6，中华书局1998年版，第146—147页。

律。道作为万物运动变化的普遍规律，存在于事物之中，随具体事物的变化而变化，"故不得不化；不得不化，故无常操。无常操，是以死生气禀焉，万智斟酌焉，万事废兴焉。"① 由于道是万物之理的抽象，所以它没有固定不变的规则，而是无形无状，内在于事物之中，与具体事物的规律相适应。由此，万事万物的生死、变化、兴废，都不能脱离其总规律道的制约。如果违背了道而妄动，便不可避免地走向衰败。

（二）"以道为常，以法为本"

从以上韩非对道的含义的论述可以看出，作为法家代表人物的韩非，对道家的道论有不少吸取和借鉴。但韩非在吸取借鉴道家思想的同时，又作了改造，使之具有了自己的特点。韩非道论与道家道论最大的不同，是他把道与法相结合，提出"以道为常，以法为本"的思想，强调"因道全法"，"道法万全"，充分肯定法的社会作用和功能。这既与道家反对法治，"法令滋彰，盗贼多有"② 的思想划清了界限，又与儒家以礼为常，提倡仁政和德治的人治观念形成鲜明的对照。

所谓法，指法律、法令。韩非指出："法者，宪令著于官府，刑罚必于民心，赏存乎慎法，而罚加乎奸令者也。"③ 也就是说，法是指由官府明确制定法令，颁布施行，使其在民众的思想里扎根，并通过赏罚来保证法的实施。

在道与法的关系问题上，韩非提出"以道为常，以法为本"④ 的思想，认为"本治者名尊，本乱者名绝"。把道作为永恒的根据，把法作为立国的根本，二者紧密相联系，因道而立法。法制严明则君尊，反之，君的名位就不能保持。韩非所谓"以道为常"的常，不仅指一般的常规，而且指永恒的根据。他说："夫物之一存一亡，乍死乍生，初盛而后衰者，不

---

① 《韩非子·解老》，（清）王先慎撰，钟哲点校：《韩非子集解》卷6，中华书局1998年版，第146—147页。

② （魏）王弼注，楼宇烈校释：《老子道德经注校释》第57章，中华书局2008年版，第150页。

③ 《韩非子·定法》，（清）王先慎撰，钟哲点校：《韩非子集解》卷17，中华书局1998年版，第397页。

④ 《韩非子·饰邪》，（清）王先慎撰，钟哲点校：《韩非子集解》卷5，中华书局1998年版，第126页。

可谓常。唯夫与天地之剖判也具生，至天地之消散也不死不衰者谓常。"①
认为道是永恒的存在，它与天地开辟时具生，天地消散后仍然存在，而
不同于有存亡、生死、盛衰的具体事物。也就是说，具体事物不是常，
道才是常。"以道为常"，即是以永恒的道作为万事万物存在的根据。所
谓"以法为本"，即是以法律、法令作为治国的根本。这体现了法家的
特色。

　　韩非把永恒的宇宙本体之道与治国之法相提并论，也就在一定程度
上使法获得了本体的意义，尤其在社会领域，法成为政治、学术、教育的
唯一准则。道即法，法即道，道法是万全的，而智能则不足为用，即"道
法万全，智能多失"②。这就既使法家之法有了本体论的哲学依据，提高了
法的价值和绝对权威，又使道本体贯彻到社会生活领域，"因道全法"③，
法以道为根据，依据道的原则来全面把握法度，并加以贯彻。

　　韩非站在法家的立场，以法论道，对老子道论加以吸取、改造和新
的诠释，提出"以道为常，以法为本"的思想。这为中国哲学道范畴的理
论发展注入了新的内涵，并具有突破传统儒家的以礼为常，以德为本的仁
道观念的意义。韩非之所以既借鉴道家，又改造道家的道论，是因为道家
提出的道本论哲学，以道为最高范畴，道可借用来抗衡儒家之礼和仁义之
道。因而在以道为其哲学的最高范畴、道是宇宙的本原、道是万物存在的
根据方面，道家和韩非法家是一致的。但双方又存在着不同，其差异表现
在：法家以法论道，积极入世；道家则以无论道，倡无为思想，消极避世，
这与法家的有为政治形成对比。法家除了与道家有着既吸取又改造其道论
的关系外，与儒家学说也有着相同相异之处。其与儒家的相同处表现在：
两家都积极入世，倡有为政治，这有别于道家的无为、退隐；此外，两家
在维护君君、臣臣，君尊臣卑的君主制方面，也有着相似处，只不过法家
倡绝对君权，主张强化君主专制，儒家则主张对君权加以一定程度的限

---

　　① 《韩非子·解老》，（清）王先慎撰，钟哲点校：《韩非子集解》卷6，中华书局
1998年版，第148页。
　　② 《韩非子·饰邪》，（清）王先慎撰，钟哲点校：《韩非子集解》卷5，中华书局
1998年版，第126页。
　　③ 《韩非子·大体》，（清）王先慎撰，钟哲点校：《韩非子集解》卷8，中华书局
1998年版，第210页。

制。法家与儒家学说的相异处主要表现在道与礼、法与德，以及法治与人治的对立上。正因为两家学术存在着这些区别和对立，才有韩非法家对儒家圣人之道的批评。

（三）对儒家圣人之道的批评

先秦时，儒家道统得以发端，孔孟儒家主张法先王，"祖述尧舜，宪章文武"，"言必称尧舜"，以尧、舜、禹、汤、文、武、周公作为圣人之道的传人。荀子总的思想倾向属于儒家，他既主张法先王，又主张法后王。他所谓的先王是指伏羲、尧、舜、禹、汤等古代圣王；其后王是指文王、武王、周公等近于荀子之世的圣王。荀子还将文、武之道与伏羲联系起来，认为"文、武之道同伏戏。由之者治，不由者乱何疑为？"① 由此可见，荀子并不反对法先王。

韩非从法家道论的立场出发，对孔、孟、荀乃至《易传》提出的儒家圣人之道提出了批评。这表明在儒家道统思想发端之初，就有与之对应的思想理论出现。通过考察韩非思想与儒家圣人之道的关系，可以看到中国文化丰富多样性的一个侧面。

与儒家主张的复三代、赞美古代社会的文明与文化的思路不同，韩非"不期修古"，否定一切先王，而主张厚今薄古，由此对儒家圣人之道提出了批评。他说："今有美尧、舜、汤、武、禹之道于当今之世者，必为新圣笑矣。是以圣人不期修古，不法常可，论世之事，因为之备。"② 认为历史是前进的，当今之世已与尧、舜、禹、汤、文、武的时代不同，因此不应效法古代圣人。韩非对儒家圣人之道的批评，主要通过批法先王、批仁义之道和批礼表现出来。

关于批法先王，韩非以他认识论的"参验"说为标准，指出尧舜之道乃三千年以前的事，无法用事实来验证，既然如此，那么公开宣称效法先王，武断地肯定尧舜之道者，不是愚昧，就是欺骗。他说："今乃欲审尧、舜之道于三千岁之前，意者其不可必乎！无参验而必之者，愚也；弗

---

① 《荀子·成相》，（清）王先谦撰，沈啸寰、王星贤点校：《荀子集解》卷18，中华书局1988年版，第460页。

② 《韩非子·五蠹》，（清）王先慎撰，钟哲点校：《韩非子集解》卷19，中华书局1998年版，第452页。

能必而据之者，诬也。故明据先王，必定尧、舜者，非愚则诬也。"①认为法先王所依据的尧舜之道，根本无法验证，因此这是一种"愚诬之学"，明主是不会接受的。

韩非对法先王的批评还表现在：他从反面指出儒家先王的行为不符合"忠孝"的原则，因而他们是不足效法的。他批评说，尧为君主，却把他的臣子舜奉为君主；舜为臣子，却把他的君主尧当作臣子。而商汤王、周武王作为人臣，却杀害其君主桀、纣，等等。这些先王的作为皆不符合忠、孝。如果"以尧舜之道为是而法之，是以有弑君，有曲于父"②。指出正是由于人们去效法先王，尊崇尧舜之道，所以才发生了臣弑君，不孝父亲的事情。这是韩非对"法先王"的否定。

关于批儒家的仁义之道，韩非指出："是故乱国之俗：其学者，则称先王之道以籍仁义，盛容服而饰辩说，以疑当世之法，而贰人主之心。"③把儒学学者宣扬先王仁义之道的做法，视为扰乱了国家的风气和习俗，并动摇了当代君主推行法治的决心。韩非继承商鞅"仁义之不足以治天下"④的思想，指出："言先王之仁义，无益于治。"⑤否定仁义的价值，而强调任法，从而把仁义与法对立起来。《说疑》篇称："有道之主，远仁义，去智能，服之以法。"⑥其道与法相通，而否定仁义和智能，认为离开了仁义，便是有道的表现。可见道与仁义不并存。这是对道家思想的借鉴。进而，韩非提倡以法为道，批评以仁义为道。《六反》篇云："法之为道，前苦而长利；仁之为道，偷乐而后穷。"⑦由此可见，儒法两家都讲道，只是

---

① 《韩非子·显学》，（清）王先慎撰，钟哲点校：《韩非子集解》卷19，中华书局1998年版，第457页。

② 《韩非子·忠孝》，（清）王先慎撰，钟哲点校：《韩非子集解》卷20，中华书局1998年版，第465页。

③ 《韩非子·五蠹》，（清）王先慎撰，钟哲点校：《韩非子集解》卷19，中华书局1998年版，第456页。

④ 《商君书·画策》，高亨注译：《商君书注释》，中华书局1974年版，第144页。

⑤ 《韩非子·显学》，（清）王先慎撰，钟哲点校：《韩非子集解》卷19，中华书局1998年版，第457页。

⑥ 《韩非子·说疑》，（清）王先慎撰，钟哲点校：《韩非子集解》卷17，中华书局1998年版，第400页。

⑦ 《韩非子·六反》，（清）王先慎撰，钟哲点校：《韩非子集解》卷18，中华书局1998年版，第419页。

道的内涵不同。韩非之所以批评儒家圣人之道，就在于儒家的道讲的是仁义，而不是法。韩非批评仁义之道的目的是为了以法治天下，他一再指出："仁义用于古不用于今"①，"仁之不可以为治"②，讽刺儒家欲以先王之仁义，治当今之世，无异于守株待兔。这都是为了贯彻其法治思想，同时也体现了儒法两家道论的本质区别。

关于批礼，在对待礼的问题上，韩非继承道家排斥礼的思想，以道为根本，认为礼是失道后才产生的，已与道有一段距离。礼节繁琐是内心感情衰竭的产物，为了沟通人们的淳朴之心，所以才有礼的实行，即"礼繁者，实心衰也。然则为礼者，事通人之朴心者也。"③但韩非认为，礼的推行给人们提供了互相责难的依据，由此而发生争执，最终产生乱源。他说："今为礼者事通人之朴心，而资之以相责之分，能毋争乎？有争则乱，故曰：'夫礼者，忠信之薄也，而乱之首乎。'"④道家对礼的批判，为韩非所引用，表明道、法两家均对儒家提倡的礼治持批评态度。这与孔子推崇周礼，认同于周公之道的思想形成对照，亦是法家对儒家圣人之道展开批评的一个方面。

如上所述，前期法家提出"以道变法"的思想，韩非提出"以道为常，以法为本"的思想，表明先秦法家的道论是以道、法结合，以法为道为特点。这对中国哲学道范畴的理论发展产生影响，并成为先秦道论的重要组成部分。

从以上关于道的产生及含义、道家道论包括老子"道法自然"的思想和庄子"自本自根"之道、《管子》道通仁义礼法的思想，以及法家因道而任法思想的论述，可以看出，中华道统之道经历了一个产生、发展、内涵日益丰富、形成各家有代表性的道论的演进过程。在这个过程中，《左传》、《国语》提出天道与人道相分的思想，使后世道统之道大多沿着

---

① 《韩非子·五蠹》，（清）王先慎撰，钟哲点校：《韩非子集解》卷19，中华书局1998年版，第445页。

② 《韩非子·五蠹》，（清）王先慎撰，钟哲点校：《韩非子集解》卷19，中华书局1998年版，第446页。

③ 《韩非子·解老》，（清）王先慎撰，钟哲点校：《韩非子集解》卷6，中华书局1998年版，第134页。

④ 《韩非子·解老》，（清）王先慎撰，钟哲点校：《韩非子集解》卷6，中华书局1998年版，第134页。

这一模式发展，同时增加了新的时代内容。其后，道家老子以自然论道，把道抽象提升为宇宙本体，否定仁义礼法，这一思想为庄子所继承发展；法家则以法论道，把道法结合，以支配自然界和社会人事。道法两家的道论均与儒家的仁义礼之道形成对照，并对其提出批评，反映了中国文化的三大家儒、道、法各自不同的思想特色。儒家的道统思想正是在这一思想背景下得以发端的。儒家的仁义之道、道家的自然之道、法家的任法之道，各自为先秦道论的丰富发展，作出了自己的贡献。尤其是儒家的仁义之道与道家的自然之道形成对应的两端，分别代表了不同的价值取向。到后来，两家又相互影响、相互吸取，逐步合流，成为广义的中华道统思想的重要构成。至宋代，在儒道融合过程中，吸取了道家自然和宇宙本体之道的儒学道统论，逐步占据了中华道统思想发展的主导地位。而以道通仁义礼法为特色，融合道、儒、法各家思想的《管子》道论，则为中国多元复合体综合型文化及其道论走向融通、合流，开辟了道路。

第三章　儒家道统思想的发端

　　吸取了道家"道法自然"等诸家思想因素的儒家道统思想，是中华道统思想的主要构成，亦是中华道统思想发展演变的主要趋势和主要内容。虽然儒家道统论的正式明确提出和确立是在唐代的韩愈和宋代的二程、朱熹，但毋庸置疑，其道统思想的内涵则发端于孔孟等儒家的创始人及儒学的代表人物，并在《易传》、《大学》、《中庸》等儒家经典和荀子、董仲舒的思想里得到继承和发展，这为儒家道统思想乃至中华道统思想奠定了基础。以后的道统论就是在这个基础上提出、确立和发展起来的。

　　我们说，道统的正式提出和确立是在唐宋，而道统所包含的思想成分和内容在先秦儒学思想体系里已有，这主要是指先秦儒学道论的仁义、礼、中庸、阴阳、诚等思想，以及与道相联系的有关范畴，如心、性、天、人等，引申出的各种命题等；并从形式上也初步提出了圣人之道传授的统绪，如孟子、荀子、董仲舒，以及《易传》、《中庸》等都提到了道的传授问题。以上儒家道统思想的发端为后世道统思想的提出和确立，提供了不可或缺的思想资料，舍此则无法阐述和理解中华道统思想产生与发展的完整历史过程及思想内涵。

　　儒家道统思想的发端主要体现在，儒家创始人孔子提出了仁礼之道，孟子加以发扬，提出仁义之道。以仁、义、礼作为道的内涵，这不仅体现了儒家思想的特点，而且对中华道统思想影响极大，乃至成为中华道统思想的主要理论基石。其后，《易传》以阴阳论道，提出"一阴一阳之谓道"的思想；荀子提出"天有常道"的思想，并隆礼重法；《大学》提出治学的次第，并以修身之道为本；《中庸》提出中庸之道，以诚为天道，并倡"率性之谓道"，"修身以道，修道以仁"，从各个不同的方面继承和发展了孔孟的道论。汉代董仲舒提出"道之大原出于天"的思想，以具有人格的仁义之天为最高范畴，以道为天的本质属性，倡"法天而立道"，并提出"罢黜百家，独尊儒术"，为儒家仁义之道的流传和发展，提供了不可缺少的时空环境。

从社会根源和认识论根源看，儒家道统思想发端，并在吸取各家道论的基础上，发展成为中华道统思想的主流，具有历史的必然性。儒家借鉴文王、周公的仁政和周礼，提出仁礼之道和仁义之道，最大程度地适应了中国古代以家族为本位，以血缘关系为纽带而形成的父系家长制的宗法关系及宗法等级社会制度的客观需要。虽然中国古代宗法制度代有沿革和变化，但它的基本实质，即以天子为至尊无上，各级贵族、官僚、地主对农奴和农民层层统治和管理的金字塔社会结构没有根本的变化。宗法等级、上下尊卑、血缘宗亲的社会关系渗透到社会生活的各个领域和层面，反映了中国传统社会的基本面貌。而儒家的以仁礼、仁义之道为代表的政治、伦理学说最能够反映中国传统社会的面貌，适应社会发展的实际需要，从而维护社会的稳定和社会生活的正常运转。正因为儒家道论的提出和儒家道统思想的发端，有着深刻的社会根源，所以经后世的演进发展，蔚为大观。由于道是中国哲学的核心和最普遍范畴，儒家之道一以贯之，并吸取诸家思想，与政治、伦理和教育相结合，在一定程度上左右了中国文化发展的方向。

儒家道论和儒家道统思想的发端亦是中国哲学道范畴长期发展的结果，反映了中国古代人们认识不断深化、认识水平不断提高的情形。从道的思想演进发展的过程看，最初的道，其含义为道路，后来不断丰富发展，被引申为规则、方法、规律等。在道家把道提升为宇宙本体，提出"道法自然"、"道常无为"思想的同时，儒家着重发展了道的伦理含义和属性，以道为礼，以道为仁义，并提出具有方法论意义的不偏不倚的中道思想，以及以阴阳为道，为最高范畴，"一阴一阳之谓道"，这对道的认识理论的发展影响甚大。荀子区分天道与人道，认为天道有常，不以人的意志为转移，自然界的规律是客观的，不具人格神的意义，并提出"制天命而用之"。这是对殷周以来天道有为神秘主义思想的否定，亦是对老子"道法自然"和"道常无为"思想的发展。确立了人的能动性对自然规律的掌握和运用的原则，标志着人们认识的飞跃。

以上从社会根源和认识论根源两方面看，儒家道统思想的发端和儒家道论的提出，都具有深刻的历史必然性。

认识和把握儒家道统思想的发端，须具体分析早期儒学的道论，了解其道的内涵、道与诸范畴的逻辑联系，掌握儒家道论的特点、与诸家道论的区别，以及儒学内部道论的侧重点和不同倾向，并对所论及的儒家圣人之道的传授统绪加以分析。

第一节　孔子的仁礼之道

孔子（前551—前479年），春秋末期著名思想家，儒家学派的创始人。名丘，字仲尼。鲁国陬邑（今山东曲阜东南）人。其先世为宋国贵族，其五代祖木金父因其父被杀，避祸奔鲁，遂为鲁人。孔子幼年丧父，由其母颜氏在贫贱的环境下教养成长，系统地学习和掌握了礼、乐、射、御、书、数六艺。曾任委吏、乘田等低级官吏。后创立私学，讲学授徒。相传弟子先后有三千人，精通六艺者七十余人。年五十一时，被鲁定公任为中都宰，后升为司空，又升为大司寇。后弃官离鲁，率弟子周游列国，以便有机会"行道"。终不见用，于晚年回到鲁国，"不知老之将至"，致力于文化教育，整理"六经"等古代文献，为中国文化的承先启后，作出了历史性的贡献。

孔子创立的儒学及儒学道论，在中华道统思想发展史上占有十分重要的地位。中国古代建立在"以农为本"基础上，以家族为本位，以血缘关系为纽带形成的父系家长制的宗法关系及宗法等级社会制度，对儒学及其道论的形成和发展产生了深刻的影响。从殷商到西周，维系父权家长制等级社会关系的基本原则是"礼"。所谓"礼"，指维系中国古代宗法等级秩序的社会规范和道德规范。"周因于殷礼"①，周礼是西周初，周公损益夏、殷两代之礼，形成的一套典章、制度、规则、仪节。它既具有上下等级、尊卑长幼等"尊尊"的规范，又具有肯定天然血缘骨肉亲情关系的"亲亲"原则。依据这些原则，来规范社会成员的行为，维持整个社会生

---

① 《论语·为政》，（宋）朱熹：《四书章句集注》，中华书局1983年版，第59页。

活的正常运转。

春秋战国之际，随着生产力的发展，社会的经济、政治和思想文化观念发生了重大变化。其时，诸侯国并立争雄，"争地以战，杀人盈野"①，大国称霸代替了周天子的宗主地位，出现了"礼崩乐坏"、臣弑君者有之、"礼乐征伐自诸侯出"②的局面。由于社会动荡，使得宗法关系有所动摇。在思想文化方面，士阶层异常活跃，各家各派纷纷提出自己的思想及政治主张，百家争鸣，争相用世。大开私人讲学，著书立说之风，打破了"学在官府"的贵族垄断文化的局面。儒家学说及其道论在这种时代背景下得以产生和提出。

孔子鉴于天下大乱，周礼受到冲击，子杀父、臣弑君、"僭越"之事时有发生，希望恢复以周礼为准则的社会秩序。他提出了以"仁"为核心的一整套学说，把仁与礼相结合，以仁释礼，以仁、礼为道。既相信天命，"唯天为大"；又"敬鬼神而远之"，认为天不对人直接干预。并提出"中庸之为德"的思想，以中为道，强调"允执其中"，这对后世道统论产生了深刻影响。孔子提出了独具特色的仁、礼之道；推崇和宣扬儒家圣人及其学说；整理、教授儒家经典，使其成为传道的典籍，即载道之书，由此而奠定了他在中华道统思想发展史上的重要地位。并以其仁礼之道与道家的自然之道、法家的法治之道形成鲜明的对照。

一、道的内涵

孔子对道高度重视，道在孔子的思想体系里占有重要位置。他一生以弘道为己任，指出："朝闻道，夕死可矣。"③把闻道视为超越生死之大事。并自称："志于道，据于德，依于仁，游于艺。"④在道、德、仁、艺四个方面，把心之向道置于首位。可见其对道的重视程度。具体说来，孔子之道具有如下含义：

① 《孟子·离娄上》，（宋）朱熹：《四书章句集注》，中华书局1983年版，第283页。
② 《论语·季氏》，（宋）朱熹：《四书章句集注》，中华书局1983年版，第171页。
③ 《论语·里仁》，（宋）朱熹：《四书章句集注》，中华书局1983年版，第71页。
④ 《论语·述而》，（宋）朱熹：《四书章句集注》，中华书局1983年版，第94页。

（一）道为仁之道

仁是孔子学说的核心，也是孔子之道的一个基本内涵。孟子引孔子论道的话说："孔子曰：'道二，仁与不仁而已矣。'"① 指出道有两端，仁之道与不仁之道。孔子之道则是仁之道，其仁之道的内容包括：孝悌、忠恕、爱人，以及恭、宽、信、敏、惠等。

关于孝悌，孔子说："弟子入则孝，出则弟，谨而信，泛爱众，而亲仁。"② 并指出："出则事公卿，入则事父兄。"③ 把在家孝父从兄与在外尊君事公卿联系起来。也就是说，植根于血缘基础的孝亲与维护宗法制的尊君是相互依存的。孔子曰："孝慈则忠。"④ 孝于亲，慈于众，则忠于君。孝亲与忠君的关系是同体并用，君臣如父子，对父能孝，对君就能忠，国家君臣关系是家庭父子关系的放大。由此，孔子对孝悌高度重视，其弟子有子称："君子务本，本立而道生。孝弟也者，其为仁之本与！"⑤ 认为孝悌是仁的根本，仁之本立，也就具备了道。可见道以仁、孝悌为内容。

关于忠恕，"子曰：'参乎！吾道一以贯之。'曾子曰：'唯。'子出。门人问曰：'何谓也？'曾子曰：'夫子之道，忠恕而已矣。'"⑥ 指出"一以贯之"之道，便是忠恕。所谓忠恕，指施诸己而不愿，亦勿施于人。一方面，积极为人，"仁者，己欲立而立人，己欲达而达人"⑦，这就是所说的"能近取譬，可谓仁之方也已"⑧；另一方面，推己及人，"其恕乎！己所不欲，勿施于人"。⑨ 孔子把"己所不欲，勿施于人"，称为仁的要义。忠恕亦即是仁的内涵。

关于爱人，仁道的一个重要内容是爱人。"樊迟问仁。子曰：'爱人。'"⑩ 以爱言仁，仁即是爱人，这体现了孔子仁学的博爱精神。爱的对象是人，表明孔子对人的高度重视，亦体现了孔子的人本主义，是对人的

---

① 《孟子·离娄上》，（宋）朱熹：《四书章句集注》，中华书局1983年版，第277页。
② 《论语·学而》，（宋）朱熹：《四书章句集注》，中华书局1983年版，第49页。
③ 《论语·子罕》，（宋）朱熹：《四书章句集注》，中华书局1983年版，第113页。
④ 《论语·为政》，（宋）朱熹：《四书章句集注》，中华书局1983年版，第58页。
⑤ 《论语·学而》，（宋）朱熹：《四书章句集注》，中华书局1983年版，第48页。
⑥ 《论语·里仁》，（宋）朱熹：《四书章句集注》，中华书局1983年版，第72页。
⑦ 《论语·雍也》，（宋）朱熹：《四书章句集注》，中华书局1983年版，第92页。
⑧ 《论语·雍也》，（宋）朱熹：《四书章句集注》，中华书局1983年版，第92页。
⑨ 《论语·卫灵公》，（宋）朱熹：《四书章句集注》，中华书局1983年版，第166页。
⑩ 《论语·颜渊》，（宋）朱熹：《四书章句集注》，中华书局1983年版，第139页。

发现。爱人的范围甚广，孔子说："泛爱众，而亲仁。"① 泛即广泛，众即众人。意即不仅爱自己的亲人，而是推己爱及众人，"博施济众"。这与惠民联系起来。虽然孔子的爱人有"泛爱众"的倾向，但仍与墨子的"兼爱"有所区别。墨子的兼爱是天下人兼相爱，交相利，以"爱无差等"来反对儒家的"亲亲"主张。而孔子的爱人则是从"亲亲"出发，由亲近爱敬自己的父母亲人，推而广之，到爱众人。正因为墨子的兼爱不同于孔子的仁爱，所以遭到了孔子的继承人孟子的批评："墨氏兼爱，是无父也。无父无君，是禽兽也。"② 指出墨子提倡爱无差等，视其至亲与众人无异，这就违背了人道的原则，而无异于禽兽。这里也可看出，孔孟儒家的仁者爱人，维护的是血缘宗亲的宗法社会关系，它与中国古代的社会实际相适应，故得以流传发展，影响后世。而墨子的兼爱则有违于宗法社会的原则，尽管遭到儒家的批判而不得流传，却反映了古代的平等互爱观念。孔子又把学道与爱人联系起来，指出："君子学道则爱人。"③ 认为道内在地具有爱人的倾向，学道则把这种倾向发挥出来。这说明道与爱人相互沟通，仁道即是爱人之道。

关于恭、宽、信、敏、惠，孔子认为，仁还包含了恭、宽、信、敏、惠等内涵。"子张问仁于孔子。孔子曰：'能行五者于天下，为仁矣。'请问之。曰：'恭、宽、信、敏、惠。恭则不侮，宽则得众，信则人任焉，敏则有功，惠则足以使人。'"④ 可见孔子之仁不是抽象的，它通过恭以行己，宽以待人，惠以养民，敏于行事等具体方面表现出来。这说明仁与具体事物不相离。此外，孔子之仁还表现为智、勇。他说："仁者必有勇"，"君子道者三，我无能为：仁者不忧，知者不惑，勇者不惧"。⑤ 知为智，不惑为智，不惧为勇。孔子认为，仁者必然有勇；不以仁厚为美，则不得为智，而"知者利仁"⑥，有了智慧，则可促进仁的发挥。仁、智、勇合而言之，为君子之三道，而以仁为本。

---

① 《论语·学而》，（宋）朱熹：《四书章句集注》，中华书局 1983 年版，第 49 页。
② 《孟子·滕文公下》，（宋）朱熹：《四书章句集注》，中华书局 1983 年版，第 272 页。
③ 《论语·阳货》，（宋）朱熹：《四书章句集注》，中华书局 1983 年版，第 176 页。
④ 《论语·阳货》，（宋）朱熹：《四书章句集注》，中华书局 1983 年版，第 177 页。
⑤ 《论语·宪问》，（宋）朱熹：《四书章句集注》，中华书局 1983 年版，第 156 页。
⑥ 《论语·里仁》，（宋）朱熹：《四书章句集注》，中华书局 1983 年版，第 69 页。

（二）道为礼

孔子之道，不仅以仁为基本内涵，而且礼与仁相结合，礼亦是道的重要内涵。孔子一生，以维护和恢复周礼为己任。为此，他提出仁的学说，以仁保证礼的实行。他说："克己复礼为仁。一日克己复礼，天下归仁焉。"① 孔子"克己复礼"理论的针对性，是人有己私，不尊礼法，僭越周礼，以至礼乐征伐不自天子，而自诸侯出。他说："天下有道，则礼乐征伐自天子出；天下无道，则礼乐征伐自诸侯出。"② 天子掌礼乐，视为有道之世，其道体现在礼上，道即为礼，礼即是道。

当颜渊问"克己复礼"的具体条目时，孔子回答："非礼勿视，非礼勿听，非礼勿言，非礼勿动。"③ 要求在视、听、言、动诸方面，非礼莫为。所谓非礼，指不符合礼，人有己私，故行为必不合礼。只有去掉己私，才能恢复周礼，也才能归本于仁。可见仁礼相通，融为一体。虽然仁礼相通，不可分离，但二者仍有区别。一般说，礼是规范，仁则是内在的道德；礼是道德的标准，有一种约束力，而仁则是道德的本质属性。不具备仁的品质的人，是无法贯彻礼的。孔子说："人而不仁，如礼何？人而不仁，如乐何？"④ 也就是说，礼乐待人仁而后行，如果人不具有仁的品质，那么即使有形式上的礼仪，也无法从内心深处贯彻礼的精神。这就要求把仁与礼结合起来。

孔子强调："不知礼，无以立也。"⑤ 礼是国之所以昌、人之所以立的根本。不知礼，则国家政事失去依据，个人行为失去准则，而手足无所措。可见礼之为道的重要性。为了恢复周礼，树立礼的权威，纠正礼乐征伐自诸侯出、周礼遭僭越的无道局面，孔子首先提出"正名"的原则，力图辨正在礼制等级方面的名称、名分，使名实相符，以维护等级社会秩序和等级社会制度。《论语·子路》篇指出：

> 子路曰："卫君待子而为政，子将奚先？"子曰："必也正名乎！"
>
> 子路曰："有是哉，子之迂也，奚其正？"子曰："野哉由也！君子于

① 《论语·颜渊》，（宋）朱熹：《四书章句集注》，中华书局1983年版，第131页。
② 《论语·季氏》，（宋）朱熹：《四书章句集注》，中华书局1983年版，第171页。
③ 《论语·颜渊》，（宋）朱熹：《四书章句集注》，中华书局1983年版，第132页。
④ 《论语·八佾》，（宋）朱熹：《四书章句集注》，中华书局1983年版，第61页。
⑤ 《论语·尧曰》，（宋）朱熹：《四书章句集注》，中华书局1983年版，第195页。

其所不知，盖阙如也。名不正则言不顺，言不顺则事不成，事不成则礼乐不兴，礼乐不兴则刑罚不中，刑罚不中则民无所措手足。故君子名之必可言也，言之必可行也。君子于其言，无所苟而已矣。①孔子在回答子路关于政事以何者为先的问题时，明确提出为政之道以"正名"为先。认为治理国家首先必须"正名"，做到"君君、臣臣、父父、子子"，君、臣、父、子都要严格遵循各自应有的名分等级，而不得违背和逾越。这样才能够保证礼乐的实行，也才能对违背礼乐者施之以刑罚。导之以礼，以礼作为是非、行为的标准。从而使礼得以推行，民得以治理。可见正名是为礼制服务的。

孔子的仁礼之道，以仁和礼作为道的内涵。仁与礼又互相沟通，二者统一，相辅相成。克己复礼为仁，凡是符合宗法社会秩序的礼的行为，都是仁的体现。礼体现着仁，仁维护着礼；仁是礼的内在本质，礼是仁的外在表现。仁礼又互相依存，互相包含，互相促进，互相转化，最终是统一而不可分离的。这体现了孔子仁礼之道的特色。

二、天命、中庸思想

与道的思想密切相关，孔子提出了天命和中庸思想。其天命观既有继承殷周以来的天命鬼神观念，相信天命的一面；又有淡化天命的神秘、主宰性，而重人事的一面。其中庸思想虽没有展开论述，但《论语》提出的"允执其中"的命题，以及孔子对"中"的重视，反对过与不及，这开了后世道统论以中庸、中为道统之道的先河。

（一）"唯天为大"

孔子的天命观有对殷周以来天命观念继承的成分。所谓天命，即天的命令。孔子对天高度重视，《论语》讲天的地方很多，其天的基本含义是有意志的人格神，认为人间的生死贵贱、自然界的运行变化，都是天的

---

① 《论语·子路》，（宋）朱熹：《四书章句集注》，中华书局1983年版，第141—142页。

意志的体现。但孔子亦对天命的神秘、主宰性加以一定程度的限制，有向自然之天转化的倾向。

孔子认为，天是宇宙的最高主宰，即使是尧这样的圣人也效法天道。他说："大哉尧之为君也！巍巍乎！唯天为大，唯尧则之。"① 唯天为大，唯作独讲，是说天最为根本，没有在天之上的任何事物，万物都受天的意志的支配。由此，孔子强调"畏天命"，把天与命结合起来。他说："君子有三畏：畏天命，畏大人，畏圣人之言。小人不知天命而不畏也，狎大人，侮圣人之言。"② 把是否畏天命，作为君子、小人之别。孔子以天命为宇宙的主宰，以大人为人间的统治者，以圣人之言为天的代言人，三者以天命为最重。知人不可以不知天，知天命才掌握了人生的真谛。可见天命的重要性，不可不畏惧谨戒，以按天命行事。

与此相关，孔子对鬼神持尊敬态度。既承认鬼神的存在，又"敬鬼神而远之"。他赞赏禹祭祀时对鬼神的孝敬。指出："禹，吾无间然矣。菲饮食，而致孝乎鬼神。"③ 并说："祭如在，祭神如神在。"④ 当祭祖的时候，必诚必敬，就像祖先在上受享一样；当祭神的时候，也须诚敬，就如神明在上受享一样。这表明孔子并未否认鬼神的存在。但孔子在承认鬼神存在的同时，并不过于强调它，而是与之保持一定的距离。《雍也》篇称："樊迟问知。子曰：'务民之义，敬鬼神而远之，可谓知也。'"⑤ 主张专务于人事，离鬼神远一点，虽然祭祀时恭敬它，但平时仍以人事为重，对鬼神能敬能远，不以其影响民间日用之事，孔子认为，这就是智。当子路问事鬼神的问题时，孔子说："未能事人，焉能事鬼？"⑥ 显然把事人放在事鬼之上，说明孔子把主要精力放在社会人事，而不是放在鬼神迷信上。

对鬼神的态度是这样，对天的态度也是如此。孔子既承认天的主宰地位，又认为天不对人直接发号施令。《阳货》篇称："子曰：'天何言哉？

① 《论语·泰伯》，（宋）朱熹：《四书章句集注》，中华书局 1983 年版，第 107 页。
② 《论语·季氏》，（宋）朱熹：《四书章句集注》，中华书局 1983 年版，第 171 页。
③ 《论语·泰伯》，（宋）朱熹：《四书章句集注》，中华书局 1983 年版，第 108 页。
④ 《论语·八佾》，（宋）朱熹：《四书章句集注》，中华书局 1983 年版，第 64 页。
⑤ 《论语·雍也》，（宋）朱熹：《四书章句集注》，中华书局 1983 年版，第 89 页。
⑥ 《论语·先进》，（宋）朱熹：《四书章句集注》，中华书局 1983 年版，第 125 页。

四时行焉，百物生焉，天何言哉?'"① 指出春夏秋冬四季自然地运行，天地间万物自然地生长，这些都不待天安排。可见在一定程度上，天具有自然之天的属性，这是对天的神秘、主宰性的淡化。

孔子又把道与天命联系起来，认为道的行废与否，决定于命。他说："道之将行也与，命也；道之将废也与，命也。"② 命在道之上，是天的必然性的表现。虽然孔子承认有命，"死生有命，富贵在天"，天命不仅决定道的推行与否，而且人的生死、富贵贫贱都取决于命，但孔子仍重视人为的努力，"知其不可而为之"③。这与老庄的消极无为思想不同。尤其在对仁德的掌握上，更是强调发挥内在的主观自觉，求仁得仁。《论语·述而》篇称："仁远乎哉? 我欲仁，斯仁至矣。"认为仁并不像世人所说是很远的东西，它就在人们的内心，通过行仁而表现出来，只要人们努力去追求它，仁就会到来。《颜渊》篇也说："为仁由己，而由人乎哉?"④ 强调求仁的工夫全在自己，而不靠别人。所以孔子提倡"发愤忘食，乐以忘忧，不知老之将至"⑤ 的人生进取精神。《易传》进一步将此发展，提出"天行健，君子以自强不息"的思想。这种刚健有为、自强不息的精神，成为儒家文化的重要特征，对中华民族精神的形成，产生了深远影响。这种把仁定位于内在的心的思想，也成为后世儒家心性论的源头。

由重视人的主观能动性出发，孔子提出"人能弘道，非道弘人"⑥ 的思想。认为人虽与天命沟通，不得违背天命，但人能够通过发挥人的主观能动性，来弘道，而不是道弘大其人。这里面包含了人心有觉而道体无为的思想。从而表明，孔子的道，即仁礼之道虽然内在于心，被人所认识，但道本身与主观知觉还不是一回事。孔子人与道有别的思想，成为宋明时期心、道有别，心性二元思想的先驱，而与孟子以仁为心的思想形成对照，也与宋明陆王心学的心性一元、心道为一的思想不同。以宋明时期

---

① 《论语·阳货》，(宋) 朱熹：《四书章句集注》，中华书局 1983 年版，第 180 页。

② 《论语·宪问》，(宋) 朱熹：《四书章句集注》，中华书局 1983 年版，第 158 页。

③ 《论语·宪问》，(宋) 朱熹：《四书章句集注》，中华书局 1983 年版，第 158 页。

④ 《论语·颜渊》，(宋) 朱熹：《四书章句集注》，中华书局 1983 年版，第 131 页。

⑤ 《论语·述而》，(宋) 朱熹：《四书章句集注》，中华书局 1983 年版，第 98 页。

⑥ 《论语·卫灵公》，(宋) 朱熹：《四书章句集注》，中华书局 1983 年版，第 167 页。

心性一元与心性二元的区别对立反观先秦儒家代表人物孔孟的思想，可以发现，孔子的"人能弘道，非道弘人"的道论，与孟子宣称的"仁，人心也"①的命题，确实存在着差异。孔孟思想的差异，分别开启了后世心道有别与心道合一两种不同的道论。

从孔子关于道与天命关系的论述中可以看出，孔子认为，道的推行与否，取决于命；但道的获得与否，则取决于人为的自觉努力。也就是说，道在宏观、外在的范围内能否推行，由天命决定，道行则天下有道，道废则天下无道；而具体的个人能否得道，则取决于人的主观努力，这与天命无关。在这个意义上，体现了孔子积极有为的人道观。质言之，孔子既相信天命，又提倡人事有为，其重点在后者。这是对周公轻天命、尽人事思想的继承，同时对后世儒家思想产生了重要影响。

（二）"中庸之为德"

孔子的中庸思想在道统发展史上占有重要地位，不仅开后世以中为道统之道的理论先河，而且成为把握道统之道的重要方法论原则。所谓中，指中正、中和，不偏不倚，无过无不及；所谓庸，指平常、用等。孔子提出"中庸之为德"的思想，以中庸为最高的道德。他说："中庸之为德也，其至矣乎！民鲜久矣。"②实际上，孔子并不仅仅把中庸作为美好的道德，而且赋予其方法论的意义，即以中庸作为判断事物正确与否的标准。孔子具体解释了中庸的含义。《论语·先进》篇称："子贡问：'师与商也孰贤？'子曰：'师也过，商也不及。'曰：'然则师愈与？'子曰：'过犹不及。'"③孔子在回答子贡关于子张与子夏哪一个更贤的问题时，提出了无过无不及的中正思想，他认为子张有点过头，而子夏则有所不及。那么是不是过了头要好一些呢？孔子指出"过犹不及"，过与不及都是不好的，只有无过无不及，不偏向任何一方的中正，才是正确的。也就是说，克其两偏而归于中道，是孔子所提倡的。如此说来，掌握中道的关键是防止过与不及。由此，孔子提出"两端"说，要人们注意到事物的两个方面。《子罕》篇说："子曰：'吾有知乎哉？无知也。有鄙夫问于我，空空如也，

① 《孟子·告子上》，（宋）朱熹：《四书章句集注》，中华书局1983年版，第333页。
② 《论语·雍也》，（宋）朱熹：《四书章句集注》，中华书局1983年版，第91页。
③ 《论语·先进》，（宋）朱熹：《四书章句集注》，中华书局1983年版，第126页。

我叩其两端而竭焉。'"① 叩其两端指掌握事物所具有的两方面的因素，不要偏向任何一边。《中庸》指出："执其两端，用其中于民。"② 即是对孔子思想的概括，把执两端以用中的相互关系说得十分清楚。

孔子对中庸二字虽没有展开直接的论述，但在其言论和思想中始终体现了对中的重视。无论在对人的评价上，还是对事物的评价上，都贯穿着中的原则。在君子的个人修养方面，孔子指出："质胜文则野，文胜质则史。文质彬彬，然后君子。"③ 认为文质双方不可相胜，质胜文则像个乡野之人，而无文采；文胜质则像个管文书的人，诚信不足而无质朴。可见孔子反对执其一端的偏颇做法。他主张的是把文质双方恰到好处地结合起来，损有余，补不足，克服偏颇，以合中道。这才是一个文质彬彬、道德高尚的君子。

《论语》还提出了"允执其中"的命题，虽然没有明确说这句话是孔子说的，但从思想逻辑上看，这仍代表了孔子的思想。《尧曰》篇称："尧曰：'咨！尔舜！天之历数在尔躬，允执其中。四海困穷，天禄永终。'舜亦以命禹。"④ 这段话不仅表达了尧、舜、禹道统相传之次第，而且提出尧、舜、禹三圣相传的原则是中。尧告诫舜"允执其中"，即要诚心地掌握住无过无不及的中正原则，否则，四海的民众就要困苦贫穷，这样你的君位就难保了。《尧曰》篇"允执其中"的命题后被孟子所继承，《离娄下》提出："汤执中"。《礼记·中庸》亦提出"致中和"。到《古文尚书·大禹谟》提出"天之历数在汝躬，汝终陟元后。人心惟危，道心惟微，惟精惟一，允执厥中。"⑤ 这一执中的原则被宋儒概括为"十六字心传"，认为道统传授的主要内容即是这个"中"，由于中是被儒家圣人"心心相传"，所以中又与心联系起来。道为中、为心，成为道统传授的一个重要内容。孔子的中庸思想以及《尧曰》篇"允执其中"的命题，便是这个道统说的发端。

---

① 《论语·子罕》，（宋）朱熹：《四书章句集注》，中华书局 1983 年版，第 110 页。
② 《中庸》，（宋）朱熹：《四书章句集注》，中华书局 1983 年版，第 20 页。
③ 《论语·雍也》，（宋）朱熹：《四书章句集注》，中华书局 1983 年版，第 89 页。
④ 《论语·尧曰》，（宋）朱熹：《四书章句集注》，中华书局 1983 年版，第 193 页。
⑤ 《尚书正义·大禹谟》卷 4，《十三经注疏》，中华书局 1980 年版，第 136 页。

三、孔子在道统发展史上的地位

孔子作为儒学的创始人和中国古代文化承先启后的集大成者，在中华道统思想发展史上占有十分重要的地位。这主要表现在，孔子提出的独具特色的儒家仁礼之道，成为后世道统思想的主要内涵；孔子推崇儒家圣人及圣人之道，为道统的传承奠定了初步的统绪；孔子整理、编订并教授的儒家经典，成为道统传授的文字载体。这些方面表明，如果世无孔子，道统思想的提出和发展演变，是不可想象的。

我们说，孔子提出的独具特色的儒家仁礼之道，成为后世道统思想的主要内涵，这是思想史上一个客观的历史事实，也是中华道统思想的发展以儒家道论为主要线索的根据。尽管儒家道论是在早期道概念、道范畴的思想基础上发展起来的，并在儒家道论的发展过程中，吸取了诸如道家、法家、《管子》等各家各派的道论，借以丰富自己的道统思想体系，但不可否认，孔子提出的仁礼之道，不仅是儒家道论区别于道家、法家等诸家道论的内在本质和根据，而且成为后世道统之道的主要内涵。

后世儒家道统论，尽管分为不同的流派，有以心论道者，有以气论道者，有以理论道者，也有以中、以性论道者，但无一例外，各个流派都以仁、礼作为道的内涵。这在韩愈、张载、程颢、程颐、朱熹、陆九渊、王守仁等人的思想里得到体现。舍仁、礼之道便不成其为儒家的道统论。这是孔子提出的仁礼之道对中华道统思想的形成和发展作出的突出理论贡献。

孔子推崇儒家圣人，崇尚周礼，以恢复和维护周礼为己任。其仁、礼思想不少是从文王、周公那里得出并加以发展的，从而把儒家圣人之道具体化，使之得以流传后世。对待尧，孔子给予高度赞扬。《泰伯》篇指出："大哉尧之为君也！巍巍乎！唯天为大，唯尧则之。"[①] 盛赞帝尧身居君位，法天行道，施行仁政，并得到了民众的拥护。对待舜，孔子通过赞赏舜作的《韶》乐，来表达对其政治和道德教化的称颂之意。在评价《韶》

---

① 《论语·泰伯》，（宋）朱熹：《四书章句集注》，中华书局 1983 年版，第 107 页。

乐时，孔子指出："《韶》尽美矣，又尽善也。"① 认为舜所作的《韶》乐，既达到了美的标准，又达到了善的要求，是尽善尽美的统一。其中善指道德标准，美指艺术标准。虽然好的作品是尽善尽美的统一，但孔子把善的标准置于首位，认为舜继承尧而治理天下，其方式是"揖让"，故其乐舞既美且善；而周武王的天下是通过征诛，从商纣王那里得来的，故《武》乐"尽美矣，未尽善也"②。显然对舜的评价高于武王，尽管武王伐纣是征诛暴君，顺乎天而应乎人。对待舜之政，孔子又指出："无为而治者，其舜也与？夫何为哉，恭己正南面而已矣。"③ 认为舜做到了无为而治，没有什么作为，而天下自然得到治理。表达了孔子对帝舜之政的赞扬。孔子对无为而治的称颂，表明其受到了道家思想的影响。这是儒道结合的早期表现。

孔子推崇尧舜等儒家圣人，继承并发展了周公的思想，这对包括道统思想在内的中国文化的传承起到了十分重大的作用。正如元代统治者在曲阜为孔子立的神道碑所说："先孔子而圣者，非孔子无以明；后孔子而圣者，非孔子无以法。"这句话可借用来说明，没有孔子就不会有儒家圣人之道的传授，没有孔子也就不会有道统思想的发端。

孔子作为中国历史上第一个杰出的文献整理家，以儒家仁、礼思想为指导，整理了《诗》、《书》、《礼》、《易》、《乐》、《春秋》等古代文献。这些文献被后世称为"六经"，成为儒家学派的经典。除《乐经》在流传过程中佚失外，其余"五经"都存在。它们经孔子的整理，或搜集，或校订，或删修，或编纂，或加以说明，融进了孔子的思想，并作为教材，传授弟子，从而扩大了儒家经典的影响和传播范围。这些经典成为道统之道传授的典籍和文字载体。其后的儒学学者和理学家在阐述道统思想时，无一不是以这些经典为依据，而加以发挥。舍此则道统无以载，圣人之道无以明。北宋理学家程颢、程颐明确提出"经所以载道"④ 的思想，认为儒家经典是载道的工具，圣人作经的目的，是为了明道、传道。即以仁礼思

---

① 《论语·八佾》，（宋）朱熹：《四书章句集注》，中华书局 1983 年版，第 68 页。
② 《论语·八佾》，（宋）朱熹：《四书章句集注》，中华书局 1983 年版，第 68 页。
③ 《论语·卫灵公》，（宋）朱熹：《四书章句集注》，中华书局 1983 年版，第 162 页。
④ （宋）程颢、程颐著，王孝鱼点校：《河南程氏遗书》卷 6，《二程集》，中华书局 1981 年版，第 95 页。

想为指导，来整理儒家经典。所以二程要求学者带着求道之心去读书，以认识圣人作经的本意，从而掌握圣人之道。这从一个侧面说明了孔子所整理的儒家经典，是道统之道传授的文字载体，是载道之器。倘若孔子不整理这些经典，那么道统的传授只是一句空话。

如上所述，儒家圣人孔子在创立儒学思想体系的过程中，以仁、礼为道，赋予道以儒家思想的内涵；在承认天命的同时，注重人事，重视发挥人的主观能动性，以人弘道；并提出"中庸之为德"的思想，倡无过无不及的中道观；宣扬儒家圣人，整理儒家经典，为道的传授作出了不可替代的贡献。由此而确立其在中华道统思想发展史上的崇高地位。

第二节　孟子的仁义之道

孟子（约前372—前289年），战国时期哲学家、思想家，儒学代表人物。名轲，字子舆。邹（今山东邹县）人。相传为鲁国贵族孟孙氏之后，幼年家贫，其母教诲甚严，曾三迁居所，以教孟子；并断织，以促其学。其后，孟子受业于子思门人，得孔子学说而继承发展之。学成以后，设教授徒。曾周游列国，企图推行其学说和政治主张。到过齐、梁、鲁、宋、滕、魏、邹、薛等国，其"后车数十乘，从者数百人，以传食于诸侯"。[①] 在当时影响很大。曾任齐宣王客卿。在各地宣传其思想，但终未得到各国统治者的支持，未能实现其主张。晚年退居，恐圣学之不传，著书立说，"述仲尼之意"，乃作《孟子》七篇，载有孟子的思想和活动，是研究孟子及其学派的主要材料。

孟子一生以继承孔子思想为己任，并对孔子的思想加以发展。孔子论仁，而少有讲义，孟子将仁义连用，提出仁义之道的思想。并把孔子仁的观念发展为"仁政"学说，提倡王道，反对霸道。认为仁政必须"制民之产"，从正经界开始，均井地，分田制禄，使百姓有固定的产业，以满足其生产和生活的需要。在此基础上，然后施之以教化。孟子提出著名的

---

① 《孟子·滕文公下》，（宋）朱熹：《四书章句集注》，中华书局1983年版，第267页。

"民贵君轻"的重民思想，认为民的地位在国家和君主之上。在君臣关系上，蔑视君主的绝对权威，提出："君之视臣如手足，则臣视君如腹心；君之视臣如犬马，则臣视君如国人；君之视臣如土芥，则臣视君如寇雠。"①并首倡"格君心之非"说，以匡正君主的过错。孟子说："惟大人为能格君心之非。君仁莫不仁，君义莫不义，君正莫不正。一正君而国定矣。"②强调去掉君主心中的坏念头，并把"格君心之非"与"正君"联系起来，体现了孟子对统治者的权力加以一定的约束的思想。

孟子以"性善"论作为其仁政学说的哲学基础，认为人性本善，生来具有仁、义、礼、智"四德"，要求把它发扬开来。与此相应，在认识论上，提出人具有不虑而知的"良知"和不学而能的"良能"。为了保持善性，孟子要求人们"养心莫善于寡欲"③。在义利观上，反对"后义而先利"④，主张重义轻利，"先义而后利"。并重视人的主观精神的能动作用，断言"万物皆备于我"⑤。提倡"天人合一"的思想，认为人心与天相通，尽心，扩充其心就可知性，知性便可知天。在中国哲学史上，孟子最早给心以高度重视，他提出"心之官则思"⑥的著名命题，并赋予心以道德属性，以仁为人心，认为心具有先验的道德本性。强调存心、养性的目的，是为了事天。孟子的心性学说对宋明理学产生了重要影响，亦成为以心言道者的理论先驱。

在教育上，孟子提出以"明人伦"为教育目的。即明儒家"五伦"：父子有亲，君臣有义，夫妇有别，长幼有序，朋友有信。主张先富后教，重视环境对教育的影响和作用。注重道德教育和人格培养，提倡达到"富贵不能淫，贫贱不能移，威武不能屈"⑦的人生境界。后世儒家，尤其是宋儒对孟子十分尊崇，被誉为仅次于孔子的"亚圣"。

儒家道统说虽发端于孔子，但道统传授的统绪，实由孟子所较为完整地提出。孟子不仅提出由尧舜以至周公、孔子的圣人之道传授的统绪，

① 《孟子·离娄下》，（宋）朱熹：《四书章句集注》，中华书局 1983 年版，第 290 页。
② 《孟子·离娄上》，（宋）朱熹：《四书章句集注》，中华书局 1983 年版，第 285 页。
③ 《孟子·尽心下》，（宋）朱熹：《四书章句集注》，中华书局 1983 年版，第 374 页。
④ 《孟子·梁惠王上》，（宋）朱熹：《四书章句集注》，中华书局 1983 年版，第 201 页。
⑤ 《孟子·尽心上》，（宋）朱熹：《四书章句集注》，中华书局 1983 年版，第 350 页。
⑥ 《孟子·告子上》，（宋）朱熹：《四书章句集注》，中华书局 1983 年版，第 335 页。
⑦ 《孟子·滕文公下》，（宋）朱熹：《四书章句集注》，中华书局 1983 年版，第 266 页。

而且以自孔子之后圣人之道的继承者自居，以弘道为己任。这为韩愈的
道统说奠定了基础。由此而体现出孟子及其思想在道统发展史上的重要
地位。

一、以仁义为道

孟子以仁义为道，这是他对孔子仁礼之道的继承和发展。孟子的仁
义之道除了继承孔子的仁礼之道外，其不同于孔子思想的地方有二：一是
把仁和义连起来使用，二是把礼降低到从属于仁义的位置。

关于把仁、义联系起来，这是孟子对儒家伦理学说的理论贡献。二
程说："孟子有功于圣门，不可胜言。仲尼只说一个仁字，孟子开口便说
仁义。"① 孔子论道，以道为仁之道，未重视论义，且把仁和义分别论述。
孟子则既重视仁，又重视义，并把仁义连起来并用。《孟子·梁惠王上》
称："何必曰利，亦有仁义而已矣。"② 倡仁义与利的对立，以重义轻利。孟
子把仁义连用的理论意义十分重大，至此，儒家有了完整而系统的仁义
思想。

关于把礼降为从属的位置，这与受时代变迁的影响有关。孟子之时
距孔子之世已有百余年，社会发生了很大变化，周礼的约束力进一步下
降，恢复周礼已不为人们所重视。孟子把注意力转向仁义，对礼的重视有
所下降。他认为道主要是指仁义，礼只是仁义之节文。《离娄上》篇记载：
孟子曰："仁之实，事亲是也；义之实，从兄是也；智之实，知斯二者弗去
是也；礼之实，节文斯二者是也。"③ 指出仁、义、礼、智四者之中，仁义
最为重要，仁义之道也就是孝悌之道。仁之实体现为事亲之孝，义之实体
现为从兄之悌。所以孟子说："尧舜之道，孝弟而已矣。"④ 而礼智则从属于
仁义，礼是实行仁义的节文，即如何实施仁义的条文规则、品节文章等，

---

① 转引自（宋）朱熹：《孟子序说》，《四书章句集注》，中华书局 1983 年版，第
199 页。

② 《孟子·梁惠王上》，（宋）朱熹：《四书章句集注》，中华书局 1983 年版，第 201 页。

③ 《孟子·离娄上》，（宋）朱熹：《四书章句集注》，中华书局 1983 年版，第 287 页。

④ 《孟子·告子下》，（宋）朱熹：《四书章句集注》，中华书局 1983 年版，第 339 页。

其地位已在仁义之下。孟子把仁义连用，以仁义为主，以礼服从于仁义，这是对孔子思想的发展，使儒家的仁义之道进一步丰富完善。

对于仁义之道的内涵，除以孝悌来界定外，孟子还以人心和人路来表示。《告子上》称：孟子曰："仁，人心也；义，人路也。舍其路而弗由，放其心而不知求，哀哉！人有鸡犬放，则知求之；有放心，而不知求。学问之道无他，求其放心而已矣。"① 孟子在这里提出了"仁，人心也"的著名命题，以人心为仁，这对后世儒家心学影响极大。是否把仁直接等同于心，成为区别心性一元论与心性二元论的重要标志。以人心为仁，便是把仁内在于心，以仁为主观精神实体。这与孔子内外结合的仁礼之道有所区别。孟子并以人路来界定义，义即是人们行事的必由之准则。孟子认为，舍弃了必由之路，放弃了人人固有的良心，这是很哀痛的事。所以他强调学问之道在于把人们丧失了的仁之本心寻找回来，加以恢复。这实际上是把仁义作为人们治学所追求的目标。

进而，孟子把仁与人合称，作为道的规定性。他说："仁也者，人也。合而言之，道也。"② 仁不仅是人之心，也是人的本质属性，正因为人具有仁义道德的品质，才与禽兽区别开来。孟子合人与仁为道，强调人而无仁，不成其为人。既以仁为道，又突出了道的人本主义原则。这个人本主义原则，就是以仁为核心的道德理性原则。他说："人之所以异于禽兽者几希。庶民去之，君子存之。"③ 指出人和动物的区别，在于人有道德理性，而一般庶民则不能认识到这一点，他们丢失了仁义，而唯利是图，混同于动物，失掉了人之所以为人的内在根据。君子则与之不同，他能够认识到，人而不能无仁，失去了仁义道德，名虽为人，而实无异于禽兽。所以君子能够存其仁，把人的道德理性保存并发扬光大。

从重仁义出发，孟子倡义与利的对立，肯定义的价值，强调义的价值重于生命，为了追求"取义"，甚至不惜牺牲个人生命。在义利关系上，孟子重视道义，轻视功利，认为道义是最有价值的，而功利则不足言。《梁惠王上》称：孟子见梁惠王，梁惠王问他："叟不远千里而来，亦

---

① 《孟子·告子上》，（宋）朱熹：《四书章句集注》，中华书局1983年版，第333—334页。

② 《孟子·尽心下》，（宋）朱熹：《四书章句集注》，中华书局1983年版，第367页。

③ 《孟子·离娄下》，（宋）朱熹：《四书章句集注》，中华书局1983年版，第293页。

将有以利吾国乎?"孟子回答说:"王何必曰利?亦有仁义而已矣。"① 指出何必要讲利呢?有了仁义就足够了。在动机与效果关系问题上,主张"惟义所在"② 的动机论。进而,孟子提倡"舍生而取义"。他说:"鱼,我所欲也;熊掌,亦我所欲也,二者不可得兼,舍鱼而取熊掌者也。生,亦我所欲也;义,亦我所欲也,二者不可得兼,舍生而取义者也。"③ 教导人们做一个有气节的人,为了道义的原则,而不惜献身。这是对孔子"志士仁人,无求生以害仁,有杀身以成仁"④ 思想的发挥。孔孟的这种"成仁"、"取义"的精神,重视仁义的价值,在历史上熏陶教化了无数坚持真理、不怕牺牲的志士仁人,集中体现了中华民族的伟大精神境界。从而,崇尚仁义、讲气节、重操守的观念成为志士仁人立身处世的普遍性原则,这对于砥砺民族精神具有重大意义。正是由于有了这种民族精神,才使得中华民族及其炎黄儿女在逆境下坚守信念,面对邪恶势力和外来侵略,不屈不挠,前赴后继,英勇奋斗,造就了一大批如岳飞、文天祥、史可法、邓世昌等为了维护中华民族的独立和复兴而勇于献身的民族英雄。这正是受孔孟仁义之道影响的结果。

二、仁政与王道

孟子把仁义之道运用于政治,提出了一套仁政学说和王道思想,这也是对孔子仁的观念的发展。体现了儒家道论与政治密切联系的思想特色,表明儒家积极参与政治,论道经邦,少有脱离时代政治和重大社会治理问题而空谈其道的传统。

(一) 仁政说

孟子仁政说的根本是"不忍人之心"。所谓"不忍人之心",即一种仁爱同情之心。孟子认为,人人都具有这种"不忍人之心",以这种同

---

① 《孟子·梁惠王上》,(宋) 朱熹:《四书章句集注》,中华书局1983年版,第201页。
② 《孟子·离娄下》,(宋) 朱熹:《四书章句集注》,中华书局1983年版,第292页。
③ 《孟子·告子上》,(宋) 朱熹:《四书章句集注》,中华书局1983年版,第332页。
④ 《论语·卫灵公》,(宋) 朱熹:《四书章句集注》,中华书局1983年版,第163页。

情仁爱之心为基础，推行于政治，天下就能得到完全的治理。他说："人皆有不忍人之心。先王有不忍人之心，斯有不忍人之政矣。以不忍人之心，行不忍人之政，治天下可运之掌上。"① 孟子的"不忍人之政"也就是仁政，它通过"不忍人之心"的贯彻，而得以推行。孟子认为，这种"不忍人之心"出自于人们内在的油然而生之心，也就是自然的同情心，亦称为"恻隐之心"，它是仁心的本端。他解释说："所以谓人皆有不忍人之心者，今人乍见孺子将入于井，皆有怵惕恻隐之心，非所以内交于孺子之父母也，非所以要誉于乡党朋友也，非恶其声而然也。……恻隐之心，仁之端也。"② 指出见小孩将落入井中，人们就会自然而然地产生一种怜悯同情之心。这种同情心的产生，并不是要去结交小孩的父母，也不是为了得到乡邻朋友的称道，更不是怕说他名声不好，而是非思而得、自然伤切痛感之心。这种自然产生的恻隐之心，孟子称之为仁之端，即表现仁之本心的端绪，也就是仁心的起端。孟子强调，将这种自然仁爱之心施之于政，便是仁政。仁政的推广，将使天下得到治理。这就是孟子从仁义之心推衍出来的仁政说。

孟子的仁政，其具体内容包含甚广，涉及经济、政治、教育等各个方面。如在经济上，主张"制民之产"，实行井田制，满足百姓的衣食需求；政治上，提出民本思想，以民为贵，把人民视为国家的基础，重视民心的向背，反对统治者虐民，提倡爱民，视民如伤；在教育上，主张在富民的基础上实行教育，教以仁义礼智和儒家五伦，提倡孝悌，引导人们向善，培养一种"人人亲其亲，长其长"，"老吾老以及人之老，幼吾幼以及人之幼"的良好社会风气。

总之，孟子以仁义之道、仁义之心推衍而来的仁政说以及教育论，把道、政、学三者融为一体。其道主要指仁义之道，其政指仁政，其学指儒家人伦教育。道、政、学三者都贯穿着儒家的仁义之道。三者合一，一以贯之，体现了孟子道论对社会的影响。同时也是对孔子仁礼之道的继承和发展。

---

① 《孟子·公孙丑上》，（宋）朱熹：《四书章句集注》，中华书局1983年版，第237页。
② 《孟子·公孙丑上》，（宋）朱熹：《四书章句集注》，中华书局1983年版，第237—238页。

（二）王道论

与仁政说紧密联系，孟子提出了他的王道论。其王道与霸道对立，区分了两种不同的政治，充分显示出孟子作为古代杰出政治家的远见卓识。

所谓王道，指"以德服人"，推行仁政来治理国家；所谓霸道，指"以力服人"，推行暴力来实行统治。孟子指出，王道政治与霸道政治的根本区别在于是用"德"，还是用"力"来治理国家。他说："以力假仁者霸，霸必有大国；以德行仁者王，王不待大，汤以七十里，文王以百里。以力服人者，非心服也，力不赡也；以德服人者，中心悦而诚服也，如七十子之服孔子也。"① 认为王道政治是以德服人，德指仁德，以德服人，即行仁政。孟子要求"君子之事君也，务引其君以当道，志于仁而已"。② 但推行王道政治并不是完全不要刑罚和法治，而是将善与法结合起来。他说："徒善不足以为政，徒法不能以自行。"③ 与王道政治不同，霸道政治则是以力服人。力指暴力，即以甲兵之力来征服人，以及排斥仁义，以刑赏来推行事功。在孟子看来，以力服人，不能使人心服，而假借仁以称霸，如管仲是也。只有以德服人，才能使人心悦诚服。孟子提倡王道，反对霸道，并不以国之大小，势力强弱为根据。他认为，一般推行霸道，必有大国；而实行王道，则不必要有大国的基础。如汤只有七十里地，文王只有一百里地，但照样取得了天下。可见统治者必须得民心，得到人民的真心拥护，才能王天下。

从提倡王道，反对霸道出发，孟子批评了春秋五霸。他说："五霸者，三王之罪人也。"④ 春秋时的五霸指：齐桓、晋文、秦穆、宋襄、楚庄。三王指：夏禹、商汤以及周文、武。三王是儒家圣人，行的是王道；而五霸则是孟子反对的对象，行的是霸道，由此被视为三王的罪人。寓褒贬于王霸之中。孟子并指出："仲尼之徒，无道桓、文之事者。"⑤ 即孔子的学生是不讲齐桓、晋文等五霸之事的，以此划清与霸道政治的界限。

---

① 《孟子·公孙丑上》，（宋）朱熹：《四书章句集注》，中华书局1983年版，第235页。
② 《孟子·告子下》，（宋）朱熹：《四书章句集注》，中华书局1983年版，第345页。
③ 《孟子·离娄上》，（宋）朱熹：《四书章句集注》，中华书局1983年版，第275页。
④ 《孟子·告子下》，（宋）朱熹：《四书章句集注》，中华书局1983年版，第343页。
⑤ 《孟子·梁惠王上》，（宋）朱熹：《四书章句集注》，中华书局1983年版，第207页。

孟子不仅批评了春秋五霸，而且对辅佐齐桓公成就其霸业的管仲也持轻视态度。《公孙丑上》记载：当公孙丑问孟子，如果你在齐国执政，能否取得管仲、晏婴那样的功绩？孟子对此不高兴，说：圣人门下都不愿意议论管仲的事功，连曾西都不喜欢谈论管仲，你怎么说我愿意呢？即"管仲，曾西之所不为也，而子为我愿之乎？"①孟子对管仲的轻视，反映了他对霸道政治的批评态度。孟子的这一思想影响了宋代的理学家，理学家贬斥管仲计功而不明道，谋利而不正义，不符合王道的要求。这是对孟子思想的继承。

孟子提倡王道，反对霸道，并将王道与仁政联系起来。二者相互沟通的根据在于，王道与仁政都以民为本。他说："养生丧死无憾，王道之始也。"②指出满足了百姓养生送死的要求，生前不愁衣食住，死后得以送终，这就是王道之始。并强调"保民而王，莫之能御也"。③孟子提出的"保民而王"和以养生送死作为王道之始的思想，与其仁政说所主张的爱民、民本思想是一致的。由此可见，孟子的仁政说与王道论相互沟通，是其仁义之道推行于政治领域而提出的理论。

三、心性论

孟子哲学的心性论与他的仁义之道不可分割地联系在一起。离开了心性论，其仁义之道便不完整，对其仁义之道的认识便不全面。正因为孟子以心性言仁，提出了完整的心性论，发展了孔子的学说，并以仁为中介，沟通心与道，才使得以心言道的思想得以发端。

心性之学是儒家哲学乃至整个中国哲学的重要内容，在很大程度上体现了中国哲学的特点，并在其发展演变的过程中，与道统哲学联系在一起。以心性言道，道即是心，道即是性的思想成为道统论的重要内容。在这方面，孟子的心性之学开风气之先，为后世道统论的丰富和完善提供了思想资源。

---

① 《孟子·公孙丑上》，（宋）朱熹：《四书章句集注》，中华书局1983年版，第227页。
② 《孟子·梁惠王上》，（宋）朱熹：《四书章句集注》，中华书局1983年版，第203页。
③ 《孟子·梁惠王上》，（宋）朱熹：《四书章句集注》，中华书局1983年版，第207页。

（一）性善论

孟子论性善与其论心是相互联系的，开儒家心性论之先河。先秦是儒家心性之学的创立时期。孔子对心性问题少有论述，然而其思想却启发了孟子。孔子称："七十而从心所欲，不逾矩。"① 其心指人的主观意志。孔子提出"性相近也，习相远也"② 的观点，认为人的本性是接近的，承认有统一的人性。孔子虽没有把心、性联系起来论述，但他提出"为仁由己"③ 的命题，强调仁的实现在于人的主观意志的追求与把握，这启发了孟子的心性论。在中国思想史上，孟子首倡性善论，认为人性无有不善。他说："人性之善也，犹水之就下也。人无有不善，水无有不下。"④ 以水之就下来说明人性本善。

孟子指出，性的内涵是仁、义、礼、智四德。他说："君子所性，仁、义、礼、智根于心。"⑤ 仁、义、礼、智之性是根于人心、与生俱来的本性，它"大行不加"，"穷居不损"，不增加，不减少，来自于天赋，因此是先天为善。即"仁、义、礼、智，非由外铄我也，我固有之也"⑥。

孟子把性之四德与心之四端联系起来，指出："恻隐之心，仁之端也；羞恶之心，义之端也；辞让之心，礼之端也；是非之心，智之端也。人之有是四端也，犹其有四体也。"⑦ 由于仁、义、礼、智根于心，所以人生下来，天生具有的"恻隐之心"就成为仁的端绪，"羞恶之心"便成为义的苗头，"辞让之心"便成为礼的苗头，"是非之心"便成为智的苗头。孟子认为，心之四善端是人人皆有的，它与生俱来，无须外求。"凡有四端于我者，知皆扩而充之矣，若火之始然，泉之始达。苟能充之，足以保四海；苟不充之，不足以事父母。"⑧ 也就是说，要把潜在的心之四端，发展成为现实的性之四德，还须"扩而充之"，不充则不得，充则能得，即"求则得之，舍则失之"⑨。

① 《论语·为政》，（宋）朱熹：《四书章句集注》，中华书局1983年版，第54页。
② 《论语·阳货》，（宋）朱熹：《四书章句集注》，中华书局1983年版，第175页。
③ 《论语·颜渊》，（宋）朱熹：《四书章句集注》中华书局1983年版，第131页。
④ 《孟子·告子上》，（宋）朱熹：《四书章句集注》，中华书局1983年版，第325页。
⑤ 《孟子·尽心上》，（宋）朱熹：《四书章句集注》，中华书局1983年版，第355页。
⑥ 《孟子·告子上》，（宋）朱熹：《四书章句集注》，中华书局1983年版，第328页。
⑦ 《孟子·公孙丑上》，（宋）朱熹：《四书章句集注》，中华书局1983年版，第238页。
⑧ 《孟子·公孙丑上》，（宋）朱熹：《四书章句集注》，中华书局1983年版，第238页。
⑨ 《孟子·告子上》，（宋）朱熹：《四书章句集注》，中华书局1983年版，第328页。

虽然四端不须外求,人固有之;却须反身内求,内求仁于心,才能把善性发挥出来。由此,孟子强调加强道德修养,反对自暴自弃,努力使自己成为像尧舜一样的圣人。因为圣人与我同类,"人皆可以为尧舜"①。孟子的性善论为宋明绝大多数理学家所接受,并加以发展,产生了深远的影响。

(二)尽心知性知天说

孟子论心性,心、性之间有密切的联系。这表现在,孟子既以仁为心,指出"仁,人心也"②,又以仁作为性的内涵,并且,作为性之四德的仁、义、礼、智又根于心。心性贯通,紧密联系。仁既是人心又是道的内涵,通过仁的中介,心与道相互沟通。后人以心言道,发挥道的主体意识者,均受到孟子的启发。

由心性紧密联系出发,进而孟子提出尽心知性知天的思想。他说:"尽其心者,知其性也。知其性,则知天矣。存其心,养其性,所以事天也。"③孟子所谓心,指思维器官,"心之官则思",心作为认识主体,具有认识事物的功能;心亦具有道德属性,因为"仁,人心也",心又是先验的道德本性,天生具有恻隐、羞恶、辞让、是非四善端。孟子所谓性,如上所述,指人类独有,区别于禽兽的道德理性,其内涵为仁、义、礼、智四德。孟子所谓天,指既具有道德属性,又具有自然规律的属性,而以前者为主的精神实体。《离娄上》称:"诚者,天之道也;思诚者,人之道也。"④诚指真实无妄,孟子以诚来解释天道,说明天之本然在于它真实无妄或诚实无欺。由思天之诚实而引申出人道,说明人道所具有的道德属性来源于天。然而完全把天说成是道德之天,恐不全面。因天道的诚实无欺亦包含着自然界日月星辰的运行、四季的交替遵守着它固有的自然规律,而这个规律是不差分毫,固定不变,周而复始的运动着。从这个意义上讲,它也是诚的表现。所以,由自然界有规律地运动变化引申出天道的至诚,恐比较符合孟子的本意。然而,孟子把具有道德属性的心、性与天联系起来,其天也就与人之心性合一,具有了道德属性,而成为精

---

① 《孟子·告子下》,(宋)朱熹:《四书章句集注》,中华书局1983年版,第339页。
② 《孟子·告子下》,(宋)朱熹:《四书章句集注》,中华书局1983年版,第333页。
③ 《孟子·尽心上》,(宋)朱熹:《四书章句集注》,中华书局1983年版,第349页。
④ 《孟子·离娄上》,(宋)朱熹:《四书章句集注》,中华书局1983年版,第282页。

神性的实体。

分别探讨了心、性、天的含义后，再来认识尽心知性知天的意义，便可得出：尽心即是存心，通过发挥心的主观能动性，保持内心的完美无缺，把心之四端转化为性之四德，以体现善性，这便可以知性。知性也就是保持善性，善性人人皆有，就看你能否求得，只有"养其性"，加强道德修养，扩充心之四端，才能达于天道，也就是知天。因此孟子强调，存心、养性的目的是为了事天。从而把尽心、知性、知天三者沟通，心、性、天在加强道德修养，贯彻儒家伦理的前提下合而为一，体现了孟子天人合一的思想。

孟子的心性论以内求于心、求放心、心性合一为特点，对后世包括佛教心性论产生了重大影响，成为儒家心性哲学的理论基础，并为后世以心论道的心学家提供了思想资料。

四、开道统说之端绪

继承了古代圣人思想的孔孟之道是道统传授的内容，而传道的系统，即道的传授形式与所传内容的结合，则构成了完整的道统论。道统论的形成与发展，经历了一个长期的历史过程。一般是有了特定的思想，再追溯其思想产生的源流，赋予它相应的形式，即传道的统绪。内容与形式的结合，其内容不断丰富、发展，其形式不断完善、成熟。虽然道统论的正式提出是在唐代韩愈，而道统二字的连用是在更晚的宋代，但道统思想的基础和根据却来自于孔孟，并可追溯到更早的远古圣人。就孔子的思想是道统传授的基本内容来讲，孔子在道统发展史上固然占有不可替代的重要地位，然而，就孟子发展丰富了孔子的思想，尤其是他较为明确地提出圣人之道传授的统绪而言，孟子实开道统说之端绪。

《孟子·尽心下》篇末段提到了由尧舜至孔子一脉相传的序列。孟子曰："由尧舜至于汤，五百有余岁，若禹、皋陶，则见而知之；若汤，则闻而知之。由汤至于文王，五百有余岁，若伊尹、莱朱则见而知之；若文王，则闻而知之。由文王至于孔子，五百有余岁，若太公望、散宜生，则见而知之；若孔子，则闻而知之。由孔子而来至于今，百有余岁，去圣人之世，若此其未远也。"①认为历史上大圣人每隔五百余年出现，如尧舜到汤，是五百余年；汤到文王，也是五百余年；文王到孔子，又是五百余年。中间有一些次要一点的人物，他们共同构成了思想传授的序列。对此，孟子指出："五百年必有王者兴，其间必有名世者。"②他不仅历叙圣人的传授次第，而且指出了圣人相传的是道。《滕文公下》记孟子曰："尧舜既没，圣人之道衰。……周公相武王，诛纣伐奄。……世衰道微，邪说暴行有作，……孔子惧，作《春秋》。"③认为圣人之道在尧舜死后衰微，中间又经历了几次世衰道微的局面，分别由周公、孔子等振兴圣人之道。而孟子则"以承三圣者"自居，成为圣人之道的继承者。

　　孟子不仅较为明确地提出了圣人之道相传授受的统绪，而且把"中"作为传道所掌握的一个原则。他说："汤执中，立贤无方。"④"孔子岂不欲中道哉？"⑤指出汤和孔子在传道过程中均以执中、中道而行来掌握正确的原则。这与孟子本人主张的"执中"而权，反对"执一"的思想是一致的。孟子之所以主张"执中"、"时中"，反对"执一"，是因为"执一者，为其贼道也"⑥。最终是为了贯彻中道的原则。

　　要而言之，孟子发展孔子的仁礼之道，提出仁义之道的思想；把仁的观念发展为仁政说与王道论；提出儒家完整的心性论；并开道统说之端绪。由此而奠定了他在中华道统思想发展史上的开山地位。

第三节　《易传》"一阴一阳之谓道"的思想

　　《易传》是《周易》的组成部分，是对《易经》的解释。共有十篇，

　　①《孟子·尽心下》，（宋）朱熹：《四书章句集注》，中华书局1983年版，第376—377页。
　　②《孟子·公孙丑下》，（宋）朱熹：《四书章句集注》，中华书局1983年版，第250页。
　　③《孟子·滕文公下》，（宋）朱熹：《四书章句集注》，中华书局1983年版，第271—272页。
　　④《孟子·离娄下》，（宋）朱熹：《四书章句集注》，中华书局1983年版，第294页。
　　⑤《孟子·尽心下》，（宋）朱熹：《四书章句集注》，中华书局1983年版，第374页。
　　⑥《孟子·尽心上》，（宋）朱熹：《四书章句集注》，中华书局1983年版，第357页。

包括《彖》上下、《象》上下、《系辞》上下、《文言》、《说卦》、《序卦》、《杂卦》。也称"十翼"。传统的说法通常认为孔子作《易传》。至北宋欧阳修作《易童子问》，始疑《易传》非孔子之言。经过历代学者的研究，现在一般认为《易传》非出自一人一时之手，大致成书于战国，下限在战国末。虽然《易传》非孔子所作，但孔子儒家的思想仍是《易传》的主旨，同时其也受到道家等思想的影响。

"《易》以道阴阳"①，《易传》提出"一阴一阳之谓道"的思想，以阴阳作为道的内涵，阴阳之道是《易传》思想的核心。并且，阴阳之道一以贯之，在天为阴阳，在地为柔刚，在人为仁义，三者都是阴阳之道的表现。《易传》认为，"形而上者谓之道"，道无形可见，是抽象的规律；"道有变动"，道是变易之道；道无思无为，没有意志；道为中道。这些方面体现了《易传》之道的属性。《易传》对道统发展的影响主要表现在以阴阳为道，把道与阴阳结合起来，这丰富了道统思想的内涵；将儒家圣人之道由孔孟所说的尧舜上溯至伏羲、神农、黄帝，扩大了圣人之道传授的范围，为后世的道统论把道统的传授向前推移，提供了资料。

一、道为阴阳

阴阳是中国哲学的一对重要范畴。其本义是指日光的向背，向日为阳，背日为阴。《说文通训定声》称："会（阴）者见云不见日，易（阳）者云开而见日。"后来遂以阴阳表示两种相互对立的气，或用阴阳来解释和概括宇宙间存在的两种相互对立又相互消长的矛盾状态。

（一）"一阴一阳之谓道"

《易经》中无一字谈及阴阳，其两个基本符号"−−"、"—"，当时并未赋予阴阳的意义。《易经》中道字凡四见，其基本含义是指道路，道与阴阳无关。阴阳概念见于《国语·周语》，伯阳父指出："夫天地之气，不

---

① 《庄子·天下》，（清）郭庆藩撰，王孝鱼点校：《庄子集释》，中华书局 2004 年版，第 1067 页。

失其序，若过其序，民乱之也。阳伏而不能出，阴迫而不能烝，于是有地震。"① 老子进一步把阴阳发展为哲学范畴，阴阳是万物内含的矛盾规律。他说："万物负阴而抱阳，冲气以为和。"② 并未把阴阳与最高范畴道直接联系起来，阴阳是道所生万物的属性，而不是道本身，故不是最高范畴。至《易传》吸取了老子的思想，并加以发展，以阴阳为道，把阴阳上升为最高范畴，提出"一阴一阳之谓道"③ 的思想，认为阴阳是道的内容，道的内涵即是阴阳，直接把二者等同，用阴阳来表示宇宙万物的普遍规律。并认为，阴阳既是宇宙的普遍规律，又是阴阳之气，阴阳二气的运动变化是万物运动变化的根源。《乾卦·文言》称："潜龙勿用，阳气潜藏。"④ 以阳气的上升作为龙活动的依据，由于阳气藏于地下，所以龙也潜于水中而不动。《坤卦·象传》云："履霜坚冰，阴始凝也。驯致其道，至坚冰也。"⑤指出阴气始凝而成霜，顺其自然规律，即"驯致其道"，则出现坚冰，坚冰是阴气大凝的结果。这里，《易传》把道与阴气的变化相联系，阴气的变化即是道的体现，也是由霜至坚冰的根源。《易传》认为，阴阳二气是相互对立的，这体现为事物双方的矛盾规律，"阴疑于阳必战"⑥，是说阴气达到极盛，与阳气相敌，阴阳必展开斗争。阴阳相战，这是对客观事物矛盾冲突的反映。《易传》又认为，阴阳二气不仅相互对立斗争，而且亦相互感应、相互依存，正因为二气相感相应，男女才和悦相处，万物才得以亨通。《咸卦·象传》指出："咸，感也，柔上而刚下，二气感应以相与。止而说，男下女，是以'亨利贞，取女吉'也。"⑦ 以咸卦的上卦为兑，兑为阴；下卦为艮，艮为阳。阴阳相交，相感相应，共处一体。以男女言，则男下女上，两性相感而家道亨通；以天地言，则"天地感，而万

---

① 《国语·周语一》，徐元诰撰，王树民、沈长云校点：《国语集解》，中华书局 2002 年版，第 26 页。

② （魏）王弼注，楼宇烈校释：《老子道德经注校释》第 42 章，中华书局 2008 年版，第 117 页。

③ 《易传·系辞上》，《周易正义》卷 7，《十三经注疏》，中华书局 1980 年版，第 78 页。

④ 《乾卦·文言》，《周易正义》卷 1，《十三经注疏》，中华书局 1980 年版，第 16 页。

⑤ 《坤卦·象传》，《周易正义》卷 1，《十三经注疏》，中华书局 1980 年版，第 18 页。

⑥ 《坤卦·文言》，《周易正义》卷 1，《十三经注疏》，中华书局 1980 年版，第 19 页。

⑦ 《咸卦·象传》，《周易正义》卷 4，《十三经注疏》，中华书局 1980 年版，第 46 页。

物化生"①。这正是对阴阳二气相互作用而产生万物的表述。与此相关,《系辞下》指出:"天地绸缊,万物化醇;男女构精,万物化生。"②认为天之阳气与地之阴气相互交融,使得万物产生。表现在人这方面,则是以男女代表阴阳,这是人类化生的根源。

需要指出,《易传》"一阴一阳之谓道"的思想,是以阴阳作为道的内涵,即以阴阳二气在运动变化中存在着的对立统一的普遍的矛盾规律作为道的内涵,阴阳是道的同义语,论道就是指阴阳。而不是指道生阴阳、阴阳从属于道。"一阴一阳之谓道"与"易有太极是生两仪"③也不是相应的论断。因为阴阳就是道,是道的内容和表现,而两仪则是由太极产生,太极生两仪,两仪从属于太极。这与"一阴一阳之谓道"命题中的阴阳即道的思想完全不同。虽然后世理学家中有把道界定为太极、阴阳界定为两仪,把《易传》阴阳与道的关系解释为道生阴阳者,但那只是后人的诠释,而与《易传》本来的思想不符。《易传》正是从"盈天地之间者唯万物"④的以物为本原的思想出发,概括出一条万物运动变化的总规律,即"一阴一阳之谓道"。阴阳范畴之所以是最高范畴,而不是由道生,是因为阴阳本身亦就是阴阳二气,阴阳二气的相互作用,使万物得以产生,同时阴阳又体现为万物对立统一的普遍的矛盾规律,这个规律就是道。所以不应把作为最高范畴的阴阳误认为由道产生,而从属于道。正是在这个意义上,《易传》哲学与《老子》哲学不同,老子虽然提出了阴阳范畴,但阴阳只是由道产生的万物的属性,而不是最高范畴。至《易传》吸取了老子的阴阳观念,又借鉴并改造了道家的天道观,把阴阳与道相结合,提升阴阳的地位,使之成为道的内涵,又将阴阳之道一以贯之,使之具有仁义的含义,最终与道家的天道观相区别,而确立起儒家的天道思想。虽然其理论有待于发展,但毕竟是对道家道论的借鉴和回应。

---

① 《咸卦·象传》,《周易正义》卷4,《十三经注疏》,中华书局1980年版,第46页。

② 《易传·系辞下》,《周易正义》卷8,《十三经注疏》,中华书局1980年版,第88页。

③ 《易传·系辞上》,《周易正义》卷7,《十三经注疏》,中华书局1980年版,第82页。

④ 《序卦》,《周易正义》卷9,《十三经注疏》,中华书局1980年版,第95页。

（二）阴阳之道一以贯之

《易传》以儒家思想为主旨，这表现在，尽管《易传》吸取、借鉴了道家的阴阳思想和道论，但以仁义为道，阴阳之道一以贯之，体现在人这方面，便是仁义。这是儒学的特色，为道家思想所无。《易传》并以性为善，这些方面都是以儒家思想为主旨的表现。

《易传》将阴阳之道一以贯之，阴阳作为最高范畴，表现在天道，为阴阳；表现在地道，为柔刚；表现在人道，则为仁义。《说卦》称："立天之道曰阴与阳，立地之道曰柔与刚，立人之道曰仁与义。"[①] 指出阴阳之道普遍地存在于天地人物之中，不仅"阴阳之义配日月"[②]，天地四时日月等自然界贯穿着阴阳之道，而且人类社会的仁义道德也是阴阳之道的表现。《系辞上》说：一阴一阳之道"显诸仁，藏诸用"。阴阳通过仁来显现，这是把人类社会的道德原则与自然界的规律合为一体，阴阳之道便成为贯穿天、地、人的普遍规律。

《系辞上》还从阴阳之道中寻找性善的根据。指出："一阴一阳之谓道。继之者善也，成之者性也。"[③] 认为在阴阳之道中，存在着善的根源，将它继承下来，就是性善的表现。《易传》从阴阳规律上寻找性善的根据，这与孟子从内心深处解释性善产生的端绪的思想有所不同。但《易传》从阴阳之道引出善性的观点，仍是儒家思想的表现。

《易传》认为，阴阳之道贯穿于自然界和人类社会之中。具体说来，自然界的天地是一阴阳，人类社会的君臣、夫妻、男女之间，也是阴阳关系。《坤卦·文言》指出："阴虽有美，含之以从王事，弗敢成也。地道也，妻道也，臣道也。"[④] 以阴为地道、妻道、臣道，阳则是天道、夫道，君道。以此相推，天地、男女、夫妇、父子、君臣、上下、父母、兄弟等，都是阴阳之道的表现。《易传》的这一思想，对后世儒家道论影响很大。

---

① 《说卦》，《周易正义》卷9，《十三经注疏》，中华书局1980年版，第93—94页。

② 《易传·系辞上》，《周易正义》卷7，《十三经注疏》，中华书局1980年版，第79页。

③ 《易传·系辞上》，《周易正义》卷7，《十三经注疏》，中华书局1980年版，第78页。

④ 《坤卦·文言》，《周易正义》卷1，《十三经注疏》，中华书局1980年版，第19页。

二、道的属性

《易传》之道，不仅以阴阳为其内涵，而且具有以下一些基本属性，这充分体现了阴阳之道的特点。

（一）"形而上者谓之道"

《易传》提出著名的"形而上者谓之道，形而下者谓之器"①的思想，以道为形而上，以器为形而下，把道与器、形上与形下对举。这对中国哲学道范畴的理论发展产生了重大影响。宋代哲学家围绕着道与器、形上与形下的问题，展开了热烈的讨论，把道统理论的发展推至高潮。然而有些方面已与《易传》的思想不同，这是需要指出的。

《易传》提出这一思想的基本意义是，阴阳之道作为事物的普遍规律，是抽象的、无形可见。它与作为有形质可见的具体事物的器形成对应，即道与器、形上与形下的对应。道指无形的规律，器指有形的事物。《易传》明确提出道器对举的范畴，这是人们认识理论的深化。在此之前，老子提出"朴散则为器"②的观点，其朴有时作道解，认为朴（道）在器之先。而《易传》则没有讲道器的谁先谁后问题，也没有讲道为本，这是《易传》与老子及宋代理学家的道器论不同的地方。

（二）"道有变动"

道是运动变化的，这是《易传》之道的又一属性。《系辞下》指出："为道也屡迁，变动不居，周流六虚，上下无常，刚柔相易，不可为典要，唯变所适。"③这种变化的根源正是在阴阳，由于事物变动不居，所以要

---

① 《易传·系辞上》，《周易正义》卷7，《十三经注疏》，中华书局1980年版，第83页。

② （魏）王弼注，楼宇烈校释：《老子道德经注校释》第28章，中华书局2008年版，第75页。

③ 《易传·系辞下》，《周易正义》卷8，《十三经注疏》，中华书局1980年版，第89页。

"唯变所适"，不可拘泥于一成不变的常规。由此，《易传》提出："道有变动，故曰爻。"① 认为天地人之道有变动，阴阳相交正是道之变动的表现。把变动作为道的普遍的属性，它贯穿在万物之中。

《易传》不仅讲"生生之谓易"②，认为天地万物新陈代谢，生生不已，这即是变易；而且把微妙的、不易把握的变化称为神。《系辞上》指出："阴阳不测之谓神。"③ 认为阴阳的变化，有其偶然的、不可事先测定的因素，这就是所谓的神。对阴阳之道的微妙变化作了解释。并指出："知变化之道者，其知神之所为乎？"④ 道的变化，表现为神之所为。

《易传》并把变易这种普遍的现象归之于乾坤所为，乾坤是变易的主体。《系辞上》说："阖户谓之坤，辟户谓之乾。一阖一辟谓之变。"⑤ "乾坤，其易之缊邪？乾坤成列，而易立乎其中矣。乾坤毁，则无以见易。"⑥ 其乾为天，天为阳气；坤为地，地为阴气。阴阳之气一闭一开，于是产生变化。可见变易蕴藏在乾坤之中，变易是乾坤即阴阳之气的变易。舍弃了阴阳二气，或是乾坤毁灭，则无从谈变化。

值得注意的是，《易传》从天的运动中得到启示，从而提出"天行健，君子以自强不息"⑦ 的著名思想。这是对儒家人道有为思想的发展，集中体现了中华民族刚健有为、自强不息的精神。

（三）道无思无为

与圣人的有为相对应，《易传》认为阴阳之道无思无为。《系辞上》指

---

① 《易传·系辞下》，《周易正义》卷8，《十三经注疏》，中华书局1980年版，第90页。

② 《易传·系辞上》，《周易正义》卷7，《十三经注疏》，中华书局1980年版，第78页。

③ 《易传·系辞上》，《周易正义》卷7，《十三经注疏》，中华书局1980年版，第78页。

④ 《易传·系辞上》，《周易正义》卷7，《十三经注疏》，中华书局1980年版，第81页。

⑤ 《易传·系辞上》，《周易正义》卷7，《十三经注疏》，中华书局1980年版，第82页。

⑥ 《易传·系辞上》，《周易正义》卷7，《十三经注疏》，中华书局1980年版，第82页。

⑦ 《乾卦·象传》，《周易正义》卷1，《十三经注疏》，中华书局1980年版，第14页。

出：一阴一阳之道"鼓万物而不与圣人同忧"①，即阴阳能促动万物的变化，却无所用心，自然而然，不与圣人同忧虑。圣人有意志，道却无思虑，圣人与道的关系是人心有觉，而道体无为。这与孔子"人能弘道，非道弘人"②的思想类似。

《易传》圣人有忧、道无忧的思想推广开来，就是君子有为、有行，而《易》则无思无为。《系辞上》说："君子将有为也，将有行也，……《易》无思也，无为也。"③《易》作为载道之书，其无思无为是由于它所载的道无思无为，这与君子、圣人的有为，形成对照。

（四）以中为道

以中为道，道具有中的属性。其中道思想是《易传》的一个基本原则。《易传》对离卦六二爻辞的解释是："黄离元吉，得中道也。"④认为离六二之所以美德附其身，是因为六二居下卦之中位，得正中之道，即以中为正，以中为道。《易传》不仅以六二、九五得位为中为中道，而且认为即使不当位，只要居中也是中道。《解卦·九二象传》说："九二贞吉，得中道也。"⑤可见只要是居二五之中位，不论是否当位，都是中道而吉。《易传》推崇中道，以居中为美德，这是对孔孟中道思想的继承。清代惠栋对《易传》以道为中的"时中"加以概括，指出："易道深矣！一言以蔽之曰：时中。孔子作《彖传》言时者二十卦，言中者三十三卦。《象传》言中者三十卦。……子思作《中庸》，述孔子之意而曰：'君子而时中。'孟子亦曰：'孔子圣之时。'"⑥惠栋历述《易传》及《中庸》、孟子时中之义，认为易之道便是时中，即不仅要守中道，还要因时而行中道。指出："知时中之义，其于《易》也，思过半矣。"

---

① 《易传·系辞上》，《周易正义》卷7，《十三经注疏》，中华书局1980年版，第78页。

② 《论语·卫灵公》，（宋）朱熹：《四书章句集注》，中华书局1983年版，第167页。

③ 《易传·系辞上》，《周易正义》卷7，《十三经注疏》，中华书局1980年版，第81页。

④ 《离卦·象传》，《周易正义》卷3，《十三经注疏》，中华书局1980年版，第43页。

⑤ 《解卦·九二象传》，《周易正义》卷4，《十三经注疏》，中华书局1980年版，第52页。

⑥ （清）惠栋：《易汉学》，文渊阁《四库全书》第52册，台湾商务印书馆1986年版，第363页。

如上所述,《易传》的阴阳之道具有形上性,即道无形可见,是抽象的规律;道是变动不居的,阴阳不测之谓神;道无思无为,与圣人、君子的有为相区别;道为时中之道,中是道的属性。这些便是《易传》之道所具有的基本性质和特色。

三、《易传》对道统发展的影响

《易传》作为儒家的重要经典,不仅对中国哲学、易学的发展影响甚大,而且对道统思想的发展产生了直接的重要影响。这主要表现在以下两方面:

(一) 以阴阳为道丰富了道统思想的内涵

道与阴阳范畴的结合始于《易传》,这对道统之道的发展具有重要意义。在此之前,中国哲学道范畴分别具有仁义、自然等基本含义,而未具阴阳的含义。虽然阴阳概念在伯阳父、老子的思想里已提出,但并未与道相结合,老子哲学的阴阳是万物的属性,而不是道的内涵。《易传》以阴阳论道,道即是阴阳,赋予《易经》之道以阴阳的含义,这对道范畴含义的丰富及儒学道统理论的发展影响极大。其意义随着历史的发展,越到后来越看得十分清楚。宋代理学家论道统时,纷纷吸取《易传》"一阴一阳之谓道",以及"形而上者谓之道,形而下者谓之器"的思想,并加以改造发展,赋予己意。这体现了《易传》及其阴阳之道对后世道统论的深刻影响。

(二) 扩大了圣人的范围

如果说,儒家代表人物孔孟尤其是孟子论儒家圣人及圣人之道的传授,是由尧舜始的话,那么,《易传》则扩大了圣人的范围,将其上溯至伏羲、神农、黄帝。《系辞下》指出,伏羲作八卦;神农取象于《益卦》,而创造农具,率民从事农耕;黄帝等取象于乾坤两卦,而制作衣裳,取象于《涣卦》,而发明舟楫,取象于《随卦》,而用牛马驾车等,使中华文明大大发展。《系辞》提出以伏羲、神农、黄帝、尧、舜一脉相传,为五帝。

这为后世道统论将道统的传授向前推移提供了资料和经典的依据。后来的儒学学者和理学家以此为根据，以五帝的系统为脉络，并加以延伸，贯道于其中，以儒家圣人伏羲、神农、黄帝、尧、舜、禹、汤、文、武、周公、孔、孟，以至韩愈、二程、朱熹等一脉相传掌其道，使道的流传经久不息。并深深影响了中国文化。这正是《易传》对道统发展影响的表现。

第四节　荀子"天有常道"的思想

荀子（约前 313 年—前 238 年），战国末期哲学家、思想家，先秦儒家著名人物。名况，字卿。汉人避宣帝讳，称为孙卿。赵国（今山西省南部）人。曾游学于齐国稷下学宫，并三为祭酒。先后去过秦、赵、楚等国。后被楚国春申君任用为兰陵令。晚年在兰陵著书、教学。韩非、李斯曾为他的弟子。著作有《荀子》，现存三十二篇，是研究荀子思想的主要材料。

荀子的学术源于儒家，以儒家思想为主旨，又吸取了各家的思想，对先秦百家学说作了比较全面的总结。在政治上"隆礼重法"，主张礼法并用。经济上重功利，提出强本节用、开源节流和"省工贾"、众农夫等主张。同时重视道义，主张"以道制欲"，提出"重义轻利"的思想。在君民关系上提出"天之生民，非为君也；天之立君，以为民也"。[①] 认为民比君更为根本。并指出君为舟，民为水，以舟水喻君民，告诫水可载舟，亦可覆舟。在人性论方面，荀子首倡性恶论，批评孟子的性善论。认为"人之性恶，其善者伪也"。[②] 主张"化性起伪"，通过教育，培养良好的道德规范。并主张对人的性情用"礼义"和"法度"加以节制，否则将发生暴乱。在教育上，荀子认为教育能化性恶为性善，主张学习《诗》、《书》、《礼》、《乐》、《春秋》等儒家经典。

---

① 《荀子·大略》，（清）王先谦撰，沈啸寰、王星贤点校：《荀子集解》卷 19，中华书局 1988 年版，第 504 页。

② 《荀子·性恶》，（清）王先谦撰，沈啸寰、王星贤点校：《荀子集解》卷 17，中华书局 1988 年版，第 434 页。

在天人关系上，与孟子"天人合一"的思路不同，荀子主张"天人相分"。认为"天行有常"，不以人的意志为转移，强调以人制天，"制天命而用之"。与此相关，荀子吸取了老子的道法自然思想，但舍弃其以道为本体、否定其消极无为的观念，而提出"天有常道"的思想，强调天道自然，人道有为。明确以天为自然之天，还自然界以本来面目，以天道为自然界的普遍规律，否定了有意志、有人格的神学之天。并以礼义忠信作为人道的内容，人道是与天道不同的社会人事的原则。

荀子还论述了道与心的关系，以道为衡，即以道为标准，强调以心知道，人的主观意识能够认识道，但必须符合道，即"心合于道"。荀子区分人心与道心，认为"人心之危，道心之微"。这为伪《古文尚书·大禹谟》所吸取，成为在道统史上产生重要影响的"十六字心传"的资料来源。

荀子讲圣人之道的流传，既法先王，又法后王，认为"百王之无变，足以为道贯"，圣人之道经百王的传授，得以贯通下来，并重视儒家经典的学习与传授，把经典归之于道，即道载于经典之中。虽然后世儒学学者大多尊孟抑荀，韩愈、朱熹等所提出的道统论中，没有荀子的地位（北宋石介的道统论中则有荀子），但仍不可否认荀子在道统史上所应占有的一席之地。

一、"天有常道"

荀子之所以在道统思想发展史上应占有一席之地，其中的一个重要原因是他吸取道家的思想，并加以改造、创新，提出"天有常道"的思想，以天为自然之天，以道为自然界的普遍规律。既强调"天行有常"的规律性，不以人的主观意志为转移，即天道自然的观念，又强调人的主观能动性，主张"制天命而用之"。使天道自然与人道有为有机地结合起来。这在中国哲学史上是一创举，大大丰富和发展了中国哲学道范畴的理论体系。

儒家的天道观，在荀子之前，多为有意志的天，天命即体现天的意志。虽然孔孟均重人而轻天命，却不能完全排除天命的影响。至荀子吸取道家天道自然无为的思想，并站在儒家立场加以改造，提出了"天有常道"的思想。荀子说："天不为人之恶寒也，辍冬；地不为人之恶辽远也，辍广；君子不为小人之匈匈也，辍行。天有常道矣，地有常数矣，君子有常体矣。"① 此天是自然之天，有其自身的客观规律，不受人为意志的影响。所谓常道，即固定不移的规律，是天的本质属性。

从"天有常道"出发，荀子充分肯定天道自然，不以人的意志为转移。他说：

> 天行有常，不为尧存，不为桀亡。应之以治则吉，应之以乱则凶。强本而节用，则天不能贫；养备而动时，则天不能病；修道而不贰，则天不能祸。故水旱不能使之饥，寒暑不能使之疾，祆怪不能使之凶。本荒而用侈，则天不能使之富；养略而动罕，则天不能使之全；倍道而妄行，则天不能使之吉。故水旱未至而饥，寒暑未薄而疾，祆怪未至而凶。受时与治世同，而殃祸与治世异，不可以怨天，其道然也。故明于天人之分，则可谓圣人矣。②

这里所说的"天行有常"，指自然界的运行有自己的规律，这与"天有常道"类似。荀子认为，天道自然，不受人的主观意志的影响，不管是尧这样的圣人，还是桀这样的暴君，都不能改变"天行有常"的客观规律。因此，人们只能顺应它，而不能违背它。荀子强调，社会人事与天道无关，人们做好了自己的事，即使发生了自然灾害，也不能使人们遭殃；但如果人事不修，不从事生产，国之根本不立，那么就是上天也不能保全之。荀子主张遵循天道，反对背道而行，人要服从天道，即按照客观自然规律行事。从而把天与人、自然与社会区别开。其"明于天人之分"的思想，看到了自然与社会各自不同的质的规定性，不可混同。这与天人合一的思想形成对照，亦是对殷周以来天有人格意志的天命观的否定。

进而，荀子在区分天人的基础上，倡导人类积极征服自然，使自然为人类服务。这又是对老庄消极无为思想的否定。《荀子·天论》篇指出：

> 大天而思之，孰与物畜而制之！从天而颂之，孰与制天命而用

---

① 《荀子·天论》，（清）王先谦撰，沈啸寰、王星贤点校：《荀子集解》卷11，中华书局1988年版，第311页。

② 《荀子·天论》，（清）王先谦撰，沈啸寰、王星贤点校：《荀子集解》卷11，中华书局1988年版，第307页。

之！望时而待之，孰与应时而使之！因物而多之，孰与骋能而化之！思物而物之，孰与理物而勿失之也！愿于物之所以生，孰与有物之所以成！故错人而思天，则失万物之情。

这是一篇征服自然，利用自然为人类服务的宣言书。与道家思想相比，荀子承认天的客观自然性，这是与道家的相同处。然而，荀子在看到天道自然的同时，亦强调人道的有为；他不是主张消极地顺应自然，而是主张积极有为地控制和掌握自然及其规律，利用它来为人类服务。荀子的这一思想，既与老庄的无为思想划清了界限，又与孔孟的道德之天及罕言天命的思想相区别。同时也是对儒家有为思想的继承发展。

二、礼义忠信为道

荀子不仅提出"天有常道"的天道思想，而且提出以礼义忠信为道的人道思想。正因为他把仁、义、礼等作为道的内涵，才体现出其儒家道论的特色，从而与只讲天道自然、不讲仁义道德的道家道论区别开来。

荀子指出："道也者，何也？曰：礼义忠信是也。"① 在人道的诸内涵之中，荀子更重视礼。他说："礼者，人道之极也。"② 认为礼是最高的人道。这与孟子重视仁义，而把礼从属于仁义的思想有别。

何谓礼？荀子论述了礼的起源及礼所具有的养和别的两义。关于礼的起源，他说：

礼起于何也？曰：人生而有欲，欲而不得，则不能无求，求而无度量分界，则不能不争。争则乱，乱则穷。先王恶其乱也，故制礼义以分之，以养人之欲，给人之求。使欲必不穷乎物，物必不屈于欲，两者相持而长，是礼之所起也。

荀子客观地承认人生有欲，但由于个人的物质欲望难以完全满足，于是产生争夺以至社会混乱。先王制礼的目的就是为了养人之欲，以满足人们的

① 《荀子·强国》，（清）王先谦撰，沈啸寰、王星贤点校：《荀子集解》卷11，中华书局1988年版，第299页。
② 《荀子·礼论》，（清）王先谦撰，沈啸寰、王星贤点校：《荀子集解》卷13，中华书局1988年版，第357页。

欲求，使在物资的范围内调节人的欲望，不致使对欲望的追求超出现有物资的范围，也不致使物资被人的欲望所用尽，协调物资与欲望的关系，使二者得以相应地增长。这便是礼产生的原因。就这个意义上讲，"礼者，养也"①。礼就是上文所说的"养人之欲，给人之求"。养的具体内容是：食物以养口，芳香以养鼻，华美以养目，音乐以养耳，宫室以养体等。

礼除了养的意思外，还有"别"的含义。《礼论》篇接着说："君子既得其养，又好其别。曷为别？曰：贵贱有等，长幼有差，贫富轻重皆有称者也。"所谓别，指区别贵贱、长幼、贫富、尊卑等，使之皆得其宜，不致混乱无序。荀子认为，这就是礼所具有的社会职能和作用，即礼是为别异的。他说："礼也者，理之不可易者也。乐合同，礼别异。礼乐之统，管乎人心矣。"②礼作为社会伦理规范，体现了等级社会制度的原则，把人们区分为上下尊卑不同的等级。这即是礼所具有的"别"的意义。

从礼所具有的"养"的含义出发，荀子既主张养人之欲，又提出"以道制欲"，对人的欲望加以一定程度的控制。他说："君子乐得其道，小人乐得其欲。以道制欲，则乐而不乱；以欲忘道，则惑而不乐。"③在道与欲的关系上，以乐道或是乐欲来区别君子与小人。这与孔子提出的"君子喻于义，小人喻于利"④的思想类似。其"以道制欲"的观点也与他本人"重义轻利"⑤的思想在逻辑上是一致的。需要指出，这里所引"重义轻利"是荀子的原话，表明荀子作为先秦儒家代表人物之一，在价值观上与孔孟的相近，均为宋明理学家所接受，为构筑其理学思想体系服务。这也表明，宋明儒家在价值观上与先秦儒家具有共同性，而不是对先秦儒家思想的异化。

荀子提出礼、义、忠、信为道的思想，并把仁、义、礼沟通，三者

---

① 《荀子·礼论》，（清）王先谦撰，沈啸寰、王星贤点校：《荀子集解》卷13，中华书局1988年版，第347页。

② 《荀子·乐论》，（清）王先谦撰，沈啸寰、王星贤点校：《荀子集解》卷14，中华书局1988年版，第382页。

③ 《荀子·乐论》，（清）王先谦撰，沈啸寰、王星贤点校：《荀子集解》卷14，中华书局1988年版，第382页。

④ 《论语·里仁》，（宋）朱熹：《四书章句集注》，中华书局1983年版，第73页。

⑤ 《荀子·成相》，（清）王先谦撰，沈啸寰、王星贤点校：《荀子集解》卷18，中华书局1988年版，第462页。

作为道的内涵，皆是道的体现。他说："仁、义、礼、乐，其致一也。君子处仁以义，然后仁也；行义以礼，然后义也；制礼反本成末，然后礼也。三者皆通，然后道也。"① 认为人道的原则就体现在仁、义、礼三者的相通上，因此，掌握仁、义、礼，根据它们的要求来处理道德修养和道德践履的各种事宜，这与人道的原则是一致的。

三、道与心

荀子论道与心的关系，是其道论的重要组成部分。与其"制天命而用之"的思想相联，荀子展开了对道与心关系的论述。这是因为，荀子制天命的主体是人，而人之所以为人，是由于人具有主观能动性，有意识，能掌握和控制客体。而客体指天命，即自然之天的规律，也就是自然之天道。"制天命"并不是违天命。荀子说，如果"倍道而妄行"，则天不得为其所用。所以，"制天命而用之"是指通过发挥人的主体之心的能动性，在掌握而不违背客观自然规律的基础上，利用自然为人类服务。由此而引发出荀子对道与心关系的论述。

所谓道，如上所述，指客观的自然规律，抑或指人道。道作为普遍的规律，它本身是固定不移、恒常的，但它能穷尽一切事物的变化。具体事物的变化，便是事物规律的体现。所以说："夫道者，体常而尽变，一隅不足以举之。"② 由于万物的变化都是道的体现，并且"万物为道一偏，一物为万物一偏"③，所以，仅从一个方面着手，还不足以把握道。

所谓心，指人的思维器官。《天论》称："心居中虚，以治五官，夫是之谓天君。"④ 认为心是主宰感官的思维器官，对五官起着支配作用，所以

---

① 《荀子·大略》，（清）王先谦撰，沈啸寰、王星贤点校：《荀子集解》卷19，中华书局1988年版，第492页。

② 《荀子·解蔽》，（清）王先谦撰，沈啸寰、王星贤点校：《荀子集解》卷15，中华书局1988年版，第393页。

③ 《荀子·天论》，（清）王先谦撰，沈啸寰、王星贤点校：《荀子集解》卷11，中华书局1988年版，第319页。

④ 《荀子·天论》，（清）王先谦撰，沈啸寰、王星贤点校：《荀子集解》卷11，中华书局1988年版，第309页。

称之为"天君"。荀子指出，心的职能在于思维，也就是说，心具有认识事物及其规律的功能，即"心有征知"①。荀子强调，心作为认知主体，具有主观能动性。他说："心者，形之君也，而神明之主也，出令而无所受令。自禁也，自使也，自夺也，自取也，自行也，自止也。"②指出主体之心是形体的主宰，亦是精神活动的主管者，它对客体发号施令，而不接受命令。主体的一切活动都由心自主地自由决定。充分肯定了心所具有的主观能动性。这是对孟子"心之官则思"思想的继承，并进一步阐发了心的认识论功能。

在道与心的关系上，荀子把二者联系起来，以道为衡，以心知道，即以道为标准，以心来认识道。他指出如果心不能认识客观的道，就难以作出正确的判断，而导致否定正道，肯定邪道。他说："何为衡？曰：道。故心不可以不知道，心不知道，则不可道而可非道。……心知道然后可道，可道然后能守道以禁非道。"③所谓衡，指秤，也即标准。荀子以道为衡，也就是树立一个客观的标准，这个标准就是事物的规律，即道。荀子认为，道是客观的规律，但人们要掌握它，还必须依靠心的认知功能的发挥。而作为认识主体的心，其认识的对象是道；其认识的目的是"知道"，即掌握客观的规律。荀子强调，只有心知道，才能掌握客观的标准，以道为根据，作出正确的判断，守其正道而禁其非道。

怎样才能认识客观的道呢？《解蔽》篇指出："人何以知道？曰：心。心何以知？曰：虚壹而静。"④道虽然是客观的标准，但心不知道则无以明。心知道的前提和条件是"虚壹而静"。所谓虚，"心未尝不藏也，然而有所谓虚"⑤。虚指不以已有的知识去妨碍将要接受的新知识，即虚其心以待

---

① 《荀子·正名》，（清）王先谦撰，沈啸寰、王星贤点校：《荀子集解》卷16，中华书局1988年版，第417页。

② 《荀子·解蔽》，（清）王先谦撰，沈啸寰、王星贤点校：《荀子集解》卷15，中华书局1988年版，第397页。

③ 《荀子·解蔽》，（清）王先谦撰，沈啸寰、王星贤点校：《荀子集解》卷15，中华书局1988年版，第395页。

④ 《荀子·解蔽》，（清）王先谦撰，沈啸寰、王星贤点校：《荀子集解》卷15，中华书局1988年版，第395页。

⑤ 《荀子·解蔽》，（清）王先谦撰，沈啸寰、王星贤点校：《荀子集解》卷15，中华书局1988年版，第395页。

来者。所谓壹，"心未尝不两也，然而有所谓壹"①。壹指虽然心具有两面兼知的能力，但不要使两物互相妨碍而影响对一种事物的专一认识，这就是壹。所谓静，"心未尝不动也，然而有所谓静"②。静指由于心无时不动，甚至睡觉也要做梦，思想不集中时则胡思乱想，因此不以梦想和平时的胡思乱想干扰正常的认识，这就是静。荀子强调，对那些未曾得道的求道者来说，只有按照"虚壹而静"的认识原则和方法去做，才能得道。也就是说，通过"虚壹而静"，充分发挥主体思维的能动性，心便能知道，认识客观事物的规律，为人类服务。

此外，荀子把心区分为人心和道心，并以盘水之清浊比喻道心与人心，要求以正确的道理来引导心，使之保持清明，防止外物的干扰，这样就能发挥主体之心定是非、决嫌疑的认识功能。《解蔽》篇记载说：

> 《道经》曰："人心之危，道心之微。"危微之几，唯明君子而后能知之。故人心譬如盘水，正错而勿动，则湛浊在下，而清明在上，则足以见须眉而察理矣。微风过之，湛浊动乎下，清明乱于上，则不可以得大形之正也。心亦如是矣。故导之以理，养之以清，物莫之倾，则足以定是非决嫌疑矣。③

荀子引用《道经》中"人心之危，道心之微"这句话来说明主体之心存在着人心与道心的区别，指出人心与道心的危微之别是极其细微，一般人难以辨别的，只有得道君子才能分辨。荀子以盘水之清浊喻道心与人心的思想被宋代理学家广泛借用，用以说明《古文尚书·大禹谟》的所谓"十六字心传"。不仅荀子把道心与人心比为盘水之清浊的思想被宋代理学家广泛借用，而且在道统史上占有重要地位的"十六字心传"："人心惟危，道心惟微，惟精惟一，允执厥中"也是对《荀子·解蔽》篇的引用和发挥。由此两例可见荀子对中华道统思想的发展所作出的重要贡献。

---

① 《荀子·解蔽》，（清）王先谦撰，沈啸寰、王星贤点校：《荀子集解》卷15，中华书局1988年版，第395页。

② 《荀子·解蔽》，（清）王先谦撰，沈啸寰、王星贤点校：《荀子集解》卷15，中华书局1988年版，第395页。

③ 《荀子·解蔽》，（清）王先谦撰，沈啸寰、王星贤点校：《荀子集解》卷15，中华书局1988年版，第401页。

四、"圣人者，道之极"

关于圣人与道的关系，荀子论述的比较详细，比起孔孟来丝毫不差。其中心思想是强调圣人与道之间的密切联系，圣人是道的根本，是道的体现者；道依赖圣人的推广和传授，得以贯彻和流传下来。由此可以看出荀子对圣人之道及其流传的重视态度。与圣人之道的传授相关，荀子提到了法先王、法后王的问题。这个问题的实质是指出，先王、后王一以贯之，均以传道为己任；后人效法先王、后王，是为了弘扬他们共同遵循的圣人之道。因此，"文化大革命"中流行的关于孟子主张法先王，荀子主张法后王，并以此来区分、褒贬孟荀的观点，是缺乏依据的。

所谓圣人，荀子心目中的圣人是指："修百王之法，若辨白黑；应当时之变，若数一二；行礼要节而安之，若生四枝；要时立功之巧，若诏四时；平正和民之善，亿万之众而博若一人。如是，则可谓圣人矣。"[①] 也就是说，能够做到遵循百王之法，顺应时势的变化，按照礼节行事，善于掌握立功的时机，平政爱民，深得亿万民众之心，这样的人，便是圣人。这基本是儒家塑造的圣人形象，与孔孟的思想没有什么区别。从荀子具体列举的圣人看，也与孔孟宣扬的圣人相同。

其所谓道，如上所述，涉及人道方面，主要是指礼、义、忠、信、仁等儒家伦理规范及社会规范原则；涉及天道，则是指自然界的客观规律。关于天道的思想，荀子有不同于孔孟思想的一面；而关于人道，则与孔孟无异。

在圣人与道的关系上，荀子提出"圣人者，道之极也"[②] 的思想，认为圣人是道的根本，亦是道的化身和体现。他要求学者学做圣人，而不是学做无道之人。一方面，荀子提出"礼者，人道之极也"的思想；另一方面，又肯定圣人为道之极。通过道，把圣人与礼联系起来。也就是说，圣

---

① 《荀子·儒效》，（清）王先谦撰，沈啸寰、王星贤点校：《荀子集解》卷4，中华书局1988年版，第131页。

② 《荀子·礼论》，（清）王先谦撰，沈啸寰、王星贤点校：《荀子集解》卷13，中华书局1988年版，第357页。

人行礼，便是道的体现。

由此，荀子强调道不离圣人，圣人是道的管摄者，道通过圣人的提出和传授，得以流传开来。他说：

> 圣人也者，道之管也。天下之道管是矣，百王之道一是矣。故《诗》、《书》、《礼》、《乐》之道归是矣。《诗》言是，其志也；《书》言是，其事也；《礼》言是，其行也；《乐》言是，其和也；《春秋》言是，其微也。故风之所以为不逐者，取是以节之也；小雅之所以为小雅者，取是而文之也；大雅之所以为大雅者，取是而光之也；颂之所以为至者，取是而通之也。天下之道毕是矣。[1]

把圣人与道合而为一，天下之道即是圣人之道，圣人之道的传授，历百王而如一。其百王之道自然把先王、后王都包括在内。不特如此，圣人之道不仅包括了百王相传共守之一道，而且体现在儒家经典之中，通过《诗》、《书》、《礼》、《乐》、《春秋》等经典的文字得以表达。具体说来，《诗》言道，是表达圣人之志向的；《书》言道，是记述圣人的政事的；《礼》言道，是表现圣人的行谊的；《乐》言道，是表现圣人和谐的情趣的；《春秋》言道，则是表达圣人的微言大义的，如此等等，圣人之道载于经典之中，圣人作经，是为了明道、传道。"天下之道毕是矣"，所有的道都包含在这里。荀子关于道载于经典的思想，对汉初及后世儒家经典及经学的传授有重要意义。当时的学者指出："今之学者，得孙卿之遗言余教，足以为天下法式表仪。"[2] 清代汪中在其《荀卿子通论》里亦说："荀卿之学，出于孔氏，而尤有功于诸经。"[3] 这表明，荀子把圣人与道相结合；把圣人之道与儒家经典相结合的思想及其"遗言余教"，确有功于圣人之道的传授和儒家经典的流传。由此应该肯定荀子在道统思想发展史上占有一席之地。

关于先王和后王在圣人之道传授中的作用和地位，荀子对先王和后王均持肯定态度，并不是只法后王，不法先王。荀子所谓的先王，指早期

---

① 《荀子·儒效》，（清）王先谦撰，沈啸寰、王星贤点校：《荀子集解》卷4，中华书局1988年版，第131页。

② 《荀子·尧问》，（清）王先谦撰，沈啸寰、王星贤点校：《荀子集解》卷20，中华书局1988年版，第553页。

③ （清）汪中注，田汉云点校：《荀卿子通论》，《新编汪中集》第四辑，广陵书社2005年版，第412页。

的尧、舜、禹等古代帝王。《大略》篇说:"先王之道,则尧、舜已。"并指出:"今夫仁人也,将何务哉?上则法舜、禹之制,下则法仲尼、子弓之义。"① 把法舜禹称为上,先于孔子、子弓,显然是把舜、禹作为先王。此外,荀子有时也把先王上溯到伏羲,他说:"文、武之道同伏戏。"② 认为周文王和武王继承了伏羲之道。这是继《易传》之后,儒家对远古圣人伏羲的肯定。

荀子所谓的后王,指比较近于荀子之世的圣王,主要指提出周道的周文王和武王,以及上文所提到的"下则法仲尼",即孔子等。荀子在谈论后王对于"上世"圣王之道的流传所起的重要作用时指出:"欲知上世,则审周道;欲知周道,则审其人所贵君子。"③ 即要想了解远古圣王之迹,须通过审周道,便可由近知远。显然把"周道"与"后王"联系起来,后王是周道的体现者,也就是指文王、武王、周公等。

荀子提出先王、后王之分,是因为在他看来,由于年代已久,上古圣王之道和他们的事迹已经"文久而息,节族久而绝"④,而后王则继承了先王之道,使之明白起来,所以"欲观圣王之迹,则于其粲然者矣,后王是也。彼后王者,天下之君也,后王而道上古,譬之是犹舍己之君而事人之君也。"⑤ 荀子充分看到了后王在传上古圣人之道过程中的作用,由此他提出法后王的思想。但这并不排斥他法先王,他说:"儒者法先王,隆礼义,谨乎臣子而致贵其上者也。"⑥ 并称:"凡言不合先王,不顺礼义,谓之奸言,虽辩,君子不听。"⑦ 仍是以先王为准则来辨别是非。荀子批

① 《荀子·非十二子》,(清)王先谦撰,沈啸寰、王星贤点校:《荀子集解》卷3,中华书局 1988 年版,第 97 页。

② 《荀子·成相》,(清)王先谦撰,沈啸寰、王星贤点校:《荀子集解》卷 18,中华书局 1988 年版,第 460 页。

③ 《荀子·非相》,(清)王先谦撰,沈啸寰、王星贤点校:《荀子集解》卷3,中华书局 1988 年版,第 81 页。

④ 《荀子·非相》,(清)王先谦撰,沈啸寰、王星贤点校:《荀子集解》卷3,中华书局 1988 年版,第 79 页。

⑤ 《荀子·非相》,(清)王先谦撰,沈啸寰、王星贤点校:《荀子集解》卷3,中华书局 1988 年版,第 80 页。

⑥ 《荀子·儒效》,(清)王先谦撰,沈啸寰、王星贤点校:《荀子集解》卷4,中华书局 1988 年版,第 117 页。

⑦ 《荀子·非相》,(清)王先谦撰,沈啸寰、王星贤点校:《荀子集解》卷3,中华书局 1988 年版,第 83 页。

评"不法先王，不是礼义"的惠施等人，明确表达了他法先王的主张。因此，不能以他批评子思、孟子的"略法先王而不知其统"①这句话，就得出荀子主张法后王，而反对法先王的结论。须知荀子对思、孟的批评是"略法先王"，即批评思、孟只是粗略地法先王，而没有做到完全地法先王。

质言之，荀子在先王、后王问题上是既主张法先王，又主张法后王，二者不可偏废。他说："王者之制，道不过三代，法不贰后王。道过三代谓之荡，法贰后王谓之不雅。"②指出王者之制在夏、商、周三代比较重道，到了后王则比较重法。超过三代以前，由于年代久远，其圣人之道已不可详考；后王的法度已比较完善了，如果违背了它则不正。可见，荀子的这段话并不只是主张法后王，同时他也主张法三代之先王。他所不法的只是三代以前不可详考的道，并不包括三代圣人之道在内。荀子的思想是，把三代圣人之道与后王之法结合起来，既法先王，又法后王，道法结合，这与他本人"隆礼重法"的思想相一致。

关于法先王与法后王的统一，荀子的一句话具有概括性。他说："百王之无变，足以为道贯。"③即百王中都有一个不变的原则，这就是圣人之道一以贯之。正因为道贯穿于百王之中，所以无论是百王中的先王还是后王，都须效法，以把圣人之道传授下去，并发扬光大。

综上所述，荀子作为战国末儒学代表人物，继承并发展孔子的思想，吸取并改造道家的思想，提出"天有常道"的命题，以礼、义、忠、信为道，强调天道自然，人道有为；以道为衡，以心知道，开道统"十六字心传"之先河；把圣人与道、圣人之道与儒家经典紧密结合；既法先王，又法后王，以圣人之道的传授把先王、后王统一起来。这些方面足以说明荀子在道统思想发展史上，应占有一席之地。那种把荀子排除在道统之外的做法，与思想史的事实有所不符。

---

① 《荀子·非十二子》，（清）王先谦撰，沈啸寰、王星贤点校：《荀子集解》卷3，中华书局1988年版，第95页。

② 《荀子·王制》，（清）王先谦撰，沈啸寰、王星贤点校：《荀子集解》卷5，中华书局1988年版，第158页。

③ 《荀子·天论》，（清）王先谦撰，沈啸寰、王星贤点校：《荀子集解》卷11，中华书局1988年版，第318页。

第五节 《大学》的明明德之道

    《大学》是儒家经典《礼记》中的一篇,后成为"四书"之一,得到高度重视。传为曾子所作,得孔子之心传。南宋朱熹认为《大学》的第一章即"经"的部分,共 205 字,是"孔子之言,而曾子述之",而"传"的部分,共十章,是"曾子之意而门人记之"。也有人不同意此说。明清之际的陈确著《大学辨》,不同意朱熹将《大学》列为"圣经贤传",认为"《大学》首章,非圣经也;其传十章,非贤传也。"① 现代学者一般认为《大学》是秦汉之际的儒家作品,是对儒家伦理、政治、哲学的系统概括。也有人认为《大学》是战国时期的儒家作品。

    《大学》重点论述了个人的道德修养、治学次第及其与治理国家的关系问题,即由内圣而达于外王。其主要内容包括三纲领和八条目。三纲领是:明明德、亲民、止于至善。八条目是:格物、致知、诚意、正心、修身、齐家、治国、平天下。《大学》作为儒家重要经典,因其系统阐述了道德修养和治理国家等重大问题而受到重视,尤其是唐宋以后,儒家为对抗佛老学说,建立道统论,更是发挥了《大学》的一套理论。唐代韩愈借《大学》之道反佛老,建立道统论思想体系,以儒家的仁义之道把修身正心与治国平天下结合起来,提倡有为,批评佛教只讲个人的道德修养、不讲治理国家的宗教理论,反对佛老的虚无和无为。韩愈对《大学》之道的发挥,对道统学说的完善和确立影响很大。

    继韩愈之后,宋代理学家对《大学》也十分重视。程颢、程颐极力表彰《大学》,程颢认为"《大学》乃孔氏遗书,须从此学则不差"。② 程颐也指出:"《大学》,孔子之遗言也。学者由是而学,则不迷于入德之门也。"③

---

    ① (清)陈确:《大学辨》一,《陈确集·别集》卷 14,中华书局 1979 年版,第 552 页。

    ② (宋)程颢、程颐著,王孝鱼点校:《河南程氏遗书》卷 2 上,《二程集》,中华书局 1981 年版,第 18 页。

    ③ (宋)程颢、程颐著,王孝鱼点校:《论书篇》,《河南程氏粹言》卷 1,《二程集》,中华书局 1981 年版,第 1204 页。

把《大学》归于孔子的遗书、遗言。将其从《礼记》中提取出来，与《论语》、《孟子》、《中庸》相配合，合称"四书"，经朱熹集注，风行于天下。其地位在"六经"之上。它不仅在经学史和理学史上占有重要地位，而且对道统思想的发展产生了促进作用。其被视为对学者进行道德修身教育，由内圣开出外王的基本教材，成为唐宋以后记述和发挥儒家伦理、政治、哲学的重要典籍。

一、三纲领

《大学》之道的含义主要是指明明德。对此，《大学》开篇开宗明义地指出："《大学》之道，在明明德，在亲民，在止于至善。"虽然《大学》之道包含了这三方面的内容，但以明明德为主。明明德、亲民、止于至善这三个方面亦称《大学》的三纲领。朱熹说："此三者，大学之纲领也。"①三纲领中，以明明德为首。

《大学》之道以明明德为主。所谓明明德，指"显明其至德"，第一个明字是动词，指显明、彰明、彰显之义。第二个明字与德连用，其明德指光明的德性、完美的道德。朱熹解释说："明，明之也。明德者，人之所得乎天，而虚灵不昧，以具众理而应万事者也。"②认为明德是天赋的、内在于心的完美德性。而明明德则是要求把这种己之所有的至德之性彰显开来，使之发扬光大，以实现内在的自我超越，达到成圣的目的。

《大学》的明明德之道是对儒家道德修养论的继承和发展，并加以系统化，使之提纲挈领，便于掌握。关于明明德之道的思想来源，《大学》著文加以说明："《康诰》曰：'克明德。'《大甲》曰：'顾諟天之明命。'《帝典》曰：'克明峻德。'皆自明也。"③《大学》引《尚书》中的三篇提到有关明德的字句，并加以概括，认为其德性"皆自明也"。朱熹注曰："皆言自明己德之意。"④即德性是内在的己德，须自明，而不须外求。《大学》所

---

① 《大学》，（宋）朱熹：《四书章句集注》，中华书局1983年版，第3页。
② 《大学》，（宋）朱熹：《四书章句集注》，中华书局1983年版，第3页。
③ 《大学》，（宋）朱熹：《四书章句集注》，中华书局1983年版，第4页。
④ 《大学》，（宋）朱熹：《四书章句集注》，中华书局1983年版，第4页。

引《尚书》之三篇，其中《康诰》、《帝典》（即《尧典》）是《今文尚书》，《大甲》是《古文尚书》。《大甲》在今通行的《十三经注疏》本的伪《古文尚书》中作《太甲》。《大学》引《古文尚书·大甲》佚文，说明《大学》的作者尚见到过《古文尚书》。

除《大学》所引上述三处有关明德的文字外，《大学》以前儒家的明德思想还表现在：《左传》成公二年曰："明德，务崇之之谓也。"即务欲崇尚、显明其道德。《易·晋卦·象传》称："君子以自昭明德。"[①]这句话显然影响到《大学》的明明德之道。《易传》的昭是动词，即昭明，昭亦明；明德的明是形容词，明德即光明之德。昭明德，即昭明美好的道德。自昭明德，指道德是内在的，所以需要自我去昭明它。受其影响，《大学》的明明德与《易传》的自昭明德相类似。《荀子·致士》篇亦称："今人主有能明其德，则天下归之，若蝉之归明火也。"指出如果人主能明于德，即显明其美德，那么天下人将归向于他。《荀子》的明其德，相当于《大学》的明明德。

由以上可见，《大学》提出的明明德之道是对以往儒家道德修养论的继承和发展。说它发展了以往儒家的明德思想，是因为《大学》把明明德与亲民、止于至善联系起来，并将其贯彻落实到治理国家和个人道德修养的实践过程中，形成了一套体系，并对后世产生了重要影响。

《大学》的明明德之道，除以明明德为主外，还包括亲民和止于至善的内容。所谓亲民，唐孔颖达疏曰："在亲民者，言大学之道在于亲爱于民。"[②]即把《大学》的明明德思想体现在爱民上，亲民即《大学》之道的运用。程朱则把亲民解作新民。程颐说："亲，当作新。"[③]朱熹亦称："新者，革其旧之谓也，言既自明其明德，又当推以及人，使之亦有以去其旧染之污也。"[④]把新民与自明其明德联系起来，新民便是推己及人，把己德发扬光大，及之于人，以自新新民。

所谓止于至善，是指把内在的仁、敬、孝、慈、信的道德观念运用

---

① 《晋卦·象传》，《周易正义》卷4，《十三经注疏》，中华书局1980年版，第49页。

② 《礼记正义·大学》卷60，《十三经注疏》，中华书局1980年版，第1673页。

③ （宋）程颢、程颐著，王孝鱼点校：《伊川先生改正大学》，《河南程氏经说》卷5，《二程集》，中华书局1981年版，第1129页。

④ 《大学》，（宋）朱熹：《四书章句集注》，中华书局1983年版，第3页。

于外在的君臣、父子、朋友的关系上，以达到和处于至善的道德境界。《大学》对此作出解释："为人君，止于仁；为人臣，止于敬；为人子，止于孝；为人父，止于慈；与国人交，止于信。"①也就是说，至善的道德境界，其思想内涵包括仁、敬、孝、慈、信等观念，将它们作为行为规范和准则，行之于事，便是至善之行的表现，也即是内外结合，达到理想的境界。

由上可知，在《大学》三纲领中，明明德居主导地位；亲民是把明明德落实到爱民上；止于至善是把道德观念运用于人们日常社会交往关系中，使之达到完美的道德境界。

二、八条目

为了贯彻《大学》的明明德之道，《大学》的作者提出了一套系统的原则，它们包括："古之欲明明德于天下者，先治其国；欲治其国者，先齐其家；欲齐其家者，先修其身；欲修其身者，先正其心；欲正其心者，先诚其意；欲诚其意者，先致其知；致知在格物。"朱熹注曰："此八者，大学之条目也。"②《大学》八条目的引出，关键在"欲明明德于天下"，即为了把明明德之道推行于天下，才提出了这一套系统的、环环相扣的原则。可以十分明显地看出，《大学》的八条目是以明明德为宗旨，明明德既是三纲领的核心，又是八条目的目的，因此可以说，《大学》的根本在于明明德。

从把明明德落实到平天下来讲，八条目的次第是：平天下、治国、齐家、修身、正心、诚意、致知、格物。从通过个人道德修养，达到兼善天下而言，则是依照格物、致知、诚意、正心、修身、齐家、治国、平天下的治学次序。《大学》说："物格而后知至，知至而后意诚，意诚而后心正，心正而后身修，身修而后家齐，家齐而后国治，国治而后天下平。自天子以至于庶人，壹是皆以修身为本。"③《大学》提出的这一套系统的治学次

① 《大学》，（宋）朱熹：《四书章句集注》，中华书局1983年版，第5页。
② 《大学》，（宋）朱熹：《四书章句集注》，中华书局1983年版，第3—4页。
③ 《大学》，（宋）朱熹：《四书章句集注》，中华书局1983年版，第4页。

第，是从个人的修养出发，治学的目的是为了"立己"，也就是孔子所说的"为己"之学，学在己，不是为了别人而学。通过一系列具体步骤，挺立主体精神，达到道德修养所追求的人格和境界，然后将道德精神推之于家、国、天下。这就是明明德宗旨的落实。由此可见，《大学》的八条目仍是以明明德为本。

需要指出，《大学》提出"自天子以至于庶人，壹是皆以修身为本"。这里的以修身为本，是指从个人道德修养的角度讲，从天子到庶人，都以修身为本。这并不是说，整个《大学》之道是以修身为本。这是因为，修身的目的是明明德，天子通过修身，加强道德修养，以彰明其内在固有的德性，施之于天下，使天下大治；庶民通过修养，显明其自身的美德，以善其身、和其家，使社会稳定，因家庭是社会的细胞，国家是家庭的放大。这里所说的以修身为本，无论对天子，还是对庶民，都是从个人修养的角度讲，而不是从整个《大学》之道的意义上说的。所以，不应把"以修身为本"理解为整个《大学》之道的根本。《大学》之道的宗旨，乃至儒家的最高政治理想仍是"明明德于天下"。修身则是实现这个宗旨和理想的基础。

虽然不能把修身作为整个《大学》之道的根本，然而它对于个人修养以达到明明德，仍然是十分重要的。为了实现明明德于天下的理想，必须从格物、致知入手，按照先后、始终的次序，循序渐进，而诚意，而正心，以达到修其身。从个人道德修养的角度讲，身修而根本立，然后可以齐家、治国、平天下。《大学》提出的这一套系统的治学及修养次第，对后世中国文化的发展，产生了非常重要的影响。

三、内圣而外王

以上对《大学》三纲领、八条目的论述，可以了解到《大学》之道的内容，以及它在各方面的体现。然而，贯穿在三纲领、八条目之中，体现着儒家道德人生、政治伦理基本精神的，则是内圣而外王的原则。

所谓内圣而外王，指内有圣人之德，外施王者之政。《庄子·天下》称："是故内圣外王之道，暗而不明，郁而不发，天下之人各为其所欲焉，以自为方。"① 后世儒家借用此语，以概括自己的伦理政治的基本原则，内圣外王之说遂流行开来。

《大学》的文字中虽没有出现内圣外王四个字，然而其基本精神恰恰可以用内圣而外王来概括。在三纲领八条目中，起主导作用的是明明德。《大学》为了贯彻其明明德之道于天下，于是提出了八条目。八条目的提出是以"明明德于天下"为宗旨。这个宗旨便是由内圣而外王。明明德是内圣，即把内在的圣人之德加以彰明；推圣人之德于天下，则是外王，外王以内圣为根据，把儒家的伦理道德施之于政，这即是由内圣而达于外王。具体说来，三纲领中的明明德是内圣，亲民是外王，止于至善是二者的结合，都达到了尽善尽美的理想境界。八条目中，诚意、正心、修身属于内圣，格物、致物是为了达到修身的目的，也可作为内圣；治国、平天下属于外王。齐家是介于二者之间的中间环节。就齐家是由内在的道德修养转为外在的道德践履，国家是家庭的放大而言，也可把齐家归于外王。由此，《大学》的三纲领八条目分别归类于内圣和外王。其最高伦理政治原则："明明德于天下"，便是内圣而外王的集中体现。由于外王由内圣开出，外王的根据在内圣，所以，《大学》之道以明明德为主，由明明德施之于天下，便是由内圣而达于外王。朱熹对三纲领八条目加以分类，其注曰："修身以上，明明德之事也；齐家以下，新民之事也。"② 即把修身之前，包括修身、正心、诚意、致知、格物视为明明德的范围；把齐家以后，包括齐家、治国、平天下视为新民即亲民的范围。一定程度地把《大学》的三纲领八条目区分为内圣和外王。正如《大学》的先后、始终、本末关系，环环相联系，不容割断一样，其内圣而外王的内在联系也是不可割裂的。可以看出，《大学》的内圣与外王、个人修养与治国平天下相结合的原则，充分体现了儒家思想的特色。后来韩愈建立道统论，批评佛教只讲个人的宗教修养，不讲平治天下的出世原则，就是对《大学》"明明德于天下"之道的继承和发展。这也体现了《大学》在道统发展史上的重要地位。

---

① 《庄子·天下》，（清）郭庆藩撰，王孝鱼点校：《庄子集释》，中华书局 2004 年版，第 1069 页。

② 《大学》，（宋）朱熹：《四书章句集注》，中华书局 1983 年版，第 4 页。

第六节 《中庸》的中庸之道

《中庸》与《大学》一样，亦是儒家经典《礼记》中的一篇，后也成为"四书"之一，得到高度重视。南宋朱熹为《中庸》作注，他在其《中庸章句序》里，明确提出了"道统"二字，这在道统思想发展史上意义重大。虽然道统思想的内涵在先秦儒家等的道论里已经具有，并且其统道的圣人也已排列，但道统的正式提出和确立，是在唐宋。尤其是朱熹通过对《中庸》的集注，把道统二字连用①，并对道统论作了详尽而深入的论述，使得道统论得以正式确立。

关于《中庸》一篇的作者，有各种不同的说法，相传为孔子之孙子思。司马迁在《史记·孔子世家》里指出：子思作《中庸》。《十三经注疏》本《中庸》篇前言载：郑玄曰："《中庸》者，孔子之孙子思伋作之，以昭明圣祖之德。"清人崔述则断定《中庸》必非子思所作。今人任继愈主编的《中国哲学发展史》，在其《中庸》一节中，认为《中庸》属于西汉初年的作品。也有人根据《中庸》里"今天下车同轨，书同文，行同伦"的文字，认定其为秦汉之际的儒家作品。冯友兰著《中国哲学史新编》，在其第三册《中庸》一节里指出："《中庸》所反映的社会情况，有些明显的是秦朝统一以后的景象。《中庸》所论命、性、诚、明诸点，也都比孟轲所讲得更为详细，似乎是孟轲思想的发挥。……并非一个人的著作，也不是一个时期的著作。"②

宋代理学家将《中庸》与《论语》、《孟子》、《大学》并列为"四书"，其地位大大提高。程颢、程颐把《中庸》奉为"孔门传授心法"③，认为这个心法的传授是以义理为标准，随时而为"中"；并认为《中庸》是子思所作，肯定他在传授儒家圣人之道过程中的重要作用。这影响到朱熹。

---

① 近年来学术界研究表明，在朱熹之前已有人把"道统"二字连用。
② 冯友兰：《中国哲学史新编》第三册，人民出版社1985年版，第113—114页。
③ （宋）程颢、程颐著，王孝鱼点校：《河南程氏外书》卷11，《二程集》，中华书局1981年版，第411页。

二程代表和反映了理学家在建立道统论时，对《中庸》的重视态度及其观点。

《中庸》一篇继承并发展孔子的中庸思想，并将其系统化、哲理化。对中庸思想作了较为详细的论述；又提出中和之道，以补充和发挥中庸思想；并以诚为天道，主张人效法天道，自明而诚，最终以诚作为天人合一的契合点，通过诚，天人、内外合为一体；《中庸》的中庸之道是对先秦以来中、中庸思想的系统总结，在思想史上占有重要地位，并成为道统之道的一个重要内容。

一、中庸思想

《中庸》继承了孔子"中庸之为德"①的思想，并加以发展和全面的论述。如果说，孔子虽提出了中庸思想，但对中庸二字没有展开直接的论述，他只是在对人和事物的评价上体现了对中的重视的话，那么，《中庸》则对中庸思想作了哲理化的论述，并丰富了其内涵。需要指出，《中庸》书所引孔子的话，其实很多并不是孔子所说，而是借孔子的名义来表达自己的思想，当然这些话有对孔子思想继承和发展的因素。《中庸》提出的中庸思想主要表现在以下方面：

一是明确提出了"时中"说，《中庸》指出："君子中庸，小人反中庸。君子之中庸也，君子而时中；小人之中庸也，小人而无忌惮也。"②认为君子掌握中庸的原则，能够随时以处中；小人则不守中庸，肆欲妄行，无所忌禅。这里《中庸》提出了"时中"说。所谓时中，指君子立身行事既合乎中道，又随时而在，合乎时宜，把守中道与随时权变结合起来。随时而不离中，即为时中。《中庸》的时中说亦是对《易传》时中概念的发展。《易·蒙卦·象传》指出："蒙亨，以亨行，时中也。"③即居蒙之时，有亨美之行，进止得时而为中，故为时中。把时与中结合起来。《中庸》的时中说则把君子与小人加以对比，认为只有君子才能做到随时而处中，

---

① 《论语·雍也》，（宋）朱熹：《四书章句集注》，中华书局 1983 年版，第 91 页。
② 《中庸》，（宋）朱熹：《四书章句集注》，中华书局 1983 年版，第 18—19 页。
③ 《蒙卦·象传》，《周易正义》卷 1，《十三经注疏》，中华书局 1980 年版，第 20 页。

强调了人的主观意志对时中的把握。

《中庸》还把孔子"过犹不及"的一般性评述上升到道的范围加以论述，认为过与不及均是道之不行、不明的表现，那么，中庸便是道了。《中庸》说："道之不行也，我知之矣，知者过之，愚者不及也；道之不明也，我知之矣，贤者过之，不肖者不及也。"① 指出道即表现为中，智者过，愚者不及，均违背了中庸之道，使道之不行；贤者过，不肖者不及，亦违背了中庸之道，使道之不明。不言而喻，《中庸》提倡的是中庸之道，中庸即是道。

此外，《中庸》将孔子"叩其两端"② 的观点明确化，提出执两用中的思想，把两端与中联系起来。《中庸》说："舜其大知也与！舜好问而好察迩言，隐恶而扬善，执其两端，用其中于民，其斯以为舜乎！"③ 从《论语》记载的孔子的话中，并没有把叩其两端与用中直接联系起来。《中庸》则把两端与中联系起来，以中作为执两端的尺度。这是对孔子中庸思想的深化。

《中庸》还提出"中立而不倚"的思想，要求确立中的观念，不偏任何一方，甚至为了坚守中道的信念，而至死不变。可见对中道原则的谨守勿失。《中庸》强调："君子和而不流，强哉矫！中立而不倚，强哉矫！国有道，不变塞焉，强哉矫！国无道，至死不变，强哉矫！"④ 无论是有道还是无道，都要求"中立而不倚"，坚守信念，讲求操守，不偏不倚。这体现了儒家提倡的优良传统，而与折中调和乃至妥协的观念相去甚远。因此不应把中庸思想与之相提并论。

二、中和之道

《中庸》篇对孔子中庸思想的补充和发展还体现在它提出的中和之道上。中与和的概念，在《中庸》之前早已有之，但都是分别使用，未曾连

① 《中庸》，（宋）朱熹：《四书章句集注》，中华书局 1983 年版，第 19 页。
② 《论语·子罕》，（宋）朱熹：《四书章句集注》，中华书局 1983 年版，第 110 页。
③ 《中庸》，（宋）朱熹：《四书章句集注》，中华书局 1983 年版，第 20 页。
④ 《中庸》，（宋）朱熹：《四书章句集注》，中华书局 1983 年版，第 21 页。

用。至《中庸》将二者连用，提出了"致中和"的思想。关于中和之道，《中庸》称："喜怒哀乐之未发，谓之中；发而皆中节，谓之和。中也者，天下之大本也；和也者，天下之达道也。"① 其意为，喜怒哀乐等人的感情未发之前，谓之中，此中存在于内，是一种精神性的实体，也是万物的标准和尺度，它作为天下的根本，是喜怒哀乐等人的感情的发源地。人的感情是天命之性的表现，感情表现在外，符合了中的原则，便是和。掌握了中和之道，天地万物便有其根据，天下可得到治理，人的道德也可达到理想的境界。所以说："致中和，天地位焉，万物育焉。"② 《中庸》提出的中和之道，是从哲学的高度发展了孔子的中庸思想。它把中提到"天下之大本"的地位，这与孔子只是把中庸作为一种美好的道德的思想相比，确实有了很大的发展。此外，从《中庸》对和的规定看，和是中的表现，人的感情表现在外，与中相合，即是和。在这里，和的含义与庸相当，是中的运用和表现。也就是说，在性情的范围言之，中庸即为中和，庸与和相通。在其他方面，则以中庸言之。中庸的中，实际包含了中和之义。

《中庸》的中和之道，其中和的中，不仅是一种方法论的原则，是天下之大本，而且有其具体的伦理道德内涵。如上文所述，《中庸》把发而皆中节的和称之为"天下之达道"。而天下之达道，《中庸》规定为五个方面："曰君臣也，父子也，夫妇也，昆弟也，朋友之交也，五者天下之达道也。知、仁、勇三者，天下之达德也，所以行之者一也。"③ 人之五伦中体现的儒家伦理原则即是道，也是中。中作为礼义道德的原则，通过和表现出来，在人的喜怒哀乐的情感之中贯彻儒家伦理的原则，而不违背。所以"致中和"是把"天下之大本"落实到万物万事的必要前提。使和不离中，情不违性。这是《中庸》的中和之道的逻辑所要求的。

三、"诚者，天之道"

《中庸》论道，以诚为天之道；以按诚的原则去做，称为人之道。从

① 《中庸》，（宋）朱熹：《四书章句集注》，中华书局1983年版，第18页。
② 《中庸》，（宋）朱熹：《四书章句集注》，中华书局1983年版，第18页。
③ 《中庸》，（宋）朱熹：《四书章句集注》，中华书局1983年版，第28—29页。

而把天人结合起来。《中庸》说："诚者，天之道也；诚之者，人之道也。诚者，不勉而中，不思而得，从容中道，圣人也。诚之者，择善而固执之者也。"① 所谓诚，指自然如此，真实不虚，是天道之本然。所谓诚之，指按真实不妄去要求自己，去做，这便是人效法天，是人事之当然。《中庸》认为，只有圣人能够做到不用勉强工夫，就自然中道；不用思虑，就自然得其为诚。而对一般人来说，则须经过择善和固守，以勉力求诚。也就是需要执着于中，择善而行，以尽人道，以合天道。由于天道为诚，所以"天命之谓性"②，即为诚。性是天命所赋予，性的本原出自于天，天诚性也诚。率性而行就是道，即"率性之谓道"③，也就是性即道。虽然性道相即，但有人不能率性而行，须通过教化使人向道，这就是"修道之谓教"④。

《中庸》还把天道至诚的原则运用于性和教，指出："自诚明，谓之性；自明诚，谓之教。诚则明矣，明则诚矣。"⑤ 认为由诚而明，这就是性。性由天命而来，其源为诚，人而明之，这也是天道的体现。而由明至诚，这即是教。一般人需要通过修道的工夫，才能具有天道至诚的品德，即经历一个明道的过程，以达其诚。《中庸》认为，虽然有自诚明和自明诚的区分，但"诚则明矣，明则诚矣"，不论是率性，还是修道，最终的结果是天诚与人明的结合，天人由诚明合为一体，而天人合一的契合点是诚。《中庸》说："诚者，物之终始，不诚无物。是故君子诚之为贵。诚者，非自成己而已也，所以成物也。成己，仁也；成物，知也，性之德也，合外内之道也，故时措之宜也。"⑥ 把天道至诚及于万物，万物也具有真实不妄的诚的属性。所以君子不仅要自身做到真实无伪，还要成物，即把诚推行于外物，使道体现在万事万物和每一个人身上，最后达到"合外内之道"，使主客观统一起来。与此相关，《中庸》提出了引人注意的"尊德性而道问学"、"极高明而道中庸"的问题。它说："大哉圣人之道！洋

---

① 《中庸》，（宋）朱熹：《四书章句集注》，中华书局1983年版，第31页。
② 《中庸》，（宋）朱熹：《四书章句集注》，中华书局1983年版，第17页。
③ 《中庸》，（宋）朱熹：《四书章句集注》，中华书局1983年版，第17页。
④ 《中庸》，（宋）朱熹：《四书章句集注》，中华书局1983年版，第17页。
⑤ 《中庸》，（宋）朱熹：《四书章句集注》，中华书局1983年版，第32页。
⑥ 《中庸》，（宋）朱熹：《四书章句集注》，中华书局1983年版，第34页。

洋乎发育万物，峻极于天。优优大哉！礼仪三百，威仪三千，待其人而后行。故曰：苟不至德，至道不凝焉。故君子尊德性而道问学，致广大而尽精微，极高明而道中庸。"① 其"尊德性"即是"自诚明"，也就是"率性之谓道"；其"道问学"即是"自明诚"，也就是"修道之谓教"。在《中庸》这里，两方面是有机地结合在一起的，最终是要达到"合外内之道"、"极高明而道中庸"的境界。而在宋明理学那里，则各自强调了"尊德性"或"道问学"，以至忽视了二者之间的联系，从而形成心学和道学两个派别。

四、中庸之道的历史地位

儒家中庸之道的形成，经历了一个历史发展的过程，至《中庸》发展到比较成熟的阶段。并对后世的道统思想产生了重要影响。

中庸的"中"在甲骨文里已经出现，其本义是立于正中央的一杆旗帜。由此引申出中正、中间等含义。《尚书·盘庚中》指出："汝分猷念以相从，各设中于乃心。"② 要求把中放在心上，中与心有结合的倾向。《尚书·酒诰》记周公诰词曰："尔克永观省，作稽中德。"③ 中德这一概念，始由周公提出。表示中正之德。中正两字的连用，记于《尚书·吕刑》："明启刑书胥占，咸庶中正。"④ 其中，"正"指正确无误。

孔子首先提出儒家的中庸思想，《论语·雍也》记孔子言论："中庸之为德也，其至矣乎！民鲜久矣！"⑤《论语·尧曰》篇还提出"允执其中"的命题，这些对后世影响很大。孟子继承孔子的中庸思想，指出"孔子岂不欲中道哉？"⑥ 并指出："汤执中，立贤无方。"⑦ 强调中道和执中。然而

---

① 《中庸》，（宋）朱熹：《四书章句集注》，中华书局 1983 年版，第 35 页。
② 《尚书正义·盘庚中》卷 9，《十三经注疏》，中华书局 1980 年版，第 171 页。
③ 《尚书正义·酒诰》卷 14，《十三经注疏》，中华书局 1980 年版，第 206 页。
④ 《尚书正义·吕刑》卷 19，《十三经注疏》，中华书局 1980 年版，第 250 页。
⑤ 《论语·雍也》，（宋）朱熹：《四书章句集注》，中华书局 1983 年版，第 91 页。
⑥ 《孟子·尽心下》，（宋）朱熹：《四书章句集注》，中华书局 1983 年版，第 374 页。
⑦ 《孟子·离娄下》，（宋）朱熹：《四书章句集注》，中华书局 1983 年版，第 294 页。

孟子在贯彻礼的原则的同时，也主张权，因时而权变。《易传》亦推崇中道，以居中为美德，并提出"时中"的观念，指出："蒙亨，以亨行，时中也。"① 荀子重视中，他认为仁的最高表现，就是按照中的准则行事。他说："先王之道，仁之隆也，比中而行之。曷谓中？曰：礼义是也。"② 以礼义作为中的内涵。由于荀子的礼义也是道的内涵，通过礼义，把中与道联系起来，所以中即是道。

《中庸》在继承先前儒家中庸、中道思想的基础上，对儒家的中庸之道作了新的发展和补充，这主要表现在以下方面：《中庸》从哲理的高度发展了孔子的中庸思想，提出中和说，以中为"天下之大本"，以和为"天下之达道"，要求"致中和"，掌握中和之道，使万物有其根据，天下得到治理。此外，《中庸》把孔子提出的诸如中庸、过犹不及、叩其两端等一般性的论述上升为抽象的理论，从而提出"时中"说、执两用中说、"中立而不倚"说等思想，这些方面都丰富和发展了孔子的中庸思想。此外，《中庸》还提出了一系列重要的命题和理论，如"天命之谓性，率性之谓道，修道之谓教"、"修身以道，修道以仁"、"尊德性而道问学"等。以及在对中庸之道论述的过程中，历叙尧、舜、文王、武王、周公、孔子等儒家圣人在传道中的重要性和所起的作用，把道与圣人结合起来，指出："君子之道，本诸身，征诸庶民，考诸三王而不缪，建诸天地而不悖，质诸鬼神而无疑，百世以俟圣人而不惑。"③ 从道的思想内容和传道的形式等各方面，为道统思想的确立和完善，提供了丰富的思想资料。正由于此，朱熹在对《中庸》的集注中，正式提出了道统二字，并展开了对道统思想系统、全面而深入的论述。在这个意义上讲，《中庸》对朱熹这样一位道统思想的集大成者产生了重要影响。由此而表现出《中庸》的中庸之道在中华道统思想发展史上所占有的重要地位。

---

① 《蒙卦·象传》，《周易正义》卷1，《十三经注疏》，中华书局1980年版，第20页。
② 《荀子·儒效》，（清）王先谦撰，沈啸寰、王星贤点校：《荀子集解》卷4，中华书局1988年版，第122页。
③ 《中庸》，（宋）朱熹：《四书章句集注》，中华书局1983年版，第37页。

第七节　董仲舒"圣人法天而立道"的思想

　　董仲舒（前 179—前 104 年），西汉儒家今文经学大师，儒学代表人物。广川（今河北枣强）人。景帝时任博士，讲授《春秋公羊传》。汉武帝举贤良文学之士，他三次对策，受到武帝赞赏并被采纳。其后任江都易王刘非国相十年。后又任胶西王刘端国相，四年后辞职归家，从事著书讲学，仍受武帝尊重，朝廷每有大议，令使者及廷尉到其家问之。董仲舒的著作很多，主要是明经术之意的书，以及奏疏等，凡一百二十三篇。又有说《春秋》得失之书，共数十篇，十余万言。现存有《春秋繁露》八十二篇，其中有阙文。另在《汉书·董仲舒传》中载有其《举贤良对策》。

　　从先秦到汉代，中国学术文化思想发生了重大变化，由战国时期的"百家争鸣"到汉代的"罢黜百家，独尊儒术"，儒学遂成为中国社会的正统思想。这对中国哲学及儒学道论的发展，产生了深刻影响。随着儒学地位的提高，儒学道论也日益受到世人的重视，这为儒家道统论的正式提出，创造了条件。

　　"罢黜百家，独尊儒术"的建议是由董仲舒顺应秦汉之际社会的发展，要求思想统一的时代潮流而提出，并被最高统治者汉武帝所采纳。汉武帝即位之初，就治国大计举贤良对策，董仲舒上"天人三策"，提出："《春秋》大一统者，天地之常经，古今之通谊也。今师异道，人异论，百家殊方，指意不同，是以上亡以持一统；法制数变，下不知所守。臣愚以为诸不在六艺之科、孔子之术者，皆绝其道，勿使并进。邪辟之说灭息，然后统纪可一而法度可明，民知所从矣。"① 要求凡不是孔子儒家之道，都要加以罢黜，以使儒学成为"大一统"的指导思想。汉武帝准其奏，开始推行"罢黜百家，独尊儒术"的治国之策。从此，儒家思想定于一尊。这是"百家争鸣"的结果。实际上，儒术独尊，是指以儒家思想为本位，兼

---

　　① （汉）班固撰，（唐）颜师古注：《董仲舒传》，《汉书》卷 56，中华书局 1962 年版，第 2523 页。

取诸家思想，并不是对诸子百家的完全排斥。以董仲舒的思想为例，虽然他以儒学为主，但也吸取了阴阳家、道家，以及法家的思想。关于对道家无为思想的吸取，董仲舒说："故为人主者，以无为为道。"① 并说："为人君者，居无为之位，行不言之教。"② 这是对老子"是以圣人处无为之事，行不言之教"③ 思想的借用。受法家思想影响，董仲舒并不完全否定霸道政治，他认为："《春秋》之道，大得之则以王，小得之则以霸。"④ 并指出："霸、王之道，皆本于仁。"⑤ 这与孟子"五霸者，三王之罪人"⑥，提倡王道、反对霸道的思想有所区别。

董仲舒的学说以儒家为主，结合阴阳五行说，提出了一套以"公羊春秋"学为形式，以天人感应为核心的理论体系。在政治上，鉴于秦王朝单纯用法家思想而亡的历史教训，主张省刑薄赋，"以宽民力"。提出"强干弱枝"的主张，逐步削弱诸侯王的势力，以加强中央政权，适应"大一统"政治的需要。在人性论上，不同意孟子的性善论，指出："性待教而为善。此之谓真天。……苟性已善，则王者受命尚何任矣？"⑦ 而提出性三品说，把人性分为上、中、下三品。一种是"圣人之性"，近于全善，情欲极少；一种是"斗筲之性"，虽经教化也难以为善，情欲极多；一种是"中民之性"，可善可恶，经圣人教化可以为善。并提出"夫仁人者，正其谊（义）不谋其利，明其道不计其功"⑧ 的价值观，认为道义的价值高于功利，这反映了董仲舒义利观的特征。在教育上，提出三项文教政策，即

---

① 《春秋繁露·离合根》，钟肇鹏主编：《春秋繁露校释》（校补本）卷6，河北人民出版社2005年版，第371页。

② 《春秋繁露·保位权》，钟肇鹏主编：《春秋繁露校释》（校补本）卷6，河北人民出版社2005年版，第399页。

③ 《道德经》第二章，（魏）王弼注，楼宇烈校释：《老子道德经注校释》，中华书局2008年版，第6页。

④ 《春秋繁露·俞序》，钟肇鹏主编：《春秋繁露校释》（校补本）卷6，河北人民出版社2005年版，第363页。

⑤ 《春秋繁露·俞序》，钟肇鹏主编：《春秋繁露校释》（校补本）卷6，河北人民出版社2005年版，第363页。

⑥ 《孟子·告子下》，（宋）朱熹：《四书章句集注》，中华书局1983年版，第343页。

⑦ 《春秋繁露·深察名号》，钟肇鹏主编：《春秋繁露校释》（校补本）卷10，河北人民出版社2005年版，第673页。

⑧ （汉）班固撰，（唐）颜师古注：《董仲舒传》，《汉书》卷56，中华书局1962年版，第2525页。

第一，推明孔氏，抑黜百家；第二，兴设学校，立太学，设庠序；第三，选士、贡贤、网罗人才。促进了当时教育的发展。

在哲学上，董仲舒以天为最高范畴，以道为天的本质属性，由此提出"圣人法天而立道"的道论。其天有三义：主宰之天、自然之天、仁义之天。道作为天的本质属性，其义也有三：神秘主宰之天道，自然规律之天道，以及仁义、三纲之天道。在圣人与天、道的关系上，董仲舒强调圣者法天，"圣人视天而行"；圣人相传，共守一道；圣人之道，同诸天地，与天相始终。把圣人、天、道三者紧密沟通，体现了其道论"圣人法天而立道"的宗旨。在历史观上，董仲舒提出兴亡治乱在于道的思想，认为道是社会历史发展的最高原则：新王改制而不易道；道者万世无弊，政失其统则亡，政衰而道不亡；有道圣人伐无道之暴君，即"有道伐无道"。这些方面，呈现出道统史观的雏形。

一、"道之大原出于天"

董仲舒所谓道，指天的本质属性，道不离天，与天同在。他说："道之大原出于天，天不变，道亦不变。"① 道出自于天，以天为存在的根据，所以天不变，道亦不变。天作为董仲舒哲学的最高范畴，有着三方面既相区别又相联系的意义；作为天的本质属性的道，亦具有与之相关的三层含义。

（一）"天执其道为万物主"

董仲舒所谓的天，主要是一个主宰万物的神灵之天。他说："天者，百神之大君也。"② 天是有意志、知觉，能主宰万物和人世的人格神。并且天生万物，天是宇宙的本原。他说："天者，万物之祖，万物非天不生。独阴不生，独阳不生，阴阳与天地参，然后生。"③ 天生万物，天的内部又

① （汉）班固撰，（唐）颜师古注：《董仲舒传》，《汉书》卷56，中华书局1962年版，第2519页。
② 《春秋繁露·郊语》，钟肇鹏主编：《春秋繁露校释》（校补本）卷14，河北人民出版社2005年版，第911页。
③ 《春秋繁露·顺命》，钟肇鹏主编：《春秋繁露校释》（校补本）卷15，河北人民出版社2005年版，第940页。

包含着阴阳两种属性，阴阳与天地结合，然后产生万物。由于天是主宰万物的神灵之天，所以其道也具有神秘主宰之天道的含义。他说："天执其道为万物主，君执其常为一国主。"① 董仲舒的天是有意志的人格神，它能够持其道而主宰万物，其道便是天的意志的体现。在这个意义上，天道即是天命、天意。

（二）"天之道，春煖以生"

董仲舒所说的天，除了是一个主宰万物的神灵之天外，还具有自然之天的含义。他认为天地之间，有阴阳之气，"阴阳之气，在上天，亦在人。……在天者为暖清寒暑。"② 阴阳之气存在于天时，则表现为暖清寒暑等自然现象。可见，这里的天指自然之天。与此相应，天道亦具有自然规律的意义。他说："天之道，春煖以生，夏暑以养，秋清以杀，冬寒以藏。煖暑清寒，异气而同功，皆天之所以成岁也。"③ 指出春暖、夏暑、秋凉、冬寒，这些就是天道的表现。此天道指自然规律无疑。这些自然现象之所以有着各自不同的规律，原因在于"异气"。气的不同，由气构成的不同的事物，其规律也不同。虽然事物及其规律不同，但它们又共处于自然界，以共成岁功。

（三）"天志仁，其道也义"

董仲舒所谓的天，既是主宰神灵之天、自然之天，同时又具有仁义道德的属性。他说："仁之美者在于天。天，仁也。天覆育万物，既化而生之，有养而成之。事功无已，终而复始，凡举归之以奉人。察于天之意，无穷极之仁也。人之受命于天也，取仁于天而仁也。"④ 指出天生长养育万物，生生不已，终而复始，这都是天之仁德的表现，天本身就是仁之

---

① 《春秋繁露·天地之行》，钟肇鹏主编：《春秋繁露校释》（校补本）卷17，河北人民出版社2005年版，第1065页。

② 《春秋繁露·如天之为》，钟肇鹏主编：《春秋繁露校释》（校补本）卷17，河北人民出版社2005年版，第1078页。

③ 《春秋繁露·四时之副》，钟肇鹏主编：《春秋繁露校释》（校补本）卷13，河北人民出版社2005年版，第797页。

④ 《春秋繁露·王道通三》，钟肇鹏主编：《春秋繁露校释》（校补本）卷11，河北人民出版社2005年版，第732页。

天。道德之天是天的一个重要内涵。道德之天又与自然之天相互联系在一起，天的仁德贯穿在自然之天生养万物的过程中。不仅如此，人的道德也取法于天，人仁的根据在于天仁。这就把人类社会特有的仁义道德归之于自然之天了。既然天是仁之天，那么天道也自然具有仁义的属性。他说："天志仁，其道也义。"① 天道不仅包含了仁义，而且"王道之三纲，可求于天"。② 君臣、父子、夫妻的纲常伦理原则也由上天决定。这是因为天道之常，一阴一阳，"君为阳，臣为阴；父为阳，子为阴；夫为阳，妻为阴"③，而阳尊阴卑，故君为臣纲，父为子纲，夫为妻纲。三纲与仁义，均是天道的内涵。

由上可见，董仲舒哲学的道，具有神秘主宰之天道、自然规律之天道、仁义道德之天道三种不同的含义。三种含义又相互沟通，共同构成董仲舒道的完整内涵。

二、"圣人法天而立道"

董仲舒的道论，以"圣人法天而立道"为宗旨。在圣人、天、道三者的关系上，是以天为根本，道作为天的本质属性，其大原出于天，圣人效法天，以天为本，必然以天道作为行为的最高准则，谨承天意，以顺其命。在回答武帝"善言天者必有征于人，善言古者必有验于今"的策问时，董仲舒提出了"圣人法天而立道"的思想。他说：

臣闻天者群物之祖也，故遍覆包函而无所殊，建日月风雨以和之，经阴阳寒暑以成之。故圣人法天而立道，亦溥爱而亡私，布德施仁以厚之，设谊立礼以导之。春者天之所以生也，仁者君之所以爱也；夏者天之所以长也，德者君之所以养也；霜者天之所以杀也，

① 《春秋繁露·天地阴阳》，钟肇鹏主编：《春秋繁露校释》（校补本）卷17，河北人民出版社2005年版，第1089页。
② 《春秋繁露·基义》，钟肇鹏主编：《春秋繁露校释》（校补本）卷12，河北人民出版社2005年版，第791页。
③ 《春秋繁露·基义》，钟肇鹏主编：《春秋繁露校释》（校补本）卷12，河北人民出版社2005年版，第788页。

刑者君之所以罚也；繇此言之，天人之征，古今之道也。孔子作《春秋》，上揆之天道，下质诸人情，参之于古，考之于今。……天令之谓命，命非圣人不行；质朴之谓性，性非教化不成；人欲之谓情，情非度制不节。是故王者上谨于承天意，以顺命也；下务明教化民，以成性也；正法度之宜，别上下之序，以防欲也。修此三者，而大本举矣。①

董仲舒强调"人副天数"，天人感应，人必须效法于天。春季万物生长，所以君主必须效法天的仁爱之心；夏季万物繁茂，所以君主必须以德养人，以效法天；秋季万物肃杀，所以君主必须体现天的刑罚之意。如此等等，人间的行为准则，都可在上天找到根据。因此，在董仲舒看来，天人是相互感应的。正由于此，孔子作《春秋》，效法天道，为后世提供了法天立道的榜样和依据。董仲舒所谓的天命，也就是天道，天道是上天意志和命令的体现。他认为，这个天道"非圣人不行"，也就是说，只有圣人才能担当承天命的责任，把道推广开来。董仲舒提出"圣人法天而立道"的思想，以孔子为榜样，并对此展开了具体的论述。

(一)"圣人视天而行"

董仲舒客观地看到自然界存在的规律，然而他把人世间的行为规范、政令、道德原则与天类比，要求人们法天而行，以符合天道。他说：

天之道，有序而时，有度而节，变而有常，反而有相奉，微而至远，踔而致精，一而少积蓄，广而实，虚而盈。圣人视天而行。是故其禁而审好恶喜怒之处也，欲合诸天之非其时，不出煖清寒暑也；其告之以政令而化风之清微也，欲合诸天之颠倒其一而以成岁也；其羞浅末华虚而贵敦厚忠信也，欲合诸天之默然不言而功德积成也；其不阿党偏私而美泛爱兼利也，欲合诸天之所以成物者少霜而多露也。②

指出天的运行规律表现为"有序而时，有度而节，变而有常"等。圣人则

---

① （汉）班固撰，（唐）颜师古注：《董仲舒传》，《汉书》卷 56，中华书局 1962 年版，第 2515 页。

② 《春秋繁露·天容》，钟肇鹏主编：《春秋繁露校释》（校补本）卷 11，河北人民出版社 2005 年版，第 745 页。

须效法天道，按天的原则行事。具体说来，人的喜怒好恶不得违背天的燠清寒暑；国家的政令应符合天的变化以成岁功的原则；人们鄙视浅薄浮华而崇尚敦厚忠信，这应效法天的默默无言而赐福于人类的品质；人们反对偏私阿党而赞美施爱于众人、兼顾他人利益的品德，这正与天的少霜而多露、成人之美的品性相符。通过这样的类比，董仲舒把天人合为一体，人世间特有的人事原则都来源于天，天具有人格的属性，是人类社会各种规范、道德原则存在的根据。这种以天为最高范畴，圣人法天而行的思想，不仅与道家老子"人法地，地法天，天法道，道法自然"①的思想大异，而且区别于孔孟重人事、轻天命的观念，同时也与荀子"制天命而用之"②的思想形成鲜明的对照。

（二）"三圣相受而守一道"

董仲舒提出"圣人法天而立道"的思想，不仅体现在圣人视天而行上，而且指出圣人从天那里得到的主要是道。圣人法天，实际是法天道，道是圣人相传共守、一以贯之的实质内容。他说："道之大原出于天，天不变，道亦不变，是以禹继舜，舜继尧，三圣相受而守一道。"③认为道原于天，天既不变，道亦不会变化。以此说明尧、舜、禹三大圣人相传共守一道，此道得之于天而无弊，所以不言其损益。

所谓人受命于天，主要是指受命于道，如果不按道的原则去行事，天将断绝与他的关系。他说："人于天也，以道受命；其于人，以言受命。不若于道者，天绝之；不若于言者，人绝之。"④人受命于天，天授之以道。人得天道，就要遵循它，而不得违背。如果违背道，就像人违背诺言一样，将自绝于人，亦自绝于天。

不仅三圣人相传共守从天那里得来的一贯之道，而且上至五帝，下

① （魏）王弼注，楼宇烈校释：《老子道德经注校释》第 25 章，中华书局 2008 年版，第 65 页。
② 《荀子·天论》，（清）王先谦撰，沈啸寰、王星贤点校：《荀子集解》卷 11，中华书局 1988 年版，第 317 页。
③ （汉）班固撰，（唐）颜师古注：《董仲舒传》，《汉书》卷 56，中华书局 1962 年版，第 2519 页。
④ 《春秋繁露·顺命》，钟肇鹏主编：《春秋繁露校释》（校补本）卷 15，河北人民出版社 2005 年版，第 944 页。

至三王，其百王之道都是相通的。其相通的根据在于天，"圣人之道，同诸天地"①，天是圣人之道产生的根源。所以圣人之道流传百世，最终也是伴随着天而不相脱离。他说："欲以上通五帝，下极三王，以通百王之道，而随天之终始。"②所谓五帝，《大戴礼记》、《史记·五帝本纪》，以及《世本》等都以黄帝、颛顼、帝喾、帝尧、帝舜为五帝。所谓三王，《风俗通义·皇霸·三王》云："礼号谥记说：夏禹、殷汤、周武王，是三王也。"③五帝、三王均是道统中圣人之道的传人，董仲舒欲贯通百王之道，并把道的流传与天联系起来，这启发了朱熹的道统论。朱熹说："盖自上古圣神继天立极，而道统之传有自来矣。"④朱熹讲"继天"，董仲舒讲"随天"、"法天"，都讲的是把受命于天的圣人之道传授下来。所不同的是：朱熹的天与道等同，天即道，天即理，虽天有道德的属性，但天却没有意志，不是神灵，也不具有人格的属性；而董仲舒的天却是道的本原，道则是天的本质属性，天不仅是道德之天，而且有意志、有人格，是神灵主宰之天。董仲舒、朱熹对于天的认识的相同相异之处表明，董仲舒"圣人法天而立道"的思想既有启发朱熹道统论的因素，又处在儒学道统思想发端的过程中，与后世成熟的道统思想存在着差异，而不能完全相提并论。

三、兴亡治乱在于道

董仲舒的道论对后世的影响还表现在，他提出了较为系统的兴亡治乱在于道的思想，认为道是社会历史发展的最高原则和内在依据，新王改制而不易道，道者万世无弊，政衰而道不亡，失道则亡，有道圣人伐无道暴君。这些思想成为道统史观的滥觞。

---

① 《春秋繁露·基义》，钟肇鹏主编：《春秋繁露校释》（校补本）卷12，河北人民出版社2005年版，第791页。

② 《春秋繁露·符瑞》，钟肇鹏主编：《春秋繁露校释》（校补本）卷6，河北人民出版社2005年版，第352页。

③ （汉）应劭：《皇霸·三王》，《风俗通义》卷1，文渊阁《四库全书》第862册，台湾商务印书馆1986年版，第353页。

④ （宋）朱熹：《中庸章句序》，《四书章句集注》，中华书局1983年版，第14页。

（一）新王改制不易道

董仲舒提出更化、改制、不易道的思想。所谓更化，指变更前代，主要指秦朝的一套做法；所谓改制，指改正朔，易服色，正朔之法，不得相因，车马亦须改易；不易道，是指治理国家的大纲、人伦原则等不必变易，依旧如故。他说：

> 今所谓新王必改制者，非改其道，非变其理，受命于天，易姓更王，非继前王而王也。若一因前制，修故业，而无有所改，是与继前王而王者无以别。……故必徙居处，更称号，改正朔，易服色者，无他焉，不敢不顺天志而明自显也。若夫大纲、人伦、道理、政治、教化、习俗、文义尽如故，亦何改哉？故王者有改制之名，无易道之实。孔子曰："无为而治者，其舜乎！"言其主尧之道而已。此非不易之效与？[①]

强调"王者有改制之名，无易道之实"，即道不可易。其所谓道，指尧舜相传授受之道。他以孔子所说的舜无为而治来说明正是因为舜继承了尧之道，按尧之道的原则办，所以能无为而治，这就是不易道的原因。董仲舒更化、改制、不易道的思想，以道为治理国家的大纲，不因朝代的更替而改变。具体的制度、服色车马、正朔之法可以变，而道不可易。表现出对道的高度重视。

（二）"道者万世无弊"

与更化、改制、不易道的思想相联系，董仲舒提出"道者万世无弊"的思想。他认为，政治有衰败的时候，国家也有灭亡的情况，道却历万世而无弊。他指出：

> 道者，所繇适于治之路也，仁义礼乐皆其具也。故圣王已没，而子孙长久安宁数百岁，此皆礼乐教化之功也。……夫人君莫不欲安存而恶危亡，然而政乱国危者甚众，所任者非其人，而所繇者非其道，是以政日以仆灭也。夫周道衰于幽厉，非道亡也，幽厉不繇也。至于宣王，思昔先王之德，兴滞补弊，明文武之功业，周道粲

[①] 《春秋繁露·楚庄王》，钟肇鹏主编：《春秋繁露校释》（校补本）卷1，河北人民出版社2005年版，第29页。

　　然复兴，诗人美之而作，上天祐之，为生贤佐，后世称诵，至今不绝。此夙夜不解行善之所致也。孔子曰："人能弘道，非道弘人"也。

故治乱废兴在于己，非天降命不可得反，其所操持悖谬失其统也。①其道的内容主要指仁义礼乐等儒家伦理。将其运用于政治，则成为治国之术。董仲舒认为，道作为治理国家的大纲，不因圣王的存世与否而湮没，只要由其道，按道的原则办事，天下自然得到治理。但如果不由其道，则导致"政乱国危"。也就是说，天下的兴亡治乱在于道，失其统则亡，由其道则兴。然而，即使不按道行事，也只是政衰国亡，而不是道亡。他举周厉王、周幽王失道而导致亡国为例，说明这只是"周道衰于幽厉，非道亡也"。强调道不因统治者的失道行为而消亡，相反，道是历万世而无弊的。他说：

　　　夫乐而不乱、复而不厌者谓之道。道者万世亡弊，弊者道之失也。先王之道必有偏而不起之处，故政有眊而不行，举其偏者以补其弊而已矣。三王之道所祖不同，非其相反，将以捄溢扶衰，所遭之变然也。故孔子曰："亡为而治者，其舜乎！"改正朔，易服色，以顺天命而已；其余尽循尧道，何更为哉！②

这里董仲舒所说的"道者万世亡弊"的"亡"，其实是"无"字，"亡弊"即"无弊"。这从下文他引孔子的话："亡为而治者，其舜乎"可得到证明。因为孔子的原话是"无为"，而不是"亡为"。董仲舒把"无"改为"亡"，或是避汉武帝之讳。董仲舒认为，乐而不混乱，时常往复而无穷尽的必然趋势，就叫做道。道在人类社会领域是永恒的存在，经历万世而无弊，出现了弊病只是失道所致，即人们不按道的原则去做，才会出现弊病。由此可见，道是人类社会历史发展的根据，顺道而行则昌，逆道不由则亡。并且，其道为尧之道，即儒家圣人之道，只要"循尧道"，就不须有什么变更。如果说，董仲舒哲学的天，是整个宇宙的最高原则的话，那么，作为天的本质属性的道，则是人类社会的最高原则。在社会领域，还有什么能比经历了万世而无弊的道更为根本的呢？

---

　　① （汉）班固撰，（唐）颜师古注：《董仲舒传》，《汉书》卷56，中华书局1962年版，第2499页。

　　② （汉）班固撰，（唐）颜师古注：《董仲舒传》，《汉书》卷56，中华书局1962年版，第2516页。

(三)"有道伐无道"

董仲舒继承了孟子"闻诛一夫纣矣，未闻弑君也"[①] 的盛赞汤武革命的思想，提出"有道伐无道"的变革史观。他认为，历史的变革，起支配作用的是道，有道之圣人伐无道之暴君，由此推动了历史的变革和发展，并将此称之为天理。这在一定程度上启发了宋代理学的天理史观，抑或道统史观。他说："夏无道而殷伐之，殷无道而周伐之，周无道而秦伐之，秦无道而汉伐之。有道伐无道，此天理也。所从来久矣，宁能至汤、武而然耶?"[②] 强调"有道伐无道"，凡无道之君被有道之人所取代，这是天经地义的。也就是说，道是历史发展的最高原则，社会变革的动因在于统治者是否有道。正因为夏桀王和商纣王无道，才被汤王和武王革除其命。董仲舒不同意把汤武革命称为"不义"的观点，他认为"天之生民，非为王也，而天立王，以为民也"。[③] 以对民的态度来区分圣君和暴君，认为残害民众的桀、纣只是"残贼"、"一夫"，人人可得而诛之。汤、武讨伐之，是有道伐无道，这即是天理，即是顺天应人之举。从董仲舒的观点中可以看出，他是以是否有道作为评判历史人物的标准，而不是以是否居于君位作为是非的标准。这与孟子的思想比较接近。

从以上对董仲舒"圣人法天而立道"思想的论述中，可以得出：董仲舒以天为最高范畴，以道为天的本质属性；对道高度重视，强调儒家圣人相传共守一道；道通百王，随天而始终。这启发了朱熹的道统论。并以道为社会历史发展和变革的根据，道历万世而无弊，强调更化、改制，而不易道；顺道则昌，违道则亡，有道伐无道，即是天理的表现。这些方面不仅丰富了传统儒学的道论，而且启发了后世儒学的道统论和道统史观。

---

① 《孟子·梁惠王下》，(宋) 朱熹：《四书章句集注》，中华书局1983年版，第222页。
② 《春秋繁露·尧舜不擅移汤武不专杀》，钟肇鹏主编：《春秋繁露校释》(校补本)卷7，河北人民出版社2005年版，第499页。
③ 《春秋繁露·尧舜不擅移汤武不专杀》，钟肇鹏主编：《春秋繁露校释》(校补本)卷7，河北人民出版社2005年版，第498页。

第四章　道统论的正式提出和确立

在中国思想史上占有重要地位，促使中国思想史发生重大转变的道统论的正式提出是在唐代韩愈，基本确立是在北宋程颢、程颐，完全确立和集大成是在南宋朱熹。虽然道统论的正式提出和确立是在唐宋，然而道统论的思想成分在先秦以及汉代儒家思想体系里已经具有。可以说道统思想发端于孔孟等儒家代表人物，以及《易传》、《大学》、《中庸》等儒家经典。而中华道统则溯源于伏羲、神农、黄帝、尧、舜、禹、汤、文、武、周公等圣人及其文治和思想。

道统论的正式提出和确立，以及逐步占据了思想意识形态领域的正统地位，不是思想史上偶然发生的事件，也不仅仅是排斥异端或抹杀他人的工具，而是具有深刻的社会背景和思想根源的。也就是说，尽管道统思想发端于孔孟，其思想成分在先秦、汉代儒家思想中可以找到，但它之所以在唐宋被正式提出和确立，并蔚为大观，左右了当时的思想界，具有历史的必然性。

先秦儒家创始人孔子，以及儒学代表人物孟子、荀子等提出了儒学的基本理论，这对中国文化和中华道统思想影响极大。然而在先秦子学时代，儒家仅作为"百家"中的一家而存在，没有被大用于时，并在秦代遭到秦始皇"焚书坑儒"的沉重打击。经汉代董仲舒等儒家学者的努力宣扬和提倡，汉武帝采纳了"罢黜百家，独尊儒术"的建议，把儒学定为官方指导思想，使儒学在政治上占据了统治地位。中国思想史也由子学时代进入了经学时代。然而，儒学与政治相结合，占据了政治上的统治地位，在思想上却未有大的发展，以致在汉以后，先后遭到玄学、佛教、道教的冲击时，未能从思想上予以积极的回应，从而动摇了儒学在思想文化领域的主导地位。传统儒家经学发展到唐代，已陷入困境，旧儒学墨守师说，严守家法，"疏不破注"，拘于训诂，限于名物，已经僵化，显然不能和佛、道精致的思辨哲学相抗衡。唐代韩愈等，以及宋代儒家学者力转此风，面对佛老思想的挑战，以弘扬儒家圣人之道为己任，明确提出了儒家圣人之道传授的系统，并对道统之道作了详尽的论述。尤其是以二程、朱熹为代表的宋代理学家把道统之道提升为宇宙本体，与天理等同。一方面批判了佛、道二教不讲社会治理，有悖于儒家伦理和圣人之道的思想；另一方面又企图解决旧儒学抽象思辨能力不强和儒家圣人之道缺乏哲学本体论作依据的问题。于是，他们以儒家仁义礼智信等伦理道德作为道的内涵，吸取佛、道较为精致的思辨哲学形式，包括道家的道本论、道法自然思想，佛教的心性本体论、理事说等，建立起以天理论为核心的道本论思想体系，以图既抗衡佛、道宗教思想，又把儒家圣人之道发扬光大，为实现社会的治理与稳定服务，重新树立儒学对整个社会的指导地位，并把帝王统道转变为大儒统道。道统中自孔孟以来没有历代帝王的地位，发展了荀子在《臣道》篇中提到的"从道不从君"的思想。这具有以道抗君的意义。程朱在提出道统论的同时，重视《大学》、《中庸》、《论语》、《孟子》，提倡"四书"之学，为道统作论证。以重义理轻考据的"四书"之学，取代重考据轻义理的汉唐"六经"之学作为经学的主体。认为"四书"是传道、载道之书，体现了孔门传授心法，只要融会贯通"四书"，便能找到圣人传心之旨。把道统论与天理论、心性论等结合起来，发展了中国古代的思辨哲学，引起了思想史、经学史和道范畴发展史上的重大变革，促进了中国文化的持续发展，并对中国后期帝制社会产生了重要影响。

在韩愈正式提出儒学道统论之前，联结秦汉儒家道论与唐宋儒家道统之间的中介人物有扬雄和王通等。他们多少影响了唐宋儒学学者。

扬雄（公元前53—公元18年）推崇儒家圣人，其《法言·五百》篇指出："圣人重其道而轻其禄。"[①] 以圣人重道，把圣人与道联系起来。并在《法言》的诸篇里，数次提到伏羲、尧、舜、禹、汤、文、武、周公、孔、孟等儒家圣人，形成了圣人相传的系列。扬雄尊崇孔子，认为孔子集"百圣"之大成，传圣人之道于后世。并将道与中联系起来，《法言·先

---

① 汪荣宝撰：《五百》，《法言义疏》十一，中华书局1987年版，第251页。

知》篇称："圣人之道，譬犹日之中矣，不及则未，过则昃。"① 过与不及都不是中，亦不是道，其中正之道具有方法论的意义。扬雄还把道与儒家经典相结合，《法言·吾子》指出："舍'五经'而济乎道者，末也。"② 认为道不得离开经书而孤立存在，圣人之书与圣人之道是联系在一起的。扬雄所谓圣人之道的内涵是仁义等儒家伦理，他主张行尧舜、孔子之道，而反对桀、纣对礼乐法度的废坏。因而他主张道有因有革，既因而循之，继承尧、舜、禹相传共守之道；又革而化之，根据时代的变化，与时相宜，革去礼乐衰败之弊，使符合天道。扬雄的道论，以其推崇儒家圣人，重视经典，将继承与变革相结合，对后世产生了一定的影响。

隋代王通（584—617 年）有志于恢复先王之道，避免王道的流失。《中说·立命》篇指出："天子失道则诸侯修之，诸侯失道则大夫修之，大夫失道则士修之，士失道则庶人修之。修之之道，从师无常，诲而不倦，穷而不滥，死而后已，得时则行，失时则蟠，此先王之道所以续而不坠也。"③ 以庶民作为修道、续道的主体，主张对天子的失道行为加以修正，体现了道重于君的观点。王通还看到了异端及佛老思想的流行，会给尧舜、孔子之道带来负面消极影响。北宋石介的《徂徕先生集·录蠹书鱼辞》引王通的话说："文中子曰：……杨、墨之言出而孔子之道塞；佛、老之教行而尧、舜之道潜。"④ 认为儒家圣人之道与佛、老及异端思想，此消则彼长，双方存在着矛盾差异。王通之道与佛老、杨墨之教的差异就在于王通认为道与礼相关，道在礼中，通过礼体现道；而佛老、异端则不讲礼，以此区别于儒家思想。《中说·关朗》篇说："非礼勿动，非礼勿视，非礼勿言，非礼勿听……道在其中矣。"⑤ 指的就是这个意思。

韩愈在继承先前儒家道论思想资料的基础上，针对当时佛、道宗教思想的流行而动摇了儒家思想的主导地位，正式提出道统论，以仁义为定

① 《法言·先知》，汪荣宝撰：《法言义疏》十二，中华书局 1987 年版，第 305 页。

② 《法言·吾子》，汪荣宝撰：《法言义疏》四，中华书局 1987 年版，第 67 页。

③ （隋）王通：《立命》，《中说》卷 9，文渊阁《四库全书》第 696 册，台湾商务印书馆 1986 年版，第 574 页。

④ （宋）石介著，陈植锷点校：《录蠹书鱼辞》，《徂徕石先生文集》卷 7，中华书局 1984 年版，第 81 页。

⑤ （隋）王通：《关朗》，《中说》卷 10，文渊阁《四库全书》第 696 册，台湾商务印书馆 1986 年版，第 575—576 页。

名，作为道的内涵，宣扬圣人传道的统绪，以对抗佛教传法世系的法统。推崇《大学》，突出孟子的地位。旨在通过反佛老，重新确立儒学的独尊地位。

北宋初孙复、石介论道统，上承韩愈，下启程朱，并扩大了韩愈道统的范围。既以孔子为圣人之至，又以韩愈为贤人之卓，反映了对韩愈倡道统论的尊崇。又提出"圣人之道无有穷"①的思想，表现出道统之道向宇宙本体方向发展的趋向。

周敦颐提出"圣人之道，仁义中正而已"②的思想，把仁义的道德原理与中正的方法论原则结合起来，作为道的内涵。并把韩愈文以载道的思想明确化，提出"文所以载道"的文字。这是对韩愈思想的继承。

张载认为，孔子之前，伏羲、神农、黄帝、尧、舜、禹、汤七人是作道之人，"制法兴王之道"。至孔子，则以文字传道。道自孟子后千有余年，复明于天下，这有它复明的道理，即认为道的复明，有其客观的必然性。张载以气化论道，是其思想的特色。

程颢、程颐兄弟是唐宋儒学复兴思潮中道统论的确立者，其标志是把道统之道与天理等同，将其提升为宇宙本体。把唐代韩愈伦理型的道统论，发展为宋代理学哲理型的道统论，从而大大提高了中华道统思想的思辨哲学水平。二程并以心性、中论道；提倡"四书"之学，变革传统经学；既批佛老，又吸取佛、道思想。这些方面对朱熹的道统思想影响极大。朱熹便是沿着二程开辟的道路，集道统思想之大成。

胡宏哲学以道为最高范畴，不仅认为"二帝三王同道"，而且把道统上溯到伏羲以前的燧人氏而上的三皇之世。并以道统论批判佛教违圣人之道，灭三纲。推崇孟子"有大功于王道"，指出孟子死，道虽未传，但仍给人们提供了行为的准则。

张栻倡道统论，开始宣扬周敦颐在道统中的重要作用。这在以前是不多见的，即使二程对周敦颐也不以为然。经张栻和朱熹的宣扬，使得在北宋名声不大的周敦颐，到了南宋俨然以继孟子之后儒家道统的复明人

---

① （宋）石介著，陈植锷校点：《宋城县夫子庙记》，《徂徕石先生文集》卷19，中华书局1984年版，第221页。

② 周敦颐：《通书·道第六》，《周敦颐全书》卷3，江西教育出版社1993年版，第109页。

而居于世。张栻还提出"道托于器而后行"① 的思想，这体现了其道论的特色。

朱熹是宋代理学道统论的集大成者。他不仅把道与统连用，首次提出了"道统"二字②，而且在二程道统论的基础上，继承、丰富、完善和发展了唐宋以来的儒家道统思想。并把道统上溯至伏羲、神农、黄帝、尧、舜等"上古圣神"。由于朱熹在中国思想史上占有特殊的重要地位，以及他的权威性，使得道统论及其传授统绪得以完全确立，这在中华道统思想发展史上具有十分重要的意义。

本章通过论述从韩愈到朱熹的儒家学者的道统思想及其道论，来阐述唐宋以来道统论的正式提出和确立的历史过程，同时揭示道统论之所以提出和确立的思想根源、社会文化背景，以及时代意义；并通过分析道统论与佛道二教、道学、"四书"之学、时代政治的关系，来探讨道统论在唐宋时期社会变革和思想变革历史进程中的地位和作用，从而客观地揭示道统论产生的历史必然性。这是历史、客观的认识在中国思想史上产生了如此重大影响的道统思想的基础。

第一节　韩愈的道统思想

韩愈（768—824 年），唐代著名思想家、文学家，儒学代表人物。字退之。河南河阳（今河南省孟州市）人。其先世曾居昌黎，故称为韩昌黎。韩愈幼孤，由兄嫂抚养。从小勤奋学习，熟读儒家典籍及诸子百家之书。贞元进士。任观察推官，后入朝任监察御史，以言事贬为阳山令。永贞元年顺宗即位时遇赦。次年召还京师，历任国子博士、行军司马，因功升任刑部侍郎。后因上《论佛骨表》，谏阻宪宗迎佛骨，险遭不测，经群臣说情，免于一死，而被贬为潮州刺史。穆宗即位后，召拜国子祭酒，转任兵部侍郎、吏部侍郎、御史大夫。卒后，赠礼部尚书，谥曰文，世称韩

---

① （宋）张栻著，杨世文、王蓉贵点校：《南轩易说》卷一，《张栻全集》，长春出版社 1999 年版，第 17 页。

② 近年来学术界研究表明，在朱熹之前已有人把"道统"二字连用。

文公。韩愈的著作编为《韩昌黎集》，其道统思想集中体现在其《文集》中的《原道》篇，以及其他一些篇目里。

韩愈在文学上卓有建树。主张继承秦、汉散文传统，反对六朝以来追求声律、对仗而忽视内容的骈偶文风，提出"文以载道"的思想，要求文章要有思想内容。与柳宗元同为古文运动的倡导者，企图以古文来宗经明道，把文、道结合起来。被列为"唐宋八大家"之首。

政治上反对藩镇割据，主张轻徭薄赋，除弊抑暴，礼法兼备。在政治治理中，勤政爱民，受到百姓拥戴。

思想上尊儒排佛，提倡道统，以继承弘扬儒家圣人之道为己任。推本《大学》，以《大学》的诚意、正心、修身、齐家、治国、平天下，来批判佛教不讲社会治理、弃仁义、灭伦常的教旨教义。尊崇孟子，认为孟子使孔子之道尊，圣人之道易于行，其"功不在禹下"。以其言提高孟子的地位，这影响到宋代理学家。

哲学上相信天命，认为人生的贵贱、祸福由天决定。但亦重人事，对天命产生疑问。这种思想停留在比较粗糙的认识阶段。提出"性情三品"说，认为人性有上、中、下三品之分。上品之人，性先天为善；下品之人，性为恶；中品之人，其性可导而上下，即可善可恶。与性的三品相应，情也分为三品，情是性的表现。主张控制情欲，使之适中。

在教育上提出"道之所存，师之所存也"①的观点，主张通过师的传授，把道贯彻到教育中去。并提出"弟子不必不如师，师不必贤于弟子"②，师生教学相长的思想。

韩愈在文学、道统方面的成就，不仅在文学史上占有重要地位，而且对促进思想史的转变发挥了重要作用，故受到后世的高度评价。苏轼称赞他"文起八代之衰，而道济天下之溺"③。在文、道两个方面，对中国文化的发展都作出了贡献。

---

① （唐）韩愈著，马其昶校注，马茂元整理：《师说》，《韩昌黎文集校注》卷1，上海古籍出版社1986年版，第42页。

② （唐）韩愈著，马其昶校注，马茂元整理：《师说》，《韩昌黎文集校注》卷1，上海古籍出版社1986年版，第44页。

③ （唐）韩愈著，马其昶校注，马茂元整理：《潮州韩文公庙碑》，《韩昌黎文集校注》后附，上海古籍出版社1986年版，第759页。

一、道统论的提出

在中华道统思想发展史上，道统之说，由来已久。儒家的道统思想发端于先秦孔孟等儒学代表人物和《易传》、《大学》、《中庸》等儒家经典，而溯源于伏羲等圣人。只是在韩愈以前，道统之说不甚明显。至韩愈站在时代的高度，面对佛、道思想对儒学冲击导致儒学式微；以及中唐时期藩镇割据、经济凋敝、统治集团思想涣散的现状，适应社会变革导致思想变革的需要，创造性地正式提出了儒家道统之说。与前代的道统思想的先驱相比，韩愈的道统论更具历史、时代的自觉性和必然性。

韩愈著《原道》一文，标志着道统论的正式提出。这在道统思想发展史上具有重大的学术价值和时代意义。道统论的提出，具有深厚的思想基础和历史渊源，并非所谓韩愈人为地编造。如上所述，早在先秦时期，儒家代表人物就十分重视仁义之道的弘扬与传衍，历叙圣人相传共守之道。经秦火之后，汉儒仍重视仁义之道的传授和确立，董仲舒、扬雄莫不如此。至隋代王通，以及唐代的柳冕等，均重视儒家圣人之道的传授，认为儒家圣人之道与佛老思想此消则彼长，形成对立。柳冕还积极提倡文章本于教化，视尧、舜、周、孔为文学的正统，下传孟、荀、董仲舒，建立以道统为主的文学观。柳冕的思想为韩愈所继承，韩愈强调为文志在古道，指出："读文著书，歌颂尧舜之道。"[1] 把文作为载道的工具，文章为传道而作。虽然韩愈没有说过"文以载道"四个字，"文以载道"却是他的思想所指，他说："盖学所以为道，文所以为理耳。"[2] 后来周敦颐明确提出"文所以载道"[3] 的文字，便是对韩愈思想的继承。以上可见，韩愈道统论的提出，经历了一个长期的思想酝酿的历史过程，并非一朝一夕主观的臆

---

① （唐）韩愈著，马其昶校注，马茂元整理：《上宰相书》，《韩昌黎文集校注》卷3，上海古籍出版社1986年版，第155页。

② （唐）韩愈著，马其昶校注，马茂元整理：《送陈秀才彤序》，《韩昌黎文集校注》卷4，上海古籍出版社1986年版，第260页。

③ 周敦颐：《通书·文辞第二十八》，《周敦颐全书》卷3，江西教育出版社1993年版，第152页。

说，或人为地编造。

韩愈指出，儒家圣人之道的传授由来已久，这区别于佛教、道教的所谓道。他说：

> 斯吾所谓道也，非向所谓老与佛之道也。尧以是传之舜，舜以是传之禹，禹以是传之汤，汤以是传之文、武、周公，文、武、周公传之孔子，孔子传之孟轲，轲之死，不得其传焉。荀与扬也，择焉而不精，语焉而不详。由周公而上，上而为君，故其事行；由周公而下，下而为臣，故其说长。①

韩愈以弘扬儒家圣人之道为己任，明确提出了儒家圣人之道的传授系统。认为自孟子以后，尧、舜、禹、汤、文、武、周公、孔、孟一脉相承的儒家圣人之道失传。荀子和扬雄，由于"择焉而不精，语焉而不详"，未能完全担当传道的重任。"汉兴且百年，尚未知修明先王之道，其后始除挟书之律，稍求亡书，招学士，经虽少得，尚皆残缺，十亡二三。故学士多老死，新者不见全经，不能尽知先王之事，各以所见为守，分离乖隔，不合不公，二帝三王群圣人之道于是大坏。后之学者无所寻逐，以至于今泯泯也。"② 韩愈分析了儒家圣人之道失传的原因，秦灭先王之法，焚书坑儒，使天下大乱。其后汉代虽解除挟书之律，寻求亡经，但经典已残缺，汉儒又不能全面地掌握先王之道，而是各守师法、家法，使得圣人之道大坏，至今学者泯泯不可寻求。

韩愈指出，由于圣人之道不传，使得佛老思想乘虚而入，并流行于天下，以致不讲仁义道德，其弊甚于杨朱、墨子。他说："于是时也，而唱释老于其间，鼓天下之众而从之。呜呼！其亦不仁甚矣！释老之害过于杨墨。韩愈之贤不及孟子，孟子不能救之于未亡之前，而韩愈乃欲全之于已坏之后。呜呼！其亦不量其力且见其身之危，莫之救以死也。虽然，使其道由愈而粗传，虽灭死万万无恨！"③ 这实际上已把自己列入圣人之道传

---

① （唐）韩愈著，马其昶校注，马茂元整理：《原道》，《韩昌黎文集校注》卷1，上海古籍出版社1986年版，第18页。

② （唐）韩愈著，马其昶校注，马茂元整理：《与孟尚书书》，《韩昌黎文集校注》卷3，上海古籍出版社1986年版，第214页。

③ （唐）韩愈著，马其昶校注，马茂元整理：《与孟尚书书》，《韩昌黎文集校注》卷3，上海古籍出版社1986年版，第215页。

授的系列，决心使圣人之道经自己的努力得以流传下来，即使冒生命危险，也万死无恨。这表明了韩愈以身殉道的决心。

隋唐时期，佛教宗派传道，有所谓历代相传、灯灯不灭的法统，或祖师相传的祖统。为了与佛教相抗衡，韩愈便以道统说反对法统说或祖统说，把发端于先秦儒家的道统之说弘扬开来。这为后来的宋明理学家所继承和发展。

韩愈所谓道统即道的传授系统，道统与道的关系，一为形式，一为内容，道统为道的传授而设，无道则无所谓道统。那么，韩愈道统之道是什么呢？他对道统之道的内涵作了如下规定："博爱之谓仁，行而宜之之谓义，由是而之焉之谓道，足乎己无待于外之谓德。仁与义为定名，道与德为虚位。"[①] 指出道由仁义构成，德是自得其道。道与德都是比较抽象的概念，故称之为"虚位"。而仁义则是儒家特有的道德，所以称为"定名"。这说明道不能脱离仁义而存在，否则就不是儒家之道，而成为佛老之道了。对此，韩愈强调："凡吾所谓道德云者，合仁与义言之也，天下之公言也；老子之所谓道德云者，去仁与义言之也，一人之私言也。"[②] 指出是否讲仁义，是区别儒家之道与道家老子之道的界限。以仁义为道，这是儒家道统之道最本质的特征。自孔子提出仁礼之道，孟子把仁、义连用，提出仁义之道以来，仁义便成为儒家之道最核心、最基本的内涵。尽管在道统发展史上，道的内涵不断丰富，有阴阳、中庸、心、性、理、气等多种含义，但仁义作为道的内涵，却是儒学道统思想各家各派所共有，舍仁义论道，便不是儒家圣人之道，这是思想史也是道统史上的一个基本事实。因此，那种认为韩愈道统之道是仁义，而宋儒道统之道不是仁义，只是中庸的观点，是缺乏依据和片面的。应该说，包括韩愈、宋儒在内的所有儒家道统论者，他们的道统之道都包括了仁义，这是其共性。只是有的儒家学者，除以仁义为道外，另以中庸等为道。这是需要指出的。

此外，韩愈以仁义为道，仁义是"定名"，道是"虚位"，这也不能

[①] （唐）韩愈著，马其昶校注，马茂元整理：《原道》，《韩昌黎文集校注》卷1，上海古籍出版社1986年版，第13页。

[②] （唐）韩愈著，马其昶校注，马茂元整理：《原道》，《韩昌黎文集校注》卷1，上海古籍出版社1986年版，第13—14页。

推论出道"具有了本体论的意义，韩愈的'虚位'之说，就是把儒道提高到宇宙的本体的位置上"①。这里韩愈所说的虚位，并非是指高于仁义的本体范畴，而是指道和德的概念，其意义不确切。因为各家有各家的道、德，儒家的道德与道家的道德就不一样。所以称道、德为虚位，虚位是相对于有具体的实质内容而言，道的内涵不确定。道与仁义、虚位与定名的关系，可看作是又一层意义的形式与内容的关系。在这个关系中，道是形式，仁义是体现道的内容。道作为形式，可以有不同的内容。如儒家之道，其内容是仁义；而道家之道，其内容则是自然、无。这并不能证明韩愈所说的以仁义为内涵的道是本体。恰恰相反，韩愈为对抗佛老之道而提出的道统之道，是一种伦理型的道论，目的是突出儒家的仁义思想，以抗衡佛老不讲儒家伦理、去仁义的佛老之道。这个时期的儒家道论，尚未上升到宇宙本体论的高度。以道为宇宙本体，又兼有伦理的意义，这个过程发展到二程才完成。这也是韩愈道论与程朱道论的区别所在。且从韩愈提出"博爱之谓仁"，以爱为仁来讲，也没有区分本体与作用。如果说，以仁义为内涵的道是宇宙本体的话，那么，仁相应地也成其为本体，而事实上韩愈是以爱来界定仁。以爱为内容的仁是不能作为宇宙本体的。程朱的本体之道，仁作为道的内涵，亦是本体。程朱从本体与作用的关系角度讲仁与爱的关系，认为仁是体，爱是用；仁是性，爱是情。仁与爱既有联系，又有区别。这与韩愈以爱为仁，爱即是仁的观点迥然不同。程朱区分体用，韩愈不讲体用，从这个意义上讲，韩愈由仁义来体现的圣人之道不具有宇宙本体的意义。这是韩愈道统论的一个基本特点。

二、批佛老，斥异端

韩愈道统论的提出，其理论针对的是佛、道思想的盛行动摇了儒家文化的主导地位，并造成社会危机和理论危机。于是，韩愈站在儒家正统的立场，对不符合先王之道的佛老及异端思想，展开了猛烈的批判。这代表了儒家世俗文化对佛、道宗教文化的清算，是对外来佛教文化冲击中国

① 孙昌武：《读韩愈〈原道〉》，《南开学报》（哲学社会科学版）1989 年第 1 期。

本土文化的一种回应。韩愈深切地感受到佛老盛行、异端泛滥给儒学带来的强烈冲击，痛感儒家仁义道德不行不传。他说：

> 周道衰，孔子没，火于秦，黄老于汉，佛于晋、魏、梁、隋之间，其言道德仁义者，不入于杨，则入于墨；不入于老，则入于佛。入于彼，必出于此。入者主之，出者奴之；入者附之，出者汙之。噫！后之人其欲闻仁义道德之说，孰从而听之？老者曰：孔子，吾师之弟子也。佛者曰：孔子，吾师之弟子也。为孔子者，习闻其说，乐其诞而自小也，亦曰：吾师亦尝师之云尔。不惟举之于其口，而又笔之于其书。噫！后之人虽欲闻仁义道德之说，其孰从而求之？甚矣，人之好怪也！不求其端，不讯其末，惟怪之欲闻。①

从韩愈的话中可以看出，当时佛老思想确实盛行一时，以至于儒家仁义道德之说少有人听之、求之，儒学学者习惯于听从把孔子说成是老子、释氏之弟子一类的话，而乐于接受。如此动摇了儒家文化在社会意识形态领域及社会生活中的主导地位，不能与佛、道宗教思想相抗衡。韩愈还指出异端思想对儒家仁义道德造成了危害，由于周道衰、孔子没，儒家圣人之道受到杨、墨异端的干扰，使得不能保持完整意义上的道德仁义，往往夹杂了杨墨，以及佛老的思想。

鉴于此，韩愈对佛老异端展开了批判。与后世程朱从社会生活、纲常伦理与哲学世界观相结合来批判佛老相比，韩愈着重从社会生活和纲常伦理上批判了佛老，而较少着眼于哲学的高度。

关于从社会政治、经济生活着眼批佛老。韩愈在《原道》里指出："古之为民者四，今之为民者六；古之教者处其一，今之教者处其三。农之家一，而食粟之家六；工之家一，而用器之家六；贾之家一，而资焉之家六；奈之何民不穷且盗也！"② 由于佛老盛行，人们出家为佛为道，使原来的士、农、工、商四民变为六民，如此改变了社会成员的结构，有违先王之制。而过去独尊儒术，佛、道二教尚未流入、兴起，故其教为一。现在则儒、释、老三教鼎足而立，背离了儒家圣人之道。由于出家人剧增，

---

① （唐）韩愈著，马其昶校注，马茂元整理：《原道》，《韩昌黎文集校注》卷1，上海古籍出版社1986年版，第14页。

② （唐）韩愈著，马其昶校注，马茂元整理：《原道》，《韩昌黎文集校注》卷1，上海古籍出版社1986年版，第15页。

基本上是不劳而食、不工而用器、不出粟米麻丝的教徒，所以给社会经济生活造成危机，增加了社会的负担，以致民穷而盗。这遭到了韩愈的批判。

关于从纲常伦理上批佛老。佛道二教出家出世，不讲纲常伦理，佛教宣扬"沙门不敬王者"，道教主张绝仁弃义，这与入世主义的世俗儒家文化形成深刻的矛盾和分歧，韩愈以维护儒家纲常原则为己任，旗帜鲜明地批判了佛老。他作《论佛骨表》，不顾个人安危，上疏唐宪宗，痛斥佛教，指出："夫佛本夷狄之人，与中国言语不通，衣服殊制，口不言先王之法言，身不服先王之法服，不知君臣之义，父子之情。"① 从华夷之辨出发，指斥佛教为"夷狄之人"，不仅在语言、衣服、信仰上与中国民族文化传统不同，而且更重要的是佛教不知君臣、父子等儒家伦常，与世俗本土儒家文化格格不入。《原道》亦批评佛教："今其法曰：必弃而君臣，去而父子，禁而相生养之道，以求其所谓清净寂灭者。"② 佛法弃君臣，去父子，逃父出家，不尽孝道和生养之道，这遭到了以韩愈为代表的儒家人物的激烈批评，反映了唐宋之际儒学复兴思潮的兴起。进而，韩愈甚至主张采取具体严厉的措施，用行政手段消灭佛教。《原道》说："如之何而可也？曰：不塞不流，不止不行。人其人，火其书，庐其居，明先王之道以道之。"③ 仍是以儒家圣人之道来批佛，主张以儒家取代佛教，只有禁止了佛教，才能使先王之道得以流行。

韩愈在批佛的同时，对道教不讲仁义道德也提出了批评。他说："今之说者，有神仙不死之道，不食粟，不衣帛，薄仁义以为不足为，是诚何道邪？"④ 宣称儒家圣人之道与神仙道教不同，并指责道教尊崇之老子是"去仁与义言之也，一人之私言也"⑤。韩愈把佛老联系起来加以批判，批

---

① （唐）韩愈著，马其昶校注，马茂元整理：《论佛骨表》，《韩昌黎文集校注》卷8，上海古籍出版社1986年版，第615—616页。

② （唐）韩愈著，马其昶校注，马茂元整理：《原道》，《韩昌黎文集校注》卷1，上海古籍出版社1986年版，第16页。

③ （唐）韩愈著，马其昶校注，马茂元整理：《原道》，《韩昌黎文集校注》卷1，上海古籍出版社1986年版，第19页。

④ （唐）韩愈著，马其昶校注，马茂元整理：《进士策问》，《韩昌黎文集校注》卷2，上海古籍出版社1986年版，第108页。

⑤ （唐）韩愈著，马其昶校注，马茂元整理：《原道》，《韩昌黎文集校注》卷1，上海古籍出版社1986年版，第14页。

评佛老弃仁义、尚虚无，毁灭儒家伦理纲常。并以公私来区分儒家与佛老的观点，以儒为公，以佛老为私。这对宋代理学家的批佛道二教影响很大。二程等理学家纷纷从公私、义利等方面批判了佛老的价值观和人生观，反映了儒学与佛、道宗教在思想上的差异，它们分别对中国文化产生了不同的影响。

质言之，韩愈批佛老、斥异端，其目的是弘扬儒家文化的基本精神，以儒家仁义之道来抗衡佛老宗教思想的冲击，并力图以圣人之道来排斥以至消灭二教，重新确立儒家思想在社会生活和意识形态领域的主导地位。他说："仆自得圣人之道而诵之，排前二家（释老）有年矣。"[①] 强调自得圣人之道，以排释老。这说明韩愈自觉地提倡道统论，其目的和理论针对性十分明确，就是为了排斥佛道二宗教及杨墨异端思想。这与后来用道统来排斥与己不同的流派有所不同。

以上也可看出，尽管韩愈对佛老、异端深恶痛绝，力图批判排斥以消灭之，但其批判的思想武器仍是孔孟的传统儒学及其孔孟之道，尚未能用新的理论来批判佛老精致的思辨哲学。须知这样是不能把佛教排出历史舞台的。这就为发展儒学道统，以战胜佛老精致的思辨哲学，提出了新的任务。而这个改造旧儒学，发展道统论的任务，历史地落到了以程朱为代表的宋代理学家身上。虽然如此，韩愈提出道统论，严厉批判佛教，伴随着儒学的复兴和佛教的衰退，道统论逐步占据了中国思想史的重要位置。

三、推本《大学》，尊崇孟子

韩愈提出道统论，与他推本《大学》，尊崇孟子分不开。由于韩愈的提倡，《孟子》和《大学》的地位开始提高，至宋代被列入"四书"之中，与《论语》、《中庸》一起，成为载道的典籍。并逐步取代"六经"，成为经学发展的主体，与理学思潮的形成、道统论的提出和确立，结下

---

① （唐）韩愈著，马其昶校注，马茂元整理：《答张籍书》，《韩昌黎文集校注》卷2，上海古籍出版社 1986 年版，第 132 页。

了不解之缘。

(一) 推本《大学》

《大学》本是儒家经典《礼记》中的一篇，其主要内容是三纲领、八条目，其中涉及治心即个人道德修养与治国平天下的关系问题，强调二者的结合，由内圣开出外王。虽然《大学》比较重要，但在韩愈以前，对其重视程度不够。至韩愈为了建立道统论以批佛，便推本《大学》的一套理论，表明他提出的道统思想，不仅治心，而且有所为，要体现在治国平天下的行动上。这与佛老单纯讲个人修养、不讲社会治理的思想形成鲜明的对比。韩愈指出：

> 传曰："古之欲明明德于天下者，先治其国；欲治其国者，先齐其家；欲齐其家者，先修其身；欲修其身者，先正其心；欲正其心者，先诚其意。"然则，古之所谓正心而诚意者，将以有为也。今也欲治其心，而外天下国家，灭其天常，子焉而不父其父，臣焉而不君其君。①

这里所说的传曰，便是引《大学》的话。韩愈强调，《大学》之道是正心诚意与治国平天下的结合，是有所作为，把治心落实到治理天下国家的具体实践上，而不是只讲个人的修养。以此他批判了佛老的虚无和无为，借《大学》内外结合、内圣而外王的体系，来对抗佛教讲治心，不讲社会治理，泯灭伦常的宗教思想体系。这是对《大学》之道在新形势下的运用和发挥，为建立道统学说服务。

朱熹对韩愈推本《大学》，援之以证己说表示赞赏。他说："《大学》之条目，圣贤相传，所以教人为学之次第，至为纤悉。然汉魏以来，诸儒之论，未尝有及之者。至唐韩子，乃能援以为说，而见于《原道》之篇，则庶几其有闻矣。"② 认为自汉魏以来，诸儒少有论及《大学》者，使圣贤相传的《大学》之道有所未闻。而唐代韩愈著《原道》，援引《大学》以发挥之，使《大学》得以闻于天下。扩大了其影响，提高了其地位。这得

---

① （唐）韩愈著，马其昶校注，马茂元整理：《原道》，《韩昌黎文集校注》卷1，上海古籍出版社 1986 年版，第 17 页。

② （宋）朱熹：《大学或问》上，《四书或问》，《朱子全书》第 6 册，上海古籍出版社、安徽教育出版社 2002 年版，第 512 页。

到了程朱等后世理学家的充分肯定。

（二）尊崇孟子

韩愈的道统说，不是凭空产生的。早在先秦儒家的思想体系里，已有道统思想的发端，尤其是孟子较为完整地提出了圣人之道传授的统绪，并把仁义二字连用，作为道的内涵。这为韩愈的道统说奠定了基础。由此，韩愈对孟子十分尊崇。他说："始吾读孟轲书，然后知孔子之道尊，圣人之道易行。"① 表明自己是通过读孟子书，才知道孔子之道的尊严，且圣人之道是易于行的。韩愈尊崇孟子，抬高孟子的地位，认为孟子在传儒家圣人之道上，起了关键的作用。指出孟子当天下杨墨交乱之时，圣贤之道不明，起而拒杨墨，排异端，以继承弘扬孔子之道为己任。虽不得位，"然赖其言，而今学者尚知宗孔氏，崇仁义，贵王贱霸而已。……然向无孟氏，则皆服左衽而言侏离矣。故愈尝推尊孟氏，以为功不在禹下者，为此也"②。孟子在唐代以前，并没有受到儒家的特别推崇，《汉书·艺文志》把他列为儒家诸子。其著作《孟子》在唐代也只是"子"，不是"经"，唐代"十二经"中不包括《孟子》。韩愈却推尊孟氏，将其地位抬高到诸子之上，与圣人并列，甚至认为"功不在禹下"，独得孔子之正传。他说："自孔子没，群弟子莫不有书，独孟轲氏之传得其宗，……故求观圣人之道，必自孟子始。"③ 强调通过孟子来求圣人之道。这与其"轲之死，圣人之道不得其传"的思想是一致的。经韩愈的推崇和表彰，孟子及其《孟子》一书的地位逐步提高。更经过二程和朱熹等人的尊崇，孟子在道统史上的崇高地位得以确立，《孟子》也由"子"入"经"，成为"四书"之一和发挥道统思想的重要典籍。溯其源，韩愈对孟子的尊崇，开风气之先。

---

① （唐）韩愈著，马其昶校注，马茂元整理：《读荀》，《韩昌黎文集校注》卷1，上海古籍出版社 1986 年版，第 36 页。

② （唐）韩愈著，马其昶校注，马茂元整理：《与孟尚书书》，《韩昌黎文集校注》卷3，上海古籍出版社 1986 年版，第 214 页。

③ （唐）韩愈著，马其昶校注，马茂元整理：《送王秀才序》，《韩昌黎文集校注》卷4，上海古籍出版社 1986 年版，第 261 页。

四、韩愈道统论的历史地位

韩愈在中华道统思想发展史上正式提出了儒学道统论，以批判佛教，与佛教传法世系的法统相抗衡；并承前启后，上承孔孟儒家圣人之道，下开宋代理学道统论之先河；又以师儒统道代替帝王统道，具有限制君权，从道不从君的意义；并把道统之道落实到人生日用、相生相养和治理国家的实践中去，而不仅停留在治心的个人修养上。这些方面体现了韩愈的道统论在中华道统思想发展史上占有重要的历史地位，是不可或缺的重要一环。

（一）在批佛老中重新确立儒学的主导地位

批佛老、兴儒学是韩愈提出道统论的主旨所在，具有重要的时代意义。中唐时期，佛老盛行，社会动荡，藩镇割据，统治集团内部矛盾突出，思想涣散，动摇了儒家文化在社会生活和意识形态领域的主导地位，造成社会危机和理论危机。因此，批佛老、兴儒学，重整儒家伦理纲常，消除宗教思想的泛滥、佛老势力的恶性膨胀给社会带来的流弊和不良后果这一任务，历史地摆到了思想家的面前。韩愈站在时代的高度，面对外来佛教文化及本土道教文化的挑战，以弘扬儒家圣人之道即儒家文化的基本精神为己任，正式提出了儒家道统学说，阐明儒家圣人之道与道家之道及佛教思想的原则区别，维护儒家伦理纲常和民族传统文化，主张排斥并消灭佛教，重新确立儒学在社会生活和意识形态领域的正统地位。经韩愈提倡道统、批佛老、兴儒学的努力，使儒学开始复兴，佛老则逐步衰退。后经宋代理学家的继承和不懈努力，儒家文化包括道统思想在宋末以后占据了社会文化的主导地位，而佛、道思想则逐步融入理学并迎合儒家文化，与唐代时的盛况不能相比。

（二）承上启下，开宋代理学道统论之先河

韩愈的道统论，上承孔孟，下启程朱，开宋代理学道统论之先河，在中华道统思想发展史上，是承先启后，联结两端，不可或缺的中间环

节。舍此则儒家圣人之道的传授系统便不完整，甚至中断。尽管程朱等理学家未能充分肯定韩愈在传授儒家圣人之道过程中的重要作用和地位（也不完全抹杀韩愈），但不可否认程朱的道统思想受到了韩愈思想的深刻影响，对此，程朱也有所承认。

关于继承孔孟之道，韩愈自述其学术渊源："己之道乃夫子、孟轲、扬雄所传之道也。"① 以孔孟的后继者自居。这与他在《原道》里所述的道的传授系统相比，增加了扬雄。虽然韩愈对扬雄有所批评，如择焉不精、语焉不详之类，但从大的方面讲，还是肯定了扬雄，把扬雄视为传圣人之道的"圣人之徒"。他说："晚得扬雄书，益尊信孟氏。因雄书而孟氏益尊，则雄者，亦圣人之徒欤！"② 韩愈不仅肯定了扬雄，把他作为传圣人之道的一个环节，而且对荀子也基本作了肯定。他说："及得荀氏书，于是又知有荀氏者也。考其辞，时若不粹；要其归，与孔子异者鲜矣，抑犹在轲、雄之间乎？……孟氏醇乎醇者也，荀与扬，大醇而小疵。"③ 指出荀子与孔子相异处很少，可视为联结孟子与扬雄之间的一个人物。并认为荀子和扬雄一样，在大的方面没有什么问题，以"大醇"归之荀扬。说明韩愈把他们作为传孔孟之道的人物，而附在道统之内。这与理学家对荀、扬的批评相比，韩愈的态度比较符合恕道。

关于开宋代理学道统论之先河。韩愈的道统论从内容和形式上都启发了理学家的道统论，这是不可否认的历史事实。当然，理学的道统论在韩愈道统思想的基础上，又有了大的发展。从内容上看，韩愈道统之道的内涵是仁义，理学道统之道其基本的内容亦是仁义，不过在仁义的基础上又增加了中庸、天理等内容，把儒家伦理学与哲学本体论结合起来，这是对韩愈伦理型道统论的发展，使之成为哲理与伦理相结合的道统论。从形式上看，韩愈提出的道的传授系统说亦为理学家所吸取，尤其是宋代理学先驱孙复、石介完全继承了韩愈的道统论，不仅以尧、舜、

① （唐）韩愈著，马其昶校注，马茂元整理：《重答张籍书》，《韩昌黎文集校注》卷2，上海古籍出版社 1986 年版，第 136 页。

② （唐）韩愈著，马其昶校注，马茂元整理：《读荀》，《韩昌黎文集校注》卷1，上海古籍出版社 1986 年版，第 36 页。

③ （唐）韩愈著，马其昶校注，马茂元整理：《读荀》，《韩昌黎文集校注》卷1，上海古籍出版社 1986 年版，第 37 页。

禹、汤、文、武、周公、孔、孟一脉相承，传圣人之道，而且把荀子、扬雄、王通、韩愈也作为道统的传人，这是对韩愈道统论的直接吸取。更有甚者，石介所谓的道统论，对韩愈推崇备至，在孟子之后加进了荀、扬、王、韩四位贤人，而以韩愈为五贤人之卓越者，地位在孟子之上，表现出对韩愈道统论的继承和发挥。虽然程朱实际上继承了韩愈的道统论，而表面上不予承认，声称是由自己（二程）直接从孟子那里得千年不传之绝学，或是由周敦颐直接继承孟子，"而得孔、孟不传之正统"。但程朱均对韩愈表示尊敬，二程说："韩愈亦近世豪杰之士。如《原道》中言语虽有毛病，然自孟子而后，能将许大见识寻求者，才见此人。至如断曰：'孟氏醇乎醇。'又曰：'荀与扬，择焉而不精，语焉而不详。'若不是他见得，岂千余年后便能断得如此分明也？"① 指出韩愈的《原道》在言语上虽有病，但孟子以后，能提出如此重大的见识者，只有韩愈。这实际上是间接肯定了韩愈提出道统论的历史功绩。朱熹亦指出："如《原道》一篇，自孟子后，无人似它见得。"② 认为韩愈在《原道》里讲道之大体，自孟子以后，没有人能超过他，只是对道的作用处的认识有不足。基本对韩愈的《原道》持肯定态度。并赞扬韩愈："韩文公于仁义道德上看得分明，其纲领已正。"③ 即认为韩愈所说"仁与义为定名，道与德为虚位"，以仁义为道的内涵的观点是正确的，抓住了道的实质，故而纲领正、"大纲是"。程朱并继承了韩愈尊崇孟子的思想，把孟子作为道统中十分重要的人物，进一步提高孟子及其《孟子》书的地位，使其为建构道统论思想体系服务。

（三）把统道之人归于师儒

在韩愈正式提出道统论之前，其统道之人，除孔子外，均是古代帝王（周公摄帝王之政）。自韩愈提出道统论，则把统道之人归于师儒，他推崇孟子，把孟子作为继孔子之后，以师儒的身份统圣人之道的第一人。并明确把扬雄作为孔孟之道的传人，而以荀子作为孟、扬之间的人物。并

---

① （宋）程颢、程颐著，王孝鱼点校：《河南程氏遗书》卷1，《二程集》，中华书局1981年版，第5页。
② （宋）黎靖德编：《朱子语类》卷137，中华书局1986年版，第3255页。
③ （宋）黎靖德编：《朱子语类》卷137，中华书局1986年版，第3261页。

以传圣人之道为己任，认为"己之道乃夫子、孟轲、扬雄所传之道也"①。虽然韩愈对荀子、扬雄有所批评，认为他们未能完全承担传道的重任，但从韩愈的《读荀》和《重答张籍书》的内容看，也未把荀、扬完全排除在道统之外。并且韩愈自称接过了这个道统，"使其道由愈而粗传"②。由此可见，这个道统虽由圣人中的帝王所开创，却由孔、孟、荀、扬、韩等师儒所传授和继承，也就是说，韩愈把统道之人由帝王转移到了师儒。这具有某种以道统限制君主，使之按道行事的意义。韩愈的这一思想还体现在他的《师说》。他说："道之所存，师之所存也。"③认为道不能脱离师儒而存在，师儒肩负着传道授业解惑的重任。从而把统道之人归之于师儒。这一思想对宋代理学家的道统论影响很大，他们也效法韩愈，以道的传人自居，彻底改变了帝王统道的传统观念。后来明清之际的费密站在帝王统道的立场上，对理学以师儒统道的思想提出批评。这也体现了韩愈把统道之人归之于师儒对后世产生的影响。

（四）把道统之道落实到人生日用、治国平天下

韩愈道统论与佛老思想的本质区别在于，韩愈的道与社会实践相结合，其仁义之道虽通过治心、修身而获得，但却要落实到人生日用的层面。他说：

> 博爱之谓仁，行而宜之之谓义，由是而之焉之谓道，足乎己无待于外之谓德。其文《诗》、《书》、《易》、《春秋》，其法礼乐刑政，其民士农工贾，其位君臣、父子、师友、宾主、昆弟、夫妇，其服麻丝，其居宫室，其食粟米果蔬鱼肉。其为道易明，而其为教易行也。是故以之为己，则顺而祥；以之为人，则爱而公；以之为心，则和而平；以之为天下国家，无所处而不当。……曰：斯道也，何道也？曰：斯吾所谓道也，非向所谓老与佛之道也。④

---

① （唐）韩愈著，马其昶校注，马茂元整理：《重答张籍书》，《韩昌黎文集校注》卷2，上海古籍出版社1986年版，第136页。

② （唐）韩愈著，马其昶校注，马茂元整理：《与孟尚书书》，《韩昌黎文集校注》卷3，上海古籍出版社1986年版，第215页。

③ （唐）韩愈著，马其昶校注，马茂元整理：《师说》，《韩昌黎文集校注》卷1，上海古籍出版社1986年版，第42页。

④ （唐）韩愈著，马其昶校注，马茂元整理：《原道》，《韩昌黎文集校注》卷1，上海古籍出版社1986年版，第18页。

指出儒家仁义之道与佛老之道不同，其区别就在于儒之道因其体现在人生日用、相生相养和治国平天下之中，所以易明、易行，既为己，又为人，既治心，又治国。是内外结合之道，而非佛老只治心，不治国，只无为，不有为之道。后来程朱在韩愈日用之道的基础上，把道提升为宇宙本体、本体与日用的结合，构成体用论哲学，发展了韩愈的道论。

如上所述，唐代思想家韩愈在佛老盛行、社会动荡、儒学式微的时代背景下，以弘扬儒家圣人之道为己任，正式提出道统论，力图在批佛老异端的过程中重新确立儒学的主导地位，使儒学开始复兴；并上承孔孟，下启程朱，推本《大学》，尊崇孟子，在很多方面开宋代理学道统思想之先河；又把统道之人归于师儒，取代帝王统道的地位，这不仅是对君权的一定制约，也为后世理学家以周敦颐、二程、朱熹等儒者统道，及以理抗势的思想开辟了道路；韩愈把道统之道落实到人生日用、相生相养和治国平天下的层面，既与佛老只讲个人身心修养，不讲人伦日用、社会治理的教旨教义划清了界限，又为贯彻儒家"道在日用中"的思想提供了范例。正因为韩愈以上的所作所为和创造性活动，为道统的发展作出了卓越贡献，使道统之说盛行于世，由此而确立了他在中华道统思想发展史上的重要地位。

第二节　孙复、石介的道统论及"圣人之道无有穷"的思想

孙复（992—1057 年），北宋初思想家、宋代理学先驱，与胡瑗、石介并称"宋初三先生"。字明复。晋州平阳（今山西临汾）人。举进士不第，退居泰山，学《春秋》，著《春秋尊王发微》十二卷。聚徒讲学，学者称泰山先生。后为朝廷所招，任国子监直讲、迩英殿祗候说书、殿中丞等职。其著作除《春秋尊王发微》外，另有《睢阳子集》等。《睢阳子集》已佚，后人搜集遗文，编为《孙明复小集》一卷；在《宋元学案·泰山学案》里，也收有《睢阳子集补》。

孙复以仁义礼乐为学，提倡尊王。认为孔子修《春秋》的目的在于

尊王。宣扬儒学道统，推崇道统中的人物，尤其推重汉儒董仲舒，指出董仲舒使圣人之道"晦而复明"，反对对其"忽而不举"。斥六朝及宋初艳丽、雕饰文风，提倡"文者，道之用"①。批判佛老去伦理纲常及因果报应之说，反对佛、道与儒并立为三。石介对孙复评价很高，指出："自周以上观之，圣人之穷者唯孔子。自周以下观之，贤人之穷者唯泰山明复先生。……先生之穷，穷于身而不穷于道。"② 认为孔子是圣人之穷者，而孙复是贤人之穷者，将孙复与孔子相比，并指出孙复虽身穷而道不穷，表现出对孙复的尊崇。

石介（1005—1045 年），北宋初思想家、理学先驱，与孙复、胡瑗并称"宋初三先生"。字守道。兖州奉符（今山东泰安东南）人。天圣进士，任郓州推官、嘉州军事判官。以丁忧去职，归家躬耕徂徕山下。居丧期间，开门授徒，讲授《周易》，学者称徂徕先生。庆历二年（1042 年），守丧期满，石介召入为国子监直讲。同年其师孙复亦由布衣招为国子监直讲，于是在太学教育中贯彻文以载道的思想，形成复古文之风。后擢直集贤院，仍兼国子监直讲。因作《庆历圣德颂》诗，赞颂当时的仁宗皇帝和范仲淹、富弼等贤臣，斥责夏竦，对"皇帝退奸进贤"，感到欢欣鼓舞。结果操之过急，得罪政敌，遭到攻击。石介主动要求离朝外放，得通判濮州。未及上任，遂病卒于家。著有《易解》、《易口义》、《唐鉴》、《三朝圣政录等》，现在流传下来的有《徂徕集》二十卷。

石介提倡儒家道统，崇尚古文，主张文以载道，斥佛、老及以杨亿为代表的西昆体浮艳华丽之文为三怪，而力主排除之。并提出"圣人之道无有穷"的思想，认为道超越天地之上，没有穷尽，有向本体之道过渡的趋势。由于石介是孙复的门人，两人思想基本一致。从现存的资料看，石介在哲学思辨上往往超过其师。孙、石二人虽没有建立起一套完备的哲学理论体系，对道统的论述却别具特色，其道统论可看作是联结从唐代韩愈到宋代理学道统说发展、演变的中间环节。黄宗羲在评价包括孙复、石介在内的"宋初三先生"时说：

---

① （宋）孙复：《答张洞书》，《孙明复小集》，文渊阁《四库全书》第 1090 册，台湾商务印书馆 1986 年版，第 173 页。

② （宋）石介著，陈植锷点校：《与祖择之书》，《徂徕石先生文集》卷 15，中华书局 1984 年版，第 178—179 页。

　　宋兴八十年，安定胡先生、泰山孙先生、徂徕石先生始以师道
明正学，继而濂洛兴矣。故本朝理学虽至伊洛而精，实自三先生而
始。故晦庵有伊川不敢忘三先生之语。①

指出孙复、石介、胡瑗三先生是宋代理学的先驱，周敦颐、二程的理学即
是在孙、石、胡思想的基础上发展起来的。这也包括了理学中的道统思想
体系。对此，朱熹曾说程颐不敢忘此三先生。表明程朱对孙复、石介及胡
瑗的尊重。由于孙、石二人的思想比较一致，所以将其并论。

一、继承韩愈，提倡道统

　　唐代韩愈为了排佛老，继承先秦儒家道论，仿照佛教诸宗派传法世
系的法统，正式提出了尧、舜、禹、汤、文、武、周公、孔、孟，直到自
己的关于圣人之道的传授系统说，开宋代理学道统论先声。孙复、石介在
宋初儒学复兴运动中，上承韩愈，下启程朱，他们继承并发挥了韩愈的道
统论，以道统之道作为排佛老、辟异端的准则。孙、石二人十分推崇儒
家圣人之道。孙复说："吾之所为道者，尧、舜、禹、汤、文、武、周公、
孔子之道也，孟轲、荀卿、扬雄、王通、韩愈之道也。"② 石介说："道始于
伏羲而成终于孔子。……伏羲氏、神农氏、黄帝氏、少昊氏、颛顼氏、高
辛氏、唐尧氏、虞舜氏、禹、汤氏、文、武、周公、孔子者，十有四圣
人，孔子为圣人之至。噫！孟轲氏、荀况氏、扬雄氏、王通氏、韩愈氏五
贤人，吏部为贤人而卓。不知更几千万亿年复有孔子？不知更几千百数年
复有吏部？"③ 孙、石宣扬的道统在韩愈道统的基础上，又有了发挥。与韩
愈的道统相比，石介在尧之前加上了六位传说中的圣人，在孟子之后，正
式加进了荀子、扬雄、王通、韩愈四位贤人，并把韩愈（吏部）列为贤人

---

　　① （清）黄宗羲著，全祖望补：《泰山学案》，《宋元学案》卷2，中华书局1986年版，
第73页。

　　② （宋）孙复：《信道堂记》，《孙明复小集》，文渊阁《四库全书》第1090册，台湾
商务印书馆1986年版，第175页。

　　③ （宋）石介著，陈植锷校点：《尊韩》，《徂徕石先生文集》卷7，中华书局1984年
版，第79页。

之卓越者，地位在孟子之上，表现出对韩愈建立道统论的尊崇。韩愈在论道统时，虽然也提到过扬雄为"圣人之徒"，并把荀子列为孟子与扬雄之间的人物。但是在其正式论道统的宣言书《原道》里，则认为圣人之道至孟子死，而不得其传，未把荀子、扬雄正式列为道统的传人，也没有提王通。而孙复、石介均把这三人正式作为圣人之道的传人，这便是对韩愈道统的发挥。更有甚者，孙复大力表彰董仲舒，充分肯定他在传圣人之道中的功绩，而将其列入道的传授系列之中，这是孙复不同于韩愈及程朱等正统理学家的地方。孙复说：

> 孔子而下，称大儒者曰孟轲、荀卿、扬雄，至于董仲舒则忽而不举，何哉？仲舒对策，推明孔子，抑黜百家，诸不在六艺之科者，皆绝其道，勿使并进。斯可谓尽心于圣人之道者也。暴秦之后，圣道晦而复明者，仲舒之力。[1]

盛赞董仲舒在和汉武帝的对策中，提出抑黜百家、推明孔子的建议，使得儒家圣人之道在遭到秦火的厄运后，能够晦而复明。并指出，虽然汉唐以文名世者多受到杨、墨、佛、老虚无报应之说的干扰和影响，但也有"始终仁义，不叛不杂者，惟董仲舒、扬雄、王通、韩愈"[2]。不仅推崇韩愈，而且肯定董仲舒、扬雄、王通等"始终仁义，不叛不杂"，能够坚守儒道，不受佛老异端的影响。孙复对汉唐诸儒的肯定，特别是他推重汉儒董仲舒，体现了他道统说的特点。这与后来二程、朱熹贬低汉唐儒者，否定其在道统中的地位，以及对韩愈道统阴纳阳吐形成对照。

孙复、石介继承韩愈，提倡道统，又在韩愈道统论的基础上，加以发挥。这在道统发展史上占有一定的地位。这里有几个方面值得注意：一是石介明确把道统的起源上溯到伏羲氏，并自伏羲起，至韩愈止，系统地提出了多达十九人的圣人之道传授的系统，这在道统发展史上还是前所未有的。朱熹便直接继承了石介的思想，将道统溯源于伏羲、神农、黄帝，从而完整地确立了道的传授系统，把道的起源向前推移。在一定意义上也是把中华文明的起源向前推移。二是孙复推重董仲舒在道统中的地位，肯

---

[1] （清）黄宗羲著，全祖望补：《泰山学案》，《宋元学案》卷2，中华书局1986年版，第98—99页。

[2] （清）黄宗羲著，全祖望补：《泰山学案》，《宋元学案》卷2，中华书局1986年版，第99页。

定他使圣人之道晦而复明的历史功绩，并批评那些贬低董仲舒，对其"忽而不举"的论调。为董仲舒唱赞歌，将其视为"始终仁义，不叛不杂者"，这在道统史上还是不多见的，而有别于程朱道统对董仲舒的排斥和超越。三是孙复、石介二人均肯定了包括韩愈在内的汉唐诸儒对传授圣人之道所起的作用，而不是把汉唐诸儒排除在道统之外。比较起来，孙复、石介的道统论代有传人，比较连贯。而后来程朱的道统论则从孟子后中断，有一千多年未有人接续，所以提出"心传"的理论。认为道的传授不一定是直接继承，也可以通过超越时代的心传和掌握"中"的原则，来接续儒家圣人之道。以上可见，孙复、石介不仅推崇和认同于韩愈的道统论，而且对韩愈的道统论也作了发挥，因而具有自己的特点。

二、批佛老，斥浮华文风

孙复、石介提倡道统的目的是振兴儒家圣人之道，重整伦理纲常，批判和排斥自隋唐五代以来盛行的佛老思想和重文辞、轻经义，文道分离的华丽文风。由此，孙复把佛老与杨朱、墨翟、申不害、韩非联系起来加以批判；石介把佛、老及华丽之文合称三怪，予以拒斥。从而体现了孙、石提倡道统论的理论针对性，以及社会文化背景。

（一）批佛老

孙、石站在儒家正统的立场上，以辟二氏为己任，把佛、老称为外来宗教，有违于中国文化的传统和儒家倡导的礼乐制度，因而必须与佛老划清界限，以维护中国文化的主体地位。石介说：

> 闻乃有巨人名曰"佛"，自西来入我中国；有庞眉名曰"聃"，自胡来入我中国。各以其人易中国之人，以其道易中国之道，以其俗易中国之俗，以其书易中国之书，以其教易中国之教，以其居庐易中国之居庐，以其礼乐易中国之礼乐，以其文章易中国之文章，以其衣服易中国之衣服，以其饮食易中国之饮食，以其祭祀易中国之祭祀。虽然，中国人犹未肯乐焉而从之也。其佛者乃说曰："天有堂，地有狱，从我游则升天堂矣，否则挤地狱。"其老者亦说曰："我长生

之道，不死之药，从我游则长生矣，否则夭死。"①
石介以华夷来区别儒家文化与宗教文化，甚至把道教之教主老子也说成
是胡人。他认为佛、道二教与中国文化格格不入，不仅在深层次上的道、
教、礼乐与儒学不同，而且连风俗、书籍，以及衣、食、住、文章也各
不相同。并批判了佛教的轮回说、报应说，以及道教的长生成仙说。石介
对佛老的批判反映了世俗儒家文化与宗教神学教旨教义的差异，同时也体
现了儒学的宗教观。与韩愈主张消灭佛教不同，石介则主张儒佛各行其
是，互不干扰，只是划清两家的界限。他说："各人其人，各俗其俗，各教
其教，各礼其礼，各衣服其衣服，各居庐其居庐，四夷处四夷，中国处中
国，各不相乱，如斯而已矣。则中国，中国也；四夷，四夷也。"② 以华夷之
防，作为批佛老的武器，仍是把佛、道宗教文化与世俗中国文化区别开来。

石介还以是否遵循道统所传的圣人之道作为划分正统与异端、夷狄、
佛老的是非标准。他说："伏羲、神农、黄帝、尧、舜、禹、汤、文、武、
周公、孔子所以为文之道也。由是道，则中国之人矣；离是道，不夷则狄
矣，不佛则老矣，不庄则韩矣。"③ 孙复更以君臣、父子、夫妇之道来批判
佛老及异端"去君臣之礼，绝父子之戚，灭夫妇之义"④ 的行为，认为这
些异端邪说违背治道和人道，"以之为国则乱矣，以之使人贼作矣"⑤。孙
复、石介在宋初儒学尚未占优势地位的情况下，"尤勇攻佛老，奋笔如挥
戈"⑥，其目的是捍卫儒家文化的正统地位，而不计敌众寡，无所畏惧。这
是对韩愈思想的继承。

需要指出，孙复、石介对佛老的批判，虽然也涉及批判佛教的因果

---

① （宋）石介著，陈植锷校点：《中国论》，《徂徕石先生文集》卷 10，中华书局 1984
年版，第 116—117 页。
② （宋）石介著，陈植锷校点：《中国论》，《徂徕石先生文集》卷 10，中华书局 1984
年版，第 117 页。
③ （宋）石介著，陈植锷校点：《与张秀才书》，《徂徕石先生文集》卷 16，中华书局
1984 年版，第 189 页。
④ （宋）孙复：《儒辱》，《孙明复小集》，文渊阁《四库全书》第 1090 册，台湾商务
印书馆 1986 年版，第 176 页。
⑤ （宋）孙复：《儒辱》，《孙明复小集》，文渊阁《四库全书》第 1090 册，台湾商务
印书馆 1986 年版，第 176 页。
⑥ （宋）欧阳修：《读徂徕集》，《文忠集》卷 3，文渊阁《四库全书》第 1102 册，台
湾商务印书馆 1986 年版，第 37 页。

报应说和道教的长生成仙说，但主要是批判佛老违背儒家伦理纲常，不讲社会治理，涣散了世俗社会关系原则，动摇了社会稳定的基础。这是对唐五代佛老盛行、统治思想涣散，导致社会大动乱的深刻反思。

由此，石介把佛、老及杨亿之西昆体文风并列为三怪，力主排斥之。他对佛老二怪的评价是：

> 彼其灭君臣之道，绝父子之亲，弃道德，悖礼乐，裂五常，迁四民之常居，毁中国之衣冠，去祖宗而祀夷狄，汗漫不经之教行，妖诞幻惑之说满，则反不知其为怪，既不能禳除之，又崇奉焉。……释、老之为怪也，千有余年矣，中国蠹坏亦千有余年矣。不知更千余年，释、老之为怪也如何？中国之蠹坏也如何？尧、舜、禹、汤、文、武、周公、孔子不生。吁！①

石介感叹佛老为怪流行千余年，流风所至，人们习以为常，反不以为怪。表明佛老确实在当时对社会生活影响很大，得到了人们的"崇奉"。但石介鲜明地指出佛老与以儒学为代表的中国传统文化的种种格格不入之处，不仅在三纲五常、伦理道德、生活习俗方面与民族传统文化不符，而且在祭祀祖先这一涉及全民信仰的敏感的问题上，佛老也企图以祀夷狄来取代民间对祖宗的崇拜。这是提倡孝道而尊崇祖宗的儒家文化所难以接受的，故遭到石介的批评。石介以尧、舜、禹、汤、文、武、周公、孔子等作为佛老的对立面，表明他提出圣人一脉相传的道统论是与批佛老紧密联系的。

（二）斥杨亿华丽文风

与道统思想紧密相联系，在文、道关系上，孙复、石介反对文道分离，脱离圣人之道而单纯追求文辞华丽的文风，并对当时盛行的杨亿西昆体形式主义的浮艳文风展开批评。

孙复分析了圣人之道在当时鲜为人知的原因。他说："复窃尝观于今之士人，能尽知舜、禹、文、武、周公、孔子之道者，鲜矣。何哉？国家踵隋唐之制，专以辞赋取人，故天下之士皆奔走致力于声病对偶之间，探

---

① （宋）石介著，陈植锷校点：《怪说上》，《徂徕石先生文集》卷5，中华书局1984年版，第61页。

索圣贤之阃奥者百无一二。"① 孙复深刻地指出，宋初开国以来，国家仍然沿袭隋唐专以辞赋取士的旧制，结果造成重文辞、轻经义的学风，使得天下之士不去探寻圣人之道的奥秘，而去 "致力于声病对偶之间"，追求文章辞藻表面的华丽。孙复一反此学风，倡导 "文者，道之用也；道者，教之本也"② 的思想，主张文以载道，文道结合，以道为本，以文为用，文、道相比，以道为主；并以道为教化之本，将道贯彻到科举、学校教育中去，提倡以仁义礼乐为内容的教化之学。这一新学风的倡导，标志着理学思潮的发端。

与其师孙复的思想类似，石介斥当时华丽文风，集中批评了以杨亿为首的西昆体派。把杨亿之文风与佛、老并称为三怪，力主襄除之。所谓西昆体，指北宋初期形成的一种形式主义的文风，代表人物有杨亿、刘筠、钱惟演等人。其特点主要是从形式上模拟李商隐，追求辞藻，堆砌典故，讲究对偶，以华丽的形式和悠扬的声韵掩饰其内容的贫乏。因杨、刘、钱等人相互唱和，编成《西昆酬唱集》，故称西昆体，亦称昆体。西昆体由晚唐、五代浮艳、雕饰的文风而演成，使诗文脱离思想内容，玩物丧志，有害于道。由此，石介对杨亿之文风痛加贬斥，他说：

> 昔杨翰林（亿）欲以文章为宗于天下，忧天下未尽信己之道，于是盲天下人目，聋天下人耳。使天下人目盲，不见有周公、孔子、孟轲、扬雄、文中子、韩吏部之道；使天下人耳聋，不闻有周公、孔子、孟轲、扬雄、文中子、韩吏部之道。俟周公、孔子、孟轲、扬雄、文中子、韩吏部之道灭，乃发其盲，开其聋，使天下唯见己之道，唯闻己之道，莫知有他。……今杨亿穷妍极态，缀风月，弄花草，淫巧侈丽，浮华纂组，刓镂圣人之经，破碎圣人之言，离析圣人之意，蠹伤圣人之道，使天下不为《书》之《典》、《谟》、《禹贡》、《洪范》，《诗》之《雅》、《颂》，《春秋》之经，《易》之《繇》、《爻》、《十翼》，而为杨亿之穷妍极态，缀风月，弄花草，淫巧侈丽，浮华

---

① （宋）孙复：《寄范天章书一》，《孙明复小集》，文渊阁《四库全书》第1090册，台湾商务印书馆1986年版，第170页。

② （宋）孙复：《答张洞书》，《孙明复小集》，文渊阁《四库全书》第1090册，台湾商务印书馆1986年版，第173页。

篆组。其为怪大矣！①

石介完全以圣人之道作为文章的标准和支配文学的灵魂。他认为圣人之道载于《书》、《诗》、《春秋》、《易》等儒家经典之中，经典为圣人所作，或记述了圣人的思想，表达了圣人之意。而杨亿的浮华文风则不为古文，不立古道，追求诗文外表的华丽，"缀风月，弄花草，淫巧侈丽"，败坏了圣人之道。在文道关系上，石介主张："读书不取其语辞，直以根本乎圣人之道；为文不尚其浮华，直以宗树乎圣人之教。"②认为文章是表达圣人之道的工具，因此读书不必取其文辞，作文也不须追求浮华，而是通过读书、作文来求道、传道，把圣人之道弘扬开来。由此出发，石介激烈批评了西昆体所代表的浮华文风，成为宋初复兴古文和古道运动中的重要一员。这是对韩愈"文以载道"思想的继承，也启发了二程作文害道的思想。

孙复、石介批佛、老，斥浮华文风，是其道统思想的有机构成和表现。也就是说，提倡道统与批佛、老、时文具有内在的必然的联系。提倡道统，弘扬儒家圣人之道的理论所针对的，就是佛老思想的盛行，佛老之道冲击了儒家圣人之道，所以倡道统必然要批佛老；而齐梁以来，至唐、宋初的求华丽、尚对偶，肆意雕饰的浮华文风同样妨碍了圣人之道的传授和表达，使得文章缺乏思想内容，是导致儒学发展停滞的原因之一。为了发展儒学，弘扬儒家圣人之道，就必然要与佛老及时文发生冲突。孙复、石介提倡道统，站在儒家本位文化的立场上，自觉地把批评的目标指向了这三者。石介说：

> 孔子，大圣人也。手取唐、虞、禹、汤、文王、武王、周公之道，定以为经，垂于万世。夫尧、舜、禹、汤、文王、武王、周、孔之道，万世常行不可易之道也。佛、老以妖妄怪诞之教坏乱之，杨亿以淫巧浮伪之言破碎之，吾以攻乎坏乱破碎我圣人之道者，吾非攻佛、老与杨亿也。吾学圣人之道，有攻我圣人之道者，吾不可

---

① （宋）石介著，陈植锷校点：《怪说中》，《徂徕石先生文集》卷5，中华书局1984年版，第62—63页。

② （宋）石介著，陈植锷校点：《代郓州通判李屯田荐士建中表》，《徂徕石先生文集》卷20，中华书局1984年版，第241页。

不反攻彼也。①

针对当时佛、老、杨亿信徒甚众，有"万亿千人"之多的现状，石介坚守信念，毫不退避。在作《怪说》两篇，分别批判佛老和杨亿之后，又作《怪说下》，针对劝告自己的意见，表达了死而后已的决心。可见其批佛老、杨亿的态度之坚决。他说："吾既作《怪说》二篇。或曰：'子之《怪说》，上篇言佛、老，下篇言杨亿。佛、老、杨亿，信怪矣。然今举中国而从佛、老，举天下而学杨亿之徒，亦云众矣。虽子之说长，又岂能果胜乎？子不唯不能胜夫万亿千人之众，以万亿千人之众反攻子，予且恐子不得自脱，将走于蛮夷险僻深山中而不知避也。子亦诚自取祸矣。'余闻之，辄跃起身数尺，瞋目作色应之曰：'……吾亦有死而已，虽万亿千人之众，又安能惧我也！'"② 从这篇文章可以看出，当时北宋初佛道二教和杨亿的信徒很多，影响很大，有人劝告石介不要因批佛老、杨亿而自取祸害。亦表明石介不惜以牺牲生命、死而后已的精神来坚持批佛、老、杨亿三怪。这也使人们相信，由宋初的佛老盛行、时文泛滥，到宋末理学居于社会意识形态领域的正统地位，其三百年间，经过一代又一代新儒学者的不懈努力，理学才蔚然成为一代学术文化思潮，广泛影响社会，彻底改变了佛老盛行、冲击儒学的局面，而形成以儒学为本位，吸取佛、道思辨哲学的三教合一的社会思想文化格局。

三、"圣人之道无有穷"

如果说，孙复、石介从形式上继承和发挥了韩愈的道统论，并以道统之道批佛老、斥时文，以抬高圣人之道的地位的话，那么，在内容上，孙、石则提出"圣人之道无有穷"的思想，对道的内涵、道的性质、道与诸范畴的关系作了论述，其中包含着由韩愈伦理型的道论向二程哲理型的本体之道论过渡的倾向。

---

① （宋）石介著，陈植锷校点：《怪说下》，《徂徕石先生文集》卷5，中华书局1984年版，第63页。
② （宋）石介著，陈植锷校点：《怪说下》，《徂徕石先生文集》卷5，中华书局1984年版，第63—64页。

（一）道的内涵

孙复、石介对道的内涵作了以下规定：其主要含义是三才和五常。石介说："周公、孔子、孟轲、扬雄、文中子、韩吏部之道，尧、舜、禹、汤、文、武之道也，三才、九畴、五常之道也。"①以上这段文字把道统的形式和内容都作了概括。其道统的形式是指诸圣贤一脉相传的统绪，即从尧到韩愈相传的谱系；其道统传授的内容则是三才、九畴和五常。所谓三才，即天道、地道、人道；所谓九畴，即《尚书·洪范》篇中提出的治理国家必须遵守的九种根本大法；所谓五常，即仁、义、礼、智、信五种道德信条。

关于天道，石介作出具体解释："夫三光代明，四时代终，天之常道也。"②天道就是日月星辰、春夏秋冬有秩序地运行、更替。此天道为自然界固有的规律。

关于地道，石介说："夫五岳安焉，四渎流焉，地之常道也。"③地道即表现在山脉的安而不崩、河川的流而不竭上，此地道亦指自然界的规律。

关于人道，石介指出："人道非它，君臣也，父子也，夫妇也。……夫妇、父子、君臣灭，则人道灭矣。"④孙复亦说："君不君，臣不臣，父不父，子不子，禽兽之道也，人理灭矣。"⑤人道就是儒家的君臣、父子、夫妇之道。如果违背了它，则为"禽兽之道"。石介特重人道，有时把圣人之道直接等同于人道，强调"圣人之道非它，人道也"。⑥孙复、石介提倡人道，以仁义礼乐为学，认为"仁义礼乐，治世之本也，王道之所由兴，人伦之所由正"⑦。这既是对人道内涵的具体规定，又是对唐末五代不

---

① （宋）石介著，陈植锷校点：《怪说中》，《徂徕石先生文集》卷5，中华书局1984年版，第62页。

② （宋）石介著，陈植锷校点：《怪说上》，《徂徕石先生文集》卷5，中华书局1984年版，第60页。

③ （宋）石介著，陈植锷校点：《怪说上》，《徂徕石先生文集》卷5，中华书局1984年版，第60页。

④ （宋）石介著，陈植锷校点：《明隐》，《徂徕石先生文集》卷9，中华书局1984年版，第96页。

⑤ （宋）孙复：《世子觙聵论》，《孙明复小集》，文渊阁《四库全书》第1090册，台湾商务印书馆1986年版，第178页。

⑥ （宋）石介著，陈植锷校点：《明隐》，《徂徕石先生文集》卷9，中华书局1984年版，第96页。

⑦ （宋）孙复：《儒辱》，《孙明复小集》，文渊阁《四库全书》第1090册，台湾商务印书馆1986年版，第176页。

讲人道，道德沦丧的批判。

从以上孙复、石介对天、地、人三才之道内涵的论述中可以看出，孙、石二人对人道比较重视，而把人道规定为三纲、五常、仁义礼乐，这体现了儒家思想的特点。孙、石对天道、地道的论述却比较简略，对天的重视程度也不如以后的理学家，没有把天提升为宇宙本体。其天、地的含义主要指一般的自然物，天道、地道也是指自然界的规律，还没有进入以天理来囊括天人的比较高级的认识阶段。

（二）道无有穷

石介所谓道，不仅是天地自然界的规律和社会的人伦道德，而且具有超越天地、无穷无尽的属性，表现出向本体范畴过渡的趋势。在这个问题上，石介认为，天地、日月、山岳、河流等自然物是有穷尽的，是有限的存在，而圣人之道则超越天地，没有穷尽，是无限的存在。他说："天地有裂焉，日月有缺焉，山岳有崩焉，河洛有竭焉，吾圣人之道无有穷也。"[①]把道抬高到天地万物之上，天地万物是有始有终的，而道则是无始无终、没有穷尽的。道存在于自然界，亦存在于人类社会，成为仁义礼乐的根据。在这个意义上，道已表现出向宇宙本体过渡的趋势。石介说："道者，何谓也？道乎所道也。……道于仁义而仁义隆，道于礼乐而礼乐备，道之谓也。"[②]认为道是道乎所道的对象的根据，是仁义礼乐的根本。石介并把道规定为超时空、万古不变、横维四方的绝对。这种永恒的绝对，是对道的性质的概括，也是其道论比较趋向于哲学本体论的地方。石介说："大哉！吾圣人之道，弥亘亿千万世而不倾，纲维四方上下而不绝。"[③]无论在时间和空间上，道都是永恒的存在。这实际上是把圣人之道抬高到与宇宙并存的地位，而道所包含的伦理纲常也同时被赋予了宇宙精神的意义，这对后来的理学家构筑天理论的哲学体系，是有启发的。由于圣人之道是永恒的

---

① （宋）石介著，陈植锷校点：《宋城县夫子庙记》，《徂徕石先生文集》卷19，中华书局1984年版，第221页。

② （宋）石介著，陈植锷校点：《移府学诸生》，《徂徕石先生文集》卷20，中华书局1984年版，第245页。

③ （宋）石介著，陈植锷校点：《宋城县夫子庙记》，《徂徕石先生文集》卷19，中华书局1984年版，第221页。

存在，那么道统在空间和时间上的存在及延续，也是永恒的了。

（三）道与诸范畴的联系

孙复、石介"圣人之道无有穷"的思想还体现在道与诸范畴的联系上。

1. 道与圣人

圣人范畴在孙复、石介的哲学历史观方面占据核心的位置，也是道统之道相传授受的主体。圣人统道，道与圣人同体，这是孙、石所努力宣扬的。孙复说："圣贤之迹无进也，无退也，无毁也，无誉也，唯道所在而已。用之则行，舍之则藏。"[①] 圣贤与道同体，道通过圣贤的所作所为表现出来。与道统论相联系，石介强调圣贤对于道的存在和维系的极端重要性，虽然道是永恒的存在，却时常遭到破坏，人或有不知不行，正是由于圣贤的努力，才使得道不致因乱世而中绝。他说：

> 道大坏，由一人存之；天下国家大乱，由一人扶之。周室衰，诸侯畔，道大坏也，孔子存之。孔子殁，杨、墨作，道大坏也，孟子存之。战国盛，仪、秦起，道大坏也，荀况存之。汉祚微，王莽篡，道大坏也，扬雄存之。七国弊，王纲圮，道大坏也，文中子存之。齐、梁来，佛、老炽，道大坏也，吏部存之。……故道卒不坏，天下国家乱卒止。[②]

石介认为，一部历史就是道的存在和延续的历史，而道的存在和延续要靠圣人来维系，离开了圣人，道必然大坏，天下国家也随之而大乱。圣人之所以在历史上起着决定性的作用，是因为他们始终与道联系在一起。与程朱的道在孟子之后中断的思想相比，石介的道统之道始终没有中断，其理论根据就在于"圣人之道无有穷"，道是永恒的存在，故不会中绝。其中的重要原因就是圣贤统道，一脉相传，尽管遭乱世，也把道继承弘扬开来，"故道卒不坏"。

在孙复、石介对道的论述中，圣人与道屡屡相提并论，合为一体，统称圣人之道。他们的圣人史观与道统史观也逻辑地联系在一起，成为其

---

① （宋）孙复：《信道堂记》，《孙明复小集》，文渊阁《四库全书》第 1090 册，台湾商务印书馆 1986 年版，第 175 页。

② （宋）石介著，陈植锷校点：《救说》，《徂徕石先生文集》卷 8，中华书局 1984 年版，第 84 页。

道统论的重要组成部分。孙、石关于圣人与道合为一体的思想，对理学产生影响。但由"圣人之道无有穷"引申出来的"道卒不坏"的观点，则与理学的道中断论形成鲜明的对照。理学的道中断论是以贬低汉唐诸儒在道统中的地位为前提，这为超越时代的心传说提供了理由和依据；石介的"道卒不坏"说是以道在时空上的永恒存在为根据，正因为道在时间和空间上永恒存在，与圣贤合为一体，所以代有传人，在汉唐时也未中绝。石介的这一观点对陈亮有所启发，而有别于程朱。

2. 道与气

在道与气的关系上，石介指出："夫天地、日月、山岳、河洛，皆气也。气浮且动，所以有裂、有缺、有崩、有竭；吾圣人之道，大中至正，万世常行，不可易之道也，故无有亏焉。"[1]把道、气作了比较，认为天地、日月、山岳、河洛等自然物由气构成，气的性质是浮动的，所以由气构成的天地万物皆有亏损，是有限、有缺的。圣人之道则是万世常行、没有穷尽的，因而"无有亏"，是中正之道，绝对完满。以气的浮动性、具体性和不完备性来衬托道的至高无上性和永恒性，表明道比气更为根本。但对道与气的关系，没有进一步展开说明。

3. 道与象

所谓象，指罗列于人们面前的万事万物的现象。石介承认事物的客观性和自然界的规律性，认为天地自然界有其规律存在于其中，这就是道。他说："日行有道，月行有次，星行有躔，水出有源，亦归于海。"[2]道体现为日月星辰的运行都有一定的规律、次序和轨迹，水也有它的源流和导向。作为事物规律的道与事物的现象是什么关系？石介说："吾见万象森布，罗列于上，吾不见日行之有道焉、月行之有次焉、星行之有躔焉。然水汗漫中夏，其泛也，其广也，其出必有源，其归必于海。出不于其源，归不于其海，则为中国之患焉，岂所以为水之道？"[3]指出事物万象森

---

① （宋）石介著，陈植锷校点：《宋城县夫子庙记》，《徂徕石先生文集》卷19，中华书局1984年版，第221页。

② （宋）石介著，陈植锷校点：《与张秀才书》，《徂徕石先生文集》卷16，中华书局1984年版，第189页。

③ （宋）石介著，陈植锷校点：《与张秀才书》，《徂徕石先生文集》卷16，中华书局1984年版，第188—189页。

布的现象是人们可以通过感官观察到的，事物的规律道却是人们的感官无法把握的。即道不可见，现象可见。然而规律却存在于现象之中，与事物不相分离。比如天下之水，不着边际，其现象是"泛也"、"广也"。广泛、不着边际的水必然有其源流和导向，这就是水的规律。如果违背了它，就会祸患天下。道是规律，象是现象。象可见，道不可见。规律存在于现象之中，通过现象表现出来，而不得违背。这就是石介所谓的道象关系说。

孙复、石介的道统论是联结唐代韩愈与宋代理学之间道统思想发展的中间环节。孙、石的道统论及"道无有穷"的思想尽管还不够完备，缺乏系统，但已表现出由韩愈的伦理型道统论向理学的哲理与伦理结合型道统论演变的趋势。为宋代理学具有哲学本体论意义的道统思想的产生作了铺垫。由于孙、石作为理学先驱，开宋代理学及其道统思想之端绪，所以理学大师程朱对孙复、石介比较推崇，不仅"程子平生不敢忘此数公，依旧尊他"①，而且朱熹对孙、石也作了较高评价。朱熹说："大抵事亦自有时。如程子未出，而诸公已自如此平正。本朝孙、石辈忽然出来，发明一个平正底道理自好，前代亦无此等人。如韩退之已自五分来，只是说文章。若非后来关洛诸公出来，孙、石便是第一等人。孙较弱；石健甚，硬做。"②认为在二程兄弟未出之前，孙复、石介的道已讲得平正自好，甚至超过了韩愈。这说明孙复、石介在宋代理学思潮包括道统论兴起的过程中，起到了先驱者的作用。

第三节　周敦颐"圣人之道，仁义中正而已"的思想

周敦颐（1017—1073 年），北宋哲学家、宋代理学奠基者之一。字茂叔，原名惇实，后避宋英宗旧讳改为惇颐。道州营道（今湖南道县）人。其父周辅成，大中祥符八年（1015 年）特奏名赐进士出身，官至贺州桂

① （宋）黎靖德编：《朱子语类》卷 129，中华书局 1986 年版，第 3090 页。
② （宋）黎靖德编：《朱子语类》卷 129，中华书局 1986 年版，第 3091 页。

岭县令。周敦颐 15 岁时，其父去世，随母入京师，投靠舅父龙图阁学士
郑向。20 岁以舅父荫，试将作监主簿。24 岁调任洪州分宁县主簿，后任
南安军司理参军。在南安军司理参军任上，庆历六年（1046 年），大理
寺丞、知虔州兴国县程珦，假倅南安，与周敦颐相识。程颐在为其父所
作《先公太中家传》中说："在虔时，常假倅南安军，一狱掾周惇实，年
甚少，不为守所知。公视其气貌非常人，与语，果为学知道者，因与为
友。"① 后来朱熹门人度正撰《周敦颐年谱》，称：程珦"令二子师事之"②。
这时周敦颐 30 岁，程颢 15 岁，程颐 14 岁，尚年少。但二程兄弟对此事
却没有直接承认过。程颐说："先生（程颢）为学，自十五六时，闻汝南
周茂叔论道，遂厌科举之业，慨然有求道之志。"③ 只是说程颢闻周敦颐论
道，没有提直接拜师。并且二程本人很少提到周敦颐，即使提及，也往往
是直呼其名，如程颐在《先公太中家传》中直称"狱掾周惇实"，不像是
学生对老师说话的口气。但《程氏遗书》卷二上也称："昔受学于周茂叔，
每令寻颜子、仲尼乐处，所乐何事。"④ 虽没有说明二程中是谁"受学于周
茂叔"，或都曾受学于周敦颐。然而二程受到过周敦颐思想的影响，这是
肯定的。这年冬，周敦颐调任郴县令。故程颢闻周敦颐论道，也不足一年
时间。

其后，周敦颐历任桂阳令、知南昌县、合州判官、国子博士、通判
虔州、广南东路转运判官等职。因爱庐山之胜，筑书堂于庐山莲花峰下小
溪旁，取营道故居濂溪以名之，后人遂称其为濂溪先生。南宋宁宗嘉定
十三年（1220 年），在魏了翁等的再三上疏请求和表彰下，宋宁宗下诏赐
周敦颐谥号曰"元"，后世便有称之为周元公。其著作主要有《太极图说》
和《通书》等，后人编为《周子全书》，或《周敦颐全书》。

周敦颐思想的特点表现为儒、道相兼，《易》、《庸》结合，继承《易

① （宋）程颢、程颐著，王孝鱼点校：《先公太中家传》，《河南程氏文集》卷 12，《二程集》，中华书局 1981 年版，第 651 页。
② （宋）度正：《周敦颐年谱·庆元六年》，《周敦颐全书》卷 1，江西教育出版社 1993 年版，第 10 页。
③ （宋）程颢、程颐著，王孝鱼点校：《明道先生行状》，《河南程氏文集》卷 11，《二程集》，中华书局 1981 年版，第 638 页。
④ （宋）程颢、程颐著，王孝鱼点校：《河南程氏遗书》卷 2 上，《二程集》，中华书局 1981 年版，第 16 页。

传》、《中庸》和韩愈《原道》的思想，吸取道家、道教和佛教的某些资料，不公开批佛老，而是以儒学为主，借用道、佛理论，建立自己的思想体系。

其《太极图说》，是以道教的《太极先天之图》为基础，吸收佛教禅师的《阿黎耶识图》，对道士陈抟的《无极图》加以改造而作的。提出了系统的宇宙生成论和一系列哲学范畴，对宋代理学产生了重要影响。其《通书》继承《中庸》，提出"诚"的思想，以诚为本，主张通过主静、无欲达到道德的最高境界。

周敦颐与道统思想相关的是提出"圣人之道，仁义中正而已"的思想，把仁义和中正结合起来，作为道的内涵。并明确提出"文所以载道"的命题，这是对韩愈思想的继承和概括。

周敦颐在北宋时的社会地位不高，其思想也不突出，比较简略。他的代表作《太极图说》二百多字，加上《通书》也不过三千字。但其为发挥理学思想提供了基础。至南宋初胡宏开始宣扬周敦颐，经张栻、朱熹的表彰，大大提高了他在道统史上的地位。之所以周敦颐在南宋时地位被抬高，是因为朱熹等需要借助他的理论框架，来发挥自己的思想。朱熹为《太极图说》和《通书》做注解，并加以整理，从中发挥出自己的理论观点。并排除韩愈，以周敦颐、二程直接承续孟子之后中绝的儒家道统，把周敦颐的地位人为地提高。周敦颐本人讲道统和道的地方不多，比较简略，未成系统。由于朱熹等为建立自己理论体系的需要，才把周敦颐在道统中的地位抬上去，这与二程兄弟系统地提出道统思想，为中华道统思想的发展作出了突出贡献不能相比。但也不应因此而否定周敦颐思想固有的价值和他对朱熹思想的重要影响。

一、儒、道相兼，《易》、《庸》结合

周敦颐思想的特点是儒、道相兼，同时也吸取佛教的思想；承继《易传》和《中庸》的学统，把《易传》的阴阳、仁义与《中庸》的诚、中和之道结合起来。由此作《太极图说》和《易通》，体现了其儒、道相兼，吸取佛教，而以儒为主的思想特点。

　　周敦颐儒、道相兼的思想特点表现在他作《太极图说》,不仅在形式上吸取了道教以图解《易》的方法,而且在内容上接受了道家及道教的无极概念,以无极作为宇宙的本原和其哲学的最高范畴,又吸取儒家经典《易·系辞上》的"易有太极"和道家《庄子·大宗师》的道"在太极之先而不为高"的太极概念,并把无极与太极联系起来,提出"自无极而为太极"的命题,建立起以无极为最高范畴的思想体系,同时把儒家的仁义贯穿于其中,体现出儒、道相兼的特点。

　　道教以图解《易》的治学传统对周敦颐影响较大。《周易·系辞上传》的"易有太极,是生两仪,两仪生四象,四象生八卦"之说,奠定了秦汉时期古典太极说的基础。东汉以后,道教兴起,以图解《易》,借用《周易》的框架结构阐述炼丹术的内容。周敦颐吸取道教的治学方法,为推明天地万物之原而作《太极图说》,在内容和形式上体现了儒道思想的融合。《太极图说》全文如下:

> 自无极而为太极。太极动而生阳,动极而静;静而生阴,静极复动。一动一静,互为其根。分阴分阳,两仪立焉。阳变阴合,而生水、火、木、金、土。五气顺布,四时行焉。五行,一阴阳也;阴阳,一太极也;太极,本无极也。五行之生也,各一其性。无极之真,二五之精,妙合而凝。乾道成男,坤道成女。二气交感,化生万物,万物生生而变化无穷焉。惟人也,得其秀而最灵。形既生矣,神发知矣,五性感动而善恶分,万事出矣。圣人定之以中正仁义而主静,立人极焉。故圣人与天地合其德,日月合其明,四时合其序,鬼神合其吉凶。君子修之吉,小人悖之凶。故曰:立天之道曰阴与阳,立地之道曰柔与刚,立人之道曰仁与义。又曰:原始反终,故知死生之说。大哉《易》也,斯其至矣!

以上周敦颐的《太极图说》仅二百五十一字,却对朱熹思想产生了重要影响。需要指出,《太极图说》经朱熹整理后,将其首句"自无极而为太极"改为"无极而太极",他认为"自"、"为"二字,是修国史者增加的,应该去掉。他说:"戊申(孝宗淳熙十五年,1188年)六月,在玉山邂逅洪景庐(洪迈)内翰,借得所修国史中有濂溪、程、张等传,尽载《太极图说》。盖濂溪于是始得立传,作史者于此为有功矣。然此说本语首句但云:'无极而太极',今传所载乃云:'自无极而为太极'。不知其何所据,而增此'自''为'二字也。"① 朱熹从内翰洪迈那里借得所修《国史·濂溪传》，《传》中所载《太极图说》的首句是"自无极而为太极"。《宋史实录》所记依据的是比较可靠的原始材料，应为周敦颐的原文。但朱熹认为记载有误，应改为"无极而太极"。结果史官以无改人成文者为理由，未听从朱熹意见。因此，终宋之世，两说并存。后来由于朱熹地位提高，宋以后的学者便从朱熹之说，以"无极而太极"作为《太极图说》的首句。

根据周敦颐《太极图说》的原文来分析，无极是宇宙的本原，太极则是无极所派生的。即从无而为有，有生于无。太极的运动产生阴阳，阴阳产生于动静之后。太极的动是动静的本原，亦是阴阳产生的前提。这是对太极静而不动的扬弃。由于动静互为其根，相互转化，由此产生阴阳两仪。可见动静是太极生阴阳的中介。阴阳二气的相互作用和变化，而产生出以水、火、木、金、土五行为代表的万物。万物生生，而变化无穷。反过来讲，万物统一于五行，五行统一于阴阳二气，阴阳统一于太极，太极以无极为本。即由万而五，由五而二，由二而一，由一而无。这就是周敦颐《太极图说》所展示的宇宙生成论模式。

在这个宇宙生成论模式中，周敦颐受道家及道教影响十分明显。其最高范畴无极，便是来自于《老子》二十八章："知其白，守其黑，为天下式。为天下式，常德不忒，复归于无极。"② 并见之于道教典籍《周易参同契》、《老子想尔注》等。周敦颐借鉴道家及道教的无极范畴，根据道士陈抟的《无极图》，提出"自无极而为太极"的命题，便是对道教思想的吸取。

关于另一个重要概念太极，如果按朱熹断定的"无极而太极"来解释，那么太极即是宇宙的本原，无极是形容太极的无形，"无极而太极"，便是说无形而有理。这个太极概念既见之于儒家经典《易·系辞上传》，又见之于道家经典《庄子·大宗师》，是个儒、道相兼的重要范畴。周敦颐把无极和太极联系在一起，表现了儒、道思想的融合。

周敦颐的《太极图说》，引用《易传·说卦》的"立天之道曰阴与

① （宋）朱熹撰，郭齐、尹波点校：《记濂溪传》，《朱熹集》卷71，四川教育出版社1996年版，第3694页。

② 《道德经》第二十八章，（魏）王弼注，楼宇烈校释：《老子道德经注校释》，中华书局2008年版，第74页。

阳，立地之道曰柔与刚，立人之道曰仁与义"，明确把仁义作为人道的内涵。并强调"圣人定之以中正仁义而主静，立人极焉"，以儒家的仁义道德作为"立人极"的基本要求。这体现了周敦颐的《太极图说》以儒家伦理为本位的基本倾向。所以尽管他对道家及道教吸取甚多，仍不能把他排除在儒家学者之外。

周敦颐继承《易传》和《中庸》的学统，并把二者相结合，集中体现在他所作的《通书》即《易通》里。《通书》本为易学论著，以阐明《易》旨，共四十章，不少地方直接引用《易传》，并加以阐发。但《通书》又不仅是一部易学著作，它着重论述了诚的思想，以诚为一切道德原则和行为规范的根源。周敦颐说："圣，诚而已矣。诚，五常之本，百行之源也。"①诚的思想主要源自《孟子》、《中庸》。《中庸》说："诚者，天之道也；诚之者，人之道也。"以诚即自然如此、真实不妄作为天之道；以按诚的原则去做，作为人之道，即人效法天，按真实不妄的天道原则去做。周敦颐在《通书》里把《易传》的阴阳、仁义与《中庸》的诚结合起来，以诚为仁义礼智信五常之本。并强调中，以中正为圣人之道。这既是对《易传》以中为道、推崇中道思想的继承，又是对《中庸》"中立而不倚"、坚守中道观念的发扬。表明周敦颐的《通书》，通过提出中正之道把《易传》与《中庸》相沟通。

以上可见，周敦颐思想以儒、道相兼为特点，并承继《易传》、《中庸》一路学统而来。其《太极图说》自无极而为太极、阴阳、五行、万物的宇宙生成论的提出，其《通书》将《易》、《庸》的结合，便是周敦颐学术特点的表现。

二、以仁义中正为道

周敦颐的道论，以仁义中正作为道的内涵。把孟子的仁义与《易传》的中正相结合，发展了韩愈仅以仁义为道的思想。他说："圣人之道，仁

---

① 周敦颐：《通书·诚下第二》，《周敦颐全书》卷3，江西教育出版社1993年版，第96页。

义中正而已矣。"① 不仅在《通书》里专辟《道》一章，以说明圣人之道即为仁义中正，而且在其《太极图说》的"圣人定之以中正仁义"的文字之后，亦自注云："圣人之道，仁义中正而已矣。"两处提到圣人之道便是仁义中正。虽然其文字简略，其含义却是十分清楚明白，并在其论著里，对作为道的内涵的仁义中正作了具体的说明。

关于仁，周敦颐以爱言仁，并以"天以阳生万物"的生为仁。前者是对仁的具体解释，后者是把宇宙生成论与伦理道德结合起来。所谓仁，指儒家伦理规范的普遍原则；所谓爱，指事亲敬亲并推己及人的道德行为。自孔子提出仁者爱人的思想以来，仁与爱便紧密地联系在一起。但在宋以前，对仁与爱的关系却没有进一步深究。周敦颐在分别论述诚、几、德时，便以诚为无为，几为善恶，德则为爱、宜、理、通、守，其中涉及以爱为仁。他说："德，爱曰仁，宜曰义，理曰礼，通曰智，守曰信。"② 即德体现在爱、宜、理、通、守等方面，与之对应的则是仁、义、礼、智、信五常，其中爱曰仁。把仁与爱联系起来，爱是仁的表现。周敦颐"爱曰仁"的观点很简略，没有展开论述。后来朱熹和张栻在关于仁的讨论中，较为详尽地论述了仁与爱的关系。他们以程颐"爱自是情，仁自是性"③的思想为依据，得出仁体爱用的观点。朱熹指出："仁是爱之理，爱是仁之用。"④ 认为仁与爱虽有体用之分，但它们是互相联系而不脱离的。

除以爱言仁外，周敦颐还以生为仁。他说："天以阳生万物，以阴成万物。生，仁也；成，义也。故圣人在上，以仁育万物，以义正万民。"⑤ 认为天以阳生万物，其生便是仁，体现了天的仁德；圣人法天，以仁育万物。通过圣人，天人合为一体，把宇宙生成论与儒家伦理学结合起来，仁的原则为自然、社会所共有。关于义，义与仁紧密相联，周敦颐以宜言

① 周敦颐：《通书·道第六》，《周敦颐全书》卷3，江西教育出版社1993年版，第109页。
② 周敦颐：《通书·诚几德第三》，《周敦颐全书》卷3，江西教育出版社1993年版，第103页。
③ （宋）程颢、程颐著，王孝鱼点校：《河南程氏遗书》卷18，《二程集》，中华书局1981年版，第182页。
④ （宋）黎靖德编：《朱子语类》卷20，中华书局1986年版，第465页。
⑤ 周敦颐：《通书·顺化第十一》，《周敦颐全书》卷3，江西教育出版社1993年版，第122页。

义，并以天"以阴成万物"的"成"为义。以宜为义，是对义的具体解释；以"成"为义，则是宇宙生成论与伦理观的结合。周敦颐把义解释为适宜，他说："宜曰义。"① 此外，天不仅以阳生万物，而且以阴成万物，既生且成，成则为义，体现了天对于万民的厚德载物，喻之为秋季万物的收成。周敦颐往往将仁义并用，以代表儒家的伦理道德原则，然二者亦有细致的区别。

关于中正，周敦颐把中正作为道的内涵，这是对韩愈道论的发展。其中正的中，周敦颐解释为和。他说："惟中也者，和也，中节也，天下之达道也，圣人之事也。"② 周敦颐的思路是以和为中，未注意区别中、和二者。所以朱熹注曰："然其以和为中，与《中庸》不合。盖就已发无过不及者言之，如《书》所谓'允执厥中'者也。"③ 朱熹的弟子陈淳亦指出："中有二义。有已发之中，有未发之中。未发是就性上论，已发是就事上论。……周子《通书》亦曰：'中也者，和也'，是指已发之中而言也。"④ 认为周敦颐的中，取已发之中的意思，实际上是以和为中。其重点是在已发的事上体现中的原则。周敦颐以中正为道，便是对《中庸》和《易传》思想的继承。中正不仅是儒家提倡的伦理道德标准，而且具有方法论的意义。他说："动而正曰道。"⑤ 行为符合中正的原则便是道，动不正则违道，可见掌握中正的原则很重要。所谓正，《易传》以中为正，符合中道便是正，中与正是联系在一起的。

仁义、中正作为圣人之道的内涵规定，表明周敦颐的道论是以儒家伦理为本位。尽管他在构筑其宇宙论哲学体系时，对道家及道教吸取甚多；在修养论上又受到佛道"主静"、"无欲"修养工夫的影响，与儒家节欲而非禁欲的思想不符。但以仁义中正为道，却是周敦颐区别于佛老的地方。

---

① 周敦颐：《通书·诚几德第三》，《周敦颐全书》卷3，江西教育出版社1993年版，第103页。

② 周敦颐：《通书·师第七》，《周敦颐全书》卷3，江西教育出版社1993年版，第113页。

③ 周敦颐：《通书·师第七注》，《周敦颐全书》卷3，江西教育出版社1993年版，第113页。

④ 周敦颐：《通书·师第七注》，《周敦颐全书》卷3，江西教育出版社1993年版，第113页。

⑤ 周敦颐：《通书·慎动第五》，《周敦颐全书》卷3，江西教育出版社1993年版，第108页。

三、"文所以载道"

　　周敦颐的文道关系说是其道论的重要组成部分，他继承了唐代韩愈的文以载道之说，将其明确表述为"文所以载道"的文字，这是对唐宋古文家文道关系说的一个总结。他说："文所以载道也。轮辕饰而人弗庸，徒饰也，况虚车乎!"①认为文不过是载道的工具，就如车所以载物一样，如果只为装饰车的轮辕，而不能为人所用，那是没有什么实际意义的。由此，周敦颐指出："文辞，艺也；道德，实也。笃其实而艺者书之。"②把道与文的关系比作内容与形式的关系，以道为主，但文道不相脱离，道还须通过文表现出来。孔子说："志于道，据于德，依于仁，游于艺。"③在以求道为目的的前提下，仍然主张"游于艺"。艺指礼乐之文，射、御、书、数之法。朱熹认为，艺"皆至理所寓，而日用之不可阙者也"④。周敦颐也不排斥艺，只是以道、德为实，以文辞之艺来表现道德。如果道德不载之以文，不通过文章来传播，也是"言之无文，行之不远"⑤的。他反对的只是脱离圣人之道的虚文。他说："圣人之道，入乎耳，存乎心，蕴之为德行，行之为事业。彼以文辞而已者，陋矣。"⑥周敦颐批评"彼以文辞而已者"，即仅仅停留在文辞的层面，而不知圣人之道的溺于文辞的陋习，表现了他重道轻文的取向。他还说："不知务道德，而第以文辞为能者，艺焉而已。噫! 弊也久矣!"⑦周敦颐重道轻文、重道轻艺的"文所以

---

　　①　周敦颐：《通书·文辞第二十八》，《周敦颐全书》卷3，江西教育出版社1993年版，第152页。

　　②　周敦颐：《通书·文辞第二十八》，《周敦颐全书》卷3，江西教育出版社1993年版，第152页。

　　③　《论语·述而》，（宋）朱熹：《四书章句集注》，中华书局1983年版，第94页。

　　④　《论语·述而》，（宋）朱熹：《四书章句集注》，中华书局1983年版，第94页。

　　⑤　周敦颐：《通书·文辞第二十八》，《周敦颐全书》卷3，江西教育出版社1993年版，第152页。

　　⑥　周敦颐：《通书·陋第三十四》，《周敦颐全书》卷3，江西教育出版社1993年版，第165页。

　　⑦　周敦颐：《通书·文辞第二十八》，《周敦颐全书》卷3，江西教育出版社1993年版，第153页。

载道"思想是对韩愈思想的继承，并对后世理学家产生了重要的影响。

四、周敦颐在道统史上的地位

严格说来，周敦颐有论道的思想，他以仁义中正为道，提倡"文所以载道"，却少有论道统的思想，没有去专门论述儒家圣人之道相传授受的系统，只是偶尔言及颜渊。他说："然则圣人之蕴，微颜子殆不可见。发圣人之蕴，教万世无穷者，颜子也。"①并以颜子为"亚圣"。然而却没有像唐代韩愈和宋初孙复、石介那样，正式提出成体系的儒家道统论。这恐与周敦颐不公开批佛老，且大量吸取道佛思想有关。因唐宋时期儒家道统论的提出，其理论针对性便是反佛老。在周敦颐之前的韩愈、孙复、石介，和在他之后的二程、胡宏、朱熹等提倡道统的著名人物，无一不是以激烈地批佛老而著称。虽然周敦颐少有论道统的思想，也没有去专门论述圣人之道传授的系统，但他在道统史上的地位却不可低估。

周敦颐在道统史上的地位在他所处的时代，即在北宋时期并不明显，很少有人提及这个问题。不仅其在道统史上的地位少有人谈到，就是他在理学史上的地位也未得到确认。拿据说是曾问学于周敦颐的二程来讲，他们根本就没有承认过周敦颐是道统的传人。程颐作《明道先生墓表》，指出圣人之道在孟子之后失传，1400年后，由自家兄弟接续了这个道统，完全把周敦颐，甚至把韩愈也排除在道统之外。周敦颐在道统史上根本没有地位。如果说二程对韩愈的排斥，表明不满足于韩愈单纯伦理型的道统论，而实际上韩愈已正式提出了成系统的道统论，二程对韩愈的排斥存在着"阳吐阴纳"的问题的话；那么，二程把周敦颐排斥在道统之外，则表明了周敦颐由于对道统问题的论述甚少，在当时并未引起人们的注意。周敦颐在道统史上的地位得以提高，是南宋初年以后的事。主要是由于朱熹、张栻为建立自己的太极论理学体系的需要，从周敦颐言简意赅的《太极图说》中加以发挥，从而推崇周敦颐，把他视为圣人之道的接续人。在

---

① 周敦颐：《通书·圣蕴第二十九》，《周敦颐全书》卷3，江西教育出版社1993年版，第155页。

朱熹、张栻的理学体系里，太极论占有重要位置，太极是与道、理、性等同的核心范畴。而在二程的理学体系里，天理论占据了核心位置，对太极范畴少有论述。因朱张对太极论的重视，故对周敦颐的《太极图说》吸取甚多，也加以改造；而二程理学以天理论为主，不重视太极，故对周敦颐评价不高。这可作为理解在周敦颐以后一百多年的朱熹、张栻对周敦颐高度评价，抬高他在道统史上的地位，而与周敦颐同时稍后的二程却把他排除在道统之外的重要原因。当然周敦颐少于论道统，以及杂于道佛，也是二程不看重他的原因之一。

周敦颐在道统史上的地位始由胡宏的宣扬，而开始受到重视。胡宏说：

> 道学之士皆谓程颢氏续孟子不传之学，则周子岂特为种、穆之学而止者哉？粤若稽古，孔子述三王之道，立百王经世之法。孟轲氏辟杨、墨，推明孔子之泽，以为万世不斩。又谓孟氏功不在禹下。今周子启程氏兄弟以不传之学，一回万古之光明，如日丽天；将为百世之利泽，如水行地。其功盖在孔、孟之间矣。人见其书之约也，而不知其道之大也。①

胡宏不同意程颢接续孟子不传之学，而把周敦颐仅视为种放、穆修一类学者的观点。他认为周敦颐启发了二程兄弟，得不传之学，其功劳可与孔孟相比。这与二程把周敦颐排除在道统之外的态度形成鲜明的对照，体现了胡宏对周敦颐的尊崇。胡宏并以周敦颐的书约而道大，来肯定其书中蕴藏着圣人之道。这对其弟子张栻，以及朱熹进一步宣扬周敦颐，产生了影响。

张栻在胡宏的基础上，进一步宣扬和表彰周敦颐在道统史上的作用和功绩。他说："嗟乎！自圣学不明，语道者不观夫大全。……惟先生生乎千有余载之后，超然独得夫大《易》之传，所谓《太极图》，乃其纲领也。"② 称周敦颐于千年之后，独得不传之绝学，其《太极图说》即是体现其道的纲领。可见张栻主要是从《太极图说》出发，来肯定周敦颐在道统中的地位的。张栻并指出："惟先生崛起于千载之后，独得微旨于残编断

---

① （宋）胡宏著，吴仁华点校：《周子通书序》，《胡宏集》，中华书局1987年版，第161页。

② （宋）张栻著，杨世文、王蓉贵点校：《通书后跋》，《南轩集》卷33，《张栻全集》，长春出版社1999年版，第1007—1008页。

简之中，……孔孟之意，于以复明。至于二程先生则又推而极之。"① 认为周敦颐独得孔孟之微旨，使圣人之道得以复明，而二程兄弟则是在周敦颐的基础上的"推而极之"，把道统进一步弘扬。从师友渊源上讲，圣人之道复明于天下，实自周敦颐发其端，从而大大提高了周敦颐的地位。

朱熹是道统思想的集大成者，他高度评价了周敦颐在道统传授中的作用，指出：

> 盖自周衰，孟轲氏没，而此道之传不属。更秦及汉，历晋隋唐，以至于我有宋，艺祖受命，……而先生出焉。不由师传，默契道体，建图属书，根极领要。当时见而知之有程氏者，遂扩大而推明之。使夫天理之微、人伦之著、事物之众、鬼神之幽，莫不洞然毕贯于一。而周公、孔子、孟子之传，焕然复明于当世。②

可以看出，朱熹宣扬周敦颐默契道体，接续绝学，主要是在于他"建图著书，根极领要"，即因为周敦颐著《太极图说》和《通书》，这里面蕴含着圣人之道的纲要，所以使得周公、孔、孟等相传的道，得以复明于当世。虽然朱熹包括张栻并没有忽视二程之意，事实上朱张高度赞扬了二程兄弟对道统的延续和发展所作的贡献，但在孟子与二程之间加进了一个周敦颐，无形之中使二程的地位相对降低。然而朱熹有时也以二程直接千载不传之绪，未提周敦颐。这表明在道统发展史上，二程的地位仍在周敦颐之上。只是由于朱熹等人的宣扬，周敦颐的地位在南宋开始上升，由不为人所知、不为二程所言，到成为继千年不传之绝学的人物，并得到后世的尊崇，在道统史上得以占有一定的重要地位。

第四节　张载的道统思想及其以气化论道

张载（1020—1077 年），北宋哲学家、宋代理学创始人之一。字子

---

① （宋）张栻著，杨世文、王蓉贵点校：《南康军新立濂溪祠记》，《南轩集》卷10，《张栻全集》，长春出版社 1999 年版，第 706 页。

② （宋）朱熹撰，郭齐、尹波点校：《江州重建濂溪先生书堂记》，《朱熹集》卷78，四川教育出版社 1996 年版，第 4074 页。

厚。生于长安（今陕西西安），随父侨寓于凤翔郿县（今陕西眉县）横渠镇，以后即在此讲学，世称横渠先生。其弟子多为关中人，后人称他的学派为关学。其父张迪，任殿中丞、知涪州事，卒于涪州任上，张载尚幼。青少年时学过兵法，企图组织人马夺取洮西之地，以解除西夏对内地的侵扰。21岁时，范仲淹任陕西经略安抚副使兼知延州，张载以书谒范仲淹。范一见知其将来会成就大器，于是劝他读《中庸》。张载"读其书，犹以为未足，又访诸释老，累年究极其说，知无所得，反而求之六经"①。不满足于仅读《中庸》，又研究了佛、道思想，而无所得，最后又回过头来求学于儒家经典，对佛、道采取批判态度。其学"以《易》为宗，以《中庸》为体，以孔孟为法，黜怪妄，辨鬼神"。②嘉祐初，张载在京师开封与程颢、程颐相见。张载是二程兄弟的表叔，比程颢大12岁，比程颐大13岁。张载与二程相互讨论易学等共同关心的学术问题。嘉祐二年（1057年）与程颢同举进士，历任祁州司法参军、丹州云岩县令、著作佐郎、签书渭州军事判官公事等职。熙宁二年（1069年），被召入朝，任崇文院校书。主张变革，但不主张"顿革"，与王安石变法有所不合。由于其弟张戬公开反对新法，被贬官，于是张载于熙宁三年辞职，回郿县横渠镇讲学著书。熙宁十年（1077年），经吕大防推荐，张载被任命为同知太常礼院。就职不久，因与有司议礼不合，遂以疾辞归。西返路上，经洛阳，与程颢兄弟论学。这次论学被称为"洛阳议论"。之后，返关中，于同年十二月行至临潼，病卒于馆舍。嘉定十三年（1220年），经魏了翁表彰，宋宁宗赐谥曰明公。其著作有《正蒙》、《经学理窟》、《易说》、《文集》、《语录》等，明代万历年间沈自彰编为《张子全书》。1978年中华书局点校出版了《张载集》。

张载在哲学上提出"太虚即气"的气本论思想，认为气是宇宙的基本存在，万物都由气构成，指出："太虚无形，气之本体。"③气聚而为有形的万物，气散而复归于无形的太虚。由于气的聚散变化，形成各种事物和现象。太虚即是天，气的运动变化的过程即是道。批判佛、道二教的空、

---

① （元）脱脱等：《张载传》，《宋史》卷427，中华书局1977年版，第12723页。

② （元）脱脱等：《张载传》，《宋史》卷427，中华书局1977年版，第12724页。

③ （宋）张载著，章锡琛点校：《正蒙·太和》，《张载集》，中华书局1978年版，第7页。

无思想和佛教心学，又借鉴吸取了道家之自然及"天地不仁"的思想。在理气关系上，认为理不过是气聚散变化的条理，而从属于气，指出："天地之气，虽聚散、攻取百途，然其为理也顺而不妄。"① 这一思想与二程、朱熹以理为宇宙本体、气从属于理的观点迥然有异，故遭到程朱的批评。反映了理学或道学内部气本论与理本论之间的思想分歧。在人性论上，提出"天地之性"与"气质之性"相分的思想，认为气质之性是恶的来源，天地之性是善的来源，主张通过后天的努力，克服气质之性的偏差，返归于纯善的天地之性。并提出"心统性情"的命题，虽没有展开论述，但对朱熹哲学心性论影响很大。张载还提出了"民吾同胞，物吾与也"② 的思想，认为人民是我的同胞，万物是我的朋友。这些思想对宋明理学产生了重要影响。在教育思想上，强调"学以变化气质"，认为"气质恶者，学即能移"③。以穷理作为教育的目的，指出若不知穷理，如梦过一生。

在道统论上，张载以发扬周孔之道为己任，为往圣继绝学，倡道于千年不传之后，企图恢复儒家圣人之道的宗传次第。指出圣人之道的复明，自有其复明之理，所以应将其弘扬开来。张载的道统论和以气化论道的思想对后世产生了重要影响。其道统论得到了理学家的肯定；而以气化论道的思想则被气本论一派理学家所继承，但遭到程朱一派理学家的批评，反映了理学内部不同流派的思想分野。并由此丰富了中国哲学道范畴理论发展的内涵，成为中华道统思想发展史上以气论道的理论代表。

一、倡道于千年不明之后

张载本人提出了完整的道统论，成为北宋时期理学道统论的重要组成部分。这与周敦颐本人未直接论及道统，而在南宋时才被朱熹、张栻宣

---

① （宋）张载著，章锡琛点校：《正蒙·太和》，《张载集》，中华书局1978年版，第7页。

② （宋）张载著，章锡琛点校：《正蒙·乾称》，《张载集》，中华书局1978年版，第62页。

③ （宋）张载著，章锡琛点校：《经学理窟·气质》，《张载集》，中华书局1978年版，第266页。

扬为道统的传人有所不同。

张载的道统思想吸取了《易传》提出的以伏羲、神农、黄帝、尧、舜一脉相传的"五帝"系统的资料，并加以发挥和延伸，贯道于圣人传授之中，形成道统。他说：

> 作者七人，伏羲也，神农也，黄帝也，尧也，舜也，禹也，汤也。所谓作者，上世未有作而作之者也。伏羲始服牛乘马者也，神农始教民稼穑者也，黄帝始正名百物者也，尧始推位者也，舜始封禅者也，尧以德，禹以功，故别数之。汤始革命者也。若谓武王为作，则已是述汤事也。若以伊尹为作，则当数周公，恐不肯以人臣谓之作。若孔子自数为作，则自古以来实未有如孔子者，然孔子已是言"述而不作"也。[①]

在上述所列伏羲、神农、黄帝、尧、舜、禹、汤、武王、伊尹、周公、孔子等儒家圣人相传的系列中，张载把前七人作为作者，把武王以下作为述者。所谓作者，指发前人所未发，创造出人类社会所未有的文明；所谓述者，指在前圣的基础上，继承并发扬光大之。不论作与述，均一脉相传，形成中华民族文明发展的统绪。张载把道贯穿到这个系列之中，并具体论述了这个道在圣人及各个方面的表现。他说："伏羲、神农、黄帝、尧、舜、禹、汤，制法兴王之道，非有述于人者也。……'稽众舍己'，尧也；'与人为善'，舜也；'闻善言则拜'，禹也；'用人惟己，改过不吝'，汤也；'不闻亦式，不谏亦入'，文王也；皆虚其心以为天下也。……舜之孝，汤武之武，虽顺逆不同，其为不幸均矣。明庶物，察人伦，然后能精义致用，性其仁而行。汤放桀有惭德而不敢赦，执中之难也如是；天下有道而已，在人在己不见其间也，立贤无方也如是。"[②]指出圣人之道通过圣人的舍己查众、与人为善、从善如流、改过不吝、虚心以为天下的行为表现出来，所以要在明庶物、察人伦之中贯彻圣人之道，并掌握"执中"的原则，把道与人伦、中联系起来。

虽然张载推崇孔子，称许孔子整理、著述儒家经典，使圣人之道得

---

① （宋）张载著，章锡琛点校：《张子语录中》，《张载集》，中华书局1978年版，第319页。

② （宋）张载著，章锡琛点校：《正蒙·作者》，《张载集》，中华书局1978年版，第37—38页。

以流传下来，不致中绝，但他不同意"语道断自仲尼"的观点，认为孔子以前已有道的存在，虽然文字不能详考，但义理不灭。他说："语道断自仲尼，不知仲尼以前更有古可稽，虽文字不能传，然义理不灭，则须有此言语，不到得绝。"① 其义理不灭，即指在孔子之前，道已经流传，亦是有根据、"有古可稽"的。然而，远古之事，文字不能传，所以孔子整理经典，立言语，使道不得绝。由此，张载既重"六经"，又重"四书"，以从中掌握义理即道。他强调"六经则须着循环，能使昼夜不息，理会得六七年，则自无可得看，若义理则尽无穷，待自家长得一格则又见得别"。② 并强调："《诗》、《礼》、《易》、《春秋》、《书》，六经直是少一不得。"③ 张载于"六经"之中，解说《周易》，著《横渠易说》，阐发义理，表现出对《易》的重视。张载不仅重"六经"，而且对"四书"亦很重视，他说："学者信书，且须信《论语》、《孟子》。……如《中庸》、《大学》出于圣门，无可疑者。"④ 既信《论》、《孟》，又认为《中庸》、《大学》出于圣门，把《中庸》、《大学》从《礼记》中单独提取出来，给予高度重视。并在其21岁时，听范仲淹劝而读《中庸》。从此，"某观《中庸》义二十年，每观每有义，已长得一格"⑤。张载对"四书"的重视，与当时理学崛起的时代潮流相一致。

张载认为，圣人之道在孔孟之后中绝。他说："古之学者便立天理，孔孟而后，其心不传，如荀扬皆不能知。"⑥ 其所谓天理，即是道，道在孔孟后失传，虽荀子、扬雄等不能得圣人之心传。并指出："自孔孟而下，荀况、扬雄、王仲淹、韩愈，学亦未能及圣人，亦不见略言者。"⑦ 认为荀

---

① （宋）张载著，章锡琛点校：《经学理窟·义理》，《张载集》，中华书局1978年版，第278页。
② （宋）张载著，章锡琛点校：《经学理窟·义理》，《张载集》，中华书局1978年版，第278页。
③ （宋）张载著，章锡琛点校：《经学理窟·义理》，《张载集》，中华书局1978年版，第278页。
④ （宋）张载著，章锡琛点校：《经学理窟·义理》，《张载集》，中华书局1978年版，第277页。
⑤ （宋）张载著，章锡琛点校：《经学理窟·义理》，《张载集》，中华书局1978年版，第277页。
⑥ （宋）张载著，章锡琛点校：《经学理窟·义理》，《张载集》，中华书局1978年版，第273页。
⑦ （宋）张载著，章锡琛点校：《张载集·性理拾遗》，《张载集》，中华书局1978年版，第373页。

子、扬雄、王通、韩愈未能得圣人之学，所以使道的传授中断。这是对宋
初孙复、石介肯定汉唐诸儒传圣人之道的作用思想的否定，而开程朱道
统排斥汉唐诸儒的先河。由此，张载对孔孟之后的诸儒提出批评。他说：
"窃尝病孔孟既没，诸儒嚣然，不知反约穷源，勇于苟作，持不迨之资而
急知后世，明者一览，如见肺肝，然多见其不知量也。"① 这里所说"勇于
苟作"，"不知反约穷源"，即指博而不约，未能穷究义理之源，流于泛滥
而无归。这体现了理学对前代经学的批判精神。

　　面对儒学式微、佛老盛行、圣人之道不传的局面，张载倡道于千年
不明之后。他说："今倡此道不知如何，自来元不曾有人说着，如扬雄、
王通又皆不见，韩愈又只尚闲言词。今则此道亦有与闻者，其已乎？其有
遇乎？"② 鉴于圣人之道不明不传，"世学不明千五百年"③，"千五百年无孔
子"④，张载以博大的胸怀，自述自己的抱负是，"为天地立志，为生民立
道，为去圣继绝学，为万世开太平"。⑤ 这也是他提倡道统的指导思想和
宗旨。目的是继承往圣不传之绝学，以道作为万民安身立命的根据，并把
道弘扬开来，开出太平盛世。他说："为政不法三代者，终苟道也。"⑥ 主张
政治治理要效法于三代，也就是以三代流行的圣人之道来治国，否则便是
"苟道"，未能按道的原则行事。张载以三代为法，并以继承绝学自命，他
说："某唱此绝学，亦辄欲成一次第。"⑦ 由此可见，在当时以继承不传之圣
人之道为己任者，不仅以二程为代表，而且同时稍前的张载已在积极倡导
恢复并发扬光大圣人之道，以上接孔孟，形成一脉相传，有时靠心传的次

---

　　① （宋）张载著，章锡琛点校：《与赵大观书》，《张载集》，中华书局1978年版，第
350页。
　　② （宋）张载著，章锡琛点校：《经学理窟·自道》，《张载集》，中华书局1978年版，
第291页。
　　③ （宋）张载著，章锡琛点校：《张子语录中》，《张载集》，中华书局1978年版，第
323页。
　　④ （宋）张载著，章锡琛点校：《杂诗·圣心》，《张载集》，中华书局1978年版，第
368页。
　　⑤ （宋）张载著，章锡琛点校：《张子语录中》，《张载集》，中华书局1978年版，第
320页。
　　⑥ （元）脱脱等：《张载传》，《宋史》卷427，中华书局1977年版，第12723页。
　　⑦ （宋）张载著，章锡琛点校：《张子语录下》，《张载集》，中华书局1978年版，第
329页。

第，以回应佛老对儒学的冲击。

进而，张载指出，儒家圣人之道的复明，自有其复明的道理。也就是说，道统的提出，道的失而复得、晦而复明，有它的历史必然性和时代根源。他说："此道自孟子后千有余岁，今日复有知者。若此道天不欲明，则不使今日人有知者，既使人知之，似有复明之理。志于道者，能自出义理，则是成器。"[①] 张载认为，道之所以在北宋时开始为人们所知，逐步改变了自孟子后一千多年道失传的情况，是因为天欲明道，人而知之。既然天欲明道，使人知之，就必然有其复明的道理。这个复明之理便是必然性的表现，有着深刻的社会历史根源。张载倡道，有"志于道"，于是开出义理之学，反映了时代的觉醒。其道统论的提出，亦是时代的产物。

二、以气化论道

以气化论道，是张载道论的特点，也是区别于程朱以天理论道、陆王以心论道的地方。在中华道统思想发展史上，以仁义礼智等儒家伦理为道，是儒家道统论的共性，由此与道家、法家等不讲仁义礼智的道论区别开来。然而在儒家道统思想内部，在肯定仁义礼智之道的前提下，又由于对道统之道有不同的理解，或以气化为道，或以天理为道，或以心为道，或仅以仁义为道，或既以仁义为道又以中庸为道，如此等等，从而形成了不同时期、各家各派的道论。不同时期，各家各派各具特色的道论，共同构成了儒家的道统思想体系及其发展过程。儒家的道统思想在其发展的历史过程中，吸取了道家等其他文化派别的道论，从而丰富了自身的思想内涵，成为中华道统思想发展的主流。一部中华道统思想发展史，即是以儒家道统思想为主，包括了道家等其他文化派别在内的关于道及道的传授系统发展演变的历史。张载以气化论道的思想，作为儒家道论的重要组成部分，在中华道统思想发展史上，同时也占有一定的重要地位。

---

① （宋）张载著，章锡琛点校：《经学理窟·义理》，《张载集》，中华书局 1978 年版，第 274 页。

(一)"由气化，有道之名"

张载以气作为宇宙的本体，提出："太虚不能无气，气不能不聚而为万物，万物不能不散而为太虚，循是出入，是皆不得已而然也。"① 认为太虚是气的本然状态，是散而未聚之气，气聚而成为万物，万物消亡，气散而复归于太虚。张载哲学的太虚是无形之气，而万物是有形之气，无论太虚、万物，都是气的不同表现形态，统一于气。而张载哲学的道则是气化的过程，即气运动变化的过程。他说："由太虚，有天之名；由气化，有道之名。"② 所谓天，即散而未聚的无形之气，也就是太虚。所谓道，即气流行变化的过程，气化是指气的聚与散的变化。这个聚与散的流行变化过程是气本身所固有的属性，它是客观的，不以人的主观意志为转移。他说："成心忘然后可与进于道。成心者，私意也。化则无成心矣。"③ 张载还以太和来说明道，指出："太和所谓道，中涵浮沉升降、动静相感之性，是生絪缊相荡、胜负屈伸之始。"④ 道就是太和所包含的浮沉、升降、动静的运动变化，由此产生相激相荡、此胜彼负、屈伸往来的变化现象。张载认为，只要认识到太和这一絪缊状态的气的运动变化，也就掌握了道。他说："语道者知此，谓之知道。"⑤ 以气的运动变化为道，这是张载道论的特点。

(二)"仁义礼智，人之道也"

除以气化为道外，以仁义礼智为代表的儒家人伦为道，是张载道论的又一含义。他说："人伦，道之大原也。"⑥ "礼者，圣人之成法也。除了

①　(宋)张载著，章锡琛点校：《正蒙·太和》，《张载集》，中华书局1978年版，第7页。

②　(宋)张载著，章锡琛点校：《正蒙·太和》，《张载集》，中华书局1978年版，第9页。

③　(宋)张载著，章锡琛点校：《正蒙·大心》，《张载集》，中华书局1978年版，第25页。

④　(宋)张载著，章锡琛点校：《正蒙·太和》，《张载集》，中华书局1978年版，第7页。

⑤　(宋)张载著，章锡琛点校：《正蒙·太和》，《张载集》，中华书局1978年版，第7页。

⑥　(宋)张载著，章锡琛点校：《张子语录下》，《张载集》，中华书局1978年版，第329页。

礼天下更无道矣。"① 所谓人伦，指儒家的伦理纲常。以人伦为道之大原，即把君臣、父子、夫妇等伦常作为社会普遍的行为规范，这是张载道论的重要内容，也是他与韩愈、二程、朱熹等儒家道统思想相通的一面。由此，张载指出："仁义礼智，人之道也，亦可谓性。"② 仁义礼智是人们普遍的道德规范，这既是人道，亦是人性。张载以礼为道，礼外无道，礼亦可谓性。性既是仁义礼智，又建立在气的基础上，"合虚与气，有性之名"③，仍是以气为根本。张载把人性看作道德属性与生物性的统一，性除了具有仁义礼智道德属性的一面外，还具有饮食男女的生物性，这也体现了道。他说："百姓日用而不知，盖所以用莫非在道，饮食男女皆性也，但己不自察。"④ 认为饮食男女即是性，百姓日用之中莫不体现了道。他还强调："饮食男女皆性也，是乌可灭？"⑤ 饮食男女作为性的内容，是不可能灭掉的。这与佛教禁欲主义的人性论划清了界限。另一方面，张载以仁义礼智为人道即人性的思想，也与佛教不讲儒家伦理的出世主义的教旨教义区别开来。

（三）道是无形的阴阳

张载继承了《易传》"一阴一阳之谓道"⑥ 的思想，并加以发展，提出道是无形之阴阳的思想，成为以气化论道的组成部分。张载所谓阴阳，既指阴阳二气，又指气所具有的两种对立统一的矛盾状态。他说："一物两体，气也。"⑦ 两体指阴阳矛盾的状态，论气便具有两种矛盾的状态，论阴

① （宋）张载著，章锡琛点校：《经学理窟·礼乐》，《张载集》，中华书局 1978 年版，第 264 页。

② （宋）张载著，章锡琛点校：《张子语录中》，《张载集》，中华书局 1978 年版，第 314 页。

③ （宋）张载著，章锡琛点校：《正蒙·太和》，《张载集》，中华书局 1978 年版，第 9 页。

④ （宋）张载著，章锡琛点校：《横渠易说·系辞上》，《张载集》，中华书局 1978 年版，第 187 页。

⑤ （宋）张载著，章锡琛点校：《正蒙·乾称》，《张载集》，中华书局 1978 年版，第 63 页。

⑥ 《易传·系辞上》，《周易正义》卷 7，《十三经注疏》，中华书局 1980 年版，第 78 页。

⑦ （宋）张载著，章锡琛点校：《正蒙·参两》，《张载集》，中华书局 1978 年版，第 10 页。

阳便是气所固有的属性。他说："若阴阳之气，则循环迭至，聚散相荡，升降相求，絪缊相揉，盖相兼相制，欲一之而不能，此其所以屈伸无方，运行不息，莫或使之。"① 张载认为，气的这种阴阳对立合一的矛盾状态，就叫做道。他说："一阴一阳不可以形器拘，故谓之道。乾坤成列而下，皆易之器。"② 又说："阴阳合一存乎道。"③ 阴阳谓之道，道即为阴阳。也就是说，作为气化的道，在运动变化的过程中包含着聚散、升降、絪缊等"相兼相制"的矛盾状态，这就是阴阳。阴阳既对立，又合一，从而体现为道。

张载指出，阴阳之道与形器是不同的。其不同在于，道是无形的，而形器则是有形体的。他说："运于无形之谓道，形而下者不足以言之。形而上者是无形体者，故形而上者谓之道也；形而下者是有形体者，故形而下者谓之器。无形迹者即道也，如大德敦化是也；有形迹者即器也，见于事实即礼义是也。"④ 道是形而上者，"无形迹"；器是形而下者，"有形迹"。在张载气本论的哲学体系里，道与器、形上与形下、无形与有形都统一于气，从而排除了二者分离的倾向。张载在气本论的基础上讲气之阴阳为道的思想与程朱以道为"所以阴阳者"的观点迥然有异，由此他遭到了程朱的反对。与张载阴阳不仅为气，而且是无形之道的思想不同，程朱仅以阴阳为气，不以阴阳为道。其阴阳只是形而下，而非形而上。张载则认为，一阴一阳谓之道，阴阳之道为形而上。程颐则说："阴阳，气也，形而下也；道，太虚也，形而上也。"⑤ 并认为"所以阴阳者，是道也。"⑥ 即道是阴阳之所以存在和运动变化的根据和原因，表现为道本论的哲学。

---

① （宋）张载著，章锡琛点校：《正蒙·参两》，《张载集》，中华书局1978年版，第12页。

② （宋）张载著，章锡琛点校：《横渠易说·系辞上》，《张载集》，中华书局1978年版，第206页。

③ （宋）张载著，章锡琛点校：《正蒙·诚明》，《张载集》，中华书局1978年版，第20页。

④ （宋）张载著，章锡琛点校：《横渠易说·系辞上》，《张载集》，中华书局1978年版，第207页。

⑤ （宋）程颢、程颐著，王孝鱼点校：《论道篇》，《河南程氏粹言》卷1，《二程集》，中华书局1981年版，第1180页。

⑥ （宋）程颢、程颐著，王孝鱼点校：《河南程氏遗书》卷15，《二程集》，中华书局1981年版，第162页。

这一思想影响到朱熹，朱熹亦说："《正蒙》所论道体，觉得源头有未是处。……如以太虚、太和为道体，却只是说得形而下者。……《正蒙》说道体处，如太和、太虚、虚空云者，止是说气。"[1] 程朱反对张载以气之阴阳为道，而坚持道"所以阴阳"，道是气存在的根据的观点，这反映了两种本体论哲学的分野。

与道是无形的阴阳的思想相关，这个无形之道即是自然界的规律。他说："天地之道，惟有日月、寒暑之往来，屈伸、动静两端而已。"[2] 道是自然界天地、日月、寒暑之循环往来、运动变化的规律。他还说："天道四时行，百物生。"[3]"天道不穷，寒暑也；众动不穷，屈伸也。"[4] 天道运行不息，永无穷尽，四时的寒暑往来，万物的生长变化，都表现为一种必然的联系。道作为自然界生成变化的规律是无所不在，涵盖一切的。他说："生成覆帱，天之道也。"[5] 道之所以具有这种属性，是因为它存在于天地之中，与自然界不相分离，道又是无时不有的。他说："道所以可久可大，以其肖天地而不离也；与天地不相似，其违道也远矣。"[6] 道在时间上是久，在空间上为大，既久且大。道的这种属性是由于它与天地自然界相像而不相离。如果道不能反映天地的客观面貌，那就违背了道作为规律所具有的属性和特征。

三、道与诸范畴的逻辑联系

张载的道统论，其道统之道与诸范畴逻辑地联系在一起，探讨它们

---

① （宋）黎靖德编：《朱子语类》卷99，中华书局1986年版，第2532—2533页。

② （宋）张载著，章锡琛点校：《横渠易说·下经·咸》，《张载集》，中华书局1978年版，第126页。

③ （宋）张载著，章锡琛点校：《正蒙·天道》，《张载集》，中华书局1978年版，第13页。

④ （宋）张载著，章锡琛点校：《正蒙·太和》，《张载集》，中华书局1978年版，第9页。

⑤ （宋）张载著，章锡琛点校：《张子语录中》，《张载集》，中华书局1978年版，第324页。

⑥ （宋）张载著，章锡琛点校：《正蒙·至当》，《张载集》，中华书局1978年版，第35页。

之间的关系，可加深对道的认识，又可从整体上把握张载道论的特点。

（一）道与理

张载讲理，但其理从属于气，是气聚散变化的条理、规律，而不是宇宙的本体。这是他与程朱天理论哲学的本质区别，也是张载以气化论道的道统论与程朱以天理论道的道统论的基本分歧。关于理，如前已述："天地之气，虽聚散、攻取百途，然其为理也顺而不妄。"① 认为气的聚散变化，其表现形式虽各不一样，但它们的条理只能顺应，不能违反，即指事物的规律不能违背。

在道与理的关系上，二者均从属于气，一般说含义相当。他说："生成覆帱，天之道也，亦可谓理。……损益盈虚，天之理也，亦可谓道。"② 自然界生成变化、覆盖一切的规律，以及自然万物的增减盈虚的差别变异，既是道，亦可谓理。理、道的含义基本相当，都是指自然界万物生长运动变化的规律。

道与理也有某些差别。"道得之同，理得之异。"③ 道和理虽同作为万物的规律，但道主要是指事物共同的普遍的规律，理则主要指事物特异的、个别的规律。他还说："循天下之理之谓道。"④ 遵循天下万事万物的规律就叫作道，道包含的范围似乎比理更大更广。这体现了道与理的差别。

通过以上对道与理关系的分析，可以得出，在张载的哲学体系里，理不仅没有成为其哲学的最高范畴，而且与道相比，虽然一般说二者含义相当，但在某些方面，理的内涵比道还要窄些。

张载以气为本体，以理为气聚散变化的条理、规律的思想，与程朱以理为本体，气从属于理的天理论思想形成鲜明的对照。故遭到程朱的批评。"问：横渠云：'太虚即气'，乃是指理为虚，似非形而下。曰：纵指理

① （宋）张载著，章锡琛点校：《正蒙·太和》，《张载集》，中华书局1978年版，第7页。
② （宋）张载著，章锡琛点校：《张子语录中》，《张载集》，中华书局1978年版，第324页。
③ （宋）张载著，章锡琛点校：《张子语录中》，《张载集》，中华书局1978年版，第324页。
④ （宋）张载著，章锡琛点校：《正蒙·至当》，《张载集》，中华书局1978年版，第32页。

为虚,亦如何夹气作一处?"① 认为张载把理"夹气作一处",而不是以理为宇宙本体。这是程朱所反对的。

(二)道与神

张载所谓神,不是宗教之神,也不是指人的精神,而是指自然界微妙莫测的变化。他说:"惟神为能变化,以其一天下之动也。人能知变化之道,其必知神之为也。"② 天下的变化统一表现为神,变化之道被人所认识,就能知道变化是神之所为。但这个变化又是神妙不可预测的。他说:"天之不测谓神,神而有常谓天。"③ 变化莫测谓神,变化有常谓天,天、神是常变的关系,神为自然之天运动变化的表现。在道与神的关系上,二者都有变化之义,这是它们的共同之处。但它们也有区别:道主要是指气的运动变化过程,神主要是指气在运动变化中的复杂的、不易捉摸和把握的功能。他说:"语其推行故曰道,语其不测故曰神。"④ 所谓推行,即普遍的流行变化,这就叫道;所谓不测,即变化莫测,不易掌握,这就叫神。此外,神与道的区别还表现在:"所以妙万物而谓之神,通万物而谓之道。"⑤ 妙指奥妙、微妙,这是神的功能;通指通行、贯通无阻,这是道的属性。张载认为,不仅道统一于气,而且神也从属于气。他说:"太虚者,气之体。气有阴阳,屈伸相感之无穷,故神之应也无穷;其散无数,故神之应也无数。"⑥ 神是气屈伸、相感、聚散的变化功能。道与神都以气为自己存在的前提和根据,这又是它们的相同之处。所以张载强调:"神,天德;化,天道。德,其体;道,其用,一于气而

---

① (宋)张载著,章锡琛点校:《张子语录·后录下》,《张载集》,中华书局1978年版,第343页。

② (宋)张载著,章锡琛点校:《正蒙·神化》,《张载集》,中华书局1978年版,第18页。

③ (宋)张载著,章锡琛点校:《正蒙·天道》,《张载集》,中华书局1978年版,第14页。

④ (宋)张载著,章锡琛点校:《正蒙·乾称》,《张载集》,中华书局1978年版,第65—66页。

⑤ (宋)张载著,章锡琛点校:《正蒙·乾称》,《张载集》中华书局1978年版,第63—64页。

⑥ (宋)张载著,章锡琛点校:《正蒙·乾称》,《张载集》,中华书局1978年版,第66页。

已。"① 神是天之德，体现了天的本性；化是天之道，体现了天的功用。无论是微妙莫测的神，还是运于无形的道，都统一于气。

质言之，道与神统一于气，都具有气的变化之义，这是它们的相同处；道指一般的变化过程，神指微妙莫测、相感而应的变化，这是它们的区别。

（三）道与万物

张载哲学的道作为气化的过程、无形的阴阳、自然界的规律和人伦道德等，必然要体现在万物之中，与万物相通。他说："通万物而谓之道。"② 这里所说的物，可抽象为一个哲学范畴，表示气聚状态的抽象物。在道与物的关系上，"道体至广，所以有言难，有言易，有言小，有言大，无乎不在"③。道体至广，无所不在，有物即有道，道存在于一切事物之中。道通万物的根据在于，"气不能不聚而为万物"，万物皆由气构成，作为与气浑然不可分的道，当然也与气一起存在于事物之中。所以张载说："事无大小，皆有道在其间。"④ 这个存在于事物之中的道，不是作为事物存在的根据即万物的本体，而是事物的规律，与事物不相离。

张载的道统论及其以气化论道的思想在中华道统思想发展史上占有重要位置。他继承《易传》提出的"五帝"系统，并加以发挥，把道贯穿到圣人相传的系列之中，形成道统。不同意语道断自孔子的说法，认为孔子之前道已经存在，经孔子整理儒家经典，使道得以明之。因此，张载既重《周易》等"六经"，又重《中庸》等"四书"，企图从中阐发义理。张载认为，圣人之道在孔孟后中断，把汉唐诸儒排除在道统之外。这与二程的观点相似，而不同于孙复、石介的道统代有传人、未曾中绝的思想。由此，张载以为往圣继绝学为己任，倡此绝学，成一一脉相传的次第，以回

---

① （宋）张载著，章锡琛点校：《正蒙·神化》，《张载集》，中华书局 1978 年版，第15 页。
② （宋）张载著，章锡琛点校：《正蒙·乾称》，《张载集》，中华书局 1978 年版，第64 页。
③ （宋）张载著，章锡琛点校：《横渠易说·系辞上》，《张载集》，中华书局 1978 年版，第 178—179 页。
④ （宋）张载著，章锡琛点校：《张载集·性理拾遗》，《张载集》，中华书局 1978 年版，第 374 页。

应佛老对儒学的冲击。并认为儒家圣人之道在北宋时复明，自有其复明显昭的时代必然性。这表明道统思想的提出，具有深刻的社会历史根源和思想根源。张载的道统论便是顺应这个时代要求的产物。

此外，张载吸取古代元气论的思想资料和《易传》"一阴一阳之谓道"的思想，在气本论哲学的基础上，以气论道、以气化为道、以道为气运动变化的过程，并对道的内涵、道与诸范畴的逻辑联系，作了认真探讨和多方面的规定，为道统之道的理论发展作出了贡献。以后的气本论思想家如王廷相、王夫之等都受到张载以气化为道思想的影响，并作了进一步的发挥。由此而形成以张载为代表的在中华道统思想发展史上以气化论道的一派，从而丰富了道统思想的内涵。由于程朱以天理为宇宙本体，以天理论道，在道气关系上便是以道为本、气从属道，由此批评了张载的道论。这从另一面说明了张载道论的重要影响。

第五节　程颢、程颐对道统论的确立

程颢（1032—1085 年）、程颐（1033—1107 年）兄弟二人是北宋著名哲学家、教育家，宋代理学的创立者，也是道统论的确立者。二程创立的理学亦称新儒学，是中国儒学发展史上的一大变革，在中国文化史上占有十分重要的地位。它对中国哲学、经学、政治、经济、法律、伦理、教育、宗教、文学艺术等中国文化的各个领域产生了深远影响。二程理学及其道统论经后世思想家的发展和广泛传播，以及历代统治者的提倡，逐渐成为民族潜意识而积淀下来，对中华民族乃至东亚民族的社会文化心理的形成和发展产生了深层的、潜移默化的影响和作用，并对现代社会仍产生着影响。因此，客观地认识和分析二程的道统思想，揭示其确立道统论的理论贡献和历史作用，对于认识和把握中华道统思想发展的历史脉络和发展阶段，进而认识对整个中国文化发展的影响，具有重要的意义。

程氏祖先名乔伯，为周大司马，封地于程（今陕西咸阳市东），后代遂以程为姓氏。二程五世而上，居中山博野（今河北定州市）。二程高祖程羽在宋初由县令升至兵部侍郎，赠太子少师，赐第于京师，始居开封。

曾祖程希振任尚书虞部员外郎，死后葬于伊川（今河南伊川），后迁居于河南。祖父程遹赠开府仪同三司吏部尚书。

二程的父亲程珦（1006—1090 年），字伯温。历任黄州黄陂县尉、大理寺丞、知虔州兴国县、国子博士、知汉州、太中大夫等职。程珦对二程思想的形成有一定的影响。其为政宽于治民，不畏权要，关心民众疾苦，重视教育。在虔州任职期间，曾代管南安军，时周敦颐任南安军司理参军，为一属员，年少位低。程珦与之交谈，知其学识，于是相交为友。后来二程兄弟也曾受到周敦颐的一定影响。

程颢，字伯淳，学者称明道先生。生于黄陂（今湖北黄陂县）。与其弟程颐从小随其父在其各地任地方官的任所长大，受到家庭的严格教育。庆历六年（1046 年），程颢 15 岁时，其父与周敦颐相识。据度正撰《周敦颐年谱》称，程珦"令二子师事之"。但二程兄弟对此事却没有直接承认过。程颐只是说："先生（程颢）为学，自十五六时，闻汝南周茂叔论道，遂厌科举之业，慨然有求道之志。"① 没有提直接拜师，但亦是受到了周敦颐思想的影响。这年冬，周敦颐调任郴州桂阳县令。故程颢兄弟闻周敦颐论道也不足一年时间。

嘉祐二年（1057 年），程颢 26 岁，与张载同中进士。历任京兆府鄠县主簿、江宁府上元县主簿、泽州晋城县令等职。以儒家伦理教化民众，破除迷信，兴学校。任晋城县令时，体恤民情，"凡坐处皆书'视民如伤'四字。常曰：'颢常愧此四字'"②。表现出其重民思想。

神宗熙宁二年（1069 年），王安石被任用为参知政事，议行新法。程颢以属官直接参与变法的具体事务。此年八月由秘书省著作佐郎升任太子中允、权监察御史里行。经常上疏阐述自己对变法的见解，认为"圣人之法可改"，主张"随时因革"，反对泥古守旧，并提出变革旧的役制，限制兼并，改革学校、科举等建议。程颢对王安石新法并不完全反对，但由于在变法指导思想上与王安石兴利的思想不同，而主张以义理思想为指导，所以对王安石变法的具体措施有不少持批评态度。他反对实行青苗取

---

① （宋）程颢、程颐著，王孝鱼点校：《明道先生行状》，《河南程氏文集》卷 11，《二程集》，中华书局 1981 年版，第 638 页。

② （宋）程颢、程颐著，王孝鱼点校：《程氏外书》卷 12，《二程集》，中华书局 1981 年版，第 429 页。

息法，主张废除推行青苗法的提举官，指出王安石任用小人变法，用贱陵贵，以邪妨正，朝廷举措失宜，不听公议，"国政异出，名分不正，中外人情交谓不可"①。鉴于自己不赞同王安石新法，其主张又未被神宗采纳，言不能行，于是请求离朝外补。出任签书镇宁军节度判官事，后任监西京洛河竹木务、知扶沟县等职。并长期在洛阳等地教学授徒，传播理学思想。元丰八年（1085 年），神宗去世，哲宗即位，召程颢为宗正寺丞。未及行而卒。

程颐，字正叔，学者称伊川先生。生于黄陂，与其兄程颢一样，从小随其父程珦在其任职各地的任所长大。至 53 岁神宗逝世时，程颐一直居家为处士，从事求学、讲学、交友和侍奉其父，未入仕做官。嘉祐元年（1056 年），程颐 24 岁，入太学。当时主管太学的是"宋初三先生"之一的著名教育家胡瑗。胡瑗以《颜子所好何学论》为题试诸生。程颐以此为题，写了一篇论文，深为胡瑗所称道。胡瑗"得此论，大惊异之，即请相见，遂以先生（程颐）为学职"②。此时，吕公著之子吕希哲与程颐为邻斋，首以师礼事焉。这是程颐的第一个学生。嘉祐四年（1059 年），程颐举进士，未能登第，遂绝意于科举。

程颐科举不第后，往来于太学，诸生愿以程颐为师。吕公著判太学，亲往敦请程颐出任学官太学正。程颐固辞。按当时官制规定，程颐可通过其父程珦做官获得的"任子恩"进入仕途，但他每次都把机会让给了族人。并且，治平、熙宁年间及以后，朝臣屡荐，程颐都"自以为学不足"，始终不愿出仕。所以直到哲宗即位前，他都以处士身份研究学问，讲学授徒。

元丰八年（1085 年），神宗卒，哲宗即位。此年其兄程颢逝世，程颐为其作《明道先生墓表》，这是一篇关于道统的重要文章。经司马光等人推荐，程颐以布衣应诏入朝，任崇政殿说书之职。时哲宗年幼，仅 10 岁，程颐每当进讲，容貌极庄重，以师道自居，反复推明义理之说，并坚持坐讲。哲宗畏之。后来程颐在党争中为蜀党所挤，任崇政殿说书仅一年多时间，便遭罢免。后从事于讲学。

---

① （宋）程颢、程颐著，王孝鱼点校：《再上疏》，《河南程氏文集》卷 1，《二程集》，中华书局 1981 年版，第 457 页。

② （宋）程颢、程颐著，王孝鱼点校：《颜子所好何学论》，《河南程氏文集》卷 8，《二程集》，中华书局 1981 年版，第 577 页。

哲宗亲政后，起用新党人物，原新法反对派纷纷遭贬黜。程颐受到牵连，于绍圣四年（1097 年）65 岁时被诏送涪州（今四川涪陵）编管。在涪州编管期间，撰成著名的《伊川易传》。徽宗即位，赦复宣德郎，归洛阳。崇宁元年（1102 年），程颐被列入"元祐奸党碑"，再遭打击。次年，反对者论程颐本因"奸党"举荐而得官，虽已受过处罚，但今复著书，非毁朝政。于是徽宗下诏"追毁程颐出身文字，其所著书令监司觉察"。① 理学遭到统治者的排斥打击，这与后来南宋"庆元党禁"朱熹道学遭受打击的情况类似。程颐晚年处境艰难，迁居龙门之南，于大观元年（1107 年）病逝。由于元祐党禁未过，人们不敢来送葬，只有程颐最亲近的弟子来办理葬事，送葬祭文。程颐在党争和朝廷迫害中备受打击和冷落，结束了自己思想家的一生。

程颢、程颐的著作有：《程氏遗书》、《程氏外书》、《程氏文集》、《程氏易传》、《程氏经说》、《程氏粹言》六种。明清时，人们将上述六种著作合编为《二程全书》或《河南程氏全书》。1980 年中华书局整理《二程全书》，加以校勘、标点，改书名为《二程集》，于 1981 年 7 月出版。

二程在政治上主张以理义治国而轻视功利，行王道而反对霸道。为了改变北宋积贫积弱的局面，主张行仁义以变法，不同意王安石以"兴起功利"为宗旨的变法措施。提出"格君心之非"、君臣共治天下的主张，强调"一人不可以独治"②。在哲学上，以天理为最高范畴，把哲学本体论与儒家伦理学统一于天理，创天理论哲学体系，这标志着宋代理学的确立。并倡心性一元说，指出："心即性也。在天为命，在人为性，论其所主为心，其实只是一个道。"③ 认为心、性、命相通为一，只是一道。道亦具有了心、性的意义。在认识论上，提出"致知在格物，非由外铄我也，我固有之"。④ 认为格物是为了致知，格物的过程就是穷理的过程。通过格物，去掉外物的干扰，以认识天理。并主张自我内省，内求于心。在

① （元）脱脱等：《徽宗一》，《宋史》卷 19，中华书局 1977 年版，第 367 页。

② （宋）程颢、程颐著，王孝鱼点校：《为家君应诏上英宗皇帝书》，《河南程氏文集》卷 5，《二程集》，中华书局 1981 年版，第 522 页。

③ （宋）程颢、程颐著，王孝鱼点校：《河南程氏遗书》卷 18，《二程集》，中华书局 1981 年版，第 204 页。

④ （宋）程颢、程颐著，王孝鱼点校：《河南程氏遗书》卷 25，《二程集》，中华书局 1981 年版，第 316 页。

价值观上，提出"君子之学，莫若廓然而大公"① 的思想，主张尊公蔑私，"圣人以大公无私治天下"②。这与其重义轻利的思想相一致。在理欲问题上，既认为男女之欲，理之常也，又主张"灭私欲则天理明"③。但反对佛教的禁欲主义。

在道统论上，以天理论道，把道统之道与理等同，提升为宇宙本体。并在批佛老的基础上，吸取佛老精致的思辨哲学，对道统思想作了详尽的论述，把道、圣人、经典三者联系起来展开论述。提出"经所以载道"④，圣人是天理的化身，与道无异；经典是载道之文，必以经为本，而不以注疏为本。以义理解释儒家经典，从中发明圣人之道。重视"四书"，倡导心传，超越汉唐诸儒，直接孔孟之端绪。从而确立了儒家道统论，并对后世产生了深远影响。

一、以天理论道

以天理论道，这是程颢、程颐的道统论不同于前人的特点。以理论道，以天理为宇宙本体，把天的主宰之义，理性化为"天者，理也"⑤ 的命题，天理成为宇宙理性和宇宙本体，这标志着理学体系的正式建立，同时也是哲理化的儒家道统论确立的标志。在这个前提下，二程展开了对道统论的论述。

（一）圣人循理而行谓道
二程认为，天理是独立于人的宇宙秩序，是万物存在的根据。指出：

---

① （宋）程颢、程颐著，王孝鱼校：《答横渠张子厚先生书》，《河南程氏文集》卷2，《二程集》，中华书局 1981 年版，第 460 页。

② （宋）程颢、程颐著，王孝鱼点校：《比卦》，《周易程氏传》卷 1，《二程集》，中华书局 1981 年版，第 742 页。

③ （宋）程颢、程颐著，王孝鱼点校：《河南程氏遗书》卷 24，《二程集》，中华书局 1981 年版，第 312 页。

④ （宋）程颢、程颐著，王孝鱼点校：《河南程氏遗书》卷 6，《二程集》，中华书局 1981 年版，第 95 页。

⑤ （宋）程颢、程颐著，王孝鱼点校：《河南程氏遗书》卷 11，《二程集》，中华书局 1981 年版，第 132 页。

　　　　万物皆只是一个天理，己何与焉？……天理云者，这一个道理，
更有甚穷已？不为尧存，不为桀亡。人得之者，故大行不加，穷居不
损。这上头来，更怎生说得存亡加减？是它元无少欠，百理具备。①

认为天理本身是圆满自足的，它无亏欠，不加不损，既不以圣人也不以暴
君的意志为转移，然而它却包含了一切事物之理，万物依赖于天理而存在。
进而，二程以圣人循天理而行称之为道，可见天理与道是相互沟通的。程
颐说："天有是理，圣人循而行之，所谓道也。"②强调天理作为宇宙秩序，
即使圣人也须循而行之，在这个意义上，天理即道；道亦即理。"又问天道
如何？曰：只是理，理便是天道也。"③理在二程哲学之前（佛教哲学除外），
仅是物之理，未上升为宇宙本体。二程把理从物之理中抽象出来，使之具
有了最高范畴的意义。故程颢说："吾学虽有所授，天理二字却是自家体贴
出来。"④虽然天理二字古已有之，不是二程的发明，但将天理等同于道，
作为最高哲学范畴，却是从二程开始。这标志着宋代理学体系的建立。

　　程颢、程颐以理论道，创天理论哲学体系，开辟了宋明理学发展的
道路，对道统思想的发展产生了深远影响。天理论在宋代理学及道统思想
体系主导地位的确立，经历了一个逐步发展的过程。宋代义理思想兴起之
初，理并不具备最高哲学范畴的意义，这在欧阳修、邵雍、周敦颐、王安
石等人的思想上得到反映；同时，这一时期，理范畴的含义，朝着概括和
抽象的方向发展，为二程天理论哲学的提出准备了条件。欧阳修（1007—
1072 年）提出天理自然的思想，指出："物无不变，变无不通，此天理之
自然也。"⑤并认为"天地任物之自然，物生有常理。"⑥欧阳修虽然把天理

---

　　①　（宋）程颢、程颐著，王孝鱼点校：《河南程氏遗书》卷2上，《二程集》中华书局
1981年版，第30—31页。

　　②　（宋）程颢、程颐著，王孝鱼点校：《河南程氏遗书》卷21下，《二程集》，中华书
局1981年版，第274页。

　　③　（宋）程颢、程颐著，王孝鱼点校：《河南程氏遗书》卷22上，《二程集》，中华书
局1981年版，第290页。

　　④　（宋）程颢、程颐著，王孝鱼点校：《河南程氏外书》卷12，《二程集》中华书局
1981年版，第424页。

　　⑤　（宋）欧阳修：《明用》，《文忠集》卷18，文渊阁《四库全书》第1102册，台湾商
务印书馆1986年版，第146页。

　　⑥　（宋）欧阳修：《荔枝谱后》，《文忠集》卷73，文渊阁《四库全书》第1102册，台
湾商务印书馆1986年版，第578页。

二字引进宋代哲学的范畴体系，但其天理自然的思想还比较简略，天理也仅是事物变化的规律，不具有本体的意义。邵雍（1011—1077 年）作为宋代理学的奠基人之一，其哲学以太极和道为本体范畴。理在邵雍的哲学体系里从属于道，他说："所以谓之理者，物之理也；所以谓之性者，天之性也；所以谓之命者，处理性者也。所以能处理性者，非道而何？是知道为天地之本。"①理虽具有事物规律和儒家伦理的含义，但还没有从"物之理"中抽象出来作为最高哲学范畴。周敦颐（1017—1073 年）的太极阴阳说虽然对朱熹产生了重要影响，但他对理的论述较少，其理的基本含义是指以礼为代表的伦理道德。他说："爱曰仁，宜曰义，理曰礼，通曰智，守曰信。"②周敦颐以理为礼，与邵雍一样，没有把理作为其哲学的最高范畴，理不具有宇宙本体的意义。在这个阶段，以理为核心的宋代理学思想体系，还没有完备地建立起来。在思想上与理学思潮的兴起有密切联系的新学代表王安石（1021—1086 年）提出"天下之理皆致乎一"③的观点，认为万物之理朝着抽象为一的方向发展，这成为宋代哲学理范畴由万物之理向二程的万理归于一理演进的中间环节。他说："万物莫不有至理焉，能精其理则圣人也。精其理之道，在乎致其一而已。致其一，则天下之物可以不思而得也。"④所谓"精其理"，即把万物之理加以高度抽象和概括。而"精其理之道"，又在于"致其一"，即把万理抽象为一。王安石认为，"精其理"的工夫只有圣人能够做到。从"天下之理皆致乎一"的思想中，可以看到由万物之理向天下一理演进的轨迹，这是二程天理论哲学产生的前奏。

二程在宋代理学思潮形成的过程中，总结前人的思想，以儒家伦理为本位，既批判佛教不讲儒家伦理的出世主义的教旨教义，又注意吸取华严宗"万理归于一理"的理本论哲学形式，提出"天者，理也"的命题，认为"万物皆只是一个天理"，把天理作为宇宙秩序和最高哲学范畴，独立于万物之上，又具有儒家伦理的内涵。从而使儒家伦理学与哲学本体论结合起来，完成了自宋初以来思想家们致力于建立一种直接把本体论与伦

---

① （宋）邵雍著，郭彧整理：《观物内篇》，《邵雍集》，中华书局 2010 年版，第 9 页。
② 周敦颐：《通书·诚几德第三》，《周敦颐全书》卷 3，江西教育出版社 1993 年版，第 99 页。
③ （宋）王安石：《致一论》，《临川先生文集》卷 66，中华书局 1959 年版，第 708 页。
④ （宋）王安石：《致一论》，《临川先生文集》卷 66，中华书局 1959 年版，第 708 页。

理学统一起来的哲学体系的尝试。既为儒家伦理原则提供了本体论的哲学依据，以抗衡精致的佛教哲学，又从本体和宇宙秩序的高度论证了儒家理想的社会统治秩序和道德规范的合理性，从而发展了唐代韩愈单纯伦理型的道统思想。宋代理学的最终确立，就在于二程把儒家的纲常伦理原则与哲学本体论统一到天理那里。这在宋明理学及中华道统思想发展史上，具有划时代的意义。

（二）道的含义

二程以天理论道，其道统之道具有以下含义：

1. 道是无形无声无臭的宇宙本体

二程说："盖上天之载，无声无臭，其体则谓之易，其理则谓之道。……形而上为道，形而下为器，须著如此说。器亦道，道亦器，但得道在，不系今与后，己与人。"[①] 在二程哲学的逻辑结构中，天即道，无声无臭的天之理就是道，道无形，"有形皆器也，无形惟道"[②]。虽然道器不相离，但道是根本的，不论时间上的"今与后"，还是主客体的"己与人"，都有道贯其中。

在道与物的关系上，二程指出："道之外无物，物之外无道，是天地之间无适而非道也。"[③] 道物不相离，而万物却由道产生，以道为存在的根据。程颐说："道则自然生万物。……道则自然生生不息。"[④] 道生万物是生生不息的过程。

以上可见，天理即道，道是生万物又存在于万物之中的本体。

2. 道是五常五伦

宋代理学自二程起，本体论与伦理学是紧密结合的。二程的道统之道所具有的含义体现了这一特点。其道既是宇宙本体，又是儒家五常五伦

---

① （宋）程颢、程颐著，王孝鱼点校：《河南程氏遗书》卷1，《二程集》，中华书局1981年版，第4页。

② （宋）程颢、程颐著，王孝鱼点校：《论道篇》，《河南程氏粹言》卷1，《二程集》，中华书局1981年版，第1178页。

③ （宋）程颢、程颐著，王孝鱼点校：《河南程氏遗书》卷2上，《二程集》，中华书局1981年版，第73页。

④ （宋）程颢、程颐著，王孝鱼点校：《河南程氏遗书》卷15，《二程集》，中华书局1981年版，第149页。

的伦理原则。程颐说："且如五常，谁不知是一个道。"① 还说："仁义礼智信……合而言之皆道，别而言之亦皆道也。"② 五常是道的内涵，违背了五常，就是违背了道。不仅五常为道，而且儒家提倡的人之五伦亦为道。程颐说："道之大本如何求？某告之以君臣、父子、夫妇、兄弟、朋友，于此五者上行乐处便是。"③ 肯定五伦关系的道德原则是"道之大本"，道便具有了伦理道德的含义。

3. 道为中庸

二程继承《中庸》的中庸之道，以道为中庸，中即是道，并将此作为孔门传授心法，纳入道统之中。关于道为中庸，程颐说："天地之化，虽廓然无穷，然而阴阳之度、日月寒暑昼夜之变，莫不有常，此道之所以为中庸。"④ 所谓中庸，"中者，只是不偏，偏则不是中；庸只是常"。⑤ 二程认为，道即是中庸，它通过天地万物的变化莫不有常表现出来。天地万物变化不居，然而变中有常，使变不偏离中，也就是不违背事物固有规律，这个常道，即是中庸。所以程颐说："中即道也。若谓道出于中，则道在中外，别为一物矣。"⑥ 指出中即是道，"道无不中"⑦，而反对道出于中、把道与中分为二物的观点。

二程以道为中庸、"中即道"的思想既是对《论语·尧曰》关于尧、舜、禹三圣人相传以"允执其中"和孔、孟、《中庸》、《古文尚书·大禹谟》执中、中庸思想的继承，又是对韩愈单纯以仁义为道思想的发展。在道统发展史上，中是圣人之道相传授受的一个重要内容，中虽不是价值本

---

① （宋）程颢、程颐著，王孝鱼点校：《河南程氏遗书》卷18，《二程集》，中华书局1981年版，第223页。

② （宋）程颢、程颐著，王孝鱼点校：《河南程氏遗书》卷25，《二程集》，中华书局1981年版，第318页。

③ （宋）程颢、程颐著，王孝鱼点校：《河南程氏遗书》卷18，《二程集》，中华书局1981年版，第187页。

④ （宋）程颢、程颐著，王孝鱼点校：《河南程氏遗书》卷15，《二程集》，中华书局1981年版，第149页。

⑤ （宋）程颢、程颐著，王孝鱼点校：《河南程氏遗书》卷15，《二程集》，中华书局1981年版，第160页。

⑥ （宋）程颢、程颐著，王孝鱼点校：《与吕大临论中书》，《河南程氏文集》卷9，《二程集》，中华书局1981年版，第606页。

⑦ （宋）程颢、程颐著，王孝鱼点校：《与吕大临论中书》，《河南程氏文集》卷9，《二程集》，中华书局1981年版，第606页。

身，却是掌握价值的尺度，离开了中，仁义之道便无法把握，而有可能偏离轨道。二程以道为中，强调中庸，便是包含了继承圣人一脉相传的中道原则，而有超越韩愈、直承孔孟之义。

如上所述，二程的道统之道，已具有宇宙本体、仁义道德和中庸等多重含义。与孔孟传统儒学相比，已增加了宇宙本体的内涵。作为道统传授内容的道，已成为与理等同的本体论的哲学范畴。儒学或者说新儒学（理学）道统论确立的标志，就在于二程把道统之道提升为宇宙本体，道既是五伦五常的儒家伦理，又成为天地万物之所以存在的根据，是无形无声无臭的宇宙本体。这与韩愈单纯伦理型的仁义之道相比，已发生了根本的变化。这也是对韩愈道统思想的发展。

（三）道与阴阳、心性的关系

二程哲学道范畴与其他范畴逻辑地联系在一起，探讨它们之间的相互关系，可进一步认识二程道论的特点。

1. 道与阴阳（气）

二程对阴阳范畴以及道与阴阳的关系十分重视。这是因为，二程在提出道或理为其哲学的最高范畴之后，还必须解决道如何造作万物的问题。于是二程吸取并改造了张载哲学的气范畴，"以气明道"[①]，将气范畴引进其道论之中，作为道派生万物的中间环节。并改造《易传》"一阴一阳之谓道"的思想，将《易传》阴阳即是道，是道的内容和体现，一变而为阴阳从属于道，阴阳以道为存在的根据。这一观点影响到朱熹，成为程朱派道论的一个重要观点，但遭到陆九渊的批评。二程论道与阴阳的关系，包括以下内容：

第一，道为形而上，阴阳为形而下。程颐说："形而上曰天地之道，形而下曰阴阳之功。"[②] 又说："阴阳，气也。气是形而下者，道是形而上者。形而上者则是密也。"[③] 以阴阳为气，而不是道，气是构成万物的材

---

① （宋）程颢、程颐著，王孝鱼点校：《论道篇》，《河南程氏粹言》卷1，《二程集》，中华书局1981年版，第1182页。

② （宋）程颢、程颐著，王孝鱼点校：《坤卦》，《周易程氏传》卷1，《二程集》，中华书局1981年版，第707页。

③ （宋）程颢、程颐著，王孝鱼点校：《河南程氏遗书》卷15，《二程集》，中华书局1981年版，第162页。

料，"生育万物者，乃天之气也"①。道与阴阳的区别在于：道是形而上，阴阳是形而下。所谓形而上，即超越形体之上，它是无声、无形、宁静（所谓密）的抽象；所谓形而下，即是有形的，"有形总是气，无形只是道"。②无形的道通过阴阳二气的交感而产生万物。"夫天地之气不交，则万物无生成之理。"③以形而上、下分道与阴阳，这是二程论道与阴阳关系的一个方面。

第二，道不离阴阳。程颐说："离阴阳则无道。"④认为形而上之道不是孤立虚脱的存在，它存在于具体事物之中。程颐说："道无本末精粗之别，洒扫应对，形而上者在焉。"⑤在洒扫应对的日常生活之中，存在着道。二程认为，"天地之间无适而非道"⑥。而"天地间无一物无阴阳"⑦。道存在于天地万物之中，而万事万物之中又都有阴阳，通过具体的万事万物，道与阴阳结合起来而不分离。这是二程论道与阴阳关系的又一方面。

第三，道所以阴阳。在二程看来，道与阴阳的关系还有一个根本的方面，这就是，形而上之道是形而下之阴阳之所以存在的根据。程颐说："所以阴阳者，是道也。"⑧所以即指原因或根据。道所以阴阳，意谓道是阴阳的原因或根据。"所以阴阳者道，既曰气，则便是二。言开阖，已是感，既二则便有感。所以开阖者道，开阖便是阴阳。"⑨道是阴阳存在和运

①（宋）程颢、程颐著，王孝鱼点校：《天地篇》，《河南程氏粹言》卷2，《二程集》，中华书局1981年版，第1226页。

②（宋）程颢、程颐著，王孝鱼点校：《河南程氏遗书》卷6，《二程集》，中华书局1981年版，第83页。

③（宋）程颢、程颐著，王孝鱼点校：《否卦》，《周易程氏传》卷1，《二程集》，中华书局1981年版，第759页。

④（宋）程颢、程颐著，王孝鱼点校：《论道篇》，《河南程氏粹言》卷1，《二程集》，中华书局1981年版，第1180页。

⑤（宋）程颢、程颐著，王孝鱼点校：《心性篇》，《河南程氏粹言》卷2，《二程集》，中华书局1981年版，第1257页。

⑥（宋）程颢、程颐著，王孝鱼点校：《河南程氏遗书》卷4，《二程集》，中华书局1981年版，第73页。

⑦（宋）程颢、程颐著，王孝鱼点校：《河南程氏遗书》卷18，《二程集》，中华书局1981年版，第237页。

⑧（宋）程颢、程颐著，王孝鱼点校：《河南程氏遗书》卷15，《二程集》，中华书局1981年版，第162页。

⑨（宋）程颢、程颐著，王孝鱼点校：《河南程氏遗书》卷15，《二程集》，中华书局1981年版，第160页。

动变化的根据，它决定阴阳的分二、开阖和相互感应。这一思想直接影响到朱熹。

2. 道与心性

二程把道与心性联系起来，道即性，心与道一，三者又相互沟通，只是一道。关于心与道一，程颐指出："心与道，浑然一也。"① 认为心与道浑然不可分，二者就是一回事。程颢直接把道视为心（己），他说："道在己，不是与己各为一物，可跳身而入者也。克己复礼，非道而何？"② 二程取消道与心的差别，把主体与本体视为一物，表现出本体主体化的倾向。陆九渊、王守仁便是沿着二程尤其是程颢以心论道的路子，开出道统史上以心为道的一派。

关于道即性，程颢指出："道即性也。若道外寻性，性外寻道，便不是。"③ 认为道性为一，由于程颢把道视为己，心与道非二，所以实际上道即性也就是心即性，道、性均与主体密切相联系。亦表现出把本体主体化的倾向。

进而，二程把道、心、性三者沟通，指出："心即性也，在天为命，在人为性，论其所主为心，其实只是一个道。"④ 并说："在天为命，在义为理，在人为性，主于身为心，其实一也。"⑤ 不仅道、心、性相互沟通，而且命、理、性、心、道融通为一。所谓命，即天命；所谓理，指义理；所谓性，指人性；所谓心，指人身之主宰；所谓道，循理而行谓道。在二程看来，它们与道是一回事，共同构成以道为本体的范畴体系。

二程以天理论道，把天理引进道统论，在天理即道的基础上，展开了对道的含义及道与诸范畴关系的论述。从而论证了道是宇宙本体、五伦

① （宋）程颢、程颐著，王孝鱼点校：《河南程氏遗书》卷21下，《二程集》，中华书局1981年版，第276页。

② （宋）程颢、程颐著，王孝鱼点校：《河南程氏遗书》卷1，《二程集》，中华书局1981年版，第3页。

③ （宋）程颢、程颐著，王孝鱼点校：《河南程氏遗书》卷1，《二程集》，中华书局1981年版，第1页。

④ （宋）程颢、程颐著，王孝鱼点校：《河南程氏遗书》卷18，《二程集》，中华书局1981年版，第204页。

⑤ （宋）程颢、程颐著，王孝鱼点校：《河南程氏遗书》卷18，《二程集》，中华书局1981年版，第204页。

五常、中庸相结合的本体范畴；道是阴阳乃至万物存在的根据；道与心性相通为一。由此而发展了以往关于道统之道的理论，为道统论的确立，奠定了基础。

二、以义理解经，发明圣人之道

在二程道统论的构成要件中，圣人、经典、道各自占有重要地位，三者又紧密相联系，共同构成完整的道统思想体系。在这个道统思想体系中，天道即天理，是永恒的宇宙秩序和宇宙精神；圣人与天道无异，圣人循理而行，便体现了道；然而，道又通过经典所载而明于世，圣人作经，本欲明道，所以圣人之道传之于经学者，必以经为本，而不以注疏为本。由此，二程通过批注疏之学，反对作文害道，而否定了汉唐诸儒在道统中的位置；二程并强调治经是实学，而提倡求道致用，达于政事，在日常生活和政治治理的实践中贯彻圣人之道的原则，这体现了二程道统论与社会生活和社会实践密切结合的特征。

（一）圣人与道无异

圣人在二程的道统论中占有举足轻重的地位。其基本观点是：圣人与道无异，圣人是道的体现者和传授者，离开了圣人则道不明而道不行。关于圣人与道的关系，《遗书》记载了程颐答学者的话。"问：'圣人与天道何异？'曰：'无异。'"[1] 不仅圣人与天道无异，而且圣人与天理为一。程颐说："圣人与理为一，故无过，无不及，中而已矣。"[2] 如此，圣人成为天理的化身。二程认为，圣人与道合一，二者不可分割地联系在一起，三代社会之所以治理，是靠圣人循道而行来实现的。凡圣人出，则天道行，社会得到治理；凡圣人不作，则顺天应时之治不复有。程颐说：

> 天之生民，必有出类之才，起而君长之，治之而争夺息，导之

---

① （宋）程颢、程颐著，王孝鱼点校：《河南程氏遗书》卷18，《二程集》，中华书局1981年版，第209页。

② （宋）程颢、程颐著，王孝鱼点校：《河南程氏遗书》卷23，《二程集》，中华书局1981年版，第307页。

而生养遂，教之而伦理明，然后人道立，天道成，地道平。二帝而上，圣贤世出，随时有作，顺乎风气之宜，不先天以开人，各因时而立政。暨乎三王迭兴，三重既备，子丑寅之建正，忠质文之更尚，人道备矣，天运周矣。圣王既不复作，有天下者，虽欲仿古之迹，亦私意妄为而已。事之谬，秦至以建亥为正；道之悖，汉专以智力持世。岂复知先王之道也？①

以上可见，程颐是把圣人治世与道联系起来论述的。圣人治世，之所以能够做到"争夺息"、"生养遂"、"伦理明"，是因为在这个过程中体现了道；而后世不按圣人的要求去做，以智力把持天下，不知不行先王之道，所以天下难治。要使社会得到治理，就必须行圣人之道，"百世以俟圣人而不惑"②。就是说，体现了三代之治的圣人之道不仅在当时起作用，而且对后世的治乱也起着决定作用，只要按圣人的要求去做，行圣人之道，那么百世也不会迷失方向。

二程所谓的圣人，无所不知，无所不能，没有任何缺点，类似全知全能的上帝。"圣人无优劣，有则非圣人也。"③二程心目中的圣人包括尧、舜、禹、汤、文、武、周公、孔子等。圣人虽有不同，但圣人之道则是一以贯之，未有不同。程颐说："圣人无优劣。尧、舜之让，禹之功，汤、武之征伐，伯夷之清，柳下惠之和，伊尹之任，周公在上而道行，孔子在下而道不行，其道一也。"④圣人循道而行，"其道一也"。由其一，才得以一脉相传，形成道的传授系统。

（二）"经所以载道"

二程明确提出"经所以载道"的思想，把儒家经典作为载道的典籍，道是学习考证儒家经典所追求的目的。二程说："经所以载道也，器所以

---

① （宋）程颢、程颐著，王孝鱼点校：《春秋传序》，《河南程氏经说》卷4，《二程集》，中华书局1981年版，第1124—1125页。

② （宋）程颢、程颐著，王孝鱼点校：《春秋传序》，《河南程氏经说》卷4，《二程集》，中华书局1981年版，第1125页。

③ （宋）程颢、程颐著，王孝鱼点校：《河南程氏遗书》卷24，《二程集》，中华书局1981年版，第315页。

④ （宋）程颢、程颐著，王孝鱼点校：《河南程氏遗书》卷25，《二程集》，中华书局1981年版，第324页。

适用也。学经而不知道，治器而不适用，奚益哉？"① 认为经典是"载道之器"，学经是为了明道。二程经以载道的道，即道统之道，它既包含儒家圣人之道，又包括了二程在新的历史条件下对传统儒学的改造和创新。概而言之，其道即是以天理论为核心、哲学本体论与儒家伦理学相结合的新儒学的道。这实际上已对孔孟之道有了新的发展。

在圣人、经典、道三者的关系上，二程提出典型的"圣人作经，本欲明道"的命题，把三者紧密联系起来，并对其相互关系作了简要的说明。二程说："圣人作经，本欲明道。今人若不先明义理，不可治经。"② 二程把圣人之道与新儒学的义理相联系，强调圣人作经的目的是为了明道，因而治经也是为了明义理，如果不以明义理为目的，则不可治经。其宗旨是以义理解经，发明圣人之道。从而明确把宋学义理与汉学考据区别开来。

从治经是为了明道出发，二程认为，虽然六经各异，各有其不同的内容和治经路径，但都共同体现了一个统一的道。程颐说："且如六经，则各自有个蹊辙，及其造道，一也。"③ 正因为圣人之道备于六经，六经是圣人为了明道而作，所以六经作为载道之书，它们之中蕴藏的道是同一的。

二程"经所以载道"的思想不仅强调治经的目的在于明道，而且指出圣人之道存于经书之中，由经学入手，才能掌握圣人之道。对此，程颐提出"由经穷理"④ 的命题，程颢也指出："道之大原在于经，经为道，其发明天地之秘，形容圣人之心，一也。"⑤ 认为道原于经，所以须由经穷理，圣人之心也须通过治经学来发明。

---

① （宋）程颢、程颐著，王孝鱼点校：《河南程氏遗书》卷6，《二程集》，中华书局1981年版，第95页。

② （宋）程颢、程颐著，王孝鱼点校：《河南程氏遗书》卷2上，《二程集》，中华书局1981年版，第13页。

③ （宋）程颢、程颐著，王孝鱼点校：《河南程氏遗书》卷18，《二程集》，中华书局1981年版，第193页。

④ （宋）程颢、程颐著，王孝鱼点校：《河南程氏遗书》卷15，《二程集》，中华书局1981年版，第158页。

⑤ （宋）程颢、程颐著，王孝鱼点校：《南庙试九叙惟歌论》，《河南程氏文集》卷2，《二程集》，中华书局1981年版，第463页。

（三）批训诂注疏之学，反对作文害道

由于治经是为了明道，而不是为治经而治经，所以二程强调："圣人之道，传诸经学者，必以经为本。"① 指出虽然圣人之道传之于经书，通过治经学以明圣人之道，但经学是以经为本，而不是以传注乃至义疏为本。也就是说，道存在于经典之中，而不是存在于注疏之中。在经学范围内，强调以儒家经典为本，不以注疏之学为然，并对注疏之学提出批评。程颐说："后之儒者……经术则解释辞训，较先儒短长，立异说以为己工而已。如是之学，果可至于道乎？"② 这里所谓后儒，即指汉唐经学家。二程认为，不以经为本，而专门从事于训诂注疏，只追求表面字义的解析的治经路数，是不可能求得圣人之道的。并指出："经所以载道也，诵其言辞，解其训诂，而不及道，乃无用之糟粕耳。"③ 强调单纯训诂注疏，而不求道，乃无用之学。可见，重道，还是重训诂注疏，这是二程与汉学家的原则区别。

从发明圣人之道出发，在文道关系上，二程反对作文害道的倾向。认为道为本，文为末，如果专意于作文，则玩物丧志，有害于道。在回答"作文害道否"的问题时，程颐指出："害也。凡为文，不专意则不工，若专意则志局于此。"④ 二程论证了作文害道的原因，就在于凡作文必须有一套作文的要求，不如此则文不工；若专注于此，思想就会受到限制，使注意力转向为文，则有害于求道。

二程反对作文害道，是对韩愈文以载道思想的继承和发挥，其目的在于明儒家圣人之道和新儒学的义理，以批判作文只重形式，追求外在的文辞华丽，而不注重思想内容的弊病。

进而，二程把溺于文章、牵于训诂与惑于异端并称为"三弊"。认为只有去其弊，才能进于圣人之道。把三弊视为圣人之道的对立面。程颐

---

① （宋）程颢、程颐著，王孝鱼点校：《为家君作试汉州学策问三首》，《河南程氏文集》卷8，《二程集》，中华书局1981年版，第580页。

② （宋）程颢、程颐著，王孝鱼点校：《为家君作试汉州学策问三首》，《河南程氏文集》卷8，《二程集》，中华书局1981年版，第580页。

③ （宋）程颢、程颐著，王孝鱼点校：《与方元寀手帖》，《河南程氏文集·遗文》，《二程集》，中华书局1981年版，第671页。

④ （宋）程颢、程颐著，王孝鱼点校：《河南程氏遗书》卷18，《二程集》，中华书局1981年版，第239页。

说:"今之学者有三弊:溺于文章,牵于训诂,惑于异端。苟无是三者,则将安归?必趋于圣人之道矣。"① 在其所列的三弊中,有两弊与汉学相关,即溺于文章和牵于训诂。在以二程为代表的新儒学者看来,正是由于汉学流弊盛行,汉唐诸儒未能把圣人之道接续下来,才使得传统儒学在与佛、道宗教思想等"异端"的竞争中不占上风,导致人们惑于异端,从而动摇了儒家文化的主导地位。通过对汉唐训诂注疏之学和作文害道倾向的批判,二程实际上否定了汉唐诸儒在道统中的位置。

(四)求道致用,达于政事

二程的道统思想不仅论述了其治经的目的在于明道,道存于经典之中,经学以经为本,而不以训诂注疏为本,而且强调循本求道,以致用,达于政事,因而把治经视为一种实学。二程指出:"穷经,将以致用也。如'诵诗三百,授之以政不达,使于四方,不能专对,虽多亦奚以为?'今世之号为穷经者,果能达于政事专对之间乎?"② 认为穷经的目的是致用,以达于政事,从而体现圣人之道。就这个意义上讲,治经即是实学,要求治经须讲求实事,于理推之于事,反对空言无实之弊。程颐说:

> 治经,实学也。譬诸草木,区以别矣。道之在经,大小远近,高下精粗,森列于其中。譬诸日月在上,有人不见者,一人指之,不如众人指之自见也。如《中庸》一卷书,自至理便推之于事。如国家有九经,及历代圣人之迹,莫非实学也。如登九层之台,自下而上者为是。人患居常讲习空言无实者,盖不自得也。为学,治经最好。苟不自得,则尽治"五经",亦是空言。今有人心得识达,所得多矣。有虽好读书,却患在空虚者,未免此弊。③

一方面,程颐认为,"道之在经",无论大小事物都有道贯其中,因而主张自道理上推之于事,把道与事结合起来。另一方面,又主张学贵在自得,

---

① (宋)程颢、程颐著,王孝鱼点校:《论学篇》,《河南程氏粹言》卷1,《二程集》,中华书局1981年版,第1185页。

② (宋)程颢、程颐著,王孝鱼点校:《河南程氏遗书》卷4,《二程集》,中华书局1981年版,第71页。

③ (宋)程颢、程颐著,王孝鱼点校:《河南程氏遗书》卷1,《二程集》,中华书局1981年版,第2页。

用心领会，以识得道旨经义，批评博闻强识而不得经义，流于空虚之弊。从而把内求义理与向外推行结合起来。从程颐"治经，实学也"的思想可以看出，二程所谓实学，并非单纯讲求训诂考据之学。其实学的含义是经典、圣人之迹、道以及具体实事的相互结合，并贵在自得。如果读书修其言辞，不立己之诚意，经与道相脱离，不落实到具体的日用和政事之中，那就不是二程的实学，而是二程所反对的。二程把治经作为实学，强调循本求道以致用、达于政事，这体现了二程道统论与社会生活的实践相结合的特点。

三、崇尚"四书"，超越汉唐

二程的道统论以儒家经典作为载道之文，道与经典不相脱离。然而在经典之中，又崇《大学》、《中庸》、《论语》、《孟子》"四书"，认为"四书"的重要性在"六经"之上。从而以"四书"来阐发自己的道统思想，超越重"六经"考据的汉唐诸儒。

（一）以"四书"取代"六经"作为经学的主体

二程崇尚"四书"，以"四书"及"四书"之学取代"六经"作为经学的主体，这在中国经学史和中华道统思想发展史上具有重大意义，标志着学风的转变和学术重心的转移，成为理学道统取代汉唐传注经学的表征。如果说，重考据轻义理的汉唐经学是以"六经"为主体，通过"六经"从事训诂考据注疏的话，那么，重义理轻考据的二程理学则以"四书"为主体，通过"四书"阐发新儒学的义理，为建立自己的以天理论道的道统思想体系服务。这对后世道统论产生了重要影响。

唐代经学没有把《大学》、《中庸》、《论语》、《孟子》这四部书并列独行。人们习惯于研习《诗》、《书》、《礼》、《易》、《春秋》等经典。列入"九经"之一的《礼记》尚未把《大学》、《中庸》单独分离出来。而唐代"十二经"中也不包括《孟子》。到了宋代，情况发生了变化。二程为建立理学道统思想体系的需要，从内容和形式上对经学加以革新，不仅把《大学》、《中庸》从《礼记》中提取出来，而且将《孟子》由"子"入"经"，提高其地位，将其与具有权威性、反映圣人之言的《论语》并列，合为四部最重要的儒家经典，以"四书"作为整个儒家经典的基础。认为"四书"体现了圣人作经之意，圣人之道载于"四书"。要求学者以研习这四部书为主、为先，以发明圣人之道，"四书"既治，则"六经"可不治而明。程颐指出："学者当以《论语》、《孟子》为本。《论语》、《孟子》既治，则'六经'可不治而明矣。"① 除《论》、《孟》外，《大学》、《中庸》也是二程优先关注的，认为《大学》是"入德之门"，《中庸》是"孔门传授心法"。说明"四书"的地位在"六经"之上，从而奠定了"四书"及"四书"之学在经学史上的主导地位。

对此，《宋史·道学传》指出："仁宗明道初年，程颢及弟颐寔生，及长，受业周氏，已乃扩大其所闻，表章《大学》、《中庸》二篇，与《语》、《孟》并行，于是上自帝王传心之奥，下至初学入德之门，融会贯通，无复余蕴。"② 经二程的提倡和表彰，使"四书"并行，把人们的注意力从众多的古经中，转移集中到这四部文字易懂、旨意深远的经书上来，使之成为经学的基础，学者入德之门。二程强调，只要对"四书"融会贯通，便能找到圣人传心之旨。这为道统的传授提供了依据，后经朱熹集注，使之成为发挥道统思想的主要典籍。二程推崇"四书"，把"四书"的地位置于"六经"之上，这不仅从形式上改变了前代经学重"六经"的倾向，而且从内容上为道统的创新和发展开辟了道路。但需指出，二程推崇"四书"，以"四书"取代"六经"作为经学的主体，并不是排斥"六经"，而是反对以"六经"作为训诂对象，而不注重发挥义理的传统汉唐经学。对于"六经"中蕴藏的圣人之道，二程仍是注意发明的。

（二）"《中庸》乃孔门传授心法"

二程为建立理学道统论的需要，以"四书"取代"六经"作为经学的主体。同时为了论证道统超越时代的心传，二程于"四书"中又重视《中庸》，从中寻找道统说的理论根据。程颐指出："《中庸》乃孔门传授

---

① （宋）程颢、程颐著，王孝鱼点校：《河南程氏遗书》卷25，《二程集》，中华书局1981年版，第322页。

② （元）脱脱等：《道学传一》，《宋史》卷427，中华书局1977年版，第12710页。

心法。"① 心法原是一个佛学概念，用来表示精神活动的根本主体。这为二程所借用，旨在说明道统除有圣人直接传授的系统外，还存在着超越时代、以心传心的心传。而《中庸》便体现了孔门传授的心法。这个传授心法是以义理为标准，随时而为中。"中者，只是不偏，偏则不是中。庸只是常。犹言中者是大中也，庸者是定理也。定理者，天下不易之理也，是经也。孟子只言反经，中在其间。"② 认为中庸不仅是不偏，还必须以义理为标准，在义理的基础上，加以权衡，即经与权相结合，而不离中。由于二程以道为中庸，"中即道"，所以其道统的传授心法也就是传授中道。

《中庸》作为孔门传授心法，二程认为，它成于子思。程颐说："《中庸》之书，是孔门传授，成于子思。"③ 孔子之孙子思传孔子之学，被后世尊为"述圣"，他唯恐孔子中庸之义失传，故为之作《中庸》。程颐称："《中庸》之书，决是传圣人之学不杂，子思恐传授渐失，故著此一卷书。"④ 二程十分推崇子思作《中庸》，充分肯定子思在传圣人之道中的作用。指出："传经为难。如圣人之后才百年，传之已差。圣人之学，若非子思、孟子，则几乎息矣。道何尝息？只是人不由之。道非亡也，幽、厉不由也。"⑤ 虽然道不曾息，但也须有人传授，在传圣人之道的过程中，子思及其再传孟子发挥了重要作用，并被宋代理学家视为道统中的核心人物。二程对子思、孟子的表彰，对道统说产生了重要影响。

（三）接续孟子，确立道统

二程崇尚"四书"，超越汉唐，其中的一个重要思想是接续孟子，确立道统。为此，他们推崇孟子，将《孟子》一书由子入经，并列于"四

---

① （宋）程颢、程颐著，王孝鱼点校：《河南程氏外书》卷11，《二程集》，中华书局1981年版，第411页。

② （宋）程颢、程颐著，王孝鱼点校：《河南程氏遗书》卷15，《二程集》，中华书局1981年版，第160页。

③ （宋）程颢、程颐著，王孝鱼点校：《河南程氏遗书》卷15，《二程集》，中华书局1981年版，第160页。

④ （宋）程颢、程颐著，王孝鱼点校：《河南程氏遗书》卷15，《二程集》，中华书局1981年版，第153页。

⑤ （宋）程颢、程颐著，王孝鱼点校：《河南程氏遗书》卷17，《二程集》，中华书局1981年版，第176页。

书"之列，并将孟子视为圣人之道的重要传人，认为"孟子有功于圣门
不可言。如仲尼只说一个仁字，孟子开口便说仁义；仲尼只说一个志，孟
子便说许多养气出来。只此二字，其功甚多。"① 指出孟子发展了孔子的思
想，其中包括仁义、养气、性善论等。由于孟子的思想集中体现在《孟
子》一书里，所以二程对《孟子》备加推崇。

与尊崇孟子相联系，虽然二程一定程度地吸取了韩愈的道统思想，
却不承认韩愈在道统中的地位，而是以继孟子之后，得不传之绝学而自
居。从内容上看，二程确立的道统论，对道的理解，比韩愈更为深刻、抽
象，其道不仅是道统传授的内容，而且成为与理等同的宇宙本体；从形
式上讲，二程确立的道统论，是由包括"二帝"、"三王"在内的尧、舜、
禹、汤、文、武、周公、孔、孟，甚至包括伯夷、柳下惠、伊尹等儒家圣
贤一脉相传，形成传道的统绪，这个统绪在孟子以后中绝，"孟轲死，圣
人之学不传"②，而由二程兄弟超越汉唐，直接圣人之道于孟子，并通过心
传，才将儒家圣人之道接续下来。由此可见，二程确立的道统论是从内容
到形式对孔孟之道及其道的传承说的继承和发展。程颢认为"倡道在孔
子，圣人以为己任"。③ 圣人以倡道为己任，而二程兄弟则"以身任道"，
以弘扬圣人之道为己任，他们不顾天下的"骇笑"和怀疑，孜孜于倡道、
明道，其目的就是把理学道统论推广开来。程颢逝世时，公卿大夫以"明
道"号之。程颐为其墓刻石曰：

> 周公没，圣人之道不行；孟轲死，圣人之学不传。道不行，百世
> 无善治；学不传，千载无真儒。无善治，士犹得以明夫善治之道，以
> 淑诸人，以传诸后；无真儒，天下贸贸焉莫知所之，人欲肆而天理灭
> 矣。先生生千四百年之后，得不传之学于遗经，志将以斯道觉斯民。
> 天不慭遗，哲人早世。乡人士大夫相与议曰：道之不明也久矣。先生
> 出，倡圣学以示人，辨异端，辟邪说，开历古之沉迷，圣人之道得

---

① （宋）程颢、程颐著，王孝鱼点校：《河南程氏遗书》卷18，《二程集》，中华书局
1981年版，第221页。

② （宋）程颢、程颐著，王孝鱼点校：《明道先生墓表》，《河南程氏文集》卷11，《二
程集》，中华书局1981年版，第640页。

③ （宋）程颢、程颐著，王孝鱼点校：《河南程氏遗书》卷11，《二程集》，中华书局
1981年版，第132页。

先生而后明，为功大矣。①

这是一篇关于二程确立理学道统论的宣言书，充分体现了二程在道统中的重要地位。在程颐看来，"周公没，圣人之道不行；孟轲死，圣人之学不传"。这是因为，在周公以上，圣人本身就是帝王，圣人居帝王之位，所以能把圣人之道推行开来；而周公以下，圣人有德无位，故圣人之道在周公之后不行于世。虽然圣人之道不行之于政事，但其道仍在士阶层中流传。可是到了孟子之后，圣人之道不仅未能行之于世，而且也失传了。程颐认为，道不行不传的危害甚大，而道能否推行的关键则系于程颢一身，当然也包括程颐自己。正因为千载无自家兄弟这样的真儒，才使圣人之道在孟子之后失传达 1400 年之久。这自然把韩愈排除在道统之外，甚至在道统中亦没有周敦颐的地位。而正是由于出了二程兄弟这样的传道真儒，使圣人之道得以复明于天下。这不仅体现出二程传圣人之道的博大抱负和坚定信念，同时也表明，理学道统论的确立，非二程莫属，这是任何人，包括朱熹在内都不能替代的。要之，儒学的道统论经二程之手，始得以确立，而由朱熹发展完善，集其大成。这正是二程确立道统论、对中华道统思想产生重要影响的表现。

不仅二程本人以明言接续孟子，倡道于千年不传之后为己任，而且与二程同时代的学者范祖禹，亦作了类似的评价。范祖禹说：

> 先生（指程颢）于经，不务解析为枝词，要其用在己而明于知天。其教人曰："非孔子之道，不可学也。"盖自孟子没而《中庸》之学不传，后世之士不循其本而用心于末，故不可与入尧、舜之道。先生以独智自得，去圣人千有余岁，发其关键，直睹堂奥，一天地之理，尽事物之变。②

范祖禹指出，程颢在治经学上独辟蹊径，一反孟子之后，汉唐诸儒专务解析、用心于末的传统，以求孔孟之道作为治经学的目的，在圣贤之后千余年，提出天理论来论证道统，把孔孟儒学、尧舜之道发扬光大。应该说，范祖禹这个评价是客观的，它如实扼要地点明了程颢，当然也包括程颐治

---

① （宋）程颢、程颐著，王孝鱼点校：《明道先生墓表》，《河南程氏文集》卷 11，《二程集》，中华书局 1981 年版，第 640 页。

② 《河南程氏遗书·附录》，《门人朋友叙述并序》，《二程集》，中华书局 1981 年版，第 333—334 页。

经学以明道的思想要旨。

四、对道、佛的批评与吸取

二程确立道统论的理论针对的是佛老思想的盛行，而动摇了儒家文化的主导地位。为此，他们对道家、道教和佛教提出了批评；在批评佛道的同时，也注意吸取其思辨哲学为我所用，最终为建立自己的道统论思想体系服务。

（一）对道家、道教的批评与吸取

二程对道家、道教的批评，体现了儒、道思想的基本分歧；二程对道家、道教思想的吸取，又表明了在广义的道统文化之下的儒、道两家的相互融合。

1. 二程对道家、道教的批评

二程对道家包括道教批评的要点是驳斥老氏脱离儒家仁义道德而论道的思想。指出：

> 如扬子看老子，则谓"言道德则有取，至如捶提仁义，绝灭礼学，则无取"。若以老子"剖斗折衡，圣人不死，大盗不止"，为救时反本之言，为可取，却尚可恕。如老子言"失道而后德，失德而后仁，失仁而后义，失义而后礼"，则自不识道，已不成言语，却言其"言道德则有取"，盖自是扬子已不见道，岂得如愈也？[1]

二程引用扬雄批判道家不讲仁义、绝灭礼学的言论，实际上表明了自己对道家毁弃仁义的批评态度。并且二程认为老子讲道德处仍不可取，因此不同意扬雄对老子"言道德则有取"的评论。指出老子脱离仁义礼而言"道德"是不识道的表现。这是二程对老子"大道废，有仁义"[2]、道与仁义不并存思想的否定。

① （宋）程颢、程颐著，王孝鱼点校：《河南程氏遗书》卷1，《二程集》，中华书局1981年版，第5页。
② 《道德经》第十八章，（魏）王弼注，楼宇烈校释：《老子道德经注校释》，中华书局2008年版，第43页。

对道教的宗教神学，二程也作了批评。程颐说："释氏与道家说鬼神甚可笑。道家狂妄尤甚，以至说人身上耳目口鼻皆有神。"[①]把佛教、道教的鬼神说联系起来批评，正好反映了二程反对宗教有神论的无神论思想。二程还批评了道教的成仙之说。问："神仙之说有诸？"程颐答："不知如何。若说白日飞升之类则无。"[②]明确反对道教的成仙之说。道教在其产生过程中形成的神仙崇拜是道教信仰的核心，由此而提出的长生成仙说又是道教区别于其他宗教的基本教义。二程对道教的神仙崇拜及成仙之说提出批评，反映了作为非宗教的理学与神仙道教的本质区别，这也是世俗文化与宗教文化的差异所在。

2. 二程对道家、道教的吸取

二程对道家、道教思想的吸取主要是接受了"道法自然"及以道为宇宙本体的思想。传统儒学之道，具有儒家伦理的内涵，但仁义之道缺乏哲学本体论作依据，而道家、道教的道本论思想则启发了二程。二程在确立道统论思想体系时，吸取了道家及道教以道为宇宙本体、道生万物的思想。程颐说："道则自然生万物……道则自然生生不息。"[③]认为道是宇宙万物的本原，道生万物是自然而然的。并把道与理等同，认为二者皆为宇宙本体。又问："天道如何？"曰："只是理，理便是天道也。"[④]认为理所具有的儒家伦理的含义，道同样具有，儒家五常五伦即是道。既吸取了道家、道教的哲学本体论，又把儒家伦理注入道的内涵。这是对道家、道教不讲儒家伦理的本体论哲学的改造。由此可知，二程接受道家、道教的道论，吸取的是其哲学本体论的形式，而另以儒家伦理作为道的基本内容。

二程在批评道家关于道与仁义不并存思想的同时，对道家哲学的道本论形式备加赞赏。指出："庄生形容道体之语，尽有好处。老氏'谷神

---

①　（宋）程颢、程颐著，王孝鱼点校：《河南程氏遗书》卷22上，《二程集》，中华书局1981年版，第289页。

②　（宋）程颢、程颐著，王孝鱼点校：《河南程氏遗书》卷18，《二程集》，中华书局1981年版，第195页。

③　（宋）程颢、程颐著，王孝鱼点校：《河南程氏遗书》卷15，《二程集》，中华书局1981年版，第149页。

④　（宋）程颢、程颐著，王孝鱼点校：《河南程氏遗书》卷22上，《二程集》，中华书局1981年版，第290页。

不死'一章最佳。"① 认为庄子之学虽然无礼无本，不讲礼义道德，对道体的论述却比较得体。并指出《老子》的"谷神不死"一章最佳。所谓"谷神不死"，指老子认为道（谷神）永恒存在，它是万物产生的总根源，具体事物有限，而产生万物的道却是无尽无限的。二程对《老子》书"谷神不死"章的肯定，即是对道本论哲学的吸取。

二程还受到老子"道法自然"思想的影响，把人间伦理与天道自然结合起来，以加强儒家伦理的客观性和必然性。如前所述，二程不仅认为"道则自然生万物"，而且认为天理也具有自然的属性，"天理自然当如此"②。把儒家伦理纲常说成是自然而然的天理，世人只能自然地顺应，而不得违背它，排除了人为的私意，加强了天理的自然权威。

二程把道家的自然原则引进道统论，认为人类社会的道德规范就是自然界的普遍规律，它不以人的意志——即使是尧这样的圣人，或桀这样的恶人的意志为转移，"不为尧存，不为桀亡"。这就加强了儒家伦理的自然权威。儒家伦理即是客观的自然规律，天下之人都不得违背。这与董仲舒把"王道之三纲"本之于有意志的神学之天的思想相比，的确进了一步。

二程对道家"道法自然"思想的吸取，在中华道统思想发展史上具有重要的意义。老庄道家提出"道法自然"的思想，主张"绝仁弃义"，强调"大道废，有仁义"，其法自然的思想与儒家的仁义之道形成鲜明的对照，成为中华道论发展的两大家。崇自然与尚仁义之争对中华道统思想影响极大。二程站在时代的高度，深刻总结各家道论的得失，在以儒家仁义之道为本位的前提下，吸取道家自然之长，用以丰富传统儒学伦理型的道论，使之与自然之道及道本论结合起来，形成儒道互补的格局，在理论上趋于哲理化，更具代表性和包容性。正是在这种道家自然思想和道本论哲学的影响下，使得以二程为代表的儒家道统论丰富和发展起来。因此，论儒家道统而不论道家道论对儒学的影响，是不甚全面的。

---

① （宋）程颢、程颐著，王孝鱼点校：《河南程氏遗书》卷3，《二程集》，中华书局1981年版，第64页。

② （宋）程颢、程颐著，王孝鱼点校：《河南程氏遗书》卷2上，《二程集》中华书局1981年版，第30页。

（二）对佛教的批评与吸取

虽然佛教在中国的流传过程中，具有调和、适应儒学的倾向，但佛教作为出世主义的外来宗教，与入世主义的世俗儒家文化之间存在着基本的分歧。这些差异和矛盾引起了儒学学者如二程等对佛教的排斥与批评。另一方面，二程也吸取借鉴了佛教精致的思辨哲学，以丰富自己的道统思想体系。

1. 二程对佛教的批评

程颢、程颐是宋代理学家批佛的典型，二程不仅从政治伦理方面批佛，而且从哲学理论上加以批判，比韩愈的批佛更具理论深度。反映了新儒学在与佛教的较量中，日趋成熟。

对佛教出世主义的批判，最能体现二程所维护的儒家世俗文化与佛教宗教文化的本质区别。二程抨击佛教："大概且是绝伦类，世上不容有此理。又其言待要出世，出那里去？又其迹须要出家，然则家者，不过君臣、父子、夫妇、兄弟，处此等事，皆以为寄寓，故其为忠孝仁义者，皆以为不得已尔。又要得脱世网，至愚迷者也。"[1] 认为佛学的要旨是绝三纲人伦，不讲儒家伦理，出家出世，逃脱世俗社会关系之网，躲进山林，以追求个人独身修道。指出如果佛教思想盛行，人人都成佛徒，那不仅天下国家将无法治理，而且社会生活及其人伦关系也难以维持。程颢说："若尽为佛，则是无伦类，天下却都没人去理；然自亦以天下国家为不足治，要逃世网，其说至于不可穷处，它又有一个鬼神为说。"[2] 二程抨击佛教逃避家庭和世俗社会，不受儒家伦理的约束，不承担家庭、社会责任，以至于无君无父等。

二程进而批判了佛教出世主义的哲学基础——心迹分二、只内不外的哲学。指出佛教哲学把世俗社会生活及其所体现的人伦关系称之为迹，认为不必求迹，只需求心，禅者曰："此迹也，何不论其心？"表现出心迹分二、只内不外的倾向。对此，二程提出批评："心迹一也，岂有迹非而心是者也？正如两脚方行，指其心曰：'我本不欲行，他两脚自行。'岂

---

[1]　（宋）程颢、程颐著，王孝鱼点校：《河南程氏遗书》卷2上，《二程集》，中华书局1981年版，第24页。

[2]　（宋）程颢、程颐著，王孝鱼点校：《河南程氏遗书》卷2上，《二程集》，中华书局1981年版，第24—25页。

有此理？盖上下、本末、内外，都是一理也，方是道。"① 指出心迹是统一的，内外合一才是道。认为佛教逃父出家、灭绝人伦是只心无迹，只内无外，因而违背了儒家的道。佛教禅宗认为："一切万法，尽在自身心中，何不从于自心顿现真如本性。"② 强调现象世界之万法由心派生，外界事物不过是心的迹象，而心即是真心、本心、佛性，是一切万法之迹的本原，从而强调真如本心，排斥现象世界。二程从心迹关系入手批佛，批评佛教"毁人伦，去四大"，脱离世俗礼教之迹，只追求真如之本心的心迹分二思想。并从迹上的儒佛之别追根到心上，指出儒佛的形上之道也不相同。二程还批评了佛教由缘起说引起的成住坏空的世界观，以草木的生成毁坏和婴儿的生长为例，说明万物只有成坏，没有安住之时，而世界万物的生死成坏也是自然而然的，驳斥佛教的神秘主义。二程还从公私、义利、生死观等方面批评了佛教的价值观、人生观，并对佛教禁欲主义的人生态度提出批评。指出："耳闻目见，饮食男女之欲，喜怒哀乐之变，皆其性之自然。今其言曰：'必尽绝是，然后得天真。'吾多见其丧天真矣。"③ 因此不能把理学的价值观简单地归结为僧侣主义。二程对佛教的排斥与批评，反映了儒佛两家在世界观、人生观、价值观上的区别和差异，它们分别对中国文化产生了不同的影响。

2. 二程对佛学的吸取

二程客观地承认佛学的高深，指出："释氏之学，又不可道他不知，亦尽极乎高深。"④ 并从中加以吸取和借鉴。二程以天理论道，在建立天理论哲学体系时，便吸取了佛教的理本论和理事说。有学者问："某尝读《华严经》，第一真空绝相观，第二事理无碍观，第三事事无碍观，譬如镜灯之类，包含万象，无有穷尽。此理如何？"程颐答："只为释氏要周遮，一言以蔽之，不过曰万理归于一理也。"⑤ 把华严宗"事理无碍法界"提出

① （宋）程颢、程颐著，王孝鱼点校：《河南程氏遗书》卷1，《二程集》，中华书局1981年版，第3页。

② 敦煌本《坛经》，《大正藏》第48册，第340页。

③ （宋）程颢、程颐著，王孝鱼点校：《论道篇》，《河南程氏粹言》卷1，《二程集》，中华书局1981年版，第1180页。

④ （宋）程颢、程颐著，王孝鱼点校：《河南程氏遗书》卷15，《二程集》中华书局1981年版，第152页。

⑤ （宋）程颢、程颐著，王孝鱼点校：《河南程氏遗书》卷18，《二程集》，中华书局1981年版，第195页。

的理本事末、"一一事中，理皆全遍，……是故一一纤尘，皆摄无边真理，无不圆足"① 的思想概括为"万理归于一理"，即万事万物的理最终归源于统一的、抽象的本体之理，万事万物是一理的完整体现。这就为天理论的建立提供了理论根据。与此相联系，二程的理一分殊说也是对华严宗理事说的借用。二程在概括张载《西铭》的观点时，提出"理一而分殊"的思想，在天理论的前提下详尽论述了一理与分殊的关系，认为天理是一，体现在万物之中，而千差万别的分殊之物又统一于理，以天理为存在的根据。这与华严宗"一一纤尘，皆摄无边真理"的思想在理论形式上是相通的。

此外，二程以心性论道，认为"心即性"，"其实只是一个道"的思想，也吸取了佛教哲学的心性论。宗密提出"本觉真心即性说"，禅宗亦强调："空寂之心，灵知不昧。即此空寂之知，是汝真性。"② 认为心性不异，即性即心。这些对二程哲学心性论产生影响。并且，二程的心、性与道相通，均为宇宙本体，认为"心，生道也"，心是生物的本原；"道即性也"，性为本，气为禀。这是对佛教心性本体论的吸取和借鉴。

二程对佛教、道家、道教的批评和吸取，对中国文化及道统思想的发展具有重要意义。它不仅丰富和完善了二程确立的儒家道统思想体系，而且在吸取佛、道精致的思辨哲学的基础上，使儒家道统思想由韩愈单纯伦理型的道统论向哲理型道统论转化，使之能够以世俗文化抗衡宗教文化的冲击。并经过后世朱熹等人的努力弘扬和发展，从而使世俗的、理性主义的儒家文化及其道统论占据了社会意识形态的主导地位，并影响了中国后期帝制社会 700 年。而佛、道宗教文化则在保留自己特点的前提下，逐步与儒学调和、融通，不再像隋唐时期那样，对社会生活产生广泛的影响。

五、二程道统论的历史地位和影响

儒家道统思想对中国文化影响极大，而二程则是儒家道统思想的确立者，二程的道统论在中华道统思想发展史上占有十分重要的地位，对后

---

① 《注华严法界观门》，《大正藏》第 45 册，第 687 页。
② 《禅源诸诠集都序卷上之二》，《大正藏》第 48 册，第 402 页。

世产生了深远的影响。

（一）确立了儒家道统论，使中华道统思想趋于成熟

广义的道统文化指中华民族五六千年来的文明和文化，而儒学的道统则指儒家圣人之道的传授统绪。道统与道的关系，是以道为中心的形式与内容的关系。道统是维系道之所存在和延续的形式，道是道统所传授的内容。道统以传道、明道为目的，为道的存在和延续而形成。因此，道统本身不是原则或尺度，但它包含了道的原则，是为道的思想、道的原则和精神服务的系统和形式。儒家为了论证圣人之道的精神和道的传授系统，便形成了道统论。道统论可视为体现道的精神和儒家圣人之道传授系统的理论。

广义的道统文化，源远流长，可溯源于伏羲、神农、黄帝、尧、舜、禹、汤、文、武、周公①。他们的创造性活动，为中华民族文化的形成和发展作出了卓越贡献。广义的道统文化与中国哲学道范畴的产生和发展有密切关系。道最初的原始意义为道路，甲骨文中虽未见有道字，但有途字，途字的本义是道途。道字首见于殷周时期的金文，道指道路。后来《尔雅·释宫》解释说："一达谓之道路。"《说文》称："道，所行道也。"引申为自然界和人类必须遵循的轨道。春秋时已有天道、人道范畴。子产说："天道远，人道迩。"② 其天道指天体运行的过程，引申为自然规律；人道指社会人事的原则。儒家创始人孔子之道的主要含义是指仁礼、忠恕等伦理道德规范和治理国家的原则。孔子之道对中国道统文化影响极大，成为儒家道统思想的理论基础。道家创始人老子第一个使道具有了哲学本体论的意义，并提出"道法自然"和"道常无为"的思想，又主张"绝仁弃义"，强调"大道废，有仁义"。其"道法自然"、道与仁义不并存的思想与儒家提出的仁义之道形成鲜明的对应，并对儒家道统论产生重要影响。

儒家道统论发端于孔子，孔子之道不仅以仁礼为内涵，而且强调中

---

① 在唐宋时期提出道统论的学者中，韩愈、孙复将道统溯源于尧舜；石介、朱熹、陈淳将道统溯源于伏羲；胡宏甚至将道统溯源于伏羲以前的燧人氏而上的三皇之世。

② 《春秋左传正义·昭公十八年》卷48，《十三经注疏》，中华书局1980年版，第2085页。

庸的原则。《论语·尧曰》追叙尧舜相传以"允执其中",舜亦以"允执其中"传之以禹。"中"即是儒家圣人传道的原则。孟子继承孔子,提出了圣人相传承的系统。指出:"由尧舜至于汤,五百有余岁,……由汤至于文王,五百有余岁,……由文王至于孔子,五百有余岁。"① 认为五百年必有王者兴,由尧、舜、禹三大圣君到汤,由汤到周文王、武王、周公三大伟人,再由文王、周公到孔子,其先后相续,都是五百年时间。孟子并自命继承了孔子的圣人之道。汉代董仲舒说:"禹继舜,舜继尧,三圣相受而守一道。"② 认为尧、舜、禹相传共守的是同一圣人之道。唐代韩愈面对佛老思想的挑战,以弘扬儒家圣人之道为己任,著《原道》等,正式提出了儒家圣人之道的传授系统说。认为自孟子以后,尧、舜、禹、汤、文、武、周公、孔、孟一脉相承的儒家圣人之道失传,凡言道德仁义者,不入于杨,则入于墨,不入于老,则入于佛。为了排佛老、斥异端,必须明先王之道以道之。并以继承孟子而自居。这对宋代理学道统论的确立产生了重要影响。但韩愈着重从形式上提出了道统说,其道统之道仅是传统儒学的仁义思想,而对道的哲学理论上的论证尚嫌不足。这就为后世发展儒学道统论,以抗衡佛教的传法世系说,提出了更高的要求。

程颢、程颐继承孔孟、《中庸》、《易传》的思想,吸取韩愈的道统说,以继孟子之后得不传之绝学而自居。并对传统儒学及其汉唐经学加以改造、创新,又在批佛老的同时,注意吸取道家、道教的道本论和道法自然的思想,以及吸取佛教的理本论、理事说和心性本体论等,为建立自己的道统思想体系服务。因而,二程对道的理解,比韩愈更为深刻、抽象。其道不仅是道统传授的内容,而且成为与天理等同的宇宙本体,包含有丰富的思想内涵。新儒学道统论确立的标志,就在于二程以天理论道,把道统之道与天理等同,提升为本体论的哲学范畴,使中华道统思想趋于成熟。这与韩愈单纯伦理型的道统论相比,已有了质的发展。

(二) 二程道统论的特点

程颢、程颐确立儒家道统论,使道统思想趋于成熟,这集中体现在

① 《孟子·尽心下》,(宋)朱熹:《四书章句集注》,中华书局 1983 年版,第 376 页。

② (汉)班固撰,(唐)颜师古注:《董仲舒传》,《汉书》卷 56,中华书局 1962 年版,第 2519 页。

二程的道统论具有不同于以往道统思想的特点上。其特点包括：

1. 以义理解释儒家经典，从中发明儒家圣人之道

在道统构成的三要素——圣人、道、儒家经典的相互关系上，二程认为，圣人与道无异，圣人与道合为一体；圣人之道载于儒家经典，圣人作经的本义是为了明道；因此，必须以义理解释儒家经典，从中发明圣人之道，而不能为治经而治经，流于以训诂注疏为本，而不知明道、求道。这一思想是对汉唐经学重考据训诂，而不重阐发义理的治经路数的革新，为新思想的产生开辟了道路。

2. 以天理论道，变伦理型道统为哲理型道统

二程结合时代的发展，自家体贴出天理来，并以天理论道，赋予儒家道统论以时代的特征，这是对以往道统论的发展。二程吸取道家的道本论及道法自然的思想，以道为宇宙本体，并赋予儒家伦理以自然的属性，以儒为主，儒道融合。并借鉴、吸取了佛教精致的思辨哲学，建立起涵盖本体、伦理、规律、中道，联系阴阳、心性等诸范畴的道统思想体系。并把道与天理等同，提出了一系列重要的理论和命题，把道统的发展推向了一个新的高潮。从而变韩愈单纯伦理型的道统为理学哲理型又包括伦理的道统，这在道统思想发展史上具有重要的创新意义。

3. 重视心传，超越汉唐

虽然道统之道由圣人来传授，圣人与道无异，是道的传承者，但二程认为，道的接续不一定是直接授受，也可以是超越一定时代的心传。程颢说："先圣后圣，若合符节，非传圣人之道，传圣人之心也。非传圣人之心也，传己之心也。己之心无异圣人之心，广大无垠，万善皆备。欲传圣人之道，扩充此心焉耳。"[①] 在道的传授过程中，即使在一定的历史时期内，有人不能按道的原则行事，使道传之已差，然而道并不因此而息而亡，它可以通过后世的人们接续道的精神，心心相传，以心传心，使道的精神延续下去。由此强调扩充此心，以传圣人之道。二程的这种心传思想，为超越汉唐、直承孔孟提供了理论依据，并为扬弃传统、自由地发挥新思想开辟了思维空间。

① （清）黄宗羲著，全祖望补：《明道学案上·语录》，《宋元学案》卷13，中华书局1986年版，第560页。

4.求道贵在致用，不尚空谈解经

二程道统论的一个重要特点是循本求道以致用，达于政事，将道贯彻到日用之中和治理国家的政事上，使整个社会按道的原则办事。而不是只停留在空谈解经和专务文章上。二程把溺于文章、牵于训诂与惑于异端并列，视为有害于圣人之道的"三弊"，提倡致用的实学。认为之所以圣人之道自秦以下，其学不传，是因为汉唐诸儒皆以文章为务，空谈解经，而不能致于道，亦不能贯道于日用和政事之中，使儒学在与佛老异端的竞争中不占上风，动摇了儒家文化的主导地位。鉴于此，二程提倡致用之实学，将求道与致用结合起来。实开明清实学思潮之先河。

（三）对后世的影响

二程确立儒学道统论，在道统思想发展史上占有重要地位，对后世影响甚大。朱熹继承二程，充分肯定二程在道统中的重要地位，以继承二程道统为己任，宣称尧、舜、禹、汤、文、武、周公、孔、孟一脉相承的圣人之道，在孟子以后中断，直到一千多年以后出现了程颢、程颐，才上承孟子，接续道统，而自己又承接二程，继承了圣人之道。虽然有时朱熹也提到周敦颐，认为周敦颐、二程接续了道统，但从未忽视过二程对确立儒学道统的重要性。可以说，朱熹虽然集儒学道统思想之大成，但朱熹道统思想的基本内容均是对二程确立的道统论的继承和阐发。理学道统论的确立，非二程莫属，这是任何人，包括朱熹都不能替代的。朱熹继承二程遗意，作《四书章句集注》，每每祖述二程的观点，以二程的言论来揭示全书的宗旨和要义，并加以发挥。如在《中庸章句》篇首引二程论"中"的言论，以"中"为天下之正道，来发挥二程所说的孔门传授心法，并以此来论证理学道统论。强调要对"四书"融会贯通，便能找到圣人传心之旨。

此外，二程以心为道的思想对心学一派道论也产生了重要影响。陆九渊、王守仁均以心为道，提出"心即道"的命题，以心作为判断是非的标准，建立起心学的道统论。元代吴澄则扩大心学的内涵，把传圣人之道的人物统统包括到心学里来，指出心学不独指陆九渊心学为言，凡以心而学，皆是心学。他说："此心也，人人所同有，反求诸身，即此而是。以心而学，非特陆子为然，尧舜禹汤文武周孔颜曾思孟，以逮邵周张程诸子，盖莫不然。"① 实际上吴澄所谓的心，是指圣人之道，道是本心的发见，心与道相通。这是对二程以心为道思想的继承。吴澄把道统与心学相结合，这又是对二程思想的发展。

质言之，二程肩负时代赋予的理论重建的重任，面对儒学式微、发展停滞，而佛老流行的局面，以弘扬和创新圣人之道为己任，在批佛老的同时，注意吸取借鉴道家的道本论哲学和道法自然的思想，以儒为本，融合儒、道，又吸取佛教的理本论和理事说，以及心性本体论等，为建构自己的道统思想体系服务。二程在理论重建中，继承、吸取并改造、发展前人的思想，创造性地提出天理论的哲学体系，并以天理论道，赋予道统论以时代的意义；以义理解释儒家经典，从中发明圣人之道；崇尚"四书"，重视心传，超越汉唐诸儒；并求道致用，不尚空谈，由此而确立了儒家道统论，变韩愈单纯伦理型的道统为理学哲理型与伦理型相结合的道统，为中华道统思想的发展作出了突出贡献。后经朱熹的继承、发展，集其大成，使道统思想广泛影响思想界和整个社会，并流传到海外，从中国、朝鲜到日本，成为儒学及东方文化的重要组成部分。其流弊虽遭到后来反道统人士之批评，但道统思想和道统文化一脉相传，至现代而不绝，值得人们认真科学地整理和研究，以发掘其内涵和历史、时代价值。

第六节 朱熹集道统思想之大成

朱熹（1130—1200 年），南宋著名哲学家、教育家，宋代理学集大成者，亦是道统思想的集大成者。字元晦，改字仲晦，号晦庵。祖籍婺源（今属江西），生于尤溪（今属福建），定居于考亭（今属福建）。朱熹的家世为婺源著姓，以儒名家。后来，家道逐渐中落。朱熹的父亲朱松（1097—1143 年）于北宋末入闽任建州政和县尉。朱熹的祖父朱森随任就

---

① （元）吴澄：《仙城本心楼记》，《吴文正集》卷48，文渊阁《四库全书》第1197册，台湾商务印书馆1986年版，第500页。

养，死时葬于政和，未归葬婺源故里。朱松后任南剑州尤溪县尉、秘书省校书郎、史馆校勘等职。因反对秦桧议和，被出知饶州。朱松未就，请祠，于是隐居在建瓯。朱松去世时，朱熹仅 14 岁，奉父遗命受学于籍溪胡原仲、白水刘致中、屏山刘彦冲三人。朱熹 19 岁登进士第，22 岁授泉州同安县主簿。24 岁时，徒步数百里，问学于他父亲的同学、二程的三传弟子李侗（1093—1163 年），以此继承了二程的学说。朱熹早年曾习禅学，出入于佛老，拜李侗为师后，悟二氏之非，专心于从儒家经典中求义理。后逐渐成为儒家道统思想的集大成者。

朱熹力主抗金，恢复中原，坚持反和主战的立场。隆兴元年（1163 年），上疏曰："君父之仇，不与共戴天者。……今日所当为者，非战无以复仇，非守无以制胜，是皆天理之自然，非人欲之私忿也。陛下亦既有意于必为矣。间者不知何人辄复唱为邪议，以荧惑圣听，至遣朝臣持书以复虏帅而为讲和之计。臣窃恨陛下于所不当为者不能必止，而重失此举也。"① 主张合战守为一计，以复仇制胜，反对议和。次年，主战派领袖张浚去世，其子张栻护丧归潭州，乘舟行至豫章，朱熹登舟哭之。从豫章上船，送至丰城下船，朱熹与张栻作三日谈。这是两位理学家的第二次会面。以后两人不断书信往来，交流学术，共同发展了理学。

乾道三年（1167 年），朱熹 38 岁，闻张栻得衡山胡宏之学，在长沙岳麓、城南两书院讲学授徒。于是由其弟子范念德、林用中陪同，从福建崇安启程到长沙，与张栻"会友讲学"，并一起讨论了《中庸》的未发、已发和察识、涵养之序，以及太极、仁等重要理论问题。这是宋代理学中以朱熹为代表的闽学和以张栻为代表的湖湘学学术观点的辩论。虽然朱张同宗二程，在主要的学术见解方面没有大的分歧，但他们对二程学说的理解却不尽一致。所以朱张二人的学术观点会产生某些分歧，以致展开较大的争论。"是时范念德侍行，尝言二先生论中庸之义，三日夜而不能合。"② 这次关于《中庸》的论学，以朱熹大体上接受张栻的观点而告结束。但事后不久，朱熹又提出新的疑问，否定了张栻的观点。史称"中和

---

① （宋）朱熹撰，郭齐、尹波点校：《癸未垂拱奏劄二》，《朱熹集》卷 13，四川教育出版社 1996 年版，第 508 页。

② （清）王懋竑著，何忠礼点校：《乾道三年》，《朱熹年谱》卷 1，中华书局 1998 年版，第 32 页。

之辩"①。

淳熙二年（1175年），朱熹46岁，吕祖谦来访，留住寒泉精舍十余日，相与共编《近思录》。及吕祖谦归，朱熹送行，至江西上饶鹅湖寺时，吕约陆九龄、陆九渊来会。朱熹与陆九渊相互质疑辩论。朱熹主张"即物穷理"，通过对外物的考察来启发人内在的义理；陆九渊则主张发明本心，提倡"易简工夫"，反对"支离事业"。结果双方意见未能一致，形成理学内部的朱陆之争。这次论辩被称为"鹅湖之会"。

淳熙五年（1178年），差知南康军，次年上任。值南康军灾荒，朱熹上疏，请减地方税钱。又复建白鹿洞书院，制定学规，作《白鹿洞书院揭示》。淳熙八年，朱熹请陆九渊在白鹿洞书院讲解《论语》"君子喻于义，小人喻于利"章，听者甚受感动。

淳熙九年（1182年），陈亮来访，旬日而别。朱熹亦访陈亮于永康。在以后的几年里，两人书信往来，相互辩难，其中涉及关于道统问题的争论。

淳熙十六年（1189年），朱熹60岁。此年二月序《大学章句》，三月序《中庸章句》。朱熹此二书定著已久，犹时加修改，至此而定，乃序之。其序中阐发了朱熹的道统思想和微言大义。次年刊刻"四经"②和"四书"③。

绍熙五年（1194年），朱熹65岁。这年宁宗即位。八月经宰相赵汝愚推荐，朱熹被任为焕章阁待制兼侍讲，再辞不允，于十月接受侍讲职务。逢双日进讲《大学》，并面陈朝事，指责韩侂胄"独断"，要求"近习不得干预朝权，大臣不得专任己私"④。遂遭韩侂胄忌恨，于是任侍讲仅40日便被宁宗罢免。

庆元二年（1196年），朝廷"申严道学之禁"⑤，是谓"庆元党禁"。韩

---

① 详见蔡方鹿：《一代学者宗师——张栻及其哲学》，巴蜀书社1991年版，第135—145页。

② "四经"：指《书》、《诗》、《易》、《春秋》。

③ "四书"：指《论语》、《孟子》、《大学》、《中庸》。

④ （宋）朱熹撰，郭齐、尹波点校：《经筵留身面陈四事劄子》，《朱熹集》卷14，四川教育出版社1996年版，第564页。

⑤ （明）陈邦瞻撰：《宋史纪事本末》卷80，《道学崇黜》，中华书局1977年版，第874页。

侂胄以拥立宁宗之功而掌握大权，指道学（理学）为伪学，严令禁止，"四书"为世大禁。又将朱熹等理学人物指责为"欺世盗名，不宜信用"，而加以排斥。"是时知名之士，罢斥者相继，人情汹汹，……自是学禁愈急。"①庆元三年，诏"伪学之党，勿除在内差遣"。又"以知绵州王沇请，诏省部籍伪学姓名"②。即将理学及与理学有关的人物订为"伪学逆党籍"，于是"伪学"（理学）便成为逆党。共籍有朱熹等 59 人，遭到朝廷严厉打击。朱熹面对此情，仍不为所动，"日与诸生讲学不休，或劝以谢遣生徒者，笑而不答"。③直至去世前，还在改《大学·诚意章》。朱熹于庆元六年（1200 年）71 岁去世时，门人故旧欲来送葬，由于时方严"伪学"之禁，连送葬也受到限制。"熹既没，将葬，言者谓：四方伪徒期会，送伪师之葬，会聚之间，非妄谈时人短长，则缪议时政得失，望令守臣约束。从之。"④这表明，直到朱熹去世，理学仍在严令禁止之中。

朱熹自登进士第后五十余年，"仕于外者仅九考，立朝才四十日"⑤，其余四十余年都在各地，主要是在福建崇安、建阳一带讲学著书。他在中国学术史上的成就，除孔子外，无人可比。对中国乃至东方文化的发展，作出了巨大贡献。朱熹在哲学上，继承并发展了程颢、程颐的学说，吸取和借用佛教、道教及周敦颐、张载等的理论，建立起以理（道、太极）为核心，以理气关系说为框架，在中国哲学史上最完备、最缜密的理本论哲学。认为理是宇宙的根本，气是构成万物的材料，理气相依不离，但理为本、为先，气为末、为后。"未有天地之先，毕竟也只是理。有此理，便有此天地。"⑥，"有是理便有是气，但理是本"⑦，最终以理决定气。在心性论上，朱熹分别吸取了程颐心有体有用的思想和张载"心统性情"的命题，将二者结合，并加以发展，又受到张栻心主宰性情观点的影响，从而提出自己的"心统性情"思想。明确把心之体规定为性，把心之用规定为情，心贯通两端，管摄主宰性情，这便是朱熹的新见，也是对胡宏"性体

---

① （宋）李心传辑，朱军校：《道命录》，上海古籍出版社 2016 年版，第 68—69 页

② （元）脱脱等：《宁宗一》，《宋史》卷 37，中华书局 1977 年版，第 723 页。

③ （元）脱脱等：《朱熹传》，《宋史》卷 429，中华书局 1977 年版，第 12768 页。

④ （元）脱脱等：《朱熹传》，《宋史》卷 429，中华书局 1977 年版，第 12768 页。

⑤ （元）脱脱等：《朱熹传》，《宋史》卷 429，中华书局 1977 年版，第 12767 页。

⑥ （宋）黎靖德编：《朱子语类》卷 1，中华书局 1986 年版，第 1 页。

⑦ （宋）黎靖德编：《朱子语类》卷 1，中华书局 1986 年版，第 2 页。

心用"论的改造。这丰富、完善和发展了宋代理学心性论，使宋儒心性之学日益影响社会、深入人心。在伦理观上，朱熹强调天理与人欲的分别，认为天理就是仁义礼智和纲常名教，人欲就是人身的私欲。把儒家伦理与宇宙本体统一于天理，要求革除人之私欲，以复天理。在教育上，终身致力于讲学，先后创建寒泉精舍、武夷精舍，并执教于著名的白鹿洞书院和岳麓书院。因较少任官，故家贫，弟子远近来学，往往与之共食"豆饭藜羹"，常借贷于人以维持日用。正是在这样的环境下，仍以教学著书为乐，建立起在中国思想史和教育史上均产生重大影响的闽学学派。提出以"明人伦"为教育的目的，以儒家伦理和经书为教育的内容。强调居敬穷理，知行并进，"知之愈明，则行之愈笃；行之愈笃，则知之益明"①。提倡"循序渐进，熟读精思"的读书方法，肯定"学以变化气质"的教育作用。

朱熹的整个思想均以理（道）为指导，政治上以义理治天下；哲学上以理、道为核心和最高范畴；伦理道德上提出存天理，去人欲；教育上以"明人伦"即明理为教育目的。朱熹晚年遭当权者打击，其学说被禁止。死后恢复名誉，其思想在南宋后被奉为官学，成为中国后期帝制社会意识形态的主体，科举考试，非朱学不用。朱熹的学说对中国文化的哲学、政治、伦理、文学艺术、教育、宗教等各个领域产生了深远的影响，并流传到海外，成为东方文化的重要组成部分，其影响至今仍保持。

朱熹的著作十分丰富，主要有《四书章句集注》、《四书或问》、《周易本义》、《诗集传》、《太极图说通书注》，及后人编纂的《朱文公文集》、《续集》、《别集》和《朱子语类》等。

朱熹的道统思想是其学术思想十分重要的组成部分。他继承二程，推崇周敦颐，梳理确立道学的传授系统；提出"十六字心传"，以心法的传授体现道统观；甚重"道统"二字，推广道的传授统绪；排除汉唐诸儒，从而完善了道统思想体系。朱熹并建构精致的道的哲学，以道为形上之天理，提出道兼体用的思想，提高了道统之道的哲学思辨水平，这也是对道统论的发展。朱熹在二程思想的基础上，集注"四书"，以四书学发明道统，认为"四书"重于"六经"，并排列"四书"之次第，从而集道统论

————————

① （宋）黎靖德编：《朱子语类》卷 14，中华书局 1986 年版，第 281 页。

之大成。朱熹与陈亮之间展开的关于道统的争论，既集中反映了理学道统论的特点和主旨所在，同时也表明在朱熹集道统思想之大成的同时，已有与之对应的思想存在，并对其提出批评。中华道统思想正是在这种相反相成的批评中，不断发展和演变的。朱熹不仅集道统思想之大成，而且是道学的集大成者。道统与道学具有内在的不可分割的紧密联系，探讨其相互关系，对于认识理学道统论的形成和确立及其时代特征，以及在中华道统思想发展史上的地位，具有重要的意义。

一、继承二程，完善道统思想体系

程颢、程颐在前人思想的基础上，创造性地以天理论道，以义理解经，发明圣人之道，崇尚"四书"，超越汉唐，确立了新儒学的道统论，使道统思想趋于成熟。但二程的道统论还有待于进一步完善和体系化。朱熹继承二程，在二程道统论的基础上，又提出一系列观点和命题，从而丰富和完善了二程确立的道统思想体系，使理学的道统思想更趋成熟，这在当时并对后世产生了深远的影响。

（一）肯定二程，推崇周敦颐

1. 肯定二程

道统论始由二程而确立，但二程本人在道统中的地位则由后世朱熹所肯定。程颐在为其兄程颢逝世时所作的墓表中称："周公没，圣人之道不行；孟轲死，圣人之学不传。……先生（程颢）生千四百年之后，得不传之学于遗经，志将以斯道觉斯民。……圣人之道得先生而后明，为功大矣。"[①]强调自家兄弟是道统的传人，使圣人之道在失传 1400 年之后得以复明，并确立了儒学的道统论。但由于二程生前遭排斥，其学被禁，其道统思想未能广泛传播，以致在百余年后，至朱熹时，其所传之道又明而复晦。朱熹说，因二程的弘扬，"道乃抗而不坠。然微言之辍响，今未及

---

① （宋）程颢、程颐：《明道先生墓表》，《河南程氏文集》卷 11，《二程集》，中华书局 1981 年版，第 640 页。

乎百岁，士各私其所闻，已不胜其乖异。"① 面对二程所传之道未能得到广泛认同，而士人以其所闻与道相异的情况，朱熹起而继承二程学说，充分肯定二程在道统中的重要地位。指出："此道更前后圣贤，其说始备。自尧舜以下，若不生个孔子，后人去何处讨分晓？孔子后若无个孟子，也未有分晓。孟子后数千载，乃始得程先生兄弟发明此理。"② 把二程列入传道圣贤的系列之中，这个道的传授，自尧舜而孔子，而孟子，而二程，一脉相承，缺程氏兄弟不可。朱熹弟子蔡季通亦称："天先生伏羲尧舜文王，后不生孔子，亦不得；后不生孟子，亦不得；二千年后又不生二程，亦不得。"③ 这就明确肯定了二程在道统传授中的重要地位，同时也是对二程确立的道统论的肯定和发扬。朱熹说："吾少读程氏书，则已知先生之道学德行，实继孔孟不传之统。顾学之虽不能至，而心向往之。"④ 把二程的道学与孔孟的道统联系起来，亦是对二程的肯定。并以二程之学为指归，心向往而求学之。要之，朱熹对二程的推崇和肯定，对于完善二程确立的道统论，具有重要的意义。

2. 推崇周敦颐

朱熹在肯定二程的前提下，也推崇周敦颐。有时朱熹只提二程兄弟，不提周敦颐，以二程直接承续孟子，得不传之绝学，如在其论道统的代表性著作《中庸章句序》里；有时朱熹又把周敦颐列为孟子与二程之间，下启程氏的道统中的重要人物。周敦颐在道统中的重要地位，始由胡宏所宣扬，而朱熹集其成，使之得以确认。这也是对二程道统论的改造和发展。

二程未明确承认受教于周敦颐，只称其为周茂叔或周惇实。《程氏遗书》卷六甚至有"周茂叔穷禅客"之称谓。二程在其确立的道统论也未提及周敦颐。可以说周敦颐终北宋之末，不仅在道统史上没有地位，即使在理学史上也没有多大影响。这个情况到了南宋初，经胡宏的宣扬，开始发生变化。胡宏宣称："今周子启程氏兄弟以不传之学，一回万古之光

① （宋）朱熹撰，郭齐、尹波点校：《又祭张敬夫殿撰文》，《朱熹集》卷87，四川教育出版社1996年版，第4476页。

② （宋）黎靖德编：《朱子语类》卷93，中华书局1986年版，第2350页。

③ （宋）黎靖德编：《朱子语类》卷93，中华书局1986年版，第2350页。

④ （宋）朱熹撰，郭齐、尹波点校：《建康府学明道先生祠记》，《朱熹集》卷78，四川教育出版社1996年版，第4064页。

明，如日丽天；将为百世之利泽，如水行地。其功盖在孔孟之间矣。人见其书之约也，而不知其道之大也。"① 经胡宏的宣扬，周敦颐开始受到人们的重视，其社会地位逐步得以提高。朱熹继胡宏之后，进一步宣扬周敦颐，直将其推崇为理学开山、道学渊源，使之由北宋时的默默无闻，不名于世，到一百年后的南宋，一变而为接续千年不传之绝学的道统中的显赫人物。这在道统思想发展史上是一创举。朱熹说："惟先生（周敦颐）道学渊懿，得传于天，上继孔颜，下启程氏，使当世学者得见圣贤千载之上，如闻其声，如睹其容。授受服行，措诸事业，传诸永久，而不失其正。其功烈之盛，盖自孟氏以来未始有也。"② 把周敦颐抬高为道学的创始人，其学得传于天，上继孔颜圣贤之道，下启二程兄弟，认为其传道之功为孟子以来所仅有。朱熹所以抬高周敦颐，肯定其在道统中的重要地位，其中的一个重要原因是朱熹提出的太极阴阳说，从周敦颐的《太极图说》那里吸取甚多；而二程则少于论太极，故不看重周敦颐。朱熹为《太极图说》作注，将其作为理学的重要著作，认为其中蕴含着儒家圣人之道，极力加以宣扬表彰。与此同时，张栻也推崇周敦颐，称道《太极图说》，宣扬周敦颐在道统中占有重要地位，与朱熹相配合，扩大了周敦颐在学界的影响。

经朱熹的推崇，周敦颐在道统中的地位得以确立，并得到后世的承认。朱熹、张栻之后，朱张二人的私淑弟子、理学家魏了翁于嘉定九年（1216 年）上疏宋宁宗，表彰周敦颐及程颢、程颐，请为周程三人定谥号。魏了翁说：

盖自周衰孔孟氏没，更秦汉魏晋隋唐，学者无所宗主，爽离判涣，莫适与归。……敦颐独奋乎百世之下，乃始探造化之至赜，建图著书，阐发幽秘，而示人以日用常行之要，使诵其遗文者，始得以晓然于洙泗之正传。而知世之所谓学者，非滞于俗师，则沦于异端，有不足学者矣。又有河南程颢、程颐亲得其传，其学益以大振。虽三人皆不及大用于时，而其嗣往圣，开来哲，发天理，正人心，其

① （宋）胡宏著，吴仁华点校：《周子通书序》，《胡宏集》，中华书局 1987 年版，第 161 页。

② （宋）朱熹撰，郭齐、尹波点校：《奉安濂溪先生祠文》，《朱熹集》卷 86，四川教育出版社 1996 年版，第 4428 页。

于一代之理乱、万世之明暗所关系，盖甚不浅。①

魏了翁继承朱熹，推崇周敦颐，把周敦颐称为在孔孟之后，奋起于"百世之下"，阐幽发秘，将圣人之道发扬光大的人物。并启迪二程，"相与阐发精微，凡尧、舜、禹、汤、文、武至孔子、子思、孟子授受之道，至是复皭然大白于天下"②。魏了翁排列的道统谱系，周敦颐的地位在二程之前、之上，将周敦颐在道统史上的地位提高到孔孟之后一千多年来无人达到的高度。这正是朱熹推崇周敦颐所起的作用和产生的影响。在魏了翁等人的一再奏请和表彰下，南宋朝廷于嘉定十三年（1220年），赐周敦颐谥号曰"元"，赐程颢谥号曰"纯"，赐程颐谥号曰"正"。这是周程的学术地位得到官方承认的一个信号，也是理学的道统思想影响官方的标志。为道统论及其传人被后世统治者所尊崇起到了推动作用。从魏了翁和宋末统治者表彰周敦颐，提高其社会地位，可以看到朱熹推崇周敦颐所产生的社会效果，这是北宋时周敦颐的默默无闻所无法相比的。

（二）阐发"十六字心传"

朱熹继承二程道统中关于超越时代的心传思想，并受到二程以天理人欲区分道心人心思想的影响，于《古文尚书·大禹谟》中，对"人心惟危，道心惟微，惟精惟一，允执厥中"十六个字详加阐发，以发明圣人传心之旨，把传心与传道结合起来。这为理学家所看重，被称之为"十六字心传"，经朱熹阐发而流行于世，并在道统史上产生了重要影响。

朱熹"十六字心传"的提出，是直接为道统论及圣人之道的传授作论证的。朱熹认为，道统的传授，由来已久，并有其经典的依据，"其见于经，则'允执厥中'者，尧之所以授舜也；'人心惟危，道心惟微，惟精惟一，允执厥中'者，舜之所以授禹也。"③这里所说的"允执厥中"即《论语·尧曰》篇提出的"允执其中"。《论语·尧曰》的"执中"思想为

---

① （宋）魏了翁：《奏乞为周濂溪赐谥》，《鹤山集》卷15，文渊阁《四库全书》第1172册，台湾商务印书馆1986年版，第190页。

② （宋）魏了翁：《成都府学三先生祠堂记》，《鹤山集》卷38，文渊阁《四库全书》第1172册，台湾商务印书馆1986年版，第437页。

③ （宋）朱熹撰，郭齐、尹波点校：《中庸章句序》，《朱熹集》卷76，四川教育出版社1996年版，第3994页。

孟子、《中庸》所继承。《礼记·中庸》提出"致中和",《孟子·离娄下》提出"汤执中",到《古文尚书·大禹谟》则明确提出"人心惟危,道心惟微,惟精惟一,允执厥中"①。朱熹认为,道统的传授不脱离"中"的原则,而"执中"的思想载之于《论语》、《尚书》等经典,尤其是经典所载的"十六字传心诀"。由于"中"是被圣人心心相传,因此"中"与"心"相联系,道即中,又存在于心中,故传道与传心不相脱离,成为道统传授的一个重要内容。

朱熹继承程颐"《中庸》乃孔门传授心法"②的思想,并加以发挥,明确把道统之道的传授与圣人心心相传的心传结合起来。由于道的传授不能离开心,所以心传是传道不可或缺的内容。关于圣人之道的传授与心传的关系,朱熹指出:

> 孔子传之孟轲,轲之死,不得其传。此非深知所传者何事,则未易言也。夫孟子之所传者何哉?曰:仁义而已矣。孟子之所谓仁义者何哉?曰:仁,人心也;义,人路也。曰:恻隐之心,仁之端也;羞恶之心,义之端也。如斯而已矣。然则所谓仁义者,又岂外乎此心哉?尧舜之所以为尧舜,以其尽此心之体而已。禹、汤、文、武、周公、孔子传之,以至于孟子,其间相望,有或数百年者,非得口传耳授密相付属也。特此心之体,隐乎百姓日用之间,贤者识其大,不贤者识其小,而体其全且尽,则为得其传耳。虽穷天地,亘万世,而其心之所同然,若合符节。由是而出,宰制万物,酬酢万变,莫非此心之妙用,而其时措之宜,又不必同也,……又何害其相传之一道,而孟子之所谓仁义者,亦不过使天下之人各得其本心之所同然者耳。③

朱熹从圣人之道传之以心的观点出发,肯定韩愈关于"轲之死,不得其传"的说法,但强调须深知圣人相传的是仁义之道,而仁义之道却不能离开心而存在。并指出在传道的儒家圣人序列里,有的相隔了数百年,不可

---

① 《尚书正义·大禹谟》卷4,《十三经注疏》,中华书局1980年版,第136页。

② (宋)程颢、程颐著,王孝鱼点校:《河南程氏外书》卷11,《二程集》,中华书局1981年版,第411页。

③ (宋)朱熹:《李公常语上》,《朱熹集》卷73,四川教育出版社1996年版,第3825—3826页。

能做到口传耳授，只有识其心体，"体其全且尽"，才能通过心心相传，把道传授下来。由此，朱熹认为，圣人之道为一，但道有各种不同的表现，天下人要掌握了人之本心所共有的原则，便可得孟子相传的仁义之道，把心之传与道的传授结合起来。强调离开了心及识心、传心，圣人之道便无法传授下来。这为超越时代的心传说及把汉唐诸儒排除在道统之外，提供了理论根据。

在《中庸章句》的篇首，朱熹引二程的话加以阐发，认为《中庸》一书贯穿着孔门传授之心法，要求以此为宗旨读解《中庸》，才能终身受用无穷，把圣人之道传授下来。他说："子程子曰：'不偏之谓中，不易之谓庸。中者，天下之正道；庸者，天下之定理。'此篇乃孔门传授心法，子思恐其久而差也，故笔之于书，以授孟子。其书始言一理，中散为万事，末复合为一理，'放之则弥六合，卷之则退藏于密'，其味无穷，皆实学也。善读者玩索而有得焉，则终身用之，有不能尽者矣。"① 朱熹继承二程，认为道统的延续传递有一个传授心法，即通过后世圣贤的内心感悟，把前世圣人的道继承下来并加以发展。可见圣人之道的传授，主要是以心传心，心灵领悟。朱熹将此心法称之为道统传授的密旨，这个传授心法须掌握"中"的原则，也就是"允执厥中"。由此，朱熹通过阐发"十六字心传"，来发明《中庸》篇所包含的"孔门传授心法"。

关于十六字传心诀，朱熹阐发说：

心者，人之知觉，主于身而应事物者也。指其生于形气之私者而言，则谓之人心；指其发于义理之公者而言，则谓之道心。人心易动而难反，故危而不安；义理难明而易昧，故微而不显。惟能省察于二者公私之间，以致其精，而不使其有毫厘之杂；持守于道心微妙之本，以致其一，而不使其有顷刻之离，则其日用之间，思虑动作自无过不及之差，而信能执其中矣。尧之告舜，但曰"允执厥中"，而舜之命禹，又推其本末而详言之。②

指出尧舜相传以"允执厥中"，舜亦以"允执厥中"传之于禹。"中"即是儒家圣人传道的原则。然而舜在授禹以"允执厥中"的同时，又推其

---

① 《中庸》，（宋）朱熹：《四书章句集注》，中华书局1983年版，第17页。
② （宋）朱熹：《尚书·大禹谟》，《朱熹集》卷65，四川教育出版社1996年版，第3436页。

本末而详言之，把"允执厥中"扩大为"人心惟危，道心惟微，惟精惟一，允执厥中"这十六字传心诀。十六字的前十二字是为了说明"允执厥中"这四个字的，并把"执中"与省察人心、持守道心结合起来。朱熹认为，圣人之所以相传以"中"，强调"执中"的原则，是因为生于形气之私的人心"危而不安"，而发于义理之公的道心又"微而不显"，要精察人心，去其私欲之杂；谨守道心，致其义理之一本，就须"执中"，无过不及。这是朱熹对"十六字传心诀"的阐发，并将此称之为圣人相传之"密旨"，或相传之"心法"。朱熹在答陈亮的书中提到了这一点。他说："所谓'人心惟危，道心惟微，惟精惟一，允执厥中'者，尧舜禹相传之密旨也。……莫若深考尧舜相传之心法。"[①] 可见，"十六字传心诀"作为圣人相传之"密旨"和"心法"，是与圣人之道的传授紧密相联系的，舍此则圣人之道难以传续。在朱熹看来，正是因为汉唐诸儒未能领悟这个"心法"和"密旨"，才使得"尧、舜、禹、汤、文、武以来转相授受之心不明于天下"[②]。朱熹以弘扬儒家圣人之道为己任，而把圣人之道的传授系之于心，他所阐发的"十六字心传"的思想，既是对二程"《中庸》乃孔门传授心法"思想的继承，同时又是对道统之传授心法的发展。朱熹以尧舜禹为始，以子思为继，将《尚书·大禹谟》的"十六字传心诀"与《中庸》的"孔门传授心法"前后联系起来[③]，这便是朱熹的新见。因二程虽然提出"人心私欲，故危殆；道心天理，故精微。灭私欲则天理明矣"[④] 的见解，对朱熹产生影响，但未曾把对《尚书·大禹谟》人心道心的解释与《中庸》的"孔门传授心法"结合起来。朱熹则在吸取和继承二程关于"《中庸》乃孔门传授心法"和"人心私欲，故危殆；道心天理，故精微"思想的基础上，注意把二者结合起来，既阐发了《古文尚书·大禹谟》的"十六字传心诀"，又将其与《中庸》的"传授心法"相结合，从而完善

---

① （宋）朱熹：《答陈同甫（八）》，《朱熹集》卷36 四川教育出版社 1996 年版，第 1598—1600 页。

② （宋）朱熹：《答陈同甫（八）》，《朱熹集》卷36，四川教育出版社 1996 年版，第 1600 页。

③ 实则《中庸》作于前，《伪古文尚书》作于后。朱熹以《大禹谟》记禹之事，故以之为前。

④ （宋）程颢、程颐著，王孝鱼点校：《河南程氏遗书》卷24，《二程集》，中华书局 1981 年版，第 312 页。

了自二程确立的道统思想体系。朱熹在《中庸章句序》里，把《大禹谟》的"十六字心传"与《中庸》体现的"孔门传授心法"联系起来，相提并论。他说："子思惧夫愈久而愈失其真也，于是推本尧舜以来相传之意，质以平日所闻父师之言，更互演绎，作为此书，以诏后之学者。……其曰'天命率性'，则道心之谓也；其曰'择善固执'，则精一之谓也；其曰'君子时中'，则执中之谓也。世之相后，千有余年，而其言之不异，如合符节。"①指出子思恐尧舜禹授受之心法失传，于前圣之后一千多年，推本尧舜相传之意，作为《中庸》，其书中的言意与《尚书·大禹谟》的"十六字传心诀"相契合，其于尧舜之心，异世而同符，从而体现了孔门的传授心法。在朱熹看来，这个孔门传授心法，即是以义理之心即道心为标准，随时而为中，通过心心相传、心灵感悟，把圣人之道传授下来。也就是说，论道统的传授，就离不开心传；论心传，就离不开《大禹谟》的"十六字传心诀"和《中庸》的"孔门传授心法"。这是朱熹对二程思想的继承和发展，并对后世产生了广泛的影响。

（三）甚重"道统"二字，推广道的传授统绪

朱熹在肯定二程，推崇周敦颐，阐发"十六字心传"和"孔门传授心法"的基础上，甚重"道统"二字，把道、统连用，并推广道的传授统绪，将道统上溯至伏羲、神农、黄帝等中华文明的发祥者，经尧舜、孔孟等的相传授受，至汉唐中绝，而由北宋周敦颐、二程续千年不传之绪，将圣人之道弘扬开来。朱熹又继二程之后，努力奠定理学道统论的体系和范围，逐步形成了正式而完善的道的传授系列及道的传人。后经黄榦及《宋史·道学传》的确认，将朱熹本人包括进去，从而使儒学道统论得以完全确立，并得到学术界的认同。

道统思想源远流长，历经发展演变，至二程得以确立，并趋于成熟。但道统思想到朱熹时集其大成，可见朱熹对道统论作出的贡献。

据陈荣捷教授考证，"道统"这一概念出自于南宋李元纲在公元1172年所作《圣门事业图》之第一图《传道正统》，此图由尧、舜、禹、汤、

---

① （宋）朱熹撰，郭齐、尹波点校：《中庸章句序》，《朱熹集》卷76，四川教育出版社1996年版，第3995页。

文、武、周公、孔子，经颜、曾、思、孟而至二程。虽然李元纲的《传道正统》提出了道统的概念，但"道"与"统"未曾连用，还没有配合成一个名词。至朱熹于淳熙十六年己酉（1189 年）序《中庸章句》，将道统连词，首次采用"道统"①。所以，严格地说，朱熹在他所作的《中庸章句序》②里首次将道统连用，正式提出了"道统"这个名词。在中华道统思想发展史上，第一次把"道统"这一名词概念与"道统"所指的实际内涵结合起来。③

朱熹所指的道统，把道统的传授上溯至"上古圣神"。《中庸章句序》称："盖自上古圣神继天立极，而道统之传有自来矣。"这就是"道统"二字的由来。所谓上古圣神，指的是伏羲、神农、黄帝等。朱熹在他作于同年的《大学章句序》里明确指出："此伏羲、神农、黄帝、尧、舜，所以继天立极。"由于这些"上古圣神"继天立极，所以把道统传授下来。

除上述圣神外，朱熹系统地论述了道的传授统绪。他说：

> 自是以来，圣圣相承，若成汤、文、武之为君，皋陶、伊、傅、周、召之为臣，既皆以此而接夫道统之传。若吾夫子，则虽不得其位，而所以继往圣，开来学，其功反有贤于尧舜者。然当是时，见而知之者，惟颜氏、曾氏之传得其宗。及曾氏之再传，而复得夫子之孙子思。……自是而又再传以得孟氏，为能推明是书，以承先圣之统，及其没而遂失其传焉。则吾道之所寄不越乎言语文字之间，而异端之说日新月盛。……然而尚幸此书之不泯，故程夫子兄弟者出，得有所考，以续夫千载不传之绪；得有所据，以斥夫二家似是之非。
> 盖子思之功于是为大，而微程夫子，则亦莫能因其语而得其心也。④

指出道统始于伏羲、神农、黄帝、尧、舜、禹，其后成汤、文、武作为君王，皋陶、伊、傅、周、召作为大臣接续了道统之传。至孔子有德无位，

---

① 参见陈荣捷：《西方对朱熹的研究》，《中国哲学》第五辑，生活·读书·新知三联书店 1981 年版，第 208 页；陈荣捷：《朱子之创新》，《朱子学新论》，生活·读书·新知三联书店上海分店 1991 年版，第 21—22 页。

② 而《中庸章句》第一次序定则在淳熙四年，公元 1177 年。详见束景南：《朱熹佚文辑考》，江苏古籍出版社 1991 年版，第 615—617 页。

③ 近年来学术界研究表明，在朱熹之前已有人把"道统"二字连用。

④ （宋）朱熹撰，郭齐、尹波点校：《中庸章句序》，《朱熹集》卷 76，四川教育出版社 1996 年版，第 3995 页。

而继往圣、开来学，有功于尧舜之道的传授。孔门弟子颜氏、曾氏亲得其传，又由曾氏传之于子思。子思作《中庸》，体现了孔门传授心法，使道得以载之于此书而不泯。子思的门人再传孟子，孟子没而道统中断而失传。尽管在孟子死后一千多年时间里，汉唐诸儒未能接续圣人之道，但朱熹认为，由于道载于《中庸》等儒家经典之中，二程兄弟以此为据，以兴起斯文为己任，辨异端，斥佛老，使圣人之道复明于世。有时朱熹又在二程之前加进周敦颐，将周作为道统的传人；并吸取张载之学，张载在道统中也有一定的地位。朱熹本人也表达了自命继承道统的思想，他在《大学章句序》里说："河南程氏两夫子出，而有以接乎孟氏之传。……虽以熹之不敏，亦幸私淑而与有闻焉。"① 自此，中华道统思想的传授，由伏羲、神农、黄帝开始，经尧、舜、禹、汤，以及皋陶、伊尹、文、武、周公、召公等，传至孔子、颜、曾、子思、孟子，而由周敦颐、二程起而继承孟子不传之学，张载等与之相互博约，至朱熹本人成为集大成者。这即是朱熹所推广的道统传授系统，并得到后世的认同。

对朱熹推广的道统传授谱系，黄榦予以充分肯定。他说："道之正统待人而后传，自周以来，任传道之责者不过数人，而能使斯道章章较著者，一二人而止耳。由孔子而后，曾子、子思继其微，至孟子而始著。由孟子而后，周、程、张子继其绝，至熹而始著。"②《宋史·朱熹传》引黄榦的这段话并注云："识者以为知言。"说明黄榦对朱熹道统的肯定，为时人所接受。黄榦更明确树立道统的旗帜，把朱熹作为继承道统的典范。他说："尧、舜、禹、汤、文、武、周公生而道始行，孔子、孟子生而道始明。孔孟之道，周、程、张子继之；周、程、张子之道，文公朱先生又继之，此道统之传，历万世而可考也。"③ 黄榦把理学中的著名人物列为道统的传人，这反映了朱熹的观点。并把朱熹继承周、程、张子之道而推广道统，视为"传历万世而可考"的道统之定论。通过黄榦等的表彰和宣扬，

① （宋）朱熹撰，郭齐、尹波点校：《大学章句序》，《朱熹集》卷76，四川教育出版社1996年版，第3993页。
② （元）脱脱等：《朱熹传》，《宋史》卷429，中华书局1977年版，第12769—12770页。
③ （宋）黄榦：《徽州朱文公祠堂记》，《勉斋集》卷19，文渊阁《四库全书》第1168册，台湾商务印书馆1986年版，第215页。

朱熹在道统史上的地位得到人们的肯定。这也是对朱熹在推广道的传授统绪的过程中，自命继承了道统的认同。

如上所述，朱熹继承二程、推崇周敦颐；阐发"十六字心传"，将其与《中庸》的传授心法相结合；甚重"道统"二字，推广道的传授统绪，从而完善了二程确立的道统思想体系。

二、建构精致的道的哲学

如果说，朱熹继承二程，完善了道统思想体系，主要是从形式和方法上发展了二程确立的道统论的话，那么，朱熹建构精致的道的哲学，则是从内容和实质上发展了道统思想的内涵，使作为道统传授内容的道，在哲学理论上达到中国哲学道范畴发展的高峰。这不仅对中国哲学的发展产生了重要影响，而且丰富了道统论的思想内涵，在内容和形式上都发展了二程确立的道统论。

朱熹建构精致的道的哲学，主要从以下方面展开论述：

（一）道是形上之天理

道是朱熹哲学的一个带纲领性的范畴，亦是朱熹道统论的核心范畴。道作为本体范畴，与两个方面相联系：一是通向宇宙自然，与天地万物之气相联结；一是通向人间社会，构成伦理道德原则。道以孔孟儒家思想为主，又吸取道家等各家思想，是对社会知识和自然知识的抽象和概括。道的内涵，经朱熹的发展而日益丰富。

1. 道为形上之天理

朱熹继承了二程以天理论道的思想，以道为超越阴阳之上的天理。他说："阴阳，气也，形而下者也；所以一阴一阳者，理也，形而上者也，道，即理之谓也。"① 认为道即理，道与理为形而上，与形而下之气相对。形上之道即是天理，天理的内涵是仁、义、礼、智、信，道统言此理，因

---

① 周敦颐：《通书·诚上第一》，《周敦颐全书》卷3，江西教育出版社1993年版，第90页。

而也具有天理的属性。他说："道只是统言此理，不可便以道为用。仁义
礼智信是理，道便是统言此理。"① 道作为形上之天理，朱熹指出，它是超
越形器之上，无形象、无声臭的宇宙本体。他说："道本无体，……那无
声无臭便是道。"② 所谓无形体、无声臭，即是超经验、超感觉的观念。道
作为观念性的精神实体，又是构成万物的阴阳之气存在的根据，故道为宇
宙万物的本体。朱熹说："一阴一阳，虽属形器，然其所以一阴而一阳者，
是乃道体之所为也。"③ 强调阴阳只是形器，道则是超乎形器之上的所以然
者，即道是支配、决定阴阳的本体。所以，凡学生问到"阴阳为道"、"阴
阳是道"的问题时，朱熹都要加以纠正："'一阴一阳之谓道'，阴阳是气
不是道，所以为阴阳者乃道也。"④ 一阴一阳循环不已，乃是道的表现，而
阴阳不能称之为道，这是朱熹对《易传》道为阴阳思想的改造，而遭到了
陆九渊的批评。

　　道不仅无形象、无声臭，而且超越时空、永恒不灭。朱熹说："若论
道之常存，却又初非人所能预，只是此个自是亘古亘今，常在不灭之物，
虽千五百年被人作坏，终殄灭他不得耳。"⑤ 认为道是客观的存在，非人的
主观意志所能干预；道作为一种精神实体，虽被人长期"作坏"，但并未
消灭，而永恒存在。并指出："吾道一以贯之，此圣人之道所以为大中至
正之极，亘万世而无弊者也。"⑥ 道垂万世而无弊，不因人是否得道而加
损，朱熹的这种道超越时间的属性，为其心传说提供了依据。

　　道虽是无形象、无声臭、超时空的精神实体，但并不是空无。朱熹
认为，佛老的错误就在于此，这也是他与佛老的区别所在。朱熹高足陈淳
在《字义详讲》中有一个陈述："老庄说道，都与人物不相干，皆以道为
超乎天地器形之外。如云'道在太极之先'，都是说未有天地万物之初，

---

　　① （宋）黎靖德编：《朱子语类》卷95，中华书局1986年版，第2421页。

　　② （宋）黎靖德编：《朱子语类》卷36，中华书局1986年版，第976页。

　　③ （宋）朱熹撰，郭齐、尹波点校：《答陆子静（五）》，《朱熹集》卷36，四川教育出
版社1996年版，第1575页。

　　④ （宋）黎靖德编：《朱子语类》卷74，中华书局1986年版，第1896页。

　　⑤ （宋）朱熹撰，郭齐、尹波点校：《答陈同甫（六）》，《朱熹集》卷36，四川教育出
版社1996年版，第1592页。

　　⑥ （宋）朱熹撰，郭齐、尹波点校：《杂学辨·苏黄门老子解》，《朱熹集》卷72，四
川教育出版社1996年版，第3766页。

有个空虚道理。……佛氏论道，大概亦是此意。但老氏以无为宗，佛氏以空为宗，以未有天地之先为吾真体，以天地万物皆为幻化，人事都为粗迹，尽欲屏除了，一归真空，乃为得道。不知道只是人事之理耳。"① 若以道为无为空，则与佛老同流，而不知道是人事之理。朱熹指出，道处处体现在人事之中，作为人事的原则，而与事物不相离。陈淳的概括代表了朱熹的观点："道非是外事物有个空虚底，其实道不离乎物，若离物则无所谓道。"② 尽管道是形上之天理，但形上之道要落实到具体人事之中，不能离物而存在，这是理学道论与佛老空无思想的区别。

2. 道是人伦道德

道不仅是宇宙本体，而且是人伦道德之原则，这是朱熹道论的重要内涵。因而朱熹哲学的道是本体论与伦理学相结合的范畴，这是对二程思想的继承。朱熹说："道则人伦日用之间所当行者是也。"③ 又说："人之生也，均有是性；均有是性，故均有是伦；均有是伦，故均有是道。"④ 指出人性的内容便是人伦，人伦即是道。朱熹哲学以性即理，"天理便是性"⑤，仁义礼智之性既是天理，又是道的内涵。他说："若自人而言之，则循其仁义礼智之性而言之，固莫非道。"⑥ 朱熹不仅以五常为道，而且认为人之五伦亦体现为道。他说："道之在天下，其实原于天命之性，而行于君臣、父子、兄弟、夫妇、朋友之间。"⑦ 又说："吾之所谓道者，君臣、父子、夫妇、昆弟、朋友，当然之实理也。"⑧ 父子有亲，君臣有义，夫妇有别，长幼有叙，朋友有信，便是人之五伦，而行于此五伦之间的实理便是道。所

---

① （宋）陈淳著，熊国祯、高流水点校：《道》，《北溪字义》卷下，中华书局 1983 年版，第 38—39 页。

② （宋）陈淳著，熊国祯、高流水点校：《道》，《北溪字义》卷下，中华书局 1983 年版，第 39 页。

③ 《论语·述而》，（宋）朱熹：《四书章句集注》，中华书局 1983 年版，第 94 页。

④ （宋）朱熹：《孟子或问》卷 7，《四书或问》，《朱子全书》第 6 册，上海古籍出版社、安徽教育出版社 2002 年版，第 954 页。

⑤ （宋）黎靖德编：《朱子语类》卷 115，中华书局 1986 年版，第 2772 页。

⑥ （宋）黎靖德编：《朱子语类》卷 62，中华书局 1986 年版，第 1493 页。

⑦ （宋）朱熹撰，郭齐、尹波点校：《徽州婺源县学藏书阁记》，《朱熹集》卷 78，四川教育出版社 1996 年版，第 4066 页。

⑧ （宋）朱熹：《论语或问》卷 4，《四书或问》，《朱子全书》第 6 册，上海古籍出版社、安徽教育出版社 2002 年版，第 684 页。

谓实理，此处是指"父当慈，子当孝；君当仁，臣当敬，此义也。所以慈孝，所以仁敬，则道也。"① 从实理上行，便是道。若不合乎实理，便失去了人之所以为人的依据。可见道是人们行为的基本准则，亦是人内在所具有的道德理性。

3. 道是客观事物的规律

正如理是事物的规律一样，朱熹以道为理，道亦具有事物之规律的含义。他说："凡言道者，皆谓事物当然之理，人之所共由者也。"② 指出"事物当然之理"即是道。所谓"事物当然之理"，是指事物所具有的规律或必然性。他说："且如这个椅子，有四只脚，可以坐，此椅之理也。若除去一只脚，坐不得，便失其椅之理矣。"③ 事物各有其规律，其规律便是道。又如"花瓶便有花瓶底道理，书灯便有书灯底道理，水之润下，火之炎上，金之从革，木之曲直，土之稼穑，一一都有性，都有理。人若用之，又著顺它理始得，若把金来削做木用，把木来熔做金用，便无此理。"④ 认为花瓶、书灯，以至水、火、金、木、土及万物都有自己的特殊规律，此规律即道或理，道理只能顺应，不能违背，具有必然性，不以人的意志为转移，这便是道所具有的客观事物之规律的含义。

如上所述，朱熹道统之道具有宇宙本体、儒家伦理原则，以及事物规律等多重含义。在朱熹哲学的逻辑结构中，道即天理，道所具有的上述含义，天理范畴也同样具有，这是道与理的相同处，故道是形上之天理。从总体和基本方面上讲，道与理是同一的，但并非丝毫无差异。道与理的同中之异表现在以下方面：

其一，道是宏大，理是精密。《语类》载："曰：'道字包得大，理字是道字里面许多理脉。'又曰：'道字宏大，理字精密。'"⑤ 指出道涵盖甚广，以至无所不包、无处不在。他说："盖道无不包。"⑥ 道包罗万象，无处不备，具有普遍性。与道的宏大相比，理是精密的，理是存在于道里面的许

---

① （宋）黎靖德编：《朱子语类》卷52，中华书局1986年版，第1255页。
② 《论语·学而》，（宋）朱熹：《四书章句集注》，中华书局1983年版，第52页。
③ （宋）黎靖德编：《朱子语类》卷62，中华书局1986年版，第1496页。
④ （宋）黎靖德编：《朱子语类》卷97，中华书局1986年版，第2484页。
⑤ （宋）黎靖德编：《朱子语类》卷6，中华书局1986年版，第99页。
⑥ （宋）黎靖德编：《朱子语类》卷63，中华书局1986年版，第1533页。

多理脉。这里所指的理，是事物的规律，故包容在道之中，为精密。

其二，道是统名，理是细目。道具一切，是一个共相或大共名。论曰："夫道体之全，浑然一致，而精粗本末内外宾主之分，粲然于其中。"①道无所不具，包含各种差别，故"道是统名，理是细目"②。统名与细目，似指一般与个别、整体与部分的关系。

其三，道是公共之理，理是事事物物之理。这里的道相当于"理一"，而理则指存在于事物之中的"万理"，这即是"理一分殊"的关系。道作为"理一"，便是公共之理；"万理"是指理、气合而生万物后，"理在事中"之理。就此理而论，可称为细目、精密、理脉等。

以上三点是道与理的同中之异，在很大程度上是指本体之道与具体事物之理的差异。陈淳则以宽、实来区别道与理。他说："道与理大概只是一件物，然析为二字，亦须有分别。道是就人所通行上立字。与理对说，则道字较宽，理字较实，理有确然不易底意。"③首先从总体上肯定道、理为一；然后亦指出道、理有所区别。其道较宽，是从范围上讲；理较实，是就内涵上说。陈淳的分析，大体上反映了朱熹的观点，从另一个角度提到了道与理的细致差异。

（二）道兼体用

朱熹哲学的一个重要特点是讲体用之学，以体用言道，以体用论心。这与陆九渊"不专论事论末，专就心上说"④、不讲体用之分的心学形成鲜明的对比。道兼体用说作为朱熹道论的重要组成部分，亦充分体现了朱熹哲学的特点。

1. 道有体有用

朱熹哲学的道，是宇宙本体、万物存在的根据。但其道又不仅是体，道还包含了用，道体的流行，体现为用，故道有体有用。他说："道者，

---

① 周敦颐：《太极图说集解》，《周敦颐全书》卷2，江西教育出版社1993年版，第72页。

② （宋）黎靖德编：《朱子语类》卷6，中华书局1986年版，第99页。

③ （宋）陈淳著，熊国祯、高流水点校：《理》，《北溪字义》卷下，中华书局1983年版，第41—42页。

④ （宋）陆九渊著，钟哲点校：《语录下》，《陆九渊集》卷35，中华书局1980年版，第469页。

兼体用，该隐费而言也。"① "盖寻这用，便可以知其体，盖用即是体中流出也。"② 指出道兼体用，道既有体的一面，即道体；又有用的一面，即道体的流行发见。朱熹说：

> 道之流行，发见于天地之间，无所不在。在上则鸢之飞而戾于天者此也，在下则鱼之跃而出于渊者此也。其在人则日用之间、人伦之际，夫妇之所知所能，而圣人有所不知不能者亦此也。此其流行发见于上下之间者，可谓著矣。③

道的流行，表现在天、地、人各个方面，大到宇宙天地，小至鸟兽虫鱼，乃至人伦庶物，都是道的流行发见。道之为体，其大无外，其小无内，大无所不包，小无所不入，无一物不在道的包容之内。

正如道具有超越时空的属性一样，道的体用，及其流行，也是贯通古今，存在于一切事物之中的。朱熹说："道之体用，流行发见，充塞天地，亘古亘今。"④ 道在时间和空间上都是无间断的流行，道的流行发见表现为用，"体是这个道理，用是他用处。如耳听目视，自然如此，是理也；开眼看物，着耳听声，便是用。"⑤ 道既分为体用，如耳听目视的道理是体，而看物听声则是道的运用，体用又相依不离，二者不可割裂开来。他说："体与用虽是二字，本未尝相离，用即体之所以流行。"⑥ 朱熹是在"体用一源"的前提下讲体用之分的；讲体用之分，又注意体用的统一性，"说体用，便只是一物"。⑦ 朱熹道兼体用的思想既与陆九渊不讲体用之分的心学划清了界限，又是对韩愈不具本体论意义的伦理型道统论的发展。

2. 道本器末

道本器末说集中体现了朱熹的道兼体用的思想。所谓道本，也就是

① （宋）黎靖德编：《朱子语类》卷6，中华书局1986年版，第99页。
② （宋）黎靖德编：《朱子语类》卷42，中华书局1986年版，第1095页。
③ （宋）朱熹：《中庸或问》上，《四书或问》，《朱子全书》第6册，上海古籍出版社、安徽教育出版社2002年版，第571页。
④ （宋）朱熹：《中庸或问》上，《四书或问》，《朱子全书》第6册，上海古籍出版社、安徽教育出版社2002年版，第571页。
⑤ （宋）黎靖德编：《朱子语类》卷6，中华书局1986年版，第101页。
⑥ （宋）黎靖德编：《朱子语类》卷42，中华书局1986年版，第1095页。
⑦ （宋）黎靖德编：《朱子语类》卷27，中华书局1986年版，第677页。

指道为体；所谓器末，即器为用。本与末的关系与体与用的关系相当，本末不离，即体用一贯，用是体的流行。朱熹说："夫谓道无本末者，非无本末也，有本末而一以贯之之谓也。"① 本指本质或本体，末指表现或作用，道与器的本末关系便体现了本质与现象、本体与作用的关系。虽然以本末区分道器，但本末一贯、道器一体，二者亦是不可分割的。

关于道与器的统一性：其一，道器不离。朱熹说："道未尝离乎器，道亦只是器之理。"②"须知器即道，道即器，莫离道而言器可也。"③ 认为道器原不相离，道不能离开器，器亦不能离开道。道器互相联结，互相依存，各以对方为自己存在的前提。

其二，道寓于器中。朱熹说："愚谓道器一也，示人以器，则道在其中。"④"形而上为道，形而下为器。说这形而下之器之中，便有那形而上之道。"⑤ 从器的角度看，道寓器中，道器相互渗透。道通过器才能体现，有器才能安顿；离器，道不仅无法体现，也无处安顿。道亦器，器亦道，道器是统一的。他说："愚谓道器之名虽异，然其实一物也。"⑥ 道器一物，不相分离。

关于道与器的对待性：其一，道为形而上，器为形而下。他说："'形而上者谓之道'一段，只是这一个道理，但即形器之本体而离乎形器，则谓之道；就形器而言，则谓之器。"⑦ 从道器对待的角度讲，道本身不是形器，而是超越形器之上的本体，但它蕴含着形器之理。因此，形下之器是形上之道的作用或表现，形上之道是形下之器存在的根据。

其三，道为本，器为末。如前所述，朱熹以道为本，以器为末，将本末道器一以贯之。然而，"一以贯之而未尝无本末也。则本在于上，末

---

① （宋）朱熹：《论语或问》卷 8，《四书或问》，《朱子全书》第 6 册，上海古籍出版社、安徽教育出版社 2002 年版，第 759 页。

② （宋）黎靖德编：《朱子语类》卷 77，中华书局 1986 年版，第 1970 页。

③ （宋）黎靖德编：《朱子语类》卷 94，中华书局 1986 年版，第 2404 页。

④ （宋）朱熹撰，郭齐、尹波点校：《杂学辨·苏黄门老子解》，《朱熹集》卷 72，四川教育出版社 1996 年版，第 3766 页。

⑤ （宋）黎靖德编：《朱子语类》卷 62，中华书局 1986 年版，第 1496 页。

⑥ （宋）朱熹撰，郭齐、尹波点校：《杂学辨·苏黄门老子解》，《朱熹集》卷 72，四川教育出版社 1996 年版，第 3766 页。

⑦ （宋）黎靖德编：《朱子语类》卷 75，中华书局 1986 年版，第 1936 页。

在于下，其分守固不同矣。"① 指出道为本，为形而上；器为末，为形而下。把本末与形而上下联系起来。道器既分为本末与形而上下，又是统一而不相分离的。

朱熹从道器的统一性出发，来认识道器的区别性，这与他道有体有用的观点相联系，共同体现了他道兼体用的思想。朱熹论道，便兼体用而言之，道为体，流行发见为用；道为本，器为末；道为形而上，器为形而下。既提出体用的分别对待，又强调"体用一源"、本末一贯，在对待中认识统一，在统一中认识对待。这是对程颐体用论哲学的继承，亦是对韩愈缺乏本体论之道统思想的发展，同时又与陆九渊不讲体用之分的心本论哲学相区别，从而充分体现了朱熹道统论的特点。

三、集注"四书"，集道统论之大成

朱熹继承二程以"四书"及"四书"之学取代"六经"作为经学的主体的思想，以"四书"学发明道统，通过集注"四书"，发挥其义理和微言大义，为建构和完善道统思想体系服务，使"四书"的影响超过"六经"。从而确立了"四书"学在中国经学史上的主导地位，这对道统论的丰富和发展具有重要意义。朱熹集道统论之大成，对后世产生了广泛的影响。

（一）以"四书"学发明道统

朱熹宣扬和提倡的"四书"之学，是对二程思想的继承和发展。二程为建立道统思想体系的需要，推崇"四书"，认为"四书"集中体现了圣人作经之意，圣人之道载于"四书"，要求学者以治"四书"为主、为先，从中发明圣人之道，"四书"既治，则"六经"可不治而明，从而奠定了"四书"及"四书"之学在经学史及道统发展史上的主导地位。然而，二程却少有系统论述"四书"的著作，其关于"四书"学的言论大多

---

① （宋）朱熹：《论语或问》卷 8，《四书或问》，《朱子全书》第 6 册，上海古籍出版社、安徽教育出版社 2002 年版，第 759 页。

散见于《遗书》、《外书》等语录里，比较零散，未成系统，有待于系统化和进一步发展。但二程的思想却启发了朱熹，朱熹在二程"四书"学的基础上，以毕生的精力集注"四书"，反复修改，精心思虑，引述了大量二程及其后学的言论，以解释"四书"，从中发明道统思想，发挥新儒学的义理。以重义理的思想抛开了汉学注经的传统模式，为完善和发展道统思想体系作论证，从而集道统论之大成。

"四书"并行，出于二程的提倡和表彰。经朱熹集注，风行于天下，进一步扩大了道统在社会上的影响。可以说，朱熹集注"四书"的目的就是把道统思想发扬光大，将理学继承、发展和传播开来。朱熹通过集注和解释"四书"来发明道统具体表现在：

首先，对"道统"二字，朱熹作了系统论述，这对"道统"的理论化具有重要意义。朱熹将道统的传授溯源于伏羲、神农、黄帝，这见之于《大学章句序》。除将道统的传授上溯至伏羲、神农、黄帝等"上古圣神"外，朱熹推广从尧、舜、禹，经孔子、子思、孟子等到二程的道的传授统绪，这出自于《中庸章句序》。

此外，在《孟子集注·尽心下》里，朱熹阐发孟子的道统思想，并加以发扬，以程氏作为于1400年后，接续道统，得不传之学，孟子之后，一人而已的传道人物。从而肯定了二程在道统史上的重要地位，也为自己接续二程、集道统之成作了注脚。

在《论语集注》里，朱熹论道处甚多，如《学而》篇以道为"仁道"，并以道为"事物当然之理"。《为政》篇以道为体。《里仁》篇以理一分殊论道，万物之所以一本，为道之体；一本之所分殊，为道之用。《公冶长》篇以天理论道，指出"天道者，天理自然之本体，其实一理也"。[1]《述而》篇以道为"人伦日用之间所当行"[2] 的原则。《尧曰》篇则指明尧舜禹相继之次第，以信守无过不及之中道，并引出《古文尚书·大禹谟》"十六字传心诀"。朱熹通过对《论语》各篇的集注，阐发其道统思想，表现出他提倡"四书"学的用意。

在对《孟子》的集注里，朱熹也阐发了他的道统思想。如《公孙丑

---

[1] 《论语·公冶长》，（宋）朱熹：《四书章句集注》，中华书局1983年版，第79页。
[2] 《论语·述而》，（宋）朱熹：《四书章句集注》，中华书局1983年版，第94页。

上》篇朱熹引二程的话，指出："盖尧舜治天下，夫子又推其道以垂教万世。尧舜之道，非得孔子，则后世亦何所据哉？"[1] 强调孔子对传授、推广尧舜之道的重要作用，世无孔子，则圣人之道无由传。《公孙丑下》篇通过注解孟子"五百年必有王者兴"之语，阐发了自尧舜至汤，自汤至文武之间圣人相传的统绪，并以皋陶、稷、契、伊尹、莱朱、太公望、散宜生等为之辅佐。《离娄下》篇历叙群圣以继之，并以天理常存、人心不死来诠释圣人之道的传授，赋予道统以理学之时代特征。

朱熹通过集注和解释"四书"来发明道统还不止于上述所举，但以上已表现出朱熹以"四书"学发明道统的思想倾向。经朱熹的发明和阐释，由二程确立的道统论进一步完善和体系化，"四书"学与道统论更加紧密地联系在一起。

（二）"四书"重于"六经"

程朱的"四书"学是经学与理学道统结合之学术，由二程开其先，朱熹集其成。二程为发明圣人之道，于众多儒家经典中提取《大学》、《中庸》、《论语》，又将《孟子》由"子"入"经"，把上述四种并列并行，合为四部最重要的儒家经典，并以"四书"作为整个儒家经典的基础，认为"四书"既治，"六经"可不治而明。朱熹继承了二程的这一思想，强调"四书"的重要性甚于"六经"。不仅在先后、难易上应以"四书"为先，"四书"治，然后及于"六经"；而且在直接领会圣人本意上，也以"四书"为主，而未须领会"六经"。从而使"四书"成为整个经学的基础，在"四书"的基础上建构理学及其道统论，表现出与汉唐经学不同的学术旨趣。这也是对传统经学的发展。

朱熹认为，"四书"直接体现了圣人之道，而"六经"不过是关于孔孟之道的间接材料。他说："《大学》、《中庸》、《语》、《孟》四书，道理粲然。人只是不去看。若理会得此四书，何书不可读！何理不可究！何事不可处！"[2] "四书"之中包含了儒家圣人之道，掌握了"四书"中的道理，包括"六经"在内的其他任何书都可读懂，亦可穷究事物之理。所以朱熹

---

① 《孟子·公孙丑上》，（宋）朱熹：《四书章句集注》，中华书局1983年版，第234页。
② （宋）黎靖德编：《朱子语类》卷14，中华书局1986年版，第249页。

说："《语》、《孟》、《中庸》、《大学》是熟饭，看其他经，是打禾为饭。"①
强调"四书"比起其他各经来，最能够直接体现孔孟之道，因而"四书"
重于"六经"。

朱熹之所以强调"四书"重于"六经"，是因为在他看来，《诗》、
《书》、《易》、《春秋》等"六经"（《乐》已失传），与圣人本意之间已隔
有一两重，乃至三四重公案，所以与其求之于"六经"，不如直接从《论
语》、《孟子》等"四书"中领会圣人本意。他说：

> 某尝说，《诗》、《书》是隔一重两重说，《易》、《春秋》是隔三
> 重四重说。《春秋》义例、《易》爻象，虽是圣人立下，今说者用之，
> 各信己见，然于人伦大纲皆通，但未知曾得圣人当初本意否。……今
> 欲直得圣人本意不差，未须理会《经》，先须于《论语》、《孟子》中
> 专意看他。②

也就是说，《论》、《孟》直接记载了孔孟之言，传道立言，深得圣人之旨，
通过专意读其书，便可掌握圣人本意，即儒家圣人之道。而《诗》、《书》、
《易》、《春秋》等"六经"只是间接反映圣人的思想，况对其解说各异，
而不知是否符合圣人本意。因此，朱熹指出如果要探求圣人之道的话，不
须理会"六经"，只要从《论》、《孟》中专心领会即可。从而把"六经"
置于从属于《论》、《孟》等"四书"的位置，并指出："《语》、《孟》工夫
少，得效多；'六经'工夫多，得效少。"③显然《论语》、《孟子》等"四
书"的重要性和适用效果超过"六经"。由此，朱熹十分重视对"四书"
的集注，自称："某于《论》、《孟》，四十余年理会，中间逐字称等，不教
偏些子。学者将注处，宜子细看。"④要求学者认真领会其对《论》、《孟》
的注解，即朱熹本人通过集注"四书"对圣人之道的发明。他说："《集
注》且须熟读，记得。"⑤并对吴仁父说："某《语孟集注》添一字不得，减
一字不得，公子细看。又曰：不多一个字，不少一个字。"⑥充分表明对自

---

① （宋）黎靖德编：《朱子语类》卷19，中华书局1986年版，第429页。
② （宋）黎靖德编：《朱子语类》卷104，中华书局1986年版，第2614页。
③ （宋）黎靖德编：《朱子语类》卷19，中华书局1986年版，第428页。
④ （宋）黎靖德编：《朱子语类》卷19，中华书局1986年版，第437页。
⑤ （宋）黎靖德编：《朱子语类》卷19，中华书局1986年版，第437页。
⑥ （宋）黎靖德编：《朱子语类》卷19，中华书局1986年版，第437页。

己所作《四书章句集注》的认真态度和重视态度。

从对"四书"的重视出发，朱熹提出先"四书"后"六经"，掌握了"四书"的要旨，然后读"六经"的治学方法。他说："'四子'，'六经'之阶梯。"① 并取二程之意而阐发之："圣人作经，以诏后世，将使读者诵其文，思其义，有以知事理之当然，见道义之全体，而身力行之，以入圣贤之域也。……故河南程夫子之教人，必先使之用力乎《大学》、《论语》、《中庸》、《孟子》之书，然后及乎'六经'。盖其难易、远近、大小之序，固如此而不可乱也。"② 这里所说的"四子"，即指"四书"。朱熹强调，"四书"是"六经"的基础，把握了"四书"的要领，便可登堂入室，去读难度较大的"六经"了。朱熹先"四书"后"六经"思想的实质在于，"四书"可直接阐发圣人之道，道统思想主要蕴含在"四书"之中，通过治"四书"，便可接续道统，发明圣人之道；而"六经"则只是间接与孔孟之道发生联系，与道统的关系较远，只有先治"四书"，掌握了圣人作经的本意之后，才能明"六经"，进一步识义理。

以上可见，朱熹继承二程，推崇"四书"，把"四书"的重要性置于"六经"之上，不仅从形式上改变了前代经学唯"六经"是尊的局面，而且在经典内容上为发明道统提供了依据。随着朱熹对二程"四书"学的发展，朱熹的道统论也在二程确立道统论的基础上，有了进一步的完善和发展。

（三）"四书"次第

在"四书"与"六经"的关系上，朱熹认为"四书"重于"六经"，目的是为了以"四书"发明圣人之道；在"四书"内部，朱熹则以《大学》、《论》、《孟》、《中庸》为先后，以作为"入道之序"，目的是为了遵循循序渐进的原则和道统思想的内在逻辑，以求得圣人之道。对此，黄榦加以概括："先生（朱熹）教人以《大学》、《语》、《孟》、《中庸》为入道之序，而后及诸经。以为不先乎《大学》，则无以提纲挈领，而尽《论》、《孟》之精微；不参以《论》、《孟》，则无以融会贯通，而极《中庸》之旨

---

① （宋）黎靖德编：《朱子语类》卷 105，中华书局 1986 年版，第 2629 页。

② （宋）朱熹撰，郭齐、尹波点校：《书临漳所刊四子后》，《朱熹集》卷 82，四川教育出版社 1996 年版，第 4255 页。

趣；然不会其极于《中庸》，则又何以建立大本，经纶大经，而读天下之书、论天下之事哉？"①指出在以"四书"发明圣人之道的过程中，《大学》起"提纲挈领"的作用，《论语》、《孟子》则是具体论述孔孟之道，并加以融会贯通，而《中庸》一书乃建立道统之大本，为孔门传授之心法。所以朱熹要求学者按照先《大学》，再《论语》、《孟子》，后《中庸》的"入道之序"来求学于"四书"，最终是为了建立道统，发明圣人之道。

对于"四书"的次第，朱熹本人提出如下要求和说明：

> 学问须以《大学》为先，次《论语》，次《孟子》，次《中庸》。《中庸》工夫密，规模大。

> 某要人先读《大学》，以定其规模；次读《论语》，以立其根本；次读《孟子》，以观其发越；次读《中庸》，以求古人之微妙处。《大学》一篇有等级次第，总作一处，易晓，宜先看。《论语》却实，但言语散见，初看亦难。《孟子》有感激兴发人心处。《中庸》亦难读，看三书后，方宜读之。

> 《论》、《孟》、《中庸》，待《大学》贯通浃洽，无可得看后方看，乃佳。道学不明，元来不是上面欠却工夫，乃是下面元无根脚。若信得及，脚踏实地，如此做去，良心自然不放，践履自然纯熟。非但读书一事也。②

强调治"四书"以《大学》为先，《大学》不仅为"四书"之先，而且是整个做学问的先务。这是因为，《大学》系统论述了三纲领八条目，及治学次第，是修身治学的纲领，通过治《大学》，入其门，能明道学，所以朱熹把《大学》视为修身治学的"规模"和道学的"根脚"，给以高度重视，要求学者先通《大学》，再及《论》、《孟》、《中庸》三书。

《论语》也是朱熹十分看重的书，虽然朱熹认为它多为门弟子所集，但它仍体现了孔子的思想，所以他赞同"理会得《论语》，便是孔子"的说法。他说："盖《论语》中言语，真能穷究极其纤悉，无不透彻，如从孔子肚里穿过，孔子肝肺尽知了，岂不是孔子！"③由于《论语》一书孔子

---

① （宋）黄榦：《朱先生行状》，《勉斋集》卷36，文渊阁《四库全书》第1168册，台湾商务印书馆1986年版，第426页。

② （宋）黎靖德编：《朱子语类》卷14，中华书局1986年版，第249—250页。

③ （宋）黎靖德编：《朱子语类》卷19，中华书局1986年版，第432页。

的言论散见，"初看亦难"，因此朱熹把它放在治《大学》之后。

《孟子》的次序在《论语》之后。朱熹认为，《孟子》一书是对孔子之道的进一步发挥，"孟子教人多言理义大体，孔子则就切实做工夫处教人"①，《论》、《孟》各有所侧重，《孟子》讲理义大体，有不少感奋、发人心之处，所以朱熹对《孟子》高度评价，要求学者日夜熟读，既可从中求得义理，又可晓作文之法，做得第一等文章。

《中庸》的次第列"四书"之末，因为此书难度较大，须求圣人微妙而难见的道心，所以在治上述三书之后，方宜读《中庸》。《中庸》与道统的关系十分密切，朱熹认为，尧授舜，舜授禹，三圣人相传授受以中的原则，中道便是道统传授的重要内容。朱熹把《中庸》体现的"孔门传授心法"与《论语·尧曰》的"允执其中"及《古文尚书·大禹谟》"人心惟危，道心惟微，惟精惟一，允执厥中"的"十六字心传"相联系，阐发其道统思想，这在道统史上占有重要地位。

上述朱熹对"四书"次第所做的说明和阐发包含着两层意思：一是先易后难，遵循着循序渐进的原则；二是根据道统思想内在的逻辑来治"四书"。从先易后难上讲，《大学》易晓，宜先看；《论》、《孟》初看难，故在《大学》之后；《孟子》是对《论语》的发挥，阐发其义理，故在《论语》后；《中庸》难读，故在读完以上三书后，才适宜读。从道统内在的逻辑看，《大学》定道学规模，论治学修身次第，是道学之根基，故为入道之先；《论语》发孔子之言，蕴含着圣人之道，传道立言，故在定道学规模之后，便要通过治《论语》来"立其根本"，掌握圣人之道的基本原则；《孟子》"义理精明"，发挥道统处甚多，故在立道统根本之后，接着继续阐发道统；《中庸》乃孔门传授心法，其传心与传道相结合，重在阐发圣人相传授受微妙而难见之道心，故在思想逻辑上处在入道的深化提高阶段。

以上可见，朱熹关于"四书"次第的论述是以领会和掌握圣人之道为宗旨的，也是组成其道统论的一部分。朱熹关于"四书"的入道次第，以及先"四书"后"六经"的治学原则，不仅改变了经学发展的方向，创新了经学，为发明道统作论证，而且作为公认的读书程序，广泛影响了中

---

① （宋）黎靖德编：《朱子语类》卷19，中华书局1986年版，第429页。

国后期帝制社会的教育达七百年之久。

如上所述，朱熹继承二程，在二程"四书"学的基础上，集注"四书"，将"四书"结集，倾毕生的精力研治"四书"，从中发明道统；以"四书"重于"六经"，进一步提高"四书"及"四书"学在经学中的地位；阐述"四书"之次第，为发明道统作论证。从而将"四书"学与道统论相结合，集道统思想之大成。

四、朱熹与陈亮关于道统的争论

朱熹集道统思想之大成，在当时并对后世产生了重大影响。然而，正如胡适先生所说："哲学的发达全靠'异端'群起，百川竞流。"① 朱熹道统思想的成熟与同时代各派学术的争辩分不开，其中典型的论争是与功利学派的代表陈亮、心学流派的代表陆九渊之间展开的。尤其是与陈亮之间展开的关于道统问题的论争，对于刺激朱熹提出道统理论并加以完善发展，具有重要的意义。同时也表明，当朱熹集道统思想之大成之时，已有与之对应的不同道论的存在，反映了各自不同的世界观和价值观。中华道统思想正是在这种相反相成的批评和论辩中，得以走向成熟，并不断发展演变。

（一）陈亮道论

陈亮（1143—1194 年）为南宋永康功利学派的代表人物。此派在世界观上以物为宇宙间真实的客观存在；在价值观上被朱熹概括为主张"义利双行"②，注重功利，认为"禹无功，何以成六府？乾无利，何以具四德？"③ 以此与朱熹道本论宇宙观和重义轻利的价值观相区别。反映到道论上，陈亮提出道行于事物之间，道不离日用；喜怒哀乐得其正即为道，

---

① 胡适：《中国哲学史大纲》第十二篇第三章，商务印书馆 1919 年版，第 395 页。

② （宋）陈亮著，邓广铭点校：《又甲辰秋书》，《陈亮集》增订本卷 28，中华书局 1987 年版，第 340 页。

③ （清）黄宗羲著，全祖望补：《龙川学案》，《宋元学案》卷 56，中华书局 1986 年版，第 1850 页。

道不离欲的思想，并把道与功利结合起来，以此对朱熹的道统论提出了批评。

1. 道行于事物之间

陈亮提出"盈宇宙者无非物"① 的命题，认为事物是宇宙间真实的客观存在。他所谓道是客观事物的规律，存在于事物之中。他说："夫道之在天下，何物非道？千途万辙，因事作则。"② 道存在于天下万事万物之中，任何事物都不能没有道。道与事物的关系是"因事作则"，道是事物的法则即规律，它因事而作，因事而有，有了客观的具体事物，才有了与具体事物相应的法则。以此，陈亮批评了理学把道作为超乎事物之上的无形的本体的观点。他说："世之学者玩心于无形之表，以为卓然而有见。事物虽众，此其得之浅者，不过如枯木死灰而止耳；得之深者，纵横妙用，肆而不约，安知所谓文理密察之道？泛乎中流，无所底止，犹自谓其有得，岂不可哀也哉！"③ 陈亮指出，理学家的失误在于脱离具体的万事万物而"玩心于无形之表"，追求抽象的精神本体，他们所说的道不过是"无所底止"、玄妙无形的道而已。他强调："夫道非出于形气之表，而常行于事物之间者也。"④ 指出道作为事物的法则，并非超越有形物之上，它贯通于事物之间，与事物不相离。这是陈亮论道的基本思想。

2. 道不离日用

与道行于事物之间相关，陈亮提出道不离日用的思想。他认为在人们的日用之中就体现了道。他说："道之在天下，平施于日用之间。……而其所谓平施于日用之间者，与生俱生，固不可得而离也。"⑤ 道体现在日常生活的实事之中，脱离了日用，就无所谓道。陈亮还把日常生活中的吃、穿、住等日用之事作为"人道"的必备条件，认为人"必有衣焉以衣

---

① （宋）陈亮著，邓广铭点校：《六经发题·书》，《陈亮集》增订本卷10，中华书局1987年版，第103页。

② （宋）陈亮著，邓广铭点校：《与应仲实》，《陈亮集》增订本卷27，中华书局1987年版，第319页。

③ （宋）陈亮著，邓广铭点校：《与应仲实》，《陈亮集》增订本卷27，中华书局1987年版，第319页。

④ （宋）陈亮著，邓广铭点校：《勉强行道大有功》，《陈亮集》增订本卷9，中华书局1987年版，第100页。

⑤ （宋）陈亮著，邓广铭点校：《六经发题·诗》，《陈亮集》增订本卷10，中华书局1987年版，第104页。

之，则衣非外物也；必有食焉以食之，则食非外物也；衣食足矣，然而不可以露处也，必有室庐以居之，则室庐非外物也。……若是者，皆非外物也，有一不具，则人道为有阙，是举吾身而弃之也。"① 陈亮从道在物中、道不离日用的思想出发，把人生日用与"人道"紧密联系起来，这与道学家倡天理与人欲的对立，忽视人生日用的思想形成对比。陈亮认为，人的衣食住行就体现了"人道"，是"人道"的必备条件，否则，"人道"就不完备。陈亮道不离日用的思想与朱熹"道则人伦日用之间所当行者"② 的思想是有区别的。陈亮与朱熹都讲道与日用不相脱离，但陈亮的日用，主要是指人们的衣食住行之事；而朱熹所说的日用，则偏重于日常生活中的道德修养问题。

陈亮还把道与功利之学结合起来。他说："好色，人心之所同，达之于民无怨旷，则强勉行道以达其同心，而好色必不至于溺，而非道之害也；好货，人心之所同，而达之于民无冻馁，则强勉行道以达其同心，而好货必不至于陷，而非道之害也。"③ 道不离事物，好色不溺，好货不陷，则于道无害。陈亮肯定了人的色、货等客观物质需求，把色、货看成是与道并行而不相悖的东西，这为他功利主义思想提供了理论基础。

3. 喜怒哀乐爱恶得其正即为道

陈亮认为，人的喜怒哀乐爱恶的感情表现得恰到好处即为道。他说："夫道岂有他物哉！喜怒哀乐爱恶得其正而已。行道岂有他事哉！审喜怒哀乐爱恶之端而已。"④ 所谓正，指符合伦理道德的基本准则，而不超过和违反。既然道是指人的感情得其正，那么，行道也就是在实际生活中审察人的感情活动使之符合正的原则。

对于道与欲的关系，陈亮认为道不离欲。道与欲的区别在于人的喜怒哀乐爱恶的感情是否"得其正"。得其正为道，失其正为欲。他说："夫喜怒哀乐爱恶，欲之所以受形于天地而被色而生者也。六者得其正则为

---

① （宋）陈亮著，邓广铭点校：《问答下》，《陈亮集》增订本卷 4，中华书局 1987 年版，第 44 页。

② 《论语·述而》，（宋）朱熹：《四书章句集注》，中华书局 1983 年版，第 94 页。

③ （宋）陈亮著，邓广铭点校：《勉强行道大有功》，《陈亮集》增订本卷 9，中华书局 1987 年版，第 102 页。

④ （宋）陈亮著，邓广铭点校：《勉强行道大有功》，《陈亮集》增订本卷 9，中华书局 1987 年版，第 101 页。

道，失其正则为欲。"① 指出喜怒哀乐爱恶，是人"受形于天地"而产生的感情欲望，道存在于欲之中，欲之正即是道。可见道不离欲。这种思想与他本人批评"天理人欲可以并行"② 有所矛盾。

陈亮的道论以道不离物，道作为事物的规律而存在于事物之中为特征。这与朱熹关于道是超越的宇宙本体，可以脱离事物、超越时代而独存、独运的观点存在着区别。故朱陈二人展开了关于道统问题的争论。

（二）朱熹道统不传于汉唐的观点

由于朱熹的道是超越的形上宇宙本体，可以脱离具体事物、超越时代而独存、独运；并以义理而不以功利作为价值的标准，倡天理史观或道统史观，认为一部历史即是天理流行或圣人之道传续的历史；并继承二程，把三代社会顺天理而行，称为王道，三代以后以智力把持天下，是为霸道。以是否遵行天理作为区分王道与霸道的界限；圣人之道的流传与否，成为社会是否治理和社会历史发展的基本原因。由此，朱熹崇尚三代，贬低汉唐，提出圣人之道不传于汉唐，即道统中断于汉唐的观点，并以此观点出发，与陈亮展开了一场关于道统问题的争论。

朱熹指出，道统在汉唐时已不传。他说："自汉唐以来，岂是无此等人，因甚道统之传却不曾得，亦可见矣。"③ 道统不传的原因主要有两个：一是孟子以后的汉唐诸儒溺心于训诂诗赋，而不及义理，未能接续圣人之道，或见道不全；二是以汉祖唐宗为代表的汉唐君王行的是霸道，未能行王道，是假仁借义以行其私，无一念不出于人欲，因此亦未能接续三代圣王之道。

关于汉唐诸儒未能传圣人之道，朱熹说：

> 贾谊之学杂，他本是战国纵横之学，只是较近道理，不至如仪秦蔡范之甚尔。他于这边道理见得分数稍多，所以说得较好。然终是有纵横之习，缘他根脚只是从战国中来故也。汉儒惟董仲舒纯粹，

---

① （宋）陈亮著，邓广铭点校：《勉强行道大有功》，《陈亮集》增订本卷9，中华书局1987年版，第101页。

② （宋）陈亮著，邓广铭点校：《丙午复朱元晦秘书书》，《陈亮集》增订本卷28，中华书局1987年版，第354页。

③ （宋）黎靖德编：《朱子语类》卷19，中华书局1986年版，第435页。

其学甚正，非诸人比。只是困苦无精彩，极好处也只有"正谊、明道"两句。下此诸子皆无足道。如张良、诸葛亮固正，只是太粗。王通也有好处，只是也无本原工夫，却要将秦汉以下文饰做个三代，他便自要比孔子，不知如何比得！他那斤两轻重自定，你如何文饰得。如《续诗》、《续书》、《玄经》之作，尽要学个孔子，重做一个三代，如何做得！……见圣人作"六经"，我也学他作"六经"。只是将前人腔子，自做言语填放他腔中，便说我这个可以比并圣人。圣人做个《论语》，我便做《中说》。如扬雄《太玄》、《法言》亦然，不知怎生比并！某尝说，自孔孟灭后，诸儒不子细读得圣人之书，晓得圣人之旨，只是自说他一副当道理。说得却也好看，只是非圣人之意，硬将圣人经旨说从他道理上来。①

指出贾谊杂于纵横之学；董仲舒虽"正谊、明道"甚正，但也困苦无精彩；扬雄仿圣人作《太玄》、《法言》，然与圣人不能相比；张良、诸葛亮虽正，但于明道上太粗；王通虽抱负很大，效法三代，学做孔子，却无本原工夫；"韩退之只晓得个大纲，下面工夫都空虚，要做更无下手处，其作用处全疏"②。如此等等，自孔孟后，包括荀子以及汉唐诸儒均未能读懂圣人之书，通晓圣人之旨，所以使得圣人之道失传。

朱熹分析了圣人之道失传的原因，指出汉唐诸儒存在着牵于训诂而不及义理，以及重诗赋之弊。他说："圣人教人，只是个《论语》。汉魏诸儒只是训诂，《论语》须是玩味。"③朱熹以《论语》为例，指出《论语》须仔细玩味，才能明圣人教人之旨，从中发挥义理，而汉魏诸儒只是专注于训诂，所以不能明白其中的义理。朱熹就"汉儒何以溺心训诂而不及理？"的问题回答说："汉初诸儒专治训诂，如教人亦只言某字训某字，自寻义理而已。至西汉末年，儒者渐有求得稍亲者，终是不曾见全体。"④认为汉儒只教人训诂，而不及义理，义理只是叫学者自寻，不在教人范围，虽然后来渐有所改，但最终仍不见义理之全体。朱熹还批评了"作四六骈俪之文"的文风，并指出韩愈作诗，与传道脱节，所以见得不精微细密。

---

① （宋）黎靖德编：《朱子语类》卷137，中华书局1986年版，第3257—3258页。
② （宋）黎靖德编：《朱子语类》卷137，中华书局1986年版，第3257页。
③ （宋）黎靖德编：《朱子语类》卷19，中华书局1986年版，第434页。
④ （宋）黎靖德编：《朱子语类》卷137，中华书局1986年版，第3263页。

他说："韩退之虽是见得个道之大用是如此，然却无实用功处。……他只是要做得言语似'六经'，便以为传道。至其每日功夫，只是做诗，博弈，酣饮取乐而已。观其诗便可见，都衬贴那《原道》不起。"① 朱熹对诗赋之弊的批评，反映了理学对汉唐文风的贬抑。

朱熹指出，由于汉唐诸儒未能传道，使得"或流于申韩，或归于黄老，或有体而无用，或有用而无体"②，"佛氏乘虚入中国"③，以致动摇了儒家文化的主导地位。"当时未有明道之士，被他说用于世千余年。"④ 面对佛老、"异端"冲击儒学，盛行于世，圣人之道不明的局面，朱熹继承二程，以任道为己任，主张辨异端，斥佛老，接续道统，将圣人之道弘扬开来。他说："异端之害道，如释氏者极矣。以身任道者，安得不辨之乎！如孟子之辨杨墨。正道不明，而异端肆行，周孔之教将遂绝矣。譬如火之焚将及身，任道君子岂可不拯救也！"⑤ 这表现了朱熹提倡道统的理论针对性。

关于汉唐君王未能接续三代圣王之道，朱熹说：

> 夫人只是这个人，道只是这个道，岂有三代、汉、唐之别？但以儒者之学不传，而尧、舜、禹、汤、文、武以来转相授受之心不明于天下，故汉唐之君虽或不能无暗合之时，而其全体却只在利欲上。此其所以尧、舜、三代自尧、舜、三代，汉祖、唐宗自汉祖、唐宗，终不能合而为一也。今若必欲撤去限隔，无古无今，则莫若深考尧舜相传之心法，汤武反之之功夫，以为准则而求诸身；却就汉祖、唐宗心术微处痛加绳削，取其偶合而察其所自来，黜其悖戾而究其所从起，庶几天地之常经、古今之通义有以得之于我；不当坐谈既往之迹，追饰已然之非，便指其偶同者以为全体，而谓其真不异于古之圣贤也。⑥

强调尧舜及三代圣君与汉唐君王有严格区别，尽管汉唐之君有时也能暗合于三代，但从全体上看，终不能相提并论。这是因为尧舜三代之圣君行

① （宋）黎靖德编：《朱子语类》卷137，中华书局1986年版，第3260页。
② （宋）黎靖德编：《朱子语类》卷137，中华书局1986年版，第3255页。
③ （宋）黎靖德编：《朱子语类》卷126，中华书局1986年版，第3009页。
④ （宋）黎靖德编：《朱子语类》卷137，中华书局1986年版，第3254页。
⑤ （宋）黎靖德编：《朱子语类》卷126，中华书局1986年版，第3039—3040页。
⑥ （宋）朱熹：《答陈同甫（八）》，《朱熹集》卷36，四川教育出版社1996年版，第1600—1601页。

的是王道，推行义理之心；而汉唐君王则推行霸道，以追求利欲为价值标准。这是从总体上看，汉唐君王未能接续三代圣王之道的根本原因。

朱熹指出："汉高祖私意分数少。唐太宗一切假仁借义以行其私。"① "唐太宗分明是杀兄劫父代位，又何必为之分别说！"② 当回答"太宗杀建成事，及王魏教太子立功结君，后又不能死难"的问题时，朱熹说："只为祗见得功利，全不知以义理处之。"③ 在价值观上以义理为标准，批评只讲功利的汉唐君王。并认为这是汉唐君王以智力把持天下，不能接续三代之统绪的基本原因。朱熹道统中没有三代以后历代君王的地位，因而在一定程度上具有对抗君权的意义。

如上所述，朱熹以汉唐诸儒溺心于训诂，见道不全和汉唐君王只见功利，陷于私欲而不及义理为根据，得出道统不传于汉唐的结论。这与陈亮的道论形成矛盾，由此而引起了两人关于道统的争论。

（三）朱陈之争

朱熹的道统思想与陈亮的道论虽有某些相合之处，但存在着基本的分歧。陈亮与朱熹同时稍后，两人相互访问，又通过书信往来，交流学术，相互辩难，于数年之中主要是在甲辰、乙巳两年（1184、1185年）展开了一场关于道统问题的争论。由于双方在世界观尤其在价值观上见解不同，辩论的结果，都未能说服对方。但通过辩论，双方的观点更加明确，更加集中，刺激朱熹完善和发展了自己的道统思想，也使陈亮的观点鲜明地展示在世人面前。这集中反映了正统理学与功利学派在道统问题上的思想分歧。

朱熹提出道本论哲学，其所谓的道，作为道统传授的内容，是超越自然界和人类社会之上无始终、无古今的形上宇宙本体。他宣扬的道统论是说，自伏羲、神农、黄帝以来，尧、舜、禹、汤、文、武、周公、孔、孟一脉相承的圣人之道，在孟子以后失传，直到一千多年以后出现了周、程，才上承孟子，得不传之绝学，而自己又承继周程，接续了圣人之道，使道统得以延续下来。陈亮提出以物为宇宙间客观真实存在的思想，道作

---

① （宋）黎靖德编：《朱子语类》卷135，中华书局1986年版，第3219页。
② （宋）黎靖德编：《朱子语类》卷137，中华书局1986年版，第3259页。
③ （宋）黎靖德编：《朱子语类》卷136，中华书局1986年版，第3246页。

为事物的规律而不是万物的本体，存在于事物之中，与事物不相脱离。朱陈两人在世界观上的思想分歧引起了双方对道统的不同见解。朱熹认为，三代行的是王道，到了汉唐，由于圣人之道失传，故行的是霸道。虽然圣人之道在汉唐失传，但道可以超越时代、脱离一定的社会历史而独存，是个亘古今而不灭之物。陈亮对此提出批评，他说："高祖、太宗及皇家太祖，盖天地赖以常运而不息，人纪赖以接续而不坠；而谓道之存亡非人之所能预，则过矣。汉唐之贤君果无一毫气力，则所谓卓然不泯灭者果何物邪？道非赖人以存，则释氏所谓千劫万劫者是真有之矣。"[①] 陈亮站在功利学派的立场，肯定汉唐诸君的事功修为，他认为道不能离开人而独存，汉唐诸君对于道的接续起了重要作用。而朱熹则以义理为标准，来衡量汉唐君王的行为多不合乎义理，只见得功利，流于私欲之中，因而未能接续三代圣人之道，故把汉唐诸君排除在道统之外。朱熹的观点具有某种"从道不从君"，以道抗势，以道统抗衡君权的意义，而陈亮则倾向于维护君权。陈亮反驳朱熹所说的圣人之道在汉唐"未尝一日得行于天地之间"[②] 的观点，他指出，如果说道不行于天下，那么这个卓然不灭之道是怎样存在的呢？如果道不依赖于人而存在，那么佛教所谓世界灭而复生的千劫万劫之说也是可以肯定的了。陈亮说：

> 夫心之用有不尽而无常泯，法之文有不备而无常废。人之所以与天地并立而为三者，非天地常独运而人为有息也，人不立则天地不能以独运，舍天地则无以为道矣。夫"不为尧存，不为桀亡"者，非谓其舍人而为道也，若谓道之存亡非人所能与，则舍人可以为道，而释氏之言不诬矣。使人人可以为尧，万世皆尧，则道岂不光明盛大于天下？使人人无异于桀，则人纪不可修，天地不可立，而道之废亦已久矣。天地而可架漏过时，则块然一物也；人心而可牵补度日，则半死半活之虫也。道于何处而常不息哉？[③]

① （宋）陈亮著，邓广铭点校：《又乙巳春书之一》，《陈亮集》增订本卷28，中华书局1987年版，第346页。

② （宋）朱熹撰，郭齐、尹波点校：《答陈同甫（六）》，《朱熹集》卷36，四川教育出版社1996年版，第1592页。

③ （宋）陈亮著，邓广铭点校：《又乙巳春书之一》，《陈亮集》增订本卷28，中华书局1987年版，第345页。

陈亮不同意朱熹所说的圣人之道在汉唐中断的观点，批评朱熹关于道超越天地自然，脱离人的传授而独存、独运的思想。他认为，圣人相传之心、法尽管有"不尽"、"不备"的时候，但总的来讲，"无常泯"、"无常废"，一直传续下来。所以他指出朱熹所谓超越时代的心传，"得不传之绝学"的观点"皆耳目不洪，见闻不惯之辞也"①。

朱熹则坚持自己的思想，他把陈亮《乙巳春书之一》的观点概括为："来教云云，其说虽多，然其大概，不过推尊汉唐，以为与三代不异；贬抑三代，以为与汉唐不殊。"②对陈亮把三代与汉唐等同，而"推尊汉唐"，"贬抑三代"的思想加以批驳。其具体做法是以赞同陈亮的话，来驳斥其思想内涵。朱熹说：

> 来书"心无常泯，法无常废"一段，乃一书之关键。鄙意所同，未有多于此段者也；而其所异，亦未有甚于此段者也。盖有是人则有是心，有是心则有是法，固无常泯常废之理。但谓之无常泯，即是有时而泯矣；谓之无常废，即是有时而废矣。盖天理人欲之并行，其或断或续，固宜如此。……夫谓道之存亡在人，而不可舍人以为道者，正以道未尝亡，而人之所以体之者有至有不至耳；非谓苟有是身则道自存，必无是身然后道乃亡也。……盖道未尝息而人自息之，所谓"非道亡也，幽厉不由也"，正谓此耳。……此汉唐之治所以虽极其盛，而人不心服，终不能无愧于三代之盛时也。③

陈亮所说的心"无常泯"，法"无常废"，是指尧舜相传的道未有间断，一直延续下来。而朱熹也认为此处是问题的关键，他赞同陈亮所说的"心无常泯，法无常废"这段话，但却反对陈亮所指的意思。朱熹指出，既然谓之"心无常泯，法无常废"，那么就有"有时而泯"，"有时而废"的时候，这个"有时而泯"，"有时而废"便是汉唐之时。正因为汉唐之时道不传，所以朱熹提出超越时代的心传理论，并论述了"人心惟危，道心惟微，惟

---

① （宋）陈亮著，邓广铭点校：《又乙巳春书之一》，《陈亮集》增订本卷28，中华书局1987年版，第347页。

② （宋）朱熹撰，郭齐、尹波点校：《答陈同甫（八）》，《朱熹集》卷36，四川教育出版社1996年版，第1597页。

③ （宋）朱熹撰，郭齐、尹波点校：《答陈同甫（八）》，《朱熹集》卷36，四川教育出版社1996年版，第1597—1600页。

精惟一，允执厥中"十六字传心诀乃圣人相传之"密旨"。然而，朱熹提出汉唐时期道不传，却未说道已亡。道不传与道已亡是两个不同的概念，前者指汉唐时诸儒未能体道，以及君王陷于利欲中，不能接续三代圣王之道统；后者指道已息已亡，而事实上，朱熹认为"道未尝息"，"道未尝亡"，是由于汉唐诸儒未能体道，汉唐君王未能由道，使道不传罢了。朱熹以义理为标准，把三代与汉唐作了严格区别，认为三代是理想社会，天理流行，圣人之道一以贯之；汉唐推行霸道，人欲横流，圣人之道失传。陈亮则以功利为标准，把三代与汉唐相联系，认为三代之治赖汉唐贤君得以接续而不坠，圣人之道并未失传，只要有除乱之功，即使所为不尽合义理，也不失其为一世英雄。正因为朱陈二人的价值观存在着区别，以及朱熹的道本论哲学与陈亮的道行于事物之间思想的差异，导致二人在道统问题上的不同见解。这是朱熹、陈亮道统之争的逻辑起因。

通过辩论，朱熹明确提出"十六字心传"的思想，认为"十六字传心诀"，"所谓'人心惟危，道心惟微，惟精惟一，允执厥中'者，尧、舜、禹相传之密旨也"。[1]朱熹以"十六字心传"为圣人相传之密旨，此思想出自朱熹《答陈同甫（八）》一文，此文是针对陈亮《又乙巳春书之一》而提出的反驳，作于陈亮的《又乙巳春书之一》与《又乙巳春书之二》两书之间，也就是作于乙巳年（1185 年）春。这比朱熹本人在《中庸章句序》提到的道统心传还要早四年。可见朱陈关于道统问题的辩论，对于刺激朱熹提出道统心传的思想，具有重要的意义，亦充分体现了朱熹道统论的时代特征。

五、道统与道学

道统的确立和成熟与道学的形成和发展，有着十分密切的联系，故对二者的关系不可不辨。朱熹既是道统思想的集大成者，又是宋代道学的集大成者，亦是把道统与道学沟通起来的道学家，故在道统思想发展史和

---

[1] （宋）朱熹撰，郭齐、尹波点校：《答陈同甫（八）》，《朱熹集》卷 36，四川教育出版社 1996 年版，第 1598 页。

道学发展史上均占有十分重要的地位。

所谓道统，简言之，指圣人之道传授的系统及论述此系统的理论；所谓道学，最初的含义也是指论述圣人之道及其传授的学问，到后来则内涵日益丰富，外延更加广泛，以致成为一代学术思潮的称谓。

道统思想的产生早于道学，可溯源于伏羲，而发端于孔孟，正式提出在唐代韩愈，基本确立在北宋二程，集大成者是南宋朱熹；道学则初兴于北宋张载，形成于二程及其门人，经南宋大发展，由朱熹确立完善，并得到学界认同。

从道统思想发展的角度讲，道学是道统发展史上的一个重要阶段，经道学这个发展阶段，道统论得以确立，并成熟完善，以此区别于宋以前韩愈单纯伦理型的道统论。而从道学作为一代学术思潮的角度讲，除早期道学的形成与道统论有着直接密切的联系外，一般说，道统论是构成道学的重要组成部分。由此可见，道统与道学互相包涵，均与道有密切的联系。

在一定意义上讲，道统即关于道以及道的学说相传授的理论；道学即关于道乃至包含了圣人之道传授统绪的学问。道是沟通道统与道学的基本要素，在以道为内涵的前提下，统不离学，学不离统，道统侧重于形式，道学侧重于内容，二者又互相联系，相互转化，相互包容，共同促进了中华道统思想以及宋明时期学术文化的发展。

以上对道统已作了较多的论述，下面着重谈道学的形成和发展及其与道统的关系。道学之名，起于北宋，最初的形成与道统论有密切的关系。南宋周必大引沈仲固的话说："道学之名，起于元祐，盛于淳熙。……其所读者止"四书"、《近思录》、《通书》、《太极图》、《东西铭》、《语录》之类。"① 这与以"四书"发明道统相类。其实，道学之名在元祐以前已有，张载说："朝廷以道学、政术为二事，此正自古之可忧者。"② 此"道学"指关于道的学问，这是道学最初的含义。至元丰八年（1085 年）程颢逝世时，程颐请韩维和孙永为其兄作墓志铭。在给韩维的信中称："颐窃谓：

---

① （宋）周密：《癸辛杂识续集》卷下，文渊阁《四库全书》第 1040 册，台湾商务印书馆 1986 年版，第 87 页。

② （宋）张载著，章锡琛点校：《答范巽之书》，《张载集》，中华书局 1978 年版，第 349 页。

智足以知其道学，文足以彰其才德，言足以取信后世，莫如阁下。"① 在给孙永的信中称："家兄学术才行，为时所重，……又其功业不得施于时，道学不及传之书。"② 均以道学来概括程颢的学术。继而程颐葬程颢于伊川，撰《明道先生门人朋友叙述序》，首次把道学与道统联系起来。他说：

> 先兄明道之葬，颐状其行，以求志铭，且备异日史氏采录。既而门人朋友为文以叙其事迹、述其道学者甚众。其所以推尊称美之意，人各用其所知，盖不同也；而以为孟子之后，传圣人之道者，一人而已，是则同。③

既以程颢的学术为道学，又以程颢为道统的传人，把道学与道统相提并论，统一于程颢。可见道学形成之初，与提倡道统论密切相关。

其后，程颐于元祐二年（1087 年）四月，在《又上太皇太后书》中，论及道学："夫先王之道，虽未能尽行，然稽古之心，不可无也。……诚如是，则将见道学日明，至言日进，弊风日革。"④ 亦是把道学与先王之道联系起来。这表明，早期的道学指论述圣人之道及其传授的学问，后期的道学则是在这个基础上的丰富和发展。

至二程的门人已把道学的内涵扩大为张载和二程双方共同的学问。吕大临（约 1042—1090 年）初学于张载，后学于二程，与游酢、杨时、谢良佐并称程门四大弟子。他为张载作《行状》，称"嘉祐初，见洛阳程伯淳、正叔昆弟于京师，共语道学之要"⑤。说明二程与张载在对待道学上，有共同的语言。并且张载也倡圣人之道于千年不传之后，以发扬周孔之道为己任，为往圣继绝学，企图恢复儒家圣人之道的宗传次第，这与二程有相同之处。除以气化为道外，张载的道学与二程道学相似，故吕大临以道学来沟通两家的学术。这表明道学的内涵已有了扩大，这是对当时思

① （宋）程颢、程颐著，王孝鱼点校：《上韩持国资政书》，《河南程氏文集》卷 9，《二程集》，中华书局 1981 年版，第 602 页。

② （宋）程颢、程颐著，王孝鱼点校：《上孙叔曼侍郎书》，《河南程氏文集》卷 9，《二程集》，中华书局 1981 年版，第 603 页。

③ （宋）程颢、程颐著，王孝鱼点校：《明道先生门人朋友叙述序》，《河南程氏文集》卷 11，《二程集》，中华书局 1981 年版，第 639 页。

④ （宋）程颢、程颐著，王孝鱼点校：《又上太皇太后书》，《河南程氏文集》卷 6，《二程集》，中华书局 1981 年版，第 552 页。

⑤ （宋）张载著，章锡琛点校：《吕大临横渠先生行状》，《张载集》，中华书局 1978 年版，第 381—382 页。

想界现状的反映。其时，道学主要指二程及张载传圣人之道，并对道展开论述的学问。由于二程遭当权者压制，未被用于时，其学被禁，诏追毁出身以来文字，其所著书，也令监司审察，故程氏道学在当时影响不大，流传未广。

到南宋乾、淳年间，由于朱熹、张栻等人的提倡和相互博约，道学大盛。朱熹倡道于闽，张栻继承胡宏，倡道于湖湘，均得程氏之正传。加上与吕祖谦、陆九渊等大家交流学术，相互辩难，著书立说，创立学派，开办书院，传道授教，道学蔚然演成一代学术思潮，广泛影响学界和整个社会。朱熹继承二程，在倡道学的同时，把道统与道学结合起来。他说："吾少读程氏书，则已知先生之道学德行，实继孔孟不传之统。"[1] 认为二程的道学是对孔孟道统的继承。并指出："《中庸》何为而作也？子思子忧道学之失其传而作也。盖自上古圣神继天立极，而道统之传有自来矣。"[2] 明确把道学与道统相提并论。在朱熹那里，道学已成为以道（即理）为核心，与道统相联系，由众多范畴、命题、理论所构成的学术体系的称谓。就道学而言，朱熹继承二程，确立道学，丰富、完善和发展了道学思想体系，推动了中国学术文化的发展；就道统而言，朱熹亦继承二程，集道统论之大成，把中华道统思想发展到一个新阶段。又把道学与道统相互沟通，论道学即联系道学之核心——道的相传授受之统绪；论道统即联系道统传授之内容——道的理论和道的哲学。道学与道统的紧密结合，是朱熹道统论亦是程朱道学的重要特征。

《宋史》专列《道学传》，对宋代道学加以概述，反映了当时学界的观点。其对道学的概述，上溯至三代，经文王、周公、孔、曾、思、孟，至宋代周、张、二程、朱熹等，实际上亦是对道统的论述。说明道学与道统不可分。《宋史·道学传》曰：

> "道学"之名，古无是也。三代盛时，天子以是道为政教，大臣百官有司以是道为职业，党、庠、术、序师弟子以是道为讲习，四方百姓日用是道而不知。是故盈覆载之间，无一民一物不被是道之泽，以遂其性。于斯时也，道学之名何自而立哉。

---

[1] （宋）朱熹撰，郭齐、尹波点校：《建康府学明道先生祠记》，《朱熹集》卷78，四川教育出版社1996年版，第4064页。

[2] （宋）朱熹：《中庸章句序》，《四书章句集注》，中华书局1983年版，第14页。

文王、周公既没，孔子有德无位，既不能使是道之用渐被斯世，退而与其徒定礼乐，明宪章，删《诗》，修《春秋》，赞《易》、《象》，讨论《坟》、《典》，期使五三圣人之道昭明于无穷。故曰："夫子贤于尧、舜远矣。"孔子没，曾子独得其传，传之子思，以及孟子，孟子没而无传。两汉而下，儒者之论大道，察焉而弗精，语焉而弗详，异端邪说起而乘之，几至大坏。

千有余载，至宋中叶，周敦颐出于舂陵，乃得圣贤不传之学，作《太极图说》、《通书》，推明阴阳五行之理，命于天而性于人者，了若指掌。张载作《西铭》，又极言理一分殊之旨，然后道之大原出于天者，灼然而无疑焉。仁宗明道初年，程颢及弟颐寔生，及长，受业周氏，已乃扩大其所闻，表章《大学》、《中庸》二篇，与《语》、《孟》并行，于是上自帝王传心之奥，下至初学入德之门，融会贯通，无复余蕴。

迄宋南渡，新安朱熹得程氏正传，其学加亲切焉。大抵以格物致知为先，明善诚身为要，凡《诗》、《书》、六艺之文，与夫孔、孟之遗言，颠错于秦火，支离于汉儒，幽沉于魏、晋、六朝者，至是皆焕然而大明，秩然而各得其所。此宋儒之学所以度越诸子，而上接孟氏者欤。其于世代之污隆，气化之荣悴，有所关系也甚大。道学盛于宋，宋弗究于用，甚至有厉禁焉。后之时君世主，欲复天德王道之治，必来此取法矣。①

在《道学传》的作者看来，虽然道学之名是后起的，至宋而大盛，但道学之实，即道的思想内涵则源远流长，古已有之。三代之时，道作为整个社会的指导思想，贯穿在政教和百姓日用之中，所以当时有道之实，而无道学之名。到后来，文王、周公没后，孔子鉴于礼崩乐坏，道逐渐不被世之所用，而自己无行道之位，于是退而删修儒家经典，将圣人之道载之于经，昭明于后世。经曾子、子思、孟子，把圣人之道相传授受。自两汉而下，汉唐诸儒论道则察焉弗精，语焉弗详，使得异端学说乘虚而入，造成儒家圣人之道的不明不传，以致大坏。

———

① （元）脱脱等：《道学传一》，《宋史》卷427，中华书局1977年版，第12709—12710页。

　　至宋代，出了周敦颐、张载、二程，得圣贤千年不传之学，道学乃明。朱熹则继承程氏正传，而发扬光大之，以致"道学盛于宋"，超越汉唐诸儒，直接孟氏之嫡传。可见《道学传》所描述的道学发展史，实际上也就是道统发展史，只不过在道统发展早期，没有出现道学之名罢了。这与道统思想源远流长，可上溯至道的起源，而道统之名至朱熹才始创的情况类似。严格说来，虽然道学之名起于张载，早于道统之名起于朱熹，但道学作为一种完备的学术思想体系，其内涵的成熟和体系的基本确立是在二程及其门人，而集其大成则由朱熹，这与道统论的基本确立在二程，而集大成者为朱熹的情况也颇为类似。这些情况表明，道作为中国哲学最普遍范畴和时代精神的体现，在其发展演变的历史长河中，与道统和道学均有着密不可分的联系，道既是道统所传授的内容，又是道学所论证的对象。通过道，道统与道学相互沟通，道学确立之时，也就是道统论完善成熟、集其大成之日。

　　此外，就道学作为一代学术思潮而言，其内涵如何界定？其流派如何划分？道学与理学、心学、气学的相互关系如何？其地位如何确定？这不仅是探讨道学之所必须，而且涉及道学与道统的关系问题，以及道统论内部不同观点、不同派别的划分问题。

　　道学在南宋时期已演成一代学术思潮，并在庆元年间遭到当权者的严令禁止。在被订入"伪学逆党籍"而遭打击的道学人物中，既有朱熹、蔡元定、吴猎等朱学人物，也有杨简、袁燮等陆氏心学人物。可见在禁道学的当权者看来，朱学与陆学同属"伪学"——道学之列。对道学的内涵如何界定，与对道学流派的划分、道学与理学、心学、气学关系的考察是相互联系的。在这个问题上，历来有不同的看法。张立文先生通过详尽考察宋代尤其是南宋道学发展演变的历史过程，而得出"道学并不包括陆九渊所创立的心学，而仅是指周、邵、程、张、朱的学说而言，主要是程、朱"①的结论。他指出，"理学之名，南宋虽有，但未普遍做为学派之名使用，也未用以总括道学和心学"②，并认为至王守仁，"理学便有包括道学和心学之意"③。到明末清初，"孙奇逢的《理学宗传》，即包括道学和

　　① 张立文：《宋明理学研究》，中国人民大学出版社 1985 年版，第 10 页。
　　② 张立文：《宋明理学研究》，中国人民大学出版社 1985 年版，第 12 页。
　　③ 张立文：《宋明理学研究》，中国人民大学出版社 1985 年版，第 13 页。

心学"①。张立文先生的论断是："从道学、心学、理学名称的历史演变过程来考察，应是理学包括道学和心学，而非道学包括理学和心学。"② 从道学包括了张载学说而言，道学把气学包括在内。在对宋代道学的界定，道学与心学、理学的关系问题上，陈来先生认为："宋代道学之名，专指伊洛传统，并不包括心学及其他学派的儒家学者。……广义的理学包括道学与心学。"③

与上述观点不同，冯友兰先生认为道学作为一代学术思潮，"只有用道学才能概括理学和心学。"④ 其根据在于："程氏弟兄是道学的创造人。他们弟兄二人创立了道学，也分别创立了道学的两派：理学和心学。"⑤ 把理学和心学作为道学思潮中的两个流派。冯友兰不同意朱熹把周敦颐作为道学创始人的说法，认为周敦颐、邵雍还没有接触到道学的主题。他指出："道学的主题是讲理。"⑥ 讲天理是从程门开始。所以他认为二程才是道学的创始人。以讲天理作为道学的主题，这也是对道学内涵的界定。冯友兰还划分了道学的不同流派，除上述理学和心学外，"张载以气为体，可以称为气学"⑦。与冯友兰的观点相类似，侯外庐等主编之《宋明理学史》的作者认为，"道学，确切地说，包括理学和心学两个流派"⑧。

概述以上观点，虽有所不同，但亦有相互沟通之处。就宋代道学区别于前代道论的最大特点是以天理论道而言，天理作为道学论述的主题，充分体现了道学的本质特征，所以尽管理学的名称晚于道学，但仍可以互相通用。如果说，理学和道学可以互相通用的话，那么，理学包括道学和心学，与以道学概括理学和心学，在逻辑上或是可以相互沟通的。

就道学和道统均以道为核心展开其思想体系各个方面的论述和理论建构而言，由于核心范畴道与诸范畴逻辑联系及排列组合的不同，有以

---

① 张立文：《宋明理学研究》，中国人民大学出版社 1985 年版，第 13 页。
② 张立文：《宋明理学研究》，中国人民大学出版社 1985 年版，第 14 页。
③ 陈来：《宋明理学》，辽宁教育出版社 1991 年版，第 10—11 页。
④ 冯友兰：《中国哲学史新编》第五册，人民出版社 1988 年版，第 23—24 页。
⑤ 冯友兰：《中国哲学史新编》第五册，人民出版社 1988 年版，第 19 页。
⑥ 冯友兰：《中国哲学史新编》第五册，人民出版社 1988 年版，第 19 页。
⑦ 冯友兰：《中国哲学史新编》第五册，人民出版社 1988 年版，第 19—20 页。
⑧ 侯外庐等主编：《宋明理学史》上卷，人民出版社 1984 年版，第 31 页。

理为道者，有以心为道者，有以气化为道者，故可分为理学（狭义）、心学和气学。不仅道学思潮可作上述划分，而且道统论内部也存在着与此相关的不同观点、不同派别的划分。在体现总的道统论的思想特征方面，不同观点的道统论均以弘扬圣人之道为己任，倡明道学，以接续圣人不传之学。然而在其他方面，又体现出各个流派不同的特点，以气化论道者必然不同于以理为道、以心为道之道论；以道兼体用者亦必然与不专论事论末，专就心上说的以心为道之道论存在着区别。所以应看到，道学思潮不同流派的划分，与道统论不同观点的存在是相关的。正因为道学思潮中存在着理学（狭义）、心学和气学不同之流派，所以反映到道统论上，亦有不同观点、不同派别的区分。这是道学与道统相互沟通的一个表现。

质言之，从广义的道学，即以道为学，以传儒家圣人之道为宗旨，论述道的发展演变的学术思潮的角度讲，道学与广义的理学含义相当，它包含了狭义的理学（程朱）、心学（陆王）和气学（张载）等各个不同的道学流派；而从广义的理学，即以天理论道，以维护义理和"穷理尽性"（程朱以"性即理"、"道即理"，故强调"穷理"；陆王以"心即理"、"心即道"，故强调"尽心"；张载等气学家亦讲"穷理尽性"）为宗旨的学术思潮的角度讲，理学与广义的道学含义相当，它包含了狭义的道学（程朱）、心学（陆王）和气学（张载）等各个不同的理学流派。由此，不论是道学还是理学，均有广义和狭义之分，它们是互相包涵、相互沟通，又各有侧重，有所区别的。如狭义的道学就有别于心学，亦不能包括理学和心学。

从中华道统思想发展的历史进程看，道学是道统论历史发展的一个重要阶段。朱熹既是宋代道学的集大成者，又是道统思想的集大成者，道统与道学相互联系、相互沟通，体现了新儒学道统论的特点和时代特征。朱熹站在时代的高度，继承二程，完善道统思想体系；建构精致的道的哲学；集注"四书"，集道统论之大成；与陈亮展开关于道统问题的争论，在辩论中明确提出"十六字心传"的思想；把道学与道统相结合，赋予道统论以时代的新义，这些方面大大发展了以往的道统论，使道统思想广泛影响思想界和整个社会。以朱熹为代表的道学家在建构道统论的过程中，把帝王统道转变为儒者统道，其道统中没有周公以后历代帝王的地位，因而具有对抗君权的意义，发展了荀子"从道不从君"[①] 的思想；另一方面，当后来道学被确立为官方学术和社会意识形态的指导思想后，其道统论便成为政治治理的理论依据，如《宋史·道学传》所言，即所谓道统转化为政统。学术与政治相结合，扩大了道统思想的影响和运用范围，使儒者传道与王者统道结合起来，这成为中国后期帝制社会政治文化的特点之一，改变了过去把道的推行单纯系之于儒者的局面。然而王者往往不按道的原则做人行事，使道统不能在政统中落实，这又是中国传统政治文化的弊端所在。亦反映了道统思想的局限。

---

① 《荀子·臣道》，（清）王先谦撰，沈啸寰、王星贤点校：《荀子集解》卷 9，中华书局 1988 年版，第 250 页。

第五章　道统思想的流传与演变

　　自朱熹集道统思想之大成，确立了在中国思想史上占有重要地位的成体系的道统论后，中华道统思想继续流传和发展，并通过思想家的提倡和宣扬，逐步为统治者所接受，成为社会指导思想的重要组成部分。到后来王守仁则以"致良知"说取代道统论，而使良知说风靡一时。在朱熹正式确立道统论之时，陆九渊则倡导心学，以心论道统，使道统论向心学方向发展演变，这对后世包括现代新儒家的道统论产生了重要影响。

　　与朱熹一派道统论不同，陆九渊不仅以心论道，心道合一，而且从心学的角度论述了道的传授谱系。指出圣人之道的传授由伏羲开其先，经尧、舜、皋陶、文王、箕子、武王等，到孔子、颜子、曾子、子思、孟子一脉相传，而孟子后则失其传，自称自己上接孟子而自得其道，把韩愈、周敦颐、二程、朱熹等完全排除在道统之外。陆氏的本义是批评朱熹一派以道学立门户，把与己不同者排斥于道统之外，但却不知自己也陷入了道统圈内。他以继孟子之后道统第一人自居，接续了伏羲、尧、舜、孔子之道，依据韩愈、朱熹的道统形式，来建构自己的传道谱系，使道统论向着心学方向演变发展。

　　吴澄继朱熹之后，全面系统地建构了道统的传道谱系。在这个道统体系中，圣人之道经伏羲、神农、黄帝、少昊、颛顼、高辛、尧、舜、禹、汤、文、武、周公、孔子、颜子、曾子、子思、孟子、周敦颐、程颢、程颐、邵雍、司马光、张载、朱熹、张栻、吕祖谦、许衡，以及吴澄本人的传授，得以流传推广，构成了自朱熹之后最完整的道统谱系，把包括朱熹在内的宋元诸儒都纳入此系统。经宋元理学家的努力表彰和宣扬，使道统论为统治者所接受，扩大了道统思想的社会影响，这是以前所没有的事。

概括地说，道统思想在确立后的流传发展与演变的过程中，出现了一些新情况、新特点，以及发展的新趋势，并对后世产生了一定的影响。

心学一派道统论的崛起是道统发展演变的新趋势，并具有自身的特点。这表现在：陆王对程朱道统之立论的重要依据《古文尚书·大禹谟》的"十六字传心诀"作了心学化的解释。陆九渊从心学立场出发，不同意程朱对"人心惟危，道心惟微，惟精惟一，允执厥中"的理解，反对以天理人欲区分道心人心，认为心只是一心，而非二心；天人合一，不能分裂为二。他在批评程朱的基础上提出新解，认为心只有一个心，就人而言，如放纵物欲不加以克制，岂不危殆；就道而言，心道合一，无形无臭，难以把持，岂不微妙而难见。然而无论从道的角度还是人的角度，都是说明一个统一的心，不能把心割裂为二。王守仁亦对朱熹把心分二的观点提出批评，并把程朱道统的"传授心法"与"十六字心传"改造为心学之源，从而把圣人相传的道统论发展改造为心学，又以陆九渊作为孟氏心学的真传，圣人传道之学成了心学，也就把道统论及道的传授纳入心学的轨道。这是道统心学化的表现。

道统思想在确立后的流传演变还具有纠正朱学流弊的意义。不仅陆九渊从心学道统观出发，主张不立文字，内求于心，反对当时朱学学者"只是解字"的倾向，认为这是"举世之弊"，并把朱学斥为"支离"，未能明道，而且吴澄也针对宋末以来朱子后学表现出来的偏于追求道统的语言文字而陷溺其心的流弊，提出以尊德性为主，超越朱学，向心学转化，从而进一步把心学与道统紧密结合起来。吴澄向心学转化，但并不排斥朱熹道统，而是扩大心学的内涵，他对心学下的定义是：反求诸身，以心而学即是心学。于是把众多朱熹道统中的人物及学说都包括进心学中来，而不同意把心学仅限于陆学。这与后来牟宗三把"性即理"之性理义也包括进心性之学的情况有类似之处。

王守仁心学强调道须从己心上体认，反对程朱过分言道而反使道不明。他思想的初衷是从心学立场出发来发扬圣人之道，发展到极致则是以"致良知"说取代程朱道统论，提出"致良知之外无学矣"。在这个过程中，王守仁思想经历了吸收程朱道统、对程朱道统提出批评改造、突破程朱道统等几个转变演进的阶段。王守仁把道统论改造为心学，以心之良知为最高原则，取代道统之道的地位，以更具主体思维能动性的"良知"范畴及"致良知"说扬弃并发展了传统的道统论，进一步完成了道统的心学化过程，使之走向现代新儒学的道统论重内圣心性之学的方向。而后者则对陆王心学及其道统论吸取甚多。

第一节　陆九渊的道统论及道 乃人心所固有的思想

陆九渊（1139—1193 年），南宋哲学家、教育家，陆王心学创始人。字子静，自号存斋。抚州金溪（今属江西）人。因讲学于象山（今江西贵溪县西南）精舍，世称象山先生。陆氏祖先姓妫，齐宣王少子通封于平原般县陆乡，遂以陆为姓氏。通的曾孙陆烈任为吴令、豫章都尉，其子孙遂为吴郡吴县人。自陆烈三十九世，至唐末为陆希声，曾任唐昭宗相。五代末，陆希声孙陆德迁、陆德晟避乱于金溪，遂为金溪陆氏之祖。至陆九渊已为六世，传二百年。陆九渊的高祖陆有程博学，于书无所不读；曾祖陆演继承父业，宽厚有容；祖父陆戬好释老言；父亲陆贺以礼治家，家道之整，著闻于州里。从陆九渊的高祖到陆九渊的父亲，均未曾入仕，其政治、经济地位已不能与当宰相的先祖相比。陆九渊的父亲生有六子，陆九渊排行最小，其家庭经济来源主要是经营药店，后来有一些田产，供数月之粮，又靠其兄陆九皋授徒家塾，以束脩之馈补家用不足，使其父晚年无穷匮之忧。

陆九渊从小受到家庭教育的影响，其祖父好佛老言，其父陆贺"究心典籍，见于躬行，酌先儒冠、昏、丧、祭之礼，行之家"[①]，这些对陆九渊均产生了一定的影响。三四岁时，陆九渊问其父："天地何所穷际"，其父笑而不答，"遂深思至忘寝食"[②]。表现出他内向深思的性格。十六岁时，因读《春秋》，知中国夷狄之辨，于是习武学弓马，以图复仇，收复中原。

乾道八年（1172 年），陆九渊三十四岁"春试南宫"，考中进士。时

---

① （宋）陆九渊著，钟哲点校：《全州教授陆先生行状》，《陆九渊集》卷27，中华书局1980年版，第312页。

② （宋）杨简：《象山先生行状》，《陆九渊集》卷33，中华书局1980年版，第388页。

吕祖谦为考官，读其《易》卷，甚为赞叹，遂中选。历任靖安、崇安县主簿，国子正、献官，祠禄官居家讲学。绍熙二年（1191年），赴知荆门军，一年后病故于荆门。

陆九渊生平以讲学为主，先后在金溪家中的槐堂和贵溪的象山精舍讲学授徒，求学者甚众，逾千人，创心学流派。著名的弟子有杨简、袁燮、舒璘、沈焕、傅梦泉等。

淳熙二年（1175年），应吕祖谦之邀，与其兄陆九龄到江西上饶鹅湖寺，同朱熹见面，相与讨论学术问题，就"为学之方"等展开辩论，史称"鹅湖之会"。双方的分歧主要表现在，朱熹侧重"道问学"，先博后约，通过泛观博览来认识天理，陆氏以之为"支离"；陆九渊主张"尊德性"，发明本心，"先立乎其大"，忽视知识积累，以求顿悟，直指人心，朱氏认为"太简"。鹅湖之会，双方辩论了三天，不欢而散，未能达到吕祖谦欲会归朱陆异同于一的目的，但在思想史上却具有重要意义，明确了朱陆双方的分歧所在，由此通过交流辩难促进了学术的发展。

淳熙八年（1181年）春二月，陆九渊访朱熹于南康。朱熹时任知南康军，并在庐山白鹿洞书院讲学授徒。陆九渊到来后，朱熹亲率同僚诸生迎接，请陆九渊登白鹿洞书院讲席。于是乃讲《论语》"君子喻于义，小人喻于利"一章，提出"以义利判君子小人"。朱熹听后备加赞扬，离席言曰："熹当与诸生共守，以无忘陆先生之训。"[①] 表明朱陆虽学术有异，但具有相同的价值观。

淳熙十三年（1186年），主管台州崇道观，为一闲职，归江西故里讲学。于次年登贵溪应天山讲学，乃建精舍，作为讲习之所，四方学徒大集。并与朱熹书信往来，展开无极、太极之辩。

淳熙十五年（1188年），改应天山为象山，"自号象山翁"。每年二月登山，九月末归，从容讲道。居山五年，求学者记录在簿的超过数千人，可见其学术之盛。陆九渊在与朱熹等同属理学的前提下，创立了与朱熹道学相抗衡的心学，这在思想史以及道统发展史上均具有重要意义，在当时并对后世产生了重要影响，其心学道统观成为道统思想发展史上重要一派

---

① （宋）陆九渊著，钟哲点校：《年谱》，《陆九渊集》卷36，中华书局1980年版，第492页。

的观点，使中华道统思想在流传演变的过程中呈现出多元的形态。

由于陆九渊心学的特点是不立文字，求心于内，主张"六经注我"，不受儒家经典的束缚，以六经为我心的注脚，不重视著书，故其著作不多，只撰有少量诗文、杂著，另有学者之间交流学术的书信、序赠，以及讲学的语录等。宋宁宗开禧元年（1205 年），其长子陆持之搜集陆九渊的遗文，编为《象山先生全集》，嘉定五年（1212 年）由陆九渊的弟子袁燮付梓刊行，共三十二卷，后增为三十六卷。1980 年中华书局出版有点校本《陆九渊集》。

陆九渊在哲学上以心为宇宙本体，认为"宇宙便是吾心，吾心即是宇宙"。[①] 把心与理合一，提出"心即理"的命题，并发挥孟子"万物皆备于我"的观点，指出："此心此理，我固有之，所谓万物皆备于我，昔之圣贤先得我心之所同然者耳。"[②] 认为心与理皆我所固有，万物均以我心为存在的根据，我心与昔圣贤之心相通为一，故圣人之道并非难知、难行，只患人无求道之志。在认识论方面，主张发明本心，"安坐瞑目"，忽视感性经验和知识积累，认为只要内求于心，则不必多读书，"学苟知本，六经皆我注脚"[③]。在价值观上，重义轻利，通过反佛，否定私利。指出："某尝以义利二字判儒释，又曰公私，其实即义利也。"[④] 与朱熹在治学方法和无极、太极及道与阴阳关系等问题上展开了长期辩论，反映了双方在世界观和方法论上的分歧。在教育上，认为求知不必接触外物，只要"自明本心"就行。强调明心之理，把明理作为治学之方。主张学贵有疑，疑则有进。提出读书应熟读精思，优游涵泳，久自得力；浮观博览，不如少读。反对泛泛而读。

在道统论上，提出心学道统观，以心论道统，既借鉴了以往的道统论，又对二程的道统论加以改造，以上接孟子而自得其道而自居，认为道

---

① （宋）陆九渊著，钟哲点校：《杂说》，《陆九渊集》卷 22，中华书局 1980 年版，第 273 页。

② （宋）陆九渊著，钟哲点校：《与侄孙濬》，《陆九渊集》卷 1，中华书局 1980 年版，第 13 页。

③ （宋）陆九渊著，钟哲点校：《语录上》，《陆九渊集》卷 34，中华书局 1980 年版，第 395 页。

④ （宋）陆九渊著，钟哲点校：《与王顺伯》，《陆九渊集》卷 2，中华书局 1980 年版，第 17 页。

乃人心所固有，道即心，道充塞宇宙，通万世，圣人之道与普通人之道无异，只要心不蔽于物欲，就可把心中固有之道发扬光大。由于陆九渊心学的特点是重融通合一，不讲体用之分，专言心，以心为本，与朱熹讲体用二分的哲学形成对照，所以陆九渊对朱熹的道论提出批评。认为阴阳即道，为形而上，反对朱熹以阴阳为形下之器的思想。并批评以天理人欲区分道心人心，以保持心的完整性。陆九渊的心学道统观别具特色，并对王守仁产生了重要影响，因而在道统思想流传演变的历史上占有重要地位，并促使道统论向心学方向发展。

一、倡导心学，以心论道统

陆九渊道统论有别于程朱的特点是倡导心学，以心论道统。这有其时代及思想发展的必然逻辑。

（一）倡导心学，接续圣人之心

陆九渊心学及其心学道统论的兴起不是偶然的，它是对程朱道统论的补充和扬弃，代表了南宋以后道统发展演变的主要趋势。陆九渊倡导心学及其道统论的原因在于，他认为由于孟子没后此道不明不行，虽然韩愈辟佛但却不能胜；二程虽得千载不传之学，但草创未为光明；朱熹"晦翁之学，自谓一贯，但其见道不明，终不足以一贯"①，所以使得当今天下之士不能明道，虽然口诵孔孟之文，却行"异端"之实，要传圣人之道，就须倡导心学，另辟蹊径，以心论道，接续圣人之心，而不能走自立"道学"门户之路。他说：

> 周道之衰，文貌日胜，良心正理，日就芜没。……故正理在人心，乃所谓固有。……自周衰此道不行，孟子没此道不明。今天下士皆溺于科举之习，观其言，往往称道《诗》、《书》、《论》、《孟》，综其实，特借以为科举之文耳。谁实为真知其道者？口诵孔孟之言，

---

① （宋）陆九渊著，钟哲点校：《语录上》，《陆九渊集》卷 34，中华书局 1980 年版，第 419 页。

身蹈杨墨之行者，盖其高者也。其下则往往为杨墨之罪人，尚何言哉？孟子没此道不传，斯言不可忽也。①

陆九渊强调，正理在人心，也就是道在人心，道乃人心所固有，而孟子之后人却不能明，是因为人陷溺其心，溺于科举，流于"异端"。而朱学由于其性质使然，不以心为最高原则，尽管提倡"心传"，但其道仅贯穿于心中，却不能与心等同，故"见道不明"，不能使学者"真知其道"。所以陆九渊主张以接续圣人之心来超越一千五百余年，直承圣人之道。他说："学者之不能知至久矣！非其志其识能度越千有五百余年间名世之士，则《诗》、《书》、《易》、《春秋》、《论语》、《孟子》、《中庸》、《大学》之篇正为陆沉，真柳子厚所谓独遗好事者藻绘，以矜世取誉而已。尧舜禹汤文武周公孔子孟子之心，将谁使属之。"② 这里所谓的"度越千有五百余年"，正好是从孟子到陆九渊的时代之年限，而"名世之士"便是陆氏自指，这已把韩愈，甚至把周敦颐、二程、朱熹等道学人物排除在外。陆九渊指出，如果没有其志、识超越一千五百余年，直接尧舜孔孟之心的"名世之士"出现，那么不论是《诗》、《书》、《易》、《春秋》等"六经"，还是《论语》、《孟子》、《中庸》、《大学》等"四书"，都不过是"陆沉"之物。也就是说，经典与圣人之心相比，不过是吾心之注脚。学须知本，其本即是圣人之心，也即圣人之道。知其本，掌握了圣人之心，经典则不必详说之。由此，陆九渊指出："实亡莫甚于名之尊，道弊莫甚于说之详。自学之不明，人争售其私术，而智之名益尊，说益详矣。且谁独无是非之心哉？圣人之智，非有乔桀卓异不可知者也，直先得人心之同然耳。"③ 认为人人有是非之心，圣人之心与人心同，因此得道在于得心，而不必详说之，并以此批评名过其实，说益详而道益弊的时弊。这当是指朱熹道学而言。对朱熹道学之弊，陆九渊批评说：

---

① （宋）陆九渊著，钟哲点校：《与李宰（二）》，《陆九渊集》卷11，中华书局1980年版，第150页。

② （宋）陆九渊著，钟哲点校：《与侄孙濬（三）》，《陆九渊集》卷14，中华书局1980年版，第190页。

③ （宋）陆九渊著，钟哲点校：《智者术之原论》，《陆九渊集》卷30，中华书局1980年版，第348页。

　　道本日用常行，近日学者却把作一事，张大虚声，名过于实，起人不平之心，是以为道学之说者，必为人深排力诋。此风一长，岂不可惧？……

　　世之人所以攻道学者，亦未可全责他。盖自家骄其声色，立门户与之为敌，哓哓腾口实，有所未孚，自然起人不平之心。某平日未尝为流俗所攻，攻者却是读语录精义者。程士南最攻道学，人或语之以某，程云："道学如陆某，无可攻者。"又如学中诸公，义均骨肉。①

指出"名过于实"、论说益详，以及"读语录精义者"均为道学之弊，并批评道学自立门户，排斥与己意不合者于道统之外，由此而遭到了反道学人士的攻击。陆九渊显然把自己置于道学之外，也就是置于程朱道统之外，表明他倡导的心学道统不同于程朱的道统，并批评朱熹道统的门户之见，与朱熹展开了一场关于道的争论。他说："上古圣贤先知此道，以此道觉此民。后世学绝道丧，邪说蜂起，熟烂以至今日，斯民无所归命。士人凭私臆决，大抵可怜矣，而号称学者，又复如此，道何由而明哉？复晦翁第二书，多是提此学之纲，非独为辨无极之说而已，可更熟复之。"② 陆九渊与朱熹书信往返以论道，反映了各自不同的学术观点。陆九渊的观点是，传道即传心，理即道，心即理，以心为最高原则，而不私其门户；朱熹的观点是，传道虽与传心密切联系，但心与道、心与理仍存在着区别，而以道即天理为最高原则，以心识道为主要目的。朱陆在世界观和方法论上存在着分歧，故对道统的看法也不一致。在陆九渊看来，心乃天下之同心，道乃公天下的道理，故圣人之道不私其门户，而朱熹道统则自立门户，排斥异己，故见道未明。他说：

　　第今时人偏党甚众，未必乐听斯言，总卿从朱丈游，尤不愿闻者。今时师匠尚不肯受言，何况其徒苟私门户者。学者求理，当唯理之是从，岂可苟私门户！理乃天下之公理，心乃天下之同心，圣贤之所以为圣贤者，不容私而已。颜、曾传夫子之道，不私孔子之

---

　　① （宋）陆九渊著，钟哲点校：《语录下》，《陆九渊集》卷35，中华书局1980年版，第437—441页。

　　② （宋）陆九渊著，钟哲点校：《与林叔虎》，《陆九渊集》卷9，中华书局1980年版，第127页。

门户，孔子亦无私门户与人为私商也。①

陆九渊批评朱门弟子私其门户，不愿闻他言，这恰恰妨碍了对圣人之道的掌握，因为圣人之道乃圣人先得天下之同心，既然圣人之心与天下之心同，所以孔子等圣人无门户之私。他认为，正因为朱门弟子私其门户，所以与圣人之道不合。陆九渊在这里提出了一个以心学论道统的原则问题，他所谓的心是超越的宇宙本体，圣人与心同一，圣人之心在空间的东南西北和时间上的千万世之前与千万世之后都是相同的，故圣人之道也是相同的，这为倡导心学，接续圣人之心即圣人之道提供了理论依据。他说：

> 四方上下曰宇，往古来今曰宙。宇宙便是吾心，吾心即是宇宙。千万世之前，有圣人出焉，同此心同此理也。千万世之后，有圣人出焉，同此心同此理也。东南西北海有圣人出焉，同此心同此理也。近世尚同之说甚非。理之所在，安得不同？古之圣贤，道同志合，咸有一德，乃可共事。②

陆九渊指出，不仅圣人之心相同，人同此心，心同此理，而且"圣贤道同志合"，圣人之道也相同，正因为圣人之心与道相同，而朱学又未能明此心之道，陷于详说过实之弊，不能见道之实，所以陆氏积极倡导心学，另立心学道统论。这是对程朱道统的改造和发展。

（二）上接孟子而自得其道

陆九渊倡导心学，以心论道统，不仅表现在他接续圣人之心上，而且从道的传授形式上讲，他以继孟子之后道统第一人而自居，自称上接孟子而自得其道，把韩愈、周敦颐、二程、朱熹等完全排除在道统之外。这体现了他道统论的特点。

从思想渊源上讲，陆九渊自述其学由孟子而来。当回答学生詹阜民所问："先生之学亦有所受乎？"的问题时，陆九渊说："因读《孟子》而自得之。"③

---

① （宋）陆九渊著，钟哲点校：《与唐司法》，《陆九渊集》卷15，中华书局1980年版，第196页。

② （宋）陆九渊著，钟哲点校：《杂说》，《陆九渊集》卷22，中华书局1980年版，第273页。

③ （宋）陆九渊著，钟哲点校：《语录下》，《陆九渊集》卷35，中华书局1980年版，第471页。

所谓"自得",指通过读《孟子》书,自得其道,自家体贴出孟子思想的要旨来。其要点是,陆氏的学术既来源于孟子,从《孟子》书中吸取甚多,以继承孟子为己任,又发挥主体的能动性,独立思考,并结合时代的发展,自家得出自己的学术思想来。显然这包括了继承和创新两种成分。陆氏心学的特点之一是强调自得,直指人心,不受外在及客观的制约和传统的束缚,体现了儒学精神发展之一途,因而易与新思想相结合,以个性解放冲击旧的传统观念包括程朱的道统观。他在阐述自己学术的特点时指出:"自得,自成,自道,不倚师友载籍。"① 即没有具体的师承,不依靠一般学界师友书籍传授,亦不学人言语,随声附和,而是远读《孟子》之书自得其道,自成其学,遥相继承了已失传一千五百年的孔孟之道。

从继承孟子自得其道出发,陆九渊提出了自己独具特色的道的传授统绪说。这个道的传授系统由伏羲开其先,经尧、舜、皋陶、文王、箕子、武王等,到孔子、颜子、曾子、子思、孟子,一脉相传,而孟子后,则失其传,汉唐诸儒未能接续圣人之道,汉病于"经",溺于训诂,唐病于"文",沦于声律,致使佛老"异端"乘虚而入,与儒学形成鼎足并立之势,而唐代的韩愈、宋代的二程尽管力排二氏,讲道益详,然而却未能承圣人之传,只有自己出,才直接孔孟之心,把孟子之后失传的圣人之道接续下来。关于道的传授统绪,陆九渊说:

> 自羲皇以来至于夫子,盖所谓有道之世,虽中更衰乱,而圣明代兴。②

> 古先圣贤,无不由学。伏羲尚矣,犹以天地万物为师,俯仰远近,观取备矣,于是始作八卦。夫子生于晚周,……《中庸》称之,亦曰:"祖述尧舜,宪章文武。"尧舜相继以临天下,而皋陶矢谟其间曰:"朕言惠可底行。"武王缵太王、王季、文王之绪以有天下,未及下车,访于箕子,俾陈《洪范》。……卒之传夫子之道者,乃在曾子,……自曾子传之子思,子思传之孟子,乃得其传者,外此则不可

---

① (宋)陆九渊著,钟哲点校:《语录下》,《陆九渊集》卷35,中华书局1980年版,第452页。

② (宋)陆九渊著,钟哲点校:《取二三策而已矣》,《陆九渊集》卷32,中华书局1980年版,第381页。

以言道。①

尧舜文王孔子四圣人，圣之盛者也。二典之形容尧舜，《诗》、《书》之形容文王，《论语》、《中庸》之形容孔子，辞各不同。……夫子之门，惟颜、曾得其传。……然颜、曾之道固与圣人同也。②

孟子者，圣学之所由传也。③

孟氏没，吾道不得其传。而老氏之学始于周末，盛于汉，迨晋而衰矣。老氏衰而佛氏之学出焉。佛氏始于梁达磨，盛于唐，至今而衰矣。有大贤者出，吾道其兴矣夫！④

窃不自揆，区区之学，自谓孟子之后，至是而始一明也。⑤

以上可以看出陆九渊建构的道的传授统绪的基本内容。与韩愈的道统论相比，颇有相似之处，然而亦有区别。其相同处在于，韩陆两人都以弘扬儒家圣人之道为己任，明确提出了圣人之道的传授系统；都认为自孟子以后，尧舜文武孔孟一脉相承的儒家圣人之道失传；并都认为自己接续了这个失传的圣人之道，韩愈讲"使其道由愈而粗传"⑥，陆九渊讲"自谓孟子之后至是而始一明"，均把自己视为为往圣继绝学，将圣人之道发扬光大的人物；而且两人都认为孟子以后的儒学人物如荀子、扬雄等未能修明先王之道，这是圣人之道失传的原因。韩愈讲"孔子传之孟轲，轲之死，不得其传焉。荀与扬也，择焉而不精，语焉而不详"⑦。陆九渊赞同韩愈的观点，指出："退之言：'轲死不得其传。荀与扬，择焉而不精，语焉而不

① （宋）陆九渊著，钟哲点校：《与李省干（二）》，《陆九渊集》卷1，中华书局1980年版，第14页。

② （宋）陆九渊著，钟哲点校：《杂说》，《陆九渊集》卷22，中华书局1980年版，第271页。

③ （宋）陆九渊著，钟哲点校：《智者术之原论》，《陆九渊集》卷30，中华书局1980年版，第350页。

④ （宋）陆九渊著，钟哲点校：《语录下》，《陆九渊集》卷35，中华书局1980年版，第473页。

⑤ （宋）陆九渊著，钟哲点校：《与路彦彬》，《陆九渊集》卷10，中华书局1980年版，第134页。

⑥ （唐）韩愈著，马其昶校注，马茂元整理：《与孟尚书书》，《韩昌黎文集校注》卷3，上海古籍出版社1986年版，第215页。

⑦ （唐）韩愈著，马其昶校注，马茂元整理：《原道》，《韩昌黎文集校注》卷1，上海古籍出版社1986年版，第18页。

详。'何其说得如此端的。"①　在这些方面，两人表达了同样的意思。这说明儒家道统论尽管有不同的流派和观点，但亦具有共同的本质和前后继承的关系，而不论当事人是否承认它。韩陆两人的区别在于，虽然陆九渊对韩愈的道统论有所借鉴，但也认为韩愈的道统论不能取胜于佛教。陆九渊说："佛入中国，在扬子之后。其事与其书入中国始于汉，其道之行乎中国始于梁，至唐而盛。韩愈辟之甚力，而不能胜。"②　因此不把韩愈列为道统的传人。并指出"韩退之原性，却将气质做性说了"③。表明二人理论存在着差异。正由于韩陆的理论尤其是陆九渊的心学思想与韩愈单纯伦理型的道统论之间存在着歧异，所以陆九渊把包括韩愈在内的汉唐诸儒排斥在道统之外。他说："秦不曾坏了道脉，至汉而大坏。盖秦之失甚明，至汉则迹似情非，故正理愈坏。"④　并指出："孟子没，斯道其不明矣。夫自汉儒之纯如仲舒，犹不能使人无恨。"⑤　"愚尝论之，汉病于经，唐病于文，长才异能之士类多沦溺于训诂、声律之间。"⑥　认为孟子没后，其道不明，道脉大坏，即使像董仲舒这样的纯儒，也不免有违道处，何论其他陷于训诂、声律之间的学者。陆九渊排斥汉唐诸儒与他自称接续孟子的道统是相互联系的。

陆九渊分析了自孟子后，圣人之道失传的原因在于学者未能尽心，不知本末，以致操末为本，使得学绝道丧。他说：

> 孟子之尽心，尽此心也，故能知性知天。学者诚知所先后，则如木有根，如水有源，增加驯积，月异而岁不同，谁得而御之？若迷其端绪，易物之本末，谬事之终始，杂施而不逊，是谓异端，是

---

① （宋）陆九渊著，钟哲点校：《语录上》，《陆九渊集》卷34，中华书局1980年版，第410页。

② （宋）陆九渊著，钟哲点校：《策问》，《陆九渊集》卷24，中华书局1980年版，第289页。

③ （宋）陆九渊著，钟哲点校：《语录上》，《陆九渊集》卷34，中华书局1980年版，第404页。

④ （宋）陆九渊著，钟哲点校：《语录上》，《陆九渊集》卷34，中华书局1980年版，第404页。

⑤ （宋）陆九渊著，钟哲点校：《政之宽猛孰先论》，《陆九渊集》卷30，中华书局1980年版，第359页。

⑥ （宋）陆九渊著，钟哲点校：《问制科》，《陆九渊集》卷31，中华书局1980年版，第363页。

谓邪说，非以致明，祇以累明，非以去蔽，祇以为蔽。……学绝道
丧，不遇先觉，迷其端绪，操末为本，其所从事者非古人之学也。①
陆九渊把"尽心"放在本和先的地位，只有尽心才能知性、知天。这既
是对孟子思想的继承，也是他心学思想的体现。他强调如果不以尽心为
本、为先，就会导致"迷其端绪"，颠倒本末，不知始终的谬误，而流于
异端邪说，这是圣人之学中绝，孔孟之道失传的基本原因。他认为只有遇
到了"先觉"如自己这样的"大贤"，才能立端绪，正根本，把失传的古
人之学、圣人之道恢复和接续下来。并指出："唐虞三代之时，道行乎天
下。……孟子言必称尧舜，听者为之藐然。不绝如线，未足以喻斯道之微
也。陵夷数千百载，而卓然复见斯义，顾不伟哉？"② 正是出了自己继孟子
之后道统的第一人，才使得已衰败千数百年而不绝如线的儒家圣人之道卓
然复明于天下，可见其有功于孔门甚伟。以上可见，陆九渊强调"自得"、
"尽心"，把自己视为"先觉"、"大贤"，继孟子之后自得圣人之道的第一
人，从而把韩愈、程朱等排除在道统之外，建构起具有心学特色的道统
论，这亦是对程朱道统的扬弃。

（三）对程朱道统论的批评

陆九渊从其心学道统观出发，对程朱的道统论提出了批评，这不仅
反映了道学与心学不同的道统观，而且体现了道统思想演变的历史轨迹。

对于程朱的道统论，陆九渊一定程度地予以肯定，但亦指出其见道
不明。他说："韩退之言：'轲死不得其传。'固不敢诬后世无贤者，然直
是至伊洛诸公，得千载不传之学。但草创未为光明，到今日若不大段光
明，更干当甚事？"③ 虽然他称二程得千载不传之学，但并未承认自己受到
二程的影响，而是指出二程的道统还处在草创阶段，尚不完备，并认为如
果到今日还不能使道统完备起来的话，那还干什么事？显然把发扬光大圣

---

① （宋）陆九渊著，钟哲点校：《武陵县学记》，《陆九渊集》卷19，中华书局1980年
版，第238—239页。

② （宋）陆九渊著，钟哲点校：《荆国王文公祠堂记》，《陆九渊集》卷19，中华书局
1980年版，第231页。

③ （宋）陆九渊著，钟哲点校：《语录下》，《陆九渊集》卷35，中华书局1980年版，
第436页。

人之道，使道统论完备的重任留给了自己。这也是对朱熹及其门人立道学门户，把与己不合的学术排除在道统之外的一种回应。由此，陆九渊指出了程颐之言有不符合孔孟的地方。据杨简所撰《行状》记载："伊川近世大儒，言垂于后，至今学者尊敬讲习之不替。先生（陆九渊）独谓简曰：'卯角时，闻人诵伊川语，自觉若伤我者。亦尝谓人曰：伊川之言，奚为与孔子孟子之言不类。'"① 在当时程颐之学受到学者普遍重视、尊敬的情况下，陆九渊独自指出程氏与孔孟有异，表明陆九渊与程颐有不同的学术旨趣。

陆九渊在批评朱熹道学自立门户的同时，却肯定了本朝的理学，说明陆氏所谓的理学与他所批评的"名过于实"的道学不是一个概念。他说："秦汉以来，学绝道丧，世不复有师。以至于唐，曰师、曰弟子云者，反以为笑，韩退之、柳子厚犹为之屡叹。惟本朝理学，远过汉唐，始复有师道。"② 此"理学"是对秦汉以来"学绝道丧"的批判与创新，其内涵似比朱熹的道学更广，把以心为理者包括进来。

陆氏还批评了程朱道统未能及于曾子、子思、孟子，而承"三圣"之统，并指出因其困于"支离"，所以不能"自成自达"。这是以心学的道统观对程朱之学的批评。他说：

> 由孟子而来，千有五百余年之间，以儒名者甚众，而荀扬王韩独著，专场盖代，天下归之，非止朋游党与之私也。若曰传尧舜之道，续孔孟之统，则不容以形似假借，天下万世之公，亦终不可厚诬也。至于近时伊洛诸贤，研道益深，讲道益详，志向之专，践行之笃，乃汉唐所无有，其所植立成就，可谓盛矣！然江汉以濯之，秋阳以暴之，未见其如曾子之能信其皓皓；肫肫其仁，渊渊其渊，未见其如子思之能达其浩浩；正人心，息邪说，距诐行，放淫辞，未见其如孟子之长于知言，而有以承三圣也。

> 故道之不明，天下虽有美材厚德，而不能以自成自达，困于闻见之支离，穷年卒岁而无所至止。③

---

① （宋）陆九渊著，钟哲点校：《象山先生行状》，《陆九渊集》卷33，中华书局1980年版，第388页。

② （宋）陆九渊著，钟哲点校：《与李省干（二）》，《陆九渊集》卷1，中华书局1980年版，第14页。

③ （宋）陆九渊著，钟哲点校：《与侄孙濬》，《陆九渊集》卷1，中华书局1980年版，第13页。

在这里，陆九渊已明确提出了自己的"道统"概念。文中有"传尧舜之道，续孔孟之统"的字句，虽然道统二字尚未连用，但同在一处出现，前后连贯，已明确表达了道统的涵义。此道统是指传续由尧舜到孔孟圣人之道的统绪，不仅有尧舜之道的内涵，而且包括了传续这个尧舜之道的统绪即外在形式，把道和统、内容和形式较完整地结合起来。考陆九渊此文《与侄孙濬》约作于淳熙十五年（1188 年），据陆九渊《年谱》记载，淳熙十五年陆九渊在山间精舍，即在贵溪象山精舍讲学授徒，《年谱》于此年引用《与侄孙濬》一文以说明陆九渊在山间讲学的情况，此文讲述的是当时在山间的事情，故约作于当年，即淳熙十五年。可见虽然陆九渊尚未把道统二字连用，但已明确提出道统概念。陆九渊的道统观不仅没有荀子、扬雄、王通、韩愈等孟子之后诸儒的地位，尽管他承认他们以儒著称于当世，却不容其以形似假借道统；而且认为伊洛诸贤即二程等也未能承"三圣"之统，尽管他们"研道益深，讲道益详"，有超出汉唐诸儒之处，但却不及曾子、子思、孟子等。其关键在于伊洛之学"困于闻见之支离"，而不能自成自达其道，这当把朱学也包括在内。陆九渊强调，如果"志念之不正"，不以心求道，只是如"蠹食蛆长于经传文字之间者，何可胜道？"[①] 陆九渊学术的特点是不立文字，内求于心，反对当时学者"只是解字"的倾向，认为这是"举世之弊"。他说："今之学者读书，只是解字，更不求血脉。"[②] 并把朱学斥为"支离"，未能明道。这与朱熹重视通过对经典的学习，从中阐发圣人之道的思想形成鲜明的对照，亦体现了对程朱道统的批评。

二、道乃人心所固有

如果说，陆九渊倡导心学，以心论道统体现了他心学道统论的特色的话，那么，在对道的内涵规定、道与心关系的论述上，陆九渊移道入

---

① （宋）陆九渊著，钟哲点校：《与侄孙濬》，《陆九渊集》卷 1，中华书局 1980 年版，第 13 页。

② （宋）陆九渊著，钟哲点校：《语录下》，《陆九渊集》卷 35，中华书局 1980 年版，第 444 页。

心，心、道合一；融器入道，道、器一体，进一步体现了他取消本末差别，专就心上说；重融通合一，不重区别对待的心学及其道论的特点。

（一）道的规定

陆九渊哲学的道充塞宇宙，是天地万物存在的根据；道又是事物的普遍规律，与事物不相脱离；道亦具有仁义道德的含义，并以主体之心的形式出现。其对道的多重规定，构成了陆九渊道统之道的基本内涵。

1. "道充塞宇宙"

陆九渊哲学的道是宇宙的本体、天地万物存在的根据。他说："此道充塞宇宙，天地顺此而动，故日月不过，而四时不忒；圣人顺此而动，故刑罚清而民服。古人所以造次必于是，颠沛必于是也。"[①] 指出天地自然界和圣人都依据道而动，道支配着自然界日月星辰的运行和四时寒暑的变化；即使圣人也须遵循道的原则而行事，如此才能使刑罚清明、人民心服。宇宙万物在运动变化的过程中都依据着道而存在，而运动，而不能脱离道而孤立存在。他说："天之所以为天者，是道也。"[②] 强调道是天地之所以存在的根据，天地既与道不殊，又与心无异，道作为宇宙本体，又与心相互联系。他说："道奚而可与天地殊？心奚而可与天地异？"[③] 天覆地载，日月星辰的维系，阴阳寒暑的运行，这都是天地的造作，道与心同宇宙天地之间没有本质的差别，天地万物都统一于一个本体，这就是充塞宇宙，与心合一的道。

道作为宇宙本体，虽然与心合一，但却不以人的主观意志为转移，不论人明道或是不明道，都不能对道有所增减。他说："道在天下，加之不可，损之不可，取之不可，舍之不可，要人自理会。"[④] 其弟子杨简亦说："道不我违，我自违道，有我有违，无我无违，有我斯动，无我则无动，

---

　　① （宋）陆九渊著，钟哲点校：《与黄康年》，《陆九渊集》卷10，中华书局1980年版，第132页。

　　② （宋）陆九渊著，钟哲点校：《与冯传之》，《陆九渊集》卷13，中华书局1980年版，第180页。

　　③ （宋）陆九渊著，钟哲点校：《天地设位圣人成能人谋鬼谋百姓与能》，《陆九渊集》卷29，中华书局1980年版，第343页。

　　④ （宋）陆九渊著，钟哲点校：《语录下》，《陆九渊集》卷35，中华书局1980年版，第434页。

我本无我，意立而成，我日至之，外犹有违，意起而动故也。"① 陆九渊、杨简均认为，道既在天下，又乃人心所固有，道虽然与心合一，但却是无意无我，不受个人主观意志的影响，因而是自然而然，不为意念所动。

2."道外无事，事外无道"

陆九渊既以道为宇宙的本体，万物存在的根据；又以道为事物的规律，与具体事物不相脱离。他经常讲："道外无事，事外无道。"② 道与事物相结合，离开了事物，无所谓道；离开了道，事物则失去了存在的依据。他说："'语大，天下莫能载焉。'道大无外，若能载，则有分限矣。'语小，天下莫能破焉。'一事一物，纤悉微末，未尝与道相离。"③ 道是完整的、不可分割的宇宙本体，它无所不包，无处不在，至大无外，至小无内，大至宇宙天体，小至纤微毫末，都有道存在于其中，与事物不分离。可见道本身无着落，须靠事物即器来安顿。关于道器关系，陆九渊指出："道之与器，未始相无。不由其道而利其器，器者非其有矣。"④ 认为道器不相脱离，但以道为本，以器为末，融器入道，道器一体，在以道器为形而上、下的同时，又将二者统一起来。他说："自形而上者言之谓之道，自形而下者言之谓之器。天地亦是器，其生覆形载必有理。"⑤ 指出任何有形器都有无形之道存在于其中，作为事物的本体或规律；无形之道安顿在有形之器之中，道器不可分割地合为一体，"知道则末即是本，枝即是叶。又曰：有根则自有枝叶"⑥。最终融器入道，合末为本，取消本末、道器的差别，在道器关系上，体现了其"不专论事论末，专就心上说"⑦的心学特征。

---

① （宋）杨简：《乐平县学记》，《慈湖遗书》卷2，文渊阁《四库全书》第1156册，台湾商务印书馆1986年版，第618页。

② （宋）陆九渊著，钟哲点校：《语录上》，《陆九渊集》卷34，中华书局1980年版，第395页。

③ （宋）陆九渊著，钟哲点校：《语录下》，《陆九渊集》卷35，中华书局1980年版，第476页。

④ （宋）陆九渊著，钟哲点校：《年谱》，《陆九渊集》卷36，中华书局1980年版，第505页。

⑤ （宋）陆九渊著，钟哲点校：《语录下》，《陆九渊集》卷35，中华书局1980年版，第476页。

⑥ （宋）陆九渊著，钟哲点校：《语录下》，《陆九渊集》卷35，中华书局1980年版，第435页。

⑦ （宋）陆九渊著，钟哲点校：《语录下》，《陆九渊集》卷35，中华书局1980年版，第469页。

3. 道为仁义

以道为仁义道德，这是陆九渊对道作出的又一规定。他说："道塞宇宙，非有所隐遁，在天曰阴阳，在地曰柔刚，在人曰仁义。故仁义者，人之本心也。"① 陆九渊既继承《易传》关于"立人之道曰仁与义"的思想，以道为仁义，又将其与人之本心结合起来，把《易传》的思想向心学方向发展。道即仁义，仁义即心，仁义既是道的规定，又是心的内涵，通过仁义，把道与心合为一体，道即心，心即道。此道也即是理。仁即道，仁即心，仁即理，三者在逻辑上是一致的。他说："夫子曰：'吾道一以贯之。'孟子曰：'夫道一而已矣。'又曰：'道二，仁与不仁而已矣。'如是则为仁，反是则为不仁。仁即此心也，此理也。求则得之，得此理也。"② 道、心、理同一，均具有儒家仁义道德的内涵。陆九渊所谓的"一以贯之"，即是以仁义之道为内容，与主体之心相结合的心理合一的一贯之道。

从以上陆九渊对道作出的规定可以看出，其道是一个本体论与伦理学相结合的范畴，并具有主体的意义。道作为宇宙本体，是万物之存在的根据；道作为伦理范畴，又具有仁义道德的内涵；道以主体的形式出现，把本末道器融通合一，而具有忽视差别的趋同倾向。

（二）道乃人心所固有

不同于朱熹以理为道，以太极为道，陆九渊以心为道，主张道在心中，心即是道，道乃人心所固有，这显示了其心学道论的特点。在心、道关系上，陆九渊既强调心，突出心，又直接把道与心视为一物，如前所述，仁义既是道的规定，又是心的内涵，通过仁义，道、心合为一体。并且，心以道为内容，道以心为居所，道不外心而存在。他说："人孰无心，道不外索，患在戕贼之耳，放失之耳。"③ 认为人人都有主体精神之心，道存在于心内，因而不必向外索求，患在人们放失良心，自己损害了心中的道而

---

① （宋）陆九渊著，钟哲点校：《与赵监》，《陆九渊集》卷1，中华书局1980年版，第9页。

② （宋）陆九渊著，钟哲点校：《与曾宅之》，《陆九渊集》卷1，中华书局1980年版，第5页。

③ （宋）陆九渊著，钟哲点校：《与舒西美》，《陆九渊集》卷5，中华书局1980年版，第64页。

已。进而，陆九渊指出，道是人心固有的本质，言道便与心合为一体。他说："道理无奇特，乃人心所固有，天下所共由，岂难知哉？"① 道为人心所固有，心本身就以道为内容。由此，他反对心与道相脱离。他说："恰如坐得不是，我不责他坐得不是，便是心不在道。若心在道时，颠沛必于是，造次必于是，岂解坐得不是？"② 一个人行为的好坏，不在于行为本身，而在于心是否符合道。如果心与道合，那么即使颠沛、造次也必不违道。

陆九渊认为，心只有一心，这就是与道、理合一的仁义之心，他反对把心分为二，因为这会破坏其心本论哲学体系的完整性。但是心中固有的道即义理会遭到物欲的危害，只有存心去欲，克服物欲的危害，才能保持心中固有的义理。他说："心苟不蔽于物欲，则义理其固有也。"③ "夫所以害吾心者何也？欲也。……欲去，则心自存矣。"④ 也就是说，虽然道为人心所固有，但须去掉物欲才能保持住它，可见去欲是存心的前提。既然陆九渊承认有欲的存在，而欲又在心外，不是心内之物，那么这与其心一元论哲学体系的完整性发生矛盾，表明其心学理论存在着缺陷。

陆九渊以心为道，道乃人心所固有的思想是移道入心，直接把道融于主体精神之中，心即是道，道即是心，反对在心之外去寻求所谓的道，这是他心学在道论上的反映。他强调："道未有外乎其心者。自可欲之善至于大而化之之圣，圣而不可知之神，皆吾心也。"⑤ 认为道不外心，与心合一。心涵盖甚广，无论是道，还是善，以至圣、神都是心的本质内容，"皆吾心也"，心具有很大的包容性。

与此相应，由于道即是心，陆九渊心学的特征"先立乎其大"，既是先立乎其心，亦是立乎此道；以心为最高原则，也就是以道为最高原则。他说：

---

① （宋）陆九渊著，钟哲点校：《与严泰伯（三）》，《陆九渊集》卷14，中华书局1980年版，第184页。

② （宋）陆九渊著，钟哲点校：《语录下》，《陆九渊集》卷35，中华书局1980年版，第451页。

③ （宋）陆九渊著，钟哲点校：《与傅齐贤》，《陆九渊集》卷14，中华书局1980年版，第185页。

④ （宋）陆九渊著，钟哲点校：《养心莫善于寡欲》，《陆九渊集》卷32，中华书局1980年版，第380页。

⑤ （宋）陆九渊著，钟哲点校：《敬斋记》，《陆九渊集》卷19，中华书局1980年版，第228页。

> 圣人之道，洋洋乎发育万物，峻极于天，优优大哉。天之所以
> 为天者，是道也。故曰"唯天为大"。天降衷于人，人受中以生，是
> 道固在人矣。孟子曰："从其大体"，从此者也。又曰："养其大体"，
> 养此者也。又曰："养而无害"，无害乎此者也。又曰："先立乎其大
> 者"，立乎此者也。居之谓之广居，立之谓之正位，行之谓之大道。
> 非居广居，立正位，行大道，则何以为大丈夫？[①]

强调以圣人之道为最高原则，道既是天地万物存在的根据，亦是人类社会
的普遍性原则。因此，陆九渊"先立乎其大"这一心学要旨，实质上也就
是先立乎其道。只有立其根本，行乎大道，才能端正立场，直指人心，堂
堂正正地做个人，以至于达到大丈夫的境界。可见陆九渊的心学与其道论
是紧密联系在一起的，或者说陆九渊的道论是其心学的重要组成部分，论
道便不脱离主体之心的形式，论心便以道为其本质内容。

三、朱陆关于道的争论

朱学和陆学作为宋代理学思潮中的两大家同处于理学思潮之中，既
有相同处，又有相异处。其相同处在于，不论双方有多少差异，但均以抽
象性、思辨性的哲理来论证儒家纲常伦理，都是以维护义理和穷理尽心
（陆学以"心即理"，故曰"尽心"；朱学以"性即理"，故强调"穷理"）
为学术宗旨和思想特征，其最终目的都是为了把以"理"为代表的儒家伦
理发扬光大，并将其贯彻到社会生活的各个领域。以此与缺乏抽象思辨哲
理的旧儒学，以及不讲儒家伦理的佛教、道教相区别。朱学和陆学作为理
学思潮中的两大流派又存在着相异处，其差别主要在于，陆学以心为本，
讲融通合一；朱学以理为本，讲体用二分。由于有了这个差异，朱陆双方
在宇宙观、认识论、方法论、人性论、修养论等一系列问题上产生了思想
分歧。双方关于道的争论，便是其差异性的一种表现。

朱熹为了建立其道学的哲学逻辑结构，以形而上下，即以体用来区

① （宋）陆九渊著，钟哲点校：《与冯传之》，《陆九渊集》卷13，中华书局1980年版，
第180页。

分道器，提出道为形而上之本体，阴阳为形而下之形器的思想。朱熹说："阴阳，气也，形而下者也；所以一阴一阳者，理也，形而上者也，道即理之谓也。"① 并指出："一阴一阳，虽属形器，然其所以一阴而一阳者，是乃道体之所为也。"② 这是在答陆九渊的书中提到的观点，他认为阴阳只是形器，道则是超乎形器之上支配、决定阴阳的本体。所以每当学生问到"阴阳是道"、"阴阳为道"的问题时，朱熹都要加以纠正："'一阴一阳之谓道'，阴阳是气不是道，所以为阴阳者乃道也。"③ 这是朱熹对《易传》道为阴阳思想的改造。陆九渊从心学立场出发，坚持《易传》的观点，反对朱熹把阴阳说成形而下，而认为一阴一阳即是道，不得谓之形器。他反驳朱熹说：

> 至如直以阴阳为形器而不得为道，此尤不敢闻命。《易》之为道，一阴一阳而已，先后、始终、动静、晦明、上下、进退、往来、阖辟、盈虚、消长、尊卑、贵贱、表里、隐显、向背、顺逆、存亡、得丧、出入、行藏，何适而非一阴一阳哉？奇偶相寻，变化无穷，故曰："其为道也屡迁。"……又曰："昔者，圣人之作《易》也，将以顺性命之理。是以立天之道，曰阴与阳。"……今顾以阴阳为非道而直谓之形器，其孰为昧于道器之分哉？"④

陆九渊指出，以阴阳为形器而不以为道，这正是朱熹"昧于道器之分"的表现。他认为一阴一阳即是道，这与《易传》本身的思想相符。他引《易传》的话为根据，指出一阴一阳之道存在于世界上诸如先后、始终、动静……所有对立的事物和现象之中，阴阳作为一切对立之事物的普遍规律只能是道，而不可谓之形器。他说："一阴一阳之谓道，乃泛言天地万物皆具此阴阳也。"⑤ 认为一阴一阳之道存在于天地一切事物之中，"天地

---

① （宋）周敦颐：《通书·诚上注》，《周敦颐全书》卷3，江西教育出版社1993年版，第90页。

② （宋）朱熹撰，郭齐、尹波点校：《答陆子静（五）》，《朱熹集》卷36，四川教育出版社1996年版，第1575页。

③ （宋）黎靖德编：《朱子语类》卷74，中华书局1986年版，第1896页。

④ （宋）陆九渊著，钟哲点校：《与朱元晦（二）》，《陆九渊集》卷2，中华书局1980年版，第29页。

⑤ （宋）陆九渊著，钟哲点校：《语录下》，《陆九渊集》卷35，中华书局1980年版，第477页。

万物皆具此阴阳"之道，万物皆以阴阳作为其普遍规律。由此，陆九渊把阴阳称为形而上。他说："一阴一阳即是形而上者"①，并指出："《易》之《大传》曰'形而上者谓之道'，又曰'一阴一阳之谓道'，一阴一阳，已是形而上者，况太极乎?"②反对把阴阳与道割裂开来，他认为阴阳即是形而上，即是道。不同意朱熹以阴阳为形而下，为器的思想。朱熹则坚持自己的观点，他在答辩陆九渊时指出："至于《大传》既曰'形而上者谓之道'矣，而又曰'一阴一阳之谓道'，此岂真以阴阳为形而上者哉? 正所以见一阴一阳，虽属形器，然其所以一阴而一阳者，是乃道体之所为也。"③朱熹把《易传》"一阴一阳之谓道"说成是所以阴阳者为道，这是因为他把道作为形而上之本体，把阴阳作为构成万物的质料。他诘难陆九渊说："若以阴阳为形而上者，则形而下者复是何物?"④朱熹的这一反问，正好提及了陆九渊心学的特点。陆九渊以心为最高范畴的心本论哲学，形上与形下都在心中，而不在心外，强调道在心中，本体与主体合为一体，不重视形而上下之分，不讲体用之别，融末入本，融器入道，以心来囊括整个宇宙和各个哲学范畴，故在其心学体系里没有形而下的地位。朱熹则不同，他以道即理为其哲学逻辑结构的最高范畴，道作为宇宙本体，必须安顿在具体事物之中，借助阴阳之气作为构物的材料，道与阴阳相比，更为根本，因而讲体用之分、本末之别，把道作为形而上，阴阳作为形而下，阴阳是形器不是道，所以阴阳的本体才是道。这便是朱熹以形而上下区分道与阴阳，陆九渊把阴阳称为形上之道，反对以阴阳为形而下之器，双方在阴阳与道关系问题上产生分歧并展开争论的原因。

---

① （宋）陆九渊著，钟哲点校：《与朱元晦（二）》，《陆九渊集》卷2，中华书局1980年版，第29页。

② （宋）陆九渊著，钟哲点校：《与朱元晦》，《陆九渊集》卷2，中华书局1980年版，第23页。

③ （宋）朱熹撰，郭齐、尹波点校：《答陆子静（五）》，《朱熹集》卷36，四川教育出版社1996年版，第1575页。

④ （宋）朱熹撰，郭齐、尹波点校：《答陆子静（六）》，《朱熹集》卷36，四川教育出版社1996年版，第1580页。

四、陆九渊心学道统论的历史地位

中华道统思想的发展演变进入宋明时期，形成了各个不同的理论流派，除以程朱为代表的以天理论道，以"四书"学发明道统的一派占据了道统思想发展的主导地位外，以张载为代表的以气化论道的气学道统论和以陆九渊、王守仁为代表的以心论道的心学道统论分别对道统思想的发展演变产生了重要影响。如果说，张载的气学道统论与程朱的道统论虽有分歧，但差异不是很大，在不少方面程朱对张载加以赞扬，并有所吸取，《宋史·道学传》亦把张载与程朱并列，反映了其道统思想的相同性的话，那么，陆九渊与程朱道统的相异性则更为明显，不仅朱熹对陆氏道统未加肯定，《宋史·道学传》未收陆九渊，仅将其归于《儒林》，而且朱陆双方及其后学也互相指责对方，颇有微词，都把对方排斥在道统正宗之外。正如张立文教授所指出："在程、朱后学以程、朱为继孔孟道统之嫡传之时，陆九渊后学亦以陆为孔孟道统的真正继承者。……其实质是道统正宗之争。"① 这个道统正宗之争不仅反映了朱陆双方道统论的差异性，同时也体现出陆九渊心学道统论所占有的重要的历史地位。

陆九渊提出的心学道统论，既然是中华道统思想尤其是宋明理学道统论的重要组成部分，就具有一般道统论的共同本质，即以圣人之道的传授为统绪，贯彻圣人之道的原则。他还结合时代的发展，从形式和内容上对道的授受、道的思想内涵加以整理和发展。陆九渊曾指出："包牺氏至黄帝，方有人文，以至尧舜三代。今自秦一切坏了，至今吾辈，盍当整理。"② 认为自伏羲至黄帝，才有了中华人文，这些上古圣人是中华文明的缔造者和发祥者，圣人之道相传至尧舜以至三代，而秦以后道脉坏乱，"学绝道丧"，迷其端绪，使道不传，当今继道者当整理发扬圣人之道，以弘道为己任。这些方面体现了一般意义上的道统论的共性，而与韩愈、二

---

① 张立文：《走向心学之路——陆象山思想的足迹》，中华书局 1992 年版，第 200、202 页。

② （宋）陆九渊著，钟哲点校：《语录下》，《陆九渊集》卷 35，中华书局 1980 年版，第 453 页。

程、朱熹等人的道统思想无异。陆九渊的道统论除具有一般道统论的共性外，还别具特色，具有自己鲜明的个性，这就是倡导心学，以心论道统。

陆九渊站在心学道统论的立场，从心道合一，维护心及心一元论哲学的完整性出发，不同意程朱对《尚书》"十六字心传"的解释，反对以天理人欲来区分道心人心，认为心只是一心，而非二心；天人合一，而非分裂为二。这是对程朱道统论重要组成部分的改造和否定，并对王守仁心学道统论产生重要影响，从而体现了陆氏心学道统论在道统思想发展史上的重要地位。

朱熹在继承二程"《中庸》乃孔门传授心法"① 和"人心私欲，故危殆；道心天理，故精微。灭私欲则天理明矣"② 思想的基础上，把《中庸》与《古文尚书·大禹谟》相结合，从中阐发"十六字心传"，完善和发展了二程确立的道统论，使之成为道统思想的重要内容。陆九渊却不同意程朱对"十六字传心诀"的解释，并对心分为二，割裂天人的倾向提出批评。他说：

> 《书》云："人心惟危，道心惟微。"解者多指人心为人欲，道心为天理，此说非是。心一也，人安有二心？自人而言，则曰惟危；自道而言，则曰惟微。罔念作狂，克念作圣，非危乎？无声无臭，无形无体，非微乎？因言庄子云："眇乎小哉！以属诸人；謷乎大哉！独游于天。"又曰："天道之与人道也相远矣。"是分明裂天人而为二也。③

陆九渊指出，心是一心，不可将心分二，以人心为人欲，以道心为天理，这样就会破坏心的完整性，为其心一元论哲学的逻辑所不容。他从批评程朱的角度出发，对"人心惟危，道心惟微"加以新解，他认为，心只有一个心，就人而言，如果放纵物欲，而不加以克制，岂不危殆；就道而言，心道合一，无形无臭，难以把持，岂不微妙而难见。然而无论道还是人，

---

① （宋）程颢、程颐著，王孝鱼点校：《河南程氏外书》卷11，《二程集》，中华书局1981年版，第411页。

② （宋）程颢、程颐著，王孝鱼点校：《河南程氏遗书》卷24，《二程集》，中华书局1981年版，第312页。

③ （宋）陆九渊著，钟哲点校：《语录上》，《陆九渊集》卷34，中华书局1980年版，第395—396页。

均不能把心割裂为二，只是从不同的角度来说明一个统一的心而已，并反对裂天人为二，以道心属天理，以人心属人欲，把天人对立起来的观点。他认为如此便是"误解了《书》，谓'人心，人伪也；道心，天理也'，非是。人心，只是说大凡人之心。惟微，是精微，才粗便不精微，谓人欲天理，非是。人亦有善有恶，天亦有善有恶，岂可以善皆归之天，恶皆归之人。此说出自《乐记》，此话不是圣人之言。"①陆氏从天人合一的角度反对程朱的天理人欲之分，认为此说出自《乐记》，非圣人之言，对经典的篇章加以大胆的怀疑，并指出此解与《书经》即《古文尚书·大禹谟》的原意不符。仍是以心学的立场来评判经典的是非，表现出以六经为我心之注脚的思想倾向。

受陆九渊思想的影响，王守仁亦对朱熹把心分二的观点提出批评。徐爱问："'道心常为一身之主，而人心每听命。'以先生精一之训推之，此语似有弊。先生（王守仁）曰：然。心一也，未杂于人谓之道心，杂于人伪谓之人心。人心之得其正者即道心，道心之失其正者即人心，初非有二心也。……今曰道心为主而人心听命，是二心也。"②与朱熹哲学注重道心与人心的分二、对立不同，王守仁从心一元论哲学立论，主张心即道，强调道心与人心的合一，认为"心一也"，不可将心分为二，对朱熹道心为主人心听命的观点提出批评，指出朱熹把心一分为二，是其哲学的弊病所在。

由此，王守仁改造朱熹的"十六字心传"思想，直把《大禹谟》的十六个字视为心学之源。他说："圣人之学，心学也。尧舜禹之相授受曰：'人心惟危，道心惟微，惟精惟一，允执厥中。'此心学之源也。中也者，道心之谓也。道心精一之谓仁，所谓中也。"③与朱熹把中称之为道不同，王守仁以中为心，即道心，他认为中即心，中即仁，仁即心，心即道，传道即是传心，把圣人传道以中与传之以心视为一回事，由此把程朱道统加

---

① （宋）陆九渊著，钟哲点校：《语录下》，《陆九渊集》卷35，中华书局1980年版，第462—463页。

② （明）王守仁著，王晓昕、赵平略点校：《传习录上》，《王文成公全书》卷1，中华书局2015年版，第8—9页。

③ （宋）陆九渊著，钟哲点校：《王守仁序》，《陆九渊集》附录1，中华书局1980年版，第537页。

以心学化的改造。朱熹以传道与心传不相脱离，道虽存在于心中，但道不是心，而是被心所认识，通过识其道，把圣人之道传授下来。与朱熹道统论不同的是，王守仁把心、道等同，故将传道与传心视为一回事，圣人传道即圣人传心，由于心只是一心，反对把心分为二，强调道心与人心的合一，所以从心一元论哲学的角度把《大禹谟》的"十六字传心诀"视为"心学之源"，将道统论及道的传授纳入心学的轨道。这是对陆学的继承和发展，体现了陆九渊对后世道统论的重要影响。

　　正因为陆九渊的心学道统论在当时并对后世产生了重要影响，故时人及后人对其作出了较高评价。陆九渊逝世后，荆门金判洪伋作《祭文》称："斯道庞洪，充塞两仪。孔孟既没，日以湮微。赖我先生，主盟正学，开悟聋瞍，惟时先觉。"[①] 以陆氏为孔孟之后，"主盟正学"的人物。傅子云称："周衰文弊，孟没学绝。……千七百载，乃有先生，……远绍孟氏之旨，极陈异说之非。"[②] 指出陆九渊在千年之后，继承儒家圣人之旨，将失传的孔孟之道弘扬开来。周清叟亦强调："继孟子之绝学，舍先生其谁能。"[③] 认为只有陆九渊出，才继承了已成"绝学"的孟子之学。袁燮则把陆九渊称为"吾道之统盟"[④]，给予很高的评价。王守仁继承了陆九渊的心学道统论，在思想渊源上，把陆学归之于孟子之学，反对把陆氏心学视之为禅学。他说："吾尝断以陆氏之学，孟氏之学也。而世之议者，以其尝与晦翁之有同异，而遂诋以为禅。夫禅之说，弃人伦，遗物理，而要其归极，不可以为天下国家。苟陆氏之学而果若是也，乃所以为禅也。"[⑤] 正因为陆氏心学在人伦物理方面，与佛教有本质的区别，所以不应把陆学诋为禅学。这是王守仁为心学辩诬。

　　质言之，陆九渊在中华道统思想发展史上，另辟蹊径，以心论道，

　　① （宋）陆九渊著，钟哲点校：《年谱》，《陆九渊集》卷36，中华书局1980年版，第513页。

　　② （宋）陆九渊著，钟哲点校：《年谱》，《陆九渊集》卷36，中华书局1980年版，第517页。

　　③ （宋）陆九渊著，钟哲点校：《年谱》，《陆九渊集》卷36，中华书局1980年版，第517页。

　　④ （宋）陆九渊著，钟哲点校：《袁燮序》，《陆九渊集》附录1，中华书局1980年版，第536页。

　　⑤ （宋）陆九渊著，钟哲点校：《王守仁序》，《陆九渊集》附录1，中华书局1980年版，第538页。

提出心学道统观，从心学的角度改造了以往的道统论，与程朱道统形成对照，使道统思想向心学方向发展，并对王守仁产生重要影响，因而陆九渊的心学道统论在道统思想流传演变的历史过程中占有重要的地位。

第二节　吴澄心学与道统相结合的思想

吴澄（1249—1333 年），元代理学家。字幼清，晚称伯清，号草庐。抚州崇仁（今属江西）人。与许衡齐名，人称"南吴北许"。吴氏祖先由豫章之丰城迁居抚州之崇仁县，其七世祖吴周始居崇仁乡之坫原。吴澄祖父吴铎工于进士诗赋，精通天文星历之学，赠中奉大夫、淮东道宣慰使、护军。父亲吴枢温粹纯实，谦退不与人争，赠资善大夫、湖广等处行中书省左丞、上护军。吴澄世代业儒，治进士业。吴澄七岁能著律赋，《论语》、《孟子》、"五经"皆成诵。十岁时得朱熹的《大学中庸章句》而读之，以为入道之门。十六岁拜程若庸为师，遂为饶鲁的再传弟子。饶鲁是黄榦门人，朱熹再传。由此吴澄受到朱学的影响。十九岁时作《道统图》，阐述其道统观。咸淳六年（1270 年），吴澄二十二岁，应乡试中选。次年应礼部试下第，遂教授乡里。不数年宋亡，乃隐居布水谷，校注诸经。

至元二十三年（1286 年），吴澄三十八岁，程钜夫荐吴澄出仕，吴澄以母老辞。后随程钜夫至京师游，不久还家。元朝廷从程钜夫之请，将吴澄所校《易》、《书》、《诗》、《春秋》、《仪礼》、《大戴记》、《小戴记》诸经置于国子监，以教学者。

大德五年（1301 年），吴澄五十三岁，授应奉翰林文字登仕郎同知制诰兼国史院编修官。大德八年（1304 年）授将仕郎江西等处儒学副提举。

至大元年（1308 年），吴澄六十岁，除从仕郎国子监丞。至大四年（1311 年）授文林郎国子司业。泰定三年（1326 年），吴澄七十八岁，加授翰林学士资善大夫知制诰同修国史。

吴澄为官，仅限于"师儒"和"文学"，并旋进旋退，任官时间很短。其一生大多数时间是教学授徒，研究理学，著书立说。早年校注群经，晚年先后撰成《书纂言》、《易纂言》、《春秋纂言》、《易纂言外翼》、《礼记纂言》等。其著作有：《五经纂言》、《道德真经注》、《吴文正集》等。

吴澄学本朱熹传人，兼宗陆九渊，主张朱陆会合，互为补充。他指出，"朱子于道问学之功居多，而陆子以尊德性为主。问学不本于德性，则其蔽必偏于语言训释之末。故学必以德性为本"①，以尊德性为本，而偏向陆学。其哲学亦以会合朱陆，扩大心学的内涵为特征。他提出心有体用的思想，主张内外合一，心事结合，既以心为宇宙本体，又主张体用相即，心事不离。其以心为宇宙本体，与陆九渊心学相近；其以事物为心之用，则与陆九渊"不专论事论末，专就心上说"②的观点有异。

在道统论方面，吴澄一方面继承了程朱的道统思想，建构完整的道统体系，把"四书"等儒家经典与道统之道紧密联系起来；另一方面又吸取陆氏心学道统论，以心论道统，认为"道具于心"，得此道以为德性，并扩大心学的内涵，以心学包罗道统，从而表现出吴澄折中朱陆，沟通程朱道统与陆九渊心学道统的思想倾向。这成为中华道统思想发展演变过程中的一个阶段。

一、建构完整的道统体系

程朱之学经元代理学家许衡、刘因、吴澄等的传播和推广，得到元统治者的重视，从而被确立为官方指导思想。其道统论经吴澄的宣扬和整理，也日益深入人心，成为一时之定论。吴澄不仅继承了程朱道统，而且还加以系统论述，在朱熹之后，完善了道的传授统绪说，从而建构起完整的道统体系。

（一）道统十四圣

吴澄的道统论与中华人文的起源说相互联系，他认为人文之源即是伏羲氏开创的文化，三皇等圣人不仅是道统的发祥者，而且是中华人文

---

① （清）黄宗羲著，全祖望补：《草庐学案》，《宋元学案》卷92，中华书局1986年版，第3037页。

② （宋）陆九渊著，钟哲点校：《语录下》，《陆九渊集》卷35，中华书局1980年版，第469页。

之源。他说："鸿荒以来，载籍莫考，莫不知几千万年而有伏羲氏、神
农氏、皇（黄）帝氏，仰观俯察，画卦造《易》，寔开人文民用之先。"①
指出尽管伏羲等三皇的年代不可详考，但人类经历了三皇时代，伏羲
氏、神农氏、黄帝氏的发明创造，使得中华文明得以起源，发人文日用
之端。由此，吴澄以三皇为道统的发祥者，提出道统十四圣的早期传
授系统说，十四圣相传以道，形成道统，从而奠定了早期传道的统绪。
他说：

> 夫天生亿兆人，而人类之中有圣人者，卓冠乎众，天命之以司
> 亿兆人之命。一元混辟，几百千年而有包牺氏、神农氏、黄帝氏，
> 是为三皇。篡其绪者，少昊氏也、颛顼氏也、高辛是也，而尧、舜
> 焉，而禹、汤焉，而文、武焉。此十有二圣南面为君者也；北面为
> 臣，则有周公焉，此十有三圣达而在上者也；穷而在下，则有孔子
> 焉。此十有四圣，或以其道而为天下之主，或以其道而为天子之宰，
> 或以其道而为万世帝王之师。德天德，心天心，而生天民之命者，
> 位不同而道一也。体其道之全，俾世享安靖和平之福，而民得以生
> 其生者，儒道也。……三皇于十有四圣为最初，孔子于十有四圣为最
> 后，儒学之祀其最后者，尊其集群圣之成也。②

吴澄系统论述了早期圣人之道的传授统绪，他以伏羲、神农、黄帝、少
昊、颛顼氏、高辛、尧、舜、禹、汤、文、武、周公、孔子为十四圣，
十四圣相传以道，形成道统。其或以道为天子，或以道为辅宰，或以道为
帝王之师，吴澄认为，十四圣的地位或有不同，但他们相传的圣人之道则
是同一的。他以伏羲、神农、黄帝等三皇为道统十四圣的奠基者，以孔
子为道统十四圣的集大成者，从而构成早期完整的道的传授系统。需要
指出，吴澄提出道统十四圣的此文是为抚州重修三皇庙所作的《记》，在
《记》中提到儒学祭祀孔子是因其"集群圣之成"。正因为儒学祭祀孔子，
所以有代替宗教的作用。

---

① （元）吴澄：《建康路三皇庙记》，《吴文正集》卷38，文渊阁《四库全书》第1197
册，台湾商务印书馆1986年版，第401页。
② （元）吴澄：《抚州重修三皇庙记》，《吴文正集》卷38，文渊阁《四库全书》第
1197册，台湾商务印书馆1986年版，第403页。

（二）道的传授与失传

道统十四圣构成吴澄道统观关于道的早期传授统绪，孔子为十四圣的集大成者，又将圣人之道传授下来，以待来者。他说："盖吾夫子得尧、舜、禹、汤、文、武、周公之道，而不得天子大臣之位，道不行于天下，而私授其徒，然惟颜子、曾子二人得其传，再传而子思，再传而孟子。"① 吴澄认为，孔子之后，道继续流传，其传授系列是由孔子传之颜子、曾子，再传而至子思，又由子思再传之孟子。他指出，道统的传授称孔孟，就已经包括了颜子、曾子、子思，而不得遗漏。他说："道统之传，称孔孟，而颜、曾、子思固在其中，岂三子不足以绍孔而劣于孟哉？"② 吴澄明确提到"道统之传"，这是对朱熹思想的继承。他认为，颜、曾、子思三人在道统传授中占有重要地位，不能以为三人劣于孟子。吴澄以颜、曾、思、孟作为十四圣之外的道统的传人，四人虽不在圣人之列，但却是道统传授不可或缺的人物，而被视为传圣人之道的贤人。上述传道圣、贤共计十八人，从而构成从远古伏羲，到战国孟子绵延不绝的道统谱系。

然而，圣人之道也有失传的时候，这是因为汉唐诸儒不知"学之有要"，未能将夫子之道继承下来。他说："孟子而后，吾夫子之道不得其传，汉唐名卿钜儒或资质之暗合，或言议之偶中，而能的然知学之有要者，其谁乎？"③ 吴澄提出，虽然汉唐诸儒有"暗合"或"偶中"圣人之道的地方，但总体上讲，由于未能掌握治学的基本要领，使得道统中绝。他所谓的"学之有要"，即指治学以尊德性为本，而不得脱离德性，专以道问学为主。他说：

> 天之所以生人，人之所以为人，以此德性也。然自孟氏以来，圣传不嗣，士学靡宗，谁复知有此哉？汉唐千余年间，儒者各矜所长，奋迅驰骛而不自知其缺，董、韩二子依稀数语近之，而原本竟

---

① （元）吴澄：《十贤祠堂记》，《吴文正集》卷41，文渊阁《四库全书》第1197册，台湾商务印书馆1986年版，第436页。

② （元）吴澄：《刘尚友文集序》，《吴文正集》卷22，文渊阁《四库全书》第1197册，台湾商务印书馆1986年版，第231页。

③ （元）吴澄：《俨斋记》，《吴文正集》卷40，文渊阁《四库全书》第1197册，台湾商务印书馆1986年版，第422—423页。

昧昧也，则亦汉唐之儒而已矣。①

吴澄指出，孟子以来，道统失传，学无所宗，在于未尊德性，而陷溺于贪高骛远。虽然董仲舒、韩愈文字语言或有近圣人之处，但其本原迷昧，最终未能入于圣贤之域，不过是"汉唐之儒而已"，表现出对汉唐诸儒的轻视。由此可见，在吴澄建构的道统体系中，孟子以前，道未中绝；孟子以后，包括整个汉唐时期，道统失其传。

（三）道统十贤

孟子之后，道统失传，吴澄把继千年不传之学的功劳归之二程，又提出道统十贤说，作为北宋以来圣人之道的传人。不仅在朱熹之后，肯定朱熹对于发挥二程道统的历史功绩，而且表彰元代许衡继承朱熹，恢复程朱道统的历史作用。他说："宋河南二程子续孔孟不传之学于千载，提一言以开后觉。新安朱子究竟发挥，而其学益以显时，则伊洛之学独明于南土。近年覃怀许公读朱子之书而有得，复恢河南之绪，然后伊洛之学盛行于中州。"②吴澄把二程、朱熹、许衡作为汉唐以后传授圣人之道的关键人物，其中二程继绝学，朱熹集其成，许衡传程朱之学于北方，各自在传圣人之道的过程中起到了重要作用。他又在二程、朱熹、许衡四人的基础上，扩大道统的传授范围，增加周敦颐、邵雍、司马光、张载、张栻、吕祖谦等六人，推出道统十贤，完善了自北宋以来道的传授统绪。他说：

> 孟子殁而传者无其人，夫子之道泯矣，历千数百年之久，河南二程子出，而孟子之传乃续。同时邵子，卫人也；司马公，陕人也，皆迁洛中。张子，秦人也，亦以邵程之在洛而时造焉。……又思程子之学，其原肇于营道之周，而其流衍于婺源之朱、广汉之张、东莱之吕。至覃怀许文正公尊信四书小学书以教，而国朝士大夫始知有朱子之学。帝制以十贤从祀孔子庙，后学跃然有所兴起。③

---

① （元）吴澄：《尊德性道问学斋记》，《吴文正集》卷40，文渊阁《四库全书》第1197册，台湾商务印书馆1986年版，第421页。

② （元）吴澄：《俨斋记》，《吴文正集》卷40，文渊阁《四库全书》第1197册，台湾商务印书馆1986年版，第423页。

③ （元）吴澄：《十贤祠堂记》，《吴文正集》卷41，文渊阁《四库全书》第1197册，台湾商务印书馆1986年版，第436—437页。

吴澄推出十贤说，基本上把宋以来传儒家圣人之道的重要人物包括在内，不仅有与二程同时的邵雍、司马光、张载等重要理学家，有受到朱熹推崇的周敦颐，而且有号称南宋"东南三贤"的朱熹、张栻、吕祖谦，以及元代大儒许衡。这些人物不仅在道统发展史上占有重要地位，而且亦是理学思潮发展过程中创学派的著名人物。如周敦颐创濂学，二程创洛学，张载创关学，朱熹创闽学，邵雍创象数学，或称百源学，司马光创涑水学，张栻集湖湘学之成，吕祖谦创婺学，许衡创鲁斋学。由于他们在道统史及理学史上占有重要地位，得到了吴澄的大力表彰，并为元统治者所接受，以十贤从祀孔子庙，从而使程朱道统为社会所公认。不仅道统十贤得到了统治者及社会的承认，而且后人亦把吴澄列为道统的传人。韩阳在明代宗景泰二年（1451 年）为《吴文正集》作《序》时指出："迨乎前元真儒亦罕，惟鲁斋许先生、草庐吴先生焉耳。先生才智过人，默悟斯道，远溯洙泗之流而穷其源，近绍程朱之统而得其要。……先生之学，周邵程朱之学也，孔门千载而下若先生者曾几何人哉？"[1] 把吴澄作为上继孔孟之道，近承程朱之统，并得道统之要的孔门人物，使其位在道统之列。

　　如上所述，吴澄以伏羲等三皇为中华人文之源，为道统的发祥者，以从伏羲到孔子的传道圣人为道统十四圣；以颜子到孟子等四人为继承孔子之道的人物；而孟子之后，圣人之道失传；以二程为继千年不传之绝学的人物，并推出道统十贤，而许衡则推广程朱道统；吴澄表彰十贤，亦成为道统的重要传人。由此，吴澄建构的道统体系，圣人之道经伏羲、神农、黄帝、少昊、颛顼、高辛、尧、舜、禹、汤、文、武、周公、孔子、颜子、曾子、子思、孟子、周敦颐、程颢、程颐、邵雍、司马光、张载、朱熹、张栻、吕祖谦、许衡，以及吴澄的传授，得以流传推广，形成完整的传道统绪，并影响了几千年的中国古代社会以及思想界，其道统文化源远流长，一脉相承，独具特色，亦成为中华文化的重要组成部分。

---

① （元）吴澄：《原序》，《吴文正集》附录，文渊阁《四库全书》第 1197 册，台湾商务印书馆 1986 年版，第 924 页。

二、道与经典

在圣人之道与儒家经典关系问题上，吴澄强调圣人之道载于经典，但非经典文字所能概括，所以求道于经典，须心与经融，明经典之道，而非明经典之言。并突出"四书"，以"四书"为"进学之本要"，通过"四书"明理，批评只记诵"四书"辞章文句之弊，这是对程朱"四书"学的继承，及对其末流弊端的扬弃。

（一）明经典之道，非明经典之言

吴澄指出，圣人之道载于经典，通过求之于经典而得其道，便是以圣人为师。他说："文王之道何在？近则在周公，远则在孔子。周孔遗文之传于后，有《易》，有《书》，有《诗》，有《礼》，以及《春秋》，与夫诸弟子之所记，子思、孟子之所述者，至今犹未泯也。能求诸此而得其道，是即师文王也。"① 在道与经典关系上，以道为主，但亦不离经典。这与程朱的思想近似，而有别于陆九渊轻视经典的态度。

从重道出发，吴澄把经学之明经，划分为三种不同的类型，即"真儒之明经"、"经师之明经"、"时流之明经"，而提倡"真儒之明经"。强调明经典之道，批评明经典之言，更反对剽掠经书文字，以钓声利。他说：

> "六经"之道如丽天之日月，亘古今常明者也。夫明者在经，而明之在人。圣学榛塞，俗学沉迷，人之能明之者鲜矣。……余谓明经之名一也，而其别有三：心与经融，身与经合，古之圣人如在于今，此真儒之明经也；句分字析，辞达理精，后之学者得稽于古，此经师之明经也；帘窥壁听，涉猎剽掠，以泽言语，以钓声利而止，此时流之明经也。汉唐未暇论，三代而下，经学之盛，莫如宋，其言裨于经，可传于后者，奚翅数十家，泰山之孙、安定之胡，其尤也。所守所行，不失儒行之常，固其天资之异，抑其学术之正，于经可谓

---

① （元）吴澄：《赠襄阳高旸霄鹏翼序》，《吴文正集》卷29，文渊阁《四库全书》第1197册，台湾商务印书馆1986年版，第310页。

明已，而未离乎经师也。

必共城邵子，必舂陵周子，必关西张子，必河南二程子而后为真儒之明经。盖其所明，匪经之言，经之道也。嗣邵周张程者，新安朱子也，《易》、《诗》、"四书"之说，千载以来之所未有。①

在经学上，吴澄把汉唐经学置之一边，未暇顾及，表现出对重文字训诂及义疏之学的轻视，他认为，治经学的目的是为了明道，道载于经，而明道则在于人，真儒之明经，即在于明道，通过心身与经典融为一体，而体会古圣人所以作经之意，从而发明其道；如果仅限于对经典字句的解析，即使做到辞达理精，使后学者能够了解古经所载，也只是经师之所为，而未能明经典之道；对于那些一知半解，涉猎剽掠经书文字，借以获取功名利禄之徒，吴澄痛加贬斥，视之为经学之流弊。可见吴澄对经学类别的划分，是以道为标准，凡治经以明道为目的，便是真儒；重文字训诂，则为经师；而以猎取声利为目的，则为"时流"。由此出发，吴澄所谓的"真儒"，也就是其道统中的传人，如邵、周、张、程、朱熹等，从而把经学与道统联系起来。而把宋初孙复、胡瑗等，则划入经师一类，虽然他们不失儒行之常，学术亦正，但于道却有所未明。吴澄明经典之道，非明经典之言，反对"剽掠四书五经之绪言，以趋时干进"②的经学思想，亦成为其道统论的组成部分。

(二)"'四书'，进学之本要也"

程朱于经典中重视"四书"，以"四书"学发明道统，这对吴澄产生重要影响。吴澄大力表彰程朱，对"四书"学予以充分肯定，并对"四书"学盛行后出现的弊端加以针砭。吴澄指出：

由汉以来，《大学》、《中庸》混于《戴记》；《孟子》七篇侪于诸子。河南程子始提三书与《论语》并，当时止有汉魏诸儒所注，舛驳非一，而程子竟能上接斯道之统。至《章句》、《集成》、《或问》诸书出，历一再传，发挥演绎愈极详密，程学宜有嗣也。而授受"四

① （元）吴澄：《明经书院记》，《吴文正集》卷37，文渊阁《四库全书》第1197册，台湾商务印书馆1986年版，第394—395页。

② （元）吴澄：《临川县学记》，《吴文正集》卷36，文渊阁《四库全书》第1197册，台湾商务印书馆1986年版，第385页。

书"之家曾不异于记诵辞章之儒，书弥明，道弥晦，何哉？①

正如吴澄所说，"四书"并行，始于二程所为，在此之前，《大学》、《中庸》只是《小戴记》即《礼记》中的两篇，未从《礼记》中独立出来；而《孟子》只列于诸子，尚未上升为经，至二程出，始将《大学》、《中庸》、《孟子》三书与《论语》相提并论，合为"四书"，从而以"四书"学"上接斯道之统"，把"四书"学与道统论结合起来。经朱熹著《四书章句集注》、《四书或问》，将"四书"结集，加以详尽的阐发，以义理解释"四书"，从中发明圣人之道，继承并发展了二程的思想，使"四书"的影响超过"六经"，从而确立了"四书"学在中国经学史上的主导地位，并为道统思想做论证。对此，吴澄给予充分的肯定。然而，与此同时，吴澄又对程朱"四书"学盛行后出现的只记诵"四书"辞章，以致"书弥明，道弥晦"的流弊提出批评。其对待"四书"的态度是，既以"四书"为治学的根本、道学的源泉，又反对只记诵"四书"的文句，而不去探究其理的做法。他说："'四书'，进学之本要也，知务本要，趋向正矣。虽然，读'四书'有法，聊为子言之：必究竟其理，而有实悟，非徒诵习文句而已。"②吴澄提出的读"四书"法，关键在于要认识到"四书"乃进学的本要，只有明其本要，才能通过读其书，而究其理，以避免"徒诵习文句"之弊。这一思想与他本人明经典之道，而非明经典之言的观点相一致，其理即道，"四书"之理即经典之道，究理与明道在逻辑上是一致的，均与徒记诵辞章文句相区别。

三、道　论

吴澄的道统之道，具有自身特定的内涵，并与其他范畴逻辑地联系在一起，共同构成其哲学的道论。这个道，既与圣人之道相通，又具有自己哲学的特点。

---

① （元）吴澄：《活人书辩序》，《吴文正集》卷 19，文渊阁《四库全书》第 1197 册，台湾商务印书馆 1986 年版，第 207 页。

② （元）吴澄：《赠学录陈华瑞序》，《吴文正集》卷 25，文渊阁《四库全书》第 1197 册，台湾商务印书馆 1986 年版，第 267 页。

（一）"道者，天地万物之统会"

吴澄所谓道，是天地万物的本体，万物统一于道，以道为其存在的根据。他说："道者，天地万物之统会，至尊至贵，无以加者，故亦假借屋栋之名而称之曰极也。……道者，天地万物之极也。"[1] 其道具有统摄天地万物的性质，它至尊至贵，至高无上，是万物终极的根源。

吴澄以道作为其哲学的最高范畴，本体之道是无形无象、超感觉的存在，不能以人的感官来把握，因而是一种观念性的实体。他说："道也者，无形无象，无可执著，虽称曰极，而无所谓极也；虽无所谓极，而实为天地万物之极，故曰：'无极而太极'。"[2] 吴澄继承朱熹"道是太极"[3] 的思想，以道为太极，他认为正如太极本无极一样，道无形象，所以不能以感觉经验来把握，虽然假借屋栋之名来称道为极，但道却没有具体的物质性的极的内容；说它无所谓极，却又是天地万物的终极根源，也就是万物无形的根据。

（二）道与诸本体范畴的联系

在吴澄的哲学体系里，道与其他一系列本体范畴相互联系，相互沟通，共同构成其哲学体系的本体范畴之网，它们涵盖天人，贯通自然与社会人事，从各个方面体现了道对宇宙万物的主宰。他说：

> 太极者，何也？曰：道也。道而称之曰太极，何也？曰：假借之辞也，道不可名也，故假借可名之器以名之也。以其天地万物之所共由也，则名之曰道，道者，大路也。以其条派缕脉之微密也，则名之曰理，理者，玉肤也，皆假借而为称者也。真实无妄曰诚，全体自然曰天，主宰造化曰帝，妙用不测曰神，付与万物曰命，物受以生曰性，得此性曰德，具于心曰仁，天地万物之统会曰太极。道也、理也、诚也、天也、帝也、神也、命也、性也、德也、仁也、太极也，名虽不同，其实一也。[4]

---

[1] （元）吴澄：《无极太极说》，《吴文正集》卷4，文渊阁《四库全书》第1197册，台湾商务印书馆1986年版，第60—61页。

[2] （元）吴澄：《无极太极说》，《吴文正集》卷4，文渊阁《四库全书》第1197册，台湾商务印书馆1986年版，第60—61页。

[3] （宋）黎靖德编：《朱子语类》卷94，中华书局1986年版，第2390页。

[4] （元）吴澄：《无极太极说》，《吴文正集》卷4，文渊阁《四库全书》第1197册，台湾商务印书馆1986年版，第60页。

吴澄认为，道与理、诚、天、帝、神、命、性、德、仁、太极诸范畴，"名虽不同，其实一也"，它们在本质上是一致的，即都是主宰万物的本体范畴，只不过在不同的方面有不同的名称罢了。吴澄所列的十一个与道相通的本体范畴，似比朱熹哲学的本体范畴数量更多，范围更广。与朱熹弟子陈淳《北溪字义》所列二十六个范畴表相比，其天、帝也是陈淳所没有列举的。从吴澄所列十一个本体范畴的范围和内容看，既有倾向于宇宙自然的诸如道、理、天、帝、神、命、太极等范畴，又有倾向于社会伦理的诸如诚、性、德、仁等范畴，其中一些范畴两者兼而有之。这就把自然本体与伦理道德统一起来，与道相通的诸本体范畴涵盖天人，贯通自然与社会人事，形成了无所不包的范畴体系。

吴澄认为，道与仁同为本体范畴，二者是相通的，道即是仁、义、礼、智四德。他说："儒之道，仁而已。"① 道具有儒家仁义道德的含义，这是对宋代理学的直接继承。吴澄的道，还具有善的属性，他说："夫善者，天之道也，人之德也。"② 指出仁、义、礼、智之道既是人之德，又是天之道，以善沟通天人，"是善也，天所赋于人，人所受于天也"③。也就是说，善是天赋予人的本质属性，天人相通，论道便具有善的本质。

（三）道与阴阳、道与器

吴澄哲学的道，既与理、太极、天等本体范畴发生着横向联系，又与阴阳、器等物范畴发生着纵向联系。本体之所以称之为本体，就在于本体是物范畴所代表的万物之所存在的根据。

在道与阴阳的关系上，吴澄认为，阴阳是气，而不是道，道是所以阴阳的本体。他说："盖阴阳，气也；所以一阴一阳者，道也。道只在阴阳之中。……世人不悟，必有以为道在阴阳之外，而动静有端，阴阳有始者。"④ 一方面，道是所以阴阳的本体，即为阴阳存在的根据；另一方面，

---

① （元）吴澄：《赠医学吴教授序》，《吴文正集》卷26，文渊阁《四库全书》第1197册，台湾商务印书馆1986年版，第276页。
② （元）吴澄：《善乐堂记》，《吴文正集》卷43，文渊阁《四库全书》第1197册，台湾商务印书馆1986年版，第449页。
③ （元）吴澄：《善乐堂记》，《吴文正集》卷43，文渊阁《四库全书》第1197册，台湾商务印书馆1986年版，第449页。
④ （元）吴澄：《答田副使第二书》，《吴文正集》卷3，文渊阁《四库全书》第1197册，台湾商务印书馆1986年版，第44页。

道又在阴阳之中，不离阴阳而存在，"舍了阴阳，道于何处连属"①。这些是对朱熹道论的继承，而与陆九渊以阴阳为道的思想有异。

吴澄"道只在阴阳之中"，道所以阴阳的思想可通过他的理气关系说得到印证。他说：

> 自未有天地之前，至既有天地之后，只是阴阳二气而已。本只是一气，分而言之则曰阴阳，又就阴阳中细分之，则为五行，五行即二气，二气即一气。气之所以能如此者，何也？以理为之主宰也。理者，非别有一物，在气中只是为气之主宰者，即是无理外之气，亦无气外之理。②

吴澄认为，气分为阴阳和五行，以至构成天地万物，但与气同时存在，又主宰着气的是理。理在气中，理气不离，但理气关系的实质是理"为气之主宰者"。这与他本人"道只在阴阳之中"，道是所以阴阳的本体的思想类似，因吴澄哲学的道即是理，故道与阴阳的关系同理与气的关系也有相似之处。

与"道只在阴阳之中"，道是所以阴阳的本体的观点相应，在道器关系上，吴澄主张道器不离，"合一无间"。他说："先儒云：'道亦器，器亦道。'是道器虽有形而上、形而下之分，然合一无间，未始相离也。"③"道亦器，器亦道"，这是程朱的观点，吴澄继承了程朱道学的思想，强调道、器虽有形而上、下之分，然而二者却是"未始相离"的。以此，吴澄批评了佛老脱离形器而空言其道的思想。他说："老、佛空虚无用之说，故其言道，皆欲超乎形器之上，出乎世界之外，全无依靠，全无着实，茫茫然妄想而已。"④指出佛老所谓的道，超越形器之上，脱离了具体事物，因而是"全无依靠，全无着实"，不过是妄想而已。可见，吴澄虽以道为万物之主宰，但他强调的是道不离器，道在气中，道亦不离日用之常。

---

① （元）吴澄：《答田副使第二书》，《吴文正集》卷3，文渊阁《四库全书》第1197册，台湾商务印书馆1986年版，第47页。
② （元）吴澄：《答人问性理》，《吴文正集》卷2，文渊阁《四库全书》第1197册，台湾商务印书馆1986年版，第32页。
③ （元）吴澄：《答田副使第三书》，《吴文正集》卷3，文渊阁《四库全书》第1197册，台湾商务印书馆1986年版，第52页。
④ （元）吴澄：《答田副使第三书》，《吴文正集》卷3，文渊阁《四库全书》第1197册，台湾商务印书馆1986年版，第50页。

四、心学与道统相结合

吴澄道统论的特点是心学与道统论相结合，他不仅继承了程朱的道统论，通过对圣人之道传授统绪、道与经典的关系、道的内涵及道与诸范畴的联系的论述，建构起完整的道统思想体系，而且吸取了陆九渊的心学思想，以心论道统，扩大心学的内涵，从而把道统包容在心学之内，表现出他折衷朱陆的倾向。

（一）"道具于心"

在道与心的关系上，吴澄认为，道具于心中，与心合一，心外无道，反对求道于心外。他说："心也者，形之主宰，性之郭郭也。此一心也，自尧、舜、禹、汤、文、武、周公传之，以至于孔子，其道同。道之为道，具于心，岂有外心而求道者哉？"[①] 指出心是形体的主宰，心即是尧、舜、禹相传，以至于孔子，一脉相承的圣人之道，道存在于心中而不离心，并且，"心与道一"[②]，心即道，直接把主体之心与本体之道沟通合一。

由此，吴澄把作为宇宙本体的道，说成是本心所固有。于是其本体之道便以主体之心的形式出现，本体与主体合而为一，主体之心也就具有了本体的意义。他说："道在天地间，古今如一，人人同得，智愚贤不肖无丰啬焉。能反之于身，则知天之与我者，我固有之，不待外求也。扩而充之，不待增益也。"[③] 道作为宇宙本体，既存在于天地间，又是我心所固有，不必在心外求道，只要扩充本心，就可得道。这是对陆九渊以心言道，"道不外索"思想的继承。

---

① （元）吴澄：《仙城本心楼记》，《吴文正集》卷48，文渊阁《四库全书》第1197册，台湾商务印书馆1986年版，第499页。

② （元）吴澄：《顺堂记》，《吴文正集》卷44，文渊阁《四库全书》第1197册，台湾商务印书馆1986年版，第460页。

③ （元）吴澄：《象山先生语录序》，《吴文正集》卷17，文渊阁《四库全书》第1197册，台湾商务印书馆1986年版，第191页。

（二）心学纲要

受陆九渊心学的影响，吴澄亦讲心学，并把心学与道统论联系起来。不过吴澄所讲的心学，与陆氏心学有所不同，其心学纲要亦别具特色，反映出他严于治心，不为外物所累的心学倾向。

吴澄以静和虚来概括心学的本质属性。他说：

> 心学之妙，自周子、程子发其秘，学者始有所悟，以致其存存之功。周子云："无欲故静"，程子云："有主则虚"。此二言者，万世心学之纲要也。不为外物所动之谓静，不为外物所实之谓虚。静者其本，虚者其效也。……周子言静，而程子言敬。敬者，心主于一而无所适也。夫苟主于一而无所适，则未接物之前，寂然不动，非静乎？既接物之后，应而不藏，非虚乎？静虚二言，敬之一字足以该之。学静虚者亦曰：敬以存其心而已。所存之心何心哉？仁义礼智之心也，非如异教之枯木死灰者。①

吴澄认为，周敦颐、二程是发心学之秘的人物。他十分赞赏周敦颐"无欲故静"和程颐"有主则虚"这两句话，将其概括上升为"万世心学之纲要"。可见其所谓的心学已超出了单纯陆氏心学的范畴，而是以更广泛的视野看问题，将心学的本质概括为静和虚。所谓静，指心不为外物所动，吴澄认为，静是心之本；所谓虚，指相对于外物的实有而言，主体之心为虚，吴澄认为，虚是心之效，即心具有反映事物的效用和功能。吴澄又在静、虚的基础上，以敬之一字来概括静、虚二言。说到底，无论是静、虚，或是敬，目的都是为了"存其心"，所存之心为仁义礼智之心，而不是佛教的枯木死灰之心，这就把儒家心学与佛教不讲儒家伦理的心学区别开来，又是吴澄心学与陆九渊心学的相同处。

吴澄不仅以静、虚为万世心学之纲要，而且重视思，强调发挥主体的能动性，以思为"圣功之本"，通过思，来先立乎其大，奠定心学的基础，并以此得"孔圣传心之印"，即得道统之正传。他说：

> 夫子生知安行之圣，未尝不思，思而弗得弗措者，子思所以继圣统也。子思传之孟子，以心官之能思而先立乎其大，实发前圣不

---

① （元）吴澄：《静虚精舍记》，《吴文正集》卷45，文渊阁《四库全书》第1197册，台湾商务印书馆1986年版，第477页。

传之秘。至汝南周氏直指思为圣功之本，有以上接孟氏之传，而关西之张、河南之程，其学不约而同，可见其真得孔圣传心之印。①吴澄以周敦颐、张载、二程通过思，上接孟子，得孔门心传，这与程朱道统的心传思想有相似之处。但吴澄强调"先立乎其大"，即端正立场，以心为最高原则，则与程朱不同而倾向于陆九渊。他认为，圣统相传先立乎其心，心不仅是最高原则，而且心之官能思，具有主体思维的能动性，把心之思的能动性发挥出来，就能够直指人心，与孔圣之心合为一体，从而不受外物的制约和影响，通过心灵领悟来继承圣人之道。由此亦可避免程朱之学盛行后出现的只读程朱辞章，不求程朱之道即孔孟之道的流弊。

从倾向于心学出发，吴澄主张以尊德性为主，反对舍弃德性的道问学工夫，以救朱学末流之弊。吴澄所谓德性，即"我得此道以为性"，德性固有，不须外求，但须内求，向内探寻，敬而尊之，存养勿失，便是道问学的根源和目的。他说："德性者，我得此道以为性，尊之如父母，尊之如神明，则存而不失，养而不害矣。……尊德性一乎敬，而道问学兼夫知与行，一者立其本，兼者互相发也。"②道内在于心，得此道即为德性，把道与德性结合起来。吴澄以尊德性为本，即把道问学放在次要的位置，其理论针对性是朱学末流陷溺其心，仅以记诵词章为学，而不能明圣人之心。在论尊德性与道问学的关系时，吴澄指出：

> 逮夫周程张邵兴，始能上通孟氏而为一。程氏四传而至朱，文义之精密，句谈而字议，又孟氏以来所未有者。而其学徒往往滞于此，而溺其心。夫既以世儒记诵词章为俗学矣，而其为学亦未离乎言语文字之末，甚至专守一艺而不复旁通它书，掇拾腐说而不能自遣一辞。反俾记诵之徒嗤其陋，词章之徒议其拙。此则嘉定以后朱门末学之弊，而未有能救之者也。夫所贵乎圣人之学，以能全天之所以与我者尔。天之与我，德性是也，是为仁义礼智之根株，是为形质血气之主宰。舍此而它求，所学果何学哉？③

---

① （元）吴澄：《孔得之字说》，《吴文正集》卷8，文渊阁《四库全书》第1197册，台湾商务印书馆1986年版，第97页。

② （元）吴澄：《凝道山房记》，《吴文正集》卷43，文渊阁《四库全书》第1197册，台湾商务印书馆1986年版，第457页。

③ （元）吴澄：《尊德性道问学斋记》，《吴文正集》卷40，文渊阁《四库全书》第1197册，台湾商务印书馆1986年版，第421—422页。

宋宁宗嘉定以后，以至元代，朱子后学已出现严重弊端，重蹈理学家批判过的汉唐诸儒记诵词章，重文字训诂而忽视经典之道的覆辙。吴澄对此深为担忧，并分析其弊病产生的原因在于朱学文义精密，句谈字议达到了孟子以来所未有的高度，然而正如南宋嘉定时的学者魏了翁所指出的，朱学的"论说益明，适以为藻饰词辩之资；流传益广，适以为给取声利之计"①，朱学已成为人们获取名利，追求高官厚禄的手段，违背了理学大师的本旨。所以尽管"今先生（朱熹）之书满天下，而其道无传焉"②。为了纠正嘉定以来朱子后学偏于语言训释之末而陷溺其心的流弊，吴澄提出以尊德性为主，即以我心为本的主张，认为德性是天所赋予我的，仁、义、礼、智既是心，又是性，舍此德性则无以为学。从而超越朱学，向心学转化，以陆学的发明本心和尊德性的要旨来救朱学末流之弊。于是陆氏心学与程朱道统进一步结合起来，这正是吴澄适应时代的变迁所做的努力。

（三）扩大心学内涵，包罗程朱道统

吴澄在批评朱学末流弊端的同时，并不排斥朱熹道统；他超越朱学，向心学转化，但他的心学倾向与陆氏心学又不完全相同。吴澄在倾向于心学的同时，把朱陆结合起来，兼收并取，互为补充，并进一步扩大心学的范围，不仅心本论哲学是心学，而且心、道相通，道明于心，凡传儒家圣人之道的人物及学说均是心学，这就把程朱道统包容在心学的范围内，密切了心与道统的关系。吴澄重视心，强调心，但他对心学下的定义是，反求诸身，以心而学。而不论是否以心为宇宙本体。显然这与陆氏心学有所不同，这也是把道统包容到心学里来的契合点。正因为吴澄扩大了心学的内涵，不限于陆氏心本论哲学，所以才把众多道统人物及学说包罗进心学里来。他说：

> 道之为道，具于心，岂有外心而求道者哉？而孔子教人未尝直言心体，盖日用事物莫非此心之用。于其用处各当其理，而心之体在是矣。操舍存亡，惟心之谓，孔子之言也。其言不见于《论语》

---

① （宋）魏了翁：《宝庆府濂溪周元公先生祠堂记》，《鹤山集》卷49，文渊阁《四库全书》第1172册，台湾商务印书馆1986年版，第559页。

② （宋）魏了翁：《朱文公五书问答序》，《鹤山集》卷55，文渊阁《四库全书》第1172册，台湾商务印书馆1986年版，第622页。

之所记，而得之于孟子之传，则知孔子教人非不言心也。……

孟子传孔子之道，而患学者之失其本心也，于是始明指本心以教人。其言曰：仁，人心也。放其心而不知求，哀哉！又曰：学问之道无他，求其放心而已矣。又曰：耳目之官不思而蔽于物，心之官则思。先立乎其大者，而其小者不能夺也。呜呼！至矣，此陆子之学所从出也。

夫孟子言心而谓之本心者，以为万理之所根，犹草木之本而苗茎枝叶皆由是以生也。今人谈陆之学，往往曰以本心为学，而问其所以？则莫能知陆子之所以为学者何如。是本心二字，徒习闻其名而未究竟其实也。夫陆子之学非可以言传也，况可以名求之哉？然此心也，人人所同有，反求诸身，即此而是，以心而学，非特陆子为然，尧、舜、禹、汤、文、武、周、孔、颜、曾、思、孟，以逮邵、周、张、程诸子，盖莫不然。故独指陆子之学为本心之学者，非知圣人之道者也。圣人之道，应接酬酢，千变万化，无一而非本心之发见。①

吴澄为区别于狭义的陆氏心学，探讨了心学的起源。他认为，心与道不可分割地联系在一起，孔子虽没有直接言心体，但他通过日用事物等心之用各得其理，来体现心之体，因此不能说孔子不言心，其孔子之道便不离心。这就把心学的内涵扩大到孔学。吴澄亦指出，陆氏心学源于孟子，孟子关于心的论述为陆九渊所继承，而形成陆氏心学。虽然如此，孟子以本心教人，仍源于孔子之道，因此不能把本心之学独归于陆学。

吴澄强调，本心人人均有，只要反求诸己，便能明心，亦即得道。实际上吴澄所谓的心，是指圣人之道，道是本心的发现，不可外心而求道，道在心的范围内，道统亦即在心学的范围内。从广义的"以心而学"的心学概念出发，吴澄不同意把心学仅限于陆学，心学既包括陆学，同时也包括从尧舜、孔孟，到邵周张程等众多道统人物。吴澄所列举的这些心学人物，与程朱道统中的传人完全相同，可见吴澄提出的心学史与朱熹提出的道统史相互契合，这又是吴澄对朱熹思想的吸取和改造。就吴澄反对

---

① （元）吴澄：《仙城本心楼记》，《吴文正集》卷48，文渊阁《四库全书》第1197册，台湾商务印书馆1986年版，第499—500页。

把心学仅归结为陆学，认为心学包括了所有传儒家圣人之道的学说而言，其所谓心学，已超出了陆氏心学的范围；但就他认为圣人之道是本心的发见，把道视为本心所固有而论，这又是对陆氏心学的继承。

以上可见，吴澄适应时代变迁的形势需要，既推广程朱道统，建构起完整的道统思想体系，又针对朱学末流的弊端，超越朱学，向心学转化，以心论道统，扩大心学的内涵，把道统包容在广义的心学之内，从而折中朱陆，将心学与道统紧密结合起来，体现了道统论演变的趋势。

第三节 王守仁"道即是良知"的思想及 对程朱道统论的批评与改造

王守仁（1472—1529年），明代著名哲学家、教育家、陆王心学集大成者。字伯安，浙江余姚人。因曾筑室阳明洞，世称阳明先生。其父王华，字德辉，号实庵，成化十七年（1481年）进士第一，官至南京吏部尚书。王守仁十一岁随祖父王天叙前往京师，后在京师就读，从小立志"读书学圣贤"，而不以"读书登第"为重。十五岁出游塞外，纵观山川形势。十八岁，过广信（今江西上饶），谒见理学家娄谅，听其讲宋儒格物致知之学，深信圣人必可学而至。弘治五年（1492年），王守仁二十一岁，中浙江乡试举，为准备会试，遍求朱熹遗书而读之。次年春，会试不第。弘治九年（1496年）再试，亦下第。直至弘治十二年（1499年）王守仁二十八岁时，才考中进士。授以刑部主事，改兵部主事。后告病归乡，筑室阳明洞，出入佛老，研究二氏之学。弘治十八年（1505年），王守仁三十四岁，与翰林庶吉士湛若水一见定交，受其影响，共同倡明心学。

正德元年（1506年），因反对宦官刘瑾，被捕下狱，廷杖四十，谪为贵州龙场（今修文县境内）驿丞。赴谪所途中，刘瑾派人加害，王守仁以投江相欺，躲过此难。龙场驿地处万山丛棘之中，蛇虺遍地，瘴疬与居，环境十分恶劣。在此环境中，王守仁排除外来干扰，日夜端居澄默，以求静一，"再更寒暑"，久而久之，忽然在一天午夜大悟格物致知之旨，始知道当自求诸心，不当求诸外物。从龙场悟道后，转向心学。并讲学于当地的龙冈书院和贵州的文明书院，提出知行合一之说。

正德五年（1510年），王守仁三十九岁，离开贵州，升任庐陵县知县。刘瑾伏诛，入京任吏部验封清吏司主事。正德十年（1515年），王守仁任南京鸿胪寺卿期间，撰《朱子晚年定论》，指出："世之所传《集注》、《或问》之类，乃其中年未定之说。"[①] 间接否定朱熹通过《四书章句集注》、《四书或问》而阐发的道统说。

其后，王守仁历任左佥都御史，巡抚南赣、汀、漳等地，升都察院右副都御史，南京兵部尚书兼左都御史等职。率兵先后平定了江西、福建、广西等地农民及少数民族的造反，并平定朝廷内乱，将起兵南昌的宁王朱宸濠俘获。

王守仁在事功方面虽有功于朝廷甚多，但却不断遭到诽谤和排斥，其学说亦被诋为"伪学"、"邪说"，而遭禁止。王守仁把精力放在讲学授徒，创建"致良知"说上，从学者极多，形成与程朱道学相抗衡的心学流派，在思想史上产生了重大影响。

黄宗羲在概括王守仁思想演变、发展的过程时指出：

> 先生之学，始泛滥于词章；继而遍读考亭之书，循序格物，顾物理吾心终判为二，无所得入；于是出入于佛、老者久之。及至居夷处困，动心忍性，因念圣人处此，更有何道，忽悟格物致知之旨，圣人之道，吾性自足，不假外求。其学凡三变而始得其门。自此以后，尽去枝叶，一意本原，以默坐澄心为学的，有未发之中，始能有发而中节之和，视听言动，大率以收敛为主，发散是不得已。江右以后，专提"致良知"三字，默不假坐，心不待澄，不习不虑，出之自有天则。盖良知即是未发之中，此知之前更无未发；良知即是中节之和，此知之后更无已发。此知自能收敛，不须更主于收敛；此知自能发散，不须更期于发散。收敛者，感之体，静而动也；发散者，寂之用，动而静也。知之真切笃实处即是行，行之明觉精察处即是知，无有二也。居越以后，所操益熟，所得益化，时时知是知非，时时

---

① （明）王守仁著，王晓昕、赵平略点校：《朱子晚年定论》，《王文成公全书》卷3，中华书局2015年版，第158页。

> 无是无非，开口即得本心，更无假借凑泊，如赤日当空，而万象毕
> 照。是学成之后又有此三变也。①

黄宗羲把王守仁学术的演变发展之过程分为前三变和后三变。前三变指入门前的三变，"学凡三变而始得其门"，具体是由"泛滥于词章"，到"遍读考亭之书"，再到"出入于佛、老"。经前三变后，由于与湛若水定交，受其心学影响，贬官贵州，龙场悟道，从而入心学之门。入门以后，又经"以默坐澄心为学的"，"专提'致良知'三字"，"所操益熟，所得益化"三次变化，使其心学日益成熟。与此相应，王守仁也经历了由接受朱熹道统，到批评道统流弊，改造程朱道统，以"致良知"说取代道统论的思想演变过程。

王守仁在平定农民造反和朝廷内乱的过程中，得出"破山中贼易，破心中贼难"②的经验。为破心中贼，他扬弃传统的程朱之学，提倡心学和"致良知"说，并到各地从事讲学，兴建书院和学校，广泛传播了他的心学思想，成为明中叶以后学术思想的主流。王守仁继承并发展了陆九渊心学，吸取孟子及禅宗的思想，提出"人者，天地之心，天地万物本吾一体"③的命题，以人心作为天地万物的本原。认为心发生意识活动，意识活动的表现便是物，他说："身之主宰便是心，心之所发便是意，意之本体便是知，意之所在便是物。"④世界万物由心所派生，"心外无理，心外无事"⑤。批评朱熹的理本论哲学，反对析心与理为二，认为"心即理"，把"心即理"作为其"立言宗旨"。

在陆九渊心学的基础上，王守仁提出"致良知"说，认为认识来源于心中固有的"良知"，良知是先验的认识主体，是辨别是非之心；良知是心之本体，亦是宇宙本体，"天地万物俱在我良知的发用流行中，何尝

---

① （清）黄宗羲：《姚江学案·本传》，《明儒学案》卷10，中华书局1985年版，第180页。

② （明）王守仁著，王晓昕、赵平略点校：《与杨仕德薛尚谦》，《王文成公全书》卷4，中华书局2015年版，第205页。

③ （明）王守仁著，王晓昕、赵平略点校：《传习录中·答聂文蔚》，《王文成公全书》卷2，中华书局2015年版，第98页。

④ （明）王守仁著，王晓昕、赵平略点校：《传习录上》，《王文成公全书》卷1，中华书局2015年版，第7页。

⑤ （明）王守仁著，王晓昕、赵平略点校：《传习录上》，《王文成公全书》卷1，中华书局2015年版，第19页。

又有一物超于良知之外"①，天地万物均依赖良知而存在；良知是儒家伦理道德规范，体现为事亲、从兄、仁民、爱物的道德行为，"见父自然知孝，见兄自然知弟，见孺子入井自然知恻隐，此便是良知，不假外求"②，良知不需外求，心自然具有良知。所谓"致良知"，就是通过正心，去恶为善，把心之天理贯彻到事事物物中去。即"格者，正也，正其不正以归于正之谓也；正其不正，去恶之谓也；归于正者，为善之谓也"③。

在知行关系上，王守仁提出"知行合一"，反对朱熹的"知先行后"。认为知与行相辅相成，不可分离，"知是行的主意，行是知的功夫，……只说一个知，已自有行在；只说一个行，已自有知在。"④并指出："知之真切笃实处即是行"⑤，"一念发动处，便即是行了"⑥，把知行合为一体。在程朱道学末流弊端日益显露的时代，王守仁提出"致良知"说，表现出他不盲从旧权威的思想解放精神。

在教育上，王守仁贯彻其"致良知"和"知行合一"的思想，以"明伦"为教育目的，反对支离烦琐，华而不实的学风。注重"自求自得"的原则，提出按照不同的年龄，因材施教，善于引导，以符合学生的心理特点和接受能力。王守仁的学说在他之后盛极一时，弟子后学遍及全国，对中国及日本文化影响很大。著作由门人编为《王文成公全书》，或称《王文成全书》，共三十八卷。

在与道统论有关的思想方面，王守仁提出"心即道"的思想，认为道无方体形象，须从心上体认，道不可言，反对程朱过分言道。对道统说盛行后的流弊提出批评，把朱熹道统论归于其中年未定之说，并对程朱的

---

① （明）王守仁著，王晓昕、赵平略点校：《传习录下》，《王文成公全书》卷3，中华书局2015年版，第132页。

② （明）王守仁著，王晓昕、赵平略点校：《传习录上》，《王文成公全书》卷1，中华书局2015年版，第8页。

③ （明）王守仁著，王晓昕、赵平略点校：《大学问》，《王文成公全书》卷26，中华书局2015年版，第1118页。

④ （明）王守仁著，王晓昕、赵平略点校：《传习录上》，《王文成公全书》卷1，中华书局2015年版，第5页。

⑤ （明）王守仁著，王晓昕、赵平略点校：《传习录中·答顾东桥书》，《王文成公全书》卷2，中华书局2015年版，第52页。

⑥ （明）王守仁著，王晓昕、赵平略点校：《传习录下》，《王文成公全书》卷3，中华书局2015年版，第120页。

道统论加以改造。提出"道即是良知"的思想，赋予道以主体思维的能动性；在良知与经典、良知与圣人关系上，认为看经书是为了致良知，良知超越圣愚，在圣人的权威之上，从而强调"致良知之外无学矣"，突破程朱道统。王守仁以"致良知"说取代道统说，将圣人与道相分离的思想倾向，具有瓦解传统道统论的因素，由此体现出其思想的时代意义。

一、"心即道"

王守仁对道的论述，包含在他完整的心学体系之中，其要点是把心与道等同，强调道须从己心上体认，不得离心而外求于道；并认为道无形不可言，反对程朱过分言道而使道益晦而不明。

（一）"心体即所谓道"

在道与心的关系上，王守仁提出"心即道"的命题来联系二者。他说："若解向里寻求，见得自己心体，即无时无处不是此道。亘古亘今，无终无始，更有甚同异。心即道，道即天，知心则知道、知天。又曰：诸君要实见此道，须从自己心上体认，不假外求始得。"[1] 指出得道在心，不假外求，道超越时空，无处不在，无时不有，道与心无同异，道即主体，亦即本体，心亦即是道。他说："这心体即所谓道，心体明即是道明，更无二。此是为学头脑处。"[2] 强调道即心，心即道，心体明即是道明，所以不须求道于心外，只要明心，即掌握了道。可见心道无二，它们就是一回事。

从"心即道"，"心体即所谓道"出发，王守仁提出"盖心同道同而学同"[3] 的观点，认为主体与学术的基本指导原则和文教传授三者是一致的，学术之道离不开主体之心；文教之学则须贯彻心道合一的宗旨，把以心学

---

① （明）王守仁著，王晓昕、赵平略点校：《传习录上》，《王文成公全书》卷1，中华书局2015年版，第26—27页。

② （明）王守仁著，王晓昕、赵平略点校：《传习录上》，《王文成公全书》卷1，中华书局2015年版，第19页。

③ （明）王守仁著，王晓昕、赵平略点校：《答南元善》，《王文成公全书》卷6，中华书局2015年版，第256页。

为内容的学术推广开来。他说:"夫道一而已,道同则心同,心同则学同,其卒不同者,皆邪说也。"① 指出心道相同,其学问也相同,凡与心学不同的学问,皆与正道不符,而被视为邪说。这表明王守仁在教学实践中,力图贯彻其心学的原则。因为在他看来,道是人心所固有的,论道便离不开人心,"此道之在人心,皎如白日,虽阴晴晦明,千态万状,而白日之光未尝增减变动"②。道在人心,不曾增减变动,所以不得离心而求道。心道无二,这即是王守仁为学的根本。

(二)道无方体形象

以"心即道",心道无二为宗旨,王守仁以心论道,认为道无方体形象,不可言说,只能从心上体认。由此他反对程朱对道的论述过详,认为这只会带来言益详而道益晦的副作用。

王守仁的道与心相通,是无形无象,不可言说的精神实体。他说:"天下之事虽千变万化,而皆不出于此心之一理,然后知殊途而同归,百虑而一致,然后知斯道之本无方体形象,而不可以方体形象求之也,本无穷尽止极,而不可以穷尽止极求之也。"③ 道无形体、无穷尽,对于这种永恒的精神实体,怎样才能把握呢?王守仁在回答弟子刘观时的问题时提到了这一点。

> 辰阳刘观时问于阳明子曰:"道有可见乎?"曰:"有,有而未尝有也。"曰:"然则无可见乎?"曰:"无,无而未尝无也。"曰:"然则何以为见乎?"曰:"见而未尝见也。"观时曰:"弟子之惑滋甚矣,夫子则明言之以教我乎。"阳明子曰:"道不可言也,强为之言而益晦;道无可见也,妄为之见而益远。夫有而未尝有,是真有也;无而未尝无,是真无也;见而未尝见,是真见也。……"曰:"然则吾何所用心乎?"曰:"沦于无者,无所用其心者也,荡而无归;滞于有者,用其

①(明)王守仁著,王晓昕、赵平略点校:《示弟立志说》,《王文成公全书》卷7,中华书局 2015 年版,第 317 页。

②(明)王守仁著,王晓昕、赵平略点校:《与戚秀夫》,《王文成公全书》卷6,中华书局 2015 年版,第 268 页。

③(明)王守仁著,王晓昕、赵平略点校:《博约说》,《王文成公全书》卷7,中华书局 2015 年版,第 324 页。

心于无用者也，劳而无功。夫有、无之间，见与不见之妙，非可以言求也。"①

王守仁指出，道不可言，其所以不可言，是因为道非有非无，亦有亦无。虽然道无方体，无形象，它却未尝无；说它是有，却又看不见，摸不着。如此，王守仁的道是不可言说，只能意会，只有通过思维才能把握的精神实体，也就是只能从心上体认，不假外求。正因为道无形体，不可言谈，所以他批评朱熹过分言道，如此使得强言之而道益晦。王守仁道须从心上体认，不可言谈的思想与朱熹对道的详尽论述形成鲜明的对照，反映了两家不同的学术旨趣。需要指出，王守仁对道作出的"有而未尝有"，"无而未尝无"的规定，明显具有道家、佛教"双遣有无"思想的痕迹，表明其道论受到佛老思想的影响。

二、对程朱道统论的批评与改造

王守仁思想的初衷是从心学立场来发扬圣人之道，发展到极致则是以"致良知"说取代程朱道统论。在这个过程中，王守仁思想经历了吸取程朱道统、对程朱道统说批评与改造、突破程朱道统的几个转变演进的阶段。

王守仁曾"遍读考亭之书"，其思想不可能不受到程朱道统的影响。他在为东林书院作《记》时指出："夫龟山之学得之程氏，以上接孔、孟，下启罗、李、晦庵，其统绪相承，断无可疑。"②勾画出一个从孔孟至二程、杨时、罗从彦、李侗，直至朱熹的传道统绪。王守仁不仅讲孟子以后到朱熹的道统，亦讲子思以前的道统。他说："盖尧舜之道夫子举之以告哀公，正欲以兴唐虞之治于春秋。而子思以继大舜文武周公之后者，亦以明其所传之一致耳。"③虽然王守仁受程朱的影响，亦讲道统，但重点不在

① （明）王守仁著，王晓昕、赵平略点校：《见斋说》，《王文成公全书》卷7，中华书局2015年版，第318页。

② （明）王守仁著，王晓昕、赵平略点校：《东林书院记》，《王文成公全书》卷23，中华书局2015年版，第1030页。

③ （明）王守仁著，王晓昕、赵平略点校：《齐明盛服非礼不动所以修身也》，《王文成公全书》卷31下，中华书局2015年版，第1351页。

于此，而是站在心学的立场，对程朱的道统论提出批评并加以改造。

（一）对道统说流弊的批评

二程朱熹生前均遭压制，其学被禁。自南宋末以后，其道学及道统思想逐步受到重视，而成为社会指导思想，科举考试，非程朱学不用。自宋元以来，程朱道学及其道统思想得以广泛流行和传播，并在元代延祐年间被确立为官方统治思想。明初统治者也以程朱学为官学。王守仁生活的时代，朱熹学说的末流弊端越发显露。针对程朱道统说盛行后产生的流弊，王守仁提出了批评，从而转向以自得其心来求圣人之道。他说："自程朱诸大儒没，而师友之道遂亡，六经分裂于训诂支离，芜蔓于辞章业举之习，圣学几于息矣。"①指出程朱之后，其后学弟子未能将师友之道继承下来，使经学重新陷于训诂支离之中，追求辞章之学，以习举业，如此使圣人之学几至衰息。王守仁进一步指出其生活的时代，圣人之道仿佛大明于世，实际上却求之而不得。他说：

> 颜子没而圣人之学亡，曾子唯一贯之旨传之孟轲，终又二千余年而周程续。自是而后，言益详，道益晦；析理益精，学益支离无本，而事于外者益繁以难。盖孟氏患杨墨。周程之际，释老大行。今世学者皆知宗孔孟，贱杨墨，摈释老，圣人之道若大明于世。然吾从而求之，圣人不得而见之矣。……今之所大患者，岂非记诵词章之习，而弊之所从来，无亦言之太详，析之太精者之过欤。……夫求以自得，而后可与之言学圣人之道。②

尽管周程等接续了孔孟之道，但由于他们求学于外，而不是从心上体认，所以好像圣人之道明于世，而其实则"道益晦"。王守仁分析了流弊产生的原因在于"言之太详，析之太精"，以致"言益详，道益晦；析理益精，学益支离无本"。其根源就在于求道于心外，片面追求从语言文字上详尽地解释道，而未注意端正求学者的立场，从主体上去把握道的精神实质。由此王守仁强调"自得"，从心学的角度去发明圣人之道，使当时的学风

① （明）王守仁著，王晓昕、赵平略点校：《别三子序》，《王文成公全书》卷7，中华书局2015年版，第273页。
② （明）王守仁著，王晓昕、赵平略点校：《别湛甘泉序》，《王文成公全书》卷7，中华书局2015年版，第278—279页。

为之一变。这是对程朱道统说盛行后产生的末流弊端的有力针砭。

（二）朱熹道统乃中年未定之说

王守仁不仅对道统说盛行后的流弊痛下针砭，而且对朱熹道统本身也提出批评，他认为阐发朱熹道统思想的《四书章句集注》、《四书或问》不过是其"中年未定之说"，从而以两书为载体的朱熹道统论即是其中年未定之说，到后来朱熹自我否定，悟前说之非，而转向了心学。这实际上是王守仁以心学否定了朱熹《四书章句集注》之道统观。他说："洙泗之传，至孟氏而息，千五百余年，濂溪明道始复追寻其绪，自后辨析日详，然亦日就支离决裂，旋复湮晦。吾尝深求其故，大抵皆世儒之多言有以乱之。"[①] 王守仁指出，虽然周濂溪、程明道追寻孟子之后失传的圣人之道，但由于辨析日详，使得陷入支离破碎，道仍晦而不明，其根源在于世儒"多言有以乱之"。这里所指便是朱熹。王守仁在回顾自己由早年习举业，溺于词章；"从事正学"，即求学于程朱；出入佛老，"欣然有会于心"，到转向儒家心学的思想转变的过程后指出，自己的心学思想只是与朱熹的中年未定之说相牴牾，而与朱熹的晚年定论相一致，并把朱熹的道统论归于其中年未定之说。他说：

> 独于朱子之说有相牴牾，恒疚于心，切疑朱子之贤，而岂其于此尚有未察。及官留都，复取朱子之书而检求之，然后知其晚岁固已大悟旧说之非，痛悔极艾，至以为自诳诳人之罪不可胜赎。世之所传《集注》、《或问》之类，乃其中年未定之说，自咎以为旧本之误，思改正而未及。而其诸《语类》之属，又其门人挟胜心以附己见，固于朱子平日之说犹有大相缪戾者，而世之学者局于见闻，不过持循讲习于此。其于悟后之论，概乎其未有闻，则亦何怪乎？予既自幸其说不缪于朱子，又喜朱子先得我心之同然。且概夫世之学者徒守朱子中年未定之说，而不复知求其晚岁既悟之论。[②]

朱熹的道统思想主要通过"四书"学得以阐发，他在二程"四书"

---

① （明）王守仁著，王晓昕、赵平略点校：《朱子晚年定论》，《王文成公全书》卷3，中华书局2015年版，第157页。
② （明）王守仁著，王晓昕、赵平略点校：《朱子晚年定论》，《王文成公全书》卷3，中华书局2015年版，第158页。

学的基础上，以毕生精力集注"四书"，以义理解释"四书"，从中发明道统，以重义理轻训诂的理学思维模式抛开汉学传统的注经模式，为完善和发展道统思想体系作论证，从而集"四书"学及道统论之大成。可以说，朱熹的道统思想离不开其对"四书"的阐发，而对"四书"的阐发集中体现在其所著《四书章句集注》和《四书或问》里。王守仁把两书归于朱熹的"中年未定之说"，认为到晚年朱熹已自我否定了此说。这实际上是抽掉了朱熹道统论的根基。此外，朱熹的道统思想及其阐发道统的"四书"学也有不少体现在《朱子语类》里，如《朱子语类》的卷十四、卷十九、卷九十三、卷一百四、卷一百五等等，而王守仁亦把《朱子语类》归于"门人挟胜心以附己见"，其真实性大打折扣，与朱熹平日的观点有许多不相符合。这也是对朱熹的道统论及与心学不符的观点的间接否定。王守仁把朱熹的道统论归于其中年未定之说而提出批评，这成为他批评朱熹道学的一个组成部分。

（三）对程朱道统论的改造

王守仁在对朱熹的道统论提出批评的基础上，又对程朱的道统论加以心学化的改造，把程朱道统的"传授心法"与"十六字心传"改造为心学之源，因而把圣人相传的道统说改造为心学。他说：

> 圣人之学，心学也。尧舜禹之相授受曰："人心惟危，道心惟微，惟精惟一，允执厥中。"此心学之源也。中也者，道心之谓也。道心精一之谓仁，所谓中也。孔孟之学，惟务求仁，盖精一之传也。……自是而后有象山陆氏，……真有以接孟氏之传。……故吾尝断以陆氏之学，孟氏之学也。①

朱熹在吸取二程关于"《中庸》乃孔门传授心法"②和"人心私欲，故危殆；道心天理，故精微"③思想的基础上，以《中庸》的"传授心法"来阐发

① （明）王守仁著，王晓昕、赵平略点校：《象山文集序》，《王文成公全书》卷7，中华书局2015年版，第296—297页。
② （宋）程颢、程颐著，王孝鱼点校：《河南程氏外书》卷11，《二程集》，中华书局1981年版，第411页。
③ （宋）程颢、程颐著，王孝鱼点校：《河南程氏遗书》卷24，《二程集》，中华书局1981年版，第312页。

《古文尚书·大禹谟》的"人心惟危，道心惟微，惟精惟一，允执厥中"所谓"十六字传心诀"，从而完善了程朱的道统说。王守仁则把程朱的这一思想加以改造，不仅圣人相传授受之学即道统说被视为心学，而且道统"十六字心传"也成为"心学之源"。朱熹所谓的心传，即"孔门传授心法"，是以传道为目的，通过主体之心对圣人之道的体认和感悟，把圣人之道接续传授下来，也就是说，心传作为道统论的组成部分，是为传道服务，以传道为宗旨，道与心虽有密切联系，传道与传心也紧密相联系，但心与道不是一回事，道是本体，心是主体，而不是本体，故心、道有异。朱熹说："道即性，性即道。"① 又说："道即理之谓也。"② 以道为性，以道为理。然而心与性、心与理却存在着区别。朱熹说："心与性自有分别。灵底是心，实底是性。灵便是那知觉底。"③"灵处只是心，不是性，性只是理。"④ 朱熹哲学心与性、心与理的区别亦体现了心与道的差异，故心道有别。而王守仁则提出"心即道"的命题，在他看来，心、道是一回事，圣人传道也就是圣人传心，故把朱熹的"十六字心传"改造为心学之源，又以陆九渊作为孟氏心学的真传，圣人传道之学也成了心学，从而把程朱道统论一变而为心学。

三、"道即是良知"

王守仁对陆九渊心学的发展主要体现在他提出"致良知"说。与此相应，王守仁对程朱道统论的突破，也主要体现在他以"致良知"说取代道统论，认为"致良知之外无学矣"，并以"道即是良知"的思想作为其以"致良知"说代替道统论的理论依据。由此，道为更具主体思维能动性的良知所取代，良知作为其思想体系的最高范畴和最高原则，取道统之道而代之，良知既是本体，又是主体；在良知与经典、良知与圣人的关系

---

① （宋）黎靖德编：《朱子语类》卷5，中华书局1986年版，第82页。
② （宋）周敦颐：《通书·诚上注》，《周敦颐全书》卷3，江西教育出版社1993年版，第90页。
③ （宋）黎靖德编：《朱子语类》卷16，中华书局1986年版，第323页。
④ （宋）黎靖德编：《朱子语类》卷5，中华书局1986年版，第85页。

上，体现了王守仁的良知说不同于传统道统论的思想特色，亦是他对传统思想的改造和创新。

（一）"良知即是道"

以良知为道，以良知取代道，这是王守仁心学的一大特色。他强调："夫良知即是道。"① 指出："道即是良知，良知原是完完全全，是的还他是，非的还他非，是非只依著他，更无有不是处。这良知还是你的明师。"② 道即良知，良知即道，此良知既是判断是非的标准，又是事君处友的道德原则。"使人于事君处友，仁民爱物，与凡动静语默间，皆只是致他那一念事亲从兄、真诚恻怛的良知，即自然无不是道。"③ 要人们在道德践履和日用之中，按良知的原则行事，就自然体现了道。王守仁既提出"心即道"的命题，又提出"道即是良知"的思想，其良知即是"心之本体"，道与良知都与心相通，良知存在于心中，是人人皆有的本然之心，是心的本属内容，循此而行，即为道，如被物欲蒙蔽，则不是道。可见，在王守仁"道即是良知"的思想中，良知、心、道是同一层次的范畴，它们相互联系，彼此沟通。然而，以良知为道，这是王守仁的发明，旨在以更具主体思维能动性的良知范畴来取代道的地位。良知不仅具有道所包含的本体范畴的意义，而且还具有道所不曾有的认识主体的含义，是宇宙本体、儒家伦理、认识主体三者合一的范畴。并且与心相比，更突出了主体精神的认知能动功能，这亦是对陆氏心学的发展，体现了对道统之道的取代。

（二）良知与经典

在经典与良知的关系上，王守仁突出良知的重要性，认为经典为良知服务，看经书的目的是为了致良知。他说："圣贤垂训，固有书不尽言，言不尽意者。凡看经书要在致吾之良知，取其有益于学而已，则千经万典

---

① （明）王守仁著，王晓昕、赵平略点校：《传习录中·答陆原静书》，《王文成公全书》卷2，中华书局2015年版，第85页。

② （明）王守仁著，王晓昕、赵平略点校：《传习录下》，《王文成公全书》卷3，中华书局2015年版，第130页。

③ （明）王守仁著，王晓昕、赵平略点校：《传习录中·答聂文蔚》，《王文成公全书》卷2，中华书局2015年版，第105页。

颠倒纵横，皆为我之所用。一涉拘执比拟，则反为所缚。"① 指出经典虽为圣贤所作，但在经书之中有言不尽如意之处，所以致吾心之良知要摆在治经的首要位置，使儒家经典为我所用。并反对拘泥于经书文字，反为经典束缚了致良知。王守仁的这一思想是对汉学考据训诂之习的否定，同时也是对二程"经所以载道"② 思想的发展，把"经所以载道"的道发展为良知，使二程经典作为载道的典籍的思想一变而为"六经"为吾心之注脚的观点。他说："六经者非他，吾心之常道也。"③ 以典型的"六经"注我与程朱的我注"六经"区别开来，认为经典不过是吾心的记籍，它记述心内的种种事物，把儒家经典的权威性附属于吾心，也就是从属于良知。在一定程度上具有不盲从旧权威的创新精神。王守仁还指出："盖四书五经不过说这心体。"④ "圣人述六经，只是要正人心。"⑤ 在经典、圣人、心包括作为心之体的良知的相互关系上，以心为本，以正人心为目的，以经典服从于心，为"正人心"、"致良知"服务，强调圣人也是以"正人心"为宗旨来述"六经"的。这体现了王守仁心学的经典观和经学观。

（三）良知与圣人

王守仁"道即是良知"的思想，把良知与道等同，进而突出良知，以良知取代道而论述了良知与圣人的相互关系。其良知超越圣愚的思想，以良知为第一性，来划分圣愚，表明良知与圣人有别，这与二程圣人与道无异的思想形成对照。

在良知与圣人的关系上，王守仁提出良知超越圣愚的思想。认为人人皆有良知，而不因圣愚而转移。他说："良知之在人心，无间于圣愚，天下古今之所同也。……尧舜三王之圣，言而民莫不信者，致其良知而言

---

① （明）王守仁著，王晓昕、赵平略点校：《答季明德》，《王文成公全书》卷6，中华书局2015年版，第258—259页。

② （宋）程颢、程颐著，王孝鱼点校：《河南程氏遗书》卷6，《二程集》，中华书局1981年版，第95页。

③ （明）王守仁著，王晓昕、赵平略点校：《稽山书院尊经阁记》，《王文成公全书》卷7，中华书局2015年版，第309页。

④ （明）王守仁著，王晓昕、赵平略点校：《传习录上》，《王文成公全书》卷1，中华书局2015年版，第19页。

⑤ （明）王守仁著，王晓昕、赵平略点校：《传习录上》，《王文成公全书》卷1，中华书局2015年版，第11页。

之也；行而民莫不说者，致其良知而行之也。……呜呼！圣人之治天下何其简且易哉。后世良知之学不明，天下之人用其私智。"①指出良知超越圣愚，它存在于天下古今一切人的心中，圣人的言行之所以得到民众的信任和心悦诚服，是因为圣人能够做到致其良知，以良知治天下。这里，王守仁以良知代替了道，把程朱等理学家提出的圣人以道（天理）治天下改变为圣人以良知治天下。正因为良知易简，反身而求即得，故圣人治天下也简且易。良知与圣人相比，良知为重，即使圣人也须致其良知。王守仁强调，圣人之所以为圣人，是因为能致其良知；愚人之所以为愚人，是因为不能致其固有的良知，显然良知的地位在圣人之上。他说："良知良能，愚夫愚妇与圣人同，但惟圣人能致其良知，而愚夫愚妇不能致。此圣愚之所由分也。"②以能否致良知作为划分圣愚的标准。在王守仁的良知说里，良知人人皆有，不论圣愚如何，这是明确的。他说："自圣人以至于愚人，自一人之心以达于四海之远，自千古之前以至于万代之后，无有不同是良知也者。是所谓天下之大本也。"③在人人拥有良知问题上，拉近了圣人与常人的距离。与程朱道统把统道之人单纯系之于圣贤相比，王守仁把循良知的责任推广开来，而非圣贤所独有，这有利于发挥每个认知主体的能动性，消除圣人甚高甚远，与我不相干的隔膜感。他说："自己良知原与圣人一般，若体认得自己良知明白，即圣人气象不在圣人，而在我矣。"④虽然良知人人皆有，"人皆可以为尧舜"⑤，但关键在一个致字，只要致其良知，向内体认得自己良知明白，不论愚夫愚妇，个个做得圣人，以至"满街人都是圣人"⑥。王守仁的这一思想表明，圣人不是天生的，而良

---

① （明）王守仁著，王晓昕、赵平略点校：《传习录中·答聂文蔚》，《王文成公全书》卷2，中华书局2015年版，第98—99页。

② （明）王守仁著，王晓昕、赵平略点校：《传习录中·答顾东桥书》，《王文成公全书》卷2，中华书局2015年版，第61页。

③ （明）王守仁著，王晓昕、赵平略点校：《书朱守乾卷》，《王文成公全书》卷8，中华书局2015年版，第339页。

④ （明）王守仁著，王晓昕、赵平略点校：《传习录中·启问道通书》，《王文成公全书》卷2，中华书局2015年版，第73页。

⑤ （明）王守仁著，王晓昕、赵平略点校：《传习录上》，《王文成公全书》卷1，中华书局2015年版，第35页。

⑥ （明）王守仁著，王晓昕、赵平略点校：《传习录下》，《王文成公全书》卷3，中华书局2015年版，第144页。

知则是人人固有的，圣人之所以成其为圣人，在于他发挥了主体思维的能动性，而只要能够做到致其良知，那人人做得圣人。这与二程圣人与道无异，"圣人与理为一，故无过，无不及，中而已矣"①的思想形成鲜明的对比。在二程那里，圣人是道的化身，类似全知全能的上帝，"圣人无优劣，有则非圣人"②，圣人无所不知，无所不能，没有任何缺点；在王守仁看来，圣人却以能否致良知来确定，而不是天然与良知即道合一，凡能致其良知者，常人也做得圣人，所以圣人在我，而不在外。王守仁的圣人观建立在"致良知"说的基础上，而二程的圣人观则以圣人与道无异为根据，这是其思想差异所在。

（四）"致良知之外无学矣"

王守仁提出"道即是良知"的思想，在以良知论道，以良知取代道和对程朱道统论提出批评和改造的基础上，进一步提出"致良知之外无学矣"的思想，以"致良知"说取程朱道统论而代之，完成了思想史上的一次重要转变。关于以"致良知"说取代程朱道统论，王守仁指出：

> 心之良知是为圣，圣人之学惟是致此良知而已。自然而致之者，圣人也；勉然而致之者，贤人也；自蔽自昧而不肯致之者，愚不肖者也。愚不肖者虽其蔽昧之极，良知又未尝不存也。苟能致之，即与圣人无异矣。此良知所以为圣愚之同具而人皆可以为尧舜者，以此也。是故致良知之外无学矣。自孔孟既没，此学失传几千百年，赖天之灵，偶复有见，诚千古之一快，百世以俟圣人而不惑者也。每以启夫同志，无不跃然以喜者，此亦可以验夫良知之同然矣。间有听之而疑者，则是支离之习没溺既久，先横不信之心而然。使能姑置其旧见而平气以绎吾说，盖亦未有不幡然而悔悟者也。③

王守仁的此段文字作于嘉靖四年乙酉（1525 年），可视为其晚年成熟的思

---

① （宋）程颢、程颐著，王孝鱼点校：《河南程氏遗书》卷 23，《二程集》，中华书局 1981 年版，第 307 页。

② （宋）程颢、程颐著，王孝鱼点校：《河南程氏遗书》卷 24，《二程集》，中华书局 1981 年版，第 315 页。

③ （明）王守仁，王晓昕、赵平略点校：《书魏师孟卷》，《王文成公全书》卷 8，中华书局 2015 年版，第 340 页。

想。他认为，圣人之学唯有致此良知，除"致良知"以外没有其他学术，这就把风靡一时的程朱道统论排除在外。王守仁以"致良知"说代替程朱道统论，在他看来，"致良知"说也就是圣人之学，圣人虽与良知不能画等号，但圣人能自然致此良知，所以称之为圣人。他指出，此圣人之学即"致良知"说在孔孟之后已失传几千百年，直到他本人出来后，才"赖天之灵，偶复有见"，将此学发明之，真可谓"诚千古之一快，百世以俟圣人而不惑"，把"致良知"说发扬开来。在王守仁提出的"致良知之外无学"的架构中，无程朱道统论的地位，因为自孔孟到王守仁本人之间，此学一直处在失传的状态，达千百年之久。如果无王守仁出来发明之，此"致良知"说也将会继续失传下去。可见王守仁对自己充满了使命感，决心在"支离之习没溺既久"，即朱学已成为传统流行观念的背景下，把"吾说"即"致良知"说推广开来，以取代传统的道统说，也就是否定了从孔孟到王守仁之前的圣人传道的系统及其学说。这是对传统道统观念的否定，体现了时代思潮的转向，由程朱道统论转向了王守仁的"致良知"说。

对此，王守仁明确指出："此致知二字，真是个千古圣传之秘。见到这里，百世以俟圣人而不惑。"[1] 在这里，致良知成为圣人千年相传之密旨，以致良知代替了圣人传道。王守仁还指出："绵绵圣学已千年，两字良知是口传，欲识浑沦无斧凿，须从规矩出方圆。"[2] 认为圣学相传以良知，而不是道统，以良知代替道统，体现了时代思潮转向的脉络。

四、王守仁突破程朱道统论的时代意义

在中华道统思想发展史上，道统思想经二程朱熹的确立和集其大成，已发展到一个前所未有的高度，并成为社会指导思想和学术界之定论，得到人们的广泛认同，对宋以后的思想界产生了重要影响。然而其流弊也越

---

[1]　（明）王守仁著，王晓昕、赵平略点校：《传习录下》，《王文成公全书》卷3，中华书局2015年版，第116页。

[2]　（明）王守仁著，王晓昕、赵平略点校：《别诸生》，《王文成公全书》卷20，中华书局2015年版，第939页。

发显露，其"言之太详，析之太精"反而造成了单纯记诵词章，使得"道益晦"的局面。王守仁看到了程朱道统论盛行后产生的弊端，为了挽救当时的社会危机，扭转靠记诵程朱词章来猎取功名利禄的不良学风，从正人心出发，提出"心即道"、"道即是良知"的思想，要求人们从内心去体认道，不要被心外之物所蒙蔽，这对日趋僵化的朱学末流弊端无疑是一支清醒剂。

王守仁并对朱熹道统论提出批评和改造，指出朱熹道统论乃其中年未定之说，到晚年已悟前说之非，而转向了心学。不论其论据是否确切，已反映出王守仁对旧权威提出的挑战。他把道统"十六字心传"改造为"心学之源"，便是体现了其对道统说的扬弃和发展。在对程朱道统论批评与改造，以及对良知说详尽阐发的基础上，王守仁提出"致良知之外无学矣"的观点，以"致良知"说取代道统论，这可视为对程朱道统说的突破，具有深刻的时代意义。

王守仁针对朱学末流弊端，勇于探索和创新，提出"致良知"说，以吾心之良知作为其哲学体系的最高范畴，取天理即道而代之，突破了道统论一统天下的局面，在新的高度重新确立起心的权威，这对于批判旧权威，充分肯定主体的价值和人的主观能动性，具有思想解放的积极意义。他说："夫学贵得之心，求之于心而非也，虽其言之出于孔子，不敢以为是也，而况其未及孔子者乎！求之于心而是也，虽其言之出于庸常，不敢以非也。"①强调以心为是非的标准，而不以孔子、朱熹的言论为是非的标准，把圣人的权威置于心即良知的权威之下，这正是王守仁良知精神的真实写照。

王守仁以良知为道，"道即是良知"，由此他提出了道为天下之公道，非孔子、朱子可得而私的道与圣贤相分的思想。他说："夫道，天下之公道也；学，天下之公学也。非朱子可得而私也，非孔子可得而私也。"②认为道为公，不能成为孔子、朱熹的私道。儒家圣贤失去了与道的必然联系，既然道与圣人相分离，那就产生了瓦解道统的因素。

---

① （明）王守仁著，王晓昕、赵平略点校：《传习录中·答罗整庵少宰书》，《王文成公全书》卷2，中华书局2015年版，第93—94页。
② （明）王守仁著，王晓昕、赵平略点校：《传习录中·答罗整庵少宰书》，《王文成公全书》卷2，中华书局2015年版，第97页。

以心之良知论道，以"致良知"说取代程朱道统论，这体现了王守仁思想的特点。与吴澄的心学道统论相比，如果说，吴澄扩大心学的内涵，把心学与道统相结合，还保留有道统的形式的话，那么，王守仁则基本抛弃了道统传授的形式，直接以"致良知"说来代替圣人之道的传授系统说。

虽然王守仁把道统论改造为心学，但并不是对整个道统论的根本否定，而是对程朱道统流弊的否定，为适应时代的发展而提出新的"致良知"的理论。在道统论的思想内涵、道统论所体现的儒学价值观方面，王守仁基本继承了以往的思想，只不过把道统之道改造成为良知，以更具主体思维能动性的良知范畴及"致良知"说扬弃并发展了传统的道统论，使良知说成为左右当时思想界逾百年的学术思潮，并对后世产生了重大影响。王守仁对程朱道统论的突破，也就是对整个中华道统文化的发展，经王守仁"致良知"说这个阶段，中华道统思想在理论形态上结束了在中国古代社会发展的历程，而逐步走向现代。

第六章　现代新儒学的道统论

中华道统思想发展到现代，进入了一个新的历史时期。由于清儒恢复汉学学风，并受到清朝社会文化政策的钳制和影响，把注意力转向单纯对古代经典的考据和整理的学术研究上，从而形成以考据为中心，重视文字训诂，立意反宋学的清代考据学派。因清儒与宋明儒学风不同，旨趣各异，并批评宋明理学及其道统论，故道统思想默默无闻三百年，至现代新儒学思潮兴起，才将道统思想接续下来并加以时代的改造和发展。

现代新儒学是产生于20世纪20年代初的以接续儒家道统或中国历史文化大传统，复兴儒学为己任，以服膺宋明儒学为主要特征，力图以儒家学说为主体来吸收、融合、会通西学，以谋求中国实现现代化的学术文化思潮。它是对五四激烈反传统、反儒学的一种回应，成为中国儒学发展到现代的新的学术文化思潮。因其与宋明新儒学相区别，所以称之为现代新儒学。

现代新儒学或称为现代新儒家，有时人们把二者互用，含义基本相同。一般说，现代新儒学内涵较广，凡在现代研究儒学，发现并认同于其基本精神，致力于研究、开发、推广、运用的都可包括在现代新儒学的范围内；而现代新儒家除在宗旨和研究方向与现代新儒学相同外，即主张吸取西方文化的成果以改造并复兴儒家思想，主要指少数现代新儒大家。后者内涵较窄。虽然二者的联系和相同处是主要的，但亦有区别。有的儒学大师因一些原因甚至不愿被列入现代新儒家之列。所以用现代新儒学这一概念既能够把现代致力于研究、弘扬儒学的思想家包括进来，又可以避免因使用这一概念而引起的一些麻烦。这有助于探讨新儒学的现代意义。但既然现代新儒学与现代新儒家含义相当，有相同的学术宗旨和研究方向，那么二者互相替用也是常有的事。

虽然道统论是现代新儒学思想体系的重要组成部分，体现了现代新儒思潮的特点，亦是中华道统思想发展到现代的产物，但对于现代新儒学具体的人物而言，有的论之较详，如冯友兰和牟宗三，尤其是牟宗三成为现代新儒家道统思想的理论代表；有的则因为研究兴趣在其他方面，对道统思想论之较少。所以在详论冯氏和牟氏的道统思想之前，先对现代新儒学的道统论作一概说。其中一些人物的道统观也不尽相同，但大致可包含在现代新儒学的道统论的范围之内，并具有一些基本的特点。

第一节　现代新儒学道统论概说

现代新儒学代表人物中讲道统的大致有熊十力、冯友兰、钱穆、牟宗三、唐君毅等，其他一些人物或有强烈的续统意识，即接续以儒学为代表的中国历史文化大传统的意识，但对于道统却没有明确的论述，所以在此只对上述人物的道统思想做一略说，并分析一下现代新儒学之道统论不同于传统道统思想的特点。

一、熊十力

熊十力（1885—1968 年）对道统思想论述较少，但也有一些涉及。他对宋明儒之道统论有一个大体的评价，既肯定其有功于儒家圣人之道的传播，又指出其不足。他认为宋儒提出"尧舜至孔孟之道统，令人自求心性之地。于是始知有数千年道统之传，而不惑于出世之教"[1]。他把宋儒之道统归于心性之学，认为宋儒确立道统之传，有回应出世主义宗教冲击儒家人文之作用，但又指出："两宋诸儒论道不广，其末流又因循守旧，缺乏开拓精神，故至阳明先生兴，始揭出良知。令人掘发其内在无尽宝藏，一直扩充去，自本自根，自信自肯，自发自开，大洒脱，大自由，可谓理

---

[1]　熊十力：《略论新论旨要——答牟宗三》，《学原》第 2 卷 1948 年第 1 期。

性大解放时期。"① 对于王守仁以"致良知"说取代程朱道统论予以肯定。这表明熊十力受陆王心学一派影响较大。

熊十力对宋学之道统观念，由不以为然，到加以肯定，并将其视为一国学术思想的中心。他说："余少时从事革命，对宋学道统观念，颇不谓然，后来觉其甚有意义。盖一国之学术思想，虽极复杂，而不可无一中心。道统不过表示一中心思想而已。此中心思想，可以随时演进，而其根源终不枯竭。"② 认为道统乃中国学术思想的中心，这一中心思想即由孔子集尧舜以来之大成，随时代发展而演进，故以儒学为正统的中国文化和以儒学为代表的中华民族精神将永存而不枯竭。这是从广义的方面解释道统观念。

二、冯友兰

冯友兰（1895—1990 年）广义的道统观与其新理学的理论建构有密切的联系。他承认在中国思想史上有一儒家圣贤一脉相承的道统存在，讲韩愈、程朱对道统的继承，但他心目中的道统观念却是广义的，不仅限于传统认为的孔子、程朱之道统。冯友兰在其所著《新理学》一书中的"哲学与道统"一节提出了他广义的道统观。他指出，"每一种社会组织，必有其理论底解释，此即其社会哲学。一种社会之社会哲学，亦常有一种哲学为其理论底根据。唯其如此，则此种哲学，即为此种社会之理论底靠山，亦即为此种社会之道统"③，认为每一种社会组织都有它的社会哲学，在一定社会的各种社会哲学中，往往有一种哲学作为该社会的理论根据，那么这种作为该社会的理论依据的哲学，即是这个社会的道统。也就是说，道统是一定社会居主导、支配地位，成为该社会理论根据和指导思想的哲学。冯友兰这种广义的道统观既接着孔孟程朱讲，把孔子之道作为在中国道统社会制度内的道统，又超出传统道统论的范围，适用于古今中外的各种社会。以这种广义的道统观来衡量，冯友兰认为：在中国古代社

① 熊十力：《略论新论旨要——答牟宗三》，《学原》第 2 卷 1948 年第 1 期。
② 熊十力：《读经示要》，台湾明文书局 1984 年版，第 463—464 页。
③ 冯友兰：《新理学》，《三松堂全集》第 4 卷，河南人民出版社 1986 年版，第 164 页。

会，孔子之道便是道统；在共产主义社会，辩证唯物论哲学便是该社会的道统；"西洋中世纪的耶稣，近世的卢梭等等，都是一种社会制度的理论上的靠山，一种社会中的思想上的'太祖高皇帝'。……世界有许多的国家，都要立一种哲学，以为'道统'，以'正人心，息邪说，距诐行，放淫辞'。我们在那一种社会里，我们即在那一种'道统'里。"① 西洋中世纪耶稣之道为其道统，西方近世卢梭之道为其道统，任何社会，甚至任何国家都有适合该社会国家的道统，这就进一步扩大了道统哲学的范围。

冯友兰不仅以道统为居社会主导支配地位的哲学，而且认为这个道统是发展的，他既接着孔孟程朱讲，又发展孔子之道，以超越的中国哲学精神作为道统哲学发展的主线，追求"极高明而道中庸"的最高境界，从而标立新统，把吸取了西方哲学中的柏拉图理念论、新实在论、逻辑实证主义的"新理学"视为接续了中国哲学各方面最好传统的全新的形上学的新道统。他说：

> 新理学又是"接著"宋明道学中底理学讲底。所以于它的应用方面，它同于儒家的"道中庸"。……它于"极高明"方面，超过先秦儒家及宋明道学。它是接著中国哲学的各方面的最好底传统，而又经过现代的新逻辑学对于形上学的批评，以成立底形上学。它不著实际，可以说是"空"底。但其空只是其形上学的内容空，并不是其形上学以为人生或世界是空底。所以其空又与道家、玄学、禅宗的"空"不同。它虽是"接著"宋明道学中底理学讲底，但它是一个全新底形上学。②

冯友兰在先论旧学的基础上，后标新统，以显示其继往开来之迹，确立新理学的"新统"地位，认为他的"新统"是极高明与道中庸的统一，是对孔子之道和宋明道学的发展。一方面，它接续了中国哲学各家各派好的传统，另一方面又吸取了现代西方分析哲学中逻辑实证主义的思想因素，并克服道家、玄学、禅宗以人生或世界为"空"的思想，弥补宋明道学于"高明"处的不足，从而把"极高明"与"道中庸"高度统一起来，达到最高的天地境界，形成一个全新的形上学。冯友兰认为，这便是中国哲学

---

① 冯友兰：《南渡集》，《三松堂全集》第5卷，河南人民出版社1986年版，第356—357页。

② 冯友兰：《新原道》，《三松堂全集》第5卷，河南人民出版社1986年版，第148页。

精神的新进展，也即是他所开出的新道统。通过融合中西，以新理学发展
了传统的道统说。

三、钱 穆

钱穆（1895—1990 年）的道统观经历了一个由狭义到广义的发展演
变的过程。早期肯定韩愈朱熹提出的道统说，认为此乃朱子对于中国学术
思想史的一大贡献，后来则认为宋明儒之道统是一种"主观的道统"，是
孤立易中断的道统，从而提出广义的道统观，即以中国历史文化的大传统
为道统。强调讲中国文化，不能只讲儒家；讲儒家，不能只讲宋明儒提出
的道统，从而以更宽广的角度来弘扬中国文化。

钱穆在成于 1945 年的《朱子学术述评》一文中指出：

> 朱子在中国学术思想史上贡献最大而最宜注意者，厥为其对儒
> 家新道统之组成。道统观念，似乎孟子已言之，但亦可谓其本由释
> 氏。隋唐间台贤禅诸家皆有其传统，不独禅宗一家为然。韩愈原道，
> 始明为儒家创传统，由尧舜以及于孟子。下及北宋初期，言儒学传
> 统，大率举孔子孟荀以下及于董仲舒扬雄王通韩愈。惟第二期宋学，
> 即所谓理学诸儒，则颇已超越董扬王韩，并于荀卿亦多不满。朱子
> 承之，始确然摆脱荀卿董扬以下，而以周张二程直接孟子。第二期
> 宋学，即所谓理学者，亦始确然占得新儒学中之正统地位。此为朱
> 子之第一大贡献。①

此时钱穆持狭义的道统观，认为道统即由朱熹集大成的宋代理学之道统，
此道统观念始由孟子言之；又借鉴佛说，至韩愈明言之，以儒学之道由尧
舜相传至孔孟；而宋初言道统，以孔孟相传及于董仲舒、扬雄、王通、韩
愈（这当是指北宋初孙复、石介所言之道统）；到二期宋学，即理学诸儒
所讲的道统，已把董扬王韩，甚至把荀子排除在外，超越汉唐，直接孟子
（这主要是指二程确立的道统论之观点）；二程的道统思想为朱熹所继承，
并加以发展集其大成，周敦颐、张载、二程直接孟子，而以自己接续二

---

① 钱穆:《中国学术通义》，台湾学生书局 1993 年版，第 97—98 页。

程，遂构成一完整的道统体系，并占据了宋代新儒学中的正统地位。钱穆认为，朱熹继承二程而确立新儒学的道统论，这是他对中国学术思想的发展所作出的贡献。可见这时钱穆不仅持狭义的道统观，而且对朱熹道统说持肯定态度。

到 1961 年钱穆作《中国儒学与文化传统》时，其道统观发生了一些变化，由狭义的道统观发展到广义的道统观，并对宋明儒之道统包括程朱道统提出了若干批评性意见，尽管他仍然称赞宋明儒的成就和贡献。他说：

> 此刻要谈到中国后半部儒学史中之所谓道统问题。因凡属别出之儒，则莫不以道统所归自负。此一观念，实由昌黎韩氏首先提出。……而儒家的道统则变成斩然中断，隔绝了千年以上，乃始有获得此不传之秘的人物突然出现。这样说来，总是不大好。……下至程伊川，又谓须至其兄明道始是直继孟子真传，中间更无别人插入。以此较之崇拜昌黎的一般说法，意态更严肃，而门户则更狭窄了。朱子始在二程同时又补进了濂溪与横渠；但以前那一段大罅缝，终是无可填补。那岂不是孟子死后，道统之传，已成一大秘密，而此世界，亦成一大黑暗！……但到陆象山又要抛开濂溪二程，把他自己来直接孟子。此后虽像程朱传统较占了上风，而到明代王阳明，又是尊陆抑朱。此等争持，也绝似禅宗之有南能北秀，究是谁得了道统真传，其实并无证据，则争辩自可永无了局。①

钱穆指出，道统之说影响了中国后半部儒学史，凡儒家均以归于道统而自负，但道统之观念却存在着一些不大好的因素，诸如道统之传隔绝了千年，其后乃有得此千年不传之绝学的人物出现，这使人不能心服，由此遭到了叶适、陈亮的批评，被认为具有排他性，缺乏容纳各家之说的精神；并指出在道统内部又有程朱与陆王谁为"道统真传"之争，其实这种争辩是没有结果的，因为争辩双方都拿不出证据来。钱穆对韩愈及宋明儒学之道统论的批评，反映了他对过去所持观点的修正，从而倾向于提出一种新的道统观。

在批评宋明儒传统的道统观的基础上，钱穆提出了广义的道统观，

---

① 钱穆：《中国学术通义》，台湾学生书局 1993 年版，第 93—94 页。

以整个中国历史文化的大传统为道统，而不取宋明儒道统之说。他说：

> 关于宋明两代所争持之道统，我们此刻则只可称之为是一种主
> 观的道统，或说是一种一线单传的道统。此种道统是截断众流，甚
> 为孤立的；又是甚为脆弱，极易中断的；我们又可说它是一种易断的
> 道统。此种主观的单传孤立的易断的道统观，其实纰缪甚多。若真
> 道统则须从历史文化大传统言，当知此一整个文化大传统即是道统。
> 如此说来，则比较客观，而且亦决不能只是一线单传，亦不能说它
> 老有中断之虞。①

这里把宋明儒之道统说成是"主观的道统"，或者说是一线单传的易断的
道统。如果说，就程朱道统亦包括陆九渊重视心传、自得，道的传授不一
定是耳提面命，而是可以通过超越时代的心传而得道的话，那么，说宋明
儒的道统是主观的道统也未尝不可，正因为此，道统具有心心相传，不拘
泥于师徒传授的特点，所以表面上看似乎有"中断之虞"。但这恰恰是针
对汉唐诸儒空谈解经，牵于训诂，溺于文章，使儒学发展停滞而发的，具
有超越汉唐，扬弃旧传统，为新思想的产生开辟道路的时代意义。中断的
内在含义正是超越，没有超越就不会有发展，也就没有新思想的产生。尽
管钱穆等对宋明儒之道统的流弊有所批评，但同时他也指出，应看到宋明
道统思想产生的历史原因和时代意义。进而，钱穆认为真正的道统应是从
历史文化大传统生出的，即以整个中国历史文化的大传统为道统，从而宣
传了一种广义的道统观。并指出这种广义的道统观与宋明儒道统相比，是
比较客观的。虽然钱穆主张以广义的道统观取代宋明儒之道统，然而他也
肯定"宋明道学诸儒在中国儒学传统里有其甚大之成就与贡献"②，只是强
调应多一点包容精神，讲中国文化不能光讲儒家，讲儒家也不能只讲宋明
道统。他说，"我们今天来讲中国文化，也就不该只讲一儒家；又况在儒
家中标举出只此一家别无分出的一项严肃的充满主观意见的又是孤立易断
的道统来"③，表现出其对宋明儒道统的扬弃和对广义的中国文化大道统的
宣扬。

---

① 钱穆：《中国学术通义》，台湾学生书局 1993 年版，第 94 页。
② 钱穆：《中国学术通义》，台湾学生书局 1993 年版，第 95 页。
③ 钱穆：《中国学术通义》，台湾学生书局 1993 年版，第 96 页。

四、牟宗三

　　牟宗三（1909—1995年）的道统论最能体现现代新儒学时代特征的，是他提出道统、学统、政统三统之说，企图通过提出一个安定人生建立制度的思想系统，来作为人们安身立命的根本和社会生活的指导思想，把时代民主政治、现代科学精神与中国文化基本的道德宗教结合起来，从而贯通中西，发展中国文化。与冯友兰的道统论相比，牟宗三的道统论更切合于中国传统的道统思想。他把道统与中国文化生命紧密结合，既从广义的角度论述了道统乃中国文化生命之体现，道统的演变体现为中国文化生命的疏导和延续，道统即是以儒家内圣心性之学为代表的中国"德性之学"的传统；又从狭义的角度对传统的道统论尤其是程朱的道统论加以心学化的改造，把宋明儒划分为三系，而以心性一元为大宗，以伊川朱子系为旁枝；并改造与程朱道统密切相关的程朱之"四书"学。牟宗三通过吸收西学，援西学入道统，开新外王，对传统道统思想作出创造性发展，从而接续并发展了中华道统思想，成为现代新儒学道统论的理论代表。其道统论体现了中华道统思想在当代的发展。

　　牟宗三认为道统是中国文化生命的体现。所谓中国文化生命，在牟宗三的思想体系里，指中国文化内在的精神及其根据。他强调中国文化是一最有原初性与根源性的文化，而且其根源最纯而无异质之驳杂，由其最根源的心灵表现的方向，来认取中国文化生命。也就是说，中国文化生命是中国文化的根源，其内在的心灵即精神决定了中国文化发展的方向，道统的发展持续不绝即是中国文化生命的不断。他说，"此道统必须继续即是中国文化生命之不断"①，认为中国文化生命的维持与道统的继续是一回事，把道统视为提炼凝聚文化生命的根源，由此决定文化发展的方向。他说，"提炼凝聚那根源的文化生命，此即'道统'之所在。凡由此'根源的文化生命'（即根源的心灵表现之方向）所演生的事象，无论是在构造中的或是在曲折中的，都已成陈迹，让它过去。然而那根源的文化生命则

---

　　①　牟宗三:《道德的理想主义》，台湾学生书局1992年版，第260页。

并不过去，亘万古而长存"①，指出道统即是根源的文化生命，它是创造一切的根源，是亘万古而永恒的存在。

牟宗三坚持以儒家道统为正宗来疏通中国文化生命，本着这种文化意识，他大致把道统的发展历程分为四个阶段。

第一阶段从尧舜三代到周文，此时儒家尚未形成，故为前儒家阶段。虽然牟宗三以尧、舜、禹为道统之开端，肯定他们在道统中的地位，但他认为，随着历史的演进，逐步由二帝三王发展而为周文，这是第一阶段的主要成果。所谓"周文"，指以亲亲和尊尊为代表的伦理道德规范及礼乐制度。

道统发展的第二阶段是孔子仁教的阶段，这一阶段亦是儒学经孔子而创立的发展第一期。他说："自尧舜三代以至于孔子乃至孔子后之孟子，此一系相承之道统，就道之自觉之内容言，至孔子实起一创辟之突进，此即其立仁教以辟精神领域是。"② 之所以把孔子仁教作为道统发展的第二阶段，是因为在牟宗三看来，尽管孔子对道统的发展有"创辟之突进"的贡献，但在孔子以前，"道之本统"已建立，孔子所做的工作只是对道之本统的再建。虽然牟宗三充分肯定孔子创立仁教是对道统发展的突出贡献，但他仍然注意孔子仁教与周文之间有着继承的关系，而不是劈空建立起来的，即由周文的亲亲推演出仁来，由尊尊推演出义来，从而建立仁教。

道统发展的第三阶段是宋明儒内圣心性之学，这亦是儒学发展的第二期。牟宗三所谓的内圣心性之学包涵较广，不仅把"本心即性"，即心性一元说包括进来，而且把"性即理"之"性理"义也包括进心性之学来，即把程朱陆王等都视为内圣心性之学。然而在肯定宋明儒把孔孟并称，以代替宋以前的周孔并称，从而发展了道统说的前提下，牟宗三又以心性一元说为大宗，把宋明儒划分为五峰蕺山系、象山阳明系和伊川朱子系三系，认为前两系以《论语》、《孟子》、《中庸》、《易传》为主，上通孔子成德之教，由仁教中独特生命智慧方向之一根而发，故为宋明儒之大宗；而伊川朱子系以《大学》为主，未讲出本有之心性，有违本心即性的原则，所以只是宋明儒学之旁枝，虽然此系影响很大，也不过是"别子为宗"。这是牟宗三对传统道统论的重大改造，而突出了内圣心性之学尤其

---

① 牟宗三：《生命的学问》，台湾三民书局 1984 年版，第 66—67 页。
② 牟宗三：《牟宗三集》，群言出版社 1993 年版，第 370 页。

是心性一元说在道统中的地位。并以之作为现代新儒学的"源头活水"，表现出新心学与陆王心学的相承关系。

道统发展的第四阶段是现代新儒家由内圣开新外王，这也是儒学发展的第三期。这一阶段的由内圣开出新外王，与牟宗三本人的三统之说有密切联系，即通过道统之肯定，肯定道德理性即内圣心性之学的价值，开出学统和政统，由德性主体转出知性主体和政治主体，发展民主政治与科学。牟宗三所谓的"新外王"的内容就是指民主政治与科学，开出新外王成为儒学第三期发展所担负的时代责任。在内圣与外王，道统与学统、政统关系问题上，牟宗三以内圣、道统为本，以外王、学统及政统为用，认为只有挺立了人的道德主体性，才能由本原派生作用，由内圣通外王，由心性之学开出科学和民主政治。牟宗三强调，新外王的开出，并不外在于儒学发展的自身要求，儒学内在地就要求开出新外王，并且只有根据儒家内圣之学往前进，才能开出新外王来。不仅民主政治"是儒家自内在要求所透显的理想主义"[1]，而且"科学亦为儒家的内在目的所要求，儒家并不反对知识"[2]。也就是说，由内圣才能开出新外王，儒学内在地要求现代化，反对把儒学与现代化对立起来。

通过对道统发展阶段以及与之相关的道统理论的系统论述，牟宗三在新的时代背景下确立了现代新儒家的道统论，赋予中华道统思想以"现代"的意义，从而为道统思想的发展作出了贡献。

五、唐君毅及《宣言》

唐君毅（1909—1978 年）本人对道统问题有所论及，并在由他起草，以牟宗三、徐复观、张君劢、唐君毅四人联名发表的《为中国文化敬告世界人士宣言》[3]（以下简称《宣言》）中论述了对道统的基本看法，这不仅

---

[1]　牟宗三：《政道与治道》新版序，台湾学生书局 1991 年增订版，第 15 页。

[2]　牟宗三：《政道与治道》新版序，台湾学生书局 1991 年增订版，第 15 页。

[3]　此《宣言》于 1958 年 1 月在香港《民主评论》第 9 卷第 1 期及台北《再生》杂志第 1 卷第 1 期同时刊出。后以《中国文化与世界》为名收入唐君毅《说中华民族之花果飘零》（台湾三民书局 1974 年版），及唐君毅《中华人文与当今世界》（台湾学生书局 1975 年版，后改编入《唐君毅全集》，亦有大陆版本）。

反映了当代新儒家四人的道统观，而且集中体现了起草人唐君毅的道统思想。

唐君毅肯定在中国文化史上有一道的传授系统。他说："凡此等等，其所谓道，皆中国数千年来文化系统内，大体上为人所共喻之道。"① 这种人所共喻之道，形成了延续数千年的道统。这主要是从广义的中国文化系统方面讲的道统。唐君毅并指出，与中国文化系统相对应，西方亦有一迥然不同的文化系统。他说：

> 中国先儒之不详于历史哲学，唯以数千年来中国有一一贯相承之文化系统，其中之道之所存，大体为人所共喻，故不须繁说耳。然今则时移势易，吾人已与一迥然不同之西方文化系统相遇，则前之所共喻不须繁说者，乃不得不待于重加研察，表而暴之，为之博喻繁说；则必有继船山之遗志，面对西方之学术文化之冲激，重自觉中国之历史文化之道之理之所在，为中国之历史文化，作一哲学的说明。②

指出在西方文化传入以前，中国数千年的文化中，客观上存在着一个一以贯之之道一脉相承的道的文化系统，亦即道统，只是生活在这一文化系统的人们已习以为常，为人们所共喻、共识，所以不须特意去详说之。然而，自西方文化传入，时代背景发生了迁移变化，面对西学的冲击挑战，唐君毅宣称不得不对中华道统文化重加研究考察，以对中国历史文化加以哲学上的说明与论证，从而弘扬道统文化，以回应西方学术文化的冲击。这是他，也是牟宗三等当代新儒家的文化使命所在。

为此，唐君毅在他起草的《宣言》中论述了新儒家的道统观，旨在向世界人士和国人介绍中国之道统文化，并将其在新的形势下发扬光大。在《宣言》的第四节"中国哲学思想在中国文化中之地位及其与西方文化之不同"里，唐君毅指出中国文化具有一本性，其道统一脉相传，一以贯之，构成了中国文化的一大特色，而与文化来源为多元的西方文化相区别。他说：

---

① 唐君毅：《中华人文与当今世界》（上），《唐君毅全集》卷13，九州出版社2016年版，第143页。

② 唐君毅：《中华人文与当今世界》（上），《唐君毅全集》卷13，九州出版社2016年版，第144页。

中国古代文化之有一脉相承之统绪。殷革夏命而承夏之文化，周革殷命而承殷之文化，即成三代文化之一统相承。此后秦继周，汉继秦，以至唐、宋、元、明、清，中国在政治上，有分有合，但总以大一统为常道。且政治的分合，从未影响到文化学术思想的大归趋，此即所谓道统之相传。①

认为中国文化的道统之一脉相传正是中国文化一本性的体现，这个中国文化的一本性便是在本原上是一个一脉相承的道的传授体系。

唐君毅指出，道统的存在具有客观性，而不论现代人或者西方人是否喜欢它。这与钱穆把宋明道统称之为"主观的道统"形成对照。唐君毅在《宣言》第四节说："中国历史文化中道统之说，或非中国现代人与西方人所乐闻，但无论乐闻与否，这是中国历史上的事实。此事实，乃原于中国文化之一本性。"② 对于中国道统文化之一本性与西方文化之多元性的区别，唐君毅在第四节称：

西方文化之统，则因现实来源之众多，难于建立，于是乃以超现实世界之宗教信仰中之上帝为其统。由希伯来宗教与希腊思想罗马文化精神之结合，乃有中古时代短时存在的神圣罗马帝国之统。然此统，不久即告分裂。今欲使西方诸国家及其文化复归于统一，恐当在全人类合归天下一家之时。而中国文化则自来有其一贯之统绪的存在。这是中西文化在来源上的根本分别，为我们所不能忽略的。③

他指出，正因为中国文化自古以来就有一贯之道的统绪存在，所以与有多种来源的西方文化区别开来。可见道统是使中国文化区别于西方文化的内在根据。

从中国文化之一本性出发，唐君毅把道统与政统联系起来。《宣言》第四节说："以中国文化有其一本性，在政治上有政统，故哲学中即有道

① 唐君毅：《中国文化与世界》，《唐君毅全集》第9卷，九州出版社2016年版，第11页。
② 唐君毅：《中国文化与世界》，《唐君毅全集》第9卷，九州出版社2016年版，第11页。
③ 唐君毅：《中国文化与世界》，《唐君毅全集》第9卷，九州出版社2016年版，第11页。

统。"① 政统与道统为一本之中国文化在政治、哲学上的体现，而同归于中国文化的一本性。这与牟宗三的三统说以道统为本原，开出学统与政统的思想有所区别。

在以道统为中国文化一本性的体现的基础上，唐君毅进而把道统说与心性之学相联系，认为宋明儒之所以深信《古文尚书·大禹谟》的"十六字心传"为中国道统的来源，是因为宋明儒者均以心性之学为中国学术文化的本原。《宣言》的第六节"中国心性之学的意义"中指出：

> 中国心性之学，乃至宋明而后大盛。宋明思想亦实系先秦以后，中国思想第二最高阶段之发展。但在先秦之儒家道家思想中，实已早以其对心性之认识为其思想之核心。此我们另有文讨论。《古文尚书》所谓尧舜禹十六字相传之心法，固是晚出的。但后人之所以要伪造此说，宋明儒之所以深信此为中国道统之传之来源所在，亦正因为他们相信中国之学术文化，当以心性之学为其本源。然而现今之中国与世界之学者，皆不了解此心性之学，为中国之学术文化之核心所在。②

唐君毅等现代新儒家推重宋明儒之心性之学，并将心性之学与道统论结合起来。事实上宋明儒各派均重视心性之学，而不仅仅是陆王一派讲心性。就朱熹由其哲学的特点所决定，注重对心性字义的解析而言，朱子哲学之心性论其内涵之丰富、体系之完备、逻辑之严密、论述之深入、包罗之广泛不仅远远超过陆九渊只论心而不及性的心学思想，而且与王守仁"心即性"的心性一元的思想体系相比，也毫不逊色。只不过各自有不同的心性论思想宗旨罢了。唐君毅等客观地看到《古文尚书·大禹谟》十六字传心诀对宋明儒之道统观念、对宋明儒之心性之学的重要影响。事实也确实如此，不仅程朱重视伪《古文尚书》的"十六字传心诀"，认为这体现了孔门传授心法，是道统传授之旨，而且王守仁也将这十六字作为"心学之源"，认为圣人相传之道统即是心学，把程朱道统论加以心学化的改造。唐君毅等既以《古文尚书》之"人心惟危，道心惟微，惟精惟一，允

---

① 唐君毅：《中国文化与世界》，《唐君毅全集》第 9 卷，九州出版社 2016 年版，第 12 页。

② 唐君毅：《中国文化与世界》，《唐君毅全集》第 9 卷，九州出版社 2016 年版，第 17—18 页。

执厥中"十六字相传之心法为宋明儒道统之来源，又于宋明儒学之中突出
心性之学的地位，进而以心性之学作为"中国学术思想之核心"。其心性
之学与道统中圣人相传之心法合一，既包括了陆王，又包括程朱，甚至把
先秦儒家、道家之心性说也包括在内，因而是以儒家圣人传道为主，其道
的相传又以心传为主的道统论与心性之学合一的学说。这体现了唐君毅等
现代新儒家的道统论重内圣心性之学的思想特色。其目的不仅在于让世人
充分了解此心性之学乃中国文化之神髓所在，还在于力图以此为主体，来
吸收、融合、会通西学，由内圣心性之学开出现代科学、民主等新外王
事业。

唐君毅及《宣言》的道统思想与牟宗三成体系的道统论相照应，成
为现代新儒学道统论的主要代表。

六、现代新儒学道统论的特征

通观以上现代新儒学代表人物的道统思想，可以归纳出以下一些基
本特征，虽然有的特征并不适合于所有的人，但大致可作以下概括：

（一）广义的道统观

与宋明理学尤其是程朱一派的道统论相比，现代新儒学的道统观是
广义的、包含更广的。这表现在，现代新儒学的道统观念不仅以儒家圣人
之道的传授及儒学之道内涵的发展演变为道统，而且把道统的范围扩展到
中国学术思想的中心、一定社会居主导支配地位的哲学、中国历史文化的
大传统、中国文化生命的体现、先秦道家之心性说等方面。比如熊十力认
为道统乃一国学术思想之中心，此中心思想随时代发展而演进，并作为文
化的根源永不枯竭；冯友兰把道统视为一定社会居主导支配地位的哲学，
是该社会的理论根据和指导思想，并认为古今中外任何社会、任何国家都
有适合于它的道统；钱穆则在批评宋明儒的道统"是一种主观的道统"的
基础上，扩大道统的内涵，直以中国历史文化的大传统为道统，认为它不
仅是宋明道统，也不仅是儒家，把宋明道统之外，儒家之外的其他历史文
化都作为道统的内容；牟宗三的道统观把道统与中国文化生命相结合，从

广义的角度论述了道统乃中国文化生命的体现，道统的演变体现为中国文化生命的疏导与延续；唐君毅指出中国数千年的文化客观上存在一贯相承之文化系统，并把道统之心性学扩展到先秦道家对心性的认识。

需要指出，尽管与宋明儒之道统论相比，现代新儒学人物的道统观内涵更为广泛，但他们在提出广义的道统思想时，并不否定狭义的道统观，只是在承认宋明道统的基础上进一步扩大了道统的内涵，使之具有了时代的特征和思想家个人的特点。即使钱穆批评宋明儒道统为主观的道统，但也也肯定宋明道学诸儒对发展中国儒学传统的重大贡献，并曾表彰过朱熹的道统说。

（二）宽泛的传道谱系

与上一个特征相关，现代新儒学人物的道统论一般不像宋儒那样认定儒家圣人之道的传授有一个明确而具体的传道谱系，比如把道的传人确定为从尧、舜、禹、汤、文、武、周公，到孔、孟、周敦颐、二程、朱熹等儒家圣贤，正是由于这些道统传人的一脉相承（包括超越时代的心传），才把圣人之道传授下来。由于现代新儒学人物多从广义的角度论道统，如以道统为一定社会居主导支配地位的哲学，以道统为中国历史文化的大传统，故不必去拘泥于具体的道统传人，如此少一点授人以把柄的排他性。即使像牟宗三这样现代新儒家道统论的代表人物在提出广义的与中国文化生命紧密结合的道统论时，也具体地论述了道统的发展阶段，但他大致是以时代来论述。比如他把道统的发展划分为从尧舜三代到周文、孔子仁教、宋明儒内圣心性之学和现代新儒家由内圣开出新外王等四个阶段，即四个既有联系又有区别的时代，主要是以不同时代的思想演进来论述道统的发展，而不过多地涉及人物之间的传授。所以就传道谱系而言，现代新儒学的道统论较为宽泛，较具包容性。这是其区别于宋儒道统论的一个特点。

（三）重心性之学

现代新儒学的道统论尤其是熊十力、唐君毅、牟宗三一系特重内圣心性之学，以宋明儒心性之学尤其是陆王心性一元说作为"源头活水"，直接把内圣心性之学与道统论合一，并将其作为道统发展的重要内容和重要阶段，企图从内圣心性之学中开出科学与民主等新外王事业。即以道统为本原开出学统与政统，或以德性主体转出知性主体和政治主体。为达于此，他们对程朱道统加以改造。熊十力认为尧舜至孔孟之道统，是令人自求心性之地，把道统的意义限于"自求心性"；牟宗三更以伊川朱子系为"旁枝"，因为他们未将心性合一，而倡心性为二、性道是理、心理为二的思想，这与新心学心性一元的宗旨不符。进而现代新儒家之新心学一系把具有丰富内容的宋明儒之道统论概括为内圣心性之学，又于内圣心性之学中突出"本心即性"的心性一元说，改造程朱道统之"四书"学，从而以心性一元论为大宗，推重直觉思维，以主体自身直接体认形上道德本体。这为由内圣通外王，由心性之学开出科学、民主提供了哲学依据，也是现代新儒家致力于道德形上的哲学追求的目的所在。

（四）吸取西学，援西学入道统

现代新儒学者站在时代的高度，吸取西方文化的有关内容，援西学入道统，用以作为重新建构儒学体系的有机组成部分。这是现代新儒学之道统论区别于传统道统论的时代特征。因而现代新儒学道统论具有适应时代发展需要的开放的一面。冯友兰在建构"新理学"、标立新统的过程中，吸取了西方哲学中的柏拉图理念论、新实在论以及逻辑实证主义等等，将其与程朱道学相结合，以共相潜存说解析程朱之理，既"接著"程朱道学讲，又吸取现代西方分析哲学的思想因素，通过融合中西，形成一个全新的形上学，以新理学发展了传统的道统说。牟宗三在道统论上对西学的吸取主要表现在，他在论述儒学的第三期发展及儒学当代的历史使命时，吸取了西方文化的科学与民主，将其与中国文化基本的道德宗教相结合，提出道统、学统、政统三统之说。通过道统之肯定，疏通中国文化生命；学统之开出，疏导出科学的基本精神；政统之继续，疏导出民主政治的基本精神。从而援西学入道统，把中西文化结合起来。牟宗三在三统的关系上，以道统为本原，孳生学统，创造出政统，表明他是以中学为体，即以儒家精神为体，在儒家内圣心性之学的基础上，开出科学与民主等新外王事业。牟宗三援西学入道统，以解决传统儒学的"开新"问题，使道统论与现代文化接轨，体现了现代新儒学道统论的时代意义。

质言之，现代新儒学之道统论作为中华道统思想发展到现代的理论形态，既有对传统道统论继承发展的思想因素，以其认同并弘扬儒家仁义之道，不论其有多少现代的特征，仍包含在中华道统思想发展的范畴之内；同时作为现代新儒学思想体系的重要组成部分，又具有新的时代特征。现代新儒学者面对时代的挑战，以复兴儒学为己任，反对全盘西化和全盘否定中国传统文化，对"五四"打倒孔家店，否定儒学中所体现的中华民族精神的文化虚无主义加以否定，即否定之否定，力图拨乱反正，用民族文化的主体性去对抗"全盘西化"和各种贬低、否定中国文化的论调。在与西方文化的交流中，既肯定儒学道统，以道统为立国之本、文化创造之源，又吸收西学中的优长，通过融会中西，以解决儒学道统的"开新"问题。从而把传统道统论发展到具有现代文化与哲学精神的新阶段，这既体现了吸收了各家思想的儒家道统学说对现代社会与文化的影响，又表现出中华道统思想的时代意义和永久的生命力。这正是居中国文化主导地位的儒家文化强大而鲜明的主体意识的体现。

第二节　冯友兰的新理学及其道统观

冯友兰（1895—1990 年），现代哲学家、哲学史家，现代新儒学代表人物之一。字芝生，河南唐河人。其父冯台异，字树侯，清末光绪戊戌（1898 年）科进士，曾任武昌方言学堂会计庶务委员、署理湖北崇阳县等职。冯友兰从小受到家庭严格的中文教育。十三岁，其父病逝，冯母承担了对冯氏兄妹的教育，对冯友兰影响很大。1912 年入上海中国公学读书。1915 年考入北京大学中国哲学门，1918 年毕业。1919 年去美国留学，入哥伦比亚大学研究院哲学系做研究生，1923 年通过博士论文答辩回国，次年美国哥伦比亚大学正式授予冯友兰哲学博士学位。回国后，先后在中州大学、广州大学任教。1926 年到北平，任燕京大学教授，讲授中国哲学史。1928 年任清华大学哲学系教授兼秘书长，后兼任文学院院长、代理校务会议主席。1933 年出国游学，到英国、苏联、捷克等国讲学、休假。1937 年抗战爆发，清华大学南迁长沙，与北京大学、南开大学组成长沙临时大学，文学院设在衡山南岳市。冯友兰在此开始撰写《新理学》

一书。1938 年长沙临时大学再迁往昆明，改名为西南联合大学，冯友兰任文学院院长。在这期间，冯友兰先后撰写了《新理学》（1939 年）、《新事论》（1940 年）、《新世训》（1940 年）、《新原人》（1943 年）、《新原道》（1944 年）和《新知言》（1946 年）六部"贞元之际所著书"。1946 年赴美国，任宾夕法尼亚大学客座教授，讲授中国哲学史。1947 年圣诞节后回国。1948 年任南京中央研究院院士。1949 年辞去清华大学校务委员和文学院长职务，只任教授。1952 年院系调整，调北京大学哲学系任教授至去世。另担任过中国科学院哲学社会科学学部委员，中国科学院哲学研究所兼职研究员、中国哲学史组组长，第二、三、四届全国政治协商会议委员，第六、七届全国政治协商会议常委，第四届全国人民代表大会代表等职。

冯友兰的著作除上述"贞元之际所著书"外，另著有：《人生哲学》（1926 年）、《中国哲学史》上下册（1934 年）、《中国哲学小史》（1948 年）、《中国哲学史论文集》（1958 年）、《中国哲学史论文二集》（1962 年）、《中国哲学史史料学初稿》（1962 年）、《中国哲学史新编》第一册（1962 年）、《中国哲学史新编》第二册（1964 年），以及自 1982 年陆续出版的修订本《中国哲学史新编》（七册）等。冯友兰的著作被河南人民出版社编辑为《三松堂全集》，从 1985 年出版第一卷后，陆续出版以下各卷。另北京大学出版社出版有《三松堂学术文集》（1984 年）。

冯友兰早年就读于北京大学中国哲学门，学习中国哲学史、诸子学和宋学，以及其他一些专题课程，认识到在八股文、试帖诗和策论之外，还有真正的学问。1919 年留学美国后，又受到西方哲学的影响，他说："杜威在那里讲实用主义，还有两位教授讲新实在论。因此这两派我比较熟悉。在我的哲学思想中，先是实用主义占优势，后来新实在论占优势。"[1]冯友兰的哲学思想此时逐渐转变为柏拉图式的新实在论。

带着中西文化及其哲学的矛盾，以及如何从哲学上解答这个问题，冯友兰开始了他长达七十年的哲学活动。他把自己一生的哲学活动分为四个时期：

---

[1]　冯友兰：《三松堂自序》，《三松堂全集》第 1 卷，河南人民出版社 1985 年版，第 196 页。

　　我的哲学活动，可以分为四个时期。第一时期是从一九一九年到一九二六年，其代表作是《人生哲学》。第二时期是从一九二六年到一九三五年，其代表作是《中国哲学史》。第三时期是从一九三六年至一九四八年，其代表作就是抗战中写的那六本书，日本已有书店把它们合印为一部书，题为《贞元六书》。第四时期是从一九四九年到现在，其代表作是尚未完成的《中国哲学史新编》。时期虽异，研究的对象也有不同，但都贯穿着上面所说的那个问题，都是想对于那个问题作一种广泛的解答，特别是对中国传统文化作一种广泛的解释和评论，虽然随着时期的变化，解释和评论也有差异。[1]

冯友兰哲学活动的第一时期旨在打破东、西方文化及其哲学的界限，通过写作其博士论文《天人损益论》，又名《人生理想之比较研究》，后将其改写为《人生哲学》，把古今中外的人生哲学分为损道、益道和中道三种。所谓损道，指崇尚"天然"，视"人为"为不好之源，本老子"为道日损"，所以称损道；所谓益道，指强调"人为"，以人力胜天然，创造美好的文明，本老子"为学日益"，故称益道；所谓中道，指认为天然与人为，本不相冲突，人为乃所以辅助天然，而非破坏天然，既不同于损道主张的返于原始，又不同于益道主张的创造未来，而是以现在的世界为最好，以现在的活动为快乐。冯友兰认为，损道、益道、中道三种哲学，在东、西方均有表现，所以"人的思想不分国界，哲学不分东西"[2]。比如损道哲学包括了中国的道家、东方的佛教，以及西方的柏拉图、叔本华之哲学；益道哲学包括了中国的杨朱快乐派、墨子功利派和西方的培根、笛卡儿、费希特的哲学；中道哲学则包括中国的儒家和宋明新儒家，以及西方的亚里士多德、黑格尔哲学。冯友兰本人的倾向是中道哲学，他主张"今依所谓中道诸哲学之观点，旁采实用主义及新实在论之见解，杂以己意，糅为一篇，即以之为吾人所认为较对之人生论焉。"[3]他把中道哲学与实用主义及

---

① 冯友兰：《三松堂自序》，《三松堂全集》第1卷，河南人民出版社1986年版，第189页。

② 冯友兰：《三松堂自序》，《三松堂全集》第1卷，河南人民出版社1986年版，第197页。

③ 冯友兰：《人生哲学》，《三松堂全集》第1卷，河南人民出版社1986年版，第509页。

新实在论相结合，而得出他认为是正确的人生哲学，从而证明"哲学的派别，无分于东西"①。但冯友兰却未能说明为什么在实际的历史中，东方盛行天然和损道，而在西方则盛行人为和益道。

冯友兰哲学活动的第二时期主要是撰写了在当时有重要影响的两卷本的《中国哲学史》。1928 年冯友兰从燕京大学转到清华大学，仍讲授中国哲学史这门课程。在授课的同时，于 1929 年完成了《中国哲学史》上半部的写作，作为上册于 1931 年先行出版。到 1934 年上下两册一起出版。在书中，冯友兰把整个中国哲学史分为"子学时代"（先秦，包括秦汉之际）和"经学时代"（汉到清末）两大部分，认为春秋战国是诸子百家争鸣的时期，"子学"的特点是标新立异，生动活泼；在经学时代，儒家定于一尊，儒家的典籍，已变为"经"，限制了人们的思想，即使有新的见解，也只能用注疏的形式表现出来，故"经学"的特点是僵化、停滞。冯友兰自认以子学和经学来称谓中国历史的两个时代，是"画龙点睛"。但他似乎只看到经学时代僵化、停滞的一面，而未注意中国哲学在这一时期仍有发展的一面。此外，把本不属于经学的玄学以及佛学纳入经学时代，似不足以解释玄学和佛学在魏晋、隋唐时期盛极一时，以致冲击儒家经学，动摇了其在社会意识形态领域的正统地位的历史情形。在"自序"中，冯友兰采用了黑格尔正、反、合三段式发展之公式，来说明其研究中国哲学史所持的历史观。他说："黑格尔谓历史进化常经'正'、'反'、'合'三阶级。前人对于古代事物之传统的说法，'正'也；近人指出前人说法多为'查无实据'，此'反'也；若谓前人说法虽多为'查无实据'，要亦多'事出有因'，此'合'也。"②针对胡适把自己的观点称为"正统派的观点"，冯友兰答曰："然吾之观点之为正统派的，乃系用批评的态度以得之者。故吾之正统派的观点，乃黑格尔所说之'合'，而非其所说之'正'也。"③指出自己所谓的正统派的观点，是通过对传统的正统派观点的批评而得出，故与传统的观点已有不同，属黑格尔三段式的"合"的阶段，而非"正"的阶段，亦是对"正"的阶段的发展。反映了当时新儒学

---

① 冯友兰：《三松堂自序》，《三松堂全集》第 1 卷，河南人民出版社 1986 年版，第 193 页。

② 冯友兰：《自序（一）》，《中国哲学史》上册，中华书局 1961 年重印版，第 2 页。

③ 冯友兰：《自序（二）》，《中国哲学史》上册，中华书局 1961 年重印版，第 1 页。

者研究中国哲学史的思想观点。

与胡适的《中国哲学史大纲》相比较，冯友兰认为他的《中国哲学史》与之存在着显著的不同。胡适提倡"疑古"，而冯友兰自称为"释古"。指出"释古"既不同于传统的"信古"，亦有别于全然推翻古代传说的"疑古"。他指出："所谓真伪的问题，不过是时间上的先后问题。《列子》这部书，我们认为是伪书。说它是伪书，不过说它不是先秦的著作。但它是有内容的。这个内容所表现的思想，虽然不是先秦时代的思想，大概也是魏晋时代的思想。"①冯友兰以时间上的先后，来解释古籍的真伪问题，强调对于哲学史的资料，"首先要看它有没有内容。如果没有内容，即使是真的，也没有多大的价值；如果有内容，即使是伪的，也是有价值的。"②偏重在看史料的思想内容，而不仅局限于真伪，这是对"疑古"派的扬弃。以此观点出发来看待《列子》，乃至伪《古文尚书·大禹谟》，都可以发掘出其固有的思想价值。

与重史料的思想内容，而不局限于其真伪的观点相关，冯友兰认为他与胡适的区别还表现为宋学与汉学的不同。他指出，胡适的《中国哲学史大纲》对于资料的真伪，文字的考证，占了很大的篇幅，而对于哲学家的思想，讲得则不够透，不够细；而他本人的《中国哲学史》对于各家哲学思想的了解和体会讲得比较多。"这就是所谓'汉学'与'宋学'两种方法的不同。"③

冯友兰认为他的《中国哲学史》有两点可引以自豪的创见：一是把先秦名家分为以惠施为代表的主张"合同异"和以公孙龙为代表的主张"离坚白"的两派；二是把程颢和程颐分别确定为心学和理学两大派的先驱。冯友兰指出，"这两点我认为都是发前人之所未发，而后来也不能改变的"④，显得非常自信。虽然冯先生的观点大体不错，但他说，"程颢和程

---

① 冯友兰：《三松堂自序》，《三松堂全集》第 1 卷，河南人民出版社 1986 年版，第 207 页。

② 冯友兰：《三松堂自序》，《三松堂全集》第 1 卷，河南人民出版社 1986 年版，第 207 页。

③ 冯友兰：《三松堂自序》，《三松堂全集》第 1 卷，河南人民出版社 1986 年版，第 209 页。

④ 冯友兰：《三松堂自序》，《三松堂全集》第 1 卷，河南人民出版社 1986 年版，第 210 页。

颐两兄弟，从来都认为，他们的哲学思想是完全一致的"①，这一点却是可议的。因为早在南宋时期，心学家陆九渊便指出了二程思想存在着区别，陆氏说："元晦似伊川，钦夫似明道。伊川蔽锢深，明道却疏通。"②把朱熹比作程颐，把张栻比作程颢，并肯定程颢，批评程颐，表明了心学家的观点。因程颢、张栻比较倾向于心学，故受到陆九渊的称道。只不过陆九渊虽看到了二程之间的思想差异，但尚没有明确把这种差异归结为心学与理学的区别。尽管如此，仍不能说从来都认为，二程的哲学思想完全一致。因此，冯氏自称"发前人之所未发"，存在着可议之处。

冯友兰哲学活动的第三个时期是由哲学史的研究转向哲学创作，由"照着"讲转向"接着"讲。在此期间，他陆续写作出版了被称之为"贞元之际所著书"的六种书，创"新理学"哲学思想体系。与此相关，冯友兰阐述了自己的道统观。他提出广义的道统说，认为道统即一定社会居主导、支配地位的哲学，孔子之道统只是道统之一种；通过"标新统"，为往圣继绝学。冯友兰融合中西，吸取西方哲学的新实在论和柏拉图主义，接着程朱理学讲，建构新理学思想体系，并以新理学发展了道统说，这在中华道统思想发展演变史上产生了重要影响。对此，我们将在下面详论。

冯友兰哲学活动的第四个时期主要是修订撰写《中国哲学史新编》，共七册。此外，自 1949 年以来，他还对自己的新理学进行了自我批判和反省，又提出了被称之为"抽象继承法"的观点，从而引起了一场辩论并遭到批判。20 世纪 60 年代初，他开始修订《中国哲学史》，并于"文革"前出版了第一、二册。"文革"初期，冯友兰遭到批判。1973 年"批林批孔"运动中，被江青一伙利用，参加北大、清华两校评法批儒大批判组并担任顾问。"文革"结束，自 1978 年以后，冯友兰开始重新修订撰写《中国哲学史新编》。在 1982 年出版的修订本第一册"自序"中，他提到了修订撰写七册本《中国哲学史新编》的目的和想法。他说：

> 哲学史有各种的写法。有的专讲狭义的哲学，有的着重讲哲学家的身世及其所处的政治社会环境，有的着重讲哲学家的性格。"各

---

① 冯友兰：《三松堂自序》，《三松堂全集》第 1 卷，河南人民出版社 1986 年版，第 210 页。

② （宋）陆九渊著，钟哲点校：《年谱》，《陆九渊集》卷 36，中华书局 1980 年版，第 504 页。

有千秋",不必尽求一致。我生在旧邦新命之际,体会到,一个哲学家的政治社会环境对于他的哲学思想的发展、变化,有很大的影响。我本人就是一个例子,因此在《新编》里边,除了说明一个哲学家的哲学体系外,也讲了一些他所处的政治社会环境。这样作可能失于芜杂。但如果作得比较好,这部《新编》也可能成为一部以哲学史为中心而又对于中国文化有所阐述的历史。如果真是那样,那倒是我求之不得的。①

企图在旧邦新命之际,把他重新理解和体会的中国哲学史写出来。

冯友兰的道统观在其思想体系中不占主要地位,但他结合创建新理学而阐发的道统思想仍是他思想体系的重要内容,并成为现代新儒学道统思想的组成部分,体现了道统思想在现代的演变。

一、新理学的文化价值取向

冯友兰的道统观与其新理学思想体系有着密切的联系,不仅其新理学是"接着"程朱理学讲的,是在程朱理学基础上的发展;而且其道统观也是在创建新理学哲学思想体系的过程中所提出,是在论旧学基础上所标立的新统。所以论冯友兰的道统观,首先应对他的新理学有一个基本的了解和认识。

(一)"接着"程朱理学讲

作为冯友兰哲学体系的整体,新理学是"接着"程朱理学讲的。这个总的哲学体系是由"贞元六书"所构成,其中"《新理学》这部书是我在当时的哲学体系的一个总纲。如果把六部书作为一部书看,《新理学》这部书应该题为'第一章:总纲'"②。《新事论》是《新理学》的实际应用,事是对理而言,论是对学而言,讲理者谓之理学,说事者谓之事论。《新事论》便是以《新理学》中关于共相与殊相、一般与特殊的关系问题的讨

---

① 冯友兰:《自序》,《中国哲学史新编》第一册,人民出版社1982年版,第213页。
② 冯友兰:《三松堂自序》,《三松堂全集》第1卷,河南人民出版社1986年版,第230页。

论为基础，探讨解决当时的这个实际问题。《新世训》以《新理学》为依据，讲新的生活方法。《新原人》讲人生，与《新事论》讲社会各有侧重，都是"新理学"的应用。《新原道》以"极高明而道中庸"为线索，来说明中国哲学发展的趋势，以确立新理学在中国哲学发展史上的地位，并推出"新统"，换句话说，也就是"接着"程朱道统讲的新的道统。《新知言》讲哲学的方法论，论新理学的方法，由其方法，以见新理学在现代世界哲学中的地位，并以此说明新理学与维也纳学派的不同。

　　新理学的思想体系，虽由各个部分所构成，但总的来讲，则是"接着"宋明道学中的程朱理学讲的，或者说是"接着"宋明理学中的程朱道学一系讲的。关于道学与理学的互涵关系，冯友兰认为，道学是一代学术思潮，理学则是道学中的一个流派，"只有用道学才能概括理学和心学"①。而学术界亦有根据宋代尤其是南宋道学发展演变的历史过程，以及《宋史·道学传》的记载，而得出道学并不包括陆九渊心学，而仅是指周、邵、程、张、朱的学说而言，主要是指程朱的结论，认为至明代，理学便有包括道学和心学之意。也就是说，以理学为学术思潮的名称，而道学、心学则是理学思潮中的两大流派。但不管是以理学或是道学来界定程朱之学，冯先生以新理学"接着"程朱讲，这是确定的。他说："宋明以后底道学，有理学心学二派。我们现在所讲之系统，大体上是承接宋明道学中之理学一派。……我们说'承接'，因为我们是'接著'宋明以来底理学讲底，而不是'照著'宋明以来底理学讲底。因此我们自号我们的系统为新理学。"② 由于冯友兰承接的是程朱一派的理学，故被称之为现代新儒家中"新程朱"的代表，以此与"新陆王"一派相区别。所谓"接着"讲，指不仅继承程朱理学，而且有所发展和改造，这与单纯"照着"讲是不同的。冯友兰之所以接着程朱理学讲，而非接着陆王心学讲，是因为他吸取西方哲学而建立起来的新理学思想体系本身就是对程朱思想的继承发展，而有别于陆王心学。冯友兰吸取新实在论，讲共相殊相。他认为程朱理学讨论的也是这个问题，只不过没有使用这一类名词。在宋明理学史上，程朱一派讲体用之分、形而上下之别，其"理一分殊"、理本器末的思想

　　① 冯友兰：《中国哲学史新编》第五册，人民出版社1988年版，第23—24页。
　　② 冯友兰：《新理学》，《三松堂全集》第4卷，河南人民出版社1986年版，第5页。

被冯友兰所继承，并发展为新理学；而陆王心学不重体用之分，重融通合一，讲心性一元的思想则与冯友兰的思想距离较大，所以他接着程朱理学讲，而不接着陆王心学讲。对此，冯友兰指出："上面说的这些意思（即共相殊相、真际实际），程、朱理学都已经有了，不过有些意思他们讲得不够明确。'新理学'把他们没有讲明确的地方，明确起来。"① 可见冯友兰的新理学是接着程朱理学讲，又在此基础上加以发展。

贺麟则站在现代新儒家之"新陆王"派的立场，对冯友兰讲程朱而排斥陆王的倾向提出批评。他说："讲程、朱而不能发展至陆、王，必失之支离；讲陆、王而不能回复到程、朱，必失之狂禅。冯先生只注重程、朱理气之说，而忽视程、朱心性之说，且讲程、朱而排斥陆、王，认陆、王之学为形而下之学，为有点'拖泥带水'。"② 贺麟从新黑格尔主义观点来讲黑格尔，又结合陆王心学，讲"心即是理"，主张融合程朱与陆王。由此他批评冯友兰重程朱理气说，轻程朱心性论，以及排斥陆王，只接着程朱讲的思想。这反映了冯、贺二人不同的学术旨趣，也体现了现代新儒学内部不同的学术倾向。由其新理学的特点所决定，冯友兰对宋明理学的吸取，必然是程朱一派；而吸取程朱，又必然是其理气论，而不是心性论。这是因为，在陆王心学的思想体系里，不能找到建构新理学所需要的思想资料；而在程朱理学的思想体系里，理气论与新理学有密切联系，心性论则与之联系不大。所以尽管冯友兰在《新原人》里也论述了心性之说，但他却反对"宇宙的心"的提法，批评"宇宙间底秩序，本是心的秩序"③ 的心学观点。在冯友兰看来，陆王心学以及程朱之心性论不能提供自己所需的思想资料，以建构新理学思想体系，而程朱之理气论则能满足自己所需。在贺麟看来，排斥陆王，以及只注重程朱理气之说而忽视其心性之说，是"支离"的表现。贺麟的批评确实看到了问题的症结所在，但如果接受了贺麟的批评，那"接着"程朱讲就成了一句空话，新理学也失去了自己的特点，而不成其为新理学了。这是冯友兰所不能接受的。

---

① 冯友兰：《三松堂自序》，《三松堂全集》第1卷，河南人民出版社1986年版，第233页。

② 贺麟：《当代中国哲学》，胜利出版公司1945年版，第36页。

③ 冯友兰：《新原人》，《三松堂全集》第4卷，河南人民出版社1986年版，第530页。

（二）对西方哲学的吸取

冯友兰在建构新理学思想体系的过程中，对西方哲学吸取甚多，这是现代新儒学区别于程朱理学的特点所在，体现了新理学对传统理学的发展，亦是不同于以往道统思想的地方。

新理学对西方哲学的吸取主要表现在冯友兰受西方哲学的影响，程度不同地吸取、借鉴了柏拉图的理念论，以及新实在论、逻辑实证主义和马克思主义的唯物史观等。

关于对柏拉图理念论的吸取，冯友兰说："'新理学'的自然观的主要内容，是共相和殊相关系的问题。共相就是一般，殊相就是特殊或个别。这二者之间，是怎样区别，又怎样联系呢？在西方哲学中，首先明确提出这个问题，而又加以详细讨论的，是柏拉图。"[①] 也就是说，新理学的自然观，主要内容是讲共相与殊相，即一般与个别的关系问题，除对程朱的理本器末思想有所吸取外，便是受到了柏拉图理念论的影响。柏拉图以理念作为现象世界的普遍本质，认为具体事物由于"分有"了理念世界的特点，才具有相对稳定的属性，断言理念是先于并且脱离感性事物而存在的，这与程朱的天理论有类似之处。后来经院哲学把理念称为共相，并讨论了共相与具体事物的关系问题。冯友兰受其影响，以共相与殊相、一般与个别的关系来论述新理学的自然观，便是对柏拉图思想的吸取。

冯友兰受新实在论影响甚大，并将其运用到对新理学的实际论述上。他在美国留学时，便受到新实在论的影响，并接受了它。他说："后来我的哲学思想逐渐改变为柏拉图式的新实在论，认为不仅真理是客观的，一切观念和概念也都是有其客观的对象；这些对象都是独立于人的认识而存在的。"[②] 所谓柏拉图式的新实在论，指把柏拉图式的信念引进新实在论，认为理念或共相也和认识对象一样是独立的实在，被认知对象不依赖于我们的意识而存在，这些独立存在的共相或本质虽不能从经验中观察到，但却可以通过逻辑分析发现。冯友兰吸取了西方哲学柏拉图的理念论和新实在论后，把它们与朱熹思想做比较研究，从而对朱熹理学的认识也更加深

---

① 冯友兰：《三松堂自序》，《三松堂全集》第 1 卷，河南人民出版社 1986 年版，第 231 页。

② 冯友兰：《三松堂自序》，《三松堂全集》第 1 卷，河南人民出版社 1986 年版，第 197 页。

入，这些思想相互结合，逐步形成了新理学的基础。他说："懂得了柏拉图以后，我对于朱熹的了解也深入了，再加上当时我在哥伦比亚大学所听到的一些新实在论的议论，在我的思想中也逐渐形成了一些看法，这些看法就是'新理学'的基础。"① 虽然冯友兰的新理学除接着程朱理学讲外，还吸取了柏拉图和新实在论的思想，但他却不同意把他的新理学说成是"糅合"柏拉图、朱熹和新实在论而成的。认为一个哲学家的思想，是他自己形成的对自然、社会和人生的见解，这些见解可能与前人相似，或得到前人的启发，但却不是"糅合"。尽管如此，冯友兰也承认他的新理学犯了与柏拉图和朱熹相同的错误。他说："'新理学'虽不是临摹柏拉图和朱熹，却也犯了他们的错误：那就是'理在事先'，'理在事上'。现在我开始认识到，'理在事中'是正确的。"②

冯友兰除吸取柏拉图和新实在论的思想外，逻辑实证主义也曾影响了他的新理学的方法。逻辑实证主义，又名逻辑经验主义，是西方分析哲学的一大派别，流行于 20 世纪 30 至 50 年代，维也纳学派是其核心。冯友兰受逻辑实证主义的影响，企图经过维也纳学派的经验主义而重建"新理学的形上学"。他说："新理学的工作，是要经过维也纳学派的经验主义而重新建立形上学。"③ 在这个过程中，包含了对维也纳学派的吸取和扬弃。

冯友兰对逻辑实证主义的扬弃表现在，逻辑实证主义反对形而上学，认为形而上学无意义，提出"清除形而上学"的口号，要把哲学从形而上学中解放出来；而冯友兰则主张利用逻辑实证主义对形上学的批评，以建立一个完全"不著实际"的新理学的形上学。他说：

> 在西洋，近五十年来，逻辑学有极大底进步。但西洋的哲学家，很少能利用新逻辑学的进步，以建立新底形上学。而很有些逻辑学家利用新逻辑学的进步，以拟推翻形上学。他们以为他们已将形上学推翻了，实则他们所推翻底，是西洋的旧形上学，而不是形上学。形上学是不能推翻底。不过经过他们的批评以后，将来底新底形上

① 冯友兰：《三松堂自序》，《三松堂全集》第 1 卷，河南人民出版社 1986 年版，第 258 页。

② 冯友兰：《三松堂自序》，《三松堂全集》第 1 卷，河南人民出版社 1986 年版，第 258 页。

③ 冯友兰：《新知言》，《三松堂全集》第 5 卷，河南人民出版社 1986 年版，第 223 页。

学，必与西洋的旧形上学，不大相同。它须是"不著实际"底，它所讲底须是不著形象，超乎形象底。新底形上学，须是对于实际无所肯定底，须是对于实际，虽说了些话，而实是没有积极地说什么底。不过在西洋哲学史里，没有这一种底形上学的传统。西洋哲学家，不容易了解，虽说而没有积极地说什么底"废话"，怎样能构成形上学。在中国哲学史中，先秦的道家，魏晋的玄学，唐代的禅宗，恰好造成了这一种传统。新理学就是受这种传统的启示，利用现代新逻辑学对于形上学底批评，以成立一个完全"不著实际"底形上学。①

冯友兰指出西方逻辑实证主义哲学家企图利用新逻辑学的进步，来推翻形上学，但他们所推翻的，只是旧的形上学，而不是真正的形上学。冯友兰认为"真正底形上学，必须是一片空灵"②，它的目的是对经验作逻辑的释义，所以它超越形象，不着实际，对于实际无所肯定，而与旧形上学相区别。逻辑实证主义反对形上学，而冯友兰则提倡形上学，这是对逻辑实证主义的扬弃。然而冯友兰又借鉴逻辑实证论者对旧形上学的批评，结合中国哲学传统的启示，重建了一个不同于西方的新理学的形上学。这即是对逻辑实证主义的扬弃，是对维也纳学派批评形而上学的否定，即否定之否定。目的是建立一个完全"不著实际"，不同于西方旧形上学的真正的形上学。

冯友兰对逻辑实证主义的借鉴还表现在，逻辑实证主义认为，哲学的任务在于逻辑地分析和阐明科学中的概念、命题和假设的意义，从而使形而上学的思想混乱得以澄清，而不在于去解释概念的内涵和建立理论学说；冯友兰吸取逻辑实证主义的逻辑分析方法，不过他既用以辨名，又用来析理，与维也纳学派只辨名不析理的方法有别。他说："照我们的看法，逻辑分析法，就是辨名析理的方法。这一句话，就表示我们与维也纳学派的不同。我们以为析理必表示于辨名，而辨名必归极于析理。维也纳学派则以为只有名可辨，无理可析。照他们的意见，逻辑分析法，只是辨名的方法；所谓析理，实则都是辨名。"③针对维也纳学派只辨名不析理的

① 冯友兰：《新原道》，《三松堂全集》第5卷，河南人民出版社1986年版，第147页。
② 冯友兰：《新知言》，《三松堂全集》第5卷，河南人民出版社1986年版，第179页。
③ 冯友兰：《新知言》，《三松堂全集》第5卷，河南人民出版社1986年版，第233页。

倾向，冯友兰把二者结合起来，认为析理通过辨名来表现，辨名必然发展
到析理，批评维也纳学派取消析理，把析理归之于辨名的只重名词语言的
观念。

此外，冯友兰还一定程度地吸取了马克思主义的唯物史观。在20世
纪30年代，他曾到欧洲休假、游学，"在这个时候，我也开始接触了一些
马克思主义。当时我认为，马克思主义的历史观的一个显著的特点，是不
从纵的方面看历史，而从横的方面看历史。所谓从纵的方面看历史，是着
重看一个国家或民族的生成和发展，衰老和死亡。从横的方面看历史，是
把社会分为许多类型，着重的是看各种类型的内容或特点。"① 具体说来，
他一定程度地接受了唯物史观关于生产力决定生产关系，经济基础决定上
层建筑的观点。他说，"我们于前几篇中已经说过许多次，一种社会制度，
是跟着一种经济制度来底；一种经济制度，是跟一种生产方法来底"②，并
以中国哲学的体用范畴加以诠释，以生产力、经济基础为体，以上层建筑
为用，体决定用，用随体的改变而改变。他说："我是主张体用不可分的，
有什么体就有什么用，有什么用就可以知道它有什么体。如果要用中国哲
学中所谓体、用那一对范畴说，我认为，在一个社会类型中，生产力等经
济基础是体，政治、文化等上层建筑是用。体要改了，用会跟着改的。所
谓跟着改，并不是说不需要人的努力，人的努力是需要的，不过人会跟着
努力的。"③ 冯友兰以具有中国哲学特点的体用对应范畴来解释唯物史观的
生产力、经济基础与上层建筑之间的决定与被决定的关系，这在某种程度
上是对马克思主义的借鉴。

以上各个方面冯友兰对西方哲学的吸取表明，他带着中西文化及其
哲学的矛盾，以及如何从哲学上解答这个问题，来迎接西方文化的挑战，
重新建构儒学思想体系。在建构新理学的过程中，冯友兰"接着"程朱理
学讲，表明他以儒家学说作为现实及未来中国文化的主干，用民族文化的
主体性去对抗"全盘西化"的论调，并在此基础上，标立新道统。他吸取

---

① 冯友兰：《三松堂自序》，《三松堂全集》第 1 卷，河南人民出版社 1986 年版，第
240 页。
② 冯友兰：《新事论》，《三松堂全集》第 4 卷，河南人民出版社 1986 年版，第 287 页。
③ 冯友兰：《三松堂自序》，《三松堂全集》第 1 卷，河南人民出版社 1986 年版，第
241 页。

并改造西方哲学,"援西学入儒",用以作为重新建立儒学体系的有机组成部分,这是冯友兰的新理学区别于程朱理学的"时代"特征,因而其新理学具有适应时代需要的开放的一面,包含着某些传统理学所不具有的新内容,亦是对传统道统思想的发展。其主旨是要使理学成为吸收了西学优长的新理学,以适应时代发展要求更新文化的需要,从而与抱残守缺的传统文化观念相区别。

二、道统观

冯友兰在建构其新理学思想体系的过程中,阐发其道统观,其特点是与新理学的理论建构紧密结合,不囿于传统的道统思想,提出广义的道统观,以超越的中国哲学精神作为道统发展的主线,从而标立新统,以吸取了西方哲学的新理学接续"中国哲学的各方面的最好底传统",建立一个全新的形上学的新道统。使中华道统思想的发展演变,具有了新时代及现代新儒学的特征。

(一)广义的道统观

冯友兰讲道统,主要是从广义的道统观出发来讲的,其广义的道统的基本含义是指一定社会居主导地位的哲学。然而他也讲传统的儒家道统,承认在中国思想史上有儒家圣贤一脉相传的道统。他说,"韩愈《原道》提出'道'字,又为道统之说。此说孟子本已言之,经韩愈提倡,宋明新儒家皆持之"①,认为道统说自孟子已提出,经韩愈提倡后,宋明道学家皆持道统之说。冯友兰指出,韩愈提倡道统的目的是为了对抗佛教。显然这里所指的道统是儒家道统,而把佛教哲学排除在外。他说:

> 禅宗自称,有一个它的这种"以心传心"的"心法",在印度经
> 过七佛、二十八祖师的传授,经过菩提达摩,传到中国,为东土的
> 初祖,经过五代的传授,到慧能为六祖。历代祖师,一脉相传。韩

_____

① 冯友兰:《韩愈李翱在中国哲学史中之地位》,《三松堂学术文集》,北京大学出版社 1984 年版,第 217 页。

愈企图用禅宗的办法对抗佛教，他也为儒家制造了一个"道统"。据他说，儒家的"道"，从神话式的人物尧开始，经过舜、禹、周文王、武王、周公传到孔子，孔子又传给孟轲。在《原道》中，他只说：孟轲之死，"不得其传焉"。在另一个地方他说："释老之害，过于杨、墨。韩愈之贤，不及孟子。……使其道由愈而粗传，虽灭死万万无恨。"(《与孟尚书书》，《昌黎先生集》卷一八) 他自以为是孟子以后的"道统"的唯一继承人。①

冯友兰对韩愈提倡的儒家道统持客观的介绍态度，他指出佛教禅宗有一个祖师相传的"心法"，韩愈为了抗衡佛教，也提出了一个儒家圣人一脉相传的"道统"，并以道统的继承人自居。冯友兰认为："韩愈所提出的儒家的道统是个'旧瓶'，但在当时也有很大的影响。"② 所谓"旧瓶"，指韩愈所说的仁义之道，孟子已经说过。但韩愈在佛老之道严重冲击儒家之道的情况下，继承孟子，正式而明确地提出儒家道统说，所以在当时产生了很大影响。

冯友兰不仅讲韩愈的道统思想，而且也讲程朱对道统的继承。他说：

> 程颐所作《程颢墓表》说："周公没，圣人之道不行；孟轲死，圣人之学不传。道不行，百世无善治；学不传，千载无真儒。……先生生千四百年之后，得不传之学于遗经，志将以斯道觉斯民。"(《河南程氏文集》卷十一) 程颐在这里所讲的也是韩愈所讲的"道统"，他同韩愈一样，都认为从孟轲以后，这个道统就失传了。韩愈没有说他自己接了这个道统，而程颐肯定地说程颢接过了这个道统。这不是韩愈的过分自谦，也不是程颐的过分自负，这是事实，道学家们都承认这个事实。③

指出程颐讲的道统就是韩愈所讲的道统，韩、程都认为孟子之后，道统失传，韩愈未说自己接续了这个道统，而程颐则明确肯定自家兄弟继承了道统。实际上，韩愈也曾说过"使其道由愈而粗传"，即以道统的传人而自居，只不过不像程颐那样十分明确地肯定继承了道统。冯友兰还提到朱熹

① 冯友兰：《中国哲学史新编》第四册，人民出版社 1986 年版，第 292—293 页。
② 冯友兰：《中国哲学史新编》第五册，人民出版社 1988 年版，第 10 页。
③ 冯友兰：《中国哲学史新编》第五册，人民出版社 1988 年版，第 11 页。

继承程门之传，把道统思想接续下来。他说："朱子自认为接续了程门之传。《大学章句序》中说：'河南程氏两夫子出，而有以接乎孟氏之传，……虽以熹之不敏，亦幸私淑而与有闻焉。'就是表达了朱熹自命继承道统的思想。"① 认为朱熹是以继承道统为己任的人物。

以上表明冯友兰客观地承认在历史上存在着道统观念及其传人，但他的道统观主要不在于此，而在于他提出广义的道统观，认为道统就是哲学，即一定社会的"理论底靠山"，亦即一定社会占主导地位的哲学。这种广义的道统观虽把孔子之道统即传统的道统论包括在内，但其内涵已经扩大，包含了古今中西各种社会居主导、支配地位的哲学。这与传统的道统论已有区别。但因其广义的道统把中国传统的道统论包括在内，因为它是中国古代社会长期居统治、主导地位的哲学，符合其广义道统之内涵的规定，所以冯友兰广义的道统观与自孔子而程朱等的传统道统论具有内在的、不可分割的联系，是接着韩愈、程朱道统讲的新道统观。冯友兰在其《新理学》中专辟《哲学与道统》一节，提出了其广义的道统观。他说：

> 每一种社会组织，必有其理论底解释，此即其社会哲学。一种社会之社会哲学，亦常有一种哲学为其理论底根据。如其如此，则此种哲学，即为此种社会之理论底靠山，亦即为此种社会之道统。我们旧日以孔子之道为道统。站在以孔子之道，或如孔子之道，为道统之社会制度内，孔子之道，或如孔子之道，是唯一底道统。但站在各种社会制度之上看，孔子之道，或如孔子之道，亦是一道统，但不是唯一底道统。
>
> 还有一点，一种社会哲学所引以为理论底根据之哲学，大概在实际上并不是全新底。例如为共产主义底社会之道统之辩证唯物论，其唯物底及辩证底成分，皆是自古代以来即有者。②

冯友兰对道统下的定义是，每一种社会组织，都有它的社会哲学，一定社会的各种社会哲学中，常有一种哲学作为该社会的理论根据，那么这种作为该社会的理论依据的哲学，便是这个社会的道统。换句话说，道统即是一定社会占据主导、支配地位的哲学，这种居主导地位的哲学，便是该社

① 冯友兰：《中国哲学史新编》第五册，人民出版社1988年版，第157页。
② 冯友兰：《新理学》，《三松堂全集》第4卷，河南人民出版社1986年版，第164页。

会的理论根据，即社会的指导思想。由此可见，冯友兰的道统是一种广义
的道统，它已超出传统道统的范围，适用于古今中外的各种社会。比如中
国古代社会，孔子之道便是道统，并且是唯一的道统，因儒术定于一尊。
而共产主义社会，冯友兰认为，辩证唯物论哲学便是该社会的道统。诸如
此类，可以看出，冯友兰的道统是接着孔子、程朱的道统讲的，对其具有
继承和改造、发展两重关系。他承认在中国古代社会制度内，孔子之道是
唯一的道统，这即是对孔孟程朱道统的继承；他同时又指出，站在各种社
会制度之上看，不同的社会有不同的道统，即不同的居主导地位的哲学，
因此孔子之道只是道统之一，而不是唯一的道统，这即是对孔孟程朱道统
的改造和发展，使道统论具有了现代哲学的因素。冯友兰对其广义的道统
论的社会作用和功能作了进一步阐发，他说：

> 我们现在所处的世界，在表面上看起来，似乎很不注重哲学，
> 但在骨子里，我们这个世界是极重视哲学的。走遍世界，在大多数
> 国家里，都有他所提倡及禁止的哲学。在这一点我们可见现在的人
> 是如何感觉到哲学的力量。每一种政治社会制度，都需要一种理论
> 上的根据。必须有了理论上的根据，那一种政治社会组织，才能
> "名正言顺"。在历史上看起来，每一种社会，都有他思想上的"太
> 祖高皇帝"。例如中国秦汉以后的孔子，西洋中世纪的耶稣，近世的
> 卢梭等等，都是一种社会制度的理论上的靠山，一种社会中的思想
> 上的"太祖高皇帝"。现在不仅只是各民族竞争生存的世界，而且又
> 是各种社会制度竞争生存的世界，所以大家皆感觉到社会制度之理
> 论的根据之重要。……世界有许多的国家，都要立一种哲学，以为
> "道统"，以"正人心，息邪说，距诐行，放淫辞"。我们在那一种社
> 会里，我们即在那一种"道统"里，不过我们如同呼吸空气一样，
> 久而不觉其有罢了。①

由于道统即一定社会居主导、支配地位的哲学，所以道统的社会作用和功
能如同一定社会或国家居统治地位的哲学的作用和功能一样。冯友兰指
出，道统即是一定社会制度理论上的根据，它对于维护社会政治制度和社

① 冯友兰：《南渡集》，《三松堂全集》第5卷，河南人民出版社1986年版，第356—357页。

会生活的正常运转，是十分重要的，起到了"正人心，息邪说，距诐行，放淫辞"的作用。他认为，任何社会都需要一种哲学理论作为它的指导思想，都需要这种理论的代言人作为思想上的"太祖高皇帝"，即思想上的最高权威，中国的孔子，西方中世纪的耶稣、近代的卢梭等都是这种权威的象征。这类似于孔子在道统中的地位和作用。与此相关，不仅在一定社会里需要哲学，需要道统，而且"世界有许多的国家，都要立一种哲学，以为'道统'"。这就进一步扩大了道统哲学的范围，不仅某种类型的社会制度有它的道统，如冯友兰所说的孔子之道、辩证唯物论，而且在各个国家，也都有它各自的道统。这种道统，作为社会意识形态的指导思想，与社会融为一体，往往使人不易感觉到，"百姓日用而不知"，发挥着潜在的影响。这就是道统所具有的社会作用和功能。

（二）超越的中国哲学精神

冯友兰的道统观，是以道统为居社会主导地位的哲学。然而这个道统哲学又是发展着的，他既接着孔孟程朱讲，承认孔子之道"为道统之社会制度内""唯一底道统"，又发展孔子之道，以超越的中国哲学精神作为道统哲学发展的主线，其最终目标是追求一种最高境界——"极高明而道中庸"，从而标立新统，把新理学视为接续了中国哲学各方面最好传统的全新的形上学的新道统。

所谓超越的中国哲学精神，指认为中国哲学既不是世间的哲学，又不是出世哲学，而是超世间的哲学，这个超世间的哲学是即世间而又出世间的哲学。冯友兰指出："专就中国哲学中主要传统说，我们若了解它，我们不能说它是世间底，固然也不能说它是出世间底。我们可以另用一个新造底形容词以说中国哲学。我们可以说，中国哲学是超世间底。所谓超世间的意义是即世间而出世间。"[①]他把中国哲学的这种超越精神视为中国哲学发展的主流，认为它追求达到一种最高的境界，并借用《中庸》的话来表达它。他说："中国哲学有一个主要底传统，有一个思想的主流。这个传统就是求一种最高底境界。这种境界是最高底，但又是不离乎人伦日用底。这种境界，就是即世间而出世间底。这种境界以及这种哲学，我们

---

① 冯友兰：《新原道》，《三松堂全集》第 5 卷，河南人民出版社 1986 年版，第 6 页。

说它是'极高明而道中庸'。"① 冯友兰强调一个"求"字，有了这个不断的追求，才形成了中国哲学发展的主流。中国哲学追求的最高目标，冯友兰认为是达到不离人伦日用又超越世间的最高境界。这里所说的"最高底境界"，也就是《新原人》所指的"天地境界"。冯友兰在《新原人》里，把人的精神境界分为四种，他说："人在生活中所遇见的各种事物的意义构成他的精神世界，或者叫世界观。这种精神世界，《新原人》称为'境界'。各人的精神境界，千差万别，但大致说，可以分为四种。一种叫自然境界，一种叫功利境界，一种叫道德境界，一种叫天地境界。"② 这四种境界是一个由低级向高级的发展过程，而天地境界是人生的最高境界，达到了天地境界的人，便成为最理想主义，又最现实主义的圣人。也就是实现了"极高明而道中庸"。他说："在'天地境界'中的人，要作些什么特别的事呢？并不须要作什么特别的事。他的生活就是一般人的生活，他所作的事也就是一般人所作的事。不过这些日常的生活，这些一般的事，对于他有不同的意义。这些不同的意义，构成他的精神境界，天地境界。这个道理，借用《中庸》里边一句现成的话说，是'极高明而道中庸'。"③ 可见"极高明而道中庸"既是超越的中国哲学精神所追求的终极目标，又是最高精神境界——天地境界的道理。

"极高明而道中庸"作为超越的中国哲学精神所追求的目标，它的内涵是：所谓"极高明"，指超人伦日用、出世间的；所谓"道中庸"，指不离人伦日用、即世间的；所谓"极高明而道中庸"，指把二者统一起来，达到最高境界。他说："中国哲学所求底最高境界，是超人伦日用而又即在人伦日用之中。……即世间而出世间，就是所谓超世间。因其是世间底，所以说是'道中庸'；因其又是出世间底，所以说是'极高明'。即世间而出世间，就是所谓'极高明而道中庸'。"④ 冯友兰认为，"在中国哲学中，

① 冯友兰：《新原道》，《三松堂全集》第5卷，河南人民出版社1986年版，第6—7页。
② 冯友兰：《三松堂自序》，《三松堂全集》第1卷，河南人民出版社1986年版，第245页。
③ 冯友兰：《三松堂自序》，《三松堂全集》第1卷，河南人民出版社1986年版，第252页。
④ 冯友兰：《新原道》，《三松堂全集》第5卷，河南人民出版社1986年版，第7页。

有些家的哲学，偏于高明；有些家的哲学，偏于中庸。这就是说，有些家的哲学，近于只是出世间底。有些家的哲学，近于只是世间底。不过在中国哲学史的演变中，始终有势力底各家哲学，都求解决如何统一高明与中庸的问题"①。他指出在中国哲学史上，各家各派的哲学各有所偏重，有的倾向于高明，即近于出世间；有的倾向于中庸，即近于世间，但追求把高明与中庸统一起来，则是中国哲学发展的方向。由此，冯友兰"并以'极高明而道中庸'的标准为标准，以评定各重要学派的价值"②，"先论旧学，后标新统"③，通过评判中国哲学史上各主要派别的得失，来揭示新理学在中国哲学中的重要地位，从而树立一新的道统。

（三）"标新统"

所谓"标新统"，即标立新的道统。新统是在"先论旧学"的前提下提出，而"论旧学"的标准则是"极高明而道中庸"，以是否达到了高明与中庸的高度统一作为评价的标准来论旧学的得失。以此讲中国哲学精神的进展，至新理学发展到高峰，形成不离形下方面应用的"全新底形上学"，达到极高明与道中庸的统一，从而使儒学道统以新的面貌得以延续和更新发展。

以"极高明而道中庸"为标准，冯友兰对孔子的评价为："孔子是早期儒家的代表。儒家于实行道德中，求高底境界。这个方向，是后来道学的方向。不过他们所以未能分清道德境界与天地境界，其故亦由于此。以'极高明而道中庸'的标准说，他们于高明方面，尚未达到最高底标准。用向秀、郭象的话说，他们尚未能'经虚涉旷'。"④ 他认为孔子未能达到极高明的标准，也就是没有达到超世间。如果按照冯友兰说的"圣人的境界是超世间底"⑤ 标准来衡量，孔子甚至连圣人也算不上，这可称得上是对传统观念的动摇。

对于杨朱一派，冯友兰认为，"他们的境界是功利境界，他们的学说

① 冯友兰：《新原道》，《三松堂全集》第 5 卷，河南人民出版社 1986 年版，第 8 页。
② 冯友兰：《新原道》，《三松堂全集》第 5 卷，河南人民出版社 1986 年版，第 8 页。
③ 冯友兰：《新原道》，《三松堂全集》第 5 卷，河南人民出版社 1986 年版，第 3 页。
④ 冯友兰：《新原道》，《三松堂全集》第 5 卷，河南人民出版社 1986 年版，第 27 页。
⑤ 冯友兰：《新原道》，《三松堂全集》第 5 卷，河南人民出版社 1986 年版，第 8 页。

不合乎高明的标准。"① 对于墨家，冯友兰作了近似杨朱的评价："墨家只讲到功利境界。照'极高明而道中庸'的标准，墨家的学说，不合乎'高明'的标准。"②

冯友兰对名家哲学的评价与对道家哲学的评价联系着。他认为，"在中国哲学史中，最先真正讲到超乎形象底哲学，是名家的哲学"③，指出名家虽然没有达到极高明的标准，但必先讲到超乎形象的哲学，然后才能达到最高的境界。道家虽超过名家，但却是在名家哲学的基础上，经过了名家对于形象世界的批评，又超过了这些批评，才得到了一种"极高明"的生活。

对于道家，冯友兰指出："其哲学是极高明，但尚不合乎'极高明而道中庸'的标准。"④ 认为道家哲学虽然是极高明的，但却割裂了高明与中庸的联系，视天人、高明与中庸为"两行"，只高明而不中庸，故不符合"极高明而道中庸"的标准。

关于对《易传》和《中庸》的评价，冯友兰指出，他们既"受道家的影响，使儒家的哲学，更进于高明"⑤，"又与道家不同，他们接着儒家的传统，注重'道中庸'"⑥。这两个方面决定了"《易传》及《中庸》的哲学，十分合乎'道中庸'的标准；但尚不十分合乎'极高明'的标准。由此哲学所得到底生活，还是不能十分'经虚涉旷'"⑦。与孔子哲学相比，由于受到道家的影响，《易传》、《中庸》在高明方面进了一步；然而注重"道中庸"，则是他们所具有的不同于道家的儒学特色。

对于汉儒董仲舒，冯友兰认为，"董仲舒的哲学，不合乎极高明的标准。汉人注重实际，注重实行，但他们的境界，大概都不甚高"⑧，指出董仲舒的境界，严格说来，只是道德境界，虽然近乎天地境界，但却未达到。

冯友兰对玄学的评价是："玄学是老庄哲学的继续。老庄的思想是经

① 冯友兰：《新原道》，《三松堂全集》第 5 卷，河南人民出版社 1986 年版，第 31 页。
② 冯友兰：《新原道》，《三松堂全集》第 5 卷，河南人民出版社 1986 年版，第 39 页。
③ 冯友兰：《新原道》，《三松堂全集》第 5 卷，河南人民出版社 1986 年版，第 42 页。
④ 冯友兰：《新原道》，《三松堂全集》第 5 卷，河南人民出版社 1986 年版，第 66 页。
⑤ 冯友兰：《新原道》，《三松堂全集》第 5 卷，河南人民出版社 1986 年版，第 68 页。
⑥ 冯友兰：《新原道》，《三松堂全集》第 5 卷，河南人民出版社 1986 年版，第 69 页。
⑦ 冯友兰：《新原道》，《三松堂全集》第 5 卷，河南人民出版社 1986 年版，第 86 页。
⑧ 冯友兰：《新原道》，《三松堂全集》第 5 卷，河南人民出版社 1986 年版，第 98 页。

过名家，而又超过名家底。玄学家的思想也是如此。"① 他认为魏晋玄学在超乎形象方面，不仅超过了名家，而且比《老》、《庄》及《易传》、《中庸》的作者有更清楚的认识。所以向秀、郭象批评庄子虽然进入"知本"的境界，但虽"知"之，而"未体之"。庄子的哲学是极高明，而不道中庸。冯友兰认为玄学做到了极高明，并"极欲统一高明与中庸的对立。但照他们所讲底，高明与中庸，还是两行，不是一行"②。玄学虽然已向高明与中庸的统一方面努力，但他们尚未把二者统一起来。

对于禅宗，冯友兰指出，在玄学的基础上，"禅宗更进一步，统一了高明与中庸的对立。但如果担水砍柴，就是妙道，何以修道底人，仍须出家？何以'事父事君'不是妙道？这又须下一转语。宋明道学的使命，就在再下这一转语"③。所以禅宗虽然统一了高明与中庸的对立，但却是在出家的前提下统一的，未能"事父事君"，脱离了人伦日用，所以须由宋明道学来进一步发展。

冯友兰认为，宋明道学家，"他们已统一了高明与中庸的对立。但他们所统一底高明，尚不是极高明。"④ 之所以还不是"极高明"，是因为"宋明道学，没有直接受过名家的洗礼，所以他们所讲底，不免著于形象。……宋明道学家的哲学，尚有禅宗所谓'拖泥带水'的毛病。因此，由他们的哲学所得到底人生，尚不能完全地'经虚涉旷'。"⑤ 也就是说，宋明道学不能完全地超乎形象。虽然冯友兰认为，"理世界的重新发现，使人得一个超乎形象底，洁净空阔底世界。……这是一个精神的极大底解放"⑥。但程朱所讲的气，仍在形象之内；"他们所谓理，应该是抽象底，但他们对于抽象，似乎尚没有完全底了解"⑦。心学一派，也"还有一点著于形象，阳明尤其是如此"⑧。所以尽管宋明道学已统一了高明与中庸的对

① 冯友兰：《新原道》，《三松堂全集》第5卷，河南人民出版社1986年版，第100页。
② 冯友兰：《新原道》，《三松堂全集》第5卷，河南人民出版社1986年版，第116页。
③ 冯友兰：《新原道》，《三松堂全集》第5卷，河南人民出版社1986年版，第128页。
④ 冯友兰：《新原道》，《三松堂全集》第5卷，河南人民出版社1986年版，第147页。
⑤ 冯友兰：《新原道》，《三松堂全集》第5卷，河南人民出版社1986年版，第146—147页。
⑥ 冯友兰：《新原道》，《三松堂全集》第5卷，河南人民出版社1986年版，第138页。
⑦ 冯友兰：《新原道》，《三松堂全集》第5卷，河南人民出版社1986年版，第146页。
⑧ 冯友兰：《新原道》，《三松堂全集》第5卷，河南人民出版社1986年版，第146页。

立，然而他们所统一的高明，只是高明，而不是"极高明"。

对于清代学术，冯友兰把它与汉朝人的学术联系起来，并加以批评，指出："清朝人很似汉朝人，他们也不喜欢作抽象底思想，也只想而不思。他们喜欢'汉学'，并不是偶然底。中国哲学的精神的进展，在汉朝受了一次逆转，在清朝又受了一次逆转。清朝人的思想，限于对道学做批评，或修正。他们的修正，都是使道学更不近于高明。他们的批评，是说道学过于玄虚。我们对于道学底批评，则是说它还不够玄虚"①。显然认为汉代的汉学与清代新汉学是同中国哲学精神格格不入的。在冯友兰看来，中国哲学追求一种不离乎人伦日用，即世间又出世间的最高境界——"极高明而道中庸"的天地境界，而清代新汉学却类似汉代学术，不喜欢作抽象的思维，使得中国哲学精神自汉朝以后，又发生了第二次逆转。冯友兰认为，玄虚体现了中国哲学的精神。以此来衡量，他批评道学家不够玄虚。而清代汉学家却批评道学家过于玄虚，这使得离"高明"的要求益远。这反映了冯友兰与清代汉学家不同的评判标准和价值取向。这是冯友兰批评清代新汉学的出发点。

在以"极高明而道中庸"为标准评论了从孔子到清代新汉学的"旧学"后，冯友兰标立"新统"，强调超越的中国哲学精神历经发展，到新理学达到了最高境界——"极高明而道中庸"，形成了一个全新的形上学，又不离世间的人伦日用，从而开出了新道统，确立了新理学在中国哲学精神发展史上的地位，企图从而确立新理学的创立者冯友兰本人的地位。

冯友兰所谓的新理学的形上学，是融合中西哲学的产物。一方面他受到中国哲学史上的先秦道家、魏晋玄学、唐代禅宗等所谓倾向"高明"，近于"玄虚"的传统的启示，并接着宋明道学讲，统一高明与中庸的对立；另一方面又受到西方逻辑实证主义哲学的影响，借鉴逻辑实证主义者对旧形而上学的批评，并吸取逻辑实证主义的逻辑分析法，又加以改造，既用以辨名，又用来析理，从而建立一个完全"不著实际"的新理学的形上学。他说：

> 但新理学又是"接著"宋明道学中底理学讲底。所以于它的应用方面，它同于儒家的"道中庸"。它说理有同于名家所谓"指"。

---

① 冯友兰：《新原道》，《三松堂全集》第5卷，河南人民出版社1986年版，第147页。

它为中国哲学中所谓有名，找到了适当底地位。它说气有似于道家
所谓道。它为中国哲学中所谓无名，找到了适当底地位。它说了些
虽说而没有积极地说什么底"废话"，有似于道家、玄学以及禅宗。
所以它于"极高明"方面，超过先秦儒家及宋明道学。它是接著中
国哲学的各方面的最好底传统，而又经过现代的新逻辑学对于形上
学的批评，以成立底形上学。它不著实际，可以说是"空"底。但
其空只是其形上学的内容空，并不是其形上学以为人生或世界是空
底。所以其空又与道家、玄学、禅宗的"空"不同。它虽是"接著"
宋明道学中底理学讲底，但它是一个全新底形上学。至少说，它为
讲形上学底人，开了一个全新底路。①

冯友兰认为他的"新统"，是极高明与道中庸的统一，由此而发展了孔子
之道和宋明道学。他指出他所建立的新理学之形上学，由于是接着宋明道
学中的理学讲的，所以在人生的实际应用方面，具有儒家的"道中庸"的
内涵。而其理的观念同于名家的"指"，并"有似于希腊哲学（如柏拉图、
亚力士多德的哲学）中及近代哲学（如黑格尔的哲学）中底'有'之观
念"②；其气的观念类似于道家的"道"，并有似于上述西方哲学中的"无"
之观念。并且新理学之形上学，有似于道家、玄学以及禅宗的地方。这些
方面表明，它在"极高明"方面，超过了先秦孔孟儒家及宋明道学。一方
面，它接续了中国哲学包括先秦儒家、名家、道家、玄学、禅宗、宋明道
学等各家各派好的传统；另一方面，又吸取了现代西方分析哲学中逻辑实
证主义的思想因素，并克服道家、玄学、禅宗以人生或世界为"空"的思
想，弥补宋明道学于"高明"处的不足，从而把"极高明"与"道中庸"
高度统一起来，形成了一个全新的形上学。冯友兰认为，这便是中国哲学
精神的新进展，也就是他所开出的新道统。

对此，冯友兰后来回忆说："《新原道》的最末的一章，题目是《新
统》。这个题目暴露了我在当时的狂妄。"③ 他所谓的"狂妄"，即是指以标
立新道统而自居，这在他《新原道》的"自序"里表达得十分清楚。他自

---

① 冯友兰：《新原道》，《三松堂全集》第5卷，河南人民出版社1986年版，第148页。
② 冯友兰：《新原道》，《三松堂全集》第5卷，河南人民出版社1986年版，第155页。
③ 冯友兰：《三松堂自序》，《三松堂全集》第1卷，河南人民出版社1986年版，第
253页。

称作此书的目的是"盖欲述中国哲学主流之进展，批评其得失，以见新理学在中国哲学中之地位。所以先论旧学，后标新统。异同之故明，斯继开之迹显。庶几世人可知新理学之称为新，非徒然也"①。其论旧学的目的在于标立新统，以显示其继往开来之迹，确立新理学的"新统"地位，这是传统的道统观念对冯友兰的影响。冯友兰在《自序》里还引孔子"文王既没，文不在兹乎"的话，表明自己效法孔子，以继承圣人之道为己任的态度；又引孟子"圣人复起，必从吾言"之语，以下开后圣之统而自居。这充分表现出冯友兰以新道统自命的思想。而与程颐自谓自家兄弟接过了道统之传有类似之处。

质言之，冯友兰当"贞元之际"，中国社会与中国文化走入现代，面对西方文化的挑战和中西文化及其哲学的矛盾，企图从哲学上解答这个问题。在民族危亡之时，冯友兰以弘扬中华民族文化为己任，既"接着"程朱理学讲，又"援西学入儒"，吸取借鉴西方哲学的柏拉图理念论、新实在论、逻辑实证主义、唯物史观等，作为其重新建构儒学体系——新理学的有机组成部分；并在传统道统说的基础上，提出了广义的道统观，扩大了道统的内涵，将道统定义为一定社会居主导、支配地位的哲学。他发展孔子之道和程朱理学，以超越的中国哲学精神作为道统哲学发展的主流，追求达到"极高明而道中庸"的最高的天地境界；并以此作为评价的标准，通过论"旧学"，评判中国哲学各家各派的得失。在此基础上，他标立"新统"，视新理学之形上学为接续了中国哲学各方面最好的传统，又吸取西方哲学而形成的新道统，通过融合中西，以新理学发展了传统的道统说。

第三节　牟宗三的道统论及其对传统　　道统思想的发展

牟宗三（1909—1995年），当代哲学家、当代新儒家。字离中，山东栖霞人。出身于农家，幼时聪颖，喜读书。1927年入国立北京大学预科，

---

① 冯友兰：《新原道》，《三松堂全集》第5卷，河南人民出版社1986年版，第3页。

两年后升哲学系。1932年，读大学三年级时，认识熊十力先生，遂受业于熊十力门下。1933年毕业于北京大学。后参加国社党，在天津一年，在广州一年，1936年秋，由广州返北平，曾到山东邹平参观梁漱溟主持之乡村建设研究院，认为"只此不够"。是年，他并在北平主编《再生》杂志，与张之洞曾孙张遵骝相识。七七事变，北平沦陷，走天津、南京，至长沙，与北大、清华诸生晤谈"向上一机"。后到广西桂林，教中学一年。应友人张遵骝之邀，至昆明。无职业，租一小屋居住，草写《逻辑典范》。在昆明一年谋职不成，去重庆，主持《再生》出版事。翌年，往大理民族文化书院任职，撰写《认识心之批判》。在大理两年，书院因政治关系而解散，牟宗三与国社党的关系亦从此终止。返重庆北碚勉仁书院依熊十力先生。1942年秋，至成都华西大学任哲史系讲师，开始正式独立讲学。后任教于中央大学、金陵大学。1949年去台湾，在师范大学和东海大学任教，讲授逻辑、中国哲学史及人文课程。1960年离台赴香港大学讲学，后由香港大学转任香港中文大学新亚书院哲学系主任。前后教授魏晋玄学、宋明理学、南北朝隋唐佛学以及康德哲学、知识论等课程。1974年退休，专任新亚研究所教授。1995年4月12日在台北逝世。

牟宗三的学思进路大体可分为三个阶段：

第一阶段，在40岁以前致力于西方哲学研究。牟宗三在北大求学期间，对流行于国内的西方学说，如柏格森的创化论、杜里舒的生机哲学、杜威的实用主义、达尔文的进化论等予以注意。并喜爱罗素哲学、数理逻辑和新实在论。尤其把兴趣的重点放在对《易经》与怀特海哲学的研究上。1932年，牟宗三完成了他的第一部书稿《从周易方面研究中国之玄学与道德哲学》。大学毕业后，他致力于逻辑学研究，并由对知性主体的反省而进入康德哲学。先后完成《逻辑典范》和《认识心之批判》。《逻辑典范》后改写为《理则学》，此书之意重在扭转近时逻辑学家对于逻辑数学的解析，使人们的思想接上康德的途径，重开哲学之门。《认识心之批判》则将西方近代学术的两大骨干，罗素的《数学原理》及康德的《纯粹理性批判》融合调适，并指出二者之不足。从此以后，牟宗三归宗于儒家，重开其生命之学问。

第二阶段，从40岁到50岁，受时代变迁的影响，写成《道德的理想主义》、《政道与治道》、《历史哲学》三书。其共同目的是本于中国的内圣之学以解决外王事功的问题。三书中包含着牟氏的道统思想，认为道统为中国文化生命之体现，道统的演变与中国文化生命之疏导有着密切的联系。并提出道统发展的阶段说，以及道统、学统、政统三统之说，建立起现代新儒家完整的道统思想体系。

第三阶段，自 50 岁后，牟宗三本着已形成的文化意识，进而向里疏通中国文化传统中各阶段的学术思想，以畅通中华智慧方向的大动脉。撰写了《才性与玄理》，以疏通魏晋一段；《佛性与般若》，以疏通南北朝隋唐佛教；《心体与性体》，以疏通宋明一段。致力于儒释道三家义理的疏解，并兼顾新知的涵养与开发，写成了《智的直觉与中国哲学》、《现象与物自身》、《圆善论》等，依据中国儒家哲学的传统，来融摄康德的道德哲学，会通中西方哲学，把中华智慧和文化生命与圆满的善统一起来。

牟宗三的道统论不仅是他整个思想体系的重要组成部分，而且是现代新儒学道统思想的理论代表。与冯友兰在 20 世纪三四十年代形成的新理学的、广义的道统观相比，如果说，冯友兰在传统道统说的基础上，扩大道统的内涵，以道统为一定社会（包括东、西方）居主导、支配地位的哲学，孔子之道是中国社会制度内的道统，而主要以逻辑分析的方法，借鉴现代西方逻辑学及其对旧形上学的批评，又接着程朱理学讲，援西学入儒，以"全新底形上学"——新理学作为接续了中国哲学各方面最好的传统，又吸取西方哲学而形成新道统的话，那么，牟宗三的道统论则更切合于中国传统的道统思想，他直接把道统与中国文化生命紧密结合，既从广义的角度论述了道统乃中国文化生命之体现，道统为以儒家内圣心性之学为代表的中国"德性之学"的传统，又从狭义的角度对传统的道统论尤其是程朱的道统论加以改造，把宋明儒划分为三系，而以心性一元为大宗，以伊川朱子系为旁枝，并改造与程朱道统说有密切关系的"四书"学，于"四书"之外，加进《易传》，突出《论语》、《孟子》、《中庸》、《易传》的地位，认为宋明儒之大宗的思想便是以上述四部书为主，而伊川、朱子则以《大学》为主，故是宋明儒之旁枝。牟宗三通过吸取西学，开新外王，突出心性之学，尤其是心性一元论，并对时代社会文化的变迁作出回应，发展了传统的道统思想，而不仅限于对道统作广义的论述，这是对冯友兰广义的、新理学的道统论的扬弃和发展，更具有中华民族文化传统的特色，亦更加切合于中华道统思想发展的线索和脉络，因而成为当代新儒学道统理论的代表，接续并体现了中华道统思想在当代的发展。

一、道统与中国文化生命

牟宗三从大文化观的角度论述了广义的道统观，他认为道统是中国文化生命的体现，道统的演变即是中国文化生命之疏导，强调提炼凝聚文化生命，即是道统之所在，并由此批评了与道统相对立的文化传统。

（一）道统为中国文化生命之体现

所谓中国文化生命，在牟宗三的思想体系里，指中国文化内在的精神及其根据。在牟宗三看来，"文化是此心此理的表现"①，因此，"内在于创造动力与精神表现上看文化，这是论文化的基根观点之认识"②。他认为文化有其内在的创造动力和内在的精神，这是文化的基本根源或根据，强调中国文化"是一最有原初性与根源性的文化，而且其根最纯而无异质之驳杂，……由其最根源的心灵表现之方向，由此认取文化生命"③。即中国文化生命是中国文化的根源，其内在的心灵即精神决定了中国文化发展的方向。

从中国文化生命是中国文化内在的根源及内在的心灵依据出发，牟宗三比较了中西文化的区别。他说，"西方的学问以'自然'为首出，以'理智'把握自然；中国的学问以'生命'为首出，以'德性'润泽生命"④，指出西方重视自然，中国则以生命为根源，并把"德性"与生命紧密联系，"德性"是润泽生命的保证。他进而指出："中国'德性之学'之传统即名曰'道统'。"⑤通过德性之学把中国文化生命与道统相互沟通，以中国文化生命为中国文化的内在根源，又以德性来润泽生命，而德性之学发展演变之传统即是道统。可见中国文化生命离不开德性，而德性之学即是道统。德性与心灵相互联系，所以德性之学亦为心性之学。他说：

---

① 牟宗三：《道德的理想主义》，台湾学生书局1992年版，第260页。
② 牟宗三：《道德的理想主义》，台湾学生书局1992年版，第260页。
③ 牟宗三：《生命的学问》，台湾三民书局1984年版，第65页。
④ 牟宗三：《生命的学问》，台湾三民书局1984年版，第137页。
⑤ 牟宗三：《生命的学问》，台湾三民书局1984年版，第61页。

"不能只看生命本身，这须透到那润泽生命的德性，那表现德性或不表现德性的心灵。这里便有学问可讲。"① 生命、德性、心灵不可分割，而"中国文化乃是以儒家作主流所决定的那个文化生命的方向以及文化生命的形态"②，故从广义上讲，儒学决定了中国文化生命发展的方向，以及中国文化生命的性质和形态，与此相联系，儒家的内圣心性之学亦即中国的"德性之学"，其发展演变的传统即构成道统。

牟宗三强调，以内圣心性即德性之学为内涵的道统是中国文化生命的体现，道统的发展的持续不绝即是中国文化生命的不断。他说，"此道统必须继续即是中国文化生命之不断"③，认为中国文化生命是靠道统的继续得以维持，并把道统视为提炼凝聚文化生命的根源，或"根源的文化生命"，决定着文化发展之方向。他说："提炼凝聚那根源的文化生命，此即'道统'之所在。凡由此'根源的文化生命'（即根源的心灵表现之方向）所演生的事象，无论是在构造中的或是在曲折中的，都已成陈迹，让它过去。然而那根源的文化生命则并不过去，亘万古而长存。"④ 道统作为"根源的文化生命"的体现，由此演生出种种事象及表现为不同的发展路向，虽然本原产生的现象随着历史的发展而成为陈迹，但它的根据、它的内在的文化生命的根源，却是永恒的存在，不因历史的曲折而中绝。这正是体现为中国文化生命的道统所具有的创造一切的根源的意义。

（二）道统的演变即中国文化生命之疏导

由于牟宗三以道统为中国文化生命的体现，而道统作为文化创造之原，非固定不变的死物，而是随时代的变迁，不断发展演变着，以维持中国文化生命的大命脉。所以道统的演变即中国文化生命之疏导，舍此则中国文化生命难以为继。他说：

> 道统者，详言之，即道之统绪。在反省地了解此道之统绪下，必须了解二帝三王如何演变而为周文，孔孟如何就周文体天道以立人道，宋明儒者又如何由人道以立天道。此一了解即是中国文化生

---

① 牟宗三：《生命的学问》，台湾三民书局 1984 年版，第 137 页。
② 牟宗三：《政道与治道》新版序，台湾学生书局 1991 年增订版，第 18 页。
③ 牟宗三：《道德的理想主义》，台湾学生书局 1992 年版，第 260 页。
④ 牟宗三：《生命的学问》，台湾三民书局 1984 年版，第 66—67 页。

命之疏导。必须随时代作不断的了解，不断的疏导。①

牟宗三指出，道统即是道之统绪。这是对传统道统思想的继承，他把道统的演变大致分为由二帝三王到周文，由周文到孔孟人道，由孔孟人道到宋明儒之天道等若干个阶段。关于牟宗三道统发展的阶段说我们在下面还要详论，这里仅就道统的演变与中国文化生命的关系做一叙述。值得注意的是，牟宗三对道统的论述，不限于韩愈、宋儒只对道的传授谱系和道的内涵作直接的说明，而是联系到中国文化生命及其疏导、延续加以阐释，表现出强烈的中国文化本位和寻根续统意识。他认为中国文化是一最有原初性与根源性的文化，从尧舜三代起，道统的演变体现为中国文化生命的疏导和延续，在这个历史过程中，虽经曲折而中国文化生命有时不得畅通，但由于中国文化具有强大的生命力，在曲折的环境里不断地归位，终当尽其性，在大开大合中疏通文化的生命，并不断地创新发展。他说：

> 周公制礼实是一大创造（此所谓构造的综合），亦是一大关键。汉帝国之建立，虽由秦之一曲而来，亦表示是一构造的综合。惟自东汉崩解以后，佛教输入，以至隋唐五代，遂有异质之掺入。然佛教并无助于建国创制，是以佛教之输入，徒表示民族生命与文化生命之不合一，乃一长期之破裂与曲折。宋儒兴起，表示文化生命之归位，而宋之民族生命弱。中经元之一曲，而明兴。有明三百年是民族生命与文化生命合一的。……满清三百年是华族发展入近世来之大不幸。民族生命与文化生命一起受摧残受曲折，曲折颠倒而有今日之局。②

牟宗三的中国文化生命疏通说是与他的道统演变说相互联系的，他认为正如道统的根源及发展以儒学为正宗一样，中国文化生命亦不能没有主流，其主流就是以儒学为正宗。以此为标准，牟宗三把中国文化生命的归位或曲折、歧出系之以是否以儒学为正宗。不仅如此，牟宗三还把文化生命与民族生命联系起来，其民族生命则是以华族为正宗。他认为，儒学继承周文，而成为中国文化发展的主流，并决定了中国文化生命的性质、形态及发展的方向，因此，凡以儒学为正宗而以华族居统治地位的社会文化，便

---

① 牟宗三：《道德的理想主义》，台湾学生书局 1992 年版，第 260—261 页。
② 牟宗三：《生命的学问》，台湾三民书局 1984 年版，第 65 页。

是中国文化生命的归位，否则便是歧出和曲折。以此为标准，他肯定了汉帝国，因汉武帝独尊儒术，以儒学为社会指导思想。这与程朱道统排斥汉儒，直接孔孟的思想有所不同，而具有较多的容纳精神。但牟宗三对佛教的态度则与程朱相似，以其在民族生命与文化生命方面不合于中国文化及儒学，而予以否定。牟宗三对元、清两朝的否定，其指导思想一是以华族为正宗，二是认为考据学是与道统背道而驰的学问。

坚持以儒家为正宗来疏通中国文化生命，这是牟宗三反复强调的。他本着这种文化意识撰写了《才性与玄理》、《佛性与般若》，以疏通魏晋南北朝隋唐的玄学与佛教，而认为这七八百年间，乃中国文化生命的长期歧出。他说：

中国晚周诸子是中国学术文化发展之原始模型，而以儒家为正宗。此后或引申或吸收，皆不能不受此原始模型之笼罩。引申者固为原始模型所规范，即吸收其他文化系统者，亦不能脱离此原始模型之笼罩，复亦不能取儒家正宗之地位而代之。

秦以法家之术统一六国。西汉是继承儒家而发展之第一阶段。至乎魏晋，则是道家之复兴。道家玄理至此而得其充分之发扬。王弼、嵇康、向秀、郭象，其选也。适于此时而有印度佛教之传入。道家玄理之弘扬正是契接佛教之最佳桥梁。亦因此而拉长中国文化生命歧出之时间。所谓歧出是以正宗之儒家为准。文化生命之歧出是文化生命之暂时离其自己。离其自己正所以充实其自己也。魏晋南北朝隋唐七八百年间之长期歧出，不可谓中国文化生命之容量不弘大。容量弘大，则其所弘扬所吸收者必全尽。全尽必深远。全尽而深远之弘扬与吸收，其在自己之文化生命中所引起之刺激与浸润亦必深刻而沿浃。文化之发展不过是生命之清澈与理性之表现。故在歧出中其所弘扬与吸收者皆有助于其生命之清澈与理性之表现。故此长时期之歧出，吾亦可曰生命之大开。至乎宋明，则为中国文化生命之归其自己，而为大合。故宋明儒学是继承儒家而发展之第二阶段。至乎今日而与西方文化相接触，则亦将复有另一大开大合之阶段之来临。此中国文化生命发展之大脉也。①

---

① 牟宗三：《才性与玄理》初版序，台湾学生书局1985年修订版。

牟宗三这里所叙述的中国文化生命发展的大脉是以儒家为正宗。所谓正宗，它包含两层意思：第一，在中国文化中，儒学居于支配主导地位，决定中国文化发展的方向；第二，儒学是融合、吸收其他文化的主体。在以儒学为正宗的前提下，牟宗三也主张与其他文化相接触，一方面弘扬儒学，另一方面吸收其他文化，通过大开大合，进一步发展自己。所以在这个阶段，牟宗三既认为玄学与佛教盛行的魏晋南北朝隋唐七八百年间，是中国文化生命长期歧出的时期。他不完全排斥玄学与佛教，而是认为通过其他文化的刺激和浸润，在一定意义上有助于以儒家为正宗的中国文化的发展和其文化生命的"清澈"与"理性之表现"。这与牟先生本人把佛教的输入视为"异质之掺入"，致使中国文化生命"长期之破裂与曲折"的前期思想相比，已有所变化。

在道统的演变与中国文化生命之疏导的关系上，宋明儒学占有重要的位置，它不仅是先秦儒家之嫡传，而且是在魏晋南北朝隋唐中国文化生命长期歧出即大开之后的大合，而形成儒学发展的第二期高潮。虽经明末刘宗周亡而中国文化生命又遭数百年曲折，但随着进入现代以来中国文化与西方文化的交流接触，必将有一个新的大开大合之阶段的来临，使中国文化在与西学的碰撞中得到大发展。

质言之，由尧舜三代到周文，由周文到先秦孔孟儒家，经汉代到宋明儒，由宋明儒再到现代与西学接触中产生的新儒家，这即是牟宗三所说的道统演变的阶段，亦是中国文化生命不断疏导的历程。"道统必须继续即是中国文化生命之不断"，牟宗三把道统论与中国文化生命说结合起来，以道统为中国文化生命的体现，认为道统的演变即是中国文化生命之疏导，从而表现出强烈的续统意识和开民族文化生命之途径的愿望，这也是对传统道统思想的发展。

（三）批评与道统相对立的文化传统

牟宗三以道统为中国文化生命的体现，道统的不传即是中国文化生命的歧出和曲折。由此牟宗三认为有一个与道统相对立的文化传统，即在中国文化中有一条与儒家平行的"暗流"，正因为有此暗流的存在，才使得道统不传、中国文化生命时而不畅通。牟宗三提出中国文化生命说的理论针对性在很大程度上即是对此而发，由此他对与道统相对应的文化传统提出了批评。

由于价值取向的不同，牟宗三认为"中国文化中，自墨子起即有要求事功一暗流，陈同甫其一相也。颜习斋、李恕谷，又其一相也。乾嘉考据，则其变形也。今之科学方法又其一变形也。而皆一方引不出事功，一方又反对理性本体，反对尧舜相传之心法，故皆不知事功形成之关键，故亦不能实现其要求。"① 在中国文化中，有一个主张事功和考据，而反对道德理性，反对尧舜相传之心法的与道统相对立的文化传统。程朱道统的一个鲜明特色就是十分重视《中庸》，认为《中庸》乃孔门传授心法，并将其与《论语·尧曰》篇的尧舜相传以"允执其中"及《古文尚书·大禹谟》的舜授禹的"十六字传心诀"联系起来，以尧舜禹相传之心法和圣人相传之"密旨"体现道统的传授。牟宗三所批评的要求事功的文化暗流，因其"反对尧舜相传之心法"，而与道统形成对立。他认为，事功的形成在于圣贤德性之作用表现，而反对理性本体，反对道统是引不出事功的，所以此文化暗流皆不能实现其事功的要求。

站在儒家道统的立场，牟宗三对批评儒家无用、迂阔的观点提出反批评，并指出只有根据儒家内圣之学的要求去做，才有可能开出事功和外王。他说：

> 一般人斥儒家之无用、迂阔，评之曰："无事袖手谈心性，临难一死报君王"，以为不究事功者最高的境界亦不过是此一无奈的结局。这些都是同一要求事功的意识贯穿下来的，这是一个由来已久的老传统，在中国文化中是一条与儒家平行的暗流，从墨子开始，一直批评儒家的不足。这个要求事功的传统再转而为清朝乾嘉年间的考据之学，则属要求事功观念的"变型"。乾嘉年间的考据之学以汉学为号召，自居为"朴学"，以此为实用之学，以理学为空谈、无用，骨子里还是以有用、无用的事功观念为背景。
>
> 何以谓"朴学"为要求事功观念的"变型"呢？因为他们虽然批评理学无用，而其本身实际上更开不出事功来，这些考据书生没有一个能比得上陆象山、朱夫子、王阳明；这些理学家都有干才，都会做事，只是不掌权而已。然而考据家假"朴学"之名，批评理学

---

① 牟宗三：《政道与治道》，台湾学生书局1991年增订版，第262页。

无用，背后的意识仍是有用、无用，即可谓之乃事功观念的变型。
事实上，这种变型更是无用，故实非事功精神之本义。由此转而到
民国以来，胡适之先生所谈的实用主义，以科学的方法讲新考据，
实仍属此一传统，背后仍是要求有用，责斥无用。我们可以看出，
儒家这条主流，旁边有条暗流，这条暗流一直批评儒家无用而正面
要求事功，这个传统从墨子说起，一直说到胡适之所倡的新考据的
学风，可谓源远流长。但是这里面有个根本的错解。吾人须知若是
真想要求事功，要求外王，唯有根据内圣之学往前进，才有可能；只
根据墨子，实讲不出事功，依陈同甫的英雄主义亦开不出真事功。①

牟宗三所批评的，正是中国思想史上与儒家道统相对立的讲事功、讲考据
的文化传统。这一传统，牟宗三认为从墨子起，经陈亮、叶适、颜元、李
采，到清代乾嘉考据学成为"变型"，再到胡适的实用主义及五四后的新
考据学等，由于乾嘉考据学"以汉学为号召"，此一传统亦可上溯而把汉
学考据包括在内。在这一与儒家道统相对应的文化传统中，先秦墨子以
"利"为其思想体系的核心，力主"兼相爱，交相利"，强调"兼相爱"必
须表现在"交相利"上，其重视功利的思想遭到儒家的反对。陈亮、叶适
则是南宋功利之学的代表，陈亮不仅主张功利，而且站在功利学派的立
场，肯定汉唐君王的事功修为，与朱熹展开了一场关于道统问题的争论，
批评朱熹的道统观点。陈亮与朱熹关于道统的争论在本书的朱熹一节已有
详论。牟宗三批评墨子、陈亮，指出脱离了儒家的内圣心性之学，开不出
真事功。并批评叶适说："泛言事功与实用而诟诋谈性命天道之内圣之学
者以叶水心为最极端而澈底。彼不但反其并世周张二程，且并曾子、子
思、孟子、《中庸》、《易传》而一起诟诋之，甚至连孔子亦为其所不满。
彼根本无所知于孔子之仁教，自亦无所知于承孔子仁教而展开之'孔子之
传统'。彼以尧舜三代王者之业绩为'道之本统'之所在。"② 以事功学和
实用主义来反对性命天道之内圣之学的，以叶适为代表，甚至后世的颜、
李及戴震也不及叶适极端和彻底。牟宗三批评叶适对孔子仁教展开的道统
根本无所知，不仅无所知于道统，而且直把尧舜三代王者的业绩视为道

① 牟宗三：《政道与治道》，台湾学生书局 1991 年增订版，第 13 页。
② 牟宗三：《心体与性体》（一），台湾正中书局 1981 年版，第 196 页。

统，表现出对正统道统思想的偏离。在牟宗三看来，"我们从尧舜禹汤文武周公孔子，一代代传下来的，不是那些业绩，而是创造这些文化业绩的那个文化生命的方向以及它的形态"①。即道统不是圣人的"业绩"，而是中国文化生命发展的方向及形态，业绩只是由此而创造出来的。而叶适则站在事功的立场，只把呈现于外的"业绩"视为道统。这反映了功利之学的思想倾向。

牟宗三不仅批评了乾嘉考据学，认为缺乏内圣之学为依据的考据学本身更开不出事功来，考据家们的事功修为没有哪一个能与他们所批评的陆九渊、朱熹、王守仁相比。事实确实如此，能够称得上"家"的理学家们，几乎人人在事功上都是有所作为的。牟氏还批评了胡适的实用主义、五四文化运动后出现的新考据学，指出包括新考据学在内的整个与道统相对的文化传统，其根本的错误在于把内圣与外王、德性与事功对立起来。强调只有根据内圣心性之学，才能开出真正的事功和外王来。

不仅如此，牟宗三以畅通中国文化生命为己任，对五四新文化运动的失误也提出批评。他说：

> 新文化运动之内容是消极的、负面的、破坏的、不正常之反动的、怨天尤人的，因而与那原初动机适成背道而驰，与那超越的形式的函义相违反。这并没有积极的健康的思想与义理，并没有畅通自己的文化生命。……此所以新文化运动后一跤跌入零碎的考据中，以为唯此考据方是真实而踏实之学问。……五四时的新文化运动之负面的破坏的思想内容便不能不再来一个否定而归于拨乱反正之正面的与健康的思想内容。②

牟宗三除了肯定五四新文化运动要求复兴或改革中国文化的动机外，对其内容基本上持批判和否定态度，指出五四新文化运动没有积极的健康的思想作指导，只是负面的破坏性的，因而未能畅通中国文化生命，以至于在新文化运动后陷入琐碎的考据之中，不能复活中国文化真实的创造的生命。由此，牟宗三提出对五四新文化运动的负面和破坏性的思想内容再来一次否定，即否定之否定。五四的负面、破坏的思想内容，可视为是对中

---

① 牟宗三：《政道与治道》，台湾学生书局1991年增订版，第18—19页。
② 牟宗三：《生命的学问》，台湾三民书局1984年版，第142—143页。

国文化的否定，使文化生命不能畅通，牟宗三对五四消极一面的否定，即是在新的时代背景下，对社会文化变迁的一种回应，其目的是为了畅通中国文化生命，其理论针对性是对与道统相对立的文化传统发展到现代的文化形态提出的批评。如果说，程朱道统论的提出，是针对佛教思想的盛行而动摇了儒家文化的正统地位、汉学重考据轻义理而使儒学发展停滞的话，那么，牟宗三与文化生命说相结合的现代新儒家道统论的提出，则是针对宋明儒之后出现的乾嘉考据学、胡适的实用主义以及五四新文化运动及新考据学。前者的提出，正式确立并彰显了中国思想史上的道统论，后者的提出，则是在中国文化走向现代的形势下，对中华道统思想的发展。

二、道统发展阶段说

道统发展阶段说是构成牟宗三道统论的重要内容，亦体现了现代新儒家道统论的特色。他把道统的发展历程分为四个主要的阶段，即从尧舜三代到周文，这是第一阶段；孔子仁教，这是第二阶段；宋明儒内圣心性之学，这是第三阶段；现代新儒家由内圣开新外王，这是第四阶段。其中既有对传统道统论的继承，而不失儒家道统思想的本质，又有在新的时代背景下对传统道统论的发展和补充，体现了新时代的特征，从而与传统的道统发展阶段说相区别。

（一）从尧舜三代到周文（前儒家）

牟宗三的道统论从尧舜讲起，历夏、商、周三代之禹、汤、文、武，至周公演成周文。此一阶段，儒家尚未形成，但后来儒家推崇上述人物为传道的圣人，尤其孔子创立儒学时对周公思想吸取甚多，故将此道统的起源阶段称为前儒家阶段。

关于道统的起源，牟宗三大体上继承了韩愈及朱熹的思想，承认道统自尧舜三代始。他说：

  此尧舜禹汤文武周公孔子孟子一线相承之道，其本质内容为仁义，其经典之文为《诗》、《书》、《易》、《春秋》，其表现于客观政治社会之制度为礼乐刑政。此道通过此一线之相承而不断，以见其为中华民族文化之命脉，即名曰"道统"。自韩愈为此道统之说，宋明儒兴起，大体皆继承而首肯之。其所以易为人所首肯，因此说之所指本是一事实，不在韩愈说之之为"说"也。①

牟宗三认为正如韩愈所说的，道统自尧、舜、禹、汤、文、武、周公始，而传至孔孟，人们之所以接受这个道统说，是因为他讲的本是一事实，只不过经韩愈说出，起到了点醒的作用。牟宗三还提及《论语·尧曰》尧授舜以"允执其中"和朱熹《中庸章句序》舜授禹以十六字传心诀，指出尧舜禹相传之心法体现为"中"，即以"中"为道统之传。这是对尧舜禹在道统中地位和作用的肯定。他说：

> 《论语·尧曰》篇："尧曰：咨尔舜，天之历数在尔躬，允执其中，四海困穷，天禄永终。舜亦以命禹。"（此辞见于《虞书大禹谟》，比此加详。）……案此为历述尧舜禹汤文武之敬心施政。二帝三王之道亦于此历述中逐渐跃现。朱子《中庸章句序》云："盖自上古圣神继天立极，而道统之传有自来矣。其见于经，则允执厥中者，尧之所以授舜也。人心惟危，道心惟微，惟精惟一，允执厥中者，舜之所以授禹也。"此是理学家特拈一"中"字为道统之传。②

虽然牟宗三以尧舜禹为道统之开端，肯定他们在道统中的地位，但他认为，随着历史的演进，逐步由二帝三王发展而为周文。这是道统发展第一阶段的主要成果。他说："夏商周三代历史之演进，可视为现实文质之累积。累积至周，则粲然明备，遂成周文。周文一成，以其植根于人性及其合理性，遂得为现实的传统标准。"③所谓"周文"，指以亲亲和尊尊为代表的伦理道德规范及礼乐制度。周公在损益夏、殷之礼的基础上，制礼作乐，提出了一整套系统的政治、宗教和礼治思想，创立了较为完善的典章制度和文化，这对儒家文化影响很大，在一定程度上奠定了中国古代社会制度和思想文化的基础，同时也奠定了中华道统思想形成和发展的基础。在"周文"这个传统标准的基础上，道统文化的发展由此展开。关于周公的论述，详见本书周公一节。

---

① 牟宗三：《心体与性体》（一），台湾正中书局1981年版，第191页。
② 牟宗三：《历史哲学》，台湾学生书局1984年版，第5页。
③ 牟宗三：《历史哲学》，台湾学生书局1984年版，第95页。

牟宗三解释"周文"说："何以言周文？传子不传弟，尊尊多礼文。两句尽之矣。周公损益前代，制礼作乐。孔子称之曰'文哉'，荀子称之曰'粲然'。而其密义则由尊尊传子而可窥。"① 他以亲亲和尊尊作为周文的基本内容，并指出："周之文只是周公之政治运用以及政治形式（礼）之涌现。教化风俗是其余事。文必与尊尊连。……由亲亲而至尊尊，是现实历史一大进步。"② 周文是周公之礼的内容和本质反映，亲亲和尊尊在当时的出现具有进步的意义，周文亦是中华民族历史发展之一大进步，所以孔子给周文以很高评价。牟宗三说："孔子通体是文化生命，满腔是文化理想，表现而为通体是德慧。其表现也必根于仁而贯通着礼。此与耶稣、释迦绝然不同。其所贯通之礼即周文也。亲亲之杀，尊尊之等，普遍于全社会，即为周文。《论语·八佾》：'子曰：周监于二代，郁郁乎文哉！吾从周'。"③ 孔子以"从周"为己任，即是对周文的继承和肯定。

（二）孔子仁教（儒学发展第一期）

牟宗三道统发展的第二阶段是孔子仁教的阶段，或孔孟继承周文，体天道以立人道的阶段。这一阶段亦是儒学经孔子而创立的发展第一期。之所以把孔子仁教作为道统发展的第二阶段，是因为在牟宗三看来，虽然孔子对道统的发展有"创辟之突进"的贡献，但在孔子以前，"道之本统"已建立，孔子所做的工作只是对道之本统的再建。他说：

> 自尧舜三代以至于孔子乃至孔子后之孟子，此一系相承之道统，就道之自觉之内容言，至孔子实起一创新之突进，此即其立仁教以辟精神领域是。……此一创辟之突进，与尧舜三代之政规业绩合而观之，则此相承之道即后来所谓"内圣外王之道"（语出《庄子·天下篇》）。此"内圣外王之道"之成立即是孔子对于尧舜三代王者相承之"道之本统"之再建立。内圣一面之彰显自孔子立仁教始。曾子、子思、孟子、《中庸》、《易传》之传承即是本孔子仁教而展开者。就中以孟子为中心，其器识虽足以笼罩外王，然重点与中点以及其重大之贡献实落在内圣之本之挺立处。宋儒兴起亦是继承此内圣之学

---

① 牟宗三：《历史哲学》，台湾学生书局1984年版，第31页。
② 牟宗三：《历史哲学》，台湾学生书局1984年版，第32页。
③ 牟宗三：《历史哲学》，台湾学生书局1984年版，第90页。

而发展。……自孔子立仁教后，此一系之发展是其最顺适而又是最本质之发展，亦是其最有成而亦最有永久价值之发展，此可曰孔子之传统。①

孔子对尧舜三代王者相承之道统的再建，着重在于道的自觉内容方面，拿后来的话说，就是在"内圣"的精神领域，也就是孔子所立的"仁教"。此仁教与尧舜三代的"政规业绩"相结合，构成了"内圣外王之道"。孔子对道统再建的贡献就在于他通过立仁教而彰显了内圣之道。牟宗三指出，仁教自孔子提出后，又传之于曾子、子思、孟子、《中庸》、《易传》，所以孔子仁教亦包括了后期儒家对仁教的展开和发展。其中以孟子为中心，对孔子仁教的贡献表现为挺立了"内圣之本"。

虽然牟宗三充分肯定孔子创立仁教是对道统发展的突出贡献，但他仍然注意孔子仁教与周文之间有着继承的关系，而不是劈空建立起来的。也就是说，孔子对"道之本统"的再建，是在尧舜三代以至周文的基础上进行的，尽管他对周文作了创造性的发展。牟宗三指出：

> 周文演变至孔子，已届反省之时。反省即是一种自觉的解析。所谓引史记而加王心焉是也。加王心者，即由亲亲尊尊之现实的周文进而予以形上之原理。此形上之原理，亦由亲亲尊尊而悟入。在此转进中，亲亲仁也，尊尊义也。此形上原理予周文之亲亲尊尊以形上之解析与超越之安顿。此步转进悟入，是孔子创造智慧之所开发。……现实的周文以及前此圣王之用心及累积，一经孔子戡破，乃统体是道。②

孔子仁教与周文之间的继承关系表现在，由亲亲推演出仁来，由尊尊推演出义来，仁教虽然是对周文的形上之解析和超越之安顿，但以仁义为内容的仁教却是在以亲亲尊尊为内涵的周文的基础上产生和发展起来的。对此，牟宗三有进一步地说明：

> 顺道德政治的观念模型而来的发展，就是周公的制礼，因而成为"周文"。而周公的制礼，最基本的就是确定人伦。人伦的最大的两个纲领则是亲亲之杀，尊尊之等。由此演生出五伦。亲亲尊尊是

---

① 牟宗三：《心体与性体》（一），台湾正中书局1981年版，第192—193页。

② 牟宗三：《历史哲学》，台湾学生书局1984年版，第95页。

文制。人道由此确定。故前人有云："人统之正，托始文王。"即因周公制礼故也。至孔子出，他能充分欣赏了解这一套礼制，故曰："郁郁乎文哉，吾从周。"进而他又点出它的彻上彻下的"意义"，此即是：由亲亲以言仁，由尊尊以言义。这是言仁义的文制根源。及至把仁义点出来了，则其涵义即不为亲亲尊尊之文制所限，而广大无边，遂从这里开辟出中国文化生命的全幅精神领域。①

孔子仁义的文制根源是亲亲尊尊之周文，人道也由此而立。然而孔子又对周文加以创造性发展，其仁义之道包含甚广，大大突破了亲亲尊尊的局限，而开辟出中国文化的生命，体现了中国文化的特点，也成为道统之道最本质的内容。可见由周文到仁义，既有着前后继承的关系，更具有创新发展的意义。就道统之道最基本的内涵是仁义，而仁义之道或仁教又是由孔子所创立而言，说道统由孔子而开出，亦无不可。

（三）宋明儒内圣心性之学（儒学发展第二期）

牟宗三的道统论以宋明儒内圣心性之学为道统发展的第三阶段。这一阶段也是儒学发展的第二期。经历了中国文化生命长期歧出，至唐末五代道德沦丧、儒家伦理扫地之后，宋明理学家承孔子仁教，挺立道德主体，在内圣心性之学方面大大发展了儒家圣人之道，形成道统发展和整个中国文化发展的新高潮，并成为现代新儒学的"源头活水"。

儒学道统在宋明时期重新崛起，并占据了思想文化领域的主流地位，具有深刻的社会根源和思想文化根源。对此，牟宗三指出："宋兴，则由深深反省自觉，涌出理性，开出中国历史上第二次之文化运动。这是华族自身之文化生命文化理想之复位。民族生命与文化生命又归于一。原宋儒之讲学，一在对唐末五代无廉耻人不成人而发，一在对佛教而发。"② 宋明儒之内圣心性之学兴起的理论针对性及时代背景是佛教思想的盛行而动摇了儒家人文的地位；唐五代不讲儒家伦理造成社会大动荡，人无廉耻而不成其为人，使得文化生命长期不得归位。于是宋儒立人道之尊，提倡理性自觉和价值自觉，在整个社会内树立是非善恶美丑的价值标准，遥契孔孟

---

① 牟宗三：《历史哲学》，台湾学生书局1984年版，第165—166页。
② 牟宗三：《道德的理想主义》，台湾学生书局1992年版，第237页。

的文化生命和文化理想，使中国文化生命在长期歧出后得以归位和畅通。对于印度传入的佛教文化，牟宗三指出："佛教是外来的，不是华族文化生命之所发，这尚不要紧，根本点是在：它是反人文的。这是从理性之自觉价值之自觉之一念中而来的理路所不能接受的，也是'立人道'一念中所不能接受的。宋儒对于此点把握得非常紧，意识得非常清楚。从历史发展上看，这是一个很伟大的心愿。"① 虽然提倡理性自觉和价值自觉的宋儒从弘扬道德理性、确立人道出发，对"反人文"，不讲儒家伦理的佛教提出了严厉的批评，但佛学对于宋明儒内圣心性之学来讲，并非无助。它可以借用来提高宋明儒心性之学的"形而上的解悟力"，使单纯伦理型的传统儒学与哲学思辨相结合，即心性伦理与心性哲理相结合，以佛教精致的思辨哲学和心性本体论补充和发展先秦儒家主要是孟子的心性之学，最终是为了排佛以恢复中国文化生命的主导地位。在这方面，韩愈的道统论单纯讲仁义之道，形而上的解悟力未能达到极高明的境地，故其辟佛不能翻出一种文化运动来；而宋明儒则既批佛又注意吸取佛教精致的思辨哲学和心性本体论，故既在形而上的解悟力方面达到了极高明的境地，足以与佛学相抗衡，又在道德人文方面通过辟佛，弘扬彰显了儒家心性伦理强大而鲜明的主体意识。

牟宗三认为宋儒心性之学即是内圣之学，他说："此'心性之学'亦曰'内圣之学'。'内圣'者，内而在于个人自己，则自觉地作圣贤工夫（作道德实践）以发展完成其德性人格之谓也。"② 以内圣之学来界定心性之学，突出了心性之学的内在德性和个体自觉的一面。实际上牟宗三所说的内圣心性之学包涵甚广，不仅包括了陆王的"本心即性"说，而且把程颐、朱熹的"性即理"说也包括在内。也就是说，牟宗三从广义的角度去理解心性之学，广义的心性之学即"性理之学"，也就是指宋明理学，而不仅限于陆王讲"本心即性"的心性之学。他说：

此"性理之学"亦可直曰"心性之学"。盖宋明儒讲学之中点与重点唯是落在道德的本心与道德创造之性能（道德实践所以可能之先天根据）上。"性理"一词并非性底理，乃是即性即理。若只

---

① 牟宗三：《道德的理想主义》，台湾学生书局1992年版，第238页。

② 牟宗三：《心体与性体》（一），台湾正中书局1981年版，第4页。

说"性理之学"，人可只以伊川朱子所说之"性即理也"之"性理"义去想，此则便不周遍，不能概括"本心即性"之"性理"义。当吾人说"性理之学"时，此中"性理"一词，其义蕴并不专限于伊川朱子所说之"性即理"之义，故亦不等于其所说之"性即理"之"性理"义，乃亦包括"本心即性"之"性理"义。依此之故，直曰"心性之学"，或许更较恰当。①

牟宗三以"心性之学"代替"性理之学"的目的是为了避免人们仅从"性即理"的"性理"之义去理解"性理之学"，而未能看到"性理之学"中所包括的"本心即性"的"性理"之义。他认为，心性之学既包括了"本心即性"说，又包括了"性即理"说，把程朱陆王都包括在内，因而以心性之学代替性理之学，则更为恰当。其心性之学就成了涵盖程朱陆王的宋明理学的同义语，它构成了牟宗三道统发展第三阶段的主要内容。

在以心性之学来概括宋明理学的基础上，牟宗三强调宋明儒着重弘扬了儒家内圣外王之学的内圣一面，指出，"儒家的学问原讲'内圣外王'，宋明儒则特重'内圣'这一面"②，并认为，在弘扬内圣之学问题上，不仅陆王心学如此，而且程朱一系也如此。他说："孔孟内圣外王之教是在历史发展中逐步妖清其自己，建立其自己。宋明儒程、朱、陆、王之一系，是通过佛教之吸收，而豁醒其内圣之一面。"③ 牟宗三指出，宋明儒的内圣心性之学具有自己鲜明的特点而不同于汉代经学。汉代经学是以"六经"为依据，而流于章句之训诂；而宋儒则以"四书"为根据而发明内圣心性之学。他说："仲舒之'推明孔氏'，乃只因其从周文耳，因而遂跨过孔氏而外在地直接承'五经'。……流于今古文之争，而成为章句之训诂。"④ 汉学与宋学的不同："汉朝的文化运动是本于经学，是将孔子所删述的'六经'笼统地继承下来而复古更化。他们是通经致用，所以他们的文化运动是学术政治社会贯通在一起而为一构造的综合体。宋儒的文化运动是将这个综合体打开而直探其本，直接由'四书'中而直探孔孟之心传，所谓'内圣之学'是也。这一步本源之澄清与彰著是宋儒的功绩，汉人并

---

① 牟宗三：《心体与性体》（一），台湾正中书局1981年版，第4页。
② 牟宗三：《政道与治道》，台湾学生书局1991年增订版，第10页。
③ 牟宗三：《政道与治道》，台湾学生书局1991年增订版，"原序"第3页。
④ 牟宗三：《历史哲学》，台湾学生书局1984年版，第276页。

未作到这一步。这就是经过清谈与佛学所养成的'形而上的解悟力'所达到之效果。"① 虽然牟宗三后来对程朱的"四书"学加以改造,以心性一元说作为宋明理学的大宗,而将程颐、朱熹一系视为宋明儒之旁枝,但在作《道德的理想主义》一书时,他仍客观地肯定程朱的"四书"学对于宋儒道统论之确立的重要性,指出宋儒之"内圣之学"正是通过由"四书"而直探孔孟之心传而得出的,这是对道统本源的澄清与彰显,而流于训诂注疏的汉代经学未能达到这一步。其中的一个重要原因是,汉代经学由于受其学术特点及时代发展阶段的限制,重训诂轻义理,在"形而上的解悟力",即哲学思辨能力方面较为欠缺,还不足以开出内圣心性之学;而宋儒则重义理轻训诂,又经过魏晋玄学和隋唐佛学精致的思辨哲学的刺激和影响(汉儒未经历此阶段),在"形而上的解悟力"方面已达到相当高的造诣,故能够通过"四书"发明新儒学的义理,从中开出内圣心性之学来。这即是牟宗三所指出的宋儒之超出汉儒之所在。

与此相关,由于宋儒重"四书",以"四书"取代"六经"而作为经学的主体,并直接由"四书"探孔孟之心传;把《孟子》由子入经,与《论语》、《大学》、《中庸》并列,合为四部最重要的儒家经典,这就提高了孟子的地位,使之与孔子并称孔孟,取代宋以前的周孔并称,这不仅是对孟子地位的提升,而且大大突出了孔子的教主地位。这是对前代儒学的一大创新。对此,牟宗三指出:

> 宋以前是周孔并称,宋以后是孔孟并称。周孔并称,孔子只是尧舜禹汤文武周公之骥尾,对后来言,只是传经之媒介,此只是外部看孔子,孔子并未得其应得之地位,其独特之生命智慧并未凸出。但孔孟并称,则是以孔子为教主,孔子之所以为孔子始正式被认识。故二程品题圣贤气象唯是以孔、颜、孟为主。②

孔孟并称,重视"四书",这就大大提高了孔孟在道统发展史上的重要地位。虽然在形式上,程朱的道统论仍然是从尧舜三代讲起,朱熹甚至把道统溯源于伏羲等"上古圣神",但在思想内容上,宋儒却是以孔子的仁义之道作为道统的最本质的思想内涵,即是把孔子视为教主和道统传授的核

---

① 牟宗三:《道德的理想主义》,台湾学生书局 1992 年版,第 238—239 页。
② 牟宗三:《心体与性体》(一),台湾正中书局 1981 年版,第 13—14 页。

心人物。

需要指出，经宋明儒的大力提倡和发展，道统论风靡一时，占据了学术界的主导地位，随着程朱理学成为官学，道统思想也流传开来，影响到整个社会。这是道统发展史上前所未有的。

（四）现代新儒家由内圣开新外王（儒学发展第三期）

牟宗三的道统说以"由内圣开出新外王"的现代新儒家为道统发展的第四阶段，它以宋明儒的内圣心性之学为"源头活水"，在儒家内圣之学的基础上开出新外王。这一阶段亦被牟宗三称之为儒学发展的第三期。现代新儒家的由内圣开出新外王，与牟宗三本人的"三统之说"相互联系，即通过道统之肯定，肯定道德理性的价值，开出学统，继续政统，发展民主政治与科学。

在儒学发展与现代化问题上，牟宗三客观地看到传统儒学在内圣方面达到了很高的境界，而外王方面却弘扬不够。他说："内圣面可即得其完整而永恒之意义，而外王面之尧舜三代却并不能即代表政治形态之完整而永恒之意义。是以儒家之政治思想尚只在朦胧之发展中。宋明儒对此亦贡献甚少。只以尧舜三代寄托其外王之理想。以尧舜三代为外王之定型，此即其政治思想不如内圣面之完整与清晰之故也。"① 他认为以尧舜三代的政治为外王之理想是不够的，它还不能代表完整意义上的政治形态。也就是说，离现代化所要求的民主政治还有较大距离。即"以现在的观点衡之，中国文化整个看起来，外王面皆不够。"② 由此，牟宗三从儒学发展及现代化的要求出发，提出儒学的第三期发展说。他指出："儒家学术第三期的发展，所应负的责任即是要开这个时代所需要的外王，亦即开新的外王。"③ 牟宗三所谓的"新外王"，其内容指民主政治和科学。他说："要求民主政治乃是'新外王'的第一义，……另一面则是科学。"④ 要求民主政治和科学，这是新外王的内容，而开出新外王则是儒学第三期发展所担负的时代责任。

---

① 牟宗三：《心体与性体》（一），台湾正中书局1981年版，第5页。
② 牟宗三：《政道与治道》，台湾学生书局1991年增订版，第12页。
③ 牟宗三：《政道与治道》，台湾学生书局1991年增订版，第12页。
④ 牟宗三：《政道与治道》，台湾学生书局1991年增订版，第15页。

新外王的开出，并不外在于儒学发展的自身要求，而是儒学内在地要求开出新外王，只有根据儒家内圣之学往前进，才能开出新外王来。不仅民主政治"是儒家自内在要求所透显的理想主义"①，而且"科学亦为儒家的内在目的所要求，儒家并不反对知识"②。也就是说，由内圣才能开出新外王，新儒家的内圣与外王之学是相互联系而不可分割的。

在这个问题上，牟宗三从弘扬儒家文化的历史使命感出发，一再强调，儒学内在地要求现代化，"由内圣开出新外王"是儒学的"内在目的"和"使命"所在，决不应把儒学与现代化对立起来。他说：

> 中国从清末民初即要求现代化，而有人以为传统儒家的学问对现代化是个绊脚石。因此，似乎一讲现代化，就得反传统文化，就得打倒孔家店。事实上，儒家与现代化并不冲突，儒家亦不只是消极地去"适应"、"凑合"现代化，它更要在此中积极地尽它的责任。我们说儒家这个学问能在现代化的过程中积极地负起它的责任，即是表明从儒家内部的生命中即积极地要求这个东西，而且能促进、实现这个东西，亦即从儒家的"内在目的"就要发出这个东西、要求这个东西，所以儒家之于现代化，不能看成是"适应"的问题，而应看成是"实现"的问题，唯有如此，方能讲"使命"。③

牟宗三指出，正因为从儒学内部的生命的延续中有逻辑地开出"新外王"、实现现代化的要求，所以那种认为儒学对现代化是个绊脚石的观点是十分错误的。由此，他得出"儒家与现代化并不冲突"的结论。在儒学与现代化的关系问题上，牟宗三首先肯定二者并不冲突，同时又指出，儒学不是消极地去"适应"现代化，而是儒学自身积极地要求现代化，即"实现"现代化是儒家文化的内在要求，是儒学的历史"使命"所在。这里涉及文化交流与继承中的主体问题。所谓文化交流与继承中的主体，它包含两层意思：一是指融合、吸收其他文化的那种文化，二是指它起着主导的作用。显然牟宗三是以儒家文化而不是以其他文化作为文化交流与继承中的主体。正因为以儒学为主体，所以儒学不是消极地去适应现代化包括现代社会的文化，而是儒学这个主体本身就能够在与西方文化的交流中"实

---

① 牟宗三：《政道与治道》，台湾学生书局 1991 年增订版，第 15 页。
② 牟宗三：《政道与治道》，台湾学生书局 1991 年增订版，第 15 页。
③ 牟宗三：《政道与治道》，台湾学生书局 1991 年增订版，第 4 页。

现"现代化，即"实现"现代化是儒家文化这个主体文化的必然逻辑。牟宗三的这个思想与同样主张"儒家与现代化并不冲突"，反对打倒孔家店，但却以现代社会的文化作为主体来继承吸取儒学的观点有所不同。

牟宗三不仅以现代新儒家由内圣开出新外王为道统发展的第四阶段，亦即儒学发展的第三期，而且提出了此阶段的代表人物，着重表彰其师熊十力先生，并以自己为"重开生命之学问"，接续道统的人物。这与韩愈、程朱自称接续道统相类似。他指出：

> 自辛亥开国以来，很少有人注意这种学问。道德价值意识的低沉，历史文化意识的低沉，民主建国意识的低沉，无过于此时。是表示中华民族之未能尽其性也。只有业师熊十力先生一生的学问是继承儒圣的仁教而前进的，并继承晚明诸大儒的心志而前进的。就我个人说，自抗战以来，亲炙师门，目击而道存，所感发者多矣。故自民国三十八年以来，目睹大陆之沦陷，深感吾人之生命已到断潢绝港之时。乃发愤从事文化生命之疏通，以开民族生命之途径，扭转满清以来之歪曲，畅通晚明诸儒之心志，以开生命之学问。此《历史哲学》、《道德的理想主义》、《政道与治道》三书之所由作也。①

熊十力先生继承孔子仁教和晚明诸大儒的思想，独自把生命的学问即中国文化的道统观念接续下来。在牟宗三看来，孔子仁教是在继承周文的基础上，对"道之本统"的再建，而晚明诸大儒如刘宗周等亡后，道统也随之中断，中国文化生命遭受重大曲折。在此三百年之后，独有其师熊十力继承了道统，而他自己又继承熊十力，"重开生命之学问。上承孔孟，下接晚明，举直错诸枉，满清以来之歪曲，可得而畅通。中华民族终当尽其性，克服魔难，以屹立于天壤间"②。牟宗三在20世纪50年代所写的《历史哲学》、《道德的理想主义》、《政道与治道》三书以及《生命的学问》等，便是他道统思想的集中体现。

一方面牟宗三表彰了其师熊十力以及自家师门的道统思想，强调以任道为己任，指出："吾友唐君毅先生曾云：人自觉地要有担负，无论是那一面，总是痛苦的。此言甚善。一定要以天下为己任，一定要以道为己

---

① 牟宗三：《生命的学问》，台湾三民书局1984年版，第38页。
② 牟宗三：《生命的学问》，台湾三民书局1984年版，第39页。

任。"① 牟宗三在 1958 年与唐君毅、张君劢、徐复观联名发表《中国文化与世界》的文化宣言，肯定中国历史文化中的道统之说；另一方面又对现代新儒家之一的梁漱溟有所批评，并把冯友兰排除在儒家之外。对于梁漱溟，牟宗三肯定了他弘扬儒学之功，指出："梁先生实在不易。在新文化运动中反孔顶盛的时候，盛论（虽然是浮浅的）中西文化的时候，他独能以赞叹孔子的姿态出现，他维护孔子的人生哲学。……他独能生命化了孔子，使吾人可以与孔子的真实生命及智慧相照面，而孔子的生命与智慧亦重新活转而披露于人间。"② 梁氏开启了宋明儒学复兴之门，使人们能够上接宋明儒者之生命与智慧，而宋明儒学是遥契孔子的必经之路，即通过宋明理学来继承孔子之仁教。但他又认为"可惜梁先生并未能再循其体悟所开之门，再继续前进，尽精微而致广大，却很快地即转而为他的乡村建设事业，自己弄成了隔离与孤立。"③ 在批评梁漱溟把"他的生命已降落而局限于一件特殊事业中"④ 的同时，牟宗三表彰其师熊十力复兴了儒学及中国文化生命，通过比较来提高熊氏在现代新儒学道统中的地位。他指出：

> 吾前言梁漱溟先生于儒学之复兴已开其端。乃因少年得志，所成不大。先生（指熊十力）年长于梁，大器晚成，而又一生锲而不舍，念念不忘讲学，从未将其生命局限于一件特殊的事业上，故儒学之复兴，中国文化生命之昭苏，至先生始真奠其基，造其模，使后来者可以接得上，继之而前进。⑤

熊十力不像梁氏那样，把中国文化生命局限于一特殊具体的事业上，如梁漱溟的"乡村建设"，因而能够从本原上复兴儒学，昭苏中国文化生命，成为现代新儒家道统论的奠基者。

与对梁氏的评价不同，牟宗三直把冯友兰排除在儒家之外，自然也就把冯氏排除在现代新儒家的道统之外。牟宗三在对陈荣捷的《近时中国之宗教趋势》（*Religious Trends in Modern China*，纽约哥伦比亚大学 1953 年出版）一书做评论时指出：

---

① 牟宗三：《生命的学问》，台湾三民书局 1984 年版，第 6 页。
② 牟宗三：《生命的学问》，台湾三民书局 1984 年版，第 112 页。
③ 牟宗三：《生命的学问》，台湾三民书局 1984 年版，第 113 页。
④ 牟宗三：《生命的学问》，台湾三民书局 1984 年版，第 113 页。
⑤ 牟宗三：《生命的学问》，台湾三民书局 1984 年版，第 117 页。

关于"孔教底唯理论学派之生长"，陈氏以冯友兰的"新理学"为代表。世人皆知冯氏以新实在论的共相潜存说解析程朱之理而成为新理学。此根本与儒家无关，与程朱理学亦无关。视之为儒家之唯理派之生长者误也。冯氏抗战期在成都时，曾与予谈，谓："现时中国哲学有两派，其余皆说不上，此如以前所谓程朱陆王，你们那里代表陆王，我们这里代表程朱。"吾当时即笑而不答。以此为譬况，可也。若说儒家，则彼今日之程朱实非儒家。焉有非儒家之程朱乎？吾故不欲详论。①

牟氏不同意陈荣捷把冯友兰的"新理学"作为儒家之唯理派的代表的观点，他认为冯友兰以西方哲学之新实在论的共相潜存说解析程朱之理而提出的"新理学"与儒家根本无关，与程朱理学亦无关，但却未详论为什么无关的理由。牟宗三把冯友兰排斥在现代新儒家之道统论之外，而以熊十力为现代新儒家的道统论的奠基人，以自己及自家师门为继承熊十力而前进的现代新儒家道统论的弘扬及创新者，其道统论的思想内涵则是由内圣开出新外王，由此而体现出中华道统思想在当代的延续和发展。

质言之，牟宗三的道统论把道统的发展分为四个彼此相联系又前后继承发展的阶段，其第一阶段以周文即亲亲、尊尊的伦理道德规范及礼乐制度为思想内涵，第二阶段以把亲亲和尊尊发展为仁义的孔子仁教为理论代表，第三阶段则是以着重发展了内圣方面的宋明儒内圣心性之学为思想核心，第四阶段即由内圣开新外王，在内圣之学的基础上，吸取西方的科学与民主，开出现代社会的新文化。后三个阶段亦即是现代新儒学大力宣扬的儒学发展的三期说，而重点在于突出第三期当代新儒家道统论的发展。当代新儒家的道统论既吸取西学，具有现代文化的特色；又以宋明儒内圣心性之学为源头活水，通过宋明儒遥契孔子之仁教，因而具有传统儒家道统思想的本质。牟宗三道统发展的阶段说与传统道统论的区别亦即对传统道统传授谱系说的发展表现在，把笼统的尧、舜、禹、汤、文、武、周公、孔、孟、程、朱以至陆、王的传道谱系明确划分为几个阶段，概括了每个阶段的理论特点即道统之道的思想内涵；突出了孔子作为教主在道统史上的地位；把程朱等宋明儒在道统中的地位进一步明确肯定下来；在

---

① 牟宗三：《生命的学问》，台湾三民书局1984年版，第117—118页。

宋明儒之后，根据时代的发展，把现代新儒家由内圣开出新外王作为道统发展的最新阶段。这些都是传统道统传授谱系说所不具有或不明确而得到牟宗三发展了的内容，由此可见牟宗三对道统传授谱系说的丰富和在新的时代背景下的发展。

三、道统、学统、政统三统之说

三统之说是牟宗三道统论的重要内容，亦体现了现代新儒学的"时代"特征。道统、学统、政统三统之说是牟宗三于 20 世纪 50 年代提出来的，主要包括在他的《道德的理想主义》、《生命的学问》以及《政道与治道》、《历史哲学》等书的内容中。三统之说的提出与其儒学发展第三期所承担的历史使命，即在现代社会条件下所追求的目标有着密切的联系，旨在通过疏通道统与学统、政统的关系，来论证传统儒家心性之学与现代科学、民主政治相结合的可能性，进而探讨以道统开出学统、转出政统的途径，在返本和吸取西学中开出与社会发展相适应的现代新文化。

（一）三统之说的提出

牟宗三依据孔子仁教，以道德的理想主义为纲维，开出中国文化发展的途径，以充实中国文化生命之内容，由此而提出三统之说。即：

一、道统之肯定，此即肯定道德宗教之价值，护住孔孟所开创之人生宇宙之本源。

二、学统之开出，此即转出"知性主体"以融纳希腊传统，开出学术之独立性。

三、政统之继续，此即由认识政体之发展而肯定民主政治为必然。①三统之说是以道统为本原，开出学统与政统的关于现代新儒家的道统论。三统之说的提出，亦构成了牟宗三儒家人文主义的系统，此人文主义的系统便是由道统、学统、政统三个部分所建立起来的。

所谓道统，前已有述，牟宗三所说的道统的主要含义是指儒家的内

---

① 牟宗三：《道德的理想主义》序，台湾学生书局 1992 年版，第 6 页。

圣心性之学，它是人生宇宙之本原，亦是学统与政统的内在根据。

所谓政统，指政治形态或政体发展之统绪。牟宗三说：

> 政统即政治形态之统绪。在反省地了解此统绪中，必须了解在商质周文的发展中，如何成为贵族政治，又如何在春秋战国的转变中，形成君主专制一形态。在君主专制一形态中，君、士、民的地位及特性如何？民主政治如何是更高级的政治形态？①

认为政治形态或政体的发展，经历贵族制、君主专制、民主政体等若干个阶段，这些政体的演变发展便形成政统。牟宗三指出，民主政治是高于贵族制和君主专制的政体，由贵族制转至君主专制，由君主专制再转至民主制是政体发展的"必然"趋势，而不是西化的事。由此把民主政治的建立视为一个民族自尽其性的本分之事，在此基础上来吸收西方的民主政治。

所谓学统，指"知识之学"的统绪。牟宗三认为，知识之学在西方文化中比较彰显，此即为希腊的传统，科学便是希腊为学精神所演变出来的。而中国虽然"亦本有学统之端绪，即羲、和之官是。羲、和传统是中国的学统，古天文律历赅而存焉。然只停在原始形态（感觉的、实用的），未能发展至'学之形成'的境地。此即未发展至科学形态也。"② 就中国学统之端绪未能发展出完整的科学形态而言，说"中国只有道统而无学统"，当然也可以，但牟宗三指出，尽管在儒家"仁智合一"的内圣之学即道统中，仁居于笼罩地位，智为隶属者，智始终停在"直觉形态"中，未转出科学之"知性形态"，然而德性主体中亦包含有智的一面，虽然它尚未转出"知性主体"来，但与科学知识并无不相容之处，而且亦可与之相融洽以体现内圣之学的广大与充实。此外，牟宗三认为，虽然科学先出现于西方，其心灵之智用先表现为知性形态，但科学是"无国界无颜色的。这是每一民族文化生命在发展中所应视为固有的本分事"。所以"吾人居今日，将不再说科学是西方文化，或西方文化所特有，而当说这是每一民族文化生命在发展中所共有。"③ 由此，牟宗三反对把发展科学与民主说成是"全盘西化"，更反对以中国文化过去没有发展出后来所需要的科学和民主来，就全盘否定中国文化。他说：

① 牟宗三：《道德的理想主义》，台湾学生书局1992年版，第261页。
② 牟宗三：《生命的学问》，台湾三民书局1984年版，第61页。
③ 牟宗三：《生命的学问》，台湾三民书局1984年版，第62页。

一民族发展出科学与民主，亦不是西化，或全盘西化。从这里说全盘西化是无意义的。因为这都是"共法"。……又，若以为中国文化已往所发展至的没有科学与民主，便认为无道理，无意义，根本无所谓中国文化，这便是全盘否定，这更不对。那么，问题只在对于中国文化已往所发展至的之了解上。了解一民族的文化，不能从其过去没有后来所需要的，便作全盘否定。后来之需要无穷，没有一个民族的文化能在一时全具备了。所以了解一民族的文化，只应从其文化生命发展之方向与形态上来了解，来疏导，以引出未来继续的发展或更丰富更多样的发展。①

就学统而言，牟宗三既看到中国文化的差距，其羲、和传统未发展至科学形态，因而提出"学统必须开出"，以德性主体转出知性主体，容纳西方的希腊传统，以发展科学；又指出发展科学是中国文化生命发展的方向所在，亦是每一个民族文化发展所固有的本分，所以不应视为西方文化所独有，由此反对全盘西化和全盘否定中国文化的观点。应该说，牟宗三关于学统的思想既具有时代性，不同于传统的道统观念，又具有民族文化的主体性。

（二）提出三统说的目的和意义

牟宗三提出道统、学统、政统三统之说的目的十分明确，乃在于通过提出一个安定人生建立制度的思想系统，以作为人们安身立命的根本和社会生活的指导思想，把时代民主政治、现代科学精神与中国文化基本的道德宗教结合起来，从而贯通中西，以发展中国文化。他说：

我近年来很意识到：我所发的那些思想，完全是想从崩解堕落的时代，涌现出足以安定人生建立制度的思想系统上的根据。要作这步工作，其心思必须是综合的，上提的。因为在这塌下来一切都落了空的时代，要想从新涌现出一个安定人生建立制度的思想系统，必须是翻上来而从根上滋生我们的指导观念。这里面含有三事：一是疏导出民主政治的基本精神，以建立政治生活方面的常轨。二是疏导出科学的基本精神，以建立知识方面的学问统绪。三是疏导出道

---

① 牟宗三：《生命的学问》，台湾三民书局1984年版，第63页。

德宗教之转为文制的基本精神，以建立日常生活方面的常轨。凡是说到基本精神处，都是说的足以安定人生建立制度的思想系统。而此思想系统的涌现，又必须从贯通中西文化发展的脉络途径与夫其程度处着眼，始能真实不谬，确定不疑。这是我个人以及几位朋友所努力从事的。①

牟宗三提出三统之说以作为根本的指导观念。其提出政统的目的是疏导出民主政治的基本精神；其建立学统的目的是疏导出科学的基本精神；其继续道统的目的是疏通中国文化生命，建立日常生活的常轨。这三个方面都是为了凸显一足以安定人生建立制度的思想系统以再造人们已失落的思想文化观念，在贯通中西文化发展的脉络途径中弘扬中国文化的真精神。

不仅如此，牟宗三提出三统之说亦具有其重要的时代意义，是为了解决时代面临的重大文化问题而提出的纲领和方案。他以建立道统、政统、学统作为构筑人文主义系统即成立人文教三大要件，而成立人文教的意义不仅以之为立国之本，而且通过疏导中国与西方文化生命而引发出科学与民主来。这就把文化发展的时代课题即时代性与中国文化的民族性结合起来。也就是说，科学与民主，是实现现代化的两大目标，亦是中国文化发展的内在趋势，现实的中国文化，既立足于地域和时代，又打破西方文化中心论，发展科学与民主，并不是全盘西化，而是中国文化自身的要求、固有的本分。因此，吸取西学，有利于疏导出中国文化生命尚未发展出的内容来。故不应把中西文化对立起来，这体现出牟宗三三统之说的时代意义。他说：

> 吾人现在一无业绩可恃，一无业绩可看。惟正视此文化生命而已耳。吾人亦正视西方所首先出现之科学与民主，吾人亦正视其作为文化生命之基督教。然吾人所与世人不同而可告无愧于自黄帝以来之列祖列宗者，吾人决不依恃西人所已出现之科学以轻视自己之文化生命而抹杀之，亦决不依恃西人所已出现之民主而与自己之文化生命为敌，亦决不依恃彼邦之宗教而低抑儒家之教义。吾人所不如时贤者，即在吾人并无现成之恃赖。是以不如时贤之洋洋自得，而常苍茫凄苦也。吾人所不自量力者，欲自疏导中西文化生命中而

① 牟宗三：《生命的学问》，台湾三民书局 1984 年版，第 415 页。

引发科学与民主，成立人文教以为立国之根本。取径不同于时贤，
故遭多方之疑难。然试思之，世间宁有现成之便宜可资讨取乎？大
其心量，放开眼界，当知区区之意，不甚差谬也。①

以上可见，牟宗三建立以三统为内容的人文教具有融会中西，援西学入
儒，以解决传统儒学的"开新"问题，使之与现代文化接轨的时代意义。
牟宗三于三统中，以道统为立国之本、文化创造之源，可见其地位在政
统、学统之上。他说："道统必须继续。此为立国之本，日常生活轨道所
由出，亦为文化创造之原。"②然而，牟宗三又注意吸收、改造西学，正视
西方首先出现的科学与民主，致力于从道统中转出学统和政统，由内圣心
性之学开出科学、民主等新外王事业，既突出了发展科学与民主的时代意
义，又使中学成为吸收了西学优长的中学。这是牟宗三的三统说区别于宋
明儒之道统论的"时代"特征，亦体现了其建立三统说的时代意义。

(三) 三统之相互关系

牟宗三不仅提出三统之说，阐述了建立三统之说的目的及意义，而
且论述了道统、学统、政统三者之间的相互关系，这是构成三统说的重要
内容，亦体现了牟宗三道统论及三统之说的特点。

牟宗三论三统之相互关系，其要点有二：一是强调道统、学统、政统
三者有机结合，相辅相成，缺一不可；二是以道统为本原，孳生学统，创
造出政统。

关于三者有机统一，缺一不可，牟宗三指出：

原科学一层论理智一元论者之所以轻薄中国文化，实由其以为
在整个人生内只有科学与民主而足够之浅薄的陋见。实则在整个人
生内，整个人文世界内，以下三套，无一可少：

一、科学：此代表知识，并不能成为一个生活轨道。

二、民主政治：此是政治生活的轨道，而不是一切生活的轨道。

三、道德宗教：此可以产生日常生活的轨道，亦为文化创造之
动力。③

---

① 牟宗三：《生命的学问》，台湾三民书局 1984 年版，第 79—80 页。

② 牟宗三：《道德的理想主义》，台湾学生书局 1992 年版，第 260 页。

③ 牟宗三：《道德的理想主义》，台湾学生书局 1992 年版，第 259 页。

针对整个人生只有科学与民主便已足够的浅陋之见，牟宗三提出反驳，他认为科学、民主政治、道德宗教三者缺一不可，而这三者便是以道统、政统、学统为承担者。他接着说，道统必须继续，学统必须开出，政统必须认识，此三统是一个有机的整体，相辅相成，而不可或缺，共同构成人文主义系统和中国文化的时代规模。

牟宗三把道统视之为"本源形态"，把政统视之为"政治实践形态"，把学统视之为"认识形态"，而认为这三种形态的结合构成社会文化有机统一的发展。他说："本源形态，认识形态，政治实践形态，这三者的大开大合形成社会文化有机统一的向上发展。"① 也就是说，道统、政统、学统相辅相成，相互促进，共同发展，由此而形成社会文化有机统一的向上发展，可见三统不可缺一。

关于以道统为本原，孳生学统，创造出政统，牟宗三认为道统即是根源的文化生命，道统是"知识之学"和"民主政体"的本原，即学统和政统以道统为存在的根据。他说：

> 大开是撑开那以往的"构造的综合"与"曲折的持续"而提炼凝聚那根源的文化生命，此即"道统"之所在。……"根源的文化生命"却正是创造一切的根源，此即是孔孟的智慧与生命，宋明儒者的智慧与生命。弟以为把这点能提炼凝聚得住就行了。此之谓"大开"；在大开中立大信。由此根源的文化生命来孳生出"知识之学"，来创造出"民主政体"，此之谓"大合"；在大合中兴大用。科学与民主不是一个现成的东西可以拿来的，乃是要在自己的生命中生出来的。这是要展开自己之心灵的，要多开出心灵之角度与方向的。……建国创制是心灵的表现（即黑格尔所谓客观精神），"知识之学"之形成亦是心灵的表现（即成谓知性形态）。这两种心灵的表现，没有理由说它与那本源形态相冲突而不相容。②

在道统、学统、政统三者的关系上，一方面牟宗三指出三者有机结合，相辅相成，缺一不可；另一方面又强调三者的关系不完全是并列，而是有本有末，有体有用，其中以"根源的文化生命"即以道统为本原，以"知识

---

① 牟宗三：《道德的理想主义》，台湾学生书局1992年版，第114页。
② 牟宗三：《生命的学问》，台湾三民书局1984年版，第66—67页。

之学"、"民主政体"为派生，为本体的作用，即以学统和政统为滋生及作用，是在"大开大合"中兴起的"大用"。这与他由内圣开出新外王的思想相一致，表明牟宗三的道统论是以内圣、道统为本，以外王、学统及政统为用，只有挺立了人的道德主体性，才能由本原派生作用，由内圣通外王，由心性之学开出科学和民主政治。在以道统为立国之本、文化创造之源的前提下，把道统、学统、政统三者有机地结合起来。

四、对程朱道统论的改造

在中华道统思想发展史上，程朱的道统论继承发展孔孟的仁义之道，居于道统发展的主导地位，并成为传统道统思想的主要构成。即使后来陆王提出心学道统观，尤其是王守仁提出"道即是良知"的思想，以"致良知"说取代道统论，但就道统思想而言，均未能代替程朱道统论在道统发展史上的主导地位。论中华道统，便不能脱离宋明儒对道统论的创造性发展；论宋明儒之道统，便不能回避程朱道统论居于道统发展的主导地位，其在建立道统的理论体系、发展道统的思想内涵、完善道统的传授谱系等各个方面，集道统论发展之大成。经程朱的努力，道统思想广泛影响了思想界和整个社会，这是思想史上一个客观的事实。即使后来的现代新儒家，包括冯友兰、牟宗三等在内均不得不面对这样一个历史事实，而受到其深刻影响，在此基础上，对程朱的道统论或加以改造发展，或加以继承创新，并赋予时代的意义和个人的思想特色。牟宗三对程朱道统论的改造便体现了他本人的思想特色及其对宋明理学道统论乃至心性之学各派的取舍。

牟宗三对程朱道统论的改造主要表现在：主观上以心性一元说为大宗，批评朱熹心性二元、心理为二的思想；以心性一元为标准，划分宋明儒为三系，而以程颐、朱熹为"旁枝"；改造程朱之"四书"学，而以《易传》取代《大学》在"四书"中的地位。通过对程朱道统论的改造，使得现代新儒家的道统论更加突出内圣心性之学，在心性之学中又尤为突出心性一元说，并由此体现了牟宗三的理学观及其道统论的特点。

（一）主观上以心性一元说为大宗

牟宗三在主观上以心性一元说为宋明理学及其道统论的大宗，不特如此，牟氏直把"心性为一"、"本心即性"说视为先秦以来整个儒家发展的大宗。他说："先秦儒家以及宋明儒之大宗皆是以心性为一，皆主心之自主、自律、自决、自定方向即是理；本心即性，性体是即活动即存有者。"① 之所以说牟宗三是在主观上以心性一元说为大宗，是因为在中国心性论发展史上，尤其是在儒家哲学心性论发展史上，心性一元说只是其中的一派，并不是在任何时候都为大宗。而在宋明时期，特别在宋代，主张心性二元、心理有别的心性论则蔚为大宗。就道统发展而言，朱熹虽然强调圣人以心传心的"十六字心传"，继承程颐，以《中庸》为孔门传授心法，把传道与传心结合起来，集道统论发展之大成，但他仍然主张心性二元、心理有别，力辟佛教及陆氏心学的心即性的心本论思想。而主张心性一元论者无论在宋代理学史上还是在宋代道统史上都未成为大宗。

关于心性一元说的提出，牟宗三认为，有一个发展的过程。在孔子尚未有此思想。他说："孔子未说'心'字，亦未说'仁'即是吾人之道德的本心，……孔子亦未说仁即是吾人之'性'。"② 至孟子时，正式提出了性的问题，并从道德的本心上说性，此以孔子之仁为背景。牟宗三指出："在孔子，仁与性未能打并为一，至此则打并为一矣。在孔子，存有问题在践履中默契，或孤悬在那里，而在孟子，则将存有问题之性即提升至超越面而由道德的本心以言之，是即将存有问题摄于实践问题解决之，亦即等于摄'存有'于'活动'（摄实体性的存有于本心之活动）。如是，则本心即性，心与性为一也。"③ 至此，心性一元说即由孟子而提出。牟宗三断言，自此以后，"中国亦永无或永不会走上西方柏拉图传统之外在的，知解的形上学中之存有论"④，认为虽然孔子未提出本心即性的思想，但其仁说却启发了孟子，使其将仁的全部义蕴均收入道德本心中，而其本心即性，仁与心与性通而为一。

据此，牟宗三肯定程颢、陆九渊继承了此心性为一的传统，而批评

---

① 牟宗三：《心体与性体》（一），台湾正中书局1981年版，第112页。
② 牟宗三：《心体与性体》（一），台湾正中书局1981年版，第23—24页。
③ 牟宗三：《心体与性体》（一），台湾正中书局1981年版，第26页。
④ 牟宗三：《心体与性体》（一），台湾正中书局1981年版，第26页。

程颐、朱熹背离了此义。他说:"宋明儒如明道与象山者即如其相呼应而亦存在地呼应之,直下视仁与心与性为一也。而伊川与朱子则去此远矣。"① 虽然牟宗三批评伊川、朱子离心性为一的观点相去已远,但也指出其讲道讲理,以道德秩序为宇宙秩序。并肯定陆九渊直承孟子之说而发明之。他指出:

> 孔子践仁知天,孟子尽心知性知天,仁与天,心性与天,似有距离,然已函蕴着仁与天之合一,心性与天之合一。此盖是孔孟之教之本质,宋明儒者之共同意识。虽有入路不同之曲折,然濂溪、横渠、明道、五峰、阳明、蕺山,皆不能背此义。惟伊川朱子析心性为二,心理为二,似不能充分及此义,然彼亦必主理道充塞宇宙,无能逃也。此一本质即函道德秩序即宇宙秩序。"至理不容有二",焉能不充塞宇宙乎?焉能不"心外无物","道外无事"乎?此一纵贯之"心即理"之心理之函盖性与绝对普遍性乃是孔孟之教所意许,惟象山能直接相应地发明之,故云:"孟子之后,至是而始一明也。"②

心性与天合一乃孔孟之教的本质,并是宋明儒的共同意识。在牟宗三看来,周敦颐、张载、程颢、胡宏、王守仁、刘宗周皆符合此教之本义,唯有程颐、朱熹区分心性为二、心理为二,则有违心性一元之本旨,故在宋明儒之大宗之外,但因其注重道德理性,以其为宇宙之秩序,所以仍在开儒学横摄系统之列,而与上述开纵贯系统之大系相区别。

宋明儒之道统观以朱熹与陆王为两大家、朱熹以道为性,以性即理,心与性、心与理之间虽有密切联系,但心性有别、心理分二,倡心性二元说;陆王以道为心,本心即性,倡心性一物的心性一元说。故心性二元或心性一元是区分朱熹与陆王思想的界限,亦是两派道统论相互区别的基础,由此而体现了各自思想的特点和不同的学术旨趣,形成宋明儒之两大家。两家思想各有其内在的逻辑和存在的理由,均对后世产生了重要影响。以何为大宗,则在于后人的评价和价值取向的不同。

心性一元论者以心性为一,心即性,性即心,把道德理性主体化,强调心为最高原则,儒家伦理就是本心,就是本性,就是本体。重视直觉

---

① 牟宗三:《心体与性体》(一),台湾正中书局 1981 年版,第 26 页。
② 牟宗三:《从陆象山到刘蕺山》,台湾学生书局 1990 年版,第 20 页。

思维，把主体思维与伦理本体视为一物，认为只要向内用力，内求于心，便可成圣，实现最高价值目标。此派在理论思维方式上受佛教影响较深，重心灵领悟，轻文字传授，与禅宗类似，充分体现了宋学以己意说经，轻文字训诂的特征，这在陆学身上表现得尤为明显。佛学的"本觉真心即性说"，以及"心性不异，即性即心，心不异性"思想是宋明儒心性一元论的重要理论渊源和同调。但理学的心性一元与佛教的心性一元仍有区别，理学的心、性有儒家伦理的内涵；佛教的心、性是佛心、佛性，排斥儒家伦理，故不能把理学心性一元说简单地视为禅学。

心性二元论者以朱熹为代表，认为心性有别，不是一物，否定道德理性与主体直接同一，强调性为最高原则，其性即理，性即道，道是超越主、客体之上的绝对理性。虽然理在心中，性在心中，但主体之心以本体之理为存在的根据，是理气结合的产物。朱熹批评佛教以心之"知觉运动"为性的思想，提倡"识心见性"，反对佛教以心为性，不假存养。他认为佛教所谓性，其性空无理，只是觉，与儒家性中有仁义之实理不同。在朱熹看来，片面强调知觉，强调心，便与佛教的观点比较接近，所以他否定心的本体地位，批判性即心，心性一元的思想，指出："吾儒以性为实，释氏以性为空。若是指性来做心说，则不可。"① 由此强调心性有别，因其有别，故有认识论与价值论的结合，以发挥主体的能动性来认识道德理性为主要目的。在这个过程中，强调内外结合，重视知识，先知后行，从知识积累到道德践履，认为如果没有知识，道德践履就会出偏差，所以主张学习经典，"我注六经"，通过对儒家经典的阐述而发挥心性义理，故有义理从经典出的倾向，与陆学不立文字，崇尚心悟，"六经注我"，轻视经典的学风旨趣各异。

要之，朱熹心性二元说与陆王心性一元说各自不同的特点体现了宋明儒学精神发展的两途：即道德理性本天还是本心。朱学本天，把伦理原则提升为超越主客体之上的绝对观念即天理，道德理性既内在于心（但不是心），被心所认识和涵摄，又外化为天理，受外在的绝对精神的制导；陆王本心，伦理原则内化为心性本体，主体思维与道德理性直接合一，理性一仍其心，不受外在及客观的制约。朱熹和陆王所代表的宋明儒学精神

---

① （宋）黎靖德编：《朱子语类》卷 4，中华书局 1986 年版，第 64 页。

发展的两途均对后世产生了深远的影响。一般说，朱学在宋代居主导地位，阳明学在明代居主导地位，但朱学后被统治者所接受，自上而下地做社会输导，故对社会生活的影响较大，其道统思想亦成为传统道统文化发展的主流；而陆王心学易与新思想相结合，以个性解放冲击旧的传统观念，故对明中叶以后的学术界影响较大，其心性一元说亦成为现代新儒家包括牟宗三道统论的"源头活水"。牟宗三于宋明儒学中受陆王心学影响较大，故在主观上以心性一元说为大宗。

（二）划分宋明儒为三系，以程颐朱熹为"旁枝"

牟宗三以心性一元说为价值取向及学术的标准，由此把宋明儒学划分为三系，即通过对心体与性体不二、心性与天之合一的体认来确立宋明儒学的中心课题。以此为准，凡与此相合的，则称之为大宗，名曰纵贯系统；而与此不合的，则称之为旁枝，名曰横摄系统。

关于宋明理学的三系说，牟宗三指出：

宋明儒之发展当分为三系：

（一）五峰蕺山系：此承由濂溪、横渠、而至明道之圆教模型（一本义）而开出。此系客观地讲性体，以《中庸》《易传》为主，主观地讲心体，以《论》《孟》为主。特提出"以心著性"义以明心性所以为一之实以及一本圆教所以为圆之实。于工夫则重"逆觉体证"。

（二）象山阳明系：此系不顺"由《中庸》《易传》回归于《论》《孟》"之路走，而是以《论》《孟》摄《易》《庸》而以《论》《孟》为主者。此系只是一心之朗现，一心之申展，一心之遍润；于工夫，亦是以"逆觉体证"为主者。

（三）伊川朱子系：此系是以《中庸》《易传》与《大学》合，而以《大学》为主。于《中庸》《易传》所讲之道体性体只收缩提炼而为一本体论的存有，即"只存有而不活动"之理，于孔子之仁亦只视为理，于孟子之本心则转为实然的心气之心，因此，于工夫特重后天之涵养（"涵养须用敬"）以及格物致知之认知的横摄（"进学则在致知"），总之是"心静理明"，工夫的落实处全在格物致知，此大体是"顺取之路"。

以上（一）、（二）两系以《论》《孟》《易》《庸》为标准，可会通而为一大系，当视为一圆圈之两来往：自《论》《孟》渗透至《易》《庸》，圆满起来，是一圆圈，自《易》《庸》回归于《论》《孟》，圆满起来，仍是此同一圆圈，故可会通为一大系。此一大系，吾名曰纵贯系统。伊川朱子所成者，吾名曰横摄系统。故终于是两系。前者是宋明儒之大宗，亦合先秦儒家之古义；后者是旁枝，乃另开一传统者。①

把宋明理学分为以上之三系，可以说是牟宗三的一大创造，亦是对程朱道统论的改造。历史上及学界对宋明理学的划分，或分为两系，或分为三系。两系指程朱和陆王，三系指程朱理学（或曰道学）、陆王心学，再加上张载、王廷相等的气学。无论哪种分法，程朱一系均为正统，均为大宗，这也是思想史上的客观事实。牟宗三重视内圣心性之学，以之为道统发展的重要阶段，并将其涵盖整个宋明儒学。又于心性之学中强调以心性一元、心性不二为大宗。由此出发，他独创性地把宋明儒划分为五峰蕺山系、象山阳明系、伊川朱子系之三系，而以前两系会通为一大系，为大宗；以伊川朱子系为"旁枝"。这不仅是对宋明理学的一大改造，亦是对传统道统思想及其传授脉络的重大改造，是他重建儒家道统的一个重要步骤。

牟宗三认为，不仅象山阳明一系以"心即是性，心即是理"，倡心性一元说，而且五峰蕺山系的胡宏提出"以心著性"，最终是达到"心性所以为一"；刘宗周虽然"分设心性"，但心性"总归是一也。及其总归是一，则与心学亦无以异矣"②。两系均以心性为一、心性归一为出发点或归宿，所以为宋明儒内圣心性之学的大宗。伊川朱子一系只讲性体道体为本体论的存有，而不以心体为本，把本体之心转化为心气之心，主要是讲"性即理"的心性之学，而不讲"本心即性"的心性之学（牟宗三把"性即理"的"性理"义与"本心即性"的"性理"义均称为"心性之学"），所以此系为宋明儒内圣心性之学的旁枝，也就是道统发展到宋明时期的旁枝。

---

① 牟宗三：《心体与性体》（一），台湾正中书局1981年版，第49页。

② 牟宗三：《从陆象山到刘蕺山》，台湾学生书局1990年版，第457页。

牟宗三之所以不把伊川朱子一系视为宋明儒之大宗，而以其为旁枝，其症结所在，便是朱熹坚持的"心性为二、性道只是理、心理为二"的思想不符牟氏心性一元的原则。朱学因其自身的逻辑和特点所决定，倡心性二元说，强调心性有别、心理为二。因其有别，故有认识论与价值论的结合及主体之心与本体之理的贯通联系。牟宗三从其新心学的立场出发，视伊川朱子学为旁枝，其所列之原因有二：

> 吾人所以不视伊川朱子学为儒家之正宗，为宋明儒之大宗，即因其一、将知识问题与成德问题混杂在一起讲，既于道德为不澈，不能显道德之本性，复于知识不得解放，不能显知识之本性；二、因其将超越之理与后天之心对列对验，心认知地摄具理，理超越地律导心，则其成德之教固应是他律道德，亦是渐磨渐习之渐教，而在格物过程中无论是在把握"超越之理"方面或是在经验知识之取得方面，一是皆成"成德之教"之本质的工夫，皆成他律道德之渐教之决定的因素，而实则经验知识本是助缘者。(助缘补充之义，象山阳明皆表示的很清楚，非抹杀道问学也。然在伊川朱子则成本质的，此即所以为歧出、为支离。就把握超越之理方面说，是根本上的歧出与转向；就经验知识之取得方面说，是枝末上的歧出与支离)。①

一是因为伊川朱子将知识问题与成德问题混在一起，二是因为其将本体之理与认识之心对举，而不能合一，这两条是牟宗三把伊川朱子视为旁枝的根本原因。这恰恰是朱学的特点所在而与陆王心学互相区别。需要指出，牟宗三是站在新心学的立场来批评程朱的，如果换一个角度，则不是这样看。伊川朱子重视知识，提倡格物穷理，从知识积累达到豁然贯通，掌握天理，在一定程度上符合人类认识发展的规律，这既能掌握知识，又能达成认知主体对道德理性的体认。并且，朱熹不仅讲他律，也讲道德自律，强调心主宰性情，重视人的理智之心在未发和已发两个环节对人的本性和情感的把握与控制，即通过心的主宰，把平时的主敬涵养，保持善性与遇事按道德理性行事，使情不离性善的轨道两个方面结合起来。因此，不能因为朱熹讲心性之别、心理之别，重视知识，主张渐修，就将其视为"不能显道德之本性"，讲他律道德，以及误认伊川朱子把"道问学"作为本

---

① 牟宗三：《心体与性体》(一)，台湾正中书局1981年版，第50—51页。

质的。须知朱熹格物的目的是为了穷理，以穷理作为认识的目标，并不以"道问学"为本质，而是主张将道问学与尊德性结合起来，目的在于"修德凝道"，而不是为了片面追求知识而问学。朱熹说："尊德性，所以存心而极乎道体之大也；道问学，所以致知而尽乎道体之细也。二者修德凝道之大端也。"① 所以说牟宗三把程颐朱熹一系视为旁枝，是从他的新心学立场出发，以心性一元为指导和评价的标准的。

此外，牟宗三对三系的划分及其对代表人物思想的分析上也有可议之处。比如把伊川朱子划为一系，这与传统的划分相符，但牟宗三把"析心性为二，心理为二"作为程颐与朱熹同为一系的内在根据，则恐与程颐的思想有异。因为在心性问题上，程颐明确持心即性的心性一元的观点，他说："心即性也。在天为命，在人为性，论其所主为心，其实只是一个道。"② 这倒十分符合牟氏本人提出的心性与天之合一的"成德之教"。并且在心理关系上，程颐也提出"理与心一"③ 的命题。因此很难讲程颐是与朱熹一样"析心性为二，心理为二"的。

不仅如此，牟宗三发前人所未发，于宋明理学中单独划出以往并非第一流学者的胡宏、刘宗周为与程朱、陆王并列的一系，这固然有他的道理和见解，并给人以耳目一新的启发，但对人物思想的分析上也有一些可议之处。胡宏作为湖湘学派的开创者，其哲学的特点是以性为最高范畴，在心性关系上提出性体心用、心以成性的思想，主心性二元说。牟宗三客观地看到此点，然而得出的结论却是：胡宏是为了"明心性之所以一"。牟氏说："五峰则先心性分设，正式言心之形著义，以心著性而成性，以明心性之所以一。"④ 需要指出，胡宏心以成性的思想是在其"心本于天性"，心从属于性，性体心用，心性二元的前提下，重视主体能动性的发挥，通过尽心、识心来成就本体之性，即通过认知主体的努力，把本体之性凸显出来，并不是为了"明心性之所以一"。况且胡宏本人明确反对把心性

① 《中庸》，（宋）朱熹：《四书章句集注》，中华书局1983年版，第35—36页。
② （宋）程颢、程颐著，王孝鱼点校：《河南程氏遗书》卷18，《二程集》，中华书局1981年版，第204页。
③ （宋）程颢、程颐著，王孝鱼点校：《心性篇》，《河南程氏粹言》卷2，《二程集》，中华书局1981年版，第1254页。
④ 牟宗三：《心体与性体》（一），台湾正中书局1981年版，第46页。

"混为一事"。他说:"心性,固是名,然名者,实之表著也。义各不同,故名亦异,难直混为一事也。"① 既然胡宏本人认为心性各异,"义各不同",不可混一,那么牟宗三说胡宏是为了"明心性之所以一",恐缺乏说服力。

另外,牟宗三说刘宗周的心性"总归是一"。然而刘宗周在强调心性紧密联系的同时,也明确指出心性有别。刘宗周说:"心一也,合性而言,则曰仁;离性而言,则曰觉。觉即仁之亲切痛痒处。然不可以觉为仁,正谓不可以心为性也。"② 心性的区别表现为心有觉,与性不同,正如不可把心之觉混同于性之仁一样,心性亦不可混同。他以形而上下区分心性,"形而上者谓之性,形而下者谓之心"③,这也是心性有别的表现。既然刘宗周一再指出心性有别,"不可以心为性",那么牟宗三认为刘宗周的心性"总归是一",恐亦存在着可议之处。

要之,牟宗三划分宋明儒为三系,而以伊川朱子为旁枝,是对程朱道统的重大改造,而有其划分的标准和立论的根据,然也存在着一些可议之处。

(三) 改造程朱之"四书"学

程朱道统论与其"四书"学有着十分紧密的联系,其道统思想主要是通过程朱对《论语》、《孟子》、《大学》、《中庸》的阐发而提出的。牟宗三改造程朱的道统论,一个重要方面就是对程朱的"四书"学加以改造,批评程颐朱熹以《大学》为主,而以《易传》取代《大学》的地位,强调以《论》、《孟》、《中庸》、《易传》为主者才是宋明儒学的大宗,而伊川朱子以《大学》为主只是宋明儒学的旁枝,尽管其影响很大,也不过是"别子为宗"。

朱熹宣扬和提倡的"四书"之学是对二程思想的继承和发展。程颢程颐为建立道统思想体系的需要,重视和推崇"四书",认为"四书"集

---

① (宋)胡宏著,吴仁华点校:《与僧吉甫书三首》,《胡宏集》,中华书局1987年版,第116页。

② 吴光主编:《学言上》,《语类十二》,《刘宗周全集》第二册,浙江古籍出版社2007年版,第388页。

③ 吴光主编:《学言上》,《语类十二》,《刘宗周全集》第二册,浙江古籍出版社2007年版,第390页。

中体现了圣人作经之意，圣人之道载于"四书"，其地位在"六经"之上。要求学者以治"四书"为主、为先，从中发明圣人之道，从而奠定了"四书"及"四书"学在道统发展史以及中国经学史上的重要地位。但二程关于"四书"学的言论大多散见于《遗书》、《外书》等语录里，未有系统论述"四书"的著作。朱熹在二程"四书"学的基础上，以毕生的精力集注"四书"，反复修改，精心思虑，引述二程及后学的言论，并加以发展，以解释"四书"，从中发明道统思想，发挥新儒学之义理，以重义理轻训诂的理学思维模式取代汉学传统的注经模式，为完善和发展道统思想体系作论证，从而集"四书"学及道统论之大成。

虽然牟宗三对程朱的"四书"学加以改造，但他也客观地肯定宋儒"直接由'四书'中而直探孔孟之心传，所谓'内圣之学'是也"①，并认为这是宋学义理超出汉学对"六经"的训诂考据之处。大致把《大学》归于以曾子、子思、孟子及《中庸》、《易传》为代表的儒家传承之正宗一类，以此与荀子、子夏传经相区别。然而他在程朱义理的基础上，又认为其义理未达到心性一元的程度，故伊川朱子以《大学》为中心，只是"开端别起"。由此，牟宗三对《大学》的本义加以探讨，认为《大学》未讲心性本体论，讲的只是知识、道德等有关教育、入学次第方面的问题，而阳明、朱子都不合《大学》的本义。他指出：

> 《大学》言"明明德"，未表示"明德"即是吾人之心性（就本有之心性说明德），甚至根本不表示此意，乃只是"光明的德行"之意。但宋明儒一起皆认为"明德"是就因地之心性说，不就果地之"德行"说。又《大学》言"致知在格物"亦不必如伊川朱子所理解，"致知"为致吾心气之灵之知，"格物"为即物而穷其存在之理（穷究实然者之所以然之理）。至于阳明解为："致良知之天理以正物"，则只是孟子学之《大学》，非必《大学》之本义。……阳明蕺山是往心性处落，伊川朱子是往存在之理处落。皆非《大学》原有之义。是则《大学》只列举出一个实践底纲领，只说一个当然，而未说出其所以然，在内圣之学之义理方向上为不确定者。②

---

① 牟宗三：《道德的理想主义》，台湾学生书局 1992 年版，第 239 页。
② 牟宗三：《心体与性体》（一），台湾正中书局 1981 年版，第 17—18 页。

《大学》只提出了一个道德实践的纲领，即三纲领八条目，在内圣心性之学方面未说出个所以然来。而阳明则从心学的立场出发，把致知格物发展为致良知以正物；而朱熹则将此发展为即物而穷理，各自从心学的角度和天理论的角度对《大学》作了不同的理解和解释。但均不合《大学》的本义。

牟宗三以《大学》未讲"本有之心性"即心性本体论，以及伊川朱子借助《大学》的格物致知的系统来阐发其心性为二、性道只是理、心理为二的天理论哲学为由，认为伊川朱子是以《大学》为主，而有违心性一元的原则，故对《大学》提出批评，视之为旁枝，其目的是为了把道统传授的正宗系之于心学一派，即以心性一元及最后归于心性为一者为大宗，也就是以他所谓的象山阳明系和五峰蕺山系这两系为大宗。为此，牟宗三以《易传》取代《大学》的正宗地位，尽管他不完全排斥《大学》，但其正宗地位已不复存在。他说：

> 如上节所述，宋明儒是把《论》、《孟》、《中庸》、《易传》，与《大学》划为孔子传统中内圣之学之代表。此五部经典，就分量方面说，亦并不甚多。但此中当有辨。据吾看，《论》、《孟》、《中庸》、《易传》是孔子成德之教（仁教）中其独特的生命智慧方向之一根而发，此中实见出其师弟相承之生命智慧之存在地相呼应。至于《大学》，则是开端别起，只列出一个综括性的，外部的（形式的）主客观实践之纲领，所谓只说出其当然，而未说出其所以然。宋明儒之大宗实以《论》、《孟》、《中庸》、《易传》为中心，只伊川朱子以《大学》为中心。……是故《大学》在伊川朱子之系统中，其比重比以《论》、《孟》、《中庸》、《易传》为主者为重，对于其系统有本质上之作用。[1]

他明言宋明儒之大宗即象山阳明系与五峰蕺山系以《论》、《孟》、《中庸》、《易传》为中心，即于"四书"中去掉《大学》，换上《易传》，而认为伊川朱子则以《大学》为中心。把程朱"四书"之并列关系改造成只突出一个《大学》。这是牟宗三的创造。

从经典入手，在对程朱"四书"学的改造上，牟宗三指出："识宋明

---

[1] 牟宗三：《心体与性体》（一），台湾正中书局1981年版，第19—20页。

儒之大宗即是恢复《论》、《孟》、《中庸》、《易传》之主导的地位。"① 为此他疏导了上述四书的内在通一无隔的逻辑相承之顺序，认为孔子暂时撇开客观面的天而不言，而自主观面开启道德价值之源、德性生命之门以言仁，这是对人类的绝大贡献。至孟子以孔子之仁为背景，将仁与性合一，又以本心即性，心性为一，"摄性于仁，摄仁于心，摄存有于活动"，如此，人之"真正主体性"始正式挺立而朗现。而《中庸》"天命之谓性"则是呼应孟子而说出，有"性体与天命实体通而为一"之提升。《易传》之《乾彖》提出"乾道变化，各正性命"，把《中庸》已函之天命实体之下贯于个体而具于个体即是性之义明白地讲明。以上即牟宗三疏通的《论》、《孟》、《中庸》、《易传》相承相继之关系，而宋明儒之大宗也由此圈定，认为此是孔门之传统，圆满之发展。并认为此主导地位确定后，则可以此来规范《大学》。把《大学》从"四书"中分离出去，独成一系统，并受制于《论》、《孟》、《中庸》、《易传》之规范，这确实是对程朱"四书"学的重大改造。

尽管牟宗三以自己的思想对程朱之"四书"学作了重大改造，通过批评《大学》，批评伊川朱子以《大学》为主，而以《论》、《孟》、《庸》、《易》的经典格局取代程朱"四书"及"四书"学在新经学和道统中的地位，以此来突出内圣心性之学，突出内圣心性之学中的心性一元说，但他对程朱"四书"学的改造在一些方面却有违程朱"四书"学之本义。不是说牟氏的思想有违于程朱的思想，他们之间的思想差异是客观存在的，表现为新心学与传统程朱之学的区别，而是说牟氏所理解的程朱思想在某些方面与程朱本身的思想不符。这主要表现在以下两个方面：

其一，程朱的"四书"学本身是一个逻辑严密的整体，"四书"之间相互联系，共同构成一完整的系统，以此取代传统的"六经"训诂注疏之学，为发明道统作论证。而牟氏则把"四书"割裂开来，单独把《大学》从"四书"中分离出去。一方面，脱离了整体的《大学》，其发展理学（包括程朱之学和阳明学）的本义不能得到完全的彰显；另一方面，缺少了《大学》的"四书"学，其内在逻辑也遭到损害，不能完整地为发明道统，阐发新儒学的义理作论证。因此，牟宗三在改造程朱"四书"学的

---

① 牟宗三：《心体与性体》（一），台湾正中书局 1981 年版，第 20 页。

过程中，把《大学》从"四书"中分离出来，而另以《易传》代替之，是有违程朱"四书"学之本义的。须知程朱并不单独讲《大学》。

其二，与上述问题相关，牟宗三不仅把《大学》从"四书"中孤立出来，而且断言"伊川朱子之以《大学》为主"，"伊川朱子以《大学》为中心"。这也有违于程朱"四书"学之本义。事实上，在程朱的"四书"学中，程朱并不单独或仅仅以《大学》为主、以《大学》为中心，虽然他们对《大学》比较重视，为建立其道统论及天理论的哲学体系作论证。程朱对《论语》、《孟子》、《中庸》的重视程度并不亚于甚至高于《大学》，这不仅体现在程朱道统论及天理论、心性论哲学体系的思想内容、内在逻辑上，而且体现在程朱本人关于"四书"及"四书"相互关系所说的言论上。

一般说，程朱对《大学》的重视，是放在"四书"整体里的重视，不是孤立于"四书"之外的重视，因此其对《大学》重视的程度和方面是有一个界定的，而非绝对的、无条件的重视。程朱对《大学》的重视主要是认为《大学》是"入德之门"，讲到了修身治学的次第，故于"四书"之中，以《大学》为先。程颐指出，"《大学》，孔子之遗言也，学者由是而学，则不迷于入德之门也"[1]，并说："修身，当学《大学》之序。"[2] 主要是把《大学》作为讲道德修身和入学次第的经典来看待，而在对道统的阐发和传承上，则更为重视《中庸》，认为《中庸》乃孔门传授心法，子思恐孔子之道的传授渐失，故著此书以传之。程颐并指出："学者当以《论语》、《孟子》为本。《论语》、《孟子》既治，则'六经'可不治而明矣。"[3] 显然《论语》、《孟子》的地位在"六经"之上，同时也在《大学》之上。可见程颐本人并不以《大学》为本，而是以《论》、《孟》为本。

从朱熹思想看，也并不以《大学》为主、为中心，而只是以《大学》为先，以《大学》定治学入道之规模，《论语》才是整个道学的根本。

---

① （宋）程颢、程颐著，王孝鱼点校：《论书篇》，《河南程氏粹言》卷1，《二程集》，中华书局1981年版，第1204页。

② （宋）程颢、程颐著，王孝鱼点校：《河南程氏遗书》卷24，《二程集》，中华书局1981年版，第311页。

③ （宋）程颢、程颐著，王孝鱼点校：《河南程氏遗书》卷25，《二程集》，中华书局1981年版，第322页。

他说：

> 学问须以《大学》为先，次《论语》，次《孟子》，次《中庸》。《中庸》工夫密，规模大。……
>
> 某要人先读《大学》，以定其规模；次读《论语》，以立其根本；次读《孟子》，以观其发越；次读《中庸》，以求古人之微妙处。《大学》一篇有等级次第，总作一处，易晓，宜先看。《论语》却实，但言语散见，初看亦难。《孟子》有感激兴发人心处。《中庸》亦难读，看三书后，方宜读之。①

这里把"四书"作为一个整体，用联系的眼光定每一部书在"四书"这个整体中的地位和作用。牟宗三却把《大学》孤立出来，显然与朱熹本人的"四书"学思想不符。并且朱熹明确以《论语》为根本，而不是以《大学》为本，这也是牟氏的论断与朱熹本人思想不符之处。

以上可见，程朱并不是在任何方面，任何情况下都重视《大学》，突出《大学》的地位，而是有条件的、相对的。在论入德之门、修身治学的次第上以《大学》为主，在讲格物穷理的认识论，讲修齐治平、由内圣而外王，把理学义理贯彻到社会治理的实践时，是以《大学》为中心；然而在其他方面，在讲道统思想的内涵、发展演变，讲性与天道、心性之学、中和之义等则是以其他三书为主。因此可以说，程朱，尤其是朱熹，其思想是以整个"四书"为主，"四书"学在其思想体系中占有中心之地位。仅以《大学》为主，并以此把伊川朱子划为旁枝、开端别起，恐不符合程朱思想的实际。并且，在牟宗三圈定的宋明儒之大宗的人物中，恐没有哪一个对《易传》的重视程度和对易学发展的贡献能超出程颐。伊川程子通过著《易传》，提出了理学的一系列理论、命题，对后世理学及宋易之义理学的发展影响很大。牟宗三以《易传》取代《大学》而成为正宗，其论《易传》之为大宗而遗伊川程子，恐欠说服力。

质言之，牟宗三主观上以心性一元为大宗，站在现代新儒家之新心学的立场对程朱道统论加以改造，划分宋明儒为三系，而以伊川朱子为旁枝，改造与道统论密切相关的程朱之"四书"学，批评伊川朱子以《大学》为主，而提出恢复《论》、《孟》、《中庸》、《易传》之主导地位，以识

---

① （宋）黎靖德编：《朱子语类》卷14，中华书局1986年版，第249页。

宋明儒象山阳明系与五峰蕺山系之大宗，对传统的道统思想尤其是宋明儒之道统加以创造性的改造，把历来被认为是道统发展主流和正宗的程朱道统视之为"别子为宗"，其目的是为了把主张心性一元的心学一派确立为道统发展的正宗和主流，以作为现代新儒家的源头活水，从内圣心性之学中开出新时代的外王，从而把传统的道统思想发展到一个新阶段。

五、对传统道统思想的发展

牟宗三作为现代新儒家道统论的主要代表人物，系统阐发并完整确立了现代新儒家的道统论，使之成为现代新儒学思想体系的重要组成部分，充分体现了现代新儒学的思想特征。冯友兰虽然提出广义的道统观，但他对中华道统思想内在的体悟和接续发展远不及牟宗三，并侧重于借鉴西方现代逻辑学，过多地以西学的新实在论解释程朱理学，故于传统道统思想的内涵缺乏直接的把握。牟宗三则不同，他从中国文化本位的立场出发，具有强烈的续统意识，在吸取西学的同时，更强调中国文化的主体意识。他的道统论是建立在传统道统思想的基础上，并对其加以发展改造。以其建立在传统的基础上，故与传统道统论有着一脉相承的继承关系；以其对传统加以发展，又体现了时代的特征和他本人道统论的特点。牟宗三对传统道统思想的发展，归纳起来，主要有以下几个方面：

（一）把道统与中国文化生命相结合，表现出强烈的中国文化本位和寻根续统意识

传统的道统思想主要讲圣人之道的传授谱系及道的内涵的发展演变。而牟宗三则从大文化观的角度论道统，联系道统历史发展的曲折经历，自明末以来陷入困境，遂以任道为己任，把道统与中国文化生命相结合，认为道统是中国文化生命的体现，道统的发展演变即是中国文化生命的不断疏导，要把道统接续下来并发扬光大，就必须坚持以儒学为中华文化的正宗来不断疏导中国文化生命，并结合时代加以发展；表现出强烈的中国文化本位和寻根续统意识；并对与道统相对的文化传统提出批评，认为有此"暗流"的存在，才使道统不传，中国文化生命有时不畅通。牟宗三现代

新儒家的与中国文化生命相结合的道统论的提出，发前儒所未发，这是对传统道统思想的发展。

（二）吸取西学，开新外王，确立现代新儒家的道统论

牟宗三以儒学的第三期发展作为道统发展的最新阶段，他以宋明儒的内圣心性之学为源头活水，在儒家内圣之学的基础上开出新外王。由此他吸取西学的科学、民主，提出道统、学统、政统三统之说，即通过道统之肯定，疏通中国文化生命；学统之开出，疏导出科学的基本精神；政统之继续，疏导出民主政治的基本精神。

在儒学与现代化关系问题上，牟宗三以现代化的观点来衡量，认为儒学缺乏现代社会所需要的外王。指出儒学的第三期发展应当担负起的历史责任便是开出新外王。其所谓新外王，即指要求民主政治和科学，这是对西学的吸取，而以往道统所无，故是对传统道统思想的发展。

牟宗三提出三统说的目的在于通过提出一个安定人生建立制度的思想系统，以作为人们安身立命的根本和社会生活的指导原则，把中国文化基本的道德宗教与时代民主政治、现代科学精神结合起来，从而在贯通中西文化中，确立现代新儒家的道统论，这具有与现代文化接轨的时代意义。

（三）扬弃程朱道统，以心性一元论为大宗

传统道统论事实上以程朱道统为正宗和发展的主流，对传统社会与文化的影响也最大。牟宗三在大致肯定程朱道统为宋明儒学的组成部分、其"性即理"的"性理"义亦包括在心性之学的范围内的前提下，对程朱道统论加以改造。虽然牟宗三的心性之学不限于陆王心学，而是包括了宋明理学，但由于他受陆王心学的影响较大，所以在主观上他以心性一元说为大宗，以此为标准把宋明儒划分为五峰蕺山系、象山阳明系和伊川朱子系三系，而以前两系为大宗，取代程朱道统的正宗地位，以伊川朱子为旁枝，是开端别起，而"别子为宗"。他还对程朱的与道统论密切相关的"四书"学加以改造，提出恢复《论语》、《孟子》、《中庸》、《易传》的主导地位，批评伊川朱子以《大学》为主，从而以《易传》代替《大学》在"四书"体系中的地位，为把象山阳明系及五峰蕺山系尊为宋明儒之大宗，

取代程朱在道统中的正宗地位，作了经典上的论证。这也是牟宗三为重建现代新儒学的道统论所作出的努力。体现了对程朱道统论的扬弃和改造发展。

（四）牟宗三的道统论是对现代社会时代发展变迁作出的回应，具有鲜明的时代性和时代意义

自中国进入近代以来，西方文化的传入使儒学面临严峻的挑战。辛亥革命推翻帝制，儒学从制度上失去了官学地位。又经五四新文化运动的猛烈冲击，丧失了其在思想文化领域的正统地位。但儒学正统地位的丧失并不意味着它的没落，在五四以后的现代中国，产生了一股"复兴儒学"的学术文化思潮，它以梁漱溟、熊十力、贺麟、冯友兰为代表。抗日战争时期，因民族危亡的严峻环境激发了民族精神和民族文化的发扬，"复兴儒学"的思潮得到发展。20世纪40年代末以后，由于政局的变动，"复兴儒学"的现代新儒学思潮主要流传到港台和海外。牟宗三在这样的时代背景下，面对现代社会时代的发展和变迁作出回应，重建儒学道统，批评自五四以来对中国文化生命的摧残和对中华民族精神的压抑。以弘扬儒家文化为己任，对五四运动的历史功过加以反思，既一定程度地肯定五四新文化运动要求复兴和改革中国文化的动机，又对其内容持批判否定态度，认为五四运动展开的内容是消极负面的、破坏性的、不正常的，不仅没能畅通中国文化生命，反而在五四新文化运动后陷入琐碎的考据之中。于是牟宗三主张对五四运动的消极负面影响和破坏中国文化的内容加以否定，以使儒家文化重新得以复彰。其目的是为了重建道统，畅通中国文化生命，在中国文化走向现代的时代背景下，接续、发展源远流长，早已融入中国文化生命之中的中华道统思想，这具有重要的时代意义。

（五）牟宗三道统论所体现的现代新儒学的思想特征是对传统道统观念的发展

牟宗三以接续、重建儒家道统，复兴儒学为己任，以服膺宋明理学，尤其是心性一元说为主要特点，力图以儒家学说、儒家文化系统为主体来吸取、融合、会通西学，以使中国实现现代化。其道统论作为现代新儒学

的重要组成部分，体现了现代新儒学的一些基本思想特征，这也是对传统
道统观念的发展。

其一，尊孔崇儒，以儒学为道统传授的内容，由此反对全盘西化。
牟宗三说："我以为在传统的一切思想学术中，只有儒家的文化系统可以
作为我们社会实践的指导原则。"① 他强调儒家学说作为中国文化的正统和
主干，不仅在过去为中国文化的发展发挥了主导作用，而且对现代社会实
践同样具有指导的意义。因此他要求认同传统儒家文化，用民族文化主体
性去对抗全盘西化和各种否定、贬低、抑损中国文化的论调；从而肯定道
统，以道统为立国之本、文化创造之源；批评"新知识分子"浅薄而轻浮
地对待文化问题；认为外人打不败中国文化，除非国人"自失信心，自丧
灵魂"②，自己打败自己。因此需要提高民族自尊心、自信心，认同于儒学
文化。这体现了对传统道统思想的承继与发展。

其二，"援西学入道统"，中西结合的文化观。牟宗三在提出三统说
的过程中，注意吸收、改造西学，用以作为重构道统思想体系的有机组成
部分，这是他区别于传统道统论的"时代"特征，因而他的思想具有适应
时代需要的开放的一面。牟宗三主张在以儒学道统为本的基础上，融会中
西，开出学统和政统，以解决传统文化的开新问题。他反对把发展科学与
民主说成是全盘西化，而不拒斥西学，其主旨是要使中学成为吸收了西学
优长的中学。这一特征是传统道统观念所无，因而是对其的发展。

其三，注重内圣之学和心性一元论，道德形上的哲学追求。牟宗三
提出由内圣开出新外王的思想纲领，注重研究和发展宋明儒之心性之学，
尤其是其中的心性一元说。追求形上道德本体，强调从根源的心灵认取中
国文化精神，发挥道德主体的能动性，才能由内圣通外王，由传统心性之
学开出科学、民主等外王事业，并以德性主体转出知性主体。这是对宋明
儒内圣心性之学的发展。

以上牟宗三道统论的基本特征，不仅体现了他自己的个性，同时也
具有现代新儒学道统论的一般特征。其既反对全盘西化，又援西学入道
统，注重从内圣心性之学中开出科学与民主等新外王，这些方面体现了对

---

① 牟宗三：《道德的理想主义》，台湾学生书局 1992 年版，第 22 页。

② 牟宗三：《道德的理想主义》，台湾学生书局 1992 年版，第 253 页。

传统道统思想的发展。

综上所述，牟宗三把道统论与中国文化生命相结合，提出完整的道统发展阶段说和道统、学统、政统三统之说，对程朱道统论加以改造，对传统道统思想作出创造性发展，从而接续并发展了中华道统思想，成为现代新儒家道统论的理论代表，为中华道统思想的延续和发展作出了贡献。

主要参考文献

一、古籍文献

1.（清）阮元校刻：《十三经注疏》，中华书局 1980 年版。

2.（清）永瑢、纪昀等：文渊阁《四库全书》，台湾商务印书馆 1986 年版。

3.（魏）王弼注，楼宇烈校释：《老子道德经注校释》，中华书局 2008 年版。

4. 徐元诰撰，王树民、沈长云校点：《国语集解》，中华书局 2002 年版。

5. 黎翔凤撰，梁运华整理：《管子校注》，中华书局 2004 年版。

6.（清）孙诒让撰，孙启志点校：《墨子间诂》，中华书局 1986 年版。

7. 高亨注译：《商君书注译》，中华书局 1974 年版。

8. 许富宏：《慎子集校集注》，中华书局 2013 年版。

9.（清）郭庆藩：《庄子集释》，中华书局 1961 年版。

10.（清）王先谦：《荀子集解》，中华书局 1988 年版。

11.（清）王先慎撰，钟哲点校：《韩非子集解》，中华书局 1998 年版。

12.（清）王聘珍：《大戴礼记解诂》，中华书局 1983 年版。

13.（汉）司马迁：《史记》，中华书局 1959 年版。

14. 钟肇鹏主编：《春秋繁露校释》（校补本），河北人民出版社 2005 年版。

15. 汪荣宝：《法言义疏》，中华书局 1987 年版。

16.（汉）班固：《汉书》，中华书局 1962 年版。

17.（汉）班固：《白虎通义》，文渊阁《四库全书》，台湾商务印书馆 1986 年版。

18.（汉）刘熙：《释名》，中华书局 2016 年版。

19.（汉）应劭：《风俗通义》，文渊阁《四库全书》，台湾商务印书馆 1986 年版，

20.（晋）皇甫谧著，徐宗元辑：《帝王世纪辑存》，中华书局 1964 年版。

21.（魏）王弼、韩康伯注，（唐）孔颖达等正义：《周易正义》，《十三经注疏》，中华书局 1980 年版。

22. 许维遹：《吕氏春秋集释》，中华书局 2009 年版。

23. 刘文典：《淮南鸿烈集解》，中华书局 1989 年版。

24. 旧题（汉）孔安国传，（唐）孔颖达等正义：《尚书正义》，《十三经注疏》，中华书局 1980 年版。

25.（汉）毛公传，郑玄笺，（唐）孔颖达等正义：《毛诗正义》，《十三经注疏》，中华书局 1980 年版。

26.（汉）郑玄注，（唐）孔颖达等正义：《礼记正义》，《十三经注疏》，中华书局 1980 年版。

27.（晋）杜预注，（唐）孔颖达等正义：《春秋左传正义》，《十三经注疏》，中华书局 1980 年版。

28.（晋）郭璞注，（宋）邢昺疏：《尔雅注疏》，《十三经注疏》，中华书局 1980 年版。

29.（清）王念孙：《广雅疏证》，中华书局 2004 年版。

30.（清）段玉裁撰：《说文解字注》，中华书局 2013 年版。

31.（汉）宋衷注，（清）秦嘉谟等辑：《世本八种》，中华书局 2008 年版。

32.（隋）王通：《中说》，文渊阁《四库全书》，台湾商务印书馆 1986 年版。

33.（唐）韩愈著，马其昶校注，马茂元整理：《韩昌黎文集校注》，上海古籍出版社 1986 年版。

34.（唐）皮日休著，萧涤非、郑庆笃整理：《皮子文薮》，上海古籍出版社 1981 年版。

35.（宋）孙复：《孙明复小集》，文渊阁《四库全书》，台湾商务印书馆 1986 年版。

36.（宋）石介著，陈植锷点校：《徂徕石先生文集》，中华书局 1984 年版。

37. 周文英主编：《周敦颐全书》，江西教育出版社 1993 年版。

38.（宋）张载著，章锡琛点校：《张载集》，中华书局 1978 年版。

39.（宋）王安石：《临川先生文集》，中华书局 1959 年版。

40.（宋）程颢、程颐著，王孝鱼点校：《二程集》，中华书局 1981 年版。

41.（宋）胡宏著，吴仁华点校：《胡宏集》，中华书局 1987 年版。

42.（宋）朱熹著，朱杰人、严佐之、刘永翔主编，《朱子全书》，上海古籍出版社、安徽教育出版社 2002 年版。

43.（宋）朱熹：《四书章句集注》，中华书局 1983 年版。

44.（宋）朱熹著，郭齐、尹波点校：《朱熹集》，四川教育出版社 1996 年版。

45.（宋）黎靖德：《朱子语类》，中华书局 1986 年版。

46.（宋）张栻著，杨世文、王蓉贵点校：《张栻全集》，长春出版社 1999 年版。

47.（宋）陆九渊著，钟哲点校：《陆九渊集》，中华书局 1980 年版。

48.（宋）陈亮著，邓广铭点校：《陈亮集增订本》，中华书局 1987 年版。

49.（宋）叶适著，刘公纯等点校：《叶适集》，中华书局 1961 年版。

50.（宋）陈淳著，熊国祯、高流水点校：《北溪字义》，中华书局 1983 年版。

51.（宋）魏了翁：《鹤山集》，文渊阁《四库全书》，台湾商务印书馆 1986 年版。

52.（元）脱脱等：《宋史》，中华书局 1977 年版。

53.（元）吴澄：《吴文正集》，文渊阁《四库全书》，台湾商务印书馆 1986 年版。

54.（明）王守仁著，王晓昕，赵平略点校：《王文成公全书》，中华书局 2015 年版。

55.（明）周汝登：《圣学宗传》，《续修四库全书》，上海古籍出版社 2002 年版。

56.（明）过庭训：《圣学嫡派》，《四库全书存目丛书》，齐鲁书社 1997 年版。

57.（清）孙奇逢：《理学宗传》，《续修四库全书》，上海古籍出版社 2002 年版。

58.（清）黄宗羲著，全祖望补：《宋元学案》，中华书局 1986 年版。

59.（清）黄宗羲：《明儒学案》，中华书局 1985 年版。

60.（清）顾炎武：《顾亭林诗文集》，中华书局 1983 年版。

61.（清）魏裔介：《圣学知统录》，《四库全书存目丛书》，齐鲁书社 1997 年版。

62.（清）费密：《弘道书》，怡兰堂丛书 1920 年刊本。

63.（清）熊赐履：《学统》，上海商务印书馆 1937 年版。

64.（清）万斯同：《儒林宗派》，广文书局 1971 年版。

65.（清）张伯行：《道统录》，中华书局 1985 年版。

66.《大正藏》，台北新文丰出版有限公司 1983 年版。

二、专著

67. 熊十力：《熊十力全集》，湖北教育出版社 2001 年版。

68. 熊十力：《读经示要》，台北明文书局 1984 年版。

69. 冯友兰：《三松堂全集》第 1 卷，河南人民出版社 1985 年版。

70. 冯友兰：《三松堂全集》第 4 卷，河南人民出版社 1986 年版。

71. 冯友兰：《三松堂全集》第 5 卷，河南人民出版社 1986 年版。

72. 钱穆：《中国学术通义》，台湾学生书局 1993 年版。

73. 方东美：《新儒家哲学十八讲》，黎明文化事业股份有限公司 1985 年版。

74. 贺麟：《当代中国哲学》，胜利出版公司 1945 年版。

75. 贺麟：《文化与人生》，商务印书馆 1988 年版。

76. 唐君毅：《唐君毅全集》，九州出版社 2016 年版。

77. 牟宗三：《道德的理想主义》，台湾学生书局 1992 年版。

78. 牟宗三：《生命的学问》，台北三民书局 1984 年版。

79. 牟宗三：《政道与治道》，台湾学生书局 1991 年版。

80. 牟宗三：《才性与玄理》，台湾学生书局 1985 年版。

81. 牟宗三：《心体与性体》（一），台北正中书局 1981 年版。

82. [美] 余英时：《朱熹的历史世界：宋代士大夫政治文化的研究》，生活·读书·新知三联书店 2011 年版。

83. [美] 余英时：《钱穆与中国文化》，上海远东出版社 1994 年版。

84. [美] 成中英：《本体与诠释》，浙江大学出版社 2011 年版。

85. 刘述先：《儒家哲学的典范重构与诠释》，台湾万卷楼图书股份有限公司 2010 年版。

86. 刘述先：《朱子哲学思想的发展与完成》，吉林出版集团有限责任公司 2015 年版。

87. [美] 杜维明：《儒家传统与文明对话》，人民出版社 2010 年版。

88. 庄严编：《道统源流》，民铎报社 1929 年版。

89. 任卓宣：《道统新论》，帕米尔书店 1971 年版。

90. 萧世芳：《中华道统经世论衡》，明文书局 1991 年版。

91. [泰] 郑彝元：《道统论》，新时代出版社 1997 年版。

92. 周伯达：《中山先生思想与中华道统》，台湾学生书局 1999 年版。

93. 蔡德贵、侯拱辰：《道统文化新编》，山东大学出版社 2000 年版。

94. 李禹阶：《政统与道统——中国传统思想与政治伦理研究》，中国文联出版社 2004 年版。

95. 罗立刚：《史统、道统、文统：论唐宋时期文学观念的转变》，东方出版中心 2005 年版。

96. 常裕：《河汾道统——河东学派考论》，人民出版社 2009 年版。

97. 石文玉：《儒学道统与晚清社会制度变革——张之洞〈劝学篇〉研究》，吉林大学出版社 2011 年版。

98. 梁涛:《儒家道统说新探》,华东师范大学出版社 2013 年版。

99. 李川:《中华道统的当代承续——从批判普世价值开始》,山东人民出版社 2014 年版。

100. 张佩:《中国"道统"与"法统"在近代的转型研究》,中国政法大学出版社 2014 年版。

101. 张佩:《李白与道统》,中国政法大学出版社 2014 年版。

102. 王爱品:《道统》,中央编译出版社 2016 年版。

103. 蔡方鹿主编:《道统思想与中国哲学》,人民出版社 2017 年版。

三、论文

104. 汤一介、庄印、金春峰:《论"治统"与"道统"》,《北京大学学报》(人文科学) 1964 年第 2 期。

105. 张立文:《论"治统"与"道统"的关系——评冯友兰的"君师分开"论》,《江汉学报》1964 年第 4 期。

106. 王沐:《李道纯之道统及其它(札记)》,《船山学报》1986 年第 2 期。

107. 蔡克骄:《王夫之的"治统"和"道统"》,《衡阳师专学报》(社会科学版) 1987 年第 4 期。

108. 严捷:《论儒家道统的释义学特征及逻辑》,《复旦学报》(社会科学版) 1988 年第 5 期。

109. 李宝臣:《论王夫之的治统道统观》,《北京社会科学》1989 年第 1 期。

110. 陈立夫:《天道、人道、道统》,《周易研究》1989 年第 2 期。

111. 肖钢:《费密对理学"道统"论的批判》,《湘潭大学学报》(社会科学版) 1990 年第 1 期。

112. 洪波:《论杨时对南传伊洛道统的贡献》,《浙江学刊》1990 年第 1 期。

113. 唐宇元:《"道统"抉微》,《哲学研究》1991 年第 3 期。

114. 张岱年:《论道统与学统》,《辽宁教育学院学报》(社会科学版) 1991 年第 4 期。

115. 王煜:《隋唐至今儒学的发展:道统情绪支配的意识形态竞争》,《贵州师范大学学报》(社会科学版) 1993 年第 1 期。

116. 刘泽华、侯东阳:《论汉代炎黄观念与帝统和道统》,《学术研究》1993 年第 2 期。

117. 耘耕：《道统与法统——儒家"中道"的法文化思考》，《孔子研究》1993 年第 4 期。

118. 董平：《叶适对道统的批判及其知识论》，《孔子研究》1994 年第 1 期。

119. 阎步克：《儒·师·教——中国早期知识分子与"政统""道统"关系的来源》，《战略与管理》1994 年第 2 期。

120. 杨翰卿：《韩愈建立儒学道统的意义及现代启示》，《学习论坛》1994 年第 4 期。

121. 许纪霖、陈思和、蔡翔、郜元宝：《人文精神寻思录之三：道统、学统与政统》，《读书》1994 年第 5 期。

122. 黄进兴：《学术与信仰：论孔庙从祀制与儒家道统意识》，《新史学》1994 年 5 卷第 2 期。

123. 孙明君：《道统说辩难》，《北京大学学报》（哲学社会科学版）1995 年第 3 期。

124. 黄泽斌：《儒家法文化的道统旨归》，《中国文化研究》1995 年冬之卷。

125. 杨海文：《略论牟宗三的儒家道统观》，《学术研究》1996 年第 6 期。

126. 王琨：《道统和政统——中国古代政治传统的形成与演化》，《江淮论坛》1996 年第 6 期。

127. 蔡方鹿：《程颢、程颐的道统思想》，《开封大学学报》1997 年第 1 期。

128. 陈启智：《论皮日休、柳开的儒学与道统思想》，《湛江师范学报》（哲学社会科学版）1997 年第 2 期。

129. 蔡方鹿：《朱熹之〈四书〉学及其与道统论的关系》，台湾《经学研究论丛》第四辑，台北圣环图书公司 1997 年 4 月。

130. 张节末：《从道统转向政统的意识形态理论》，《文史哲》1998 年第 4 期。

131. 蔡方鹿：《现代新儒家的道统论及其特征》，台湾《鹅湖》月刊第 277 期，1998 年 7 月。

132. 何俊：《叶适与道统》，《温州大学学报》2000 年第 2 期。

133. 蔡方鹿：《退溪之四书学及对程朱道统论的发展》，韩国《退溪学论丛》第 6 辑，2000 年 6 月。

134. 张骏翚：《试论两汉隐逸文化中的道统问题》，《四川师范大学学报》（社会科学版）2000 年第 6 期。

135. 郑朝波：《中国传统文化与儒家道统思想》，《海南师范学院学报》（人文社会科学版）2001 年第 1 期。

136. 王世光：《程朱理学道统论的终结》，《天津社会科学》2001 年第 2 期。

137. 彭永捷：《论儒家道统及宋代理学的道统之争》，《文史哲》2001 年第 2 期。

138. 陆德阳：《道统学说的创建与重建——韩愈和荻生徂徕比较之三》，《华东师范大学学报》（哲学社会科学版）2001 年第 3 期。

139. 汤勤福：《试论叶适的道统论》，《中州学刊》2001 年第 3 期。

140. 王中江：《荀学与儒家的学统和道统》，《南昌大学学报》（人社版）2002 年第 1 期。

141. 党天正：《韩愈道统论与传统文化心理》，《宝鸡文理学院学报》（社会科学版）2002 年第 2 期。

142. 李祥俊：《王安石的儒学人物评价及其道统观》，《江西社会科学》2002 年第 7 期。

143. 彭庭松：《〈文薮〉道统观新论》，《山东行政学院山东省经济管理干部学院学报》2003 年第 1 期。

144. 路德斌：《试论荀子哲学的特质及其对儒家道统之意义》，《孔子研究》2003 年第 2 期。

145. 张晓林：《杨廷筠与儒家道统》，《华东师范大学学报》（哲学社会科学版）2003 年第 2 期。

146. 潘志锋：《魏裔介的道统论》，《河北大学学报》（哲学社会科学版）2003 年第 3 期。

147. 孙明：《清遗民关怀中的治统与道统——以沈曾植、曹廷杰为个案》，《史林》2003 年第 4 期。

148. 朱人求：《传统与道统——儒家文化生命的历史意识》，《江淮论坛》2003 年第 6 期。

149. 苏树华：《从儒与禅的比较上来看儒家的道统传承》，《哲学与文化》2003 年第 6 期。

150. 潘志锋：《王船山道统论与张伯行道统论之简要比较》，《高校理论战线》2003 年第 9 期。

151. 潘志锋：《费密的"道统、道脉"说》，《广州大学学报》（社会科学版）2003 年第 11 期。

152. 张之锋：《孟子笔下的道统与政统》，《江淮论坛》2004 年第 3 期。

153. 李峻岫：《试论韩愈的道统说及其孟学思想》，《孔子研究》2004 年第 6 期。

154. 徐公喜、邹毅：《朱熹道统谱系论》，《江西社会科学》2004 年第 8 期。

155. 王风：《朱熹新道统说之形成及与易学之关系》，《哲学研究》2004 年第 11 期。

156. [韩] 金演宰：《湛若水的心本论与合一境界：宋明"道统"意识的发露》，《国际儒学研究》2004 年第 13 辑。

157. 陈逢源：《道统的建构——重论朱熹四书编次》，《东华汉学》2005 年第 3 期。

158. 常裕：《浅论"河汾道统"说的影响》，《中国哲学史》2005 年第 3 期。

159. 瞿林东：《"道统""治统"与历史文化认同》，《群言》2005 年第 4 期。

160. 卢宁：《论韩柳道统观的歧异》，《山西大学学报》（哲学社会科学版）2005 年第 4 期。

161. 杨燕：《陶渊明在儒家道统中的地位新论——对〈桃花源记〉主旨的一种剖析》，《吉首大学学报》（社会科学版）2005 年第 4 期。

162. 闫树立：《曾巩"道统"思想的价值内涵》，《绍兴文理学院学报》2005 年第 6 期。

163. 刘文仕：《儒家道统在传统中国政治上的核心价值与发展——兼论孙中山的革命思想基础》，《中山人文社会科学期刊》2005 年第 13 卷第 1 期。

164. 刘真伦：《五〈原〉的创作与道统的确立——兼论韩愈阳山之贬与文风之变》，《周口师范学院学报》2006 年第 1 期。

165. 陈劲松：《传统中国社会中"道统"的功能及其式微》，《天津社会科学》2006 年第 1 期。

166. 覃晓婷：《晚清的理学复兴与唐鉴的道统论——以〈国朝学案小识〉为中心》，《安徽师范大学学报》（人文社会科学版）2006 年第 2 期。

167. 韩东育：《"道统"的自立愿望与朱子学在日本的际遇》，《中国社会科学》2006 年第 3 期。

168. 桑兵：《中国思想学术史上的道统与派分》，《中国社会科学》2006 年第 3 期。

169. 葛兆光：《道统、系谱与历史——关于中国思想史脉络的来源与确立》，《文史哲》2006 年第 3 期。

170. 蔡方鹿：《承传道统，考辨源流——读〈儒藏〉史部·历代学案》，《天府新论》2006 年第 3 期。

171. 刘延刚：《陈撄宁仙学思想的道统论色彩》，《宗教学研究》2006 年第 4 期。

172. 王平川、刘叔霞：《韩愈的道统思想及其对后世的影响》，《唐都学刊》2006 年第 4 期。

173. 王文元：《"尊孔"与"释孔"的悖论》，《辽宁大学学报》（哲学社会科学版）

2006 年第 4 期。

174. 蒋龙祥：《韩愈道统思想的政治哲学解析》，《理论探索》2006 年第 6 期。

175. [韩] 李范鹤：《魏了翁的经世理学与道统论——以道统和治统的合一为中心》，《宋史研究论丛》2006 年第 7 辑。

176. 潘志锋：《王船山的道统观》，《船山学刊》2007 年第 1 期。

177. 蔡方鹿：《论朱子、李退溪的道统论思想及其对亚洲人文价值的影响》，韩国《儒教文化研究》第七辑，成均馆大学儒教文化研究所，2007 年 2 月。

178. 何睿洁：《"道统"与"政统"张力中的依附和超越——从冯从吾论"讲学"说起》，《人文杂志》2008 年第 1 期。

179. 伍贤达：《论李绂的道统史观》，《河北经贸大学学报》（综合版）2008 年第 1 期。

180. 刘悦笛：《"政统"、"道统"、"学统"——中国社会转型中"士人"向"知识分子"的身份转变》，《中国政法大学学报》2008 年第 4 期。

181. 张允熠：《儒家道统与民族精神》，《孔子研究》2008 年第 5 期。

182. 向世陵：《理学道统论的两类文献根据与实质》，《齐鲁学刊》2008 年第 6 期。

183. 白书刚、陈运新：《韩愈的道统思想及其历史地位》，《齐齐哈尔大学学报》（哲学社会科学版）2008 年第 7 期。

184. 肖永明：《书院祭祀中的道统意识》，《哲学与文化》2008 年第 35 卷第 9 期。

185. 姜鹏：《〈伊洛渊源录〉与早期道统建构的挫折》，《学术月刊》2008 年第 10 期。

186. 潘志锋：《近年来关于"道统"问题的研究综述》，《广西社会科学》2008 年第 11 期。

187. 潘志锋：《论顾炎武的经学道统观》，《江西社会科学》2009 年第 1 期。

188. 何俊：《叶适论道学与道统》，《中山大学学报》（社会科学版）2009 年第 1 期。

189. 梁涛：《回到"子思"去——儒学道统论的检讨与重构》，《学术月刊》2009 年第 2 期。

190. 吴海兰：《黄宗羲与吴澄——以道统论为中心的考察》，《淮北煤炭师范学院学报》（哲学社会科学版）2009 年第 2 期。

191. 梁韦弦：《儒家学说中的道和道统》，《福建师范大学学报》（哲学社会科学版），《福建师范大学学报》（哲学社会科学版）2009 年第 2 期。

192. 刘方玲：《帝王道统化理想与清初士大夫对经筵日讲的推进》，《燕山大学学报》（哲学社会科学版）2009 年第 3 期。

193. 高云鹏：《苏轼"道统"论的文化史意义》，《沈阳师范大学学报》（社会科学版）2009 年第 3 期。

194. 王诚：《道统与宗孔：周敦颐与邵雍的宗孔思想研究》，《江海学刊》2009 年第 3 期。

195. 陈俊荣：《儒家宗法、孝悌的道统观念及其生演》，《西南农业大学学报》（社会科学版）2009 年第 4 期。

196. 王维先、铁省林：《朱熹的道统思想对日本"暗斋学派"的影响》，《齐鲁学刊》2010 年第 1 期。

197. 唐樵、刘力：《政统与道统——试析董仲舒阴阳五行说中"天"的双重旨归》，《四川文理学院学报》2010 年第 1 期。

198. 郑晓江：《道统、学统与政统——以朱子〈白鹿洞书院揭示〉和陆子〈白鹿洞书院论语讲义〉为中心》，《教育文化论坛》2010 年第 1 期。

199. 贾发义：《韩愈、李翱的道统说和性情论》，《四川大学学报》（哲学社会科学版）2010 年第 2 期。

200. 杨绍祥：《论儒家思想中道统论的历史演进》，《十堰职业技术学院学报》2010 年第 2 期。

201. 徐公喜：《宋明理学四书学与道统观》，《广州社会主义学院学报》2010 年第 3 期。

202. 徐克谦：《荀子的"先王""后王"说与辩证道统观》，《南京师范大学文学院学报》2010 年第 3 期。

203. 殷慧：《朱熹道统观的形成与释奠仪的开展》，《湖南大学学报》（社会科学版）2010 年第 5 期。

204. 陈逢源：《宋儒圣贤系谱论述之分析——朱熹道统观渊源考察》，《政大中文学报》2010 年第 13 期。

205. 陈逢源：《从"政治实践"到"心性体证"：朱熹注〈孟子〉的历史脉络》，《东吴中文学报》2010 年第 20 期。

206. 陈逢源：《先秦圣贤系谱论述与儒学历史意识——朱熹道统观之渊源考察》《中央大学人文学报》2010 年第 41 期。

207. 杨自平：《论道统——叶适与牟宗三之道统观析论》，《中央大学人文学报》2010 年第 43 期。

208. 郑柏彦：《中国古代文学史源流论述中的"文统"与"道统"》，《兴大人文学报》2010 年第 45 期。

209. 申明秀：《宋濂道统文学观之成因与内涵探析》，《江南大学学报》（人文社会科学版）2011 年第 1 期。

210. 李健美：《唐鉴的道统思想及"守道救时"说》，《湖南工程学院学报》2011 年第 2 期。

211. 李桂起：《"道统"、"文统"的失落与异端的兴起》——试论明代中叶文学观念的变革》，《德州学院学报》2011 年第 3 期。

212. 许宁：《独尊儒术与重继道统——汉、唐儒学文化观的个案比较研究》，《陕西师范大学学报》（哲学社会科学版）2011 年第 3 期。

213. 李明军：《"比兴"和"现量"——王夫之的道统观与比兴诗学的文化意义》，《阴山学刊》2011 年第 4 期。

214. 郭畑：《试论唐代孔庙祭祀系统对韩愈道统思想的影响》，《孔子研究》2011 年第 4 期。

215. 方彦寿：《朱熹的道统论与建本类书中的先贤形象》，《孔子研究》2011 年第 5 期。

216. 潘志锋：《方以智"三教合一"的超越性道统观》，《河北学刊》2011 年第 6 期。

217. 叶平、田甲乐：《千年道统在河汾——评〈河汾道统——河东学派考论〉》，《平顶山学院学报》2011 年第 6 期。

218. 朱修春：《从"工具理性"到"价值理性"——论清代〈四书〉学的学术转向与道统传承》，《哲学研究》2011 年第 7 期。

219. 徐庆文：《儒家传承中的道统与政统——兼论儒学形成的地域性特征》，《东岳论丛》2011 年第 11 期。

220. 伍振勋：《道统意识与德行论述：荀子非难思、孟的旨趣重探》，《台大中文学报》2011 年第 35 期。

221. 陈畅：《论〈明儒学案〉的道统论话语建构》，《学海》2012 年第 1 期。

222. 张文利：《宋代理学视域中的韩愈道统——以〈原道〉为中心的考察》，《孔子研究》2012 年第 1 期。

223. 高柏园：《方东美先生对宋儒道统说之衡定》，《哲学与文化》2012 年第 39 卷第 1 期。

224. 陈赟：《朱熹与中国思想的道统论问题》，《齐鲁学刊》2012 年第 2 期。

225. 万国崔、何晓明：《张之洞道统思想的现代转型与洋务事功》，《湖北大学学报》（哲学社会科学版）2012 年第 3 期。

226. 杨浩：《孔门传授心法——朱子〈四书章句集注〉对儒家道统论的理论贡献》，《首都师范大学学报》（社会科学版）2012 年第 3 期。

227. 李建平：《先秦道统的形成及其民本思想批判继承》，《内蒙古农业大学学报》（社会科学版）2012 年第 3 期。

228. 张佩：《近些年关于"道统"人物研究的综述》，《船山学刊》2012 年第 4 期。

229. 李继华：《论韩愈道统观的实践意义》，《周口师范学院学报》2012 年第 4 期。

230. 张克宾：《朱熹与〈太极图〉及道统》，《周易研究》2012 年第 5 期。

231. 万国崔：《二十世纪上半叶中华道统三派概述》，《孔子研究》2012 年第 6 期。

232. 石文玉：《学统、道统、政统——张之洞"中体西用"思想研究》，《长白学刊》2012 年第 6 期。

233. 朱汉民：《王船山的道统、治统与学统》，《北京大学学报》（哲学社会科学版）2013 年第 1 期。

234. 梁涛：《清华简〈保训〉与儒家道统说——兼论荀子在道统中的地位问题》，《邯郸学院学报》2013 年第 1 期。

235. 冯兵：《"理""礼"会通，承扬道统——朱熹仁学思想探究》，《东南学术》2013 年第 1 期。

236. 孔磊：《北宋道统论视域下的"尊荀"思潮浅述》，《江苏广播电视大学学报》2013 年第 1 期。

237. 王寅：《顾炎武对"道统论"的再诠释》，《武汉理工大学学报》（社会科学版）2013 年第 1 期。

238. 李勇刚：《佛教对儒家道统观的影响——以韩愈和朱熹为中心》，《五台山研究》，2013 年第 1 期。

239. 盛险峰：《道与道统：〈新五代史〉的双重关照——〈新五代史〉史论与欧阳修的"三论"》，《北方论丛》2013 年第 2 期。

240. 彭传华：《正统、道统、治统——王船山对于政权合法性来源的思考》，《南昌大学学报》（人文社会科学版）2013 年第 2 期。

241. 许卉：《论黄道周对朱熹道统说的批判》，《河北学刊》2013 年第 2 期。

242. 魏昕：《由"罪己诏"论西汉道统与政统之关系》，《中南大学学报》（社会科学版）2013 年第 2 期。

243. 王建华：《试论中国封建社会政统对道统的控制》，《江汉论坛》2013 年第 3 期。

244. 魏涛：《朱熹道统论与思想视界中的司马光》，《理论月刊》2013 年第 3 期。

245. 吴欢：《儒家道统论中的"驯政"思想初探》，《哈尔滨工业大学学报》（社会科学版）2013 年第 4 期。

246. 魏涛：《朱熹缘何未将司马光纳入道学谱系》，《山西师范大学学报》（社会科学版）2013 年第 4 期。

247. 许家星：《朱子道统说新论——以孔颜"克复心法"说为中心》，《人文杂志》2013 年第 6 期。

248. 张平：《政统与道统之间：董仲舒思想探要》，《社会科学论坛》2013 年第 7 期。

249. 冯国栋：《道统、功夫与学派之间——"心学"义再研》，《哲学研究》2013 年第 7 期。

250. 陆永胜：《功夫论视阈中的理学道统》，《福建论坛》（人文社会科学版）2013 年第 7 期。

251. 张佩：《论欧阳修、苏轼的"斯文"道统》，《理论月刊》2013 年第 8 期。

252. 张献忠：《道统、文统与政统——明中后期科举考试中主流意识形态的分化》，《学术研究》2013 年第 9 期。

253. 刘成国：《9—12 世纪初的道统"前史"考述》，《史学月刊》2013 年第 12 期。

254. 林保全：《思与天下之士，皆为周孔之徒——徂徕石介道统论述之建构、特色及其核心精神》，《汉学研究》2013 年第 31 卷第 4 期。

255. 林保全：《南宋学者对北宋理学社群之建构——以朱熹〈伊洛渊源录〉为观察核心》，《东华人文学报》2013 年第 23 期。

256. 刘增光：《〈孟子〉末章与理学道统论》，《鹅湖学志》2013 年第 51 期。

257. 李明军：《个体生存、道德保全和道统传承——明清之际遗民文人的人生困境和文化选择》，《临沂大学学报》2014 年第 1 期。

258. 梁涛：《"新四书"与"新道统"——当代儒学思想体系的重建》，《北京行政学院学报》2014 年第 3 期。

259. 张耀南：《论曾国藩之"道统"观及梁章萧冯四家曾论之得失》，《北京行政学院学报》2014 年第 3 期。

260. 刘璞宁：《王通的政治道统论》，《北京行政学院学报》2014 年第 3 期。

261. 韩星：《先秦儒家道统意识与批判精神》，《陕西师范大学学报》（哲学社会科学版）2014 年第 3 期。

262. 陈战峰：《简帛文献所见炎黄信仰与儒家道统的关系及意义》，《管子学刊》2014 年第 4 期。

263. 陈友峰：《儒家道统的回归与礼乐思想的承续——唐代儒学兴起及其在表演艺术思想中的承继和发展》，《文化艺术研究》2014 年第 4 期。

264. 敦鹏、王飞：《道统的重建——二程"道统论"的政治自觉及其限度》，《河北大学学报》（哲学社会科学版）2014 年第 4 期。

265. 张连伟：《程朱道统论与儒家经典认同》，《南昌大学学报》（人文社会科学版）2014 年第 4 期。

266. 李勇刚、潘建雷：《"援儒入佛"：释家智旭"颜子之传"重塑道统观的尝试》，《新视野》2014 年第 4 期。

267. 万国崔：《论晚清儒家道统复兴思想》，《社会科学论坛》2014 年第 5 期。

268. 郑治文：《孔子之"道"与儒学重构——从朱熹、牟宗三的道统论说开去》，《湖南大学学报》（社会科学版）2014 年第 6 期。

269. 张献忠：《晚清主流意识形态危机和道统之断裂——以废科举为中心的考察》，《河北学刊》2014 年第 6 期。

270. 陈逢源：《从五贤信仰到道统系谱——朱熹〈四书章句集注〉圣门传道脉络之历史考察》，《东华汉学》2014 年第 19 期。

271. 苏费翔：《宋人道统论——以朱熹为中心》，《厦门大学学报》（哲学社会科学版）2015 年第 1 期。

272. 周书灿：《周末清初中国民族文化起源的中西"道统"之争》，《浙江社会科学》2015 年第 1 期。

273. 郭亚雄：《信仰与真实：浙东学派对道学道统论的祛魅》，《河北学刊》2015 年第 2 期。

274. 李伟：《从"韩、李"并称看晚唐五代至北宋中期古文发展的趋势——兼论王通在儒学道统中地位提升的原因》，《中华文史论丛》2015 年第 2 期。

275. 郭畑：《韩愈倡立道统的三个动因》，《中华文化论坛》2015 年第 3 期。

276. 姚中秋：《论孙中山之道统自觉》，《现代哲学》2015 年第 3 期。

277. 包佳道：《杨时的道统观及其文化意涵》，《现代哲学》2015 年第 3 期。

278. 苏费翔：《南宋时期的〈中庸〉与道统——历史与学术背景》，《湖南大学学报》（社会科学版）2015 年第 4 期。

279. 蔡方鹿:《儒学道统思想的发展演变》,《孔学堂》2015 年第 4 期。

280. 曾暐杰:《荀子对孔子思想的继承与发扬——儒家道统的反思及其重建》,《临沂大学学报》2015 年第 4 期。

281. 田彤、高伟军:《张其昀的孔子观:文化道统与文化开新》,《孔子研究》2015 年第 4 期。

282. 郭亚雄:《"义理先行"与"事求有据":宋学与清代汉学之异——以道统说的成立与解构为中心》,《文艺评论》2015 年第 5 期。

283. 郭道平:《"群学"与"道统":严复和张之洞的思想交锋——从两种〈劝学篇〉说起》,《华南师范大学学报》(社会科学版) 2015 年第 6 期。

284. 沈松勤:《"新道统"理念下的偏见——朱熹讨伐"苏学"的文化诉求》,《北京大学学报》(哲学社会科学版) 2015 年第 6 期。

285. 周发源:《船山道统论与文化根脉》,《船山学刊》2015 年第 6 期。

286. 王处辉、刘肇阳:《"君子有党"论的发展与终结——再论道统与政统合一的士人理想》,《孔子研究》2015 年第 6 期。

287. 王昌吴:《回归孔孟:韩愈"道统"论建构的两个层面》,《佳木斯大学社会科学学报》2015 年第 6 期。

288. 萧宇恒:《从〈道统十三赞〉到〈静听松风〉政治宣传:南宋理宗的以画传意》,《艺术论坛》2015 年第 9 期。

289. 崔涛、韩金燕:《试论孔子对儒家道统的礼学实践》,《江汉论坛》2015 年第 11 期。

290. 彭耀光:《二程的"道学"与道统观——以二程对孟子性论的诠释为中心》,《东岳论丛》2015 年第 12 期。

291. 杨长镇:《道统国家——非独论述的儒家意识形态》,《台湾国际研究季刊》2015 年冬季号。

292. 杨俊峰:《庆元党禁前后四川的理学——兼论蜀地的道统祠庙》,《成大历史学报》2015 年第 48 期。

293. 赖区平:《朱熹的"道学——道统"论重探》,《中国哲学史》2016 年第 1 期。

294. 郭畑:《道统与政统——王安石与宋代孔庙配享的位向问题》,《河南大学学报》(社会科学版) 2016 年第 1 期。

295. 吴海兰:《会众以合一——黄宗羲对中国传统学术史的继承与发展》,《南开学报》(哲学社会科学版) 2016 年第 1 期。

296. 鲍宇龙:《道统思想的现代性转换与意识形态话语权建构》,《齐齐哈尔大学学报》(哲学社会科学版) 2016 年第 1 期。

297. 蔡方鹿:《道统思想的历史嬗变及其流弊——以宋明时期为主》,《深圳大学学报》(人文社会科学版) 2016 年第 1 期。

298. 敦鹏:《道统的重建与儒学的复兴——论二程政治哲学形成的历史背景与思想渊源》,《保定学院学报》2016 年第 2 期。

299. 杨泽:《胡炳文的道统观与学术倾向》,《孔子研究》2016 年第 2 期。

300. 周炽成:《唐宋道统新探》,《哲学研究》2016 年第 3 期。

301. 刘泽华:《中国文化发展中的"复古"偏颇——对"道统"思维盛行的质疑与批评》,《南国学术》2016 年第 4 期。

302. 张新民:《道、学、政三统分合视域下的古今道统之辩:对刘泽华先生批评文章的反批评》,《南国学术》2016 年第 4 期。

303. 孔定芳:《以明道为究极:孙奇逢〈理学宗传〉的道统重构》,《西南大学学报》(社会科学版) 2016 年第 5 期。

304. 万国崔:《张东荪道统论刍议》,《贵州师范学院学报》2016 年第 7 期。

305. 王寅:《康熙朝"理学名臣"对"道统论"的发扬》,《西部学刊》2016 年第 8 期。

306. 武勇:《宋型文化背景下宋代道统论之发展——以孟子道统地位的确立历程为中心》,《湖北社会科学》2016 年第 8 期。

307. 李克建:《论道统思想对宋代民族观的影响》,《西南民族大学学报》(人文社会科学版) 2016 年第 8 期。

308. 潘志锋:《试析儒家"道统"的文化论证功能》,《江西社会科学》2016 年第 10 期。

309. 陈畅:《〈明儒学案〉中的"宗传"与"道统"——论〈明儒学案〉的著述性质》,《哲学动态》2016 年第 11 期。

310. 高阳、李怡:《略论熊赐履的道统观——以〈学统〉为中心的考察》,《文化学刊》2016 年第 11 期。

311. 于文哲:《清华简〈保训〉与"中道"的传承》,《中国文化研究》2016 年冬之卷。

312. 景海峰:《儒家学统的重建》,《社会科学研究》2017 年第 1 期。

313. 杨翰卿:《韩愈儒学道统论及其对我国少数民族思想文化的传播影响意义》,

《中共宁波市委党校学报》2017年第1期。

314. 胡长海：《从宗藩入嗣看道统与政统之争》，《中共宁波市委党校学报》2017年第1期。

315. 冯欢：《创造性转化：牟宗三与朱熹道统论的异同》，《宜宾学院学报》2017年第1期。

316. 李振纲、刘刚：《儒家"道统说"的演变及其二重性》，《河北学刊》2017年第1期。

317. 刘溪：《皇权如何兼并儒家道统——以清康熙帝"道治合一"的努力为中心》，《河北学刊》2017年第2期。

318. 张羽、马兰兰：《孟子的道统建构论及其对社会主义核心价值观建设的启示》，《郑州轻工业学院学报》（社会科学版）2017年第2期。

319. 余进江：《矛盾、妥协与进取——孔子尊圣与孟子的道统建构》，《现代哲学》2017年第2期。

320. 刘琳娜：《论王阳明对周、程道统的继承——从道体动静角度的诠释》，《船山学刊》2017年第2期。

321. 唐婷：《〈尚书〉与朱熹道统观的形成》，《武陵学刊》2017年第2期。

322. 江求流：《道统、道学与政治立法》，《中国哲学史》2017年第2期。

323. 雷永强：《孔子圣化与儒家经典文献的生成》，《中国哲学史》2017年第2期。

324. 张培高：《伏羲、神农、黄帝纳入儒家道统谱系的由来、变迁及其原因》，《中国哲学史》2017年第2期。

325. 向世陵：《湛甘泉道统观辨析》，《现代哲学》2017年第2期。

326. 蔡方鹿、王雯雯：《杨万里道统思想探讨》，《湖南大学学报》（社会科学版）2017年第2期。

327. 舒大刚、申圣超：《"五行""五常"与"五德"——试论蜀学与诸学道统论之异同》，《湖湘论坛》2017年第3期。

328. 赵玫：《〈古文尚书〉"十六字"真伪辨正——以朱熹对〈中庸〉首章道心—人心的诠释为核心》，《河北学刊》2017年第3期。

329. 王胜军：《明道继统：书院志编纂与理学道统的建构》，《湖北大学学报》（哲学社会科学版）2017年第3期。

330. 吴震：《心学道统论——以"颜子没而圣学亡"为中心》，《浙江大学学报》（人文社会科学版）2017年第3期。

331. 蔡方鹿：《扬雄的道统思想及其在道统史上的地位》，《四川师范大学学报》（社会科学版）2017 年第 4 期。

332. 尹邦志：《佛教对儒家道统思想的影响——以李翱〈复性书〉为例》，《四川师范大学学报》（社会科学版）2017 年第 4 期。

333. 马治龙、申经涛：《明代社会治理中的政统道统冲突研究——以东林党争为例》，《兰州文理学院学报》（社会科学版）2017 年第 4 期。

334. 叶平：《唐末五代十国时期儒学道统谱系的衍变》，《中州学刊》2017 年第 5 期，

335. 成兆文：《论儒学道统对中国当代价值建构的意义》，《社科纵横》2018 年第 1 期。

336. 曾春海：《孙中山、方东美与牟宗三的道统论》，《河北学刊》2018 年第 2 期。

337. 朱杰人：《二程与朱子的道统说》《华东师范大学学报》（哲学社会科学版）2018 年第 2 期。

338. 崔韩颖：《论宗密对朱熹道统论的影响》，《宗教学研究》2018 年第 4 期。

339. 高强：《炎黄二帝与儒家道统》，《孔子研究》2018 年第 6 期。

340. 王兴国：《中道是中国文化之道统——唐君毅"中道"思想"密意"探要之一》，《宜宾学院学报》2018 年第 10 期。

341. 朱汉民：《宋儒道统论与士大夫的主体意识》，《哲学研究》2018 年第 10 期。

342. 杨晓薇：《方东美对宋儒道统论的批判性阐释——以"机体主义"为中心》，《理论月刊》2018 年第 11 期。

四、硕博论文

343. 潘志锋：《清初道统观研究》，中山大学博士学位论文，2004 年。

344. 李会富：《〈伊洛渊源录〉中的道统观研究》，中国人民大学硕士学位论文，2005 年。

345. 李静：《韩愈道统论研究》，吉林大学硕士学位论文，2006 年。

346. 陶杰：《切己的传统——儒家"道统"问题研究》，四川大学硕士学位论文，2007 年。

347. 石文玉：《儒学道统与晚清社会制度变革——张之洞〈劝学篇〉研究》，吉林大学博士学位论文，2008 年。

348. 杨宝娟：《援佛入儒承续道统——程门高弟儒学复兴之路》，中国政法大学硕

士学位论文，2010 年。

349. 李金良：《曾巩的道统思想与文统观对其创作的影响》，重庆师范大学硕士学位论文，2010 年。

350. 朱广龙：《黄榦道统思想研究》，浙江大学硕士学位论文，2010 年。

351. 王征：《韩愈道统说研究——以其谱系的建构为中心》，中国政法大学硕士学位论文，2010 年。

352. 魏改霞：《孔门道统研究》，河南大学硕士学位论文，2010 年。

353. 刘方玲：《清朝前期帝王道统形象的建立》，南开大学博士学位论文，2010 年。

354. 路建国：《桐城派文统与道统之关系》，云南大学硕士学位论文，2010 年。

355. 熊文明：《宋初儒学道统思想研究》，河南大学硕士学位论文，2011 年。

356. 张燕：《试论陈亮、叶适道统思想》，山西大学硕士学位论文，2011 年。

357. 栾玲玲：《执著于"道统"的重建：论金亡二代士人郝经的出处选择》，吉林大学硕士学位论文，2011 年。

358. 王珂娜：《韩愈道统思想研究》，内蒙古大学硕士学位论文，2011 年。

359. 孔沫人：《韩愈道统观思想研究》，曲阜师范大学硕士学位论文，2011 年。

360. 巨利宁：《扬雄与道统》，西北师范大学硕士学位论文，2012 年。

361. 徐加胜：《韩愈的道统及其宗教性诠释》，中国社会科学院研究生院博士学位论文，2012 年。

362. 刘振：《人性道统论》，中央民族大学博士学位论文，2012 年。

363. 王佳：《孙奇逢〈理学宗传〉的道统观——关于阳明心学道统地位的证说》，湖南大学硕士学位论文，2013 年。

364. 桑贞贞：《道统论及其表现形式——以宋朝理学为例》，福建师范大学硕士学位论文，2014 年。

365. 王爽：《论美国法学家蔡涵墨的韩愈道统研究》，华东师范大学硕士学位论文，2014 年。

366. 胡文杰：《熊赐履〈学统〉研究——道统、学统、治统重申》，湖南大学硕士学位论文，2015 年。

367. 建志栋：《〈历代名画记〉研究——张彦远对"道统"的追溯》，中国美术学院博士学位论文，2016 年。

368. 刘腾飞：《唐宋儒家道统论研究——以韩愈、朱熹为例》，鲁东大学硕士学位论文，2017 年。

索　引

392, 393, 394, 395, 401, 404, 405, 422,
426, 427, 428, 432, 438, 445, 454, 455,
456, 457, 459, 460, 462, 463, 464, 466,
473, 474, 475, 477, 478, 479, 481, 482,
485, 486, 487, 488, 495, 496, 498, 504,
505, 506, 518, 519, 521, 523, 524, 526,
527, 528, 529, 530, 538, 542

L

老子 7, 39, 65, 103, 121, 122, 123, 124,
125, 126, 127, 128, 129, 130, 131, 132,
133, 135, 136, 137, 139, 142, 144, 147,
150, 151, 154, 155, 157, 183, 184, 186,
189, 191, 216, 221, 234, 236, 238, 250,
263, 306, 307, 308, 312, 332, 337, 442,
513

礼法 8, 130, 131, 137, 138, 142, 143, 154,
155, 162, 190, 231

理性 16, 29, 40, 48, 53, 119, 125, 173, 179,
288, 290, 291, 311, 334, 425, 433, 465,
470, 471, 472, 476, 479, 480, 483, 496,
497, 500, 523, 537

理学 2, 8, 14, 16, 23, 24, 28, 33, 38, 39,
40, 41, 42, 45, 46, 66, 72, 121, 128, 157,
169, 171, 172, 177, 179, 184, 186, 189,
190, 194, 197, 202, 203, 208, 209, 213,
225, 227, 229, 230, 231, 234, 238, 240,
241, 242, 244, 245, 246, 247, 248, 252,
254, 256, 258, 259, 261, 265, 268, 269,
270, 272, 274, 275, 284, 286, 287, 288,
289, 290, 291, 293, 298, 301, 302, 303,

304, 305, 307, 309, 310, 313, 314, 315,
316, 317, 318, 319, 320, 321, 322, 323,
324, 328, 330, 333, 339, 340, 346, 350,
351, 359, 360, 361, 363, 366, 376, 380,
382, 385, 389, 390, 394, 399, 404, 406,
415, 419, 424, 426, 427, 428, 437, 439,
440, 441, 444, 445, 446, 447, 448, 449,
450, 451, 452, 453, 455, 457, 459, 462,
463, 464, 465, 466, 472, 473, 474, 476,
479, 480, 481, 482, 483, 486, 487, 494,
495, 497, 498, 499, 501, 503, 505, 507,
508, 509, 510, 515, 517, 518, 519, 520,
521, 522, 523, 525, 527, 528, 529, 530,
531

良能 171, 419

良知 3, 12, 14, 15, 25, 26, 36, 40, 43, 49,
171, 363, 364, 365, 406, 407, 408, 409,
410, 412, 416, 417, 418, 419, 420, 421,
422, 423, 425, 426, 494, 503, 504

六经 23, 38, 39, 111, 158, 169, 203, 227,
238, 271, 274, 283, 298, 301, 302, 320,
338, 340, 341, 342, 344, 345, 346, 349,
350, 367, 369, 387, 395, 397, 413, 418,
481, 482, 497, 503, 505, 506

陆九渊 13, 15, 25, 27, 31, 49, 168, 293,
295, 315, 318, 332, 335, 336, 338, 345,
357, 359, 363, 364, 365, 366, 367, 368,
369, 370, 371, 372, 373, 374, 375, 376,
377, 378, 379, 380, 381, 382, 383, 384,
385, 386, 387, 388, 389, 390, 395, 400,
401, 402, 403, 405, 408, 409, 416, 430,

后　记

　　十年前，当我作为主要撰稿人之一，从张立文师那里接受"中国哲学范畴精粹丛书"——《道》一书的写作任务，便开始了对中国哲学与文化的核心和最普遍范畴——道的研究。随着研究工作的深入开展，深感道的哲学对中国文化产生了十分重要的影响，道与中国文化不可分割地联系在一起，它的演变和发展，反映了中国文化演变与发展的大趋势。通过考察道的产生和在各个时期的历史发展，可以看出中华大道文化发展的大致线索和各个时期时代精神的精华，了解中华大道与中华文化发展的方向。经过努力，这本由张立文教授主编的《道》一书于 1989 年 3 月由中国人民大学出版社出版。在研究工作中，我也积累了大量第一手关于道的哲学的资料，这为我进一步从事道统思想的研究，打下了基础。

　　此后，我逐步认识到，尽管学界对道统思想有不同的认识，但它在中国文化史及中国哲学史上的重要地位却不可低估。道统思想作为中国文化传统的重要体现，对中国文化的哲学、政治、伦理、教育、经学、史学、文学、传统理想人格和价值取向等各个领域，对古代及现代社会，均产生了重要影响。由于其重要性，不仅国内学者研究道统思想，而且不少海外学者也关心和不断探讨道统与中国文化的关系及其对中国文化的影响。

　　鉴于道统问题如此重要，而中国大陆目前尚没有一本对道统思想做全面系统研究的学术专著；又鉴于道统与道有着密切的联系，而我对道的哲学的研究已有一定的基础，于是产生了写一部关于中华道统思想发展史的学术专著的构想，以为弘扬中华民族优秀传统文化尽一分自己的努力，并对学术界的研究作出贡献。

　　我的设想得到了台湾有识之士——《中华大道》杂志社发行人兼社长赖宗贤先生的大力支持。他于 1992 年 8 月来四川出席"海峡两岸中国传统文化学术研讨会"，得知我的构想后，即感兴趣并表示支持。以后又陆续从台湾寄来了大陆不易看到的有关现代新儒家的著作，这对我的研究工作帮助很大。《中华道统思想发展史》的出版，承蒙赖先生的鼎力相助和一手促成，在此谨致谢忱！

　　在写作此书的过程中，才真正知道学术研究的艰难。原来把困难估计得不够，结果远不是原先设想的那么简单。虽然道的哲学与道统思想有密切联系，但二者有着各自的研究领域和研究对象，虽有一定的沟通之处，但却不能互相替代。这就决定了必须依据中华道统思想自身发展的逻辑和规律来深入系统全面地开展研究。为了达到预期的目的，学风必须严谨、求实，要一丝不苟，不能马虎。然而由于本人学识有限，功力未逮，所以必须加倍努力，以弥补学力之不足。经过两年多的辛勤写作，克服各种各样的困难，现终于完成了这部四五十万字的书稿。希望本书的出版能够帮助人们对于中华道统思想和中华大道文化有一个全面的了解。如果海内外关心、研究道统思想的人士，或研究与道统问题相关的学者能从本书中得到一定的参考和借鉴，那么作者的心愿就算满足了。

　　本书的写作得到中国人民大学教授、博士生导师张立文老师的指导，他来信解答疑难，使我深受教益。吾乡前辈学者、中国社会科学院钟肇鹏研究员也对本书的写作提出宝贵的意见，钟先生历年来在学术上对我等家乡后学帮助很大，使我获益匪浅。台湾中华孔孟学会会长陈立夫先生、美国加州大学洛杉矶分校历史系副主任艾尔曼（Benjamin A.Elman）教授、韩国蔚山大学朴仁洙博士对本书的写作予以关怀和鼓励。陈立夫老先生以九十五岁高龄亲自给我来信谈孙中山先生对道统思想的重视，并寄赠他关于道统的论文；艾尔曼教授也鼓励我开展对道统思想的研究，并赞誉我为道统问题的专家（不敢当）；在与朴仁洙博士的交流中，得知他对华夷之辨与道统文化的关系深有研究，也给我以启发。

　　对以上前辈、师友对我的关怀、帮助和鼓励，在此表示衷心的感谢！

　　对中华道统思想的研究，是一个重大而有意义的课题。我所做的工作，错误和疏漏一定难免，敬请读者不吝赐教！

蔡方鹿

1995 年 9 月于成都

新版后记

　　在本书再版之际，有必要对中国道统思想的研究状况作一简要的回顾，并对进一步研究加以展望。道统思想在中国思想文化史上占有重要地位，它的形成、演变和发展对中国哲学与思想文化产生了重要影响，历来引起人们的重视。虽然从 20 世纪 50 年代以来至改革开放以前，在中国大陆道统思想基本遭到排斥批判，少有新的研究成果，然在中国大陆之外，自近现代以来，研究者不绝。中国大陆自改革开放以后，也逐渐展开了对道统思想的研究。

　　20 世纪 60 年代以来，关于道统的研究已取得了一些重要成果。在半个多世纪里，有关"道统"问题研究的著作出版了近 20 部。

　　另通过检索中国知网文献类，现共有 537 篇在题目中有"道统"二字的文章，其中包括刊物论文、报纸文章和会议文章，以及博士论文 6篇，硕士论文 22 篇，而以刊物论文为主。最早有 1964 年发表的文章，最近有到 2018 年发表的文章。概括起来讲，这些涉及道统思想的文章以儒学、哲学和政治为主，也有少量道教、佛教关于道统思想的文章和文学、史学等方面的内容。既有从广义的道统观出发，对整个中华道统思想加以研究的，也有从思想史的发展出发，去研究各个道统人物和流派的。亦有从理论上探讨道统思想的理论构成、价值、意义及其流弊的。研究成果的作者以中国大陆为主，也有香港、台湾地区和美国、日本等国外的学者。

　　还有一些关于道统问题的论述，存在于相关专著的章节内容中；或在论述其他问题时，涉及道统，这散见于有关的论著里，重要性比较高。这也说明人们对道统问题的关注。

　　除了上述在相关论著里对道统思想做通论性论述外，这些年来，学术界也出版了若干论述道统思想的专著，这里面大多属于通论性质的成果。

通过以上对中国道统思想研究通论性成果的大致梳理，可见道统问题引起了人们广泛的关注，值得进一步深入系统的研究探讨。

在充分肯定学术界在中国道统思想研究领域取得成绩的前提下，也应看到研究工作存在着不足，这主要表现在：

1. 研究视角还不够广、研究方法较为单一。

"道统"作为一种中国传统文化中独特的政治文化现象，从政治学、文化人类学、比较文化学等多角度进行研究的成果还不多。目前对于道统问题的研究主要还是把重点放在对过去历史的追溯来确认道统的历史脉络性上。如果将"道统"置于一个更为广大的历史文化背景下进行考察，通过回归政治生活、历史场景，将不同维度的考量进行横向综合，以更为包容的态度构建出拓展了外延的"道统"，就可以避免过于脉络化而显得易断裂偏单一的不足。此外可以采取的研究路径还有，从"道统"的视角阐释宋元明清时期学者思想开新的一面，进而寻找儒学发展的新脉络；探讨日本儒学、韩国儒学在近代化过程中"道统"观念的变化，进而厘清文化从"一元独尊"到"多元齐放"的变化轨迹；在全球化的背景下，比较中国文化中的儒家正统文化与佛教、基督宗教、伊斯兰教等文化体系中正统文化的表述方式的异同，进而寻找文化发展规律的普遍性和特殊性等都是颇具学术价值的问题；等等。这些都将深化"道统"问题的研究。

2. 对道统思想的理论体系研究不够。

道统思想核心价值观念的提炼与阐释还要加强。从现有的成果来看，研究的重点主要集中于道统概念、源流、历史演进脉络，道统人物道统观的个案研究，对道统思想理论体系本身的关注和研究不够，有关道统思想的断代研究成果不多，目前多数成果主要还是集中于道统人物的研究，而目前对道统人物的研究，主要又集中于对道统统绪中一些重要人物，如韩愈、朱熹、王夫之、牟宗三，或有争议的人物如荀子等的研究，对其他一些道统人物道统观的研究还存在着不足，或尚未引起足够的关注。因此，即使对道统人物的研究也有待于深化。目前对道统人物的研究多数仍局限于某个道统人物道统观的研究，还不足以体现出中华道统传承中的变化脉络。

3. 对于近现代新儒家国外传承者的研究不足。

当代新儒家有三代（1921—1949 年；1950—1979 年；1980 年至今），目前国内学界研究多一点的是牟宗三等，还有不少人物应纳入道统人物研究体系之内。

4. 对道统思想在现代文化构建中的价值研究不够。

如何将道统思想的研究与中华优秀传统文化的传承与发展结合起来，努力挖掘道统思想资源，与时俱进，进行合乎时代的阐释，发掘道统人物的精神力量，都是颇具学术价值与现实价值的课题。

5. 对道统思想的流弊还应该进一步清理。

这主要体现在复古的历史观、排他的正统思想即排他性，重道轻文、内圣重于外王，虽主张从道不从君，有约束统治者的思想成分，但却缺乏监督、制约皇权的机制等方面。

综上所述，从既有研究成果来看，目前学术界对中国道统思想的研究取得了明显的成绩，值得充分肯定，但也存在着不足。有鉴于此，本人于 2017 年作为首席专家与对中国道统思想研究深感兴趣的有关同仁一起申报了国家社会科学基金重大项目："中国道统思想研究"，并获得立项。目前，本课题正在对中国道统思想进行全面系统研究，包括完整的中国道统思想通史、中国道统思想理论研究、儒佛道三教关系视域下的道统思想研究、重要道统文献的整理与研究、七十年国内外中国道统思想研究成果整理与述评，这使本课题的研究不失系统创新之意义。

本人曾于 1996 年率先出版了 48 万字的《中华道统思想发展史》一书（台湾中华道统出版社 1996 年版），2003 年又加以再版（四川人民出版社 2003 年版）。拙著《中华道统思想发展史》出版后，引起学者的重视，其中张立文教授等学者，在《中国社会科学》等杂志发表了相关书评如下：

1. 中国人民大学张立文教授发表《对中华道统思想的研究与扬弃》（《中国社会科学》1997 年第 6 期）指出："《中华道统思想发展史》是一部全面系统地研究对中国文化产生深远影响、在中国文化和哲学史上占有重要地位的中华道统思想产生、发展、演变的历史及其理论的学术专著。""基于道统思想的重要性，四川省社会科学院的蔡方鹿先生大量收集第一手资料，集十年之功，从深入研究中国哲学与文化的核心和最普遍范畴——'道'入手，将其与道统思想相结合，全面系统地探讨梳理了道的理论和道的传授形式及其发展演变的思想脉络。""该书史论相融，既纵贯古今，又横摄各文化领域。作者从广义的道统观出发，论述了以儒学及其道统思想为主导，融合吸收诸家思想而形成的中国文化发展的大传统；揭示了这一文化道统存在的客观性和必然性，它不以人们主观好恶的意志为转移，不论人们对其作何评价，都不能改变或否定道统文化存在的客观性和价值。该书以道为核心展开，按照客观历史的脉络，列举翔实的史料，进行严谨的论证，因而具有较高的学术价值和史料价值，以及深厚的历史感和强烈的时代感。它是认识和理解中国文化传统、把握中国哲学和文化的特质、特征和精神的重要参考书。"张立文先生还指出："该书作者贯穿着这样一种思想，即在批判清除道统思想消极因素的基础上，继承其中包含的优秀文化思想。既舍弃其保守过时的旧传统，又弘扬中华民族文化的优秀传统。在与西方及其他外来文化的交流中吸收中华道统思想的长处，使当代中国文化不断创新发展并走向世界。反对主观片面地把道统思想与封建专制主义正统画等号，亦不因其具有排他性等流弊的一面，就全盘否定中华道统思想。从这个意义上说，该书是对片面否定中华道统思想的一种回应。作者认为，整理研究中华道统思想具有重要意义：一是有利于增进对道统思想的全面了解；二是有利于挺立民族文化的主体性，以弘扬中华民族优秀文化；三是吸收其有价值的思想，以建构新时代的中国文化；四是克服其流弊，加强中外文化的交流与沟通；五是认识道统思想的消极方面，以为历史借鉴。该书在肯定道统思想的合理因素的同时，亦指出其流弊，主要表现在以下方面：复古的历史观；排他性的正统思想（指文化传承之正统）；重视理想人格的实现，轻视物质利益的满足；重视道德理性和主体的价值，忽视自然属性和客观事物；相对忽视外王事功，以致现代科学和民主政治难以在内圣心性之学中开出等。作者强调，只有克服道统思想的这些局限性，并以多元、开放的心态，清除独尊、封闭的体系，才能使其适应现代社会的需要。"

2. 香港中文大学哲学系王煜教授发表《评蔡方鹿〈中华道统思想发展史〉》（《社会科学研究》1997 年第 3 期）一文，指出该书"显现宽容谅解的客观精神，宣称不因排他性的流弊就全盘否定道统观"，并指出："道统特色在结合形式与内容，匹配内圣与外王，维系延续中国文化的慧命，回应外国宗教等冲击和挑战，侧重主体性及直觉思维，统一独立性与开放性、排他性与包容性。儒学确为道统主导，价值取向乃伦理本位。我曾于1992 年 11 月在湖南大学岳麓书院演讲现代新儒家，强调师承。细阅蔡著，深化我对师承与道统关联的理解。"

3. 四川大学哲学系黄德昌先生发表《评〈中华道统思想发展史〉》（《中国哲学史》1997 年第 2 期）。该文指出："《中华道统思想发展史》可以说是一部比较系统地研究中华道统思想产生、发展、演变的历史及其理论思维的著作，具有一定的开拓性、创新性。该书出版后，引起了海峡两岸学人的关注，并由此激发了学人研究中华道统思想的浓厚兴趣。该书史论结合，横摄诸家，跨越时空。"

4. 山东省社会科学院原儒学研究所所长赵宗正研究员在其发表的《对传统文化发展脉络的系统梳理——〈中华道统思想发展史〉简评》（《东岳论丛》1997 年第 1 期）一文中指出："尽管道统思想在中国文化史上及在儒学思想体系里占有重要地位，屡屡被古代和现代的人们所提及，但在国内学术界至今没有一部对道统思想做系统研究的专著。最近蔡方鹿先生的《中华道统思想发展史》一书的出版，弥补了学术界的这一缺憾。"

5. 四川大学古籍所杨世文教授发表《追寻中华道统思想的历史轨迹——读蔡方鹿〈中华道统思想发展史〉》（《孔子研究》2004 年第 4 期）书评，指出："蔡著实事求是地清理了中华道统思想的源流、道统思想发展的各个历史阶段，把道统思想的形成与发展放在中华文化形成和发展的广阔背景之下，客观论述了中华道统思想的理论构成及基本特点，从而揭示了中华道统思想存在的客观历史必然性。……又对其落后性和保守性的一面给予了充分的揭示，不过分拔高，也不全盘否定，体现了严谨的学风。"

拙著《中华道统思想发展史》一书出版后虽得到了学者的重视和好评，并较为广泛的引用，但拙著出版 20 多年来，至今没有类似的第二部专门研究论述中华道统思想发展史的学术专著出版，而在书市和坊间已很难寻得原印本的踪迹，国内外研究道统思想和中国哲学的学者却有不少人想得到这部书。为了满足读者的这一愿望，人民出版社决定出版此书的修订本。为此我将拙著重加修改，又补充核对引文出处和版本页码，并作了这篇《新版后记》。

拙著经修改后，被人民出版社列为"哲学史家文库"，在此本人表示衷心的感谢！这也是"中国道统思想研究"课题的一个阶段性成果。

这次在人民出版社出版的《中华道统思想发展史》新本，可以说是一个修订本。与原印本相比，已有一些地方作了修改和补充、校订。如吸取了最近学术界研究的新成果，纠正了以往将朱熹作为首先将"道统"二字连用的人物，而指出近年来学术界研究表明，在朱熹之前已有人把"道统"二字连用。但这并不否定朱熹在中国道统思想发展史上的重要地位。由于学识所限，拙著虽经修改，但在内容和形式上，还有一些错漏和欠缺存在，需要今后进一步深化研究、修改完善和创新发展，敬请读者不吝赐教！

在中国道统思想研究问题上，在继承发扬学术界已有成果的基础上，可进一步探讨的空间主要有：

1. 在对中国道统思想的通史的研究上需要进一步充实拓展。

以往对中国道统思想的研究，尽管本人已出版了《中华道统思想发展史》一书，后又发表了相关的论文，学术界也发表了诸多关于道统思想的论文，一些专著里也有涉及道统思想的人物及其思想观点，但现有的研究现状，确实还有应进一步丰富、充实、拓展和提高的地方。至少可在本人已出版的《中华道统思想发展史》一书的基础上增加一倍至数倍的通史性人物、流派的研究。一些在历史上的重要人物，过去的研究没有注意到他们的道统思想，而他们本身就对道统问题展开过论述，这样的人物不在少数。通过扩展、挖掘对这些重要人物的道统思想的研究，可为中国道统思想研究提供新的成果和大量第一手的材料和文献，有利于进一步展开对中国道统思想的理论研究，即把史与论的研究有机结合起来。同时，以往已做过研究的道统史上的人物，也有根据现有的研究成果进一步深入研究的必要，以深化人们对道统史的认识。

2. 在对中国道统思想的理论研究上尚需进一步深入挖掘提炼和随时代发展而创新。

史论结合，理论提炼和创新，是对中国道统思想研究的基本要求。以往的道统研究，在一定程度上存在着重史而轻论的情况，对道统思想的理论体系研究不够，对道统思想核心价值观念的提炼与阐释还应加强。从现有的成果来看，研究的重点主要集中于道统源流、历史演进脉络、道统人物道统观的个案研究，以及道统概念等，而对道统思想理论体系本身的研究尚有不够，有关道统思想的专题研究的成果也不多，目前多数成果主要还是集中于对道统人物的研究上，而目前对道统人物的研究，主要又集中于道统统绪中一些重要人物，如韩愈、朱熹、王夫之、牟宗三，或有争议人物如荀子的研究等，对其他一些道统人物道统观的研究或研究较少，或尚未引起足够的关注，因此，即使对道统人物的研究也既有人物的拓展，亦有人物思想理论的深化，从中归纳提炼这些道统人物思想中的理论思维，其在历史上起着什么作用，是怎么起作用的？目前对道统人物的研究多数仍局限于某个道统人物道统观的研究，还不足以体现出中华道统传承中理论思维的价值体系、作用和变化脉络，而随着社会的变迁发展，道统理论也随之增加了新的时代内涵，以适应社会发展的客观需要。道统人物对道统理论的不同认识和思想分歧，反映了他们各自不同的历史观和价值观，他们之间展开的理论争论，亦是中国道统思想研究的重要内容，需要在我们的研究中加以体现和回答。理论的提出是对社会发展所面临问题的回答和解决之道，亦是社会发展的客观需要，在解决社会发展所面临重大社会问题的过程中，体现出理论的价值和重要性。我们的研究就是要回答由社会发展而引起的道统理论的提出和争论，以及新观念、新理论的产生。这也是今后中国道统思想研究应进一步探讨和突破的空间。

3. 尚需在儒、佛、道三教关系视域下进一步开展对中国道统思想的研究。

关于儒、佛、道三教视域下道统思想的研究成果，就目前所接触的研究现状而言，较少专门的论文，也无专门的著作，只是在讨论三教关系的著作或论文中会有所提及，而且三教对道统的理解也有不同，所以很难找到现成的针对性成果，而这也说明了本课题研究的价值。另外，关于儒、佛、道三教视域下道统思想的演变，也会随时代变迁和发展而有所区别，如早期各家差异性要大一些，到后来，三教逐步走向融合互补，反映到道统思想上，其差异会小一些，相互沟通会多一些，但也有三教各自的道统观。如此探讨在三教关系视域下的道统思想及其流传演变，这对我们的研究提供了必要性，进一步打开了全方位研究中国道统思想的思路和领域。这也是从道统思想发展的领域来探讨和研究儒、佛、道三教的关系。

4.在史料和文献的收集整理方面还需开展扎实有效的工作并对收集整理的文献加以研究。

理论观点从材料出，当然亦离不开社会发展的客观需求，有一分材料说一分话。研究中国道统思想，离不开对文献材料包括出土文献的整理发掘。目前对道统思想的研究，涉及文献整理方面，尚处于个案研究中的查找文献的阶段，还有待于提高到全面系统地收集整理道统思想材料与文献，既为当前的道统研究提供依据，又为今后道统研究的深入开展积累材料。所以，改变以往搜集整理研究道统思想史料和文献的不足之处，包括通过挖掘和整理出土文献来补充、充实和改进道统思想的研究，为从道统的视角来搜集整理进而研究儒家等各家文献及其对道统思想的诠释打下坚实的基础。这是我们从事道统研究的重要关注点。

5.对现有研究成果需作出客观评述和研究。

正因为道统思想的重要性，才引起学术界的广泛关注，涌现出大量成果。结合时代背景，对这些成果作出客观公正的评价和研究，不仅关系到可充分认识和了解中国道统思想的研究现状、存在的问题，为今后的研究提供借鉴打下良好的基础，而且通过对已有成果的概括提炼，深入分析，客观评述，亦可在一定程度上把握中国道统思想研究和发展的未来走向，并与当代社会发展的客观实际相结合，进一步探讨道统思想的时代价值和现代意义。这是对以往研究的深化，也与研究工作的时代性密切相关。

6.需结合社会发展的客观需要对道统思想加以时代的创新发展。

从社会存在决定社会意识的原理出发，包括道统思想在内的任何思想理论必须适应社会发展的客观实际，为社会发展服务，以现实社会发展的实际需要作为取舍的标准，而不是让现实社会的发展去适应某种思想，否则将脱离社会发展的实践，造成社会发展停滞和理论危机。道统思想的产生、历史嬗变和发展在一定程度上体现为中国思想文化的发展，具有社会和思想发展的必然性。由此，既形成了鲜明的民族文化特色，又在历史上并对现代社会产生了重要影响，因而系统整理、客观深入研究道统思想具有重要的社会文化意义。不论何种有生命力的文化，其生存发展，既要认同自身的价值，又必须适应新的时代和环境。如果因循守旧，其结果必然没落。道统思想要在新时代的文化建设中发挥其应有的作用，首要之举是批判自我，克服其流弊，去其保守、过时的成分，才谈得上推陈出新，以其深厚的民族文化传统，为现代社会的发展提供借鉴，并在继承和发扬优秀文化传统的基础上，紧跟时代发展的步伐而走向新时代的文明。在这个问题上，我们从事的中国道统思想研究应具有鲜明的时代性和创新性，而有别于以往传统社会的研究。

在继承发扬学术界已有成果的基础上，对道统思想作深入探讨之时，进一步把握研究道统思想的意义是十分重要的，这主要表现在：

孙中山先生对中国道统思想十分重视，他在会见第三国际代表马林时说："中国有一个道统，尧、舜、禹、汤、文、武、周公、孔子相继不绝。我的思想基础，就是这个道统，我的革命就是继承这个正统思想来发扬光大。"表明孙中山先生受到道统思想的影响。

在历史上形成并产生重要影响的中国道统思想为历代先贤志士所重视，能够在中国历史的发展进程中生生不息，成为中华文化的重要组成部分，并流传海外，它的形成、发展演变与传承对中国文化产生了深远影响，对中华民族精神的形成塑造作出了重要贡献。受道统思想影响而形成的中华民族精神主要包括：中道和谐精神、仁爱民本精神、民族文化的主体精神、"从道不从君"的批评专制精神、道在日用中的经世精神、包融涵盖的海纳百川精神、崇尚文明进步的日新精神、尊王黜霸的王道精神等应该在新时代得到传承和创新发展。

鉴于中国道统思想的重要性，并贯穿于中国文化的各家各派和文、史、哲各领域，而以往中国大陆学术界关于道统研究的成果虽较为丰富，涉及各个方面，尚缺乏在这方面专门深入系统的研究；港台新儒家及海外学者虽对道统思想作了较为系统的研究，出了一些研究成果，有可取之处，值得重视，但也存在着局限性和不少可议之处，不那么符合提出道统论的人物的思想实际及道统发展演变的脉络。尤其在新形势下，如何客观认识和对待道统思想，既发扬其优长又克服其流弊，重要的是为社会发展的实践和进程提供借鉴和思想文化资源，而不仅仅停留在说明道统思想是什么的阶段，还需与社会发展的客观实践相结合，发掘道统思想的时代价值，而非仅局限于论述道统各派、各种观点的区分及所指。

中国大陆改革开放40年来，发展经济，建设伟大国家，取得举世瞩目的成就。中国目前已发展成为全球第二大经济体，并超过美国，成为世界第一贸易大国。现在，我们比历史上任何时期都更接近中华民族伟大复兴的目标。我们有信心、有能力用中华优秀文化和精神力量去影响和改变世界，构建美好家园，实现中华民族伟大复兴的中国梦。

随着中国等非西方的新兴国家的崛起，我们已迈入了一个新的发展时代。西化和现代化理论所预设的以启蒙精神为主的欧美文明被奉为人类进步和发展的典范已受到了质疑，在新的发展时代，现代化可以具有不同的文化形式，应发扬我中华文化几千年来所讲求之"中道"，而区别于西方进化论所主张的"物竞天择，适者生存"，弱肉强食之丛林野兽原则，挖掘中华文明与中国价值的世界意义，倡导人类命运共同体，探寻人类共同价值体系，而从中国道统思想中发掘人类的普遍价值，为世界文明的进步和社会发展增添新的内涵，这是一个有意义的课题。

中国的崛起，不仅是经济的崛起，而且包括文化的崛起，加强与中国大国地位相应的文化建设是十分必要的。当今时代，深入挖掘和阐发道统思想中所包含的仁义之道、中庸和谐思想，发扬讲仁爱、重民本、尚和合、求大同之优秀文化传统中的时代价值，发扬中华道统思想中有益于社会文化建设的成分，这具有重要的时代意义。道统中影响深远的儒家传统价值如中道、和谐精神，重视人的价值的仁爱民本之道，"和而不同"的共生共处之道，"己所不欲，勿施于人"的恕道，以及提倡人心向善的"率性之谓道"，仁、义、礼、智、信"五常"之道，修齐治平之道、道在日用中的经世致用之道，以及道家崇尚自然、天人合一之道等人文精神亦是文明对话和文化建设不可或缺的基本原则。这些道统思想中的有益成分亦应整理发扬，成为重要价值，而对现代化和世界文明的发展作出贡献。值得关注的是，道统思想与现代思想文化的结合，是在当代文化语境中传承和发展中华优秀传统文化，促使其走进新的社会和文化境界的重要途径。

在文化传承与道统研究问题上，应处理好继承和创造性发展之间的关系，客观科学地理解和评价道统思想，探讨其对社会的发展和文明进步所具有的意义，并客观指出其流弊，从而扬弃传统，继承和创新其所体现的中华民族精神，为中华民族的伟大复兴，实现中国梦，提供思想文化的资源和借鉴。

我们从事中国道统思想的研究，要在吸取以往国内外包括港台学者研究成果的基础上，结合社会发展的需要，力求理论创新，不负时代赋予的责任，以客观立场研究中国道统思想，钩沉索隐，探索未知，其特点和新意在：深入系统完整地勾勒和再现中国道统思想的历史发展线索，明确界定中国道统的内涵；剖析道统思想的理论构成，并揭示道统思想的基本特征；评价和反思中国道统思想的价值与流弊。为增强文化自信，建设人们的精神家园，弘扬中国精神，传播中国价值，加强中西文明、文化，华夏文化与世界文化的交流与对话互鉴，为不断增强中华优秀传统文化的生命力和影响力提供借鉴和思想资源，以培育民族精神和时代精神，从而体现出道统研究的时代价值和社会意义。

在《中华道统思想发展史》新版修订的过程中，我校"中国哲学"研究生余江、王佳、陈有良、姜雪、刘祺、张佳等同学结合"中国哲学"专业课的学习，对原印本认真阅读，查找错失，补充版本和页码，提出意见，付出辛苦。四川师范大学科研处对本书的出版给予了大力支持和帮助。在本书出版之际，谨向人民出版社领导和哲编室主任方国根编审，以往支持我的各位领导和各位热心帮助我的师友、同学等致以衷心的感谢！

蔡方鹿

2019 年 1 月于四川师范大学明珠园小区

编辑主持:方国根

责任编辑:方国根　武丛伟　崔秀军

图书在版编目(CIP)数据

中华道统思想发展史/蔡方鹿 著. —北京:人民出版社,2019.11
(哲学史家文库.第2辑)
ISBN 978 - 7 - 01 - 021515 - 0

Ⅰ.①中…　Ⅱ.①蔡…　Ⅲ.①道统-思想史-中国　Ⅳ.①B222

中国版本图书馆 CIP 数据核字(2019)第 242956 号

中华道统思想发展史
ZHONGHUA DAOTONG SIXIANG FAZHANSHI

蔡方鹿　著

人 民 出 版 社 出版发行
(100706　北京市东城区隆福寺街 99 号)

中煤(北京)印务有限公司印刷　新华书店经销

2019 年 11 月第 1 版　2019 年 11 月北京第 1 次印刷
开本:710 毫米×1000 毫米 1/16　印张:36
字数:580 千字

ISBN 978 - 7 - 01 - 021515 - 0　定价:120.00 元

邮购地址 100706　北京市东城区隆福寺街 99 号
人民东方图书销售中心　电话 (010)65250042　65289539